国家社科基金重大项目"中国历史上的灾害与国家治理能力建设研究"阶段性成果

教育部人文社科重点研究基地"黄河文明与可持续发展研究中心"资助成果

河南省高等学校哲学社会科学创新团队阶段性成果

河南大学历史文化学院资助成果

黄河文献系年要目

1911—1949

展龙 闵祥鹏 著

中国社会科学出版社

图书在版编目（CIP）数据

黄河文献系年要目：1911—1949/展龙，闵祥鹏著. —北京：中国社会科学出版社，2021.9
ISBN 978－7－5203－8922－8

Ⅰ.①黄⋯　Ⅱ.①展⋯②闵⋯　Ⅲ.①黄河—文献—专题目录　Ⅳ.①Z88:K928.42

中国版本图书馆 CIP 数据核字（2021）第 163208 号

出 版 人	赵剑英
责任编辑	陈肖静
责任校对	刘　娟
责任印制	戴　宽

出　　版	中国社会科学出版社
社　　址	北京鼓楼西大街甲 158 号
邮　　编	100720
网　　址	http://www.csspw.cn
发 行 部	010－84083685
门 市 部	010－84029450
经　　销	新华书店及其他书店
印刷装订	北京君升印刷有限公司
版　　次	2021 年 9 月第 1 版
印　　次	2021 年 9 月第 1 次印刷
开　　本	787×1092　1/16
印　　张	47.5
字　　数	1069 千字
定　　价	288.00 元

凡购买中国社会科学出版社图书，如有质量问题请与本社营销中心联系调换
电话：010－84083683
版权所有　侵权必究

目　　录

序 ……………………………………………………………………………	（1）
1911年 ………………………………………………………………………	（1）
1912年 ………………………………………………………………………	（5）
1913年 ………………………………………………………………………	（8）
1914年 ………………………………………………………………………	（10）
1915年 ………………………………………………………………………	（15）
1916年 ………………………………………………………………………	（24）
1917年 ………………………………………………………………………	（27）
1918年 ………………………………………………………………………	（31）
1919年 ………………………………………………………………………	（34）
1920年 ………………………………………………………………………	（39）
1921年 ………………………………………………………………………	（46）
1922年 ………………………………………………………………………	（54）
1923年 ………………………………………………………………………	（61）
1924年 ………………………………………………………………………	（66）
1925年 ………………………………………………………………………	（72）
1926年 ………………………………………………………………………	（80）
1927年 ………………………………………………………………………	（87）
1928年 ………………………………………………………………………	（92）
1929年 ………………………………………………………………………	（101）
1930年 ………………………………………………………………………	（129）
1931年 ………………………………………………………………………	（144）
1932年 ………………………………………………………………………	（162）
1933年 ………………………………………………………………………	（174）
1934年 ………………………………………………………………………	（267）
1935年 ………………………………………………………………………	（386）
1936年 ………………………………………………………………………	（502）
1937年 ………………………………………………………………………	（574）
1938年 ………………………………………………………………………	（606）

1939年 ……………………………………………………………（628）
1940年 ……………………………………………………………（639）
1941年 ……………………………………………………………（649）
1942年 ……………………………………………………………（666）
1943年 ……………………………………………………………（673）
1944年 ……………………………………………………………（681）
1945年 ……………………………………………………………（686）
1946年 ……………………………………………………………（691）
1947年 ……………………………………………………………（715）
1948年 ……………………………………………………………（742）
1949年 ……………………………………………………………（750）

序

　　黄河是一条自然的河，也是一条文化的河。同世界上其他古老文明一样，中华文明的第一缕曙光也出现在大河流域——黄河流域。这里孕育出光辉灿烂的黄河文明，造就了中华文明的文化精神、价值观念和民族性格，代表着中华民族的生存智慧、思维方式和信仰世界。在五千年历史长河中，黄河始终是中华民族形成发展的文化纽带和价值源泉，是中华民族的集体记忆和精神家园，并构成中华民族独特的文明形态、发展道路和价值体系。

　　黄河是一条古老的河，也是一条现代的河。自古至今，黄河这一古老水体，已从单纯的地理坐标演变为中华民族的人文标识，承传着中华文明肇兴发展的文化情结、民族情感和国家情怀，保留着中华民族繁衍生息的文化基因、精神纽带和生存依据。文脉不绝，国运必昌，绵长的文化血脉，深厚的文化积淀，赋予了黄河文明久远而现实的意义。新时代深入挖掘黄河文明蕴含的时代价值，讲好"黄河故事"，延续历史文脉，坚定文化自信，无疑是实现中华民族伟大复兴的中国梦最为深厚、最为核心、最为可靠的文化根脉和历史根基。

　　黄河是一条民族的河，也是一条世界的河。黄河是中华民族的母亲河，是中华文明的摇篮，她所孕育的黄河文明是中华民族的根和魂，是中华文明最有代表性、最具影响力的主体文明。在人类历史上，独特的黄河文明正是在与其他文明的交融碰撞中，显示出无比强大的融合力、影响力和生命力，最终成为世界上唯一延续至今仍生机勃勃的原生文明，并以从容宽厚，包容开放的文化特性，长期影响了东亚乃至世界文明的历史进程。在世界文化交流、交融、交锋日益频繁的今天，传承黄河文化，创新黄河文明，对于促进世界多样文明的交流互鉴、和谐共兴，构建人类命运共同体具有重要的时代价值。

　　一部黄河史，就是一部黄河治理史；一部黄河治理史，就是一部中华民族的奋斗史。历史上，黄河在造就中华民族伟大文明、灿烂文化的同时，也曾桀骜不驯，泛滥成灾，给流域人民带来了深重灾难。从远古大禹治水开始，热爱家园的中华儿女在与黄河洪患的不懈抗争中，铸就了中华民族自强不息的民族品格和奋勇前进的民族精神。近代以来，中国历史进入三千年未有之大变局，在国民疲弊，山河破碎，民族危亡之际，古老黄河成为中华民族风雨历程、奋斗不息的历史见证，黄河文明塑造的中华民族伟大精神，在支撑民族独立、人民解放、国家富强中显示出无比强大的生命力。在那个风云变幻，世事沧桑的年代，人们站在不同的立场，采取不同的方式，运用不同的视角，记述研究了这条自然之河、文化之河和精神之河，并留下了大量宝贵文献资料。一页页黄河文书，载录了历代政府依靠黄河、治理黄河、利用黄河的真实画面；一篇篇黄河论著，呈现了文人学士叙说黄河、书写黄河、传播黄河的文化自觉；一首首黄河诗词，描绘了广大民众"颂黄河""叹黄河""怨黄河""忧黄河"的复杂情愫；一曲曲黄河歌谣，奏响了中华儿女"保卫黄河、保卫全中国"的时代华章……

为全面展示近代以来的"黄河历史"，讲述近代以来的"黄河故事"，弘扬近代以来的"黄河精神"，兹谨择1911年辛亥革命至1949年新中国成立有关黄河的文献资料，编为《黄河文献系年要目（1911—1949）》。本目所录黄河文献概有三类：一是政府文书，如奏折、政令、公报、公告、新闻、议案、法规、训令、纪要、报告、预算、档案等，这些文书及时记载了1911年至1949年间与黄河有关的灾害治理、水利工程、战时应对、生态保护等实时情况，具有极强的政治性、社会性、时代性特点，是研究近代以来黄河治理史的重要文献；二是学术文章，主要为发表在《东方杂志》《黄河水利月刊》《禹贡》《黄河》《国民杂志》《古黄河》《申报》《文史杂志》《行政院水利委员会月刊》《中山学报》《水利通讯》《史学季刊》等的报刊论文，如翦伯赞《南宋初年黄河南北的义军考》（《中苏文化杂志》1941年第5期）、蒙文通《国史上黄河初次改道与种族之祸》（《史学季刊》1941年第2期）、严恺《黄河下游各站洪水量推算方法之研究》（《行政院水利委员会月刊》1944年第8期）、顾颉刚《黄河流域与中国古代文明》（《文史杂志》1945年第3、4期）、郑华《防止黄河水患新法刍议》（《交大土木》1945年第3期）、庐鋆等《黄河流域的天气和气候》（《地理教学》1947年第1期）等，皆有极强的学术性、专业性、技术性特点，是研究近代以来黄河学术史的重要依据；三是文艺作品，主要以诗歌、民谣、歌曲、小说、剧本、散文、图画、照片等艺术手法，生动表达了时人深沉的黄河情结和强烈的爱国情怀，如抗战时期，高咏、纳维《过黄河》（《战时民众》1941年第11期），潭风、高岗《抢黄河》（《北战场》1942年第5、6期），马可《别让鬼子过黄河》（《新音乐月刊》1942年第6期），周军、鹤童《黄河小调》（《新音乐月刊》1942年第6期），李恩敏、马可《黄河水手谣》（《音乐艺术》1945年第5期）等黄河歌曲，皆有极强的艺术性、民族性、革命性特点，是研究近代以来黄河艺术史的重要资料。凡此，本目大体呈现了1911年至1949年，人们治理黄河、研究黄河、记录黄河的发展轨迹、基本特点和总体成就，具有宝贵的文献价值、学术价值和艺术价值。

《黄河文献系年要目（1911—1949）》所录黄河文献按照年份分条著录，每条文献详列标题、作者、来源、时间、卷期、页码等信息，部分文献列有提要及类型，以备读者检索利用。

近代以来黄河文献浩如烟海，种类繁多，载录散杂，囿于编者见闻，疏漏难免，尚祈读者指正，以待修订葺补。

展　龙

2021年1月1日

1911 年

标题：顺直咨议局呈
　　　督宪再请开州长垣黄河民埝改为
　　　官堤一案文
来源：北洋官报
时间：1911
卷期：第 2728 册　页码：7—8
类型：呈文

标题：不到黄河心弗死，到了黄河死不及
作者：陈青如
来源：救亡画报
时间：1911
卷期：第 1 期　页码：24
类型：图画

标题：黄河泛滥区域统计（武汉日报）
来源：文集
时间：1911
卷期：第 2 期　页码：4
类型：报告

标题：渡黄河
来源：词章杂志
时间：1911
卷期：第 5 卷　页码：20—21
类型：诗词

标题：津浦铁路黄河桥工记
来源：协和报
时间：1911
卷期：第 39 期　页码：9—12
类型：记事

标题：河南巡抚宝棻奏伏汛期内黄河盛
　　　涨蛰塌各工厢抛平稳折
来源：政治官报
时间：1911
卷期：第 1368 期　页码：13
类型：奏折

标题：津浦铁路黄河桥工记（续）
来源：协和报
时间：1911
卷期：第 40 期　页码：9—12
类型：记事

标题：山东巡抚孙宝琦奏直东豫三省黄
　　　河宜筹统一办法折
来源：内阁官报分类合订本
时间：1911
卷期：7 月　页码：261—263
类型：奏折

标题：山东巡抚孙宝琦奏伏汛期内黄河
　　　三游大堤险工抢护平稳折
来源：内阁官报
时间：1911
卷期：第 22 号　页码：7—8

类型：奏折

标题：东抚孙奏直东豫三省黄河宜筹统一办法折
来源：北洋官报
时间：1911
卷期：第2905册　页码：3—4
类型：奏折

标题：山东巡抚孙宝琦奏伏汛期内黄河三游大堤险工抢护平稳折
来源：内阁官报分类合订本
时间：1911
卷期：7月　页码：263—264
类型：奏折

标题：管理工巡局那奏设立京师习艺所酌拟办法并各省协济银两数目折（附清单）、督抚卢汉铁路大臣盛奏陈黄河桥工情形折
来源：北京日报
时间：1911
卷期：第9册　页码：9—11
类型：奏折

标题：山东巡抚孙宝琦奏黄河通工桃汛平稳折
来源：政治官报
时间：1911
卷期：第1292号　页码：17
类型：奏折

标题：直隶总督陈夔龙奏东明黄河新出险工另案添拨经费折
来源：内阁官报分类合订本
时间：1911
卷期：8月　页码：412
类型：奏折

标题：直隶大顺广道详本年黄河水大捐廉派员分驻开长两处民埝会防文并批
来源：北洋官报
时间：1911
卷期：第2889册　页码：6—7
类型：公文

标题：直隶总督陈奏东明黄河安澜请奖出力各员折
来源：北洋官报
时间：1911
卷期：第2960册　页码：4—5
类型：奏折

标题：直隶总督陈蜂龙奏东明黄河新出险工另案添拨经费折
来源：内阁官报
时间：1911
卷期：第48号　页码：11
类型：奏折

标题：直隶总督陈夔龙奏东明黄河安澜请奖出力各员折
来源：内阁官报
时间：1911
卷期：第76号　页码：15—16
类型：奏折

标题：山东巡抚孙宝琦奏节逾霜清黄河通工抢护平稳折
来源：内阁官报
时间：1911
卷期：第89号　页码：9—10
类型：奏折

标题：监国摄政王钤章
　　　钦奉
　　　谕旨孙宝琦奏黄河通工抢护一律
　　　平稳请奖出力各员一折，道员何
　　　澍等各员均照所请给奖，余依汉
　　　内阁知道，钦此
作者：徐世昌
来源：内阁官报
时间：1911
卷期：第84号　页码：4
类型：政令

标题：本馆大事记十月一日至二十九日
提要：十月一日
　　　本馆昨风闻黄河水利委员会有占
　　　用本馆房舍作办公处消息
来源：民众周报
时间：1911
卷期：第2卷第45期　页码：23—24
类型：记事

标题：开缺河南巡抚宝棻奏黄河三届安
　　　澜出力员弁请奖折（并单）
来源：内阁官报分类合订本
时间：1911
卷期：10月　页码：357—359
类型：奏折

标题：开缺河南巡抚宝棻奏黄河三届安
　　　澜出力员弁请奖折（并单）
来源：内阁官报
时间：1911
卷期：第116号　页码：9—11
类型：奏折

标题：津浦铁路黄河桥工记（二续）
来源：协和报

时间：1911
卷期：第41期　页码：9—10
类型：记事

标题：津浦铁路黄河桥工记（三续）
来源：协和报
时间：1911
卷期：第42期　页码：11—12
类型：记事

标题：河南京汉铁路之黄河铁桥
来源：东方杂志
时间：1911
卷期：第08期　页码：封1
类型：照片

标题：津浦铁路黄河桥
来源：启新洋灰有限公司三十周纪念册
时间：1911
卷期：纪念册　页码：31
类型：照片

标题：津浦路黄河铁桥之一部
来源：启新洋灰有限公司三十周纪念册
时间：1911
卷期：纪念册　页码：44
类型：照片

标题：中国部
　　　山东
提要：黄河桥柱又生险象
来源：广益丛报
时间：1911
卷期：第277期　页码：8—9
类型：新闻

标题：月夜登兰州城楼望黄河隔岸诸山
作者：恪士

来源：文艺丛录
时间：1911
卷期：第 2 期　页码：63
类型：诗词

标题：蒙边西北印象

黄河航运
作者：沈逸千
来源：蒙边西北画刊
时间：1911
卷期：第 [1] 期　页码：18
类型：照片

1912 年

标题：壶中天
用张玉田夜渡古黄河韵
提要：寄赠徐袖芝君即题其词稿上袖芝官豫多年颇有善政酒酣耳热为道前在某任开浚水利事语刺刺不休光复后罢官归来髭鬓亦垂垂白矣故篇中及之时寓镆干山之漘白楼也
来源：进步
时间：1912
卷期：第 2 卷第 5 号　**页码**：10
类型：诗词

标题：山东都督张广建呈报凌讯期内黄河通工防护平稳文（中华民国元年三月二十三日）
来源：临时公报（北京）
时间：1912
卷期：第 2 卷第 17 期　**页码**：6
类型：呈文

标题：黄河桥梁公司又办有大工（十一日柏林电）
来源：协和报
时间：1912
卷期：第 2 卷第 29 期　**页码**：15
类型：新闻

标题：山东都督周自齐呈报桃汛期内黄河通工防护平稳等文（中华民国元年五月三十日）
来源：政府公报
时间：1912
卷期：第 39 号　**页码**：3—4
类型：呈文

标题：本部咨山东都督文
提要：关于黄河凌泛工程系归本部主管希迳达本部以备查核事
来源：农林公报（北京）
时间：1912
卷期：第 1 卷第 1 期　**页码**：88
类型：咨文

标题：西藏之风景
提要：（1）在黄河发源处西藏土人之住所摄影
（2）在西藏东边黄河上流之希少瓦马地方土人之肖像
来源：协和报
时间：1912
卷期：第 2 卷第 31 期　**页码**：12
类型：照片

标题：恭祝津浦路黄河桥工落成（附照片）
来源：协和报
时间：1912
卷期：第 3 卷第 8 期　**页码**：7—8
类型：记事

标题：山东都督周自齐呈大总统报明伏汛期内黄河三游各工防护平稳文（中华民国元年九月初六日）
来源：政府公报
时间：1912
卷期：第137号　页码：10
类型：呈文

标题：创办黄河警察队（河南）
来源：警务丛报
时间：1912
卷期：第1卷第23期　页码：25—26
类型：记事

标题：黄河桥梁落成记（初八日济南电）
来源：协和报
时间：1912
卷期：第3卷第8期　页码：14
类型：电报

标题：津浦铁路黄河桥梁落成贺礼演说辞
来源：协和报
时间：1912
卷期：第3卷第9期　页码：2—4
类型：演讲

标题：陆军上将衔山东都督周自齐呈大总统遴委郭勋等接充黄河三游总稽查等差文并批（中华民国元年十一月十八日）
作者：赵秉钧　陈振先
来源：政府公报
时间：1912
卷期：第214号　页码：15
类型：批文

标题：陆军上将衔山东都督周自齐呈大总统报明秋汛已过黄河三游工程一律防护平稳请鉴核文并批（中华民国元年十一月十九日）
作者：赵秉钧
来源：政府公报
时间：1912
卷期：第209号　页码：20
类型：呈文

标题：吴禄贞遗诗
提要：潼关望黄河
　　　秦关道望黄河寄怀
来源：东方杂志
时间：1912
卷期：第8卷第10号　页码：16—17
类型：诗词

标题：秋桐师友诗录
提要：泛黄河自宁夏达包头舟行杂咏
来源：独立周报
时间：1912
卷期：第1卷第3号　页码：41—42
类型：诗词

标题：俞觚斋诗
提要：月夜登兰州城楼望黄河两岸诸山
　　　渡黄河西岸行万山中
　　　晚步黄河堤岸
　　　乡宿黄河堤岸
来源：独立周报
时间：1912
卷期：第1卷第5号　页码：46
类型：诗词

标题：津浦铁道黄河大铁桥工程纪略
作者：黄觉悟
来源：铁道

时间：1912
卷期：第 1 卷第 2 号　**页码**：74—80
类型：记事

标题：论英吉利代议制度之沿革豫测中国将来之代议制度（录黄河报）
来源：新纪元星期报
时间：1912
卷期：第 5 期　**页码**：62—64

类型：论文

标题：清江铁路黄河桥图
作者：涂恩泽
来源：铁道
时间：1912
卷期：第 1 卷第 2 号　**页码**：6
类型：照片

1913 年

标题：江苏省行政公署批第九百九十八号
　　　原具呈人王步奎等
　　　内务司案呈据呈谷绍彦图领黄河堤
　　　地假公营私等情已悉查此案
来源：江苏省公报
时间：1913
卷期：第130期　页码：27
类型：批文

标题：陆军上将衔山东都督兼民政长周自
　　　齐呈大总统报明委石金声充任黄河
　　　上游局长请鉴核施行文并批（中华
　　　民国二年三月二十日）
作者：赵秉钧
来源：政府公报
时间：1913
卷期：第314号　页码：14
类型：呈文

标题：山东都督周自齐呈大总统报明凌汛
　　　期过黄河通工防护平稳请鉴核施行
　　　文并批（中华民国二年三月二十二
　　　日）
作者：赵秉钧
来源：政府公报
时间：1913
卷期：第319号　页码：19—20
类型：呈文

标题：江苏省行政公署批（中华民国二年
　　　五月十四日第一千四百二十六号）
提要：原具呈人黄河堤守堡兵王步奎等
　　　内务司案呈据呈谷绍彦藉兴学为名
　　　意图朦领黄河堤地等情
来源：江苏省公报
时间：1913
卷期：第147期　页码：24
类型：批文

标题：钱恂拟国歌（函附）
提要：我轩辕之苗裔兮宅中土而跨黄河
来源：教育部编纂处月刊
时间：1913
卷期：第1卷第3期　页码：3—4
类型：歌曲

标题：津浦铁道之黄河大铁桥（附照片）
作者：子怀
来源：东方杂志
时间：1913
卷期：第9卷第8期　页码：30—33
类型：照片

标题：山东洛口黄河之铁桥
来源：东方杂志
时间：1913
卷期：第10卷第3号　页码：1页
类型：照片

标题：中国津浦铁路黄河大桥摄影
来源：大同报（上海）
时间：1913
卷期：第19卷第20期　页码：1页
类型：图片

标题：宿閿乡步黄河堤岸
作者：俞明震
来源：庸言
时间：1913
卷期：第1卷第11号　页码：2—3
类型：诗词

标题：署山东民政长兼会办军务田文烈呈大总统报明伏汛期内黄河两岸各工一律防护平稳文并批（中华民国二年九月十五日）
作者：熊希龄　朱启铃
来源：政府公报
时间：1913
卷期：第492号　页码：11—12
类型：呈文

标题：大都督致山西民政长请派员会勘黄河滩地疆界函
来源：秦中公报
时间：1913
卷期：第257号　页码：7—8
类型：公函

标题：黄河桥墩情形表（春季）
来源：铁路协会会报
时间：1913

卷期：第14期　页码：32—38
类型：表格

标题：宪史
　　　舆论择要
提要：国务员经国会之同意（黄河报）
来源：宪法新闻
时间：1913
卷期：第13册　页码：5—7
类型：记事

标题：第二十图山东盐黄河水运之起点
来源：盐政杂志
时间：1913
卷期：第10期　页码：3—4
类型：照片

标题：津浦路黄河桥之侧面
来源：铁路协会会报
时间：1913
卷期：第10期　页码：4
类型：照片

标题：内务部呈大总统查核署直隶民政长刘若曾呈报东明黄河南岸官工三汛安澜请颁发匾额一案拟查照成案分别办理请鉴核批示遵行文并批（中华民国二年十二月三日）
作者：熊希龄　朱启铃
来源：政府公报
时间：1913
卷期：第571号　页码：19—20
类型：呈文

1914 年

标题：内务总长朱启钤呈大总统报明核议山东黄河三游局制从缓改组酌量更正名称及运河仍由岱南观察使兼辖各等情请鉴核示遵文并批（中华民国三年一月九日）
作者：熊希龄　朱启钤
来源：政府公报
时间：1914
卷期：第 605 号　**页码**：15—17
类型：呈文

标题：呈大总统查核豫省黄河安澜在事各员分别给奖文（一月十三日）
来源：内务公报
时间：1914
卷期：第 5 期　**页码**：83—84
类型：呈文

标题：国务总理熊希龄、内务总长朱启钤呈大总统查核豫省黄河安澜拟请将河南民政长张凤台河防局长马振濂二员传令嘉奖至在事各支局长应呈部存记其余各员弁应由该省查明给奖祗候鉴核示遵文并批（中华民国三年一月二十二日）
作者：熊希龄　朱启钤
来源：政府公报
时间：1914
卷期：第 617 号　**页码**：11—12

类型：呈文

标题：山东民政长高景祺呈大总统报明凌汛期内黄河两岸防护平稳情形请鉴核文并批（中华民国三年四月二十日）
作者：孙宝琦　朱启钤
来源：政府公报
时间：1914
卷期：第 704 号　**页码**：26
类型：呈文

标题：黄河南岸圣母堂落成记
作者：李松秀
来源：圣教杂志
时间：1914
卷期：第 3 卷第 7 期　**页码**：292—293
类型：记事

标题：大总统批令（中华民国三年七月十四日）
提要：山东巡按使蔡儒楷呈黄河桃汛期内两岸各工防护平稳情形呈请钧鉴由
作者：徐世昌
来源：政府公报
时间：1914
卷期：第 787 号　**页码**：6
类型：批文

标题：山东巡按使蔡儒楷呈黄河桃汛期内两岸各工防护平稳情形请钧鉴文并批令（中华民国三年七月十四日）
作者：徐世昌
来源：政府公报
时间：1914
卷期：第789号　页码：20
类型：政令

标题：大总统批令（中华民国三年八月三十一日）
提要：内务部呈东省黄河下游利津县南岸闫家险工抢护情形据报转呈钧鉴由
作者：徐世昌
来源：政府公报
时间：1914
卷期：第835号　页码：12
类型：政令

标题：中国大事记（民国三年十一月十八日）
提要：濮阳黄河决口任命徐世光督办堵筑事宜
来源：东方杂志
时间：1914
卷期：第11卷第6号　页码：24
类型：记事

标题：大总统策令（中华民国三年十一月十八日）
提要：任命徐世光督办濮阳黄河决口堵筑事宜并着直隶巡按使宋家宝、山东巡按使蔡儒楷、河南巡按使用文烈会同办理此令
作者：徐世昌

来源：政府公报
时间：1914
卷期：第913号　页码：2—4
类型：政令

标题：大总统批令（中华民国三年十一月二十三日）
提要：内务部呈请发督办濮阳黄河堵筑事宜关防并申明权限以专责任乞鉴核由
作者：徐世昌
来源：政府公报
时间：1914
卷期：第918号　页码：8—9
类型：政令

标题：大总统批令（中华民国三年十一月二十三日）
提要：国务卿呈据铨叙局详称督办濮阳黄河决口堵筑事宜徐世光职务重要拟请免觐迅速赴工转呈请鉴核由
作者：徐世昌
来源：政府公报
时间：1914
卷期：第918号　页码：8
类型：政令

标题：大总统批令（中华民国三年十一月二十四日）
提要：山东巡按使蔡儒楷呈报东省黄河获庆安澜请择尤酌保在工各员由
作者：徐世昌
来源：政府公报
时间：1914
卷期：第919号　页码：7
类型：政令

标题：国务卿呈据铨叙局详称督办濮阳黄河决口堵筑事宜徐世光职务重要拟请免觐迅速赴工转呈请鉴核文并　批令（中华民国三年十一月二十三日）
作者：徐世昌
来源：政府公报
时间：1914
卷期：第920号　**页码**：10
类型：政令

标题：内务部呈请发督办濮阳黄河堵筑事宜关防并申明权限以重责任乞鉴核文并批令（中华民国三年十一月二十三日）
作者：徐世昌
来源：政府公报
时间：1914
卷期：第920号　**页码**：12—13
类型：政令

标题：山东巡按使蔡儒楷呈报东省黄河获庆安澜请择尤酌保在工各员文并批令（中华民国三年十一月二十四日）
作者：徐世昌
来源：政府公报
时间：1914
卷期：第921号　**页码**：19—20
类型：政令

标题：大总统批令（中华民国三年十二月四日）
提要：督办濮阳黄河决口堵筑事宜徐世光呈河工运料等项拟请仿照军用火车半价章程以资便利请鉴核由
作者：徐世昌
来源：政府公报
时间：1914
卷期：第929号　**页码**：9—10
类型：政令

标题：督办濮阳黄河决口堵筑事宜徐世光呈河工运料等项拟请仿照军用火车半价章程以资便利请鉴核文并批令（中华民国三年十二月四日）
作者：徐世昌
来源：政府公报
时间：1914
卷期：第931号　**页码**：31
类型：政令

标题：大总统批令（中华民国三年十二月六日）
提要：督办濮阳黄河决口堵筑事宜徐世光呈濮阳地居荒僻已咨请陆军部饬知冀南镇守使就近酌拨军队前往工次常川驻扎俟全工告竣再行撤回乞钧鉴施行由
作者：徐世昌
来源：政府公报
时间：1914
卷期：第931号　**页码**：9—10
类型：政令

标题：督办濮阳黄河决口堵筑事宜徐世光呈濮阳地居荒僻已咨请陆军部饬知冀南镇守使就近酌拨军队前往工次常川驻扎俟全工告竣再行撤回乞钧鉴施行文并批令（中华民国三年十二月六日）
作者：徐世昌
来源：政府公报
时间：1914

卷期：第 933 号　页码：22
类型：政令

标题：令直隶民政长东明黄河安澜办法应遵照大总统批示转饬办理文（十二月八日）
来源：内务公报
时间：1914
卷期：第 4 期　页码：37—38
类型：指令

标题：大总统批令（中华民国三年十二月十一日）
提要：将军衔督理直隶军务巡按使朱家宝呈东明黄河三届安澜在事出力人员吁恳分别奖励缮具清折乞训示遵行由
作者：徐世昌
来源：政府公报
时间：1914
卷期：第 936 号　页码：4
类型：政令

标题：将军衔督理直隶军务巡按使朱家宝呈东明黄河三届安澜在事出力人员吁恳分别奖励缮具清折乞训示遵行文并批令（附清折）（中华民国三年十二月十一日）
作者：徐世昌
来源：政府公报
时间：1914
卷期：第 938 号　页码：15—17
类型：政令

标题：大总统批令（中华民国三年十二月三十日）
提要：督办濮阳黄河决口堵筑事宜徐世光呈陈明履勘河势情形拟具勘估图册并乞饬下财政部续行筹款接济由
作者：徐世昌
来源：政府公报
时间：1914
卷期：第 955 号　页码：7—8
类型：政令

标题：中央电令
　　　大总统策令
提要：任命徐世光督办濮阳黄河决口堵筑事宜
作者：印
来源：江苏省公报
时间：1914
卷期：第 347 期　页码：1—2
类型：政令

标题：三山桥梁公司承造津浦铁路问之黄河桥长共计一千二百五十五米打二十生
来源：铁路协会会报
时间：1914
卷期：第 22 期　页码：42
类型：照片

标题：荷香馆琐言
提要：黄河长江水皆下清
作者：秉衡
来源：文艺杂志（上海 1914）
时间：1914
卷期：第 11 期　页码：35
类型：记事

标题：渡黄河吊张宗愚
作者：陈干

来源：民权素
时间：1914
卷期：第3集　页码：5—6
类型：诗词

标题：夜过黄河桥
作者：黄浚
来源：庸言
时间：1914
卷期：第2卷第3号　页码：8—9

类型：诗词

标题：大总统令
提要：大总统策令任命徐世光督办濮阳黄河决口堵筑事宜
来源：福建公报
时间：1914
卷期：第869号　页码：2
类型：政令

1915 年

标题：河工水利
提要：内务总长朱启钤呈明核议山东黄河三游局制从缓改组酌量更正名称及运河仍由岱南观察使兼辖各情请鉴核示遵文并批（中华民国三年一月九日）
作者：熊希龄　朱启钤
来源：政府公报分类汇编
时间：1915
卷期：第 25 期　**页码**：18—20
类型：政令

标题：大总统批令（中华民国四年一月二十四日）
提要：督办濮阳黄河决口堵筑事宜徐世光呈工需紧急乞饬部迅为筹拨请鉴核由
作者：徐世昌
来源：政府公报
时间：1915
卷期：第 975 号　**页码**：7—8
类型：政令

标题：大总统批令（中华民国四年三月十一日）
提要：河南巡按使田文烈、督办濮阳黄河决口堵筑事宜徐世光、直隶巡按使朱家宝等呈恭报河冰解释克期兴工并筹备布置各情形请鉴核由
作者：徐世昌
来源：政府公报
时间：1915
卷期：第 1020 号　**页码**：34—35
类型：政令

标题：河南巡按使田文烈、督办濮阳黄河决口堵筑事宜徐世光、直隶巡按使朱家宝、山东巡按使蔡儒楷呈恭报河冰解释克期兴工并筹备布置各情形请鉴核文并批令（中华民国四年三月十一日）
作者：徐世昌
来源：政府公报
时间：1915
卷期：第 1023 号　**页码**：37—38
类型：政令

标题：大总统批令（中华民国四年三月十六日）
提要：山东巡按使蔡儒楷呈为兴修黄河上游北岸大堤拟请于濮工附捐案内拨款赶办以纾民力而济要工请鉴示由
作者：徐世昌
来源：政府公报
时间：1915
卷期：第 1025 号　**页码**：3—4

类型：政令

标题：山东巡按使蔡儒楷呈为兴修黄河上游北岸大堤拟请于濮工附捐案内拨款赶办以纾民力而济要工请鉴示文并批令（中华民国四年三月十六日）
作者：徐世昌
来源：政府公报
时间：1915
卷期：第1026号　页码：362—363
类型：政令

标题：大总统批令（中华民国四年四月一日）
提要：督办濮阳黄河决口堵筑事宜徐世光呈为两坝土埽工程并力进行事机顺适续请筹拨工款仰祈钧鉴由
作者：徐世昌
来源：政府公报
时间：1915
卷期：第1041号　页码：16
类型：政令

标题：督办濮阳黄河决口堵筑事宜徐世光呈为两坝土埽工程并力进行事机顺适续请筹拨工款仰祈钧鉴文并批令（中华民国四年四月一日）
作者：徐世昌
来源：政府公报
时间：1915
卷期：第1042号　页码：18—19
类型：政令

标题：大总统批令（中华民国四年四月五日）
提要：山东巡按使蔡儒楷呈报东省黄河凌汛期内两岸各工防护情形由
作者：徐世昌
来源：政府公报
时间：1915
卷期：第1045号　页码：16
类型：政令

标题：山东巡按使蔡儒楷呈报东省黄河凌汛期内两岸各工防护情形文并批令（中华民国四年四月五日）
作者：徐世昌
来源：政府公报
时间：1915
卷期：第1048号　页码：15—16
类型：政令

标题：大总统批令（中华民国四年四月二十六日）
提要：督办濮阳黄河决口堵筑事宜徐世光呈履勘民埝险要添筑工程就节省工款项下办理请示遵由
作者：徐世昌
来源：政府公报
时间：1915
卷期：第1066号　页码：7
类型：政令

标题：督办濮阳黄河决口堵筑事宜徐世光呈履勘民埝险要添筑工程就节省工款项下办理祈钧鉴文并批令（附表）（中华民国四年四月二十六日）
作者：徐世昌
来源：政府公报
时间：1915
卷期：第1067号　页码：24
类型：政令

标题：大总统批令（中华民国四年五月十七日）
提要：督理濮阳黄河决口堵筑事宜徐世光呈奉令叙官恭陈谢悃由
作者：徐世昌
来源：政府公报
时间：1915
卷期：第1087号　页码：10—11
类型：政令

标题：江苏巡按使公署电第一百二十五号
提要：电知转致邳县知事速将黄河北岸地方赶紧搜挖价买务绝根株
来源：江苏省公报
时间：1915
卷期：第528期　页码：10—11
类型：电报

标题：大总统批令（中华民国四年六月八日）
提要：督办濮畅黄河决口堵筑事宜徐世光呈恭谢宽免议处遵照进行并筹议合龙办法绘具图说请钧鉴由
作者：徐世昌
来源：政府公报
时间：1915
卷期：第1109号　页码：4
类型：政令

标题：大总统批令（中华民国四年六月二十九日）
提要：山东巡按使蔡儒楷呈黄河桃汛期内两岸各工防护平稳情形请钧鉴由
作者：徐世昌
来源：政府公报
时间：1915
卷期：第1129号　页码：6
类型：政令

标题：山东巡按使蔡儒楷呈黄河桃汛期内两岸各工防护平稳情形请钧鉴文并批令（中华民国四年六月二十九日）
作者：徐世昌
来源：政府公报
时间：1915
卷期：第1131号　页码：15—16
类型：政令

标题：大总统批令（中华民国四年七月四日）
提要：河南巡按使田文烈、直隶巡按朱家宝、山东巡按使蔡儒楷、督办濮阳黄河决口堵筑事宜徐世光呈报濮工合龙日期并先行酌保员弁请鉴核训示由
作者：徐世昌
来源：政府公报
时间：1915
卷期：第1134号　页码：6
类型：政令

标题：河南巡按使田文烈、直隶巡按使朱家宝、山东巡按使蔡儒楷、督办濮阳_黄河决口堵筑事宜徐世光呈报濮工合龙日期并先行酌保员弁请鉴核训示文并批令（中华民国四年七月四日）
作者：徐世昌
来源：政府公报
时间：1915
卷期：第1136号　页码：17—19
类型：政令

标题：大总统批令（中华民国四年七月十五日）
提要：督办濮阳黄河决口堵筑事宜徐世光呈代陈姚联奎等谢悃由
作者：徐世昌
来源：政府公报
时间：1915
卷期：第1145号　**页码**：8—9
类型：政令

标题：大总统批令（中华民国四年七月十五日）
提要：督办濮阳黄河决口堵筑事宜徐世光呈在工弁兵谢赏银圆据情代陈由
作者：徐世昌
来源：政府公报
时间：1915
卷期：第1145号　**页码**：9
类型：政令

标题：大总统批令（中华民国四年七月二十二日）
提要：督办濮阳黄河决口堵筑事宜勋四位少卿徐世光呈蒙颁建席附呈谢悃由
作者：徐世昌
来源：政府公报
时间：1915
卷期：第1152号　**页码**：9—10
类型：政令

标题：督办濮阳黄河决口堵筑事宜徐世光呈勘报濮阳习城集漫溢情形应请分别议处并绘具图说呈请鉴示文并批令（中华民国四年八月十五日）
作者：徐世昌
来源：政府公报
时间：1915
卷期：第1179号　**页码**：29—31
类型：政令

标题：大总统批令（中华民国四年八月十五日）
提要：督办濮阳黄河决口堵筑事宜徐世光呈勘报濮阳习城集漫溢情形应请分别议处并绘具图说呈请鉴示由
作者：徐世昌
来源：政府公报
时间：1915
卷期：第1176号　**页码**：8
类型：政令

标题：大总统批令（中华民国四年九月七日）
提要：督办濮阳黄河决口堵筑事宜徐世光呈恭报濮阳伏汛期内水势工情由
作者：徐世昌
来源：政府公报
时间：1915
卷期：第1199号　**页码**：3—4
类型：政令

标题：大总统批令（中华民国四年九月七日）
提要：督办濮阳黄河决口堵筑事宜徐世光呈送濮阳全工图册由
作者：徐世昌
来源：政府公报
时间：1915
卷期：第1199号　**页码**：3
类型：政令

标题：督办濮阳黄河决口堵筑事宜徐世

光呈送濮阳全工图册文并批令（中华民国四年九月七日）

作者：徐世昌

来源：政府公报

时间：1915

卷期：第1201号　页码：11—12

类型：政令

标题：督办濮阳黄河决口堵筑事宜徐世光呈恭报濮阳伏汛期内水势工情文并批令（中华民国四年九月七日）

作者：徐世昌

来源：政府公报

时间：1915

卷期：第1201号　页码：12—13

类型：政令

标题：山东巡按使蔡儒楷呈黄河伏汛期内两岸各二防护平稳情形文并批令（中华民国四年九月十九日）

作者：徐世昌

来源：政府公报

时间：1915

卷期：第1214号　页码：25

类型：政令

标题：大总统批令（中华民国四年九月十九日）

提要：山东巡按使蔡儒楷呈黄河伏汛期内两岸各工防护平稳情形由

作者：徐世昌

来源：政府公报

时间：1915

卷期：第1211号　页码：7—8

类型：政令

标题：大总统批令（中华民国四年九月二十三日）

提要：督办濮阳黄河决口堵筑事宜徐世光呈报濮阳秋泛水涨设法堵防情形请钧鉴由

作者：徐世昌

来源：政府公报

时间：1915

卷期：第1215号　页码：11—12

类型：政令

标题：督办濮阳黄河决口堵筑事宜徐世光呈报濮阳秋汛水涨设法堵防情形请钧鉴文并批令（中华民国四年九月二十三日）

作者：徐世昌

来源：政府公报

时间：1915

卷期：第1218号　页码：26—27

类型：政令

标题：大总统批令（中华民国四年十月二十六日）

提要：督办濮阳黄河决口堵筑事宜徐世光呈报濮阳秋汛安澜并筹办未竟工程绘具图说请训示由

作者：徐世昌

来源：政府公报

时间：1915

卷期：第1246号　页码：7—8

类型：政令

标题：督办濮阳黄河决口堵筑事宜徐世光呈报濮阳秋汛安澜并筹办未竟工程绘具图说请训示文并批令（中华民国四年十月二十六日）

作者：徐世昌

来源：政府公报

时间：1915
卷期：第 1248 号　页码：27—28
类型：政令

标题：大事记
提要：十一月十八日命徐世光督办濮阳黄河决口堵筑事宜，同日命朱家宝蔡儒楷田文烈会同办理濮阳黄河决口堵筑事宜
来源：时事汇报
时间：1915
卷期：第 8 号　页码：31—33
类型：新闻

标题：河工水利
提要：督办濮阳黄河决口堵筑事宜徐世光呈河工运料等项拟请仿照军用火车半价章程以资便利请鉴核文并批令（三年十二月四日）
来源：政府公报分类汇编
时间：1915
卷期：第 25 期　页码：174
类型：政令

标题：大总统策令
提要：据督办濮阳黄河决口堵筑事宜
作者：蒋
来源：江苏省公报
时间：1915
卷期：第 726 期　页码：1—3
类型：政令

标题：大总统策令（中华民国四年十二月七日）
提要：据督办濮阳黄河决口堵筑事宜徐世光会同直隶河南山东三省巡按使呈报濮阳习城集渡口合龙日期
作者：陆征祥
来源：政府公报
时间：1915
卷期：第 1288 号　页码：1—3
类型：政令

标题：大总统令（北京阳电）
　　　大总统策令
提要：据督办濮阳黄河决口堵筑事宜徐世光会同直隶河南山东三省巡按使呈报濮阳习城集漫口合龙日期
来源：福建公报
时间：1915
卷期：第 1189 号　页码：1
类型：电报

标题：直隶巡按使朱家宝奏恭报东明黄河南岸三汛安澜在事出力人员吁恳照章存记由（中华民国四年十二月十八日）
作者：陆征祥
来源：政府公报
时间：1915
卷期：第 1299 号　页码：12
类型：政令

标题：督办濮阳黄河决口堵筑事宜徐世光呈遵令撤销督办濮阳工差并清厘未竟事件由（中华民国四年十二月十八日）
作者：陆征祥
来源：政府公报
时间：1915
卷期：第 1299 号　页码：13—14
类型：政令

标题：督办濮阳黄河决口堵筑事宜徐世

光呈遵令撤销督办濮阳工差并清厘未竟事件文并批令（中华民国四年十二月十八日）

作者：陆征祥
来源：政府公报
时间：1915
卷期：第1302号　**页码**：33—34
类型：政令

标题：直隶巡按使朱家宝奏恭报东明黄河南岸三汛安澜在事出力人员吁恳照章存记折并批令（附单）（中华民国四年十二月十八日）
作者：陆征祥
来源：政府公报
时间：1915
卷期：第1304号　**页码**：44—45
类型：政令

标题：山东巡按使蔡儒楷奏东省黄河三泛安澜酌保出力人员王经灿等请训示由（中华民国四年十二月二十二日）
作者：陆征祥
来源：政府公报
时间：1915
卷期：第1303号　**页码**：16
类型：政令

标题：督办濮阳黄河决口堵筑事宜徐世光呈堵筑濮阳双合岭决口工程完竣谨将收支各款据实陈明请饬部院核销缮具清册乞训示由（中华民国四年十二月二十二日）
作者：陆征祥
来源：政府公报
时间：1915

卷期：第1303号　**页码**：119
类型：政令

标题：督办濮阳黄河决口堵筑事宜徐世光呈堵筑濮阳双合岭决口工程完竣谨将收支各款据实陈明请饬部院核销缮具清册乞训示文并批令（中华民国四年十二月二十二日）
作者：陆征祥
来源：政府公报
时间：1915
卷期：第1304号　**页码**：54—56
类型：政令

标题：山东巡按使蔡儒楷奏东省黄河三汛安澜酌保出力人员王经灿等请训示折并批令（中华民国四年十二月二十二日）
作者：陆征祥
来源：政府公报
时间：1915
卷期：第1306号　**页码**：27—29
类型：政令

标题：督办濮阳黄河决口堵筑事宜徐世光片呈保存记道尹吴赟孙恩准送觐文并批令（中华民国四年十二月二十三日）
作者：陆征祥
来源：政府公报
时间：1915
卷期：第1307号　**页码**：49
类型：政令

标题：督办濮阳黄河决口堵筑事宜徐世光片呈保存记道尹吴赟孙恩准送觐由（中华民国四年十二月二十

三日）
作者：陆征祥
来源：政府公报
时间：1915
卷期：第 1304 号　页码：24
类型：政令

标题：督办濮阳黄河决口堵筑事宜徐世光呈双合岭合龙案内在事出力文武各员分别请奖由（中华民国四年十二月二十三日）
作者：陆征祥
来源：政府公报
时间：1915
卷期：第 1304 号　页码：23—24
类型：政令

标题：督办濮阳黄河决口堵筑事宜徐世光呈双合岭合龙案内在事出力文武各员分别请奖文并批令（中华民国四年十二月二十三日）
作者：陆征祥
来源：政府公报
时间：1915
卷期：第 1306 号　页码：35—36
类型：政令

标题：督办濮阳黄河决口堵筑事宜徐世光呈陈明履勘河势情形拟具勘估图册并乞饬下财政部续行筹款接济文并批令（中华民国三年十二月三十日）
作者：徐世昌
来源：政府公报
时间：1915
卷期：第 958 号　页码：29—30
类型：政令

标题：重九日黄河舟中寄王大济若并柬韩汪杨诸君
作者：沌公
来源：大中华
时间：1915
卷期：第 1 卷第 12 期　页码：5
类型：诗词

标题：大江东去
　　　题黄河濯足图
作者：郑兰孙
来源：妇女杂志（上海）
时间：1915
卷期：第 1 卷第 11 号　页码：7
类型：诗词

标题：呈报军马渡过黄河
来源：兵事杂志
时间：1915
卷期：第 10 期　页码：10
类型：新闻

标题：甘肃兰州黄河铁桥之正面
来源：东方杂志
时间：1915
卷期：第 12 卷第 9 号　页码：1 页
类型：照片

标题：渡黄河
作者：苦耶
来源：沪江大学月刊
时间：1915
卷期：第 3 卷第 3、4 合号　页码：61
类型：诗词

标题：国步
提要：黄河怒浪

作者：纵先
来源：崇德公报
时间：1915
卷期：第 5 号　页码：27—32
类型：诗词

标题：满江红
提要：渡黄河
作者：朱文炳
来源：正志
时间：1915
卷期：第 1 卷第 1 期　页码：17—18
类型：诗词

标题：黄河沿岸之骆驼
来源：兴华
时间：1915
卷期：第 12 卷第 39 册　页码：2
类型：照片

标题：黍离新乐府
提要：决黄河
来源：大共和日报
时间：1915
卷期：正月　页码：6
类型：诗词

1916 年

标题：督办近畿疏通河道事宜前督办汉阳黄河决口堵筑事宜徐世光片奏濮工未竟事件一律清厘完竣陈报卸事日期并缴销关防由（洪宪元年一月二十八日）
作者：陆征祥
来源：政府公报
时间：1916
卷期：第 24 号　**页码**：21
类型：政令

标题：督办近畿疏通河道前督办濮阳黄河决口堵筑事宜徐世光片奏濮工未竟事件一律清厘完竣陈报卸事日期并缴销关防折（洪宪元年一月二十八日）
作者：陆征祥
来源：政府公报
时间：1916
卷期：第 31 号　**页码**：34
类型：奏折

标题：河南巡按使田文烈奏温县境内黄河水势北趋拟修新堤以防水患绘图请鉴由（洪宪元年三月三日）
作者：陆征祥
来源：政府公报
时间：1916
卷期：第 58 号　**页码**：10
类型：政令

标题：直隶巡按使朱家宝呈为遵议筹防直省黄河北岸民埝办法拟请酌归官民共守需费恳由国库拨发具陈祈鉴由（中华民国五年四月二日）
作者：徐世昌
来源：政府公报
时间：1916
卷期：第 88 号　**页码**：10—11
类型：呈文

标题：呈大总统为遵核直隶黄河北岸民埝拟请仍由民修祈训示文（四月二十日）
来源：税务月刊
时间：1916
卷期：第 3 卷第 30 号　**页码**：8—9
类型：呈文

标题：财政部呈为遵核直隶黄河北岸民埝拟请仍由民修祈训示文并批令（中华民国五年四月二十日）
作者：徐世昌
来源：政府公报
时间：1916
卷期：第 112 号　**页码**：19—20
类型：呈文

标题：财政部呈为遵核直隶黄河北岸民埝拟请仍由民修祈训示由（中华民国五年四月二十日）
作者：徐世昌
来源：政府公报
时间：1916
卷期：第 106 号　**页码**：6—7
类型：呈文

标题：河南巡按使田文烈呈勘明豫省黄河北岸民埝拟议情形请鉴示由（中华民国五年四月二十三日）
作者：段祺瑞
来源：政府公报
时间：1916
卷期：第 109 号　**页码**：13
类型：呈文

标题：大总统批令（中华民国五年五月二十日）
提要：直隶巡按使朱家宝呈直省黄河北岸堤工酌归官民共守拟请仍照原拟办法饬部立案由
作者：段祺瑞　王揖唐
来源：政府公报
时间：1916
卷期：第 136 号　**页码**：21—22
类型：政令

标题：直隶巡按使朱家宝呈直省黄河北岸堤工酌归官民共守拟请仍照原拟办法饬部立案文并批令（中华民国五年五月二十日）
作者：段祺瑞　王揖唐
来源：政府公报
时间：1916
卷期：第 141 号　**页码**：20—22
类型：政令

标题：问黄河流域与长江流域之商业发机于何时
作者：何石君
来源：中华全国商会联合会会报
时间：1916
卷期：第 3 卷第 8 号　**页码**：26—27
类型：论文

标题：呈大总统核议直省黄河北岸堤工请俟财力稍充再由直省会同东豫两省筹办文（六月六日）
来源：税务月刊
时间：1916
卷期：第 3 卷第 31 号　**页码**：6—7
类型：呈文

标题：大总统批令（中华民国五年六月六日）
提要：财政部呈核议直省黄河北岸堤工请俟财力稍充再由直省会同东豫两省筹办由
作者：段祺瑞　王揖唐
来源：政府公报
时间：1916
卷期：第 152 号　**页码**：15
类型：政令

标题：财政部呈核议直省黄河北岸堤工请俟财力稍充再由直省会同东豫两省筹办文并批令（中华民国五年六月六日）
作者：段祺瑞　王揖唐　周自齐
来源：政府公报
时间：1916
卷期：第 155 号　**页码**：6—7

类型：政令

标题：山东巡按使蔡儒楷呈东省黄河桃汛期内两岸各工防护平稳情形文（中华民国五年七月二日）
来源：政府公报
时间：1916
卷期：第 182 号　页码：15
类型：呈文

标题：内务部咨财政部直隶黄河北岸堤捻拟仍照原议改为官民共守咨请核复文（中华民国五年十月二十六日）
来源：政府公报
时间：1916
卷期：第 298 号　页码：17
类型：咨文

标题：中国大事记（民国四年十二月七日）
提要：申令撤销督办濮阳黄河决口堵筑事宜差
来源：东方杂志
时间：1916
卷期：第 13 卷第 1 期　页码：3
类型：记事

标题：黄河上流之天下第一桥（二幅照片）
来源：大中华
时间：1916
卷期：第 2 卷第 11 期　页码：1 页
类型：照片

标题：鲁省农林之消息
提要：鲁省居黄河下游当半岛之高原地势隰衍土质膏腴
来源：农商公报
时间：1916
卷期：第 2 卷第 7 册　页码：205
类型：新闻

标题：夜渡黄河有感
作者：杨赓瀛
来源：北京高等师范学校校友会杂志
时间：1916
卷期：第 1 期　页码：264
类型：诗词

标题：旧黄河口察勘记
作者：Rev. Hunston Edgar 麟生
来源：万航周报
时间：1916
卷期：第 1 卷第 3 期　页码：6—8
类型：新闻

标题：不跳黄河心不死［画图］
来源：欧战实报
时间：1916
卷期：第 60 期　页码：19
类型：图画

标题：废黄河各段高低比较表
来源：丙辰
时间：1916
卷期：第 1 期　页码：232
类型：图表

1917 年

标题：上山东省公署履勘黄河三游工程
情形暨整顿办法报告
作者：劳之常
时间：1917
类型：图书

标题：交通部训令（第三二七号 中华民国六年一月三十日）
提要：令京汉铁路管理局局长曾毓隽
查京汉铁路黄河铁桥于客货运输行军计划关系均非浅鲜当比公司筑造该桥时一切为力求工速费省故保国之期仅定为十五年
来源：交通月刊
时间：1917
卷期：第4期 页码：19
类型：训令

标题：交通部训令（中华民国六年一月三十一日）
提要：令京汉铁路管理局局长曾毓隽
查京汉铁路黄河铁桥于客货运输行军计划关系均非浅鲜当比公司筑造该桥时一切为力求工速费省故保国之期仅定为十五年
来源：铁路协会会报
时间：1917
卷期：第53期 页码：112
类型：训令

标题：交通部训令（中华民国六年一月三十一日）
提要：令京汉铁路管理局局长曾毓隽
查京汉铁路黄河铁桥于客货运输行军计划关系均非浅鲜
来源：政府公报
时间：1917
卷期：第383号 页码：7—8
类型：训令

标题：交通部训令（第二五四〇号 中华民国六年八月十六日）
提要：令京汉铁路管理局局长王景春
该路黄河桥梁将届保固之期势不能不另建正式大桥以垂久远
来源：政府公报
时间：1917
卷期：第573号 页码：9—11
类型：训令

标题：交通部训令（第二五四号 中华民国六年八月十六日）
提要：令京汉铁路管理局局长王景春
该路黄河桥梁将届保固之期势不能不另建正式大桥以垂久远
来源：交通月刊
时间：1917
卷期：第10期 页码：32—35
类型：训令

标题：京汉路局改造黄河桥文件汇编
（一）京汉路局呈文
（二）筹划京汉铁路黄河桥工程经费暨措集修筑基金计划书
（三）交通部训令（第二五四〇号　中华民国六年八月十六日）
（四）沈技监意见书
提要：呈为遵饬筹划改造本路黄河桥工程经费
来源：铁路协会会报
时间：1917
卷期：第58—60期　**页码**：86—92
类型：训令

标题：内务部咨直隶省长直隶黄河北岸濮阳民埝改为官民共守一案业经国务会议议决照准即由财政部编入概算请转饬妥为办理文（中华民国六年九月二十九日）
作者：汤化龙
来源：政府公报
时间：1917
卷期：第636号　**页码**：14
类型：咨文

标题：内务部训令（第四三八号　中华民国六年十月八日）
提要：令技正周秉清
查本年夏秋之间霪雨连绵河水漫溢据京津各报登载黄河南岸之范庄载店两处堤防溃决二百三十余丈
作者：汤化龙
来源：政府公报
时间：1917
卷期：第637号　**页码**：13
类型：政令

标题：内务部咨督办京畿一带水灾河工善后事宜处准咨称请饬令技正周秉清等四员来处差遣已转饬佥事郭养刚等三员遵照前往至周秉清一员应俟查勘黄河事竣再行饬令到差文（中华民国六年十月十三日）
作者：汤化龙
来源：政府公报
时间：1917
卷期：第642号　**页码**：8
类型：咨文

标题：交通部收津浦路局来电（十月十八日）
提要：交通部总次长钧鉴据津韩段邝总工程司报告暨车务正段长刘恩承电称黄河涯德州间路线于十七日下午完全修复自十日起照常通车谨请察核世章巧
来源：交通月刊
时间：1917
卷期：第12期　**页码**：16
类型：电报

标题：大总统指令（第二千十七号　中华民国六年十二月十二日）
提要：令国务总理王士珍
呈核直隶督军兼署省长曹锟请奖东明黄河三届安澜出力人员勋章由
作者：王士珍
来源：政府公报
时间：1917
卷期：第686号　**页码**：7
类型：指令

标题：秦游草（五七绝十首）
提要：灵宝为古宏农城去函仅仅里余

而黄河西来溜走关趾城背古信天
险世傅杨妃生处
来源：南开思潮
时间：1917
卷期：第1期　页码：129—130
类型：诗词

标题：改建黄河铁桥之筹议
来源：东方杂志
时间：1917
卷期：第14卷第10号　页码：177—178
类型：新闻

标题：月夜登兰州城楼望黄河隔岸诸山
提要：度黄河西岸行万山中
作者：俞明震
来源：东方杂志
时间：1917
卷期：第14卷第11号　页码：132
类型：诗词

标题：阌乡宿黄河堤岸
作者：觚斋
来源：小说月报（上海1910）
时间：1917
卷期：第8卷第12号　页码：3
类型：诗词

标题：重修京汉路黄河铁桥记
作者：汉声
来源：协和报
时间：1917
卷期：第7卷第38期　页码：10—11
类型：记事

标题：修理黄河铁桥之计划
来源：铁路协会会报
时间：1917
卷期：第56—57期　页码：132—133
类型：新闻

标题：送张朗斋尚书巡视黄河时尚书治
都城濠新竣二首
来源：小铎
时间：1917
卷期：第109号　页码：1
类型：诗词

标题：刘萱黄河水利之计划
来源：农商公报
时间：1917
卷期：第3卷第9册　页码：193—194
类型：计划

标题：大水声中之西人黄河谈
来源：湖南省农会报
时间：1917
卷期：第1卷第9期　页码：103—105
类型：新闻

标题：改造京汉黄河桥之筹备
来源：铁路协会会报
时间：1917
卷期：第53期　页码：101
类型：新闻

标题：纪黄河决口
来源：学生
时间：1917
卷期：第4卷第11号　页码：118—119
类型：记事

标题：学艺
提要：黄河流域概观

作者：钱秉钧
来源：学生
时间：1917
卷期：第 4 卷第 11 号　页码：388—393
类型：论文

标题：黄河流域概观（续）
作者：钱秉钧
来源：学生
时间：1917
卷期：第 4 卷第 12 号　页码：425—433
类型：论文

标题：山东黄河决口消息
来源：湖南省农会报
时间：1917
卷期：第 1 卷第 9 期　页码：110
类型：新闻

标题：黄河开口之状
来源：进步
时间：1917
卷期：第 11 卷第 3 期　页码：67
类型：照片

标题：黄河开口合龙之状
来源：进步
时间：1917
卷期：第 11 卷第 3 号　页码：91
类型：照片

标题：甘肃兰州黄河铁桥
来源：浙江兵事杂志
时间：1917
卷期：第 40 期
类型：照片

1918 年

标题：大总统指令（第二百十三号　中华民国七年一月二十九日）
提要：令陆军总长段芝贵
呈核山东督军请奖黄河防护三次安澜在事出力人员孙明山等勋章由
作者：王士珍　段芝贵
来源：政府公报
时间：1918
卷期：第727号　**页码**：8—9
类型：指令

标题：陆军总长段芝贵呈大总统核拟山东督军请奖黄河防护三次安澜在事出力人员孙明山等勋章文（附单）
来源：政府公报
时间：1918
卷期：第730号　**页码**：15—16
类型：呈文

标题：大总统指令（第四百三十八号　中华民国七年三月五日）
提要：令河南督军兼署省长赵倜
呈报黄河凌汛安澜工程稳固情形由
作者：钱能训
来源：政府公报
时间：1918
卷期：第760号　**页码**：8
类型：指令

标题：河南督军兼署省长赵倜呈大总统报明黄河凌汛安澜工程稳固情形文
来源：政府公报
时间：1918
卷期：第767号　**页码**：14
类型：呈文

标题：大总统指令（第五百二十一号　中华民国七年三月十五日）
提要：令山东督军兼署省长张怀芝
呈防护黄河已历三次安澜照章请奖在工出力各员由
作者：钱能训
来源：政府公报
时间：1918
卷期：第770号　**页码**：11
类型：指令

标题：内务部咨山东省长据全国河务会议议决山东黄河宜注重临黄民埝一案应转饬河防局详拟办法报部核办请查照文（中华民国七年七月二日）
作者：钱能训
来源：政府公报
时间：1918
卷期：第884号　**页码**：15—16
类型：咨文

标题：大总统指令（第一千四百三十九号 中华民国七年八月二十八日）
提要：令河南督军兼省长赵倜
呈报伏汛期内黄河两岸工程修护稳固由
作者：段祺瑞 钱能训
来源：政府公报
时间：1918
卷期：第932号　页码：3—4
类型：指令

标题：内务部咨直隶省长黄河伏汛既经防护平稳请饬令在工人员于秋汛河堤加意防守文（中华民国七年九月十三日）
作者：钱能训
来源：政府公报
时间：1918
卷期：第953号　页码：9
类型：咨文

标题：大总统指令（第二千六十六号 中华民国七年十一月三十日）
提要：令署理直隶省长曹锐
呈报直隶黄河南北两岸三汛安澜在事出力人员吁恳照章存记由
作者：钱能训
来源：政府公报
时间：1918
卷期：第1022号　页码：13
类型：指令

标题：国文范作
提要：古人多以游名山大川而文思大进者诸生寒假旋里河流嵩岳在指顾间必有深会于心试各举所得以对
客腊旋里　途中所见　黄河滔滔一泻千里
作者：袁明先
来源：妇女杂志（上海）
时间：1918
卷期：第4卷第8号　页码：1—2
类型：记事

标题：水利会纪载及公函
提要：请省长核办职员宗嘉禄请议勘定淮流路线案会员谭庆棠请议鲁皖来水入江入海道路案会员王绍鹤请议淮水入江入海道路案会员田震东请导淮仍由旧黄河案呈文
来源：江苏水利协会杂志
时间：1918
卷期：第2期　页码：27—28
类型：公函

标题：省长训令（烟字第一百四十三号）
提要：令各县知事
为训令事，案据离石县知事函称，该县碛口柳林军渡孟门等处滨临黄河入陕西哥老会者共有二三千人
来源：来复
时间：1918
卷期：第27号　页码：6
类型：训令

标题：京汉路工务见习工程司陈浦条陈调查黄河岸上下游商运情形盐设立码头办法呈文
来源：铁路协会会报
时间：1918
卷期：第69期　页码：85—88
类型：呈文

标题：署理直隶省长曹锐呈大总统恭报

标题：直隶黄河南北两岸三汛安澜在事出力人员吁恳照章存记文（附单）
来源：政府公报
时间：1918
卷期：第1027号　页码：11—14
类型：呈文

标题：各国纪闻
提要：日人在黄河流域经营商业
来源：安徽实业杂志
时间：1918
卷期：续刊　第14期　页码：13
类型：新闻

标题：改建京汉路黄河桥意见书
作者：沈琪
来源：中华工程师学会会报
时间：1918
卷期：第5卷第1期　页码：1—3
类型：记事

标题：Current Events 黄河又决口（中英文对照）
作者：Lee，B. E.
来源：英语周刊
时间：1918
卷期：第128期　页码：598
类型：新闻

标题：简易地理
提要：问
　　　山西省有什么河流入黄河
来源：官话注音字母报
时间：1918
卷期：第52期　页码：15—16
类型：论文

标题：黄河植木场种树纪念
作者：颖人
来源：铁路协会会报
时间：1918
卷期：第68期　页码：110
类型：诗词

标题：黄河桥上怀京师同好
作者：霁东
来源：铁路协会会报
时间：1918
卷期：第73期　页码：179
类型：诗词

标题：和茗生渡黄河感怀元韵
作者：瑟君
来源：微言杂志
时间：1918
卷期：第1期　页码：99
类型：诗词

1919 年

标题：大总统指令（第二百六十四号
　　　中华民国八年一月二十三日）
提要：令署理山东督军兼署省长张树元
　　　呈报山东黄河七年三汛安澜各工
　　　一律防护平稳由
　　　呈悉交内务部查照此令
作者：钱能训
来源：政府公报
时间：1919
卷期：第 1069 号　页码：15
类型：指令

标题：大总统指令（第三百七十九号
　　　中华民国八年一月三十日）
提要：令署理山东督军兼署省长张树元
　　　呈请奖给山东黄河险工抢护平稳
　　　出力各员勋奖各章由
作者：钱能训　靳云鹏
来源：政府公报
时间：1919
卷期：第 1076 号　页码：15
类型：指令

标题：大总统指令（第六百六十号　中
　　　华民国八年三月二日）
提要：令内务总长钱能训
　　　呈厘定直隶黄河河务局等次并拟
　　　改易名称简任局长由
作者：钱能训

来源：政府公报
时间：1919
卷期：第 1105 号　页码：3
类型：指令

标题：顺直省议会请豁免长垣县黄河堤
　　　内滩地粮银请愿书
作者：边守靖　陈赓虞　杨以俭
来源：参议院公报
时间：1919
卷期：第二期第 4 册　页码：258—261

标题：大总统指令（第七百十七号　中
　　　华民国八年三月七日）
提要：令兼河南省长赵倜
　　　呈报豫省黄河凌汛期内普庆安澜
　　　业将两岸工程保护稳固由
作者：钱能训
来源：政府公报
时间：1919
卷期：第 1110 号　页码：4
类型：指令

标题：大总统指令（第七百九十一号
　　　中华民国八年三月十四日）
提要：令内务总长钱能训
　　　呈报直隶黄河河务局改组情形由
作者：钱能训
来源：政府公报

— 34 —

时间：1919

卷期：第 1117 期　页码：7—8

类型：指令

标题：呈内务总长钱能训呈大总统为厘定直隶黄河河务局等次并拟改易名称简任局长文

来源：政府公报

时间：1919

卷期：第 1121 号　页码：12—13

类型：呈文

标题：河南督军兼省长赵倜呈大总统报明豫省黄河凌汛期内普庆安澜业将两岸工程保护稳固文

来源：政府公报

时间：1919

卷期：第 1134 号　页码：21—22

类型：呈文

标题：内务总长钱能训呈大总统为陈报直隶黄河河务局改组情形文

来源：政府公报

时间：1919

卷期：第 1137 号　页码：12

类型：呈文

标题：大总统指令（第一千三十号　中华民国八年四月六日）

提要：令内务总长钱能训呈核定直隶黄河河务局分局等次并荐任分局长由

作者：钱能训

来源：政府公报

时间：1919

卷期：第 1140 号　页码：2—3

类型：指令

标题：内务总长钱能训呈大总统核定直隶黄河河务局分局等次并荐任分局长文

来源：政府公报

时间：1919

卷期：第 1157 号　页码：7—8

类型：呈文

标题：大总统指令（第一千二百六十号　中华民国八年五月六日）

提要：令直隶省长曹锐呈报黄河河务局局长姚联奎暨直隶河务局局长宋彬就职日期由

作者：钱能训

来源：政府公报

时间：1919

卷期：第 1169 号　页码：6

类型：指令

标题：大总统指令（第一千二百九十五号　中华民国八年五月十日）

提要：令兼署河南省长赵倜呈报豫省黄河两岸工程桃汛期内保护稳固由

作者：钱能训

来源：政府公报

时间：1919

卷期：第 1173 号　页码：3

类型：指令

标题：呈河南督军兼省长赵倜呈大总统报明豫省黄河两岸工程桃汛期内保护稳固文

来源：政府公报

时间：1919

卷期：第 1176 号　页码：19

类型：呈文

标题：福建省长公署批（第三百六十四号 中华民国八年五月二十六日）
摘要：原具呈人古田县民入黄河清等
来源：福建公报
时间：1919
卷期：第635号　页码：10—11
类型：批文

标题：大总统指令（第一千四百八十九号 中华民国八年六月五日）
提要：令国务总理钱能呈请将修护黄河两岸工程节逾霜清普庆安澜出力人员吴篑孙等均予传令嘉奖由
作者：钱能训
来源：政府公报
时间：1919
卷期：第1198号　页码：5
类型：指令

标题：大总统指令（第一千七百三十九号 中华民国八年七月五日）
提要：令全国水利局总裁李国珍呈拟设黄河流量测站请饬部拨给开办经常各费开具节略请鉴由
作者：龚心湛
来源：政府公报
时间：1919
卷期：第1227号　页码：5
类型：指令

标题：呈全国水利局总裁李国珍呈大总统拟设黄河流量测站请饬部拨给开办经常各费开具节略请鉴文（附节略）
来源：政府公报
时间：1919
卷期：第1231号　页码：10—14
类型：呈文

标题：顺直省议会函送豁免长垣县黄河堤内滩地粮银请愿书中华民国八年七月九日
来源：参议院公报
时间：1919
卷期：第二期第4册　页码：327
类型：公函

标题：全国水利局总裁李国珍呈大总统拟设黄河流量测站请饬部拨给开办经常各费开具节略请鉴文（附节略）（八年七月十日政府公报）（附图）
作者：楫
来源：河海月刊
时间：1919
卷期：第2卷第8期　页码：1—6
类型：呈文

标题：山东省长屈映光呈大总统具报伏汛期内山东黄河三游大堤各工防护平稳文
来源：政府公报
时间：1919
卷期：第1293号　页码：9—10
类型：呈文

标题：内务部咨直隶、山东、河南省长本部派员往直鲁豫三省黄河工次调查情形报部核办希饬该管河务局接洽文（中华民国八年八月二十九日）
作者：朱深
来源：政府公报

时间：1919
卷期：第 1295 号　页码：10—11
类型：咨文

标题：咨国务院咨行请愿委员会提出顺直省议会豁免长垣县黄河堤内滩地粮银请愿事件业经大会可决请查照办理文（中华民国八年八月三十日）
来源：参议院公报
时间：1919
卷期：第二期第 4 册　页码：291—292
类型：咨文

标题：大总统指令（第二千二百三十八号　中华民国八年九月五日）
提要：令山东省长屈映光
呈报伏汛期内山东黄河三游大堤各工防护平稳由
作者：龚心湛　朱深
来源：政府公报
时间：1919
卷期：第 1288 号　页码：10
类型：指令

标题：大总统指令（第二千八百八十二号　中华民国八年十一月十九日）
提要：令直隶省长曹锐
呈本年直录黄河南北两岸三汛抢护安澜在事出力人员恳请照章存记由
作者：靳云鹏　朱深
来源：政府公报
时间：1919
卷期：第 1360 号　页码：3—4
类型：指令

标题：全国水利局总裁李国珍呈大总统拟设黄河流量测站请饬部拨给开办经常各费开具节略请鉴文（附节略）
来源：中华工程师学会会报
时间：1919
卷期：第 6 卷第 7 期　页码：1—7
类型：呈文

标题：长垣县议会议员林汝砺等再提议援案豁免黄河堤内滩地粮银随时招租咨请县署转详案（附图）
来源：参议院公报
时间：1919
卷期：第二期第 4 册　页码：261—262
类型：议案

标题：署理直隶省长曹锐呈大总统恭报直隶黄河南北两岸三泛安澜在事出力人员吁恳照章存记文（附单）
来源：河务季报
时间：1919
卷期：第 1 期　页码：2—6
类型：呈文

标题：大总统为厘定直隶黄河河务局等次并拟改易名称简任局长文
来源：河务季报
时间：1919
卷期：第 1 期　页码：18—20
类型：公文

标题：浚治黄河之计划
来源：中华工程师学会会报
时间：1919
卷期：第 6 卷第 7 期　页码：1—4
类型：计划

标题：郑州过黄河
提要：断肠词
作者：孙祥偈
来源：北京女子高等师范文艺会刊
时间：1919
卷期：第 6 期　页码：55—56
类型：诗词

标题：世界名桥比较谈
提要：图五—中国黄河桥
来源：中国工程学会会报
时间：1919
卷期：第 1 期　页码：1 页
类型：图画

标题：解决黄河问题（上）
作者：金天翮
来源：江苏水利协会杂志
时间：1919
卷期：第 4 期　页码：1—4
类型：论文

标题：京汉铁路黄河桥
作者：凌鸿勋
来源：中国工程学会会报
时间：1919
卷期：第 1 期　页码：59—61
类型：记事

标题：钻验黄河新桥地质告竣
作者：青
来源：铁路协会会报
时间：1919
卷期：第 82 期　页码：94
类型：记事

标题：渡黄河
作者：老兰
来源：广肇周报
时间：1919
卷期：第 8 期　页码：12
类型：诗词

标题：过黄河桥
作者：我一
来源：武进月报
时间：1919
卷期：第 2 卷第 10 号　页码：19
类型：诗词

标题：直隶棉业之近况
提要：黄河流域，各省产棉之地
作者：振华
来源：广益杂志
时间：1919
卷期：第 2 期　页码：14—15
类型：新闻

标题：旧黄河沙埂当避
作者：徐钟令
来源：广益杂志
时间：1919
卷期：第 3 期　页码：8—9
类型：记事

1920 年

标题：大总统指令（第二百二十八号 中华民国九年一月二十一日）
提要：令内务总长田文烈
呈核河南省长请将黄河水上警察照章设局拟请照准并通行各省区嗣后水上警察局一律适用地方警察局组织章程由
作者：靳云鹏　田文烈
来源：政府公报
时间：1920
卷期：第 1416 号　**页码**：7
类型：指令

标题：大总统指令（第九百十六号　中华民国九年四月二日）
提要：令内务总长田文烈
呈准河南省长咨请以谢景安派充黄河水上警察局局长由
作者：靳云鹏　田文烈
来源：政府公报
时间：1920
卷期：第 1486 号　**页码**：4
类型：指令

标题：大总统令
提要：内务总长钱能训呈请任命叶树勋为直隶黄河河务局南岸分局长程长庆为直隶黄河河务局北岸分局长均照准此令
来源：河务季报
时间：1920
卷期：第 2 期　**页码**：1—2
类型：呈文

标题：大总统指令（第一千七十九号 中华民国九年四月二十二日）
提要：令内务总长田文烈
呈报东省黄河凌汛期内各工防护平稳情形暨撤防日期由
作者：靳云鹏　田文烈
来源：政府公报
时间：1920
卷期：第 1505 号　**页码**：12
类型：指令

标题：河南督军兼省长赵倜呈大总统报明豫省黄河两岸工程桃泛期内保护稳固文
来源：河务季报
时间：1920
卷期：第 2 期　**页码**：14—16
类型：呈文

标题：大总统指令（第一千五百二号 中华民国九年六月九日）
提要：令内务总长田文烈
呈报山东黄河桃汛经过各工一律防护平稳并预防伏秋大汛情形由

作者：萨镇冰　田文烈
来源：政府公报
时间：1920
卷期：第 1553 号　页码：4
类型：指令

标题：大总统指令（第一千五百四十六号　中华民国九年六月十四日）
提要：令内务总长田文烈
　　　呈报直隶黄河南北两岸桃汛安澜并预防大汛情形由
作者：萨镇冰　田文烈
来源：政府公报
时间：1920
卷期：第 1558 号　页码：3
类型：指令

标题：全国水利局总裁李国珍呈大总统拟设黄河流量测站请饬部拨给开办经常各费开具节略请鉴文（附节略）
来源：河务季报
时间：1920
卷期：第 2 期　页码：13—19
类型：呈文

标题：派考察山东黄河工程事宜等因奉此遵即于六月三十一日起程前往鲁省三游各工段详细考察兹于十一月二日回京除
来源：河务季报
时间：1920
卷期：第 3 期　页码：123—129
类型：公文

标题：大总统指令（第一千六百七十号　中华民国九年七月二日）
提要：令国务总理萨镇冰
　　　呈核山东省长请奖黄河三汛安澜在工出力人员缮单呈鉴由
作者：萨镇冰
来源：政府公报
时间：1920
卷期：第 1575 号　页码：5
类型：指令

标题：大总统指令（九年七月二日）
提要：令国务总理萨镇冰
　　　呈核山东省长请奖黄河三汛安澜在工出力人员缮单呈鉴由
来源：河务季报
时间：1920
卷期：第 4 期　页码：5
类型：指令

标题：内务总长田文烈呈大总统呈报直隶黄河南北两岸桃汛安澜并预防大汛情形文
来源：政府公报
时间：1920
卷期：第 1579 号　页码：15—16
类型：呈文

标题：大总统指令（第一千七百九十九号　中华民国九年七月十六日）
提要：令内务总长田文烈
　　　呈山东黄河工程险要亟待兴修拟请特予拨款补助由
作者：萨镇冰　田文烈　李思浩
来源：政府公报
时间：1920
卷期：第 1588 号　页码：9
类型：指令

标题：大总统指令
提要：令内务总长田文烈
呈山东黄河工程险要亟待兴修拟请特予拨款补助由（九年七月十六日）
来源：河务季报
时间：1920
卷期：第 4 期　**页码**：5—6
类型：指令

标题：致京汉铁路黄山坡造林事务所韩所长、安新店植木坊唐君乃仓函
提要：请调查黄河以南大段官荒由（九年九月八日）
来源：劝业丛报
时间：1920
卷期：第 1 卷第 2 期　**页码**：234—235
类型：公函

标题：交通部训令（中华民国九年九月十四日）
提要：令路政司长郑洪年、京汉铁路管理局局长俞人凤
京汉铁路黄河大桥关系全国交通至为重要本部长前在司长任内即经筹拟改造办法
作者：叶恭绰
来源：政府公报
时间：1920
卷期：第 1652 号　**页码**：10
类型：训令

标题：交通部训令（中华民国九年九月十四日）
提要：令路政司长郑洪年，京汉铁路管理局局长俞人凤
京汉铁路黄河大桥关系全国交通至为重要本部长前在司长任内即经筹拟改造办法
来源：交通公报
时间：1920
卷期：第 46 期　**页码**：45—46
类型：训令

标题：大总统令（中华民国九年十一月十六日）
提要：署内务总长张志潭呈直隶大名道道尹兼黄河河务局局长姚联奎因病恳请辞职姚联奎准免本兼各职此令
作者：靳云鹏　张志潭
来源：政府公报
时间：1920
卷期：第 1708 号　**页码**：1—5
类型：呈文

标题：大总统令（中华民国九年十一月十六日）
提要：署内务总长张志潭呈直隶大名道尹兼黄河河务局局长
作者：芝
来源：江苏省公报
时间：1920
卷期：第 2476 期　**页码**：1—2
类型：呈文

标题：山东省长咨赈务处文（中华民国九年十二月五日）
提要：山东省长公署为咨请事案据山东河务局局长劳之常呈称山东黄河上游两岸大堤相距数十里
作者：田中玉
来源：赈务通告
时间：1920
卷期：第 6 期　**页码**：26—27

类型：咨文

标题：全国水利局总裁李国珍呈大总统拟设黄河流量测站请饬部拨给开办经常各费开具节略请鉴文（附节略）
来源：河务季报
时间：1920
卷期：第 2 期　页码：23—29
类型：呈文

标题：内务总长田文烈呈大总统呈核河南省长请将黄河水上警察照章设局拟请照准并通行各省区嗣后水上警察局一律适用地方警察局组织章程文
来源：政府公报
时间：1920
卷期：第 1421 号　页码：10—11
类型：呈文

标题：河务季报祝词
提要：神禹去迈
作者：直隶黄河河务局
来源：河务季报
时间：1920
卷期：第 2 期　页码：1
类型：祝词

标题：呈大总统核定直隶黄河河务局分局等次并荐任分局长文
来源：河务季报
时间：1920
卷期：第 2 期　页码：12—13
类型：呈文

标题：山东省长屈映光呈大总统具报伏泛期内山东黄河三游大堤各工防防护平稳文
来源：河务季报
时间：1920
卷期：第 2 期　页码：47—48
类型：呈文

标题：咨直隶、河南、山东省长本部派员往直鲁豫三省黄河工次调查情形报部核办希饬该管河务局接洽文
作者：朱深
来源：河务季报
时间：1920
卷期：第 2 期　页码：58
类型：咨文

标题：毕业生通讯
提要：戈福海
　　客岁四月将陕县黄河测站组织就绪后
来源：河海月刊
时间：1920
卷期：第 3 卷第 3 期　页码：25—34
类型：通讯

标题：考察山东黄河第一次报告书（附表）
来源：河务季报
时间：1920
卷期：第 3 期　页码：129—138
类型：报告

标题：直隶黄河河务局办事规程
来源：河务季报
时间：1920
卷期：第 3 期　页码：32—35
类型：法规

标题：直隶黄河河务分局办事规程
来源：河务季报
时间：1920
卷期：第 3 期　页码：36—41
类型：法规

标题：直隶黄河河务分局驻工办事处办事规程
来源：河务季报
时间：1920
卷期：第 3 期　页码：41—44

标题：直隶黄河河务局工巡队办事规程
来源：河务季报
时间：1920
卷期：第 3 期　页码：44—48
类型：法规

标题：山东黄河下游营汛防守工段情形表
来源：河务季报
时间：1920
卷期：第 3 期　页码：138—150
类型：图表

标题：直隶黄河河务局南岸分局工巡队员兵名额表
来源：河务季报
时间：1920
卷期：第 3 期　页码：48—49
类型：图表

标题：直隶黄河河务局北岸分局工巡队员兵名额表
来源：河务季报
时间：1920
卷期：第 3 期　页码：49—50
类型：图表

标题：呈大总统呈报东省黄河凌汛期内各工防护平稳情形暨撤防日期文
来源：河务季报
时间：1920
卷期：第 4 期　页码：9—10
类型：呈文

标题：呈大总统呈报山东黄河桃泛经过各工一律防护平稳并预防伏秋大泛情形文
来源：河务季报
时间：1920
卷期：第 4 期　页码：24—25
类型：呈文

标题：呈大总统呈报直隶黄河南北两岸桃泛安澜并预防大泛情形文
来源：河务季报
时间：1920
卷期：第 4 期　页码：25—27
类型：呈文

标题：考察山东黄河工程第二次报告书（附图、表）
来源：河务季报
时间：1920
卷期：第 4 期　页码：75—99
类型：报告

标题：山东黄河中游营汛防守工段情形表
来源：河务季报
时间：1920
卷期：第 4 期　页码：99—117
类型：图表

标题：山东黄河上游营汛防守工段情形表
来源：河务季报

时间：1920
卷期：第 4 期　页码：117—129
类型：图表

标题：黄河桥工招标设计及承办规则（附图表）
来源：中华工程师学会会报
时间：1920
卷期：第 7 卷第 12 期　页码：1—16
类型：图表

标题：黄河渡口
作者：镜秋
来源：野声
　　　（新文社月刊）
时间：1920
卷期：第 1 卷第 6/7/8 期　页码：133—157
类型：小说

标题：赈灾消息（节辑中文各报）
提要：据天津昝脱等来函略谓天津之南运河以西沿黄河一带
来源：赈务通告
时间：1920
卷期：第 1 期　页码：53—54
类型：新闻

标题：黄河桥之赶办
来源：交通丛报
时间：1920
卷期：第 71/72 期　页码：2
类型：新闻

标题：黄河长江利害之比较
作者：姚寅恭
来源：教育潮
时间：1920

卷期：第 1 卷第 9 期　页码：7—11
类型：论文

标题：沧州、黄河涯、利国驿三站设立汇通公司支店
来源：铁路协会会报
时间：1920
卷期：第 93 期　页码：117
类型：新闻

标题：各地逐月雨量表附说
提要：淮沂沭各河流域居长江之北黄河之南气候大致相同
来源：督办江苏运河工程局季刊
时间：1920
卷期：第 3 期　页码：20
类型：图表

标题：斥革黄河北岸车站之闸夫
作者：青
来源：铁路协会会报
时间：1920
卷期：第 92 期　页码：71
类型：新闻

标题：长江黄河
作者：胡怀琛
来源：俭德储蓄会月刊
时间：1920
卷期：第 1 卷第 2 期　页码：84
类型：诗词

标题：黄河新桥筹备之进行
作者：青
来源：铁路协会会报
时间：1920
卷期：第 97 期　页码：93

类型：记事

标题：黄河治水管见
作者：小越平陆
来源：东亚通商杂志
时间：1920
卷期：第 10 卷第 1 期　**页码**：26—30
类型：论文

标题：诗（乙）
提要：黄河
作者：杨宗禹
来源：学生文艺丛刊汇编
时间：1920
卷期：第 1 卷第 3 册　**页码**：72
类型：诗词

标题：黄河桥工招标设计及承办规则
提要：黄河原有路线；
　　　　黄河高水旬计表
来源：中华工程师学会会报
时间：1920
卷期：第 7 卷第 12 期　**页码**：1 页
类型：图表

1921 年

标题：泺口黄河桥古为鹊山淤湖说
作者：蒋智由
时间：1921
类型：图书

标题：京汉路局建筑黄河铁桥案（1920 年 12 月—1921 年 4 月）
来源：外交部
时间：1921
类型：图书

标题：大总统指令（第五百十三号　中华民国十年三月二日）
提要：令直隶省长曹锐
　　　呈报黄河三届安澜恳准将历届存记在事出力人员照章分别保奖由
作者：靳云鹏
来源：政府公报
时间：1921
卷期：第 1805 号　页码：13
类型：指令

标题：大总统指令
提要：令直隶省长曹锐
　　　十年三月二日呈报黄河三届安澜恳准将历届存记在事出力人员照章分别保奖由
来源：河务季报
时间：1921

卷期：第 6 期　页码：4
类型：指令

标题：本会名誉会员交通部京汉铁路黄河新桥设计审查会顾问韦尔末君肖像
来源：中华工程师学会会报
时间：1921
卷期：第 8 卷第 9 期　页码：1 页
类型：照片

标题：大总统指令（第九百四十号　中华民国十年四月十六日）
提要：令河南省长张凤台
　　　呈黄河三届安澜出力各员拟请按照异常劳绩择尤保奖请核示由
作者：靳云鹏
来源：政府公报
时间：1921
卷期：第 1849 号　页码：6
类型：指令

标题：福建省长公署批（第二百五十五号　中华民国八年四月二十八日）
提要：原具呈人建阳县商民黄河清等
　　　批建阳县商民黄河清等呈具报米船经过各县请饬即予放行由
来源：福建公报
时间：1921

卷期：第 1174 号　页码：11
类型：批文

标题：大总统指令（第一千一百十九号　中华民国十年五月十一日）
提要：令国务总理靳云鹏
　　　呈核山东省长田中玉请奖黄河险工出力人员应俟汇案呈准再行开保由
作者：靳云鹏
来源：政府公报
时间：1921
卷期：第 1874 号　页码：3—4
类型：指令

标题：大总统指令（第一千一百七十五号　中华民国十年五月十四日）
提要：令河南省长张凤台
　　　呈黄河三届安澜遵令择保出力各员缮折呈鉴由
作者：靳云鹏
来源：政府公报
时间：1921
卷期：第 1878 号　页码：8
类型：指令

标题：交通部图书馆章程、交通部图书馆阅览守则、京汉黄河新桥设计审查会简章（民国十五年五月十二日公布）
来源：铁路公报（沪宁沪杭甬线）
时间：1921
卷期：第 30 期　页码：18—27
类型：记事

标题：交通部令（中华民国十年五月十二日第二七号）
提要：京汉黄河新桥设计审查会简章

作者：叶恭绰
来源：政府公报
时间：1921
卷期：第 1895 号　页码：13
类型：命令

标题：大总统指令（第一千一百七十五号　中华民国十年五月十四日）
提要：令河南省长张凤台
　　　呈黄河三届安澜遵令择保出力各员缮折呈鉴由
作者：靳云鹏
来源：政府公报
时间：1921
卷期：第 1878 号　页码：9
类型：指令

标题：交通部京汉铁路黄河新桥设计审查会顾问大村卓一君肖像
来源：中华工程师学会会报
时间：1921
卷期：第 8 卷第 9 期　页码：1 页
类型：照片

标题：呈大总统呈为直隶黄河两岸桃汛安澜情形仰祈鉴核文（六月六日）
来源：内务公报
时间：1921
卷期：第 94 期　页码：17—18
类型：呈文

标题：大总统指令（第一千四百三号　中华民国十年六月十一日）
提要：令内务总长齐耀珊
　　　呈报直隶黄河两岸桃汛安澜情形由
作者：靳云鹏　齐耀珊
来源：政府公报

时间：1921
卷期：第 1904 号　**页码**：9
类型：指令

标题：各埠金融及商况
提要：大名（七月三十日通信）
市面情形：查名地本两星期内大雨滂沱河水涨发黄河南岸长垣县地方决口数百丈
来源：银行周报
时间：1921
卷期：第 5 卷第 31 号　**页码**：13
类型：新闻

标题：大总统指令（第二千三号　中华民国十年八月二十六日）
提要：令国务总理靳云鹏
呈核直隶省长请奖黄河三届安澜案内出力人员缮单呈鉴由
作者：靳云鹏
来源：政府公报
时间：1921
卷期：第 1979 号　**页码**：8—9
类型：指令

标题：大总统令三则（九月十六日至二十八日）
提要：特派田中玉督办宫家坝黄河决口堵合事宜此令
来源：内务公报
时间：1921
卷期：第 97 期　**页码**：12—13
类型：政令

标题：大总统指令（第二千三百七十号　中华民国十年十月十五日）
摘要：令财政次长代理部务潘复
呈鲁省黄河北岸宫家坝堵筑需款拟请准予规复河工附税以济要需由
作者：靳云鹏
来源：政府公报
时间：1921
卷期：第 2026 号　**页码**：11
类型：指令

标题：旧体杂诗
提要：过黄河桥（一九一六年十月二十一日）
作者：康白情
来源：学艺
时间：1921
卷期：第 2 卷第 10 号　**页码**：126
类型：诗词

标题：大总统指令（第二千四百三十五号　中华民国十年十月二十五日）
提要：令内务总长齐耀珊
呈据情转报直隶黄河南北两岸各工伏汛安澜由
作者：靳云鹏　齐耀珊
来源：政府公报
时间：1921
卷期：第 2036 号　**页码**：8
类型：指令

标题：黄河隧道
提要：即铁道过河不用桥梁之一法
作者：韦尔末　金涛
来源：中华工程师学会会报
时间：1921
卷期：第 8 卷第 8 期　**页码**：1—8
类型：演讲

标题：王景春任为黄河铁桥委员会主任

（中英文对照）
作者：顾润卿
来源：英语周刊
时间：1921
卷期：第 302 期　页码：3—4
类型：记事

标题：黄河铁桥委员会（中英文对照）
作者：顾润卿
来源：英语周刊
时间：1921
卷期：第 298 期　页码：6—7
类型：记事

标题：疏浚黄河之计画（译亚细亚杂志）（附图）
来源：上海总商会月报
时间：1921
卷期：第 1 卷第 1 号　页码：17—20
类型：计划

标题：京汉黄河新桥设计审查会简章
来源：中华工程师学会会报
时间：1921
卷期：第 8 卷第 5 期　页码：1—2
类型：条例

标题：黄河流域古今地质之变迁及其将来之危状
作者：夏建寅
来源：安徽教育月刊
时间：1921
卷期：第 43 期　页码：8—18
类型：论文

标题：直隶黄河南境划归山东传教南区
来源：圣教杂志
时间：1921
卷期：第 10 卷第 12 期　页码：561
类型：记事

标题：比人承造黄河铁桥（中英文对照）
作者：顾润卿
来源：英文杂志
时间：1921
卷期：第 7 卷第 10 期　页码：794
类型：记事

标题：比人承造黄河铁桥（中英文对照）
作者：顾润卿
来源：英语周刊
时间：1921
卷期：第 307 期　页码：4
类型：记事

标题：振兴黄河上游航业之意见
作者：李昭观
来源：交通丛报
时间：1921
卷期：第 81 期　页码：5—7
类型：意见

标题：京汉铁路黄河桥开标
来源：中华工程师学会会报
时间：1921
卷期：第 8 卷第 9 期　页码：1—4
类型：记事

标题：注重黄河桥工
来源：交通丛报
时间：1921
卷期：第 75 期　页码：6—7
类型：记事

标题：渡黄河（己巳）

作者：王钊延
来源：交通丛报
时间：1921
卷期：第 78 期　页码：1
类型：诗词

标题：复渡黄河（壬申）
作者：王钊延
来源：交通丛报
时间：1921
卷期：第 78 期　页码：1
类型：诗词

标题：过黄河车中作
作者：郑润五
来源：交通丛报
时间：1921
卷期：第 78 期　页码：1
类型：诗词

标题：山东阴雨兼旬，利津县黄河决口，被灾难民在五十万人以上，呜呼惨矣
来源：来复
时间：1921
卷期：第 167 期　页码：13
类型：新闻

标题：山东、黄河泛滥近闻
来源：英美烟公司月报
时间：1921
卷期：第 1 卷第 9 期　页码：10—11
类型：新闻

标题：河南、黄河之险状
来源：英美烟公司月报
时间：1921
卷期：第 1 卷第 9 期　页码：13—14

类型：新闻

标题：山东黄河下游三不赶处埽坝下沉抢险状况、山东黄河下游宫家处决口口门之侧面形
来源：河务季报
时间：1921
卷期：第 6 期　页码：1 页
类型：照片

标题：黄河横决之惊报
来源：工业杂志
时间：1921
卷期：第 9 卷第 9 期　页码：53—55
类型：新闻

标题：建筑新黄河桥之外讯
提要：中美新闻社译，美人梅洛爱氏文云，黄河上建造新铁桥，招人投标承造一俟决定
作者：申
来源：铁路协会会报
时间：1921
卷期：第 108 期　页码：132—133
类型：新闻

标题：电催黄河桥工程师来华
作者：青
来源：铁路协会会报
时间：1921
卷期：第 105 期　页码：145—146
类型：记事

标题：黄河河道变迁考略
作者：朱建勋
来源：史地丛刊（北京）
时间：1921

卷期：第 2 期　页码：73—91
类型：论文

标题：铁路之职制（黄河桥顾问大村卓一讲演）
作者：吕瑞庭
来源：铁路公报（沪宁沪杭甬线）
时间：1921
卷期：第 44 期　页码：30—37
类型：演讲

标题：山东黄河下游西冯家抢险情状
来源：河务季报
时间：1921
卷期：第 6 期　页码：1 页
类型：照片

标题：黄河铁路大桥之改建
来源：工业杂志
时间：1921
卷期：第 9 卷第 5 期　页码：34
类型：新闻

标题：黄河铁路大桥之投标
来源：工业杂志
时间：1921
卷期：第 9 卷第 8 期　页码：54
类型：新闻

标题：黄河决口
来源：少年（上海1911）
时间：1921
卷期：第 11 卷第 8 号　页码：1—2
类型：记事

标题：附本会公宴京汉铁路黄河新桥铁路技术委员会顾问纪事

来源：铁路协会会报
时间：1921
卷期：第 108 期　页码：25
类型：演讲

标题：建筑新黄河桥之外讯
提要：中美新闻社，译美人梅洛爱氏文云，黄河上建造新铁桥，招人投标承造一俟决定
来源：实业杂志
时间：1921
卷期：第 45 期　页码：118—119
类型：通讯

标题：京汉路黄河桥高等顾问美国华特尔博士
作者：陆
来源：铁路协会会报
时间：1921
卷期：第 106 期　页码：0，2
类型：照片

标题：本会公宴京汉铁路黄河桥铁路技术委员会顾问撮影
来源：铁路协会会报
时间：1921
卷期：第 108 期　页码：3
类型：照片

标题：黄河新桥设计招标
作者：青
来源：铁路协会会报
时间：1921
卷期：第 101 期　页码：106
类型：新闻

标题：黄河桥开始测量

作者：青
来源：铁路协会会报
时间：1921
卷期：第 103 期　页码：118
类型：新闻

标题：黄河新桥开标
作者：青
来源：铁路协会会报
时间：1921
卷期：第 107 期　页码：139
类型：新闻

标题：黄河桥开标
作者：青
来源：铁路协会会报
时间：1921
卷期：第 108 期　页码：116
类型：新闻

标题：黄河设计审查添派专员
作者：青
来源：铁路协会会报
时间：1921
卷期：第 108 期　页码：116
类型：新闻

标题：大总统令（九年十一月十六日）
提要：署内务总长张志潭呈直隶大名道道尹兼黄河河务局局长姚联奎因病恳请辞职姚联奎准免本兼各职此令
来源：河务季报
时间：1921
卷期：第 5 期　页码：1
类型：命令

标题：大总统令（九年十一月十六日）
提要：任命张昌庆兼直隶黄河河务局局长此令
来源：河务季报
时间：1921
卷期：第 5 期　页码：1
类型：命令

标题：黄河桥工建筑之情形
作者：青
来源：铁路协会会报
时间：1921
卷期：第 109 期　页码：130
类型：记事

标题：黄河桥审查会取消
作者：青
来源：铁路协会会报
时间：1921
卷期：第 110 期　页码：132
类型：记事

标题：京汉铁路黄河新桥设计审查会
来源：铁路协会会报
时间：1921
卷期：第 106 期　页码：27—28
类型：记事

标题：京汉铁路黄河桥开标（附表）
来源：铁路协会会报
时间：1921
卷期：第 106 期　页码：28—31
类型：记事

标题：黄河桥减窄河面之研究
作者：道
来源：铁路协会会报
时间：1921

卷期：第109期　页码：148—149
类型：论文

标题：新黄河铁路大桥之投标
作者：工
来源：铁路协会会报
时间：1921
卷期：第108期　页码：131—132
类型：记事

标题：大江集（大观集之第一种）
提要：长江黄河
作者：胡怀琛
来源：新声
时间：1921
卷期：第2期　页码：36
类型：诗词

标题：黄河新桥筹备会员致晨报记者书
来源：交通公报
时间：1921
卷期：第52期　页码：133—136
类型：会函

标题：京汉黄河新桥设计审查会简章
来源：交通公报
时间：1921
卷期：第54期　页码：29—30
类型：问章

标题：黄河决口
来源：兴华
时间：1921
卷期：第18卷第31册　页码：29
类型：新闻

标题：电催黄河桥工程司来华
来源：实业丛报
时间：1921
卷期：第5期　页码：79
类型：电报

标题：建筑新黄河桥之外讯
来源：交通公报
时间：1921
卷期：第56期　页码：104—105
类型：通讯

标题：黄河铁桥投标之争论
来源：实业丛报
时间：1921
卷期：第5期　页码：80
类型：新闻

标题：大总统指令（第二千七百九十号中华民园十年十二月十八日）
提要：令直隶省长曹锐
　　　呈直隶黄河南北两岸三汛抢护安澜在事出力人员吁恳照章存记汇案请奖并颁发匾额缮单呈鉴由
作者：靳云鹏　齐耀珊
来源：政府公报
时间：1921
卷期：第2090号　页码：10—11
类型：指令

标题：京汉铁路黄河新桥设计招标广告
提要：本路现决定建造黄河新桥约长二千八百公尺，招请中外桥梁专门家设投计之标
来源：铁路公报（京汉线）
时间：1921
卷期：第6期　页码：53
类型：广告

1922 年

标题：训令（第八八五号 二月一日）
提要：令工务、会计处
　　　王寿祺等九员在黄河新桥设计审查会出力分别给奖由
来源：铁路公报（京汉线）
时间：1922
卷期：第43期　页码：11
类型：训令

标题：河南灾区救济会函赈务处请将允拨建筑封邱境内黄河改道处堤工之款正式函示以便筹垫开工文（十一年三月三十一日）
来源：赈务通告
时间：1922
卷期：第5期　页码：97
类型：公函

标题：大总统指令第七百十一号
提要：令内务总长高凌霨
　　　呈请奖河南黄河水上警察局局长谢景安一等一级警察奖章由
作者：颜惠庆　高凌霨
来源：政府公报
时间：1922
卷期：第2186号　页码：1—2
类型：指令

标题：江苏省长公署批（第一千五百九十三号　中华民国十一年五月二十一日）
提要：原具呈人阜宁县顺安乡农会长蔡丰年等
　　　呈为思筹长策保护黄河堤身请求照准
来源：江苏省公报
时间：1922
卷期：第3050期　页码：9
类型：批文

标题：大总统指令第二千三百二十二号
提要：令兼代内务总长张国淦
　　　呈报直隶黄河两岸桃汛抢护安澜情形请鉴核由
作者：颜惠庆　张国淦
来源：政府公报
时间：1922
卷期：第2272号　页码：15
类型：指令

标题：江苏省长公署批（第二千五百十五号　中华民国十一年八月五日）
提要：原具呈人阜宁县地方公会代表陈伯盟等
　　　呈为咨请保留废黄河堤及护堤以防水患
来源：江苏省公报
时间：1922

卷期：第 3085 期　页码：6
类型：批文

标题：大总统指令（十年八月二十六日）
提要：令国务总理靳云鹏
　　　呈核直隶省长请奖黄河三届安澜案内出力人员缮单呈鉴由
来源：河务季报
时间：1922
卷期：第 7 期　页码：5
类型：指令

标题：大总统令（十年九月十六日）
提要：派劳之常会办宫家坝黄河决口堵合事宜此令
来源：河务季报
时间：1922
卷期：第 7 期　页码：1
类型：命令

标题：交通部路政司致京汉路局函
提要：迳启者贵路请奖黄河新桥设计审查会高等顾问华尔特等嘉禾章一案经由部咨行外
来源：交通公报
时间：1922
卷期：第 18 号　页码：9—10
类型：公函

标题：公文补登（中华民国十一年十月三日）
提要：京汉路局呈交通部拟购修养黄河桥工应用毡砖遵章请鉴核文
来源：交通公报
时间：1922
卷期：第 72 号　页码：5
类型：呈文

标题：大总统指令第三千十九号
提要：令署国务总理王宠惠
　　　呈核山东省长请奖黄河三汛抢险暨三届安澜在事出力人员实职勋章缮单呈鉴由
作者：王宠惠
来源：政府公报
时间：1922
卷期：第 2369 号　页码：4
类型：指令

标题：全国防灾委员会函赈务处据山东赈灾公会代表贾鸿宾先后函称宫家坝黄河危险情形被灾村庄户口表请核等情抄录原案请查核办理文（十年十一月十二日）
来源：赈务通告
时间：1922
卷期：第 2 期　页码：61—65
类型：公函

标题：大总统令三则（十二月十日至十二月十八日）
提要：内务总长齐耀珊呈直隶黄河河务局南岸分局长叶树勋因病辞职应照准此令
来源：内务公报
时间：1922
卷期：第 100 期　页码：7—8
类型：命令

标题：大总统指令第三千一百六十三号
提要：令署国务总理王宠惠
　　　呈山东省长请奖黄河三汛抢险暨安澜案内马锡三等员请仍照原保准以荐任职任用并注销原奖嘉禾章由
作者：王宠惠

来源：政府公报
时间：1922
卷期：第 2385 号　**页码**：4
类型：指令

标题：江苏省长公署批（第四千五百七十五号　中华民国十年十二月二十六日）
提要：原具呈人东台县农会长汪淮等呈为奉呈疏浚黄河源流说略请核准备案
来源：江苏省公报
时间：1922
卷期：第 2887 期　**页码**：7
类型：批文

标题：议员王谢家等为政府对于山东宫家坝黄河决口年余之久何以不饬催该管长官迅筹堵筑以拯民命质问书
作者：王谢家　司徒颖　王之录
来源：众议院公报
时间：1922
卷期：第三期常会2　**页码**：38—40
类型：公函

标题：省长训令（赈字第二号）
提要：令沿河各县知事、河东道道尹、被灾各县知事
　　　　招商由黄河运粮办法
来源：来复
时间：1922
卷期：第 235 号　**页码**：3—4
类型：训令

标题：京汉铁路民国九年路政大事纪（续）
提要：三、工程之计划并预算及建筑物之改良计划并增添
　　　　（1）筹备黄河新桥；
　　　　（2）加固全路铁桥
来源：铁路公报（京汉线）
时间：1922
卷期：第 53 期　**页码**：23—24
类型：报告

标题：京汉铁路民国九年路政大事纪（续）
提要：二十三、工程之计划并预算及建筑物之改良计划并增添
来源：铁路公报（京汉线）
时间：1922
卷期：第 60 期　**页码**：46—47
类型：报告

标题：论枕木之保存
提要：黄河新桥设计审查会顾问韦尔末先生在铁路协会讲演
作者：金涛
来源：中华工程师学会会报
时间：1922
卷期：第 9 卷第 3 期　**页码**：1—8
类型：演讲

标题：大总统指令第一百九十七号
提要：令内务总长高凌霨
　　　　呈遵核直隶省长呈黄河抢护安澜请奖出力人员并颁发匾额由
作者：梁士诒　高凌霨
来源：政府公报
时间：1922
卷期：第 2121 号　**页码**：9—10
类型：指令

标题：黄河游记
作者：［美］克兰普（Clapp, F. G.）张

其昀
来源：史地学报
时间：1922
卷期：第1卷第4期　页码：95—104
类型：游记

标题：记载及公函
提要：会员陈伯盟，董永成，刘伯昌，薛雷为保留黄河大堤暂缓放领请议书
来源：江苏水利协会杂志
时间：1922
卷期：第12期　页码：1—3
类型：公函

标题：黄河上游又出险
来源：时兆月报
时间：1922
卷期：第17卷第9期　页码：12
类型：新闻

标题：黄河新侨开工消息
提要：交通部将发表造桥合同，主任工程师将由英来华
来源：工业杂志
时间：1922
卷期：第10卷第2期　页码：52
类型：新闻

标题：地学界消息
提要：8. 黄河水患之隐忧
来源：史地学报
时间：1922
卷期：第1卷第3期　页码：6
类型：新闻

标题：京汉铁路黄河新桥筹备述略

作者：凌鸿勋
来源：中华工程师学会会报
时间：1922
卷期：第9卷第1期　页码：1—10
类型：记事

标题：黄河新桥开工消息
提要：交通部将发表造桥合同，主任工程师将由英来华
来源：工业杂志
时间：1922
卷期：第10卷第3期　页码：52
类型：新闻

标题：黄河之根本治法商榷
提要：标准横断面、沟洫、畔柳道路（附图）
作者：李协
来源：科学
时间：1922
卷期：第7卷第9期　页码：895—923
类型：论文

标题：附属各校秋季始业汇志
提要：黄河路第一日校，本届添聘凌辰生君、凌懿生女士、吴广涵君等为教员
来源：寰球中国学生会周刊
时间：1922
卷期：第96期　页码：1
类型：记事

标题：会员陈亚轩，薛雷提议禁止耕种旧黄河堤以防溃决案
来源：江苏水利协会杂志
时间：1922
卷期：第11期　页码：16—17

类型：提案

标题：函准扬道尹
提要：函问禁止耕种旧黄河情形
作者：黄以霖
来源：江苏水利协会杂志
时间：1922
卷期：第 11 期　页码：44—45
类型：公函

标题：振兴黄河上游航业之意见（续）
作者：昭观
来源：交通丛报
时间：1922
卷期：第 83 期　页码：4—5
类型：论文

标题：京汉铁路黄河新桥筹备述略
来源：中华工程师学会会报
时间：1922
卷期：第 9 卷第 2 期　页码：11—18
类型：记事

标题：黄河铁桥
提要：此桥之长约三千〇一十法尺（合华六里有奇）构造艰难为世界有名铁桥之一
来源：铁路公报（京汉线）
时间：1922
卷期：第 55 期　页码：3
类型：照片

标题：郡国利病
提要：张督办为黄河滩地致齐督军函
来源：江苏水利协会杂志
时间：1922
卷期：第 12 期　页码：1—2

类型：公函

标题：各国实业进步要闻
提要：测绘新黄河桥工程师将来沪
来源：工业杂志
时间：1922
卷期：第 10 卷第 3 期　页码：38
类型：新闻

标题：大总统指令第三千六百五十号
提要：令直隶省长王承斌
　　　呈本年直隶黄河南北两岸三汛抢护安澜恳将在事尤为出力人员照章存记由
作者：王正廷
来源：政府公报
时间：1922
卷期：第 2450 号　页码：7
类型：指令

标题：致省长函（八）
　　　禁止耕种旧黄河堤以防溃决案
作者：黄
来源：江苏水利协会杂志
时间：1922
卷期：第 11 期　页码：16
类型：公函

标题：黄河南岸山洞（此山名广武其洞之长约三百二十四法尺）
来源：铁路公报（京汉线）
时间：1922
卷期：第 55 期　页码：3
类型：照片

标题：奖励黄河新桥设计审查会之职员
作者：青

来源：铁路协会会报
时间：1922
卷期：第116期　页码：120—121
类型：记事

标题：历代黄河变迁图考（附图）
来源：河务季报
时间：1922
卷期：第7期　页码：35—75
类型：论文

标题：伍公廷芳追悼会启
提要：昔者黄河之渡
来源：寰球中国学生会周刊
时间：1922
卷期：第103期　页码：2
类型：悼文

标题：振兴黄河上游航业意见书（续五十八期）（附表）
作者：李昭观
来源：交通公报
时间：1922
卷期：第66期　页码：108—115
类型：论文

标题：黄河桥宜实行修理
作者：青
来源：铁路协会会报
时间：1922
卷期：第119期　页码：89—90
类型：新闻

标题：黄河上游之一子数区落
来源：地理周刊
时间：1922
卷期：第1—3期　页码：511—513

类型：记事

标题：黄河新桥开工消息
来源：工业杂志（长沙）
时间：1922
卷期：第1卷第5期　页码：81—82
类型：新闻

标题：黄河新桥开工记
来源：四川第三次劝业会日刊
时间：1922
卷期：第29号　页码：1
类型：新闻

标题：黄河北岸车站
提要：黄河北岸车站距前门一三〇八华里
来源：铁路公报（京汉线）
时间：1922
卷期：第42期　页码：52
类型：记事

标题：京汉路黄河桥之险象
作者：罪天
来源：河南自治周刊
时间：1922
卷期：第1卷第3期　页码：19
类型：记事

标题：渡黄河
来源：晚霞
时间：1922
卷期：第4期　页码：62
类型：诗词

标题：河套黄河故道之应疏浚
来源：地理周刊
时间：1922

卷期：第1—3期　页码：509—511
类型：论文

标题：夜过黄河寄内
作者：颖人
来源：铁路协会会报
时间：1922
卷期：第114期　页码：157
类型：诗词

标题：振兴黄河上游航业意见书（附图）
作者：李昭观
来源：实业杂志
时间：1922
卷期：第51号　页码：71—79
类型：论文

标题：津浦铁路黄河桥摄影
来源：实业来复报
时间：1922
卷期：第1卷第38册　页码：2
类型：照片

标题：黄河北岸车站（续）
提要：站西二十五里
来源：铁路公报（京汉线）
时间：1922
卷期：第43期　页码：46
类型：记事

标题：黄河南岸车站
提要：黄河南岸车站距前门一三三六华里
来源：铁路公报（京汉线）
时间：1922
卷期：第43期　页码：46
类型：记事

1923 年

标题：中华基督教青年会服务黄河工程始末记
来源：中华基督教青年会全国协会职工组
时间：1923
类型：图书

标题：黄河、扬子江ノ沿岸ニ於ケル物産
来源：东亚同文书院
时间：1923
类型：图书

标题：黄河、扬子江ノ沿岸ニ於ケル物産（扬子江流域ニ於ケル物産）
来源：东亚同文书院
时间：1923
类型：图书

标题：大总统指令（十一年一月二十五日）
提要：令内务总长高凌霨
　　　呈遵核直隶省长呈黄河抢护安澜请奖出力人员并颁发匾额由
来源：河务季报
时间：1923
卷期：第8期　页码：7
类型：指令

标题：大总统指令第三百四十号
提要：令内务总长高凌霨
　　　呈报山东黄河大汛经过获庆安澜暨核驳请奖情形请核示由
作者：张绍曾　高凌霨
来源：政府公报
时间：1923
卷期：第2485号　页码：9
类型：指令

标题：大总统指令二则（二月八日至二月二十二日）
提要：内务部呈报山东黄河大泛经过获庆安澜暨核驳请奖情形请核示由
来源：内务公报
时间：1923
卷期：第114期　页码：15
类型：指令

标题：大总统令（中华民国十二年二月二十七日）
提要：派张庆沄会办宫家坝黄河决口堵合事宜此令
来源：来复
时间：1923
卷期：第242号　页码：4
类型：命令

标题：大总统令（中华民国十二年二月二十七日）
提要：派张庆云会办宫家坝黄河决口堵合事宜

作者：韦
来源：江苏省公报
时间：1923
卷期：第3282期　页码：0
类型：命令

标题：山东省长咨赈务处为黄河宫筑坝待款孔亟附捐既经实行原拨之数可否先由鲁省关局分任筹垫迳解拨用请查复文（十一年六月五日）
来源：赈务通告
时间：1923
卷期：第6期　页码：88—89
类型：咨文

标题：大总统指令（十一年六月二十九日）
提要：令兼代内务总长张国淦
　　　呈报直隶黄河两岸桃泛抢护安澜情形请鉴核由
来源：河务季报
时间：1923
卷期：第8期　页码：13
类型：指令

标题：交通部训令（第一六三八号　中华民国十二年七月二十四日）
提要：令道清铁路监督局
　　　案据商人郭海著等呈称查黄河北岸至邢郜镇为往来京汉铁路要道商等
来源：交通公报
时间：1923
卷期：第292号　页码：3—4
类型：训令

标题：大总统指令（第一千六百七十七号　中华民国十二年八月十四日）
提要：令内务总长高凌霨
　　　呈报直隶黄河两岸桃汛安澜情形由
作者：顾维钧　李鼎新　高凌霨
来源：政府公报
时间：1923
卷期：第2667号　页码：4
类型：指令

标题：河南灾区救济会函赈务处该会修筑黄河铜瓦厢新堤详细计划书已函请北京救灾总会转送并请将前允筹拨六万元先行拨下文（附图一纸）（十一年八月二十二日）
作者：河南灾区救济会
来源：赈务通告
时间：1923
卷期：第6期　页码：165—166
类型：公函

标题：大总统指令（十年十月十三日）
提要：令国务总理靳云鹏
　　　呈山东兼省长田中玉电请另派大员督办宫家坝黄河决口堵合呈宜请鉴核由
来源：河务季报
时间：1923
卷期：第8期　页码：3
类型：指令

标题：大总统指令（十年十月十五日）
提要：令财政次长代理部务潘复
　　　呈鲁省黄河北岸宫家坝堵筑需款拟请准予规复附税以济要需由
来源：河务季报
时间：1923
卷期：第8期　页码：3—4
类型：指令

标题：大总统指令（十年十月二十五日）
提要：令内务总长齐耀珊
呈据情转报直隶黄河南北两岸各工伏泛安澜由
来源：河务季报
时间：1923
卷期：第 8 期　**页码**：4
类型：指令

标题：大总统令（十年十一月十日）
提要：内务总长齐耀珊呈请任命贺泮藻试署直隶黄河河务局南岸分局长此令
来源：河务季报
时间：1923
卷期：第 8 期　**页码**：1
类型：命令

标题：大总统令（十年十二月十日）
提要：内务总长齐耀珊呈直隶黄河河务局南岸分局长叶树勋因病辞职应照准此令
来源：河务季报
时间：1923
卷期：第 8 期　**页码**：1
类型：命令

标题：大总统指令（十年十二月十八日）
提要：令直隶省长曹锐
呈直隶黄河南北两岸三泛抢护安澜在事出力人员恳准照章存记汇案请奖并颁发匾额缮单呈鉴由
来源：河务季报
时间：1923
卷期：第 8 期　**页码**：6
类型：指令

标题：大总统令（中华民国十二年二月二十七日）
提要：督办宫家坝黄河决口堵合事宜田中玉会办劳之常呈请准免兼职
来源：来复
时间：1923
卷期：第 242 号　**页码**：4
类型：命令

标题：振兴黄河上游航业之意见
作者：樵夫
来源：中华工程师学会会报
时间：1923
卷期：第 10 卷第 7/8 期　**页码**：1—5
类型：论文

标题：论黄河上游航线于军事之关系
作者：李翰
来源：交通丛报
时间：1923
卷期：第 94/95 期　**页码**：1—3
类型：论文

标题：黄河现状之考察及欧美水利名家治河之意见
作者：郑肇经
来源：同济杂志
时间：1923
卷期：第 21 期　**页码**：1—18
类型：论文

标题：恩格司氏治理黄河之谈话（附图）
作者：沈怡
来源：同济杂志
时间：1923
卷期：第 21 期　**页码**：27—31
类型：论文

标题：黄河与扬子江的对话
作者：沫若
来源：孤军
时间：1923
卷期：第1卷第4/5期　页码：1—7
类型：文艺

标题：黄河铁桥（二）
来源：史地学报
时间：1923
卷期：第2卷第2期　页码：1页
类型：照片

标题：本省警务实录
提要：吾陇为黄河流域滨河各处渡口林立如省城之夹岸榆中之峡
来源：甘肃警务周刊
时间：1923
卷期：第6册　页码：12—15

标题：山东利津县黄河堵口大工报告
来源：救灾会刊
时间：1923
卷期：第1卷第2期　页码：8
类型：报告

标题：派员视察黄河桥
作者：青
来源：铁路协会会报
时间：1923
卷期：第130—132期　页码：171
类型：记事

标题：技正谈礼成呈报遵令考察山东黄河宫家坝堵筑决口情形请鉴合备考文
来源：督办江苏运河工程局季刊
时间：1923
卷期：第14期　页码：112—115
类型：呈文

标题：黄河根本治法之商榷
作者：李协
来源：江苏水利协会杂志
时间：1923
卷期：第14期　页码：1—24
类型：论文

标题：本省警务实录
提要：黄河铁桥全系铁石制成坚固异常惟桥面以木板横铺
来源：甘肃警务周刊
时间：1923
卷期：第1册　页码：5—6

标题：筹修黄河桥梁
作者：青
来源：铁路协会会报
时间：1923
卷期：第124—126期　页码：146
类型：记事

标题：袁中道渡黄河
来源：水利杂志
时间：1923
卷期：第1卷第3号　页码：24
类型：诗词

标题：改良黄河计划（附图）
作者：徐景芳
来源：六中汇刊
时间：1923
卷期：第3期　页码：18—24
类型：计划

标题：黄河的新工告成与未来的希望
来源：兴华
时间：1923
卷期：第 20 卷第 36 册　页码：13—14
类型：论文

标题：黄河的下游为什么常要泛滥
作者：陈蓉生
来源：梅讯
时间：1923
卷期：第 3 期　页码：22

标题：黄河
作者：杨宗禹
来源：学生文艺丛刊
时间：1923
卷期：第 4 集　页码：120
类型：诗词

标题：本省警务实录
提要：鲁省黄河出险
来源：甘肃警务周刊
时间：1923
卷期：第 18 册　页码：9
类型：记事

标题：过黄河桥
作者：李树庭
来源：学汇（北京）
时间：1923
卷期：第 344 期　页码：5—6
类型：诗词

1924 年

标题：大总统指令（十二年二月八日）
提要：令内务总长高凌霨
呈报山东黄河大汛经过获庆安澜
暨核驳请奖情形请核示由
来源：河务季报
时间：1924
卷期：第9期　页码：9
类型：指令

标题：大总统令（十二年二月二十七日）
提要：督办宫家坝黄河决口堵合事宜田
中玉会办劳之常呈请准免兼职田
中玉劳之常均准免去兼职此令
来源：河务季报
时间：1924
卷期：第9期　页码：3
类型：命令

标题：大总统令（十二年二月二十七日）
提要：特派熊炳琦兼任督办宫家坝黄河
决口堵合事宜此令
来源：河务季报
时间：1924
卷期：第9期　页码：3
类型：命令

标题：大总统令（十二年二月二十七日）
特派张庆沄会办宫家坝黄河决口
堵合事宜此令

来源：河务季报
时间：1924
卷期：第9期　页码：3
类型：命令

标题：大总统指令第四百八十六号
提要：令内务总长程克
呈准河南省长咨请分别派免河南
黄河水上警察局局长职务由
作者：孙宝琦　程克
来源：政府公报
时间：1924
卷期：第2870号　页码：2
类型：指令

标题：大总统指令第一千一百三十号
提要：令河南省长李济臣
呈黄河二届安澜择尤请奖在事出
力人员缮折呈鉴由
作者：顾维钧　程克
来源：政府公报
时间：1924
卷期：第2986号　页码：5
类型：指令

标题：致津韩段总工程司公函（七月二十五日）
提要：据函第四十九次车在黄河涯张庄
间脱钩经工头于凤文等警示车队

— 66 —

未致出险应各给奖五元由
来源：铁路公报（津浦线）
时间：1924
卷期：第 201 期　页码：22—23
类型：公函

标题：大总统指令四则（八月四日至八月三十一日）
提要：内务部呈报直隶黄河两岸本年挑（桃）泛安澜情形由
来源：内务公报
时间：1924
卷期：第 132 期　页码：19
类型：指令

标题：大总统指令（第一千二百十九号）
提要：令内务总长程克
　　　呈报直隶黄河两岸本年桃汛安澜情形由
作者：顾维钧　程克
来源：政府公报
时间：1924
卷期：第 3007 号　页码：3
类型：指令

标题：大总统指令（十二年八月十四日）
提要：令内务总长高凌霨
　　　呈报直隶黄河两岸桃泛安澜情形由
来源：河务季报
时间：1924
卷期：第 9 期　页码：12
类型：指令

标题：指令十七件（第八百七十八号中华民国十三年九月三日）
提要：令车务处
　　　呈一件，据呈黄河涯电报领班陆震亚与冯家口电报领班许恩潭对调由
来源：铁路公报（津浦线）
时间：1924
卷期：第 205 期　页码：18
类型：指令

标题：本署咨文（九月六日第一○五号）
提要：咨河南河务局
　　　咨还呈复张宝贤等条陈在黄河两岸植树一案呈稿等件由
作者：任文斌
来源：河南林务公报
时间：1924
卷期：第 1 卷第 9 期　页码：75—76
类型：咨文

标题：大总统指令（十一年十月六日）
提要：令署国务总理王宠惠
　　　呈核山东省长请奖黄河三汛抢险暨三届安澜在事出力人员实职勋章缮单呈鉴由
来源：河务季报
时间：1924
卷期：第 9 期　页码：7
类型：指令

标题：大总统指令（十一年十月二十四日）
提要：令署国务总理王宠惠
　　　呈山东省长请奖黄河三泛抢险暨安澜案内马锡三等员请仍照原保准以荐任职任用并注销原奖嘉禾章由
来源：河务季报
时间：1924
卷期：第 9 期　页码：7
类型：指令

标题：京汉路拟建黄河新桥之经济问题
作者：华特尔
来源：中华工程师学会会报
时间：1924
卷期：第 11 卷第 11/12 期　页码：1—4
类型：论文

标题：京汉铁路黄河桥可以缩短说明书
作者：金涛
来源：中华工程师学会会报
时间：1924
卷期：第 11 卷第 7/8 期　页码：1—16
类型：论文

标题：由十二月四日至十二月十日国内
　　　外一周大事记
　　　（2）国内之部
提要：全国大势
　　　黄河方面先言
作者：公展
来源：国闻周报
时间：1924
卷期：第 1 卷第 20 期　页码：22—24
类型：新闻

标题：由十二月十一日至十七日国内外
　　　一周大事记
　　　（二）国内之部
提要：北方形势
　　　黄河流域之直鲁豫三省
作者：公展
来源：国闻周报
时间：1924
卷期：第 1 卷第 21 期　页码：18
类型：新闻

标题：由十二月十八日至二十四日国内
外一周大事记
（3）国内之部
提要：南北形势
　　　北方黄河流域
作者：公展
来源：国闻周报
时间：1924
卷期：第 1 卷第 22 期　页码：21
类型：新闻

标题：Current Events
京汉路之黄河新铁桥
（中英文对照）
作者：顾润卿
来源：英语周刊
时间：1924
卷期：第 457 期　页码：2—3
类型：论文

标题：水衡记黄河水随月异名正月解冻
　　　名凌解水五月
来源：水利杂志
时间：1924
卷期：第 1 卷第 8 号　页码：10
类型：记事

标题：兰州黄河铁桥与骆驼队（桥上署
　　　天下第一桥四字）
来源：西北半月刊
时间：1924
卷期：第 6 号　页码：1 页
类型：照片

标题：饬拟筹修黄河铁桥之办法
作者：青
来源：铁路协会会报
时间：1924

卷期：第 139—141 期　页码：143
类型：记事

标题：制驭黄河
作者：恩格斯　郑肇以
来源：江苏水利协会杂志
时间：1924
卷期：第 19 期　页码：1—17
类型：论文

标题：陇海铁路总工程司报告踏勘黄河沿岸自二八二法里至二九七法里路线情形（续）
来源：交通公报
时间：1924
卷期：第 514 号　页码：5—7
类型：报告

标题：国民八年蒋口黄河河底及水面高度图
来源：江苏水利协会杂志
时间：1924
卷期：第 17 期　页码：1 页
类型：图表

标题：黄河流域推广美棉种植
来源：科学
时间：1924
卷期：第 9 卷第 7 期　页码：858
类型：记事

标题：黄河风景之一
作者：王海林
来源：民众文学
时间：1924
卷期：第 5 卷第 1 期　页码：1 页
类型：照片

标题：津浦黄河桥修理作罢
来源：清华周刊
时间：1924
卷期：第 312 期　页码：84
类型：纪要

标题：陇海铁路总工程司报告踏勘黄河沿岸自二八二法里至二九七法里路线情形
来源：交通公报
时间：1924
卷期：第 513 号　页码：5—7
类型：报告

标题：泛水黄河决口
来源：清华周刊
时间：1924
卷期：第 309 期　页码：43—44
类型：纪要

标题：徐州老黄河底断面图
来源：江苏水利协会杂志
时间：1924
卷期：第 17 期　页码：1 页
类型：图表

标题：山东平阴县北黄河
来源：中华农学会报
时间：1924
卷期：第 46 期　页码：1 页
类型：照片

标题：整理黄河意见书
来源：河务季报
时间：1924
卷期：第 9 期　页码：1—14
类型：报告

标题：实业厅建议北六省黄河沿岸种树并设林务监督案
作者：王讷
来源：山东劝业汇刊
时间：1924
卷期：第 29 期　页码：68—70
类型：议案

标题：各国善言类
提要：为振兴黄河上游航业事呈众院请愿文
来源：国际公报
时间：1924
卷期：第 2 卷第 45 期　页码：42—45
类型：呈文

标题：振兴黄河上游航业请愿书
作者：李昭观
来源：农商公报
时间：1924
卷期：第 11 卷第 5 期　页码：89—90
类型：报告

标题：大总统指令（十一年十一月二十四日）
提要：令河南省长张凤台
　　　呈报节交霜降黄河沁两工程一律修护平稳普庆安澜由
来源：河务季报
时间：1924
卷期：第 9 期　页码：8
类型：指令

标题：大总统指令（十一年十二月三十日）
提要：令直隶省长王承斌
　　　呈本年直隶黄河南北两岸三汛抢护安澜恳将在事尤为出力人员照章存记由
来源：河务季报
时间：1924
卷期：第 9 期　页码：9
类型：指令

标题：京汉路黄河桥岌岌可危
作者：顺
来源：铁路协会会报
时间：1924
卷期：第 139—141 期　页码：162—163
类型：记事

标题：环天室诗支集
提要：由汉口乘快车夜渡黄河
作者：曾广钧
来源：学衡
时间：1924
卷期：第 35 期　页码：106
类型：诗词

标题：黄河流域之新形势
作者：子休
来源：共进
时间：1924
卷期：第 60 期　页码：3—4
类型：论文

标题：吴萧两使请修黄河桥
作者：顺
来源：铁路协会会报
时间：1924
卷期：第 139—141 期　页码：164
类型：记事

标题：环天室诗外集
提要：次韵小沂谒圭塘还延仁黄河桥

作者：曾广钧
来源：学衡
时间：1924
卷期：第 32 期　页码：107
类型：诗词

标题：徐州废黄河底图
来源：江苏水利协会杂志
时间：1924
卷期：第 17 期　页码：1 页
类型：图表

标题：吴使拟改建黄河桥
来源：河南实业周刊
时间：1924
卷期：第 2 卷第 38 期　页码：57
类型：新闻

标题：本省警务实录
提要：示禁人民在黄河两岸沐浴
来源：甘肃警务周刊
时间：1924
卷期：第 43 册　页码：9—10
类型：记事

标题：黄河岸上（诗）
　　　自遣并赠同人
作者：赵伯平
来源：齐大心声
时间：1924
卷期：第 1 卷第 1 期　页码：85
类型：诗词

标题：黄河水势暴涨
来源：河南通俗教育报
时间：1924
卷期：第 5 卷第 36 期　页码：12
类型：新闻

标题：京汉黄河桥改造问题
来源：交通公报
时间：1924
卷期：第 663 号　页码：12
类型：报告

标题：夜渡黄河
作者：唐大圆
来源：湘南
时间：1924
卷期：第 1 卷第 5 期　页码：7
类型：诗词

标题：黄河铁桥
作者：单星
来源：学汇（北京）
时间：1924
卷期：第 401 期　页码：6
类型：记事

标题：黄河测队消息
提要：本会上期会刊载有黄河测量队出
　　　发情形
来源：救灾会刊
时间：1924
卷期：第 2 卷第 2 册　页码：8
类型：新闻

1925 年

标题：黄河流域ノ産業ト交通（黄河流域ノ薬材）
来源：东亚同文书院
时间：1925
类型：图书

标题：黄河流域ノ産業ト交通（黄河流域の交通）
来源：东亚同文书院
时间：1925
类型：图书

标题：黄河下流の産業及都会（河南、山東の阿片）
作者：东亚同文书院
时间：1925
类型：图书

标题：黄河下流の産業及都会（直、魯、豫、鄂ノ棉花）
来源：东亚同文书院
时间：1925
类型：图书

标题：黄河流域ノ産業ト交通（支那ノ棉業ト陝西棉花）
来源：东亚同文书院
时间：1925
类型：图书

标题：隴秦南路ノ産業、都会及交通（黄河上流ノ河勢）
来源：东亚同文书院
时间：1925
类型：图书

标题：黄河下流の産業及都会（湖北、河南、山東、直隷ノ都会）
来源：东亚同文书院
时间：1925
类型：图书

标题：黄河下流の産業及都会（漢口、鄭州、青島の牛皮）
来源：东亚同文书院
时间：1925
类型：图书

标题：黄河流域ノ産業ト交通（綏遠、山西、陝西ノ都会）
来源：东亚同文书院
时间：1925
类型：图书

标题：黄河流域ノ産業ト交通（天津ニ於ケル羊毛）
来源：东亚同文书院
时间：1925
类型：图书

标题：黄河铁桥之修复（中英文对照）
作者：顾润卿
来源：英语周刊
时间：1925
卷期：第483期　**页码**：1323—1324
类型：记事

标题：临时执政指令（第六十号　中华民国十四年一月十四日）
提要：令内务总长龚心湛
　　　　呈核河南省请奖黄河十一、十二等年三届安澜在事出力人员一案请予分别给奖缮单呈鉴由
作者：龚心湛
来源：政府公报
时间：1925
卷期：第3159号　**页码**：4—5
类型：指令

标题：京汉路局呈交通部代电
提要：交通部总次长钧鉴据工务第二总段长莫里那多文日三时自黄河南岸电……
来源：交通公报
时间：1925
卷期：第795号　**页码**：7—8
类型：电报

标题：临时执政指令（第八十七号　中华民国十四年一月十九日）
提要：令内务总长龚心湛
　　　　呈核直隶省请奖直隶黄河十一、十二等年三届安澜在事出力人员杨承霖等缮单呈鉴由
作者：龚心湛
来源：政府公报
时间：1925

卷期：第3164号　**页码**：6—7
类型：指令

标题：交通部指令（第二四三号　中华民国十四年一月二十一日）
提要：令京汉铁路管理局局长杨慕时电：呈一件该路第四零六复次列车在黄河桥出轨情形由
来源：交通公报
时间：1925
卷期：第802号　**页码**：2
类型：指令

标题：交通部指令（第三五二号　中华民国十四年二月二日）
提要：令京汉铁路管理局局长杨慕时电一件：电陈第又四零六次列车在黄河桥出轨一案三处假长曾勘情形呈乞鉴核由
来源：交通公报
时间：1925
卷期：第812号　**页码**：1—2
类型：指令

标题：与善后会议诸公论黄河航线于善后之关系
作者：李昭观
来源：学林
时间：1925
卷期：第1卷第8期　**页码**：90—94
类型：论文

标题：甘肃歌谣
提要：15. 黄河沿上水白菜；
　　　　16. 黄河沿上绿结子
作者：袁复礼　秦安脚夫
来源：歌谣周刊

时间：1925
卷期：第 82 号　页码：2—3
类型：歌谣

标题：河南华洋义赈救灾会报告书
提要：附录丁、测量黄河报告（附照片）；
附录戊、贯台吴楼间黄河之涨落
（民国十四年）
来源：中国华洋义赈救灾总会丛刊·甲种
时间：1925
卷期：甲种 13　页码：58—59
类型：报告

标题：清水河县知事刘文清观风布告
提要：照得本县辖境位在黄河流域山峦
起伏地接长城……
来源：绥远月刊
时间：1925
卷期：第 1 卷第 2 号　页码：11
类型：布告

标题：河南省长公署训令（实第一九〇
八号　九月二十五日）
提要：令河南林务监督
据修武县实业局局长葛清泉呈请在
河务局附设黄河两岸造林局以裕国
计而利民生等情合行抄呈令仰该监
督转咨河务局核议复夺此令。
来源：河南林务公报
时间：1925
卷期：第 1 卷第 10 期　页码：16
类型：训令

标题：实业行政会议河南林务监督署拟
提议案清册（计六案）
提要：（一）请沿黄河各省于黄河两岸造
林以固提防案

作者：王大经　王维嵩
来源：河南林务公报
时间：1925
卷期：第 1 卷第 10 期　页码：93—94
类型：提案

标题：黄河铁桥之改建难
来源：兴华
时间：1925
卷期：第 22 卷第 18 期　页码：44—45
类型：记事

标题：黄河口占
作者：李实蕃
来源：辽东诗坛
时间：1925
卷期：第 8 号　页码：4
类型：诗词

标题：黄河河道成因考（附图）
作者：王竹泉
来源：科学
时间：1925
卷期：第 10 卷第 2 期　页码：165—173
类型：论文

标题：纪农商部实业行政会议
提要：乙、议决案
拟请沿黄河各省于黄河两岸造林
以固堤防案
作者：王大经　王维嵩
来源：湖北实业月刊
时间：1925
卷期：第 2 卷第 14 号　页码：22—23
类型：议决案

标题：渡黄河

作者：潘飞声
来源：中社杂志
时间：1925
卷期：第1期　页码：11
类型：诗词

标题：黄河流域十年实地调查记（洋装三册）
作者：松崎柔甫
来源：辽东诗坛
时间：1925
卷期：第9号　页码：22
类型：广告

标题：京汉路拟筑黄河新桥之经济问题（未完）
作者：（美）华特尔
来源：交通公报
时间：1925
卷期：第940号　页码：10
类型：论文

标题：京汉路拟筑黄河新桥之经济问题（未完）
作者：（美）华特尔
来源：交通公报
时间：1925
卷期：第941号　页码：11
类型：论文

标题：京汉路拟筑黄河新桥之经济问题（续）
作者：（美）华特尔
来源：交通公报
时间：1925
卷期：第942号　页码：11
类型：论文

标题：临时执政指令（第一千一百八十七号　中华民国十四年八月十七日）
提要：令内务总长龚心湛
呈报直隶黄河两岸本年桃泛抢护安澜情形由
作者：龚心湛
来源：政府公报
时间：1925
卷期：第3369号　页码：1
类型：指令

标题：呈临时执政呈为陈报道隶黄河两岸本年桃汛抢护安澜情形仰祈鉴核文（八月十一日）
来源：内务公报
时间：1925
卷期：第144期　页码：15—16
类型：呈文

标题：黄河决口
来源：兴华
时间：1925
卷期：第22卷第37期　页码：44
类型：记事

标题：临时执政指令（第一千四百六十九号　中华民国十四年九月二十五日）
提要：令内务总长龚心湛、财政总长李思浩
呈会核直隶省长垣县黄河堤内坍估滩地恳准豁免粮银其尚可耕获地亩分别除粮改租请核示由
作者：龚心湛　李思浩
来源：政府公报
时间：1925
卷期：第3408号　页码：4

类型：指令

标题：黄河在山东郓城决口（中英文对照）
作者：顾润卿
来源：英语周刊
时间：1925
卷期：第522期　页码：437
类型：记事

标题：治理黄河之先决问题（待续）
作者：沈怡
来源：河海周报
时间：1925
卷期：第13卷第3期　页码：2—4
类型：论文

标题：内外时评
提要：黄河果将改道么
作者：雨荪
来源：东方杂志
时间：1925
卷期：第22卷第19号　页码：5—6
类型：评论

标题：治理黄河之先决问题（续本卷第三期）
作者：沈怡
来源：河海周报
时间：1925
卷期：第13卷第4期　页码：1—3
类型：论文

标题：黄河在黄花寺决口，出事迄今，已逾一月……
作者：汪胡桢
来源：河海周报
时间：1925
卷期：第13卷第6期　页码：0—1
类型：评论

标题：黄河水灾
提要：上月间鲁省西边临濮集一带黄河南岸河堤大决灾情重大
来源：救灾会刊
时间：1925
卷期：第3卷第1期　页码：1—2
类型：报告

标题：黄河黄花寺决口草图审查意见（原图从略）
作者：汪胡桢
来源：河海周报
时间：1925
卷期：第13卷第8期　页码：5—6
类型：意见

标题：将以荷庚款疏浚黄河说
来源：国际公报
时间：1925
卷期：第3卷第51期　页码：50—51
类型：论文

标题：荷退庚赔开浚黄河（中英文对照）
作者：顾润卿
来源：英语周刊
时间：1925
卷期：第529期　页码：574
类型：记事

标题：临时执政指令（第一千八百十七号　中华民国十四年十一月二十七日）
提要：令内务总长龚心湛呈报直隶黄河伏汛期内抢护安澜

情形由
作者：龚心湛
来源：政府公报
时间：1925
卷期：第 3467 号　　页码：2—3
类型：指令

标题：民国十四年秋季黄河决口地位及被灾区域图
作者：中国华洋义赈救灾总会
来源：中国华洋义赈救灾总会丛刊·甲种
时间：1925
卷期：甲种 15　　页码：1 页
类型：图片

标题：鲁西黄河决口（附照片）
来源：中国华洋义赈救灾总会丛刊·甲种
时间：1925
卷期：甲种 15　　页码：7—10
类型：记事

标题：山东黄河决口
作者：黄晋甫
来源：小学教育月刊
时间：1925
卷期：第 1 卷第 5 号　　页码：3 页
类型：记事

标题：测验黄河计划书
作者：汪胡桢
来源：河海周报
时间：1925
卷期：第 13 卷第 13 期　　页码：1—3
类型：计划

标题：黄河黄花寺决口谈
作者：O. J. Todd

来源：河海周报
时间：1925
卷期：第 13 卷第 13 期　　页码：6—7
类型：论文

标题：黄河故道
作者：骋陆
来源：南洋旬刊
时间：1925
卷期：第 1 卷第 6 期　　页码：9
类型：诗词

标题：山东十里铺之灾民自黄河堤决之后收拾荒残捞起水中未熟之禾稼
来源：救灾会刊
时间：1925
卷期：第 3 卷第 2 期　　页码：1 页
类型：照片

标题：大总统指令（十三年七月十四日）
提要：令河南省长李济臣
　　　呈黄河三届安澜择尤请奖在事出
　　　力人员缮折呈鉴由　呈悉交内务
　　　部查核办理此令
来源：河务季报
时间：1925
卷期：第 10 期　　页码：6
类型：指令

标题：大总统指令（十三年八月四日）
提要：令内务总长程克
　　　呈报直隶黄河两岸本年桃泛安澜
　　　情形由
来源：河务季报
时间：1925
卷期：第 10 期　　页码：6
类型：指令

标题：豫省战事
　　　北方黄河流域诸省……（附照片）
作者：公展
来源：国闻周报
时间：1925
卷期：第2卷第7期　页码：26—27
类型：记事

标题：交通部对于黄河桥出险饬令京汉路局速将车机两处在事员役一并查明惩处以昭炯戒文
来源：交通丛报
时间：1925
卷期：第109期　页码：5—6
类型：部令

标题：车、工、机、警务处第二百六十七、七十五、四十五、一百六十七号通饬（六月十日）
提要：为通饬事案查本路黄河桥关系南北交通……
来源：铁路公报（京汉线）
时间：1925
卷期：第165期　页码：32—34
类型：公文

标题：黄河下游水势危急（十四年八月五日晨报）
来源：农商公报
时间：1925
卷期：第12卷第2期　页码：126
类型：新闻

标题：黄河工程因水涨呈险象（十四年八月五日两河新闻）
来源：农商公报
时间：1925

卷期：第12卷第2期　页码：126
类型：新闻

标题：黄河水涨上下游告急（十四年八月十四日晨报）
来源：农商公报
时间：1925
卷期：第12卷第2期　页码：126
类型：新闻

标题：为振兴黄河上游航业以利交通呈国会请愿文
作者：李昭观
来源：交通丛报
时间：1925
卷期：第109期　页码：1—6
类型：公文

标题：京汉黄河桥急须修筑
作者：顺
来源：铁路协会会报
时间：1925
卷期：第150—151期　页码：99—100
类型：记事

标题：论京汉路黄河桥
作者：陈浦
来源：铁路协会会报
时间：1925
卷期：第152—153期　页码：3—9
类型：论文

标题：京汉路
　　　重建黄河桥之动议
作者：青
来源：铁路协会会报
时间：1925

卷期：第 154—155 期　页码：78
类型：论文

标题：过黄河桥
来源：交通丛报
时间：1925
卷期：第 112 期　页码：2
类型：诗词

标题：咨江苏省长为山东黄河决口与淮运极有关系附送略图并具说略即希察阅锡以良规俾资防御而弭隐患文
作者：韩国钧
来源：督办江苏运河工程局季刊
时间：1925

卷期：第 22—25 期　页码：166—169
类型：咨文

标题：黄河铁桥（附照片）
来源：晨报星期画报
时间：1925
卷期：第 1 卷第 1 期　页码：8
类型：新闻

标题：民国十四年秋季黄河决口地位及被灾区域图
作者：中国华洋义赈救灾总会
来源：中国华洋义赈救灾总会丛刊·甲种
时间：1925—1926 年
卷期：甲种 16　页码：1 页
类型：图片

1926 年

标题：筹治黄河商榷书
作者：吴文孚
来源：不详
时间：1926
类型：图书

标题：河南、山東黄河流域経済調査（黄河々流々域農村ニ関スル）
来源：东亚同文书院
时间：1926
类型：图书

标题：河南、山東黄河流域経済調査（隴海鉄道）
来源：东亚同文书院
时间：1926
类型：图书

标题：河南、山東黄河流域経済調査（河南、山東ノ棉花）
来源：东亚同文书院
时间：1926
类型：图书

标题：河南、山東黄河流域経済調査（河南、山東ノ教育）
来源：东亚同文书院
时间：1926
类型：图书

标题：河南、山東黄河流域経済調査（河南、山東ノ金融）
来源：东亚同文书院
时间：1926
类型：图书

标题：河南、山東黄河流域経済調査（河南、山東ノ都会）
来源：东亚同文书院
时间：1926
类型：图书

标题：治理黄河之讨论（与欧美水利学者讨论治河问题函一束）
来源：不详
时间：1926
类型：图书

标题：河南、山東黄河流域経済調査（河南、山東ニ於ケル牛皮）
来源：东亚同文书院
时间：1926

类型：图书

标题：山西黄河两岸与秦豫交通各渡口
之调查
来源：中外经济周刊
时间：1926
卷期：第 145 号　页码：44—45
类型：报告

标题：黄河流域革命怒潮之飞涨与陕西
青年运动
作者：希生
来源：共进
时间：1926
卷期：第 99 期　页码：12—16
类型：记事

标题：冬季农家的生活
提要：（三）淮河两岸与黄河两岸：淮河
的两岸……
来源：农民
时间：1926
卷期：第 34 期　页码：3
类型：记事

标题：黄河边的幻恋
作者：王培彬
来源：文艺
时间：1926
卷期：第 1 卷第 2 期　页码：105—109
类型：小说

标题：黄河足以危及淮运乎
作者：汪胡桢
来源：河海周报
时间：1926
卷期：第 14 卷第 1 期　页码：2—4

类型：论文

标题：山东黄花寺黄河决口已往与来来
之说略
来源：河海周报
时间：1926
卷期：第 14 卷第 1 期　页码：6—8
类型：论文

标题：靳云鹗的军队守护黄河铁桥
来源：农民
时间：1926
卷期：第 2 卷第 2 期　页码：2—3
类型：新闻

标题：京汉路之黄河铁桥
来源：国闻周报
时间：1926
卷期：第 3 卷第 11 期　页码：22
类型：照片

标题：黄河上游堵口之进行
来源：河海周报
时间：1926
卷期：第 14 卷第 4 期　页码：10
类型：新闻

标题：宫家坝黄河决口筑堤图
来源：工程（中国工程学会会刊）
时间：1926
卷期：第 2 卷第 1 期　页码：1—2 页
类型：图片

标题：宫家坝黄河决口堵筑记
作者：冯雄
来源：工程（中国工程学会会刊）
时间：1926

卷期：第 2 卷第 1 期　页码：15—18
类型：记事

标题：寿张县黄花寺黄河决口水流方向及湮没区域略图
来源：江苏水利协会杂志
时间：1926
卷期：第 22 期　页码：1 页
类型：图表

标题：运河局为救济鲁黄河决口以免灾及苏省咨省署文（附图）
作者：韩国钧
来源：江苏水利协会杂志
时间：1926
卷期：第 22 期　页码：1—3
类型：咨文

标题：鲁省黄河决口水灾将及江北之节略
作者：王宝槐
来源：江苏水利协会杂志
时间：1926
卷期：第 22 号　页码：1—3
类型：论文

标题：黄河上游堵口工程处会办王谢忱氏
来源：新鲁旬刊
时间：1926
卷期：第 5 期　页码：4
类型：照片

标题：黄河中流
作者：何熙曾
来源：晨报星期画报
时间：1926
卷期：第 1 卷第 32 号　页码：1
类型：照片

标题：山东黄河又决
来源：河海周报
时间：1926
卷期：第 14 卷第 8 期　页码：12
类型：新闻

标题：一周间国内外时事纪要（自四月廿六日至五月二日止）
国内之部
提要：提倡造林二志、苏省拨款协助山东黄河堵口工费、淞沪督办署成立与孙督办抵沪、五省军官学校成立、沪公廨案在京开议、省道消息志二、阐发实业之先声、筹备参与美国费城博览会、筑路消息三志等
作者：尚一
来源：太平导报
时间：1926
卷期：第 1 卷第 17 期　页码：33—41
类型：纪要

标题：论京汉路黄河桥（未完）
作者：陈浦
来源：交通公报
时间：1926
卷期：第 1252 号　页码：4—5
类型：论文

标题：论京汉路黄河桥（续）
作者：陈浦
来源：交通公报
时间：1926
卷期：第 1253 号　页码：4—5
类型：论文

标题：论京汉路黄河桥（续）

作者：陈浦
来源：交通公报
时间：1926
卷期：第1254号　页码：5—6
类型：论文

标题：论京汉路黄河桥（续）
作者：陈浦
来源：交通公报
时间：1926
卷期：第1255号　页码：5—6
类型：论文

标题：论京汉路黄河桥（续）
作者：陈浦
来源：交通公报
时间：1926
卷期：第1256号　页码：5—6
类型：论文

标题：苏省会勘黄河委员电催工款
来源：河海周报
时间：1926
卷期：第14卷第15期　页码：11
类型：新闻

标题：论京汉路黄河桥
作者：陈浦
来源：山东省经济月刊
时间：1926
卷期：第2卷第6号　页码：6—12
类型：论文

标题：过黄河北行
作者：森沧浪
来源：辽东诗坛
时间：1926

卷期：第12号　页码：10
类型：诗词

标题：美商未包黄河工程之原因
来源：河海周报
时间：1926
卷期：第14卷第16期　页码：11
类型：新闻

标题：民国十四年秋季黄河决口地位及被灾区域图
作者：中国华洋义赈救灾总会
来源：中国华洋义赈救灾总会丛刊·甲种
时间：1926
卷期：甲种17　页码：1页
类型：图片

标题：附录丁、民国十三十四两年黄河涨落图
来源：中国华洋义赈救灾总会丛刊·甲种
时间：1926
卷期：甲种17　页码：61—62
类型：图片

标题：李升屯黄河决口调查记
作者：张含英
来源：工程（中国工程学会会刊）
时间：1926
卷期：第2卷第2号　页码：94—97
类型：报告

标题：黄河南迁之救济
提要：黄河南迁之形势及救济案；
　　　附图一中国黄河沿革图：地图；
　　　附图二山东黄河南岸大堤寿张黄花寺漫决口门形势图；
　　　附图三山东黄河南岸民埝直东交

界李升屯决口形势图；
附图四山东黄河上游南岸大堤寿张黄花寺江苏协款工程图
来源：江苏水利协会杂志
时间：1926
卷期：第23期　页码：1—19
类型：记事

标题：开挖黄河故道计划
来源：工程旬刊
时间：1926
卷期：第1卷第6期　页码：10
类型：计划

标题：黄河问题（上）
作者：沈怡
来源：现代评论
时间：1926
卷期：第4卷第85期　页码：5—7
类型：论文

标题：黄河问题（中）
作者：沈怡
来源：现代评论
时间：1926
卷期：第4卷第85期　页码：5—7
类型：论文

标题：黄河问题（下）
作者：沈怡
来源：现代评论
时间：1926
卷期：第4卷第85期　页码：5—7
类型：论文

标题：补救黄河铁桥危险办法
来源：河南实业公报

时间：1926
卷期：第1卷第4期　页码：144
类型：新闻

标题：关于黄河决口情形之要电
来源：河海周报
时间：1926
卷期：第14卷第18期　页码：9—10
类型：新闻

标题：大总统令（中华民国十五年九月二日）
提要：本年黄河堤防溃决漂没田庐濒河居民流离失所……
作者：杜锡珪　张国淦
来源：政府公报
时间：1926
卷期：第3734号　页码：1—3
类型：命令

标题：上图为黄河夹口之风景
来源：天民报图画附刊
时间：1926
卷期：第2期　页码：2
类型：照片

标题：（右图）三门之黄河，三门在河南省陕州三十里，黄河在豫晋两省丛山间，激湍而下，至此形势略展，有最险者三处，俗呼为三门
来源：天民报图画附刊
时间：1926
卷期：第3期　页码：0
类型：照片

标题：大总统令（国务院摄行　中华民国十五年九月三日）

提要：本年黄河堤防溃决，漂没田庐
来源：来复
时间：1926
卷期：第 409 号　页码：1
类型：命令

标题：训令（第一三二四号　中华民国十五年九月二十七日）
提要：令车务、会计处
　　　令知奉山东保安总司令部令自本年十一月一日起附收黄河工程捐一成仰遵照由
来源：铁路公报（胶济线）
时间：1926
卷期：第 120 期　页码：15，3
类型：训令

标题：布告第一一号（中华民国十五年九月二十七日）
提要：布告奉令自本年十月一日起附收黄河工程附捐一成仰一体周知由
来源：铁路公报（胶济线）
时间：1926
卷期：第 120 期　页码：40—41
类型：布告

标题：李升屯黄河决口调查记（附图）
作者：张含英
来源：河海周报
时间：1926
卷期：第 15 卷第 2 期　页码：4—7

标题：黄河中流
作者：何熙曾
来源：晨报星期画报
时间：1926
卷期：第 2 卷第 57 期　页码：2

类型：照片

标题：呈交通部呈送改建黄河桥议案请采择施行文（中华民国十五年十月二十八日）
来源：交通研究会报告
时间：1926
卷期：第 1 期　页码：25—29
类型：呈文

标题：西北荒原之开辟（二）
提要：黄河滨之汽车路工程（在甘肃二十刊在柳子）
来源：东方杂志
时间：1926
卷期：第 23 卷第 24 号　页码：1 页
类型：照片

标题：大水中黄河铁桥之危险
作者：时事
来源：铁路协会会报
时间：1926
卷期：第 163—164 期　页码：110—111
类型：新闻

标题：本局提议山东黄河李升屯及直隶东明刘庄两处缺口堵合之后须续办春修应如何设法筹款协助以免汛涨漫溢苏运案
来源：督办江苏运河工程局季刊
时间：1926
卷期：第 26—29 期　页码：167—169
类型：议案

标题：评议员陈伯盟考查铜瓦厢至十里堡黄河南岸善后工程报告书
来源：督办江苏运河工程局季刊

时间：1926
卷期：第 26—29 期　**页码**：176—179
类型：报告

标题：评议员陈伯盟提议黄河变迁势将南下请研究预防案
来源：督办江苏运河工程局季刊
时间：1926
卷期：第 26—29 期　**页码**：180—181
类型：议案

1927 年

标题：奉军大举南下
　　　奉军入豫已渡黄河
来源：兴华
时间：1927
卷期：第 24 卷第 6 期　页码：36—37
类型：记事

标题：交通研究会呈交通部呈送改建黄河桥议案请采择施行文
来源：交通公报
时间：1927
卷期：第 1481 号　页码：2
类型：呈文

标题：路政司移复本会文（中华民国十五年十二月二十三日）
提要：京汉路局核复改建黄河桥议案由附抄京漠路局原电
来源：交通研究会报告
时间：1927
卷期：第 2 期　页码：58—59
类型：电报

标题：西北旅行杂记
提要：大天明氏远征队行近宁夏时在黄河滨休息；
　　　黄河之急流（在甘肃磴口）
来源：东方杂志
时间：1927
卷期：第 24 卷第 3 号　页码：86
类型：照片

标题：一周间国内外大事述评（自二月十一日起至十七日止）
提要：援豫军情
　　　对豫军事中心之黄河桥
来源：国闻周报
时间：1927
卷期：第 4 卷第 6 期　页码：4
类型：照片

标题：治理黄河之讨论
提要：与欧美水利学者讨论治河问题函一束（附图）
作者：沈怡
来源：东方杂志
时间：1927
卷期：第 24 卷第 4 号　页码：69—76
类型：论文

标题：交通部咨直隶，河南，山东省长据洪铸等呈称集资组织天来轮船局购输行驶黄河流域咨行饬属查明以凭核办文（中华民国十六年三月）
来源：交通公报
时间：1927
卷期：第 1527 号　页码：3—4

类型：咨文

标题：各省闻见
　　　黄河桥畔之炮声
来源：兴华
时间：1927
卷期：第 24 卷第 9 期　　页码：36—37
类型：记事

标题：奉军已渡过黄河
来源：农民
时间：1927
卷期：第 3 卷第 3 期　　页码：3
类型：新闻

标题：时事（自二月一日至三月十五日）
　　　中州现状
提要：黄河南北之战事
　　　田维勤攻朱仙镇，奉军五路进兵
来源：真光
时间：1927
卷期：第 26 卷第 3 号　　页码：88—89
类型：新闻

标题：黄河土砂的预备研究（附表）（未完）
作者：陈世璋
来源：自然界
时间：1927
卷期：第 2 卷第 3 号　　页码：193—208
类型：论文

标题：奉军入豫胜利纪念黄河铁桥洋工
　　　程师献香槟酒祝奉军将领战胜之
　　　状况
来源：北洋画报
时间：1927
卷期：第 77 期　页码：1
类型：照片

标题：黄河桥头督战之两大将
作者：A
来源：北洋画报
时间：1927
卷期：第 77 期　　页码：1
类型：照片

标题：奉军占领后之京汉路黄河铁桥
来源：北洋画报
时间：1927
卷期：第 83 期　　页码：1
类型：照片

标题：黄河土砂的预备研究（附图表）（续前第三期 208 页）
作者：陈世璋
来源：自然界
时间：1927
卷期：第 2 卷第 4 号　　页码：303—317
类型：论文

标题：寄会计处、车务处、帐务总管处电（四月十九日）
提要：韩浦假各站附收黄河工捐山东振捐遵照津韩段办理由
来源：铁路公报（津浦线）
时间：1927
卷期：第 299 期　　页码：19，5
类型：电报

标题：今年五一节中不堪回首黄河流域之工友
作者：无畏
来源：革命画报（上海）
时间：1927

卷期：第 3 期　页码：1
类型：记事

标题：奉军占领黄河以北（中英文对照）
来源：中华英文周报
时间：1927
卷期：第 16 卷第 393 期　页码：90
类型：记事

标题：荷退庚款与黄河
作者：怡
来源：现代评论
时间：1927
卷期：第 5 卷第 127 期　页码：2—3
类型：评论

标题：咨督办黄河工程事宜公署和使退还赔款用作黄河测量调查经费一事和使对于会议办法未能悉予赞同应如何办理咨请查照酌核见复文（四月十五日）
来源：财政月刊
时间：1927
卷期：第 14 卷第 161 号　页码：5—6
类型：咨文

标题：函复外交部和兰退还庚款用于黄河测量调查事项和使对于议定办法未允悉予赞同兹准督办黄河工程事宜公署咨复各节请即转商和使办理并见复文（四月二十二日）
来源：财政月刊
时间：1927
卷期：第 14 卷第 161 号　页码：11—12
类型：公函

标题：函复国务院河南河务局长请分拨和兰退还赔款一节请咨覆河南省长转令该局长迳向督办黄河工程事宜公署接洽办理文（四月二十八日）
来源：财政月刊
时间：1927
卷期：第 14 卷第 161 号　页码：13—14
类型：公函

标题：最近之黄河铁路
来源：上海画报
时间：1927
卷期：第 239 期　页码：1
类型：照片

标题：黄河铁桥被炸毁？
作者：春雷
来源：农民
时间：1927
卷期：第 3 卷第 11 期　页码：3
类型：新闻

标题：奉军退守黄河北岸（中英文对照）
作者：Tai，C、V、
来源：中华英文周报
时间：1927
卷期：第 16 卷第 405 期　页码：476
类型：记事

标题：附录庚、民国十三至十六三年间黄河涨落图
来源：中国华洋义赈救灾总会丛刊·甲种
时间：1927
卷期：甲种 20　页码：58
类型：图片

标题：通令一件

附公电：寄会计处、车务处、帐务总管处代电（六月三十日）

提要：准京奉路局函以筑唐山交通大学锦县分校自备车辆在陈唐庄起运砖瓦运费及黄河捐加快费请免收仰转饬遵查照由

来源：铁路公报（津浦线）

时间：1927

卷期：第306期　页码：10，4—5

类型：公文

标题：大元帅指令第二百十号（中华民国十六年九月八日）

提要：令兼直隶省长褚玉璞
　　　呈转报大名道道尹兼黄河河务局局长梁维新兼造币厂监督李福源任事日期并感激下忱由

作者：潘复　沈瑞麟

来源：政府公报

时间：1927

卷期：第4089号　页码：15—16

类型：指令

标题：兰州之黄河铁桥

作者：李兴言

来源：图画时报

时间：1927

卷期：第394号　页码：2

类型：照片

标题：发刊词

提要：我国三大流域为黄河，为长江，为珠江……

作者：胡蝶魂

来源：珠江星期画报

时间：1927

卷期：第1期　页码：2

类型：发刊词

标题：省政府训令民政厅黄河渡口事宜改归该厅管理文

来源：河南行政月刊

时间：1927

卷期：第3期　页码：25—26

类型：训令

标题：民政厅委任席文渊接收黄河渡口文

来源：河南行政月刊

时间：1927

卷期：第3期　页码：36

类型：命令

标题：财政厅呈报查明黄河渡口抽收捐款积弊情形拟请改革文

来源：河南行政月刊

时间：1927

卷期：第3期　页码：69—76

类型：呈文

标题：大元帅指令（第四百十五号　中华民国十六年十一月一日）

提要：令军事总长何丰林
　　　呈核山东张督办林省长请将黄河上游李黄等处堵口出力人员孙怀周等分别补官缮单呈鉴由

作者：潘复　何丰林

来源：政府公报

时间：1927

卷期：第4140号　页码：3

类型：指令

标题：大元帅指令（第四百五十七号　中华民国十六年十一月十五日）

提要：令内务总长沈瑞麟

标题：呈核山东省请奖堵筑黄河李升屯黄花寺两处决口在事出力人员拟请准予分别给奖由
作者：潘复　沈瑞麟
来源：政府公报
时间：1927
卷期：第 4153 号　页码：4
类型：指令

标题：指令省立第一农事试验场呈请明令接收道苗圃黄河官滩并恳发积欠由（十一月十九日）
作者：陈世璋
来源：江苏建设公报
时间：1927
卷期：第 4/5 期　页码：47—48
类型：指令

标题：决口的黄河——玉芙杂感之一
作者：玉芙
来源：金陵周刊
时间：1927
卷期：第 3 期　页码：28—32
类型：文艺

标题：黄河铁桥及兰州全景
作者：屠嘉福
来源：图画时报
时间：1927
卷期：第 423 号　页码：4
类型：照片

标题：一周间国内外大事述评（自六月十日起至十六日止）
提要：和战形势
　　　鸿沟画界之京汉黄河桥
来源：国闻周报
时间：1927
卷期：第 4 卷第 23 期　页码：4
类型：照片

1928 年

标题：黄河の水
作者：鸟山喜一
来源：刀江书院
时间：1928
类型：图书

标题：泺口黄河桥古为鹊山淤湖说
作者：蒋智由
时间：1928
类型：图书

标题：黄河流域古今地质之变迁及其将来之危状
作者：夏建寅
时间：1928
类型：图书

标题：黄河第一木桥
提要：在甘肃循化县，现已开始建修，汉时桥迹尚在
来源：实业杂志
时间：1928
卷期：第 123 号　页码：41—42
类型：新闻

标题：利津黄河决口
提要：本刊正上版间接鲁会二月二十七日急电报告黄河在利津县境决口冲没八十余村被灾者在二万人以上云
来源：救灾会刊
时间：1928
卷期：第 5 卷第 3 期　页码：14
类型：记事

标题：时事（自二月一日至三月十日）
提要：国内要闻
　　　黄河决口
来源：真光杂志
时间：1928
卷期：第 27 卷第 2/3 期　页码：151—152
类型：新闻

标题：济南通讯（二）
提要：黄河下游棘子刘王家院大堤溃决真像，当局处置之经过暨工事近况
作者：诚
来源：坦途
时间：1928
卷期：第 10 期　页码：5—7
类型：通讯

标题：乙丑夏日游鲁泛舟黄河夜泊清河镇
作者：徐季藩
来源：北京民国大学月刊
时间：1928
卷期：第 1 号　页码：42
类型：诗词

标题：利津黄河决口后之惨况
来源：末世牧声
时间：1928
卷期：第8卷第14期　页码：1页
类型：记事

标题：黄河天险
作者：王镂冰
来源：北洋画报
时间：1928
卷期：第179期　页码：5
类型：照片

标题：甘肃省政府秘书处办事报告
提要：（四）建设
　　　警察厅呈报收入黄河铁桥捐暨开支数目清册祈核销一案已指令核销……（四月十四日至二十一日）
来源：甘肃省政府公报
时间：1928
卷期：第39期　页码：69—72
类型：报告

标题：黄河天险（河势蜿蜒绵长千里）
作者：王镂冰
来源：北洋画报
时间：1928
卷期：第181期　页码：3
类型：照片

标题：汽车速率之新纪念、废春秋祀孔典礼、鲁省黄河决口巨灾
作者：东方社
来源：时兆月报
时间：1928
卷期：第23卷第4期　页码：4—5
类型：新闻

标题：观黄河记
作者：陈豸灵
来源：会报
时间：1928
卷期：第35期　页码：61
类型：散文

标题：建厅呈复第一农场接收黄河滩地办理情形
来源：江苏省政府公报
时间：1928
卷期：第32期　页码：24
类型：呈文

标题：国民政府交通部电（第二八一号中华民国十七年五月十一日）
提要：电津浦铁路指挥何竞武
　　　为已分电津浦路局及赵司长即派韩浦段洋总工程师韩纳前往黄河铁桥详细勘估克日具报由
来源：交通公报
时间：1928
卷期：第1卷第18期　页码：71，5
类型：电报

标题：国民政府交通部电（第二八四号中华民国十七年五月十一日）
提要：电津浦铁路管理局黄局长
　　　为仰该局长派韩浦段总工程师韩纳前往黄河铁桥详细勘估被炸情形由
来源：交通公报
时间：1928
卷期：第1卷第18期　页码：71—72，5
类型：电报

标题：黄河土匪之连环计

作者：茉莉
来源：上海画报
时间：1928
卷期：第 357 期　页码：2
类型：记事

标题：黄河流域之风景
来源：良友
时间：1928
卷期：第 27 期　页码：28
类型：照片

标题：指令清江杂谷试验场场长呈为呈报处理黄河滩田情形仰将丈量结果绘图呈再予备案文
来源：江苏省农矿厅农矿公报
时间：1928
卷期：第 1 期　页码：19
类型：指令

标题：全国交通会议本局提案
提要：（三）提早建筑预定之黄河新桥案
来源：汉平新语
时间：1928
卷期：第 1 卷第 1 期　页码：119
类型：提案

标题：黄河插图
提要：黄河桥正面；
　　　黄河桥侧面；
　　　黄河风景
来源：津浦之声
时间：1928
卷期：第 7 期　页码：16—18
类型：照片

标题：津浦黄河桥毁坏情形及修缮意见（附照片）
提要：津浦黄河桥毁坏情形及修缮意见；
　　　箭头指处为被炸之桥墩；
　　　轨道及人行道被毁情形
来源：国闻周报
时间：1928
卷期：第 5 卷第 29 期　页码：1—4
类型：报告

标题：呈文（第二五七号　中华民国十七年七月日）
提要：呈交通部呈为本路黄河轮被十七军扣用恳予转咨军委会令饬发还由
作者：杨承训
来源：津浦铁路公报
时间：1928
卷期：第 8 期　页码：37，3
类型：呈文

标题：函复建设厅黄河滩地暂缓拨归清江杂谷试验场案已训令该场知照文
来源：江苏省农矿厅农矿公报
时间：1928
卷期：第 2 期　页码：15
类型：公函

标题：训令清江杂谷试验场为准建设厅函开黄河滩地暂缓归拨仰即遵照文
来源：江苏省农矿厅农矿公报
时间：1928
卷期：第 2 期　页码：18
类型：训令

标题：本处春季大旅行
提要：黄河南岸新妆饰，黄河声是放足声
来源：放足丛刊
时间：1928

卷期：8月　页码：156
类型：新闻

标题：津浦局派员检查黄河铁桥工程
来源：银行月刊
时间：1928
卷期：第8卷第8号　页码：423—425
类型：新闻

标题：勘修津浦路黄河桥
来源：兴华
时间：1928
卷期：第25卷第34期　页码：40—41
类型：新闻

标题：嘉言
提要：中国国民党总理孙中山先生说："如果把扬子江和黄河的水力，用新法来生电力……"
来源：国立浙江大学农学院周刊
时间：1928
卷期：第1卷第31期　页码：0
类型：评论

标题：交通时事日志（十七年九月二十五日）
提要：黄河桥之修理工程
来源：铁路公报（沪宁沪杭甬线）
时间：1928
卷期：第45期　页码：94
类型：新闻

标题：津浦派员检查黄河桥
来源：铁路公报（平绥线）
时间：1928
卷期：第10期　页码：59—61
类型：新闻

标题：国民政府内政部致大名河北河务局代电
提要：电黄河河务局李局长
　　　请电河北省政府速拨河工协款已电催拨由
来源：内政公报
时间：1928
卷期：第1卷第5期　页码：198，10
类型：电报

标题：国民政府内政部致河北省政府电
提要：电河北省政府
　　　请速拨黄河河务工款由
来源：内政公报
时间：1928
卷期：第1卷第5期　页码：198，10
类型：电报

标题：国内经济
提要：津浦路检查黄河铁桥之结果
来源：银行月刊
时间：1928
卷期：第8卷第10号　页码：247—248
类型：新闻

标题：中外新闻
提要：修理黄河桥即将着手，日方已不阻挠
来源：通问报（耶稣教家庭新闻）
时间：1928
卷期：第1313期　页码：32
类型：新闻

标题：训令（第五二五号　十七年九月十二日）
提要：令总务处、郑州机务材料库、江岸、长辛店材料总、分厂、黄河南

岸工务材料库
为令遵事查本路现有各材料厂库组
织未臻完善……
作者：黄士谦
来源：汉平新语
时间：1928
卷期：第1卷第4期　页码：33—34
类型：训令

标题：黄河铁桥行将修造（中英文对照）
作者：徐世光
来源：英语周刊
时间：1928
卷期：第673期　页码：1495
类型：记事

标题：交通时事日志（十七年九月十二日）
提要：津浦路黄河桥开始赶修
来源：铁路公报（沪宁沪杭甬线）
时间：1928
卷期：第46期　页码：112、113
类型：新闻

标题：交通时事日志（十七年九月二十五日）
提要：黄河桥之修理工程
来源：铁路公报（沪宁沪杭甬线）
时间：1928
卷期：第46期　页码：121
类型：新闻

标题：河北省政府建设厅训令（第二二六号　中华民国十七年十月五日）
提要：令河北河务局、北运河河务局、黄河河务局等
各河务局及各汽车路局嗣后遇有请示办法事项应呈厅核转其关于报告

等件方可分呈由
作者：温泉寿
来源：河北省政府公报
时间：1928
卷期：第71号　页码：17，8
类型：训令

标题：河北省政府指令（第一六七九号　中华民国十七年十月九日）
提要：令黄河河务局代电一件
为报告刘庄高村及老大坝巨险蛰扫请派员履勘并拨款救济由
作者：商震
来源：河北省政府公报
时间：1928
卷期：第75号　页码：8—9
类型：指令

标题：令涟水县制止处理黄河滩地
来源：江苏省政府公报
时间：1928
卷期：第57期　页码：26
类型：指令

标题：国民政府内政部代电
提要：电直鲁黄河救急会
黄河抢险经费已由国府饬财政部迅予筹拨请查照由
来源：内政公报
时间：1928
卷期：第1卷第6期　页码：12，177
类型：电报

标题：津浦铁路黄河桥毁坏情形及修缮意见（附照片）
作者：王节尧
来源：工程（中国工程学会会刊）

时间：1928
卷期：第 4 卷第 1 号　　页码：51—60
类型：报告

标题：津浦局派员检查黄河桥工程（请参看本期王节尧君文）
作者：申报
来源：工程（中国工程学会会刊）
时间：1928
卷期：第 4 卷第 1 号　　页码：183—185
类型：新闻

标题：黄河南岸芒山
来源：汉平新语
时间：1928
卷期：第 1 卷第 5 期　　页码：14
类型：照片

标题：交通时事日志（十七年九月二十五日）
提要：黄河桥之修理工程
来源：铁路公报（沪宁沪杭甬线）
时间：1928
卷期：第 49 期　　页码：87
类型：新闻

标题：修理黄河铁桥何须要日兵监视更何须要与日领商订
作者：仲玉
来源：扬子江
时间：1928
卷期：第 4 期　　页码：2
类型：记事

标题：黄河大堤外之扇面坝（护岸工程）
来源：华北水利月刊
时间：1928
卷期：第 1 卷第 2 期　　页码：1 页
类型：照片

标题：黄河之根本治法商榷（附图）（未完）
作者：李仪祉
来源：华北水利月刊
时间：1928
卷期：第 1 卷第 2 期　　页码：1—10
类型：论文

标题：河北省政府建设厅令（训令第三一一号　十月三十一日）
提要：令技正王廷翰
　　　黄河工款朱楼村赔偿树款及大邯汽车路收归官有各案仰即详细查报核夺由
作者：温寿泉
来源：河北建设公报
时间：1928
卷期：第 2 期　　页码：51—53
类型：训令

标题：河北省政府建设厅令（训令第三五六号　十一月十三日）
提要：令河北黄河河务局局长李国钧
　　　查勘黄河工务堤柳赔款手续请拨款各案仰候查明再行核夺由
作者：温寿泉
来源：河北建设公报
时间：1928
卷期：第 2 期　　页码：65—66
类型：训令

标题：中华民国国民政府行政院训令（第五七号中华民国十七年十一月十九日）
提要：令财政部

— 97 —

为令行事案准国民政府文官处函为直鲁黄河救急会油庆恩等呈为河工险恶请令财政部迅拨专款一案奉谕交院等因转达查照等由准此核行抄发原呈令仰该部照案从速筹发为要此令。
来源：行政院公报
时间：1928
卷期：特刊号　页码：140—141
类型：训令

标题：华北水利会决定治导黄河下游办法
来源：银行月刊
时间：1928
卷期：第8卷第11号　页码：279
类型：论文

标题：国民政府交通部指令（第一五三七号　中华民国十七年十月二十日）
提要：令津浦铁路管理局
　　　呈报派员赴济检查黄河桥损坏工程报告书图样估计举顶及修理办法拟先购买材料备用请核示由
作者：王伯群
来源：津浦铁路公报
时间：1928
卷期：第12期　页码：23—24
类型：指令

标题：公函（考字第十三号　中华民国十七年十月二十五日）
提要：函山东崔交涉员兹派济南机厂厂长曾广智工务正工程司胡升鸿前往济南会商修理摩托车及修复黄河铁桥事宜请赐接洽派员向前途切实交涉由
来源：津浦铁路公报
时间：1928
卷期：第12期　页码：44，6
类型：公函

标题：黄河桥限三星期修完
来源：兴华
时间：1928
卷期：第25卷第49期　页码：46
类型：新闻

标题：国民政府铁道部训令（第九三号中华民国十七年十一月二十九日）
提要：令津浦铁路管理局
　　　关于修复黄河桥工应先行拟具工程计划及招标办法呈候核夺由
作者：孙科
来源：津浦铁路公报
时间：1928
卷期：第13期　页码：13—14，5
类型：训令

标题：折呈铁道部
提要：折呈关于修复黄河桥工案附呈博克威预算单由（中华民国十七年十二月四日）
作者：孙鹤皋
来源：津浦铁路公报
时间：1928
卷期：第13期　页码：57—58，8
类型：秦折

标题：日方已允修理黄河沙河两桥（附件：工人宿舍附件守则）
来源：津浦铁路公报
时间：1928
卷期：第13期　页码：162—163
类型：新闻

标题：代电铁道部
呈报沙河桥黄河两桥工并修复机车电线情形由
来源：津浦铁路公报
时间：1928
卷期：第 14 期　页码：35—36，4
类型：电报

标题：汉平路铁桥附近黄河河床形势一、二
来源：华北水利月刊
时间：1928
卷期：第 1 卷第 3 期　页码：1 页
类型：照片

标题：黄河之根本治法商榷（续第二期）（附图表）
作者：李仪祉
来源：华北水利月刊
时间：1928
卷期：第 1 卷第 3 期　页码：1—17
类型：论文

标题：工作报告
提要：勘查黄河及设立流量站之经过
作者：水文课
来源：华北水利月刊
时间：1928
卷期：第 1 卷第 3 期　页码：53—61
类型：报告

标题：路务日志（十七年十二月十五日）
提要：修理黄河桥日内开工
来源：铁路公报（沪宁沪杭甬线）
时间：1928
卷期：第 54 期　页码：84
类型：新闻

标题：河北省政府建设厅令（指令第一三七五号　十一月十九日）
提要：令河北黄河河务局局长万国钧代零一件报称抢修险工情形请核发料款饷费由
作者：温寿泉
来源：河北建设公报
时间：1928
卷期：第 3 期　页码：74
类型：指令

标题：批（第三三四号　十二月一日）
提要：具呈人尹荣琨
呈为陈述治理黄河办法由
来源：河北建设公报
时间：1928
卷期：第 3 期　页码：205
类型：批文

标题：国民政府铁道部训令（第九十三号　中华民国十七年十一月二十九日）
提要：令津浦铁路管理局
为黄河大桥至为重要并述各点以投标法承办仰先具招标办法呈核由
作者：孙科
来源：铁道公报
时间：1928
卷期：第 1 期　页码：68—70
类型：训令

标题：国内铁道消息
提要：鲁省交通将恢复原状
津浦车可由泰开至党家庄，济泰间电线完至修妥，惟洛口黄河铁桥不易恢复（十一月二十四日泰安通信）

来源：铁道公报
时间：1928
卷期：第 1 期　页码：202—203
类型：新闻

标题：饮马黄河
作者：陈蟾中
来源：良友
时间：1928
卷期：第 33 期　页码：18
类型：照片
标题：西北交通

提要：包头南海子黄河船
来源：国闻周报
时间：1928
卷期：第 5 卷第 33 期　页码：1 页
类型：照片

标题：战地情天（上海民新影片公司出品）
提要：大军过黄河铁桥
来源：电影月报
时间：1928
卷期：第 5 期　页码：13
类型：照片

1929 年

标题：路事要闻：十二月中旬
提要：路务日志（十七年十二月十五日）：修理黄河桥日内开工
路务日志（十七年十二月十八日）：黄河桥工程平讯
来源：铁路公报（沪宁沪杭甬线）
时间：1929
卷期：第 55 期　页码：68
类型：记事

标题：黄河桥图片
提要：黄河桥之悬桥与伸臂联结处在施工时之防险设备；
黄河桥之锚臂用千斤顶顶起后垫好I字梁之情形；
黄河桥之锚臂项起后在被炸之第八号桥礅处之情形；
黄河桥之锚臂全部顶起后之情形（十八年一月）
作者：薛毛起
来源：津浦铁路公报
时间：1929
卷期：第 15 期　页码：7—10
类型：照片

标题：本路黄河桥已修竣
来源：津浦铁路公报
时间：1929
卷期：第 15 期　页码：142
类型：新闻

标题：中外大事记
提要：日人侵略下之山东
津浦黄河桥修理完成
来源：兴华
时间：1929
卷期：第 26 卷第 3 期　页码：43
类型：记事

标题：津浦铁路黄河桥锚臂及九一五公尺桁梁举平后试车情形（十八年一月二十日）
作者：薛
来源：津浦铁路公报
时间：1929
卷期：第 16 期　页码：9
类型：照片

标题：工务处举平黄河桥毁坏桥孔每周报告表
来源：津浦铁路公报
时间：1929
卷期：第 16 期　页码：113
类型：图表

标题：黄河桥修理完竣已试车一次，正式通车尚有待
来源：津浦三日刊
时间：1929
卷期：第 34 期　页码：22
类型：新闻

标题：国民政府令（中华民国十八年一月二十六日）
提要：国民政府黄河水利委员会组织条例
来源：国民政府公报（南京1927）
时间：1929
卷期：第77号　**页码**：4—6
类型：法规

标题：国民政府训令（第六一号　中华民国十八年一月二十六日）
提要：令直辖各机关
　　　　为令饬事查国民政府黄河水利委员会组织条例业经制定明令公布亟应通饬施行除分令外合行抄发原条文令仰知照并通饬所属一体知照此令
来源：国民政府公报（南京1927）
时间：1929
卷期：第78号　**页码**：2
类型：训令

标题：呈铁道部文
提要：呈报装修黄河沙河桥梁拟用无限制招标办法仰祈示遵由（中华民国十八年一月十八日）
作者：孙鹤皋
来源：津浦铁路公报
时间：1929
卷期：第17期　**页码**：56—58，3
类型：呈文

标题：训令（第一五八号　中华民国十八年一月二十二日）
提要：令总务处、车务处、工务处、机务处、会计处、驻津办事处
　　　　附发黄河桥临时通车保安办法由
作者：孙鹤皋
来源：津浦铁路公报
时间：1929
卷期：第17期　**页码**：24—25，2
类型：训令

标题：指令（第二二五号　中华民国十八年二月六日）
提要：令工务处
　　　　呈一件呈请将举平黄河桥工程出力人员陈祖贻等分摊奖励祈鉴核由
作者：孙鹤皋
来源：津浦铁路公报
时间：1929
卷期：第17期　**页码**：39—40
类型：指令

标题：中外大事记
　　　　冀鲁近闻
提要：津浦黄河桥修复通车
来源：兴华
时间：1929
卷期：第26卷第5期　**页码**：44—45
类型：新闻

标题：（甲）国民政府命令摘要
提要：国民政府令
　　　　特派国府黄河水利委员会委员及建设委员会正副委员长之令（中华民国十八年一月二十四日）
来源：华北水利月刊
时间：1929
卷期：第2卷第1期　**页码**：32
类型：命令

标题：（甲）国民政府命令摘要
提要：国民政府令
　　　　国民政府黄河水利委员会组织条

例之令（中华民国十八年一月二十六日）
来源：华北水利月刊
时间：1929
卷期：第2卷第1期　页码：32—35
类型：命令

标题：国民政府铁道部指令（第一四三号　中华民国十七年十二月十五日）
提要：令津浦铁路管理局局长孙鹤皋
　　　呈一件，为修理黄河桥势难延缓请电德国孟柯恩磋商俾早恢复由
作者：孙科
来源：铁道公报
时间：1929
卷期：第2期　页码：74—75
类型：指令

标题：国民政府行政院内政部批（土字第十一号　中华民国十七年十二月二十八日）
提要：原具呈人直鲁黄河救急会代表油庆恩等
　　　一件呈请催拨直鲁河工协款由
作者：赵戴文
来源：内政公报
时间：1929
卷期：第1卷第9期　页码：74
类型：批文

标题：国民政府行政院内政部咨
提要：咨财政部
　　　据直鲁黄河救急会催领核准河工协款十万元请迅予指拨以便转发由（中华民国十七年十二月二十八日）
作者：赵戴文

来源：内政公报
时间：1929
卷期：第1卷第9期　页码：105，10
类型：咨文

标题：日人炸毁之津浦黄河铁桥
来源：铁道公报
时间：1929
卷期：第2期　页码：199—200
类型：新闻

标题：黄河铁桥
内容：未炸前之津浦路洛口黄河铁桥；
　　　被炸后之津浦路洛口黄河铁桥
来源：工程（中国工程学会会刊）
时间：1929
卷期：第4卷第2号　页码：1页
类型：照片

标题：检查津浦铁路黄河桥述要（详细报告书下期登载）
来源：工程（中国工程学会会刊）
时间：1929
卷期：第4卷第2号　页码：322—323
类型：新闻

标题：财政部训令（第六四七八号　中华民国十八年二月二日）
提要：令所属各机关
　　　国民政府黄河水利委员会组织条例
来源：财政日刊
时间：1929
卷期：第367号　页码：1—4
类型：训令

标题：中华民国国民政府行政院训令（第六六号　中华民国十八年二月二

日）

提要：令各部，委员会，省政府，特别市政府
令发黄河水利委员会组织条例由

来源：行政院公报

时间：1929

卷期：第 19 号　**页码**：40—44

类型：训令

标题：铁道部指令（第六〇九号　中华民国十八年三月八日）

提要：令津浦铁路管理局
呈一件：黄河沙河两桥损坏部份所需钢料遵令与孟阿恩公司订定照录合同函电请鉴核备案由

作者：孙科

来源：津浦铁路公报

时间：1929

卷期：第 18 期　**页码**：13

类型：指令

标题：浙江省政府训令（秘字第六一七号　中华民国十八年二月八日）

提要：令所属各机关
令各机关奉国府令发国民政府黄河水利委员会组织条例仰知照由

作者：张人杰　蒋伯诚　朱家骅

来源：浙江省政府公报

时间：1929

卷期：第 525 期　**页码**：1—4

类型：训令

标题：国民政府黄河水利委员会组织条例（国民政府颁发）

来源：江西省政府公报

时间：1929

卷期：第 6 期　**页码**：14—16

类型：法规

标题：江西省建设厅训令（字第三一七号　中华民国十八年二月十六日）

提要：令江西水利局、八十一县县长
奉省府令转国府令发黄河水利委员会组织条例由（不另行文）

作者：周贯虹

来源：江西省政府公报

时间：1929

卷期：第 6 期　**页码**：57，7

类型：训令

标题：国民政府黄河水利委员会组织条例

来源：福建省政府公报

时间：1929

卷期：第 80 期　**页码**：72—74

类型：法规

标题：训令各县县长九江市市长奉发黄河水利委员会组织条例仰即知照由（十八年二月十六日）

作者：杨赓笙

来源：江西民政公报

时间：1929

卷期：第 29 期　**页码**：80—83

类型：训令

标题：国民政府训令（第六一号　中华民国十八年一月二十六日）

提要：令交通部
为抄发黄河水利委员会组识条例由

作者：蒋中正　谭延闿　胡汉民

来源：交通公报

时间：1929

卷期：第 15 号　**页码**：2—3

类型：训令

标题：国民政府黄河水利委员会组织条例
来源：甘肃省政府公报
时间：1929
卷期：第 81 期　页码：11—13
类型：法规

标题：国民政府黄河水利委员会组织条例
来源：交通公报
时间：1929
卷期：第 15 号　页码：20—22
类型：法规

标题：国府令发黄河水利委员会组织条例（十八年一月二十六日公布）
来源：江苏省政府公报
时间：1929
卷期：第 72 期　页码：39—41
类型：法规

标题：华北导淮黄河三委员会有联合工作之需要
作者：李仪祉
来源：华北水利月刊
时间：1929
卷期：第 2 卷第 2 期　页码：1—3
类型：论文

标题：铁道部指令（第八一二号　中华民国十八年四月四日）
提要：令津浦铁路管理局
　　　呈一件孟柯思公司以所订黄河沙河桥钢料内有验桥车请照机器给价应否照准祈核示由
作者：孙科
来源：津浦铁路公报
时间：1929
卷期：第 20 期　页码：10—11

类型：指令

标题：铁道部训令（第二四九号　中华民国十八年一月五日）
提要：令本部技正沈祖伟、王金职
　　　黄河大桥工程准即开工修理派该员等随时到工查视由
作者：孙科
来源：铁道公报
时间：1929
卷期：第 3 期
类型：训令

标题：内政部公函
提要：函行政院秘书处
　　　关于山东省政府呈请将山东等三省河务局合并设一专管机关一案所议尚是但不如全黄河流域设一黄河河道整理委员会更为相宜由（中华民国十八年一月九日）
作者：赵戴文
来源：内政公报
时间：1929
卷期：第 2 卷第 1 期　页码：183—184，11
类型：公函

标题：中华民国国民政府令（中华民国十八年一月二十六日）
提要：兹制定国民政府黄河水利委员会组织条例公布之此令……
来源：工商公报
时间：1929
卷期：第 1 卷第 9 期　页码：9
类型：命令

标题：国民政府黄河水利委员会组织条例（十八年一月二十六日国府令

公布）
来源：工商公报
时间：1929
卷期：第 1 卷第 9 期　页码：43—44
类型：法规

标题：内政部咨
提要：咨各省政府
　　　关于国府公布黄河水利委员会组织条例请饬属一体知照由（中华民国十八年一月三十日）
作者：赵戴文
来源：内政公报
时间：1929
卷期：第 2 卷第 1 期　页码：182，11
类型：咨文

标题：铁道部训令（第三二五号 中华民国十八年二月一日）
提要：令平绥铁路管理局局长班廷献国民政府黄河水利委员会组织条例
作者：孙科
来源：铁路公报（平绥线）
时间：1929
卷期：第 25 期　页码：17—19
类型：训令

标题：国府公布法规
提要：国民政府黄河水利委员会组织条例
来源：内政公报
时间：1929
卷期：第 2 卷第 1 期　页码：123—125
类型：法规

标题：指令江北运河工程局局长呈为声明前次附呈疏浚黄河计画尚无谬误祈备案由（十八年二月二十七日）
作者：王柏龄
来源：江苏省建设厅公报
时间：1929
卷期：第 20 期　页码：2
类型：指令

标题：呈建设委员会据江北运河工程局局长呈为声明前次附呈疏浚废黄河计画尚无谬误祈备案由（十八年二月二十七日）
作者：王柏龄
来源：江苏省建设厅公报
时间：1929
卷期：第 20 期　页码：2—4
类型：呈文

标题：省政府奉国民政府令抄发黄河水利委员会组织条例令建设厅知照
来源：湖北省政府公报
时间：1929
卷期：第 38 期　页码：6—8
类型：命令

标题：黄河铁桥临时修理工程竣工（中英文对照）
作者：徐世光
来源：英语周刊
时间：1929
卷期：第 694 期　页码：1915—1916
类型：记事

标题：国民政府黄河水利委员会组织条例（十八年一月二十六日公布）
来源：法律评论（北京）
时间：1929
卷期：第 6 卷第 22 期　页码：34—35
类型：法规

标题：训令（第三四三号　中华民国十八年二月十五日）
提要：令工务处
　　　奉部令装修黄河沙河等桥损坏部分工事准用无限制招标办法仰即遵照招商赶修由
作者：孙鹤皋
来源：津浦铁路公报
时间：1929
卷期：第 21 期　**页码**：19—20，1
类型：训令

标题：训令（第八三三号　中华民国十八年四月十二日）
提要：令总务处、工务处
　　　奉部令派员监视黄河汾河等桥钢料装置工事开标仰即遵照由
来源：津浦铁路公报
时间：1929
卷期：第 21 期　**页码**：19，1
类型：训令

标题：铁路部指令
提要：令津浦铁路管理局
　　　呈一件修理黄河等桥需用压气器具可否准予怡和磋商订购祈核示由（中华民国十八年四月十三日）
作者：孙科
来源：津浦铁路公报
时间：1929
卷期：第 21 期　**页码**：10
类型：指令

标题：呈铁道部
提要：呈报装置黄河沙河两桥钢梁开标情形请准将第一第二项归裕庆建筑公司承办第三项归本路自行办理祈迅赐核示由（中华民国十八年四月二十三日）
作者：孙鹤皋
来源：津浦铁路公报
时间：1929
卷期：第 21 期　**页码**：36—38，3
类型：呈文

标题：指令（第七六二号　中华民国十八年四月二十九日）
提要：令工务处
　　　呈一件，呈报装置黄河及沙河桥工事开标情形请转呈由
作者：孙鹤皋
来源：津浦铁路公报
时间：1929
卷期：第 21 期　**页码**：26—27
类型：指令

标题：铁道部令（第七八三号　中华民国十八年五月二日）
提要：令津浦铁路管理局
　　　订购黄河沙河两桥钢料经发交材料考办委员会考核饬储款备付债额由
作者：孙科
来源：津浦铁路公报
时间：1929
卷期：第 22 期　**页码**：17，3
类型：部令

标题：施测黄河流量之商榷（附图）
作者：顾世楫
来源：华北水利月刊
时间：1929
卷期：第 2 卷第 3 期　**页码**：15—20

标题：（甲）上建设委员会呈文摘要
提要：呈报第三次委员会议议决测量黄河仍继续进行文（中华民国十八年三月九日）
作者：李仪祉
来源：华北水利月刊
时间：1929
卷期：第 2 卷第 3 期　页码：54—55
类型：呈文

标题：（乙）往来函件摘要
提要：华北水利委员会快邮代电
齐河县山东河务局傅局长鉴准贵局微代电藉悉黄河下游扈家滩一带因凌泛滥
来源：华北水利月刊
时间：1929
卷期：第 2 卷第 3 期　页码：60
类型：电报

标题：河南黄河水利初步计画书
作者：曹瑞芝
来源：华北水利月刊
时间：1929
卷期：第 2 卷第 3 期　页码：70—88
类型：计划

标题：疏浚废黄河施工计划图
作者：江北运河工程局
来源：江苏江北运河工程局汇刊
时间：1929
卷期：第 3 期　页码：1 页
类型：图表

标题：呈江苏建设厅为前拟疏浚废黄河计画尚无谬误之处仰祈鉴核备案文（民国十八年一月十六日）
来源：江苏江北运河工程局汇刊
时间：1929
卷期：第 3 期　页码：46—49
类型：呈文

标题：国民政府黄河水利委员会组织条例（十八年一月二十六日国民政府公布）
来源：河北建设公报
时间：1929
卷期：第 6 期　页码：101—103
类型：法规

标题：河北省黄河河务局组织规程（十八年二月十八日省政府委员会第六十七次会议通过）
来源：河北建设公报
时间：1929
卷期：第 6 期　页码：111—113

标题：河北省政府建设厅令（训令第三六九号　二月二十三日）
提要：令河北黄李国钧，永定孙庆泽，大清河河务局局长曹宝善，南运河务局长崔锡霖
抄发黄河水利委员会组织条例令知照由
作者：温寿泉
来源：河北建设公报
时间：1929
卷期：第 6 期　页码：39—40
类型：训令

标题：铁道部指令（第四三〇号　中华民国十八年二月九日）
提要：令津浦铁路管理局
呈一件呈为修黄河沙河两桥损坏

部分工事拟用无限制办法招标乞示由
作者：孙科
来源：铁道公报
时间：1929
卷期：第 4 期　页码：66
类型：指令

标题：铁道部指令（第四六九号　中华民国十八年二月十六日）
提要：令津浦铁路管理局
呈一件报筹备济南段通车各项事宜情形并拟具黄河桥临时通车保安办法乞鉴核由
作者：孙科
来源：铁道公报
时间：1929
卷期：第 4 期　页码：69—75
类型：指令

标题：津浦车安渡黄河桥
来源：铁道公报
时间：1929
卷期：第 4 期　页码：165—166
类型：新闻

标题：国民政府黄河水利委员会组织条例
来源：福建建设厅月刊
时间：1929
卷期：第 3 卷第 2 号　页码：126—129
类型：法规

标题：国民政府黄河水利委员会组织条例
来源：江苏省建设厅公报
时间：1929
卷期：第 21 期　页码：1—3
类型：法规

标题：训令六十一县建设局局长、江北运河工程处处长奉省政府训令转发黄河水利委员会组织条例由（十八年三月四日）
作者：王柏龄
来源：江苏省建设厅公报
时间：1929
卷期：第 21 期　页码：15
类型：训令

标题：国民政府指令（第六五七号　中华民国十八年四月六日）
提要：令黄河水利委员会
呈报黄河水利委员会筹备处成立日期及办理经过情形并拟具章程请备案令遵由
来源：国民政府公报（南京1927）
时间：1929
卷期：第 135 号　页码：9
类型：指令

标题：中国华洋义赈救灾总会留影
内容：（三）为黄河渡口，车浑棉花情形；（六）运粮渡过黄河情形
来源：华北画刊
时间：1929
卷期：第 14 期　页码：4
类型：照片

标题：民政厅指令（第五四一四号　四月十日）
提要：河务局局长张文炜呈报黄河长水见消现仍饬加意防范由
来源：河南省政府公报
时间：1929
卷期：第 637 号　页码：13
类型：指令

标题：路务日志（十八年四月二十五日）
提要：黄河铁桥准备增修
来源：铁路公报（沪宁沪杭甬线）
时间：1929
卷期：第70期　页码：74
类型：记事

标题：津浦路砾口黄河桥之新修复
内容：津浦路砾口黄河桥新修复之第一次通车；
　　　津浦路砾口黄河桥之新修复摄影
作者：方少伟
来源：图画京报
时间：1929
卷期：第55期　页码：2
类型：照片

标题：交通部训令（第一二〇号　中华民国十八年四月十九日）
提要：令本部直辖各机关（不另行文）为抄发黄河水利委员会筹备处章程由
作者：王伯群
来源：交通公报
时间：1929
卷期：第33号　页码：8—9，0
类型：训令

标题：国民政府黄河水利委员会筹备处章程
来源：交通公报
时间：1929
卷期：第33号　页码：29
类型：法规

标题：黄河私议、筑港要义（未完）
作者：邵在方　李书田

来源：华北水利月刊
时间：1929
卷期：第2卷第4期　页码：1—11
类型：论文

标题：濮县黄河南岸李升屯埝董张宜唐等呈本会文
作者：李升屯　埝董　张宜唐
来源：华北水利月刊
时间：1929
卷期：第2卷第4期　页码：110—112
类型：呈文

标题：国民政府训令（第六一号　中华民国十八年一月二十六日）
提要：令外交部
　　　附国民政府黄河水利委员会组织条例
来源：外交部公报
时间：1929
卷期：第1卷第12号　页码：36—39
类型：训令

标题：河北省政府建设厅令（委任令第一八五号　三月二十三日）
提要：令技士吕金藻
　　　委任技士吕金藻仰复勘黄河南岸第二泛高村等四处本年岁修春工切实具报由
作者：温寿泉
来源：河北建设公报
时间：1929
卷期：第7期　页码：25—26，9
类型：委任令

标题：河北省政府建设厅令（委任令第一八六号　三月二十三日）

提要：令技士吕金藻
案据黄河河务局局长李国钧筱代电称迭据南岸办事处函电报称刘庄险工……
作者：温寿泉
来源：河北建设公报
时间：1929
卷期：第 7 期　**页码**：26—27
类型：委任令

标题：河北省政府建设厅令（训令第五三二号　三月十九日）
提要：令河北省黄河河务局局长李国钧，永定河河务局局长孙庆泽，南运河河务局局长崔锡霖等仰速补栽堤柳以固堤埝由
作者：温寿泉
来源：河北建设公报
时间：1929
卷期：第 7 期　**页码**：29—30
类型：训令

标题：河北省政府建设厅令（训令第六二七号　四月一日）
提要：令河北省北运河河务局局长冯鹤鸣，大清河河务局局长曹宝善，子牙河河务局局长朱照，黄河河务局局长李国钧
奉省令西河船业公会筹备会请予保护并协助检同附件仰照照办理由
作者：温寿泉
来源：河北建设公报
时间：1929
卷期：第 7 期　**页码**：41—43
类型：训令

标题：河北省政府建设厅令（指令第一八一七号　四月一日）
提要：令河北省黄河河务局局长李国钧电报该局南岸刘庄河水继涨工情危急请速拨款救济由
作者：温寿泉
来源：河北建设公报
时间：1929
卷期：第 7 期　**页码**：65
类型：指令

标题：河北省政府建设厅令（委任令第一九三号　四月四日）
提要：令李国钧
委任李国钧为河北省黄河河务局局长由
作者：温寿泉
来源：河北建设公报
时间：1929
卷期：第 7 期　**页码**：27
类型：委任令

标题：津浦铁路黄河桥之天空摄影
来源：工程（中国工程学会会刊）
时间：1929
卷期：第 4 卷第 3 号　**页码**：1 页
类型：照片

标题：津浦铁路黄河桥悬桥空及南端锚臂空向西看之侧面观（参观"黄河桥毁坏情形之报告"）
来源：工程（中国工程学会会刊）
时间：1929
卷期：第 4 卷第 3 号　**页码**：1 页
类型：照片

标题：检查津浦铁路黄河桥段毁坏情形之报告及举起与修理之建议

作者：胡升鸿　嵇铨　陈祖贻
来源：工程（中国工程学会会刊）
时间：1929
卷期：第 4 卷第 3 号　**页码**：395—423
类型：报告

标题：黄河水理（在平汉铁路桥北）
来源：工程（中国工程学会会刊）
时间：1929
卷期：第 4 卷第 3 号　**页码**：485
类型：图片

标题：新西北杂志祝词
作者：邓长耀
来源：新西北
时间：1929
卷期：第 1 期　**页码**：8
类型：祝词

标题：指令山安汛留守员刘缙呈为呈请黄河故道旧设汛员乞予指定机关管辖以重河防由（十八年四月十九日）
作者：王柏龄
来源：江苏省建设厅公报
时间：1929
卷期：第 22 期　**页码**：2
类型：指令

标题：训令江苏省水利局据山安留守员刘缙呈为呈请黄河故道旧设汛员乞予指定机关管辖以重河防由（十八年四月十九日）
作者：王柏龄
来源：江苏省建设厅公报
时间：1929
卷期：第 22 期　**页码**：1—2

类型：训令

标题：甘肃省政府训令
提要：令皋兰、临夏县县长张丁阳、刘经泮
为令行事案准，黄河水利会马副委员长……福祥养电开中央现设黄河水利会总座为委员长忝列副席（中华民国十八年五月四日）
作者：刘郁芬
来源：甘肃省政府公报
时间：1929
卷期：第 91 期　**页码**：22
类型：训令

标题：路务日志（十八年四月二十五日）
提要：黄河铁桥准备增修
来源：铁路公报（沪宁沪杭甬线）
时间：1929
卷期：第 73 期　**页码**：59
类型：新闻

标题：中华民国国民政府行政院指令（第一一四五号　中华民国十八年五月四日）
提要：令建设委员会
呈为代呈山东赈务委员会电呈利津黄河决口情况请拨款修复以工代赈仰祈俯予核发由
来源：行政院公报
时间：1929
卷期：第 46 号　**页码**：38
类型：指令

标题：甘肃省政府训令
提要：令建设厅
附国民政府黄河水利委员会筹备

处章程（中华民国十八年五月十一日）
作者：刘郁芬
来源：甘肃省政府公报
时间：1929
卷期：第 92 期　页码：29—30
类型：训令

标题：山东省政府训令（第三〇一九号十八年五月）
提要：令教育厅
　　　为抄发国府黄河水利委员会筹备处章程一份令仰知照由
来源：山东教育行政周报
时间：1929
卷期：第 38 期　页码：3—4
类型：训令

标题：平汉路黄河铁桥
作者：永大
来源：新嘉坡画报
时间：1929
卷期：第 45 期　页码：8
类型：图画

标题：河北省政府建设厅令（训令第一七号　一月十七日）
提要：令河北省黄河河务局局长李国钧东明永年应解一万一千元改由濮阳县拨解一案仍照原案办理以免纷更由
作者：温寿泉
来源：河北建设公报
时间：1929
卷期：第 5 期　页码：44—45
类型：训令

标题：河北省政府建设厅令（指令第五三号　二月一日）
提要：令河北省黄河河务局局长李国钧呈为核发刘庄善后所欠料价请鉴核提议示遵由
来源：河北建设公报
时间：1929
卷期：第 5 期　页码：98
类型：指令

标题：河北省政府建设厅令（训令第二三三号　二月二日）
提要：令河北省黄河河务局局长李国钧请拨维持费六万元经省委会第六十二次会议议决暂拨两万元仰遵照具领由
作者：温寿泉
来源：河北建设公报
时间：1929
卷期：第 5 期　页码：71
类型：训令

标题：呈河北省政府黄河河务局请拨款六万元经省委会第六十二次会议议决拨二万元已咨财厅并令该局遵照文（二月二日）
作者：温寿泉
来源：河北建设公报
时间：1929
卷期：第 5 期　页码：164
类型：呈文

标题：铁道部指令（第八一二号　中华民国十八年四月四日）
提要：令津浦铁路管理局
　　　呈一件孟阿恩公司以所订黄河沙河桥钢料内有验桥车请照机器给

价应否照准祈核示由
作者：孙科
来源：铁道公报
时间：1929
卷期：第 6 期　页码：67
类型：指令

标题：铁道部指令（第九八六号　中华民国十八年四月二十七日）
提要：令津浦铁路管理局呈一件呈报装置黄河沙河两桥工事开标情形请鉴核示遵由
作者：孙科
来源：铁道公报
时间：1929
卷期：第 6 期　页码：76
类型：指令

标题：河北省政府建设厅令（训令第八二号　五月一日）
提要：令河北省黄河河务局局长李国钧刘庄险工经省委会议决行财政厅将前由县拨三万元从速催齐再发现金两万元仰知照由
作者：温寿泉
来源：河北建设公报
时间：1929
卷期：第 8 期　页码：51—52
类型：训令

标题：河北省政府建设厅令（训令第八三八号　五月三日）
提要：令河北黄河河务局局长李国钧抄发黄河水利委员会筹备处章程仰知照由
作者：温寿泉
来源：河北建设公报

时间：1929
卷期：第 8 期　页码：54—55
类型：训令

标题：训令江北运河工程处处长单晋和、宝山、松江、太仓、常熟塘工岁修局主任
提要：黄河水利委员会在京设立筹备处接洽关于黄河一切公务并抄发原章程一份仰即遵照转饬所属由（民国十八年五月七日）
来源：江苏省水利局月刊
时间：1929
卷期：第 1 期　页码：4—5
类型：训令

标题：训令江北运河工程处为奉建设厅令前据情转呈建设委员会江北运河工程局疏浚废黄河计划奉指令应俟导淮委员会统筹办理仰转饬知照由（民国十八年五月十四日）
来源：江苏省水利局月刊
时间：1929
卷期：第 1 期　页码：12
类型：训令

标题：国民政府黄河水利委员会筹备处章程
来源：江苏省水利局月刊
时间：1929
卷期：第 1 期　页码：5—6
类型：法规

标题：国民政府黄河水利委员会筹备处章程
来源：河北建设公报
时间：1929

卷期：第 8 期　页码：96—97
类型：法规

标题：国民政府黄河水利委员会筹备处章程
来源：山东教育行政周报
时间：1929
卷期：第 38 期　页码：14—15
类型：法规

标题：万里黄河绕黑山
作者：白之英
来源：精武画报
时间：1929
卷期：第 2 卷第 9 期　页码：2
类型：照片

标题：济南泺口黄河铁桥
作者：张敬一
来源：图画时报
时间：1929
卷期：第 568 号　页码：3
类型：照片

标题：过黄河有感
作者：田中利一
来源：辽东诗坛
时间：1929
卷期：第 45 号　页码：13
类型：诗词

标题：黄河桥回望
作者：筱三
来源：村治月刊
时间：1929
卷期：第 1 卷第 4 期　页码：3
类型：诗词

标题：路务日志（十八年六月二十日）
提要：黄河铁桥已修复
来源：铁路公报（沪宁沪杭甬线）
时间：1929
卷期：第 79 期　页码：45—47
类型：记事

标题：晋豫要讯
提要：黄河铁桥已修复
来源：兴华
时间：1929
卷期：第 26 卷第 24 期　页码：35—36
类型：新闻

标题：河南近事
提要：平汉路黄河桥已修复
　　　平汉通车二十日起可以直达
来源：兴华
时间：1929
卷期：第 26 卷第 25 期　页码：41—42
类型：新闻

标题：黄河铁桥
作者：沈正元
来源：华北画刊
时间：1929
卷期：第 25 期　页码：4
类型：照片

标题：委任令一
提要：特别委任江北运河上游工程事务所所长鲁元煦兼监督淤黄河堤山安等汛河堤防护行政事宜由（民国十八年四月二十三日）
来源：江苏省水利局月刊
时间：1929
卷期：第 2 期　页码：6

类型：委任令

标题：河北省政府建设厅令（委任令第二一七号　五月二十日）
提要：令王廷翰
　　　为黄河河务局监工委员由
作者：温寿泉
来源：河北建设公报
时间：1929
卷期：第 9 期　页码：23，9
类型：委任令

标题：山西省建设厅通令（功字第一三九号　五月二十二日）
提要：令各县县长、管河县佐、水利局为通令事案奉，内政部土字第六一号训令内开为训令事案准国民政府黄河水利委员会委员长冯玉祥公函……
来源：山西省政公报
时间：1929
卷期：第 12 期　页码：123—124
类型：命令

标题：黄河水利委员会筹备处章程
来源：山西省政公报
时间：1929
卷期：第 12 期　页码：20—21
类型：法规

标题：电平汉铁路管理局
提要：黄河毅桩测试由华特尔与包工商定业经电复华顾问照准仰该局协助一切所需费一万元由该局照支由
来源：铁道公报
时间：1929
卷期：第 7 期　页码：99，0

类型：电报

标题：黄河水利初步计划（未完）（附表）
来源：河北建设公报
时间：1929
卷期：第 9 期　页码：184—188
类型：计划

标题：甘蒙津沽近事
提要：黄河水利工程开始
　　　招募灾民以工代赈
来源：兴华
时间：1929
卷期：第 26 卷第 27 期　页码：42
类型：记事

标题：修正黄河水利委员会组织条例第二条（十八年七月二十四日公布）
来源：国民政府公报（南京1927）
时间：1929
卷期：第 225 号　页码：3
类型：法规

标题：国民政府令（十八年七月二十四日）
提要：公布修正黄河水利委员会组织条例第二条
来源：国民政府公报（南京1927）
时间：1929
卷期：第 225 号　页码：4，1
类型：命令

标题：国民政府训令（第六三三号　十八年七月二十五日）
提要：令直辖各机关
　　　抄发修正黄河水利委员会组织条例仰知照并饬属知照由
来源：国民政府公报（南京1927）

时间：1929
卷期：第 226 号　页码：8，1
类型：训令

标题：修正黄河水利委员会组织条例第二条（十八年七月二十四公布）
来源：行政院公报
时间：1929
卷期：第 68 号　页码：3
类型：法规

标题：国民政府令（十八年七月二十四日）
提要：兹修正国民政府黄河水利委员会组织条例为黄河水利委员会组织条例并修正该条例第二例公布之此令
来源：行政院公报
时间：1929
卷期：第 68 号　页码：5
类型：命令

标题：指令（第一九三五号　十八年七月二十六日）
提要：令内政部
　　　呈复遵淮已有委员会专责进行关于治河事项拟请转呈国府迅令黄河水利委员会从速组织以资策进由
来源：行政院公报
时间：1929
卷期：第 69 号　页码：32
类型：指令

标题：河北政府建设厅令（委任令第二四一号　六月十八日）
提要：令王葆光
　　　为黄河河务局第二科科长由
作者：温寿泉
来源：河北建设公报
时间：1929
卷期：第 10 期　页码：31，11
类型：委任令

标题：河北政府建设厅令（委任令第二四二号　六月十八日）
提要：令杨达诚
　　　为黄河河务局南岸第一段段长由
作者：温寿泉
来源：河北建设公报
时间：1929
卷期：第 10 期　页码：31—32，11
类型：委任令

标题：河北省政府建设厅令（指令第四一二三号　六月十八日）
提要：令河北黄河河务局局长李国钧
　　　电呈调委职员王葆光等请加委以励工作由
作者：温寿泉
来源：河北建设公报
时间：1929
卷期：第 10 期　页码：71—72
类型：指令

标题：河北省政府建设厅令（训令第一三一四号　七月八日）
提要：令河北黄河河务局局长李国钧
　　　准财政厅咨该局经费业经指定县分按月筹拨仰即知照分备领款总收据前往领用由为令遵事案准河北省财政厅咨开案查前奉
作者：温寿泉
来源：河北建设公报
时间：1929
卷期：第 10 期　页码：60—61

类型：训令

标题：江苏省财政厅令
提要：指令涟水县财务局呈复黄河屯田缴价放领未征粮税实情恳请核示并另函陈前情文（七月十八日）
来源：江苏财政公报
时间：1929
卷期：第 7 期　页码：42
类型：指令

标题：山东
利津黄河决口……
来源：建设（南京 1928）
时间：1929
卷期：第 4 期　页码：5
类型：新闻

标题：黄河
来源：工程（中国工程学会会刊）
时间：1929
卷期：第 4 卷第 4 号　页码：559—560
类型：引言

标题：制驭黄河论
作者：恩格司　郑肇经
来源：工程（中国工程学会会刊）
时间：1929
卷期：第 4 卷第 4 号　页码：673—692
类型：论文

标题：黄河水利初步计划（续）
来源：河北建设公报
时间：1929
卷期：第 10 期　页码：214—222
类型：计划

标题：日本侵略黄河航运权、主要海运国速力别之船舶数……
作者：子威
来源：海事（天津）
时间：1929
卷期：第 3 卷第 1 期　页码：111—114
类型：新闻

标题：黄河之吞声
作者：止
来源：海事（天津）
时间：1929
卷期：第 3 卷第 1 期　页码：26
类型：论文

标题：黄河
作者：青山无声
来源：东华（东京）
时间：1929
卷期：第 12 期　页码：9
类型：诗集

标题：汉平路黄河铁桥模型
作者：蒋汉澄
来源：良友
时间：1929
卷期：第 37 期　页码：36
类型：照片

标题：国民政府指令（第一五一四号十八年八月一日）
提要：令行政院
呈据内政部呈复奉令积极进行导淮治河工程导淮一事应由导淮委员会专责进行治河问题请令黄河水利委员会从速组织成立以资策进转祈鉴核由

来源：国民政府公报（南京1927）
时间：1929
卷期：第232号　页码：8
类型：指令

标题：国民政府训令（第六六三号　十八年八月一日）
提要：令导淮、黄河水利委员会
　　　分饬专责进行导淮工程及从速组成黄河水利委员会由
来源：国民政府公报（南京1927）
时间：1929
卷期：第232号　页码：6—7，1
类型：训令

标题：训令（第二四九四号　十八年七月三十日）
提要：令各部会省市
　　　为抄发修正黄河水利委员本组织条例第二条由
来源：行政院公报
时间：1929
卷期：第70号　页码：22，3
类型：训令

标题：国民政府训令（训令第六三三号　七月二十五日）
提要：令直辖各机关
　　　为抄发修正黄河水利委员会组织条例仰即知照并饬属知照由
来源：公安周刊
时间：1929
卷期：第1卷第10期　页码：9
类型：训令

标题：阳历中二十四节气歌
提要：（丙）黄河下游

来源：兴华
时间：1929
卷期：第26卷第34期　页码：12
类型：诗歌

标题：国民政府训令（第六七三号　十八年八月二日）
提要：令立法院
　　　抄发广东治河委员会组织条例及修正黄河水利委员会导淮委员会组织条例仰查照追认具报由
来源：国民政府公报（南京1927）
时间：1929
卷期：第234号　页码：6—7，1
类型：训令

标题：国府命令修正黄河水利委员会组织条例
来源：江苏省政府公报
时间：1929
卷期：第203期　页码：2
类型：法规

标题：浙江省政府训令（秘字第三〇五九号　中华民国十八年八月五日）
提要：令所属各机关
　　　为转发黄河水利委员会组织条例修正条文仰知照由
作者：张人杰　朱家骅　程振钧
来源：浙江省政府公报
时间：1929
卷期：第674期　页码：4—5
类型：训令

标题：陕西附近之黄河岸风景
来源：上海漫画
时间：1929

卷期：第 68 期　页码：2
类型：照片

标题：时事述评
提要：黄河决口
作者：冠青
来源：浙江党务
时间：1929
卷期：第 50 期　页码：6
类型：评论

标题：修正黄河水利委员会组织条例第二条（十八年七月二十四日公布）
来源：法律评论（北京）
时间：1929
卷期：第 6 卷第 44 号　页码：20
类型：法规

标题：黄河与中国
作者：书舲
来源：市民
时间：1929
卷期：第 2 卷第 5 期　页码：3—6
类型：论文

标题：中外大事记
　　　华北近讯
提要：黄河暴涨堤坝溃决，永定河岸在续坍中，北连河水亦越堤顶
来源：兴华
时间：1929
卷期：第 26 卷第 31 期　页码：38
类型：新闻

标题：江西省政府训令（字第二六四一号　中华民国十八年八月）
提要：令民政、建设厅

奉国府令发修正黄河水利委员会组织条例第二条条文由
作者：朱培德
来源：江西省政府公报
时间：1929
卷期：第 26 期　页码：34—35，2
类型：训令

标题：浙江省政府训令（秘字第三二一三号　中华民国十年八月十二日）
提要：令所属各机关
　　　发黄河水利委员会组织条例修正条文由
作者：张人杰　朱家骅　程振钧
来源：浙江省政府公报
时间：1929
卷期：第 683 期　页码：4—5
类型：训令

标题：财政部训令（第一○三二八号中华民国十八年八月二十一日）
提要：令部属各机关
　　　为令知事案奉国民政府第六三三号令开查国民政府黄河水利委员会组织条例前经制定明令……
来源：财政日刊
时间：1929
卷期：第 529 号　页码：2—3
类型：训令

标题：各省灾况
提要：山东黄河危险万分
　　　河水高出海面九丈六尺一寸
来源：兴华
时间：1929
卷期：第 26 卷第 32 期　页码：42—43
类型：新闻

标题：修正黄河水利委员会组织条例第二条（中华民国十八年七月二十五日国府颁布七月二十九日本府转行）
来源：北平特别市市政公报
时间：1929
卷期：第 7 期　页码：14
类型：法规

标题：阳历二十四节气歌
提要：（乙）黄河上游
来源：兴华
时间：1929
卷期：第 26 卷第 33 期　页码：36
类型：诗歌

标题：交通部训令（第二六九一号　中华民国十八年八月廿七日）
提要：令本部直辖各机关（不另行文）
为奉令抄发修正黄河水利委员会组织条例第二条仰知照由
作者：王伯群
来源：交通公报
时间：1929
卷期：第 69 号　页码：6—7，0
类型：训令

标题：内政部呈
提要：呈行政院
关于导淮事项已有导淮委员会专责进行关于治河事项拟请转呈国府迅令黄河水利委员会从速组织以资策进由（中华民国十八年七月二十三日）
作者：赵戴文
来源：内政公报
时间：1929
卷期：第 2 卷第 7 期　页码：127—128，7
类型：呈文

标题：修正黄河水利委员会组织条例第二条（十八年七月二十四日国民政府公布）
来源：河北建设公报
时间：1929
卷期：第 11 期　页码：95
类型：法规

标题：铁道部训令（第一四八一号　中华民国十八年七月二十九日）
提要：令平绥铁路管理局
为令知事现奉国民政府第六三三号训令开查国民政府黄河水利委员会……
作者：孙科
来源：铁路公报（平绥线）
时间：1929
卷期：第 42 期　页码：15—16
类型：训令

标题：河北政府建设厅令（委任令第二五五号　八月三日）
提要：令潘德蔚
为黄河河务局第一科科长由
作者：温寿泉
来源：河北建设公报
时间：1929
卷期：第 11 期　页码：24，7
类型：委任令

标题：河北政府建设厅令（委任令第二五六号　八月三日）
提要：令丁绍云
为黄河河务局南岸办事处主任由

作者：温寿泉
来源：河北建设公报
时间：1929
卷期：第 11 期　**页码**：24，7
类型：委任令

标题：河北省政府建设厅令（指令第五四八七号　八月八日）
提要：令河北省黄河监工委员王廷翰呈一件为报南岸高村溜势紧逼拟筑新圈堤以防水患造具图表请鉴核并附河务局春款收支清单由
作者：温寿泉
来源：河北建设公报
时间：1929
卷期：第 11 期　**页码**：77—78
类型：指令

标题：电东明，濮阳县县长据黄河河务局电称黄庄漫口刘庄水溢扫面请电催东濮两县火速征集各料星夜运工等情特电速办由
来源：河北建设公报
时间：1929
卷期：第 11 期　**页码**：151，18
类型：电报

标题：江北运河工程处、江南塘工事务所为奉令抄发黄河水利委员会组织条例及第二条修正条文合亟抄发条例条文仰转饬一体知照由（民国十八年八月二十一日）
来源：江苏省水利局月刊
时间：1929
卷期：第 4 期　**页码**：14—15
类型：训令

标题：国民政府黄河水利委员组织条例
来源：江苏省水利局月刊
时间：1929
卷期：第 4 期　**页码**：7—9
类型：法规

标题：国府公布法规
提要：修正黄河水利委员会组织条例第二条
来源：内政公报
时间：1929
卷期：第 2 卷第 7 期　**页码**：102
类型：法规

标题：修正黄河水利委员会组织条例第二条
来源：江苏省水利局月刊
时间：1929
卷期：第 4 期　**页码**：10
类型：法规

标题：训令厅属各机关转发修正黄河水和委员会组织条例第二条由
作者：曹伯闻
来源：湖南民政刊要
时间：1929
卷期：第 4 期　**页码**：186
类型：训令

标题：整理黄河刍议
作者：王廷翰
来源：河北建设公报
时间：1929
卷期：第 11 期　**页码**：84—90
类型：论文

标题：冯玉祥

提要：冯焕章赴晋在潼关黄河畔与各将领话别情形
作者：赵亦云
来源：良友
时间：1929
卷期：第 38 期　**页码**：7
类型：照片

标题：其他行政事项门
提要：训令六十一县建设局奉，内政部训令奉发修正黄河水利委员会组织条例仰知照（十八年八月十五日）
作者：王柏龄
来源：江苏省建设厅公报
时间：1929
卷期：第 25/26 期　**页码**：45—46
类型：训令

标题：黄河之岸
作者：桑子中
来源：华北画刊
时间：1929
卷期：第 35 期　**页码**：2
类型：图画

标题：国民政府训令（第八四九号　十八年九月十一日）
提要：令黄河水利委员会饬积极进行导河事宜由
来源：国民政府公报（南京1927）
时间：1929
卷期：第 268 号　**页码**：2—3，1
类型：训令

标题：国民政府指令（第一九四九号　十八年九月十一日）
提要：令导淮委员会

呈请令饬黄河水利委员会克日切实疏浚与导淮同时并举以期两得其利由
来源：国民政府公报（南京1927）
时间：1929
卷期：第 268 号　**页码**：7
类型：指令

标题：令广州市公安局长各县市长梅菉市政局长连阳化猺局长奉内政部令发修正黄河水利委员会组织条例第二条修正条文仰知照由（八年八月一日）
作者：陈铭枢
来源：广东民政公报
时间：1929
卷期：第 45 期　**页码**：122—123
类型：命令

标题：西征草
提要：潼关望黄河
作者：吴禄贞
来源：建国月刊（上海）
时间：1929
卷期：第 1 卷第 5 期　**页码**：83
类型：诗词

标题：国民政府黄河水利委员会组织条例
来源：平汉铁路公报
时间：1929
卷期：第 9 期　**页码**：160—163
类型：法规

标题：路务日志（十八年九月十日）
提要：铁道部工程师视察黄河铁桥
来源：铁路公报（沪宁沪杭甬线）
时间：1929

卷期：第 93 期　　页码：61
类型：新闻

标题：甘肃省政府训令（第五九八〇号　中华民国十八年九月二十四日）
提要：令省城各机关、各县县政府
　　　附修正黄河水利委员会组织条例第二条
作者：刘郁芬　孙连仲
来源：甘肃省政府公报
时间：1929
卷期：第 112 期　　页码：60—61
类型：训令

标题：国民政府训令（第六七三号　中华民国十八年八月二日）
提要：令立法院
　　　检发广东治河委员会组织条例修正黄河水利委员会及导淮委员会组织条例令仰查照追认具复由
来源：立法院公报
时间：1929
卷期：第 9 期　　页码：157—158，5
类型：训令

标题：内政部咨
提要：咨山东省政府
　　　关于饬拨黄河河堤培修工款五十万元一案兹奉行政院训令照拨等因相应咨达即希查照由（中华民国十八年八月十四日）
作者：赵戴文
来源：内政公报
时间：1929
卷期：第 2 卷第 8 期　　页码：107，9
类型：咨文

标题：内政部咨
提要：咨财政部
　　　准行政院秘书处函关于山东荷泽曹属八县河工促进会电请黄河决口恳速拨款堵塞一案应拨款若干请核办由（中华民国十八年八月三十一日）
作者：赵戴文
来源：内政公报
时间：1929
卷期：第 2 卷第 8 期　　页码：114，10
类型：咨文

标题：河北省政府建设厅令（训令第一七七三号　九月十三日）
提要：令河北南运、北运、大清、黄河河务局局长崔锡霖，冯鹤鸣，曹宝善，李国钧
　　　仰速填送河流分段调查表勿再延缓由
作者：温寿泉
来源：河北建设公报
时间：1929
卷期：第 12 期　　页码：40—42
类型：训令

标题：国民政府黄河水和委员会组织条例
来源：黑龙江建设月报
时间：1929
卷期：第 1 卷第 2 期　　页码：80—82
类型：法规

标题：灾况
提要：黄河郓城南堤决口
来源：兴华
时间：1929
卷期：第 26 卷第 38 期　　页码：41

类型：新闻

标题：开封柳园口之黄河景
来源：红玫瑰
时间：1929
卷期：第5卷第29期　页码：A3
类型：照片

标题：国民政府指令（第二三六八号十八年十月二十一日）
提要：令军政部常任次长陈仪呈请辞去导淮委员会常务委员黄河水利委员会委员陆海空军抚恤委员会副委员长各兼职乞鉴核令遵由
来源：国民政府公报（南京1927）
时间：1929
卷期：第300号　页码：8
类型：指令

标题：国民政府指令（第二三六八号中华民国十八年十月二十一日）
提要：令军政部常任次长陈仪呈一件，呈请辞去导淮委员会常务委员黄河水利委员会委员陆海空军抚恤委员会副委员长各兼职乞鉴核令遵由
来源：军政公报
时间：1929
卷期：第18号　页码：16
类型：指令

标题：呈财政部请将中央饬拨黄河河堤培修工款五十万元指令示知以便派员具领由（十八年九月二日）
作者：袁家普
来源：山东财政公报
时间：1929
卷期：第4期　页码：106—107
类型：呈文

标题：铁道部派员视察黄河铁桥
提要：美工程师于七日到济即赴洛口视察
来源：铁道公报
时间：1929
卷期：第11期　页码：144
类型：新闻

标题：立法院各委员会审查报整理法规委员会审查报告
提要：广东治河委员会组织条例修正黄河水利委员会组织条例第二条及修正导淮委员会组织条例案合并审查报告
作者：刘盥训　蔡瑄　刘积学
来源：立法院公报
时间：1929
卷期：第10期　页码：110
类型：报告

标题：呈国民政府关于审议广州治河委员会组织条例修正黄河水利委员会组织条例第二条及修正导淮委员会组织条例录案呈请鉴核由（中华民国十八年九月十四日）
作者：胡汉民
来源：立法院公报
时间：1929
卷期：第10期　页码：276—272
类型：呈文

标题：赈务要闻
提要：黄河上游仍需赈济
来源：救灾会刊

时间：1929
卷期：第7卷第1期　页码：3—4
类型：新闻

标题：黄河铁桥
来源：国民快览
时间：1929
卷期：第18期　页码：3
类型：照片

标题：河北省建设厅训令（第二一六一号　中华民国十八年十一月十三日）
提要：令永定、北运、南运、黄河等河务局局长
　　　本年十二月二日召集河务会议仰即拟具提案偕同技术科长出席由（附会议大纲）
作者：温寿泉
来源：河北省政府公报
时间：1929
卷期：第474期　页码：8—10，1
类型：训令

标题：训令（第四一五二号　十八年十一月二十二日）
提要：令内政部
　　　为抄发河南整理黄河委员会组织条例由
来源：行政院公报
时间：1929
卷期：第103号　页码：52—53，3
类型：训令

标题：指令（第三四三二号　十八年十一月二十二日）
提要：令河南省政府
　　　呈报成立河南整理黄河委员会并附组织条例请鉴核由
来源：行政院公报
时间：1929
卷期：第103号　页码：69
类型：指令

标题：各路要闻
提要：铁部筹修黄河铁桥
来源：京沪沪杭甬铁路周刊
时间：1929
卷期：第5号　页码：4
类型：新闻

标题：内政部公函
提要：函行政院秘书处
　　　函复审议改定鲁直豫河工岁费及设立黄河工程统一机关一案应将原案交由黄河水利委员会统筹办理由（中华民国十八年十月三日）
作者：赵戴文
来源：内政公报
时间：1929
卷期：第2卷第10期　页码：139—140，10
类型：公函

标题：内政部咨
提要：咨财政部
　　　拟请暂拨河南省政府修理黄河经费若干请酌核见复由（中华民国十八年十月十九日）
作者：杨兆泰
来源：内政公报
时间：1929
卷期：第2卷第10期　页码：124—125，9
类型：咨文

标题：内政部公函

提要：函行政院秘书处
　　　函复关于河南省府请拨巨款培修
　　　黄河一案已咨商财部酌核办理由
　　　（中华民国十八年十月十九日）
作者：杨兆泰
来源：内政公报
时间：1929
卷期：第2卷第10期　页码：149，11
类型：公函

标题：内政部训令
提要：令河北、山东、河南建设厅
　　　令查该省境内培修黄河工款情形
　　　以凭核议由（中华民国十八年十
　　　月二十六日）
作者：杨兆泰
来源：内政公报
时间：1929
卷期：第2卷第10期　页码：48—49，5
类型：训令

标题：指令上游工程事务所长据拟旧黄
　　　河泛员补充办法尚无不合海防泛
　　　修守员兹委张树森充任由（民国
　　　十八年十一月五日）
来源：江苏省水利局月刊
时间：1929
卷期：第7期　页码：1
类型：指令

标题：训令上游工程事务所所长查黄河
　　　各泛应有负责人员防守就原有在
　　　职人员刘缙等委任代理留守员先
　　　行试用由（民国十八年十一月十
　　　一日）
来源：江苏省水利局月刊
时间：1929

卷期：第7期　页码：10—11
类型：训令

标题：训令上游工程事务所将旧黄河堤
　　　顶堤坡清查造具亩分四址清册绘
　　　图具报以凭通呈备案由（民国十
　　　八年十一月十三日）
来源：江苏省水利局月刊
时间：1929
卷期：第7期　页码：12
类型：训令

标题：河北省政府建设厅令（训令第二
　　　一六一号　十一月十三日）
提要：令河北省，永定，北运，大清，
　　　南运，子牙，黄河河务局局长
　　　本年十二月二日召集河务会议仰
　　　即拟具提案届时偕同技术科长出
　　　席与议由
作者：温寿泉
来源：河北建设公报
时间：1929
卷期：第2卷第2期　页码：28—30
类型：训令

标题：训令上游工程事务所所长仰将旧
　　　黄河各泛队目兵丁整理编定造具
　　　花名清册报候查核由（民国十八
　　　年十一月二十日）
来源：江苏省水利局月刊
时间：1929
卷期：第7期　页码：22
类型：训令

标题：津浦路之黄河桥（中国最大建筑
　　　之一）
作者：张光青

来源：北京画报
时间：1929
卷期：第 2 卷第 62 期　页码：1
类型：照片

标题：指令（第三七六三号　十八年十二月十七日）
提要：令内政部
　　　呈为核议河南省呈报设立河南整理黄河委员会并附组织条例一案缮具审查意见暨修正暂行条例清本请鉴核施行由
来源：行政院公报
时间：1929
卷期：第 110 号　页码：49
类型：指令

标题：训令（第四五五六号　十八年十二月十七日）
提要：令河南省政府
　　　为内政部核议该省政府呈报成立河南整理黄河委员会并附组织条例案由
来源：行政院公报
时间：1929
卷期：第 110 号　页码：36，4
类型：训令

标题：内政部呈
提要：呈行政院
　　　呈复关于审议山东省府修堵黄河决口委员会呈为因公受累一案情形请鉴核由（中华民国十八年十月二十六日）
作者：杨兆泰
来源：内政公报
时间：1929

卷期：第 2 卷第 11 期　页码：103—109，7
类型：呈文

标题：黄河水利初步计划
来源：黑龙江建设月报
时间：1929
卷期：第 4—5 期　页码：122—137
类型：计划

标题：津浦铁路黄河桥修理摄影（一、二）
来源：工程（中国工程学会会刊）
时间：1929
卷期：第 5 卷第 1 号　页码：1 页
类型：照片

标题：国民政府铁道部训令（第三二五号　中华民国十八年二月一日）
提要：令汉平铁路管理局局长黄士谦
　　　为令饬事案奉，国民政府第六一号训令内开查国民政府黄河水利委员会……
作者：孙科
来源：平汉铁路公报
时间：1929
卷期：第 9 期　页码：39—40
类型：训令

标题：黄河航运补助费
提要：日递信者停止给付、纽约港船舶出入数目……
作者：子威
来源：海事（天津）
时间：1929
卷期：第 3 卷第 2 期　页码：117—124
类型：新闻

1930 年

标题：甘庸兰州黄河铁桥附近之风景
作者：屠哲隐
来源：中央画刊
时间：1930
卷期：第 25 号　页码：3
类型：照片

标题：一周间国内外大事述评（自十九年一月十日起至十九年一月十六日止）
　　　国内
提要：中原时局之逐转
　　　阎锡山之灭唐凯旋：征车辘辘之黄河铁桥
来源：国闻周报
时间：1930
卷期：第 7 卷第 4 期　页码：3
类型：照片

标题：行政院秘书处函为奉发下河北省政府电请筹拨夏间修筑黄河圈堤等各费一案奉谕交财政部建委会核议由（十八年十月十七日）
来源：建设（南京1928）
时间：1930
卷期：第 6 期　页码：9—10
类型：公函

标题：山东省政府农矿厅训令（第六三五号　一月十八日）
提要：令滨蒲利沾棣垦丈局
　　　为令催事案查前据利霑等县灾民以黄河决口田产湮没恳请迁移马场以资救济等请先后呈请到厅
来源：山东农矿公报
时间：1930
卷期：第 13 期　页码：44
类型：训令

标题：本会公函财政部为奉发下河北省政府电请筹拨夏间修筑黄河圈堤等各费一案奉谕交财政部建委会核议由（十八年十月二十一日）
来源：建设（南京1928）
时间：1930
卷期：第 6 期　页码：10
类型：公函

标题：山东
　　　黄河利津扈滩决口，经河务局估勘，需五万元
来源：建设（南京1928）
时间：1930
卷期：第 6 期　页码：3
类型：新闻

标题：训令（第三三〇号　十九年一月二十八日）

提要：令山东省政府
　　　为财政部呈复该省政府请拨款兴
　　　修黄河之游堤岸案由
来源：行政院公报
时间：1930
卷期：第121号　页码：31，3
类型：训令

标题：游黄河沿岸记（笔记）
作者：胡定邦
来源：小朋友
时间：1930
卷期：第399期　页码：44—45
类型：笔记

标题：本会二月份大事记（三日至廿八日）
提要：黄河泺口水文站由驻站工程员移
　　　交山东建厅接管……
来源：华北水利月刊
时间：1930
卷期：第3卷第2期　页码：129—130
类型：记事

标题：黄河
作者：溥叔明
来源：东华（东京）
时间：1930
卷期：第19期　页码：1
类型：诗集

标题：国外大事简录
提要：鲁省黄河之危机
来源：环球画报
时间：1930
卷期：第6期　页码：14
类型：新闻

标题：卅年前甘肃兰州之黄河浮桥
作者：李温平
来源：图画时报
时间：1930
卷期：第641号　页码：3
类型：照片

标题：皮筏子——黄河上流航运之代表物
来源：上海漫画
时间：1930
卷期：第98期　页码：2
类型：照片

标题：会令佳县县长陈琯为奉令会核该
　　　县呈报规定黄河渡口水手船资数
　　　目并拟刊石一案决定办法饬遵照
　　　由（十九年三月十五日）
来源：陕西建设周报
时间：1930
卷期：第42期　页码：3—5
类型：命令

标题：会呈省政府呈复奉令会核佳县呈
　　　报规定黄河渡口水手船资数目并
　　　拟刊石一案情形请鉴核备查由
　　　（十九年三月十五日）
来源：陕西建设周报
时间：1930
卷期：第42期　页码：12—13
类型：呈文

标题：上建会呈文摘要
提要：呈报山东黄河泺口流量站已移交
　　　山东建设厅接办由（中华民国十
　　　九年三月四日）
作者：华北水利委员会
来源：华北水利月刊

时间：1930
卷期：第 3 卷第 3 期　页码：62—63
类型：呈文

标题：整理鲁省黄河大纲（附表）
作者：刘增冕
来源：华北水利月刊
时间：1930
卷期：第 3 卷第 3 期　页码：25—54
类型：大纲

标题：训令（第一二六一号　十九年三月三十一日）
提要：令山东，河北省政府
　　　为内政部呈复目前修筑黄河防险案仰协同办理由
来源：行政院公报
时间：1930
卷期：第 139 号　页码：24—25，3
类型：训令

标题：一周间国内外大事述评（自十九年三月廿八日起至十九年四月三日止）
　　　国内
　　　时局新舞台开幕
提要：陈调元准备弃济南
　　　济南黄河铁桥被毁
来源：国闻周报
时间：1930
卷期：第 7 卷第 13 期　页码：6
类型：照片

标题：建设委员会指令（第二八○号　中华民国十九年三月十八日）
提要：令华北水利委员会
　　　一据呈该会山东黄河滦口流星站已移交山东建设厅接办……二呈悉准予备案此令
作者：张人杰
来源：建设委员会公报
时间：1930
卷期：第 4 期　页码：55
类型：指令

标题：咨内政部（第八七号　中华民国十九年三月二十日）
提要：为咨请事案查本会本届大会当然委员山东建设厅厅长陈鸾书提议黄河工程应统筹办理以除水患
作者：张人杰
来源：建设委员会公报
时间：1930
卷期：第 4 期　页码：78—79
类型：咨文

标题：内政部公函
提要：函行政院秘书处
　　　函达议复鲁省府呈转河工委员会建议拟将河北省黄河南岸划归山东管辖一案意见请转陈由（中华民国十九年三月二十六日）
作者：杨兆泰
来源：内政公报
时间：1930
卷期：第 3 卷第 3 期　页码：114—115，8
类型：公函

标题：河北省政府建设厅令（训令第四七号　四月二日）
提要：令河北省永定，黄河河务局局长冯鹤鸣，朱延平
　　　据技正孙庆泽呈报出席建设委员会会议情形抄录议案仰知照由

作者：温寿泉
来源：河北建设公报
时间：1930
卷期：第 2 卷第 7 期　页码：21—23
类型：训令

标题：河北省政府建设厅令（训令第四七六号　四月三日）
提要：令河北省黄河河务局局长朱延平奉令黄河高村等处险工令财政厅先拨春工费一万元等因仰知照由
作者：温寿泉
来源：河北建设公报
时间：1930
卷期：第 2 卷第 7 期　页码：23—24
类型：训令

标题：河北省政府建设厅令（训令第四九四号　四月八日）
提要：令河北省黄河河务局局长朱延平奉省令准河南省政府咨三省河务会议拟俟交通便利再行召集等因仰遵照由
作者：温寿泉
来源：河北建设公报
时间：1930
卷期：第 2 卷第 7 期　页码：25—26
类型：训令

标题：河北省政府建设厅令（训令第五八九号　四月二十九日）
提要：令河北省黄河河务局局长朱延平河务会议议定测绘河图一案尚未据报令仰迅遵前令测绘呈厅藉凭设计由
作者：温寿泉
来源：河北建设公报

时间：1930
卷期：第 2 卷第 7 期　页码：49—50
类型：训令

标题：提议黄河工程应统筹办理以除水患案（编号二一〇）
作者：陈鸾书
来源：建设（南京1928）
时间：1930
卷期：第 7 期　页码：30
类型：议案

标题：提议修挖绥远河套黄河故道案（编号二一三）
作者：冯曦
来源：建设（南京1928）
时间：1930
卷期：第 7 期　页码：35—37
类型：议案

标题：拟请指定黄河岁修经费案（编号二二七）
作者：温寿泉
来源：建设（南京1928）
时间：1930
卷期：第 7 期　页码：49
类型：议案

标题：黄河水利初步计画（未完）（转载天津益世报）
来源：扬子江水道整理委员会月刊
时间：1930
卷期：第 2 卷第 2 期　页码：7—16
类型：计划

标题：指令（第一四四八号　十九年五月六日）

提要：令建设委员会
呈为奉令筹办开发西北水利拟请转呈国府明令废止黄河水利委员会组织条例并将全河上下游水利河防事宜交由职会并案办理以资统筹而利进行祈鉴核施行由
来源：行政院公报
时间：1930
卷期：第 149 号　**页码**：36
类型：指令

标题：省立杂谷试验场准备用黄河滩营地
来源：江苏省政府公报
时间：1930
卷期：第 436 期　**页码**：8—9
类型：记事

标题：训令（第一八八五号　十九年五月十四日）
提要：令建设委员会
为农矿部呈议该会转请特设黄河流域七省林务督办案由
来源：行政院公报
时间：1930
卷期：第 151 号　**页码**：19，3
类型：训令

标题：指令（第一五四三号　十九年五月十四日）
提要：令农矿部
呈复核议黄河流域沿河造林一案谨陈意见请鉴核示遵由
来源：行政院公报
时间：1930
卷期：第 151 号　**页码**：26
类型：指令

标题：国民政府训令（第三〇八号　十九年五月二十六日）
提要：令行政院
准中央政治会议函为经讨论决议计划治理黄河事宜应由建设委员会统筹办理仰该院转饬遵办由
来源：国民政府公报（南京1927）
时间：1930
卷期：第 479 号　**页码**：4，1
类型：训令

标题：中央军封锁黄河
来源：兴华
时间：1930
卷期：第 27 卷第 19 期　**页码**：37
类型：新闻

标题：行政院指令（第一三七三号　中华民国十九年四月二十八日）
提要：令建设委员会
呈送河南建设厅提议黄河流域沿河造林修正议案由
来源：建设委员会公报
时间：1930
卷期：第 5 期　**页码**：4—5
类型：指令

标题：呈河北省政府呈为黄河春工工款业经议决拨发九万元遵委张有本监视工作吴其钺监视用款请鉴核文（五月二十日）
作者：温寿泉
来源：河北建设公报
时间：1930
卷期：第 2 卷第 8 期　**页码**：50—51
类型：呈文

标题：山西西部陕西北部蓬蒂纪后黄土期前之地层观察
提要：附录二、黄河河谷之历史
作者：德日进　杨钟健
来源：地质专报
时间：1930
卷期：甲种　页码：15—17
类型：报告

标题：呈覆行政院遵令核议黄河流域沿河造林一案谨陈意见请鉴核示遵文（五月三日）
来源：农矿公报（南京1928）
时间：1930
卷期：第25期　页码：47—46
类型：呈文

标题：令山东、河北、河南等农矿厅检发黄河沿岸造林办法仰于文到二个月内将筹备情形呈复核办文（五月二十三日）
来源：农矿公报（南京1928）
时间：1930
卷期：第25期　页码：11—12
类型：命令

标题：史地常识
提要：长江问题、黄河问题
作者：阿磐
来源：公教周刊
时间：1930
卷期：第59期　页码：12
类型：常次

标题：训令（第二七九号　十九年五月二十九日）
提要：令建设委员会为治理黄河事宜应由该会统筹办理案由
来源：行政院公报
时间：1930
卷期：第156号　页码：19—20，2
类型：训令

标题：河北新闻
提要：黄河南岸水患甚急
作者：冰森
来源：农民
时间：1930
卷期：第6卷第2期　页码：12
类型：新闻

标题：沉寂之黄河
作者：鉴荣
来源：新闻报图画附刊
时间：1930
卷期：第9号　页码：1
类型：照片

标题：黄河堤远眺
作者：梅溪山人
来源：淮农校刊
时间：1930
卷期：第2期　页码：192
类型：诗词

标题：咨内政部（第二一二号　中华民国十九年五月三十一日）
提要：为咨请事案奉行政院训令第二〇七九号略开奉国民政府训令第三〇八号黄河水利委员会……
作者：张人杰
来源：建设委员会公报
时间：1930

标题：指令（第二三六一号 六月九日）
提要：令河北省黄河春工监修委员张有本呈一件呈请委派黄培林等为监工员由
作者：温寿泉
来源：河北建设公报
时间：1930
卷期：第2卷第9期　**页码**：49—50
类型：指令

标题：省政府据黄河河务局电报高村工情危迫乞派员携款苴工验修请鉴核令遵文（六月二十一日）
作者：温寿泉
来源：河北建设公报
时间：1930
卷期：第2卷第9期　**页码**：76—77
类型：呈文

标题：指令（第二六三五号 六月二十四日）
提要：令河北省黄河河务局局长朱延平呈一件呈报南岸第一二段大堤被鲁军挖掘战沟及砍伐柳树由
作者：李鸿文　温寿泉　李竟容
来源：河北建设公报
时间：1930
卷期：第2卷第9期　**页码**：56
类型：指令

标题：省政府据黄河河务局呈报南岸一三段大堤被鲁军挖掘战沟及砍伐柳树等情已饬相机应付妥慎防护文（六月二十四日）
作者：温寿泉
来源：河北建设公报
时间：1930
卷期：第2卷第9期　**页码**：77—78
类型：呈文

标题：省政府挢黄河河务局长等电报高村巨工正在修做请远拨现款救急等情请转饬克日照拨文（六月二十五日）
作者：温寿泉
来源：河北建设公报
时间：1930
卷期：第2卷第9期　**页码**：78—79
类型：电报

标题：省政府据技正孙庆泽等电报复估黄河高村特别巨工共需洋十八万五千余元俟估册到厅再行呈请转饬赓续筹拨文（六月二十五日）
作者：温寿泉
来源：河北建设公报
时间：1930
卷期：第2卷第9期　**页码**：79—80
类型：电报

标题：训令（第九四六号 六月二十七日）
提要：令河北省黄河河务局局长朱延平，稽核专员吴其钺
奉省令黄河高村工情危迫准拨洋二万元仰会同抢修监视用途由
作者：温寿泉
来源：河北建设公报
时间：1930
卷期：第2卷第9期　**页码**：45
类型：训令

（上栏开头）
卷期：第6期　**页码**：61—62
类型：咨文

标题：黄河水利初步计画（续）
来源：扬子江水道整理委员会月刊
时间：1930
卷期：第 2 卷第 3 期　　页码：7—11
类型：计划

标题：黄河铁桥修竣通车
来源：兴华
时间：1930
卷期：第 27 卷第 26 期　　页码：38
类型：记事

标题：山东黄河水涨
来源：兴华
时间：1930
卷期：第 27 卷第 28 期　　页码：41—42
类型：记事

标题：训令（第九九七号　七月二日）
提要：令河北省黄河监修委员，张有本，河务局局长，朱延平，稽核专员，吴其铖奉省令高村巨工续发三万元饬竭力防堵勿令出险等因仰遵照办理由
作者：温寿泉
来源：河北建设公报
时间：1930
卷期：第 2 卷第 10 期　　页码：19—20
类型：训令

标题：训令（第一三五号　七月八日）
提要：令河北省北运河等河务局局长，稽核专员
委派吕金藻等为黄河等河监防委员仰即遵照防汛抢险办法会同办理妥慎防护具报查核由
作者：温寿泉
来源：河北建设公报
时间：1930
卷期：第 2 卷第 10 期　　页码：23
类型：训令

标题：训令（第一九七号　七月十四日）
提要：令河北省黄河监修委员张有本，河务局局长朱延平，稽核专员吴其铖
奉省令黄河河务局长等电报高村工情危迫请发巨款接济一案已令财政厅速拨饬妥慎防护等因仰即遵办由
作者：温寿泉
来源：河北建设公报
时间：1930
卷期：第 2 卷第 10 期　　页码：27—28
类型：训令

标题：训令（第一九九号　七月十六日）
提要：令河北省黄河河务局局长朱延平
奉省令黄河河务局电请迅拨高村险工款项已令迅速拨发饬星夜赶修等因仰即遵办由
来源：河北建设公报
时间：1930
卷期：第 2 卷第 10 期　　页码：28
类型：训令

标题：训令（第一一五八号　七月二十三日）
提要：令技士吕金藻张有本
南运黄河春工应另行派员验收仰即前往黄，南运河复勘验收呈报察夺由
来源：河北建设公报
时间：1930

卷期：第 2 卷第 10 期　页码：33
类型：训令

标题：训令（第一一六二号　七月二十四日）
提要：令河北省黄河河务局监修委员张有本，局长朱延平，稽核专员吴其钺
奉省令黄河河务局局长等电报高村溃堤一百余丈请续拨五万元以资救济一案已令财政厅迅速拨发仰仍饬星夜抢修毋稍疏懈等因令仰遵照由
作者：温寿泉
来源：河北建设公报
时间：1930
卷期：第 2 卷第 10 期　页码：34
类型：训令

标题：训令（第一一六九号　七月二十五日）
提要：令河北省黄河河务局监修委员张有本，局长朱延平，稽核专吴其钺员
奉省令黄河河务局局长电报永年等县春工费无款可拨乞赐改拨高村巨工速拨巨款救济一案已令财政厅迅速拨发仰仍电饬竭力抢修毋令出险等因令仰遵照由
作者：温寿泉
来源：河北建设公报
时间：1930
卷期：第 2 卷第 10 期　页码：40—41
类型：训令

标题：训令（第一一八八号　七月二十八日）

提要：令河北省黄河河务局局长朱延平奉省令吴稽核专员赍到节略陈述黄河险工及修防情形经提会议决录案令遵仰即知照由
作者：温寿泉
来源：河北建设公报
时间：1930
卷期：第 2 卷第 10 期　页码：41—42
类型：训令

标题：代电（第一八号）
提要：黄河河务局朱局长张委员吴稽核专员据勘电报告高村堤埽溃陷并抢修情形由
来源：河北建设公报
时间：1930
卷期：第 2 卷第 10 期　页码：71—72，14
类型：电报

标题：黄河后套灌溉工程计划（附图表）
作者：华北水利委员会
来源：建设（南京 1928）
时间：1930
卷期：第 8 期　页码：32—41
类型：计划

标题：黄河落日（摄影）
作者：赵效沂
来源：民言画刊
时间：1930
卷期：第 42 期　页码：2
类型：照片

标题：黄河北望
作者：山田谦吉
来源：辽东诗坛
时间：1930

卷期：第 58 号　页码：29
类型：诗词

标题：一周间国内外大事述评（自十九年八月十五日起至十九年八月廿一日止）
　　　国内
提要：晋军退却之经过谈
　　　复被拆毁之黄河铁桥
来源：国闻周报
时间：1930
卷期：第 7 卷第 33 期　页码：2
类型：新闻

标题：建设委员会令（第一八三号至一九三号　中华民国十九年七月一日至二十四日）
提要：令徐世大、孟广照、陈湛恩等
　　　兹派徐世大陈湛恩孟广照钱夔办理整理黄河图案事宜除分令外此令……
作者：张人杰
来源：建设委员会公报
时间：1930
卷期：第 8 期　页码：5—8
类型：任免令

标题：国内之部（八月一日至三十日）
提要：黄河水势日来大涨山东利津泺口二处高涨非常津市河务机关以黄河与南运毗连恐影响该河而已该运河下游环流津市故当局对此甚为注意
来源：华北水利月刊
时间：1930
卷期：第 3 卷第 8 期　页码：89—90
类型：新闻

标题：黄河水利初步计画（续）
来源：扬子江水道整理委员会月刊
时间：1930
卷期：第 2 卷第 4 期　页码：5—8
类型：计划

标题：绥远小黄河之渡者
作者：李尧生
来源：北京画报
时间：1930
卷期：第 3 卷第 112 期　页码：2
类型：照片

标题：时事写真
提要：黄河北岸决口成灾……
来源：万有周刊
时间：1930
卷期：第 1 卷第 19 期　页码：1
类型：新闻

标题：黄河桥修复津浦即通车
来源：湘鄂铁路公报
时间：1930
卷期：第 2 卷第 23 期　页码：28
类型：新闻

标题：修筑河北省黄河石坝意见书
作者：朱延平
来源：中国建设（上海1930）
时间：1930
卷期：第 2 卷第 4 期　页码：155—157
类型：意见书

标题：黄河泥沙免除之管见（附图）
作者：张含英
来源：中国建设（上海1930）
时间：1930

卷期：第 2 卷第 4 期　　页码：107—115
类型：论文

标题：甘肃省政府建设厅布告
提要：为布告事照得中山村地滨黄河土
　　　质肥沃兴修水利最为相宜
来源：甘肃省政府公报
时间：1930
卷期：第 38—39 期　　页码：25—26
类型：布告

标题：铁道部指令（第八一九四号　中
　　　华民国十九年十月八日）
提要：令津浦铁路管理局
　　　代电及电各一件，为报黄河桥损坏
　　　状况并于沁日修复情形请鉴察由
作者：孙科
来源：铁道公报
时间：1930
卷期：第 109 期　　页码：5—6
类型：指令

标题：建设委员会指令（第九四四号
　　　中华民国十九年九月八日）
提要：令华北水利委员会
　　　一据呈遵送关于黄河之地形水文
　　　测量等各种治水资料二呈件均悉
　　　仰将所送黄河地形蓝印图内（一
　　　册计三十三张）缺载之测量机关
　　　测量年月及缩尺等逐一查复并将
　　　自解封村至刘庄之实测里数及测
　　　量面积一并陈明为要附件存此令
作者：张人杰
来源：建设委员会公报
时间：1930
卷期：第 10 期　　页码：20—21
类型：指令

标题：建设委员会训令（第四九七号
　　　中华民国十九年九月十八日）
提要：令华北水利委员会
　　　一令检送黄河实测地图……
作者：张人杰
来源：建设委员会公报
时间：1930
卷期：第 10 期　　页码：14
类型：训令

标题：议案
　　　第四次政务会议
提要：财政厅呈为接管卷内准建设厅函
　　　送黄河灌溉费临时支出计算书据
　　　查款已付清定件未缴应否准销请
　　　提会核议示遵案
来源：山东财政公报
时间：1930
卷期：第 2 卷第 1 期　　页码：62—63
类型：议案

标题：黄河险象环生
提要：倘得款料凑手尚可收桑榆之效否
　　　则洪涛一至膏沃将变成泽国河务
　　　局电山东省政府请示……（附表）
来源：江苏革命博物馆月刊
时间：1930
卷期：第 2 卷第 3 号　　页码：2—6
类型：新闻

标题：恢复黄河船运
来源：济南市市政月刊
时间：1930
卷期：第 3 卷第 2 期　　页码：91—92
类型：新闻

标题：察勘黄河桥损坏及修竣通车情形

提要：黄河桥临时通车保安办法（文字第三五四号 十九年十月四日）
来源：铁路月刊（津浦线）
时间：1930
卷期：第1卷第1期　**页码**：53—56
类型：报告

标题：本路大事记（十月一日至十月三十一日）
提要：一日，黄河砖河各桥，均修复……津济间电报电话修通，济德区间车，六月卅日已通，津方晋军尚未过尽
来源：铁路月刊（津浦线）
时间：1930
卷期：第1卷第1期　**页码**：189—194
类型：记事

标题：函山东河务局（第三〇四号 中华民国十九年十月四日）
提要：迳启者查本会前奉，行政院合资责治理黄河当即决定搜集有关资料……
作者：张人杰
来源：建设委员会公报
时间：1930
卷期：第11期　**页码**：86
类型：公函

标题：咨山东省政府（第三八二号 中华民国十九年十月九日）
提要：为咨请事准贵府第五二号咨复廖桥黄河决日情形并送章程草图到会查河防事宜……
作者：张人杰
来源：建设委员会公报
时间：1930
卷期：第11期　**页码**：73
类型：咨文

标题：建设委员会指令（第一一二九号 中华民国十九年十月二十九日）
提要：令山东河务局
一据呈遵送关于黄河各种图表计划书等……
作者：张人杰
来源：建设委员会公报
时间：1930
卷期：第11期　**页码**：34
类型：指令

标题：治理黄河计划
来源：河北建设公报
时间：1930
卷期：第3卷第1—2期　**页码**：109—110
类型：计划

标题：中国国民党第三届中央执行委员会第四次全体会议决议案
提要：丁、关于建设者
第二部：大会核议交办之案
四十二、特设黄河流域林务督办案
来源：中央党务月刊
时间：1930
卷期：第28期　**页码**：287—289
类型：决议案

标题：陕西灾区写真
提要：黄河沿岸之古式居屋
作者：张建文
来源：良友
时间：1930
卷期：第51期　**页码**：8
类型：照片

标题：训令（第四三七号 十九年十二月十日）
提要：令农矿部
为奉交请设黄河流域林务督办案仰查照办理由
来源：行政院公报
时间：1930
卷期：第212号　**页码**：4，1
类型：训令

标题：中国国民党第三届中央执行委员会第四次全体会议重要决议案全文
提要：六、拟请特设黄河流域山东河北河南山西陕西甘肃青海七省林务督办于沿河造林增加生产以防水患案（十九年十一月十八日第六次会议通过）
来源：浙江党务
时间：1930
卷期：第111/112期　**页码**：46—48
类型：决议案

标题：本路与德商孟阿恩桥梁公司订立承办制造黄河桥并一二七公里及一九二公里等处桥梁损坏部份之钢料合同
来源：铁路月刊（津浦线）
时间：1930
卷期：第1卷第3期　**页码**：134—137
类型：合同

标题：本会工作报告（十九年十一月份）
提要：（二）关于交办事项：（丙）行政院交件：统筹西北水利及黄河全河水利河防事宜……
（五）与主管事务有关事项：（2）征集黄河水利资料
来源：建设委员会公报
时间：1930
卷期：第12期　**页码**：71、81
类型：报告

标题：公函导淮委员会（第三四七号 中华民国十九年十一月二十五日）
提要：迳启者准贵会函送顾问工程师方修斯君所拟之治导黄河计划书原文及译本各一册照收无误至希再版印就后续予惠送相应函复并达谢忱即请
作者：张人杰
来源：建设委员会公报
时间：1930
卷期：第12期　**页码**：49—50
类型：公函

标题：山东省政府建设农矿厅会呈（第一一二号 十二一日）
提要：为会呈事案奉钧府第一七六七号训令以据河务局局长王恺如呈拟由黄河两岸现有树株选择砍伐以充桩材
作者：张鸿烈　王芳亭
来源：山东农矿厅公报
时间：1930
卷期：第2卷第3期　**页码**：125—126
类型：呈文

标题：函复行政院秘书处为奉院长发下国府交办旅京山东同乡会呈黄河泛滥灾民遍野恳饬振济一案已函山东省振务会酌振文（十九年五月十四日）
作者：许世英
来源：振务月刊（南京）

时间：1930
卷期：第 1 卷第 4 期　页码：17
类型：公函

标题：函山东省振务会为准行政院秘书处函奉院长交办旅京山东同乡会呈黄河泛滥恳饬救济一案请于前拨振灾公债项下酌振文（十九年五月廿四日）
作者：许世英
来源：振务月刊（南京）
时间：1930
卷期：第 1 卷第 4 期　页码：17—18
类型：公函

标题：山东黄河决口日大——庄园沃野尽成泽国，灾黎遍野达数十万
来源：振务月刊（南京）
时间：1930
卷期：第 1 卷第 4 期　页码：10—11
类型：记事

标题：黄河
来源：故宫周刊
时间：1930
卷期：中华民国十九年双十号　页码：16
类型：图片

标题："黄河百害，惟富一套"——河套剪影
作者：杨令德
来源：东方画报
时间：1930
卷期：第 34 卷第 10 号　页码：7—8
类型：照片

标题：黄河水灾

来源：东方画报
时间：1930
卷期：第 30 卷第 20 号　页码：5—6
类型：照片

标题：长江与黄河
作者：徐嘉瑞
来源：战歌（昆明）
时间：1930
卷期：第 1 卷第 5 期　页码：33—35
类型：诗歌

标题：黄河之研究（附照片）
来源：东方画报
时间：1930
卷期：第 30 卷第 3 号　页码：14
类型：论文

标题：黄河汜滥
来源：东方画报
时间：1930
卷期：第 30 卷第 18 号　页码：2
类型：照片

标题：汉平铁路黄河铁桥土墩模型
来源：中国大观图画年鉴
时间：1930
卷期：年鉴　页码：86
类型：照片

标题：守黄河
作者：窦隐夫
来源：战歌（昆明）
时间：1930
卷期：第 2 期　页码：37—38
类型：诗歌

标题：黄河考略
作者：庞秉陶
来源：南洋中学庚午年刊
时间：1930
卷期：庚午年刊　**页码**：102—103
类型：论文

标题：源流悠久之大黄河
来源：民意先锋
时间：1930
卷期：第3期　**页码**：25
类型：照片

1931 年

标题：山西黄河沿岸之牧羊者
内容：山西黄河沿岸之牧羊者；
黄河中之洗羊者
作者：金潜厂
来源：北京画报
时间：1931
卷期：第 3 卷第 148 期　**页码**：1
类型：照片

标题：解池盐场
提要：（右下）山脉系王屋首阳同支中条
山，其阳即黄河也，藏有银矿云
母……
来源：国闻周报
时间：1931
卷期：第 8 卷第 2 期　**页码**：1 页
类型：照片

标题：消息转录
提要：黄河流域三新省之矿产（大河新报）
来源：矿业周报
时间：1931
卷期：第 126 号　**页码**：8
类型：新闻

标题：财政部盐务署训令（辛字第六号
二十年一月七日）
提要：令长芦盐运使
准稽核总所函长芦商捐应归分所
征收报解仰将此项商捐收支数目
以及黄河南北岸各骑兵是否裁撤
暨支饷数目分别册报以凭察核由
来源：盐务公报
时间：1931
卷期：第 25 期　**页码**：80—82，11
类型：训令

标题：黄河泥沙免除之管见（附图表）
作者：张含英
来源：山东省建设月刊
时间：1931
卷期：第 1 卷第 1 期　**页码**：35—99
类型：论文

标题：指令（第六零二号）
提要：令车务处
据呈敌军溃退时黄河桥南岸军用
车一辆出轨情形准备案
来源：平汉日刊
时间：1931
卷期：第 2 号　**页码**：3
类型：指令

标题：黄河澄清观者塞途
提要：二日上海专电
山西石楼境黄河自二十四日早晨
七时半至午后二时半，河水澄清
如晶，观者途为之塞

来源：公教周刊
时间：1931
卷期：第 95 期　页码：15
类型：新闻

标题：黄河澄清群认为空前瑞景
来源：蒙古旬刊
时间：1931
卷期：第 12 期　页码：20—21
类型：新闻

标题：黄河集
作者：李佛西
来源：河南教育月刊
时间：1931
卷期：第 1 卷第 5 期　页码：149—155
类型：诗歌

标题：黄河水清
来源：时时周报
时间：1931
卷期：第 2 卷第 7 期　页码：105
类型：新闻

标题：每周新闻
提要：黄河的水忽然澄清了
来源：小朋友
时间：1931
卷期：第 451 期　页码：46
类型：新闻

标题：山东省政府建设厅训令（第六七四号　一月二十四日）
提要：令历城县政府
　　　为训令事查黄河沿岸洛口一带碱地极伙亟应测绘规画以谋施工改良……

作者：张鸿烈
来源：山东省建设月刊
时间：1931
卷期：第 1 卷第 2 期　页码：234
类型：训令

标题：本会工作报告（二十年一月份）
提要：（三）关于主管事务之进行事项
　　　（甲）关于水利事业之进行事项
　　　（3）华北会测量黄河流量方法
来源：建设委员会公报
时间：1931
卷期：第 14 期　页码：70
类型：报告

标题：本会工作报告（二十年一月份）
提要：（四）关于主管事务之计划事项
　　　（2）华北会筹割恢复黄河测站
来源：建设委员会公报
时间：1931
卷期：第 14 期　页码：75
类型：报告

标题：山东省政府建设厅训令（第七九七号　二月十二日）
提要：令齐河县建设局
　　　为令遵事查黄河沿岸虹吸淤田计划……
作者：张鸿烈
来源：山东省建设月刊
时间：1931
卷期：第 1 卷第 2 期　页码：250—251
类型：训令

标题：河北省政府建设厅令（训令第二五一号　二月十三日）
提要：令永定河，黄河，北运河河务局，

南运河河务局
奉令查禁公务员吸用鸦片等毒品
应实行公务员调验守则仰遵照由
作者： 林成秀
来源： 河北建设公报
时间： 1931
卷期： 第 3 卷第 5 期　**页码：** 33—34
类型： 训令

标题： 山东省政府建设厅训令（第八六
二号　二月二十三日）
提要： 令齐河建设局
为训令事查黄河所含泥沙量关系淤
田极为重要亟应测绘以资规画……
（附表）
作者： 张鸿烈
来源： 山东省建设月刊
时间： 1931
卷期： 第 1 卷第 2 期　**页码：** 259—260
类型： 训令

标题： 河北省政府建设厅令（训令第二
八六号　二月二十六日）
提要： 令南运，北运，水定，黄河河务局
奉省令抄发禁烟委员会审议告发
文件简章仰遵照由
作者： 林成秀
来源： 河北建设公报
时间： 1931
卷期： 第 3 卷第 5 期　**页码：** 40—41
类型： 训令

标题： 水利新闻
国内之部（三日至二十八日）
提要： 河北省内黄河永定河南运河子牙河
六河春工已经建设厅预算需款二十
九万元呈请省政府拨给动工……

来源： 华北水利月刊
时间： 1931
卷期： 第 4 卷第 2 期　**页码：** 123—124
类型： 新闻

标题： 甘肃榷运局指令（第二一七一号
中华民国二十年二月）
提要： 令五佛寺缉私巡长伏奠域
呈第四号一件呈报前掉在黄河内
七响枪一枝有发裕堡人高战小十
去业经取回来棚并请发给十枪人
奖金由
作者： 杨继高
来源： 甘肃盐务月刊
时间： 1931
卷期： 第 16 期　**页码：** 45—46
类型： 指令

标题： 本会第九次大会重要报告及提案文
提要： 导治黄河宜注重上游请早期派人
测量研究案
作者： 李协
来源： 华北水利月刊
时间： 1931
卷期： 第 4 卷第 2 期　**页码：** 132—135
类型： 提案

标题： 中国土壤
提要： 一概观之实地考察
黄河旧道淤积土（八）
作者： 萧查理　邵德馨
来源： 土壤专报
时间： 1931
卷期： 第 1 号　**页码：** 31
类型： 报告

标题： 电黄河河务局局长据冬代电称河

水徙涨冲毁牌埽仰加意防护毋稍疏懈由
来源：河北建设公报
时间：1931
卷期：第3卷第5期　页码：110，15
类型：电报

标题：河南黄河水利初步计画书（附图表）
作者：曹瑞芝
来源：山东省建设月刊
时间：1931
卷期：第1卷第2期　页码：177—185，187—190，192—214
类型：计划

标题：直鲁豫三省黄河根本修治办法
来源：山东省建设月刊
时间：1931
卷期：第1卷第2期　页码：156—168
类型：论文

标题：黄河凌泛益急
来源：河北建设公报
时间：1931
卷期：第3卷第5期　页码：125—127
类型：记事

标题：黄河滨剧战留影
作者：刘锦涛
来源：良友
时间：1931
卷期：第54期　页码：12
类型：照片

标题：指令（第一五一四号）
提要：令工务处
　　　据呈请恤偿黄河一带工友损失应

俟统筹办理由
来源：平汉日刊
时间：1931
卷期：第29期　页码：4
类型：指令

标题：黄河清
作者：干
来源：国闻周报
时间：1931
卷期：第8卷第9期　页码：1页
类型：新闻

标题：河套黄河渡口
来源：蒙古旬刊
时间：1931
卷期：第17期　页码：8
类型：照片

标题：山东省政府建设厅训令（第九六二号　三月九日）
提要：令（沿黄各县）建设局另单、鄄城县政府
　　　山东黄河沿岸各县盐城地及沙地调查表（附表）
作者：张鸿烈
来源：山东省建设月刊
时间：1931
卷期：第1卷第3期　页码：317—322
类型：训令

标题：政务会议（第三十一次）
提要：省政府秘书处报告财政厅呈据利津县长戴章民呈请拨发十七十八十九三年度黄河尾闾防守费洋六万元一案查十七年度并未编制预算其十八十九两年度均各列洋二万元应否

准拨请鉴核示遵应如何办理请公决案
来源：山东财政公报
时间：1931
卷期：第 2 卷第 6 期　页码：57—58
类型：议案

标题：湘鄂湖江水文站及整理黄河图案等
作者：建设委员会
来源：中国国民党指导下之政治成绩统计
时间：1931
卷期：第 3 期　页码：18
类型：报告

标题：第一图、玉符河汇入黄河之状况
来源：山东省建设月刊
时间：1931
卷期：第 1 卷第 3 期　页码：21
类型：照片

标题：瑞雪初晴之黄河铁桥
作者：陈嘉震
来源：良友
时间：1931
卷期：第 55 期　页码：11
类型：照片

标题：黄河上游之交通
提要：录自陕西交通挈要
来源：新陕西月刊
时间：1931
卷期：第 1 卷第 1 期　页码：56
类型：记事

标题：电（字第四九〇号）
提要：电山东建设厅准鱼电请将拟装之长途电话线在敝路黄河桥上通过一节应予通融办理但装置部位须由敝路指定希查照由
来源：津浦日刊
时间：1931
卷期：第 13 号　页码：6—7，0
类型：电报

标题：训令（第一一二四号　中华民国二十年四月十七日）
提要：令车务处、机务处、会计处
案查前据该处暨机务会计（车）、车务会计（机）、车务机务（会）两处呈以上年九十月间津浦路修理黄河桥借用本路十五吨起重机收租费、运送费、调车费共计一千二百六十三元九角……
来源：胶济日刊
时间：1931
卷期：第 85 期　页码：2
类型：训令

标题：宁夏建设消息四则
提要：（一）取缔土劣私霸黄河渡船
来源：山东省建设月刊
时间：1931
卷期：第 1 卷第 4 期　页码：395
类型：新闻

标题：山西
石楼县境黄河突告澄清
来源：军事杂志（南京）
时间：1931
卷期：第 35 期　页码：198
类型：新闻

标题：黄河集（续第五期）
作者：李佛西

来源：河南教育月刊
时间：1931
卷期：第1卷第8期　**页码**：205—211
类型：诗歌

标题：山东省政府委员兼山东修堵黄河决口委员会主席阎容德贻误崑工案
提要：行政院咨本院文（第二一九号十八年十一月二日）
请将阎容德俟官吏惩戒委员会成立时转送惩戒由
委员郑螺生罗介夫于洪起审查报告书
来源：监察院公报
时间：1931
卷期：第1期　**页码**：147—157
类型：报告

标题：公函内政部（第九三号　中华民国二十年三月二十三日）
提要：迳启者查本会前为研究整治黄河水利咨商……
作者：张人杰
来源：建设委员会公报
时间：1931
卷期：第16期　**页码**：125—126
类型：公函

标题：省政府训令（民字第六二六号中华民国二十年四月三十日）
提要：令四厅、高等法院、公安管理处等为准内政部咨准山东省政府请将濮县全境划分两县以黄河为界在河东增设鄄城县治请饬属知照由
作者：刘翼飞
来源：察哈尔省政府公报
时间：1931
卷期：第13期　**页码**：4，1
类型：训令

标题：政务会议（第四十七次）
提要：省政府秘书处报告民财两厅会呈为奉令派员会县澈查濮县鄄城划界一案该县委等所拟第一种办法以黄河为界似可采用请鉴核应如何办理请公决案
来源：山东财政公报
时间：1931
卷期：第2卷第8期　**页码**：57
类型：议案

标题：本省建设要闻（四十件）
提要：建设厅筹划整理黄河两岸淤滩咸地
来源：山东省建设月刊
时间：1931
卷期：第1卷第5期　**页码**：246
类型：新闻

标题：河北省黄河高村巨工秤收秸料撮影
来源：河北建设公报
时间：1931
卷期：第3卷第8期　**页码**：3
类型：照片

标题：河北省黄河高村巨工纪要
来源：河北建设公报
时间：1931
卷期：第3卷第8期　**页码**：48—54
类型：纪安

标题：国内调查
提要：黄河流域新三省之盐类及矿产
来源：谈盐丛报
时间：1931

卷期：第 27 期　页码：157—158
类型：调查

标题：电界记事
提要：黄河两岸架设电话
来源：新电界
时间：1931
卷期：第 2 期　页码：3
类型：记事

标题：指令（第二三三九号　二十年六月二十三日）
提要：令山东省政府
　　　呈据河工委员会呈该会委员葛象一建议统一黄河收归国家管理一案经大会议决通过请核转等情转请鉴核施行由
来源：行政院公报
时间：1931
卷期：第 265 号　页码：29—30
类型：指令

标题：山东省政府建设厅训令（第一六一〇号　五月十八日）
提要：令濮县等十五县建设局、鄄城县政府
　　　为令催事查黄河沿岸盐城沙地所在……
作者：张鸿烈
来源：山东省建设月刊
时间：1931
卷期：第 1 卷第 6 期　页码：139
类型：训令

标题：山东省政府建设厅训令（第一七四九号　五月二十八日）
提要：令历城县建设局
　　　为令遵事查黄河所含泥沙量及水位高低关系淤田极为重要亟应测绘以资规画……
作者：张鸿烈
来源：山东省建设月刊
时间：1931
卷期：第 1 卷第 6 期　页码：144
类型：训令

标题：河工委员会建议黄河收归国家管理案
来源：山东省建设月刊
时间：1931
卷期：第 1 卷第 6 期　页码：266—267
类型：新闻

标题：河工委员会建议黄河全筑石坝
来源：山东省建设月刊
时间：1931
卷期：第 1 卷第 6 期　页码：262—263
类型：新闻

标题：河北省黄河高村巨工由十一坝下望抢修十二塌处埽个摄影
来源：河北建设公报
时间：1931
卷期：第 3 卷第 9 期　页码：3
类型：照片

标题：利用黄河水灌田与泥沙问题（附图表）
作者：孔令瑢
来源：山东省建设月刊
时间：1931
卷期：第 1 卷第 6 期　页码：14—45，47
类型：论文

标题：河北省黄河河务局高村巨工由十三塌上望抢修十二坝处埽段撮影
来源：河北建设公报
时间：1931
卷期：第3卷第10期　**页码**：3
类型：照片

标题：呈河北省据黄河河务局电称官厅后各埽蛰陷及抢护情形已饬多备料物加意防护请鉴核文（七月二十三日）
作者：林成秀
来源：河北建设公报
时间：1931
卷期：第3卷第10期　**页码**：79—80
类型：呈文

标题：呈河北省政府据黄河河务局电报官厅后第四至第十九等埽蛰陷及抢护情形已饬多备料物加意防护请鉴核文（七月三十一日）
作者：林成秀
来源：河北建设公报
时间：1931
卷期：第3卷第10期　**页码**：81—82
类型：呈文

标题：代电（第一一一号）
提要：黄河河务局孙局长等元电悉仰即会同督饬员夫竭力防护毋稍疏懈由（附原电）
来源：河北建设公报
时间：1931
卷期：第3卷第10期　**页码**：93，12
类型：电报

标题：代电（第一二九号）

提要：黄河河务局孙局长等蒸代电筱电均悉仰督饬员夫加意防护由
来源：河北建设公报
时间：1931
卷期：第3卷第10期　**页码**：96，12
类型：电报

标题：往来函件摘要
提要：函河北、山东、河南省政府为本会遵内政部令派员分赴沿黄河各地履勘请转令履勘人员所经各县妥为保护以利进行由（中华民国二十年七月卅一日）
来源：华北水利月刊
时间：1931
卷期：第4卷第7期　**页码**：51—52
类型：公函

标题：黄河泥沙免除之管见
作者：张含英
来源：工程（中国工程学会会刊）
时间：1931
卷期：第6卷第3号　**页码**：329—340
类型：论文

标题：时事撮要（八月十三日至八月十九日）
　　　（一）政治方面
提要：（乙）各地水灾有增无减
　　武汉三镇尽成泽国，黄河长江水与岸平
来源：民众周刊（济南）
时间：1931
卷期：第3卷第4期　**页码**：10
类型：新闻

标题：建设（接七月份第一册十四页）

提要：大水中苏省水利，利用废黄河导淮入海（七月廿二日时事新报）
来源：观海
时间：1931
卷期：第2册　页码：16—17
类型：新闻

标题：本省建设要闻（廿年八月计廿二件）
内容：内政部派员来鲁履勘黄河水势
　　　华北水委会派员勘查黄河下游工程
来源：山东省建设月刊
时间：1931
卷期：第1卷第8期　页码：254—256
类型：新闻

标题：灾况纪要
　　　乙、黄河流域
提要：一、河南
　　　豫省因黄河水势激增，灾区达四十七县……
来源：中国童子军司令部月刊
时间：1931
卷期：第25期　页码：17—18
类型：记事

标题：黄河
作者：朱延平
来源：华北水利月刊
时间：1931
卷期：第4卷第8期　页码：1—14
类型：论文

标题：渡黄河（时日军炮击我渡河部队）
来源：军事杂志（南京）
时间：1931
卷期：第38期　页码：139
类型：诗歌

标题：陕韩城县煤矿调查
提要：矿量
　　　韩城北乡沿黄河一带，盛产煤矿……
来源：河南中原煤矿公司汇刊
时间：1931
卷期：第3期　页码：8
类型：记事

标题：黄河流域文化衰落之原因及其救济策
作者：伊卿
来源：心音
时间：1931
卷期：第1期　页码：24—28
类型：论文

标题：黄河后套的三件宝
作者：天问
来源：新亚细亚
时间：1931
卷期：第2卷第6期　页码：151—152
类型：记事

标题：时事撮要（八月二十七日至九月二日）
提要：（一）政治方面
　　　（乙）长江黄河水势续落
　　　蒋主席到武汉视察
来源：民众周刊（济南）
时间：1931
卷期：第3卷第6期　页码：9
类型：新闻

标题：一周大事国内
提要：灾况黄河水引入惠济河：豫省府通过实行计划
来源：兴华

时间：1931
卷期：第 28 卷第 34 期　页码：44
类型：新闻

标题：河口镇至同富堡黄河里程表
来源：平等杂志
时间：1931
卷期：第 1 卷第 7 期　页码：13
类型：表格

标题：灾荒汇报
提要：孟津黄河决口
来源：兴华
时间：1931
卷期：第 28 卷第 36 期　页码：36
类型：新闻

标题：黄河月色
作者：陶冷月
来源：新闻报图画附刊
时间：1931
卷期：第 69 期　页码：1
类型：照片

标题：指令（第三六八七号　二十年九月二十二日）
提要：令河南省政府
　　　呈据河务局呈报兰封雷集一带黄河堤工吃紧估计工款恳由中央核拨克日兴修转请鉴核示遵由
来源：行政院公报
时间：1931
卷期：第 292 号　页码：21—22
类型：指令

标题：函民财农建教五厅为黄河困难各情形请协助早日拨款厢修由（十九年九月二十五日）
来源：山东河务特刊
时间：1931
卷期：第 3 期　页码：254—257
类型：公函

标题：山东省政府训令（第七六二号　中华民国十九年十月十七日）
提要：令河务局
　　　准建设委员会咨请令饬筹设黄河上游民埝专款保管委员会由
作者：韩复榘
来源：山东河务特刊
时间：1931
卷期：第 3 期　页码：109—110，6
类型：训令

标题：山东省政府训令（第二七九八号　中华民国十九年十二月二十二日）
提要：令河务局
　　　据本局呈送黄河上游民埝专款保委会简章已提会修正通过由
作者：韩复榘
来源：山东河务特刊
时间：1931
卷期：第 3 期　页码：114，6
类型：训令

标题：山东省政府指令（第三三七九号　中华民国二十年二月十五日）
提要：令河务局局长
　　　呈一件呈复拨发利津黄河尾间防守费详细经过情形由
来源：山东河务特刊
时间：1931
卷期：第 3 期　页码：130—131

类型：指令

标题：内政（接八月份第二册第四十页）
提要：徐州亦告水灾
　　　暴雨连日平地三尺，黄河故道水泛入城，食粮飞涨恐慌万状（八月九日申报）
来源：观海
时间：1931
卷期：第 3 册　页码：73
类型：电报

标题：内政（接八月份第二册第四十页）
提要：黄河防务防护颇为得力（八月十四日大公报）
来源：观海
时间：1931
卷期：第 3 册　页码：77
类型：新闻

标题：函建设委员会水利处为覆水准测量依据津浦路黄河铁桥水准标高由（十九年八月二十三日）
来源：山东河务特刊
时间：1931
卷期：第 3 期　页码：250
类型：公函

标题：各省建设要闻（二十年九月三十二件）
提要：内政部筹设黄河水委会
来源：山东省建设月刊
时间：1931
卷期：第 1 卷第 9 期　页码：245
类型：新闻

标题：本省建设要闻（廿年九月廿二件）
提要：黄河康屯工程近况
　　　黄河上游康屯民埝险工……
来源：山东省建设月刊
时间：1931
卷期：第 1 卷第 9 期　页码：238
类型：新闻

标题：国内之部（九月二日至三十日）
提要：内政部呈行政院拟特设黄河水利委员会负责治理黄河并拟具章程草案呈请行政院鉴核……
来源：华北水利月刊
时间：1931
卷期：第 4 卷第 9 期　页码：85—88
类型：新闻

标题：呈省政府据濮县黄河南岸代表仪鸿钧等请拨还抢护李工用款由（十二月九日）
作者：王恺如
来源：山东河务特刊
时间：1931
卷期：第 3 期　页码：207—208
类型：呈文

标题：山东黄河上游民埝专款保管委员会简章
来源：山东河务特刊
时间：1931
卷期：第 3 期　页码：34—37
类型：法规

标题：山东黄河上游民埝专款保管委员会办事细则
来源：山东河务特刊
时间：1931
卷期：第 3 期　页码：56—58

类型：法规

标题：政务会议（第七十九次）
提要：省政府秘书处报告财建两厅会呈为奉核黄河上游李升屯特工一案拟请转饬河务局详细复估造具估册预算呈候核夺至所需工款亦请暂由该局预算所列河工岁修工款项下匀配动支应如何办理请公决案
来源：山东财政公报
时间：1931
卷期：第2卷第12期　页码：75—76
类型：议案

标题：政务会议（第七十九次）
提要：财政厅提议拟将本省沿海一带及黄河运河小清河各流域划分七路各派专员会同各区营业税局所及兼办营业税各县县长切实调查船舶营业状况所需旅费一千余元拟请准在二十年度营业税调查费项下动支是否可行请公决案
来源：山东财政公报
时间：1931
卷期：第2卷第12期　页码：76—77
类型：议案

标题：调查报告
提要：勘察豫鲁冀段黄河水势险工总报告
作者：顾秉楠　刘增祺
来源：华北水利月刊
时间：1931
卷期：第4卷第9期　页码：77—82
类型：报告

标题：黄河治导略史
作者：沈宝璋

来源：水利
时间：1931
卷期：第1卷第3期　页码：171—181
类型：论文

标题：四京怀古
提要：势控黄河气脉……
作者：吕仁甫
来源：师亮随刊
时间：1931
卷期：第三集　页码：76
类型：诗词

标题：国民政府指令（第三〇八六号二十年十月十二日）
提要：令导淮委员会
呈为导淮入海路线工程计划现经督饬员司加紧测勘设计完成提出本会第十二次全体委员会决议采用由张福河经废黄河至套子口为导淮入海之路线辑成导淮入海水道计划概要一册呈请鉴核备案令遵由
作者：蒋中正
来源：国民政府公报（南京1927）
时间：1931
卷期：第899号　页码：8
类型：指令

标题：电界记事
提要：黄河电话移北岸
来源：新电界
时间：1931
卷期：第11期　页码：8
类型：记事

标题：航务要闻

提要：黄河河务会议下月三日开会
来源：星槎
时间：1931
卷期：第73期　**页码**：9
类型：新闻

标题：内政（接九月份第三册第一〇四页）
提要：飞机测量各省灾区
　　　　武汉测量竣事，将测量黄河流域（九月二日济南日报）
来源：观海
时间：1931
卷期：第4册　**页码**：120

标题：建设（接九月份第三册第五十二页）
提要：朱对导淮提出意见，入海仍用黄河故道，实行兵工溢地酬开河官兵（九月廿二日大青岛报）
来源：观海
时间：1931
卷期：第4册　**页码**：69
类型：记事

标题：内政部训令（土字第八六号　中华民国二十年十月二十日）
提要：令华北水利委员会
　　　　训令定期开黄河河务会议仰指派专员届时出席由（附表）
作者：刘尚清
来源：华北水利月刊
时间：1931
卷期：第4卷第10期　**页码**：34
类型：训令

标题：呈报指派秘书长李书田为代表出席黄河河务会议专员文（中华民国二十年十月二十六日）

提要：报告黄河流域地形水准测量含沙量水位雨量等观测之经过与成绩概要（附表）
作者：彭济群
来源：华北水利月刊
时间：1931
卷期：第4卷第10期　**页码**：52—55
类型：呈文

标题：各省建设要闻（二十年十月）
提要：晋省利用黄河水力发展电业
来源：山东省建设月刊
时间：1931
卷期：第1卷第10期　**页码**：293
类型：新闻

标题：本省建设要闻（二十年十月）
提要：河务局拟具治理黄河计划
来源：山东省建设月刊
时间：1931
卷期：第1卷第10期　**页码**：273—276
类型：新闻

标题：黄河土砂研究第二报
作者：陈世璨
来源：自然界
时间：1931
卷期：第6卷第9期　**页码**：749—751
类型：记事

标题：黄河通航的调查及其计划（附图）
作者：高仲元
来源：自求
时间：1931
卷期：第31期　**页码**：33—38
类型：记事

标题：黄河来处
作者：张凤
来源：音
时间：1931
卷期：第 17 期　页码：17—18
类型：歌词

标题：国民政府令
提要：黄河水利委员会委员长冯玉祥……
来源：蒙文周刊
时间：1931
卷期：第 35 期　页码：0
类型：命令

标题：黄河豫鲁冀段河身日淤急待疏浚 最低水位亦较堤外平地为高，冀省河道湾曲特甚最易出险（未完）
来源：星槎
时间：1931
卷期：第 74 期　页码：3—7
类型：新闻

标题：黄河豫鲁冀段河身日淤急待疏浚（续）
来源：星槎
时间：1931
卷期：第 75 期　页码：3—5
类型：新闻

标题：航务要闻
提要：黄河河务会议支日成立
来源：星槎
时间：1931
卷期：第 75 期　页码：5
类型：新闻

标题：航务要闻
提要：导淮会统筹四省治水标准 黄河河务会议
来源：星槎
时间：1931
卷期：第 77 期　页码：5
类型：新闻

标题：山东省政府建设厅训令（第二九六四号　十月二十四日）
提要：令鄄城、菏泽县县长 为训令事查由济南沿黄河大堤经临濮集直达菏泽之汽车路现在关系交通极为重要……
作者：张鸿烈
来源：山东省建设月刊
时间：1931
卷期：第 1 卷第 11 期　页码：141
类型：训令

标题：本省建设要闻（二十年十一月份三十二件）
内容：建设厅令濮寿两县补修黄河堤
来源：山东省建设月刊
时间：1931
卷期：第 1 卷第 11 期　页码：234，246—247
类型：新闻

标题：河北省黄河北三段老大坝春工期内购料困难时预储备急秸料摄影
来源：河北建设公报
时间：1931
卷期：第 4 卷第 2 期　页码：3
类型：照片

标题：河北省黄河北三段老大坝第二十八埽利用去岁挂柳改修龙尾埽工

作情形摄影
来源：河北建设公报
时间：1931
卷期：第4卷第2期　页码：3
类型：照片

标题：河北省黄河河务局南岸第四段民国二十年抢险工程日记
作者：孙庆泽
来源：河北建设公报
时间：1931
卷期：第4卷第2期　页码：87—96
类型：记事

标题：统治黄河意见书
作者：潘万玉
来源：水利
时间：1931
卷期：第1卷第5期　页码：403—406
类型：论文

标题：电界记事
提要：山东架修黄河过河话线
来源：新电界
时间：1931
卷期：第14期　页码：4
类型：记事

标题：国民政府指令（第三六五一号　二十年十二月四日）
提要：令行政院
　　　呈据军政部呈为故员黄河清拟请照中尉平时积劳病故例给以一次恤金为止等情检表转请核示由
作者：蒋中正
来源：国民政府公报（南京1927）
时间：1931

卷期：第943号　页码：9
类型：指令

标题：黄河流域民族
来源：文艺新闻
时间：1931
卷期：第39号　页码：2
类型：新闻

标题：黄河南岸平浦路广辟水门
来源：济南市市政月刊
时间：1931
卷期：第4卷第5期　页码：12—13
类型：呈文

标题：训令（第六二四二号　二十年十二月二十二日）
提要：令河北，山东省政府
　　　呈请拨款修复黄河朱口等处工程案由
来源：行政院公报
时间：1931
卷期：第317号　页码：14，2
类型：训令

标题：指令（第四八八四号　二十年十二月二十二日）
提要：令黄河水利委员会筹备处
　　　呈送黄河水利委员会组织条例修正草案请并送立法院审查由
来源：行政院公报
时间：1931
卷期：第317号　页码：16
类型：指令

标题：航务要闻
提要：黄河上游结冰

来源：星槎
时间：1931
卷期：第 81 期　页码：4
类型：新闻

标题：指令（第四九二一号　二十年十二月二十五日）
提要：令内政部
　　　土字第一三二号第一三一号两呈为黄河河务会议议决黄河修防费应确定并保障其独立中央并应予以补助并请在英俄庚款治黄部分提拨半数作黄河治标之用分配各省办理请鉴核施行由
来源：行政院公报
时间：1931
卷期：第 318 号　页码：26—27
类型：指令

标题：滨洪诗稿
提要：滦口黄河铁桥
作者：张磊
来源：焦作工学生
时间：1931
卷期：第 1 卷第 1 期　页码：368
类型：诗歌

标题：交通部训令（第三五三三号　中华民国二十年十月二十三日）
提要：令扬子江水道整理委员会
　　　为令遵事案准内政部土字第四八一号咨开本部定于十一月三日上午九时开黄河河务会议……
作者：王伯群
来源：扬子江水道整理委员会季刊
时间：1931
卷期：第 4 期　页码：1

类型：训令

标题：河北省政府建设厅令（训令第一九三五号　十二月二十二日）
提要：令本厅技士张有本吕金藻阁鸿勋杨金钥祖裕昆惸群龃永定黄河北运南运大清子牙河务局
作者：林成秀
来源：河北建设公报
时间：1931
卷期：第 4 卷第 3 期　页码：20—21
类型：训令

标题：各省建设要闻（二十年十二月）
提要：冀鲁豫黄河界址之勘划暨鲁省河务状况
来源：山东省建设月刊
时间：1931
卷期：第 1 卷第 12 期　页码：227—228
类型：新闻

标题：呈报加委河北山东河南察哈尔等省黄河外堤以北各河流域各县县长为本会协助委员文（中华民国二十年）
提要：河北省华北各河流域各县县长名单、山东省华北各河流域各县县长名单等
作者：彭济群
来源：华北水利月刊
时间：1931
卷期：第 4 卷第 12 期　页码：37—39
类型：呈文

标题：民国廿年豫冀鲁段黄河水势与险工
作者：华北水利委员会
来源：水利

时间：1931

卷期：第 1 卷第 6 期　页码：492—495

类型：记事

标题：河北省黄河河务局南岸第四段民
国二十年抢险工程日记（续）

作者：孙庆泽

来源：河北建设公报

时间：1931

卷期：第 4 卷第 3 期　页码：82—91

类型：记事

标题：河北省黄河南四段刘庄走埽塌堤
后孙局长设计抢护情形撮影

来源：河北建设公报

时间：1931

卷期：第 4 卷第 3 期　页码：3

类型：照片

标题：黄河流域之地形测量与水文观测

作者：华北水利委员会

来源：水利

时间：1931

卷期：第 1 卷第 6 期　页码：489—491

类型：记事

标题：重划冀鲁豫黄河交界

提要：内政部请查复山东河务之状况

来源：河北建设公报

时间：1931

卷期：第 4 卷第 3 期　页码：92—93

类型：记事

标题：汴护城河水暴涨黄河堤防在警戒中

作者：渭渔

来源：新亚细亚

时间：1931

卷期：第 3 卷第 1 期　页码：207

类型：新闻

标题：咨内政部（农字第一〇四九号
中华民国二十年十月二十六日）

提要：准咨为十一月三日上午九时开黄
河河务会议请指派代表出席等因
兹派本部技正刘荫弗前往出席由

作者：孔祥熙

来源：实业公报

时间：1931

卷期：第 43 期　页码：51

类型：咨文

标题：函导淮委员会（农字第一一九四
号　中华民国二十年十二月七日）

提要：据江苏淮安县商会代电请导淮计
划仍彼旧定入黄河故道办法等情
函请查酌办理由

作者：孔祥熙

来源：实业公报

时间：1931

卷期：第 49 期　页码：73—74

类型：公函

标题：实业部指令（林字第四一六号
中华民国二十年十二月十一日）

提要：令江苏农矿厅
呈一件：为呈复调查开辟黄河故
道改作农村一节情形请鉴核由

作者：孔祥熙

来源：实业公报

时间：1931

卷期：第 50 期　页码：34—35

类型：指令

标题：黄河通航的调查及其计划（附图）

作者：高仲元
来源：河南政治
时间：1931
卷期：第1卷第4期　页码：1—6
类型：论文

标题：拟分向德国各工厂定购修理黄河桥应需各项钢料
来源：铁路月刊（津浦线）
时间：1931
卷期：第1卷第4期　页码：50—52
类型：记事

标题：拟订购黄河桥梁所需油漆
来源：铁路月刊（津浦线）
时间：1931
卷期：第1卷第7期　页码：53—54
类型：记事

标题：奉部令准如拟订购修复黄河桥钢料
来源：铁路月刊（津浦线）
时间：1931
卷期：第1卷第5期　页码：63
类型：记事

标题：黄河铁桥
来源：铁路月刊（津浦线）
时间：1931
卷期：第1卷第4期　页码：12
类型：照片

标题：黄河水势简图（民国二十年一月上旬至十二月下旬）
来源：平汉工务处民国二十年统计年报
时间：1931
卷期：第1期　页码：48
类型：图表

标题：潼关望黄河
作者：吴禄贞
来源：互助周刊
时间：1931
卷期：第8卷第6期　页码：143
类型：诗词

标题：建议修挖绥远河套黄河故道案（提案建设委员会）
来源：绥远省政府年刊
时间：1931
卷期：民国十九年度　页码：561—562
类型：提案

1932 年

标题：恩格思教授治导黄河试验报告书
来源：中国工程师学会
时间：1932
类型：图书

标题：废田还湖及导淮入海会议黄河河务会议汇刊
来源：内政部
时间：1932
类型：图书

标题：河北省黄河民国二十年春工北三段老大坝第二十八段龙尾埽竣工后摄影
来源：河北建设公报
时间：1932
卷期：第 4 卷第 4 期　页码：3
类型：照片

标题：河北省黄河民国二十年春工装置活动船坝所用之柳芭及术笼摄影
来源：河北建设公报
时间：1932
卷期：第 4 卷第 4 期　页码：3
类型：照片

标题：河北省政府建设厅令（指令第一九九号　一月十三日）
提要：令测量处

标题：呈一件为据情转报出测黄河测量队工作情形仰祈鉴核备案令遵
作者：林成秀
来源：河北建设公报
时间：1932
卷期：第 4 卷第 4 期　页码：34—35
类型：指令

标题：河北省黄河河务局南岸第四段民国二十年抢险工程日记（续）
作者：孙庆泽
来源：河北建设公报
时间：1932
卷期：第 4 卷第 4 期　页码：98—101
类型：记事

标题：山东省政府建设厅呈文（第一四一二号　一月六日）
提要：勘估东阿县黄河下段修补石坝石埽工程所需工料清单
作者：张鸿烈
来源：山东省建设月刊
时间：1932
卷期：第 2 卷第 1 期　页码：47—49
类型：呈文

标题：本省建设要闻（二十一年一月）
提要：济南附近黄河改筑石坝
来源：山东省建设月刊

时间：1932
卷期：第 2 卷第 1 期　页码：204—205
类型：新闻

标题：关于水利灌溉事业案
　　　公函内政部（第五三一号　中华民国二十年十二月十日）
提要：迳复者准函送黄河河务会议决议请中央先筹的款测量黄河放淤区域以兴水利原提案请查照办理……
作者：张人杰
来源：建设委员会公报
时间：1932
卷期：第 20 期　页码：54—55
类型：公函

标题：关于水利灌溉事业案
　　　建设委员会训令（第五七六号　中华民国二十年十二月十日）
提要：令模范灌溉管理局案准内政部函开查本部召集黄河河务会议……
作者：张人杰
来源：建设委员会公报
时间：1932
卷期：第 20 期　页码：55—56
类型：训令

标题：山东省政府财政厅指令（第二一二号　二十一年一月七日）
提要：令东阿县县长周竹生呈一件为呈请以民人谢寿三承充县境黄河上段粮行经纪请鉴核指令祗遵由
来源：山东财政公报
时间：1932
卷期：第 3 卷第 5 期　页码：94

类型：指令
标题：导淮经废黄河入海之土方估计
作者：汪胡桢
来源：水利
时间：1932
卷期：第 2 卷第 2 期　页码：91—95
类型：记事

标题：山东省政府建设厅东临区汽车路局汽车横渡黄河情形摄影
来源：山东省建设月刊
时间：1932
卷期：第 2 卷第 2 期　页码：18
类型：照片

标题：中国民族之文化，盛于黄河流域时代，而衰于长江流域时代
作者：章渊若
来源：教育周刊
时间：1932
卷期：第 106—107 期　页码：25
类型：记事

标题：咨内政部（林字第四九一号　中华民国二十一年三月十六日）
提要：关于黄河流域造林事项本部业经草拟全国保安营林计划呈请行政院鉴核矣复请查照由
作者：陈公博
来源：实业公报
时间：1932
卷期：第 62—63 期　页码：38
类型：咨文

标题：本省建设要闻（二十一年二三两月份）
提要：二月份

黄河上游朱口工程仍归本省办理
来源：山东省建设月刊
时间：1932
卷期：第 2 卷第 3 期　　页码：292
类型：新闻

标题：各省建设要闻（二十一年二三两月份）
提要：三月份
　　　铜山黄河故道将动工疏浚
来源：山东省建设月刊
时间：1932
卷期：第 2 卷第 3 期　　页码：328
类型：新闻

标题：导淮
提要：工程导淮入海工程决定先办废黄河最下游七套至套子口一段引导淮水之由归海各坝泄入阜宁县境者由此入海预备下月份实行开工等
作者：导淮委员会
来源：中国国民党指导下之政治成绩统计
时间：1932
卷期：第 3 期　　页码：13
类型：记事

标题：到了黄河
作者：林文英
来源：河南政治
时间：1932
卷期：第 2 卷第 3 期　　页码：1—3
类型：记事

标题：河北省政府建设厅令（训令第四七一号　四月十二日）
提要：令黄河河务局局长
　　　为二十年河务会议据该局长提议拟请展长并提前黄河防汛期限一案经第三次会决议情形仰遵照办由
作者：林成秀
来源：河北建设公报
时间：1932
卷期：第 4 卷第 7 期　　页码：46—47
类型：训令

标题：本省建设要闻（二十一年四月份）
摘要：河务局招标培修黄河南岸大堤
来源：山东省建设月刊
时间：1932
卷期：第 2 卷第 4 期　　页码：318
类型：新闻

标题：河北省黄河河务局南岸第四段民国二十年抢险工程日记（续）（附表）
作者：孙庆泽
来源：河北建设公报
时间：1932
卷期：第 4 卷第 7 期　　页码：154—159
类型：记事

标题：河北省民政厅指令（治字第六八一号）
提要：令黄河河务局
　　　呈粮价腾涨民食艰缺地方河务均受影响拟请限制贩运由
作者：王玉科
来源：河北民政刊要
时间：1932
卷期：第 4 号　　页码：4
类型：指令

标题：河北省黄河北三段老大坝春厢埽段及掏埽台摄影
来源：河北建设公报

时间：1932

卷期：第 4 卷第 7 期　页码：3

类型：照片

标题：河北省黄河北三段老大坝春厢埽工加压大土工作情形摄影

来源：河北建设公报

时间：1932

卷期：第 4 卷第 7 期　页码：3

类型：照片

标题：陕西韩城蒲城富平三县之盐

提要：芝川黄河涯

来源：矿业周报

时间：1932

卷期：第 195 号　页码：12

类型：记事

标题：山东省政府财政厅指令（第八四九五号　二十年四月三十日）

提要：令东阿县县长周竹生
呈一件呈复县民刘昭训姜新一等请办黄河沿岸粮行一案谢寿三与刘昭训等争充各不相让请鉴核示遵由

来源：山东财政公报

时间：1932

卷期：第 3 卷第 8 期　页码：73

类型：指令

标题：国民政府文官处函修正黄河水利委员会组织条例一案经国府会议决议交立法院函达查照由（二十年十二月二十四日）

来源：立法院公报

时间：1932

卷期：第 37 期　页码：173—174

类型：公函

标题：电（第六十六号　五月二十一日）

提要：黄河河务局局长等据删电称连日大风大溜倾注工情愿紧等情仰加意防护至借用春工料款作工程费用将来如何归还并速妥拟办法绘具图表呈厅核夺由（附原电）

来源：河北建设公报

时间：1932

卷期：第 4 卷第 8 期　页码：80，14

类型：电报

标题：政务会议（第一百三十五次）

提要：省政府秘书处报告民财建三厅会呈为奉核河务局呈送黄河上游民埝专款保管委员会简章及办事细则一案加具意见请饬交单行法规编审委员会审查应如何办理请公决案

来源：山东财政公报

时间：1932

卷期：第 3 卷第 8 期　页码：42—43

类型：议案

标题：河北省民政厅咨（治字第一六一号）

提要：为咨请事案查关于黄河河务局局长呈为粮价腾涨民食艰缺地方河务均受影响拟酌照成案

作者：王玉科

来源：河北民政刊要

时间：1932

卷期：第 5 号　页码：1—2

类型：咨文

标题：立法院各委员会审查报告
　　　法制委员会审查报告

提要：修正黄河水利委员会组织条例草
案案审查报告
作者：王用宾
来源：立法院公报
时间：1932
卷期：第37期　页码：87
类型：报告

标题：本省建设要闻（二十一年五月份）
提要：河务局修筑刘庄宋口一带黄河堤
来源：山东省建设月刊
时间：1932
卷期：第2卷第5期　页码：266
类型：新闻

标题：本省建设要闻（二十一年五月份）
提要：冀鲁黄河不另划界
来源：山东省建设月刊
时间：1932
卷期：第2卷第5期　页码：271—272
类型：新闻

标题：河北省黄河北三段老大坝春厢埽
　　　工摄影
来源：河北建设公报
时间：1932
卷期：第4卷第8期　页码：3
类型：照片

标题：河北省黄河南四段刘庄春厢坝工
　　　情形摄影
来源：河北建设公报
时间：1932
卷期：第4卷第8期　页码：4
类型：照片

标题：绥远粉砂壤在公中西南距黄河不
远黄河即在照相镜之后有大区之
此种土壤在低于北部平原之处因
潜水不面低接近于地面故在表面
有能溶盐类之聚积故多用作牧草
场土壤颇瘠若非适宜水道在灌溉
区内备好则在水渠使用之后此种
情形将普及全区为可忧也萨拉齐
西南二四公里
来源：土壤专报
时间：1932
卷期：第4号　页码：28
类型：照片

标题：函谷关山洞及沿黄河路线
作者：凌鸿勋　李俨
来源：工程（中国工程学会会刊）
时间：1932
卷期：第7卷第2号　页码：132—139
类型：记事

标题：废黄河述略（附淮水故道废黄河
　　　形势图、表）
作者：吴钊
来源：运工周刊
时间：1932
卷期：第10期　页码：3—9
类型：论文

标题：呈文（第一四四一号　五月二十日）
提要：呈省政府为遵核黄河上游民埝专
款保管委员会二十年度十二月至
六月七个月经临概算书核列各数
稍多兹经分别酌减另编呈复鉴核
令饬施
作者：王向荣
来源：山东财政公报
时间：1932

卷期：第3卷第9期　页码：88—89
类型：呈文

标题：内政部南京办事处训令（土字第二一号　中华民国二十一年六月二日）
提要：令华北水利委员会
　　　训令检发河北省黄河河务局长孙庆泽另辟海河新道意见书令仰核议具复由
作者：黄绍竑
来源：华北水利月刊
时间：1932
卷期：第5卷第5/6期　页码：53—54
类型：训令

标题：三省会派工程师往德国作治导黄河试验之缘起
作者：李协
来源：华北水利月刊
时间：1932
卷期：第5卷第5/6期　页码：136—140
类型：记事

标题：西北试航成功
提要：由上海至迪化往返二万余里飞行途中之一瞥
　　　黄河旧道遗迹之一
作者：史密德　李景枞
来源：良友
时间：1932
卷期：第66期　页码：6
类型：照片

标题：黄河北徙后历年淮河最大洪水量之估计
来源：水利

时间：1932
卷期：第2卷第5/6期　页码：323—325
类型：论文

标题：庞斐尔特氏的疏浚黄河之计划
作者：松夫
来源：山东省建设月刊
时间：1932
卷期：第2卷第6期　页码：259—261
类型：论文

标题：河北黄河南四段走失后堤顶噼裂由北三段运料抢护情形摄影
来源：河北建设公报
时间：1932
卷期：第4卷第9期　页码：3
类型：照片

标题：游黄河南岸记（游记）
作者：郭清涟
来源：小朋友
时间：1932
卷期：第506期　页码：41—43
类型：游记

标题：黄河之泥（附表、照片）
作者：敬杲
来源：申报月刊
时间：1932
卷期：第1卷第1号　页码：149—150
类型：论文

标题：本周大事记
　　　南北水患
提要：济南
　　　黄河下游利津境下庄出险……
来源：兴华

时间：1932
卷期：第 29 卷第 27 期　页码：41
类型：新闻

标题：河北省黄河南四段官厅后小埽五
　　　段走失后抢修情形摄影
来源：河北建设公报
时间：1932
卷期：第 4 卷第 10 期　页码：4
类型：照片

标题：河北省黄河北三段老大坝埽段裹
　　　角工作之情形
来源：河北建设公报
时间：1932
卷期：第 4 卷第 10 期　页码：3
类型：照片

标题：应用科学
提要：治理黄河之历史观
作者：朱延平
来源：工业年刊
时间：1932
卷期：第 2 期　页码：100—108
类型：论文

标题：琐言
提要：济南城北之黄河桥日泺口桥，此
　　　泺水即春秋鲁桓公十八年公会齐
　　　侯于泺。
作者：猩酉
来源：广智馆星期报
时间：1932
卷期：广字 181 号　页码：8—9
类型：记事

标题：水利新闻（二十一年七八月份）
提要：豫境黄河决口鲁境检期已过
来源：华北水利月刊
时间：1932
卷期：第 5 卷第 7/8 期　页码：105
类型：新闻

标题：河北省黄河河务局拆卸混江龙情
　　　形摄影（图中引河即为混江龙所
　　　挖成）
来源：河北建设公报
时间：1932
卷期：第 4 卷第 11 期　页码：3
类型：照片

标题：河北省黄河南四段官厅验小埽五
　　　段走失后重修各埽摄影
来源：河北建设公报
时间：1932
卷期：第 4 卷第 11 期　页码：4
类型：照片

标题：河北省建设厅令（训令第一一三
　　　二号　八月十三日）
提要：令黄河河务局长孙庆泽，监防委
　　　员祁彭
　　　奉省令黄河水涨及抢护情形饬加
　　　意防护等因仰即遵办由
作者：林成秀
来源：河北建设公报
时间：1932
卷期：第 4 卷第 11 期　页码：21—22
类型：训令

标题：河北省建设厅令（训令第一二一
　　　九号　八月二十七日）
提要：令黄河河务局局长孙庆泽
　　　奉省令黄河河水续涨及抢护情形

饬仍防护等因仰即遵办由
作者：林成秀
来源：河北建设公报
时间：1932
卷期：第 4 卷第 11 期　页码：27
类型：训令

标题：电（第一九四号　八月六日）
提要：电黄河河务局孙局长等俭电陈河水
　　　陡涨等情仰加意防护毋稍疏懈由
来源：河北建设公报
时间：1932
卷期：第 4 卷第 11 期　页码：52，11
类型：电报

标题：代电（第一九五号　八月六日）
提要：代电河北省政府据黄河河务局局
　　　长孙庆泽等俭电称寝寅至感午河
　　　水陡涨砖坝坍塌等情除电令督饬
　　　尽夜梭巡加意防护外电陈鉴核由
来源：河北建设公报
时间：1932
卷期：第 4 卷第 11 期　页码：54，12
类型：电报

标题：代电（第一九七号　八月六日）
提要：代电河北省政府据黄河河务局局
　　　长孙庆泽等俭电称寝寅至感午河
　　　水陡涨砖坝坍塌等情除电令督饬
　　　尽夜梭巡加意防护外电陈鉴核由
来源：河北建设公报
时间：1932
卷期：第 4 卷第 11 期　页码：54—55
类型：电报

标题：代电（第二八五号　八月十七日）
提要：代电河北省政府据黄河河务局局

长孙庆泽等元电称河水续涨溜极
凶悍等情除电令多集员夫拼力抢
护外谨此电陈鉴核由
来源：河北建设公报
时间：1932
卷期：第 4 卷第 11 期　页码：56—57，13
类型：电报

标题：代电（第二八六号　八月十七日）
提要：代电黄河河务局孙局长等元电报
　　　河水续涨溜极凶悍仰调集民夫拼
　　　力抢护由
来源：河北建设公报
时间：1932
卷期：第 4 卷第 11 期　页码：57，13
类型：电报

标题：恩格尔治导黄河试验之缘起
作者：李仪祉
来源：水利
时间：1932
卷期：第 3 卷第 1/2 期　页码：53—55
类型：记事

标题：附录、治导黄河试验
作者：李协
来源：工程（中国工程学会会刊）
时间：1932
卷期：第 7 卷第 3 号　页码：336—338
类型：附录

标题：国内要闻
提要：灾情
　　　黄河情势险恶
来源：海外月刊
时间：1932
卷期：创刊号　页码：86—87

类型：新闻

标题：蒙藏时闻
　　　准旗最近状况
提要：特殊阶级
　　　境内大都属黄河地带……
来源：蒙藏旬刊
时间：1932
卷期：第 27 期　页码：13
类型：新闻

标题：河北省黄河北三段老大坝埽工摄影
来源：河北建设公报
时间：1932
卷期：第 4 卷第 12 期　页码：4
类型：照片

标题：河北省黄河河务局待收秸料摄影
来源：河北建设公报
时间：1932
卷期：第 4 卷第 12 期　页码：4
类型：照片

标题：渡黄河
作者：任传藻
来源：虞社
时间：1932
卷期：第 188 号　页码：23
类型：诗词

标题：美术摄影
提要：诗意·落日依山尽·黄河入海流
作者：高柳堂
来源：柯达杂志
时间：1932
卷期：第 3 卷第 9 期　页码：16
类型：照片

标题：黄河鲤鱼之调查
来源：渔况
时间：1932
卷期：第 48 期　页码：6
类型：报告

标题：水利新闻（二十一年九十月份）
提要：内部派员视察黄河
来源：华北水利月刊
时间：1932
卷期：第 5 卷第 9/10 期　页码：126
类型：新闻

标题：河北省政府建设厅令（指令第五
　　　五九八号　十月二十七日）
提要：令黄河河务局局长孙庆泽
　　　呈一件谨拟沿河地方绅民协助河
　　　务褒奖暂行规则祈鉴核转呈备案
　　　令遵由
作者：林成秀
来源：河北建设公报
时间：1932
卷期：第 5 卷第 1 期　页码：33—34
类型：指令

标题：呈河北省政府据黄河河务局呈拟
　　　保奖沿河地方绅民协助河务暂行
　　　守则等件似可准予试办呈请鉴核
　　　备案文（十月二十七日）
作者：林成秀
来源：河北建设公报
时间：1932
卷期：第 5 卷第 1 期　页码：44—46
类型：呈文

标题：各省建设要闻（二十一年十月份）
提要：李赋都抵德参与黄河治导试验

来源：山东省建设月刊
时间：1932
卷期：第 2 卷第 10 期　页码：279
类型：新闻

标题：怎样治理黄河？
作者：王应榆
来源：山东省建设月刊
时间：1932
卷期：第 2 卷第 10 期　页码：291—292
类型：意见

标题：河北黄河河务局自建砖窑摄影
来源：河北建设公报
时间：1932
卷期：第 5 卷第 1 期　页码：7
类型：照片

标题：河北黄河河务局观测台摄影
来源：河北建设公报
时间：1932
卷期：第 5 卷第 1 期　页码：8
类型：照片

标题：国内瞭望
提要：黄河鲁省一带河水暴涨……
作者：陈嘉震
来源：良友
时间：1932
卷期：第 70 期　页码：5
类型：照片

标题：呈甘肃省政府将黄河铁桥历年办理卷宗转令拨厅接办由（六月二十七日）
来源：甘肃建设
时间：1932

卷期：第 1 期　页码：6
类型：呈文

标题：河北省政府建设厅令（训令第一六一四号　十一月十九日）
提要：令长垣县县长，黄河河务局局长奉省令开挖曹岗渠一案河南建设厅已饬县另筹办法等因令仰遵照并转饬关系于民一体遵照由
作者：林成秀
来源：河北建设公报
时间：1932
卷期：第 5 卷第 2 期　页码：25—27
类型：训令

标题：讨论事项
　　　（甲）关于工程方面
提要：提议在长清平阴肥城东阿黄河沿岸利用虹吸管引黄淤田案
作者：秦文蔚
来源：山东省建设月刊
时间：1932
卷期：第 2 卷第 11 期　页码：63—64
类型：提案

标题：讨论事项
　　　（甲）关于工程方面
提要：提议在惠民济阳黄河沿岸引黄灌淤沙地案
作者：金德俊
来源：山东省建设月刊
时间：1932
卷期：第 2 卷第 11 期　页码：70—71
类型：提案

标题：河北省黄河河务局民国二十一年三汛安澜典礼摄影

来源：河北建设公报
时间：1932
卷期：第5卷第2期　页码：3
类型：照片

标题：河北省黄河北四段大砖坝摄影
来源：河北建设公报
时间：1932
卷期：第5卷第2期　页码：4
类型：照片

标题：徐州兵工筑路摄影一
提要：横渡淤黄河之构桥工程
来源：道路月刊
时间：1932
卷期：第39卷第1号　页码：8
类型：照片

标题：开封铁塔建于唐代登临可望黄河（左）
来源：大亚画报
时间：1932
卷期：第350期　页码：3
类型：照片

标题：梁苑词录（五）
提要：御街行
　　　黄河岸畔
作者：崇公　王仪章
来源：庠声
时间：1932
卷期：第9期　页码：36
类型：诗词

标题：水利新闻（十一二月份）
提要：德国教授索取黄河土样
来源：华北水利月刊

时间：1932
卷期：第5卷第11/12期　页码：112
类型：新闻

标题：水利新闻（十一二月份）
提要：粤辟黄埔港市、疏浚黄河委德国工程师总管
来源：华北水利月刊
时间：1932
卷期：第5卷第11/12期　页码：113
类型：新闻

标题：山东省政府建设厅训令（第六九二八号　十二月十六日）
提要：令范县县政府
　　　为训令事查该县自县城至第五区公所中间经过黄河对于架设通达该公所电话线路其过河工程至关重要……
作者：张鸿烈
来源：山东省建设月刊
时间：1932
卷期：第2卷第12期　页码：188
类型：训令

标题：省政府训令摘要
提要：省政府训讼准内政部咨送黄河河务会议案内关于沿河地方官协助河务考成章程仰即知照由
来源：陕西水利月刊
时间：1932
卷期：第1卷第1期　页码：20—22
类型：训令

标题：呈请省政府由本局事业费项下拨付洋三千元以便实际测量三河口至禹门口一段黄河河道举办水利

工程由
来源：陕西水利月刊
时间：1932
卷期：第 1 卷第 1 期　页码：31—32
类型：呈文

标题：函山东运河工程局，河工处、山东河南河务局长等就近采取黄河泥沙样本直寄德国方修斯教授请其研究由
来源：陕西水利月刊
时间：1932
卷期：第 1 卷第 1 期　页码：44—45
类型：公函

标题：本省与国内大事撮要（十一月四日至二十三日）
提要：国民政府特派视察黄河专员到陕，详询陕西水利情形……
来源：陕西水利月刊
时间：1932
卷期：第 1 卷第 1 期　页码：61—62
类型：纪要

标题：测量禹门口至三河口一段黄河河道计划书
作者：傅健
来源：陕西水利月刊
时间：1932
卷期：第 1 卷第 1 期　页码：83—87
类型：计划

标题：整治龙门以下黄河河道说明书
作者：李静慈
来源：陕西水利月刊
时间：1932
卷期：第 1 卷第 1 期　页码：87—93
类型：论文

标题：视察黄河杂记
作者：张含英
来源：水利
时间：1932
卷期：第 3 卷第 5/6 期　页码：197—213
类型：记事

标题：中国矿业纪要第四次
提要：各省矿业近况
　　　七、陕西
　　　韩城煤矿业
　　　韩城临近黄河地位冲要……
作者：侯德封
来源：地质专报
时间：1932
卷期：丙种　页码：288
类型：报告

标题：黄河港节录建国方略
来源：广东水利
时间：1932
卷期：第 3 号　页码：195
类型：记事

1933 年

标题：黄河防汛会议黄河水利委员会第一次会议汇编
来源：黄河水利委员会总务处
时间：1933
类型：图书

标题：黄河防汛会议议程及纪录
来源：黄河水利委员会总务处
时间：1933
类型：图书

标题：黄河水利委员会职员录
来源：总务处第一科
时间：1933
类型：图书

标题：山东黄河沿岸虹吸淤田工程计划
来源：山东建设厅
时间：1933
类型：图书

标题：治导黄河试验
作者：李协
来源：地理杂志
时间：1933
卷期：第 6 卷第 1 期　页码：85—86
类型：论文

标题：黄河的疏导
来源：华年
时间：1933
卷期：第 2 卷第 1 期　页码：0
类型：评论

标题：养黄河鲤浅说—序（见乡村建设旬刊）
作者：梁秉锳
来源：广智馆星期报
时间：1933
卷期：广字 203 号　页码：4—5
类型：论文

标题：黄河篇
作者：张鲁山
来源：校风
时间：1933
卷期：第 8 期　页码：32
类型：散文

标题：养黄河鲤浅说（见乡村建设旬刊）（续）
作者：梁秉锳
来源：广智馆星期报
时间：1933
卷期：广字 204 号　页码：5—6
类型：论文

标题：治理黄河先声

作者：千里
来源：自觉
时间：1933
卷期：第 4 期　页码：4—5
类型：记事

标题：一、训令青海省民政厅
提要：内政会议该厅提议请中央拨款疏通黄河上游案应俟黄河水利委员会成立后移请办理仰知照（中华民国二十二年一月十三日）
来源：内政公报
时间：1933
卷期：第 6 卷第 3 期　页码：93
类型：训令

标题：养黄河鲤浅说（见乡村建设旬刊）（再续）
作者：梁秉锁
来源：广智馆星期报
时间：1933
卷期：广字 20 号 5　页码：5—6
类型：论文

标题：河北省黄河北三横堤摄影
来源：河北建设公报
时间：1933
卷期：第 5 卷第 4 期　页码：3
类型：照片

标题：河北省黄河北三横堤中段垛砖之一部摄影
来源：河北建设公报
时间：1933
卷期：第 5 卷第 4 期　页码：3
类型：照片

标题：河北省政府建设厅令（第三号 一月四日）
提要：令黄河河务局局长
　　　为二十一年河务会议据该局长提议拟请规定临时相当地段归河务局压柳挂淤一案经决议原则通过堤两旁占地若干由厅核拟办理等因仰遵照指示各节详复以凭核办由
作者：林成秀
来源：河北建设公报
时间：1933
卷期：第 5 卷第 4 期　页码：25
类型：命令

标题：河北省政府建设厅令（第八十号 一月十六日）
提要：令黄河河务局长
　　　为二十一年河务会议据该局长提议拟请奖励编译治河书籍意见一案经大会决议由厅分别办理等因仰遵照详拟办法呈核由
作者：林成秀
来源：河北建设公报
时间：1933
卷期：第 5 卷第 4 期　页码：37
类型：命令

标题：河北省政府建设厅令（第九十四号　一月十七日）
提要：令黄河河务局局长
　　　为二十一年河务会议据该局长提议拟请另辟新海河以繁荣津埠一案经大会决议由厅分别办理等因俟由专门人员研究终结再行饬遵仰知照由
作者：林成秀
来源：河北建设公报

时间：1933
卷期：第 5 卷第 4 期　页码：39
类型：命令

标题：河北省政府建设厅令（第一一一号　一月十九日）
提要：令黄河河务局局长
　　　为二十一年河务会议据该局长提议拟请公布河工术语意见一案经大会决议由厅分别办理等因仰知照由
作者：林成秀
来源：河北建设公报
时间：1933
卷期：第 5 卷第 4 期　页码：40
类型：命令

标题：河北省政府建设厅令（第一一二号　一月十九日）
提要：令黄河河务局局长
　　　为二十一年河务会议据该局提议拟请将黄河各议案积极施行以利河务等三案经第一次大会次议以上各案由厅分别办理等因仰知照由
作者：林成秀
来源：河北建设公报
时间：1933
卷期：第 5 卷第 4 期　页码：40—41
类型：命令

标题：治黄试验完成
提要：国外专家正作黄河土壤试验李赋都留德研究三河堰构造
来源：河北建设公报
时间：1933
卷期：第 5 卷第 4 期　页码：100—102
类型：记事

标题：本省建设要闻（二十二年一月份十二件）
提要：河务局计画疏浚黄河海口
来源：山东省建设月刊
时间：1933
卷期：第 3 卷第 1 期　页码：244
类型：新闻

标题：青海环海及黄河南北各藏族区分调查
来源：新青海
时间：1933
卷期：第 1 卷第 3 期　页码：82—84
类型：表格

标题：人造黄河
提要：人造的黄河，长凡十六公里；
　　　将煤屑与泥沙填入人造黄河中之情形；
　　　在河床中填充泥沙
来源：东方杂志
时间：1933
卷期：第 30 卷第 3 号　页码：1 页
类型：照片

标题：工人在筑黄河模型之河岸及河底
来源：摄影画报
时间：1933
卷期：第 9 卷第 6 期　页码：5
类型：照片

标题：黄河之模型在德国南部巴发利地方以便实地研究，上左角为化学家化验用作河岸之煤屑和泥土之质
来源：摄影画报
时间：1933
卷期：第 9 卷第 6 期　页码：5
类型：照片

标题：养黄河鲤浅说（见乡村建设旬刊）
（四续）
作者：梁秉锁
来源：广智馆星期报
时间：1933
卷期：广字 207 号　**页码**：4—6
类型：论文

标题：养黄河鲤浅说（见乡村建设旬刊）
（六续）
作者：梁秉锁
来源：广智馆星期报
时间：1933
卷期：广字 209 号　**页码**：3—6
类型：论文

标题：黄河冰汛之危岌
来源：大中国周报
时间：1933
卷期：第 1 卷第 6 期　**页码**：18
类型：记事

标题：黄河
提要：我国所聘德国工程师在巴维里亚建筑黄河模型研究水灾原由（上图）
来源：小世界：图画半月刊
时间：1933
卷期：第 20 期　**页码**：30
类型：照片

标题：陕西省水利局李局长函
提要：函附德国水工专家恩格尔斯译函及黄河试验简略报告对于吾国黄河根本治导方法试验曾得最佳结果兹再作一终结试验恳予襄助由
作者：李协
来源：华北水利月刊
时间：1933
卷期：第 6 卷第 1/2 期　**页码**：49—56
类型：公函

标题：函陕西省水利局李局长
提要：函复现行黄河终结试验本会自当竭力从旁赞助由（二月十日）
作者：华北水利委员会
来源：华北水利月刊
时间：1933
卷期：第 6 卷第 1/2 期　**页码**：56
类型：公函

标题：二十二年一二月份水利新闻
提要：鲁计划整治黄河淤田
来源：华北水利月刊
时间：1933
卷期：第 6 卷第 1/2 期　**页码**：102
类型：新闻

标题：视察黄河杂记
作者：张含英
来源：华北水利月刊
时间：1933
卷期：第 6 卷第 1/2 期　**页码**：103—129
类型：记事

标题：恩格尔斯黄河试验图表
提要：治导黄河模型试验：试验布置之平面图；
第二图（其一）：黄河模型试验：河槽之横断面；
第二图（其二）：黄河模型水槽之横断面；
第四图：黄河试验：水位变迁曲线；
第五图：黄河试验：低水——洪水，洪水，及洪水——低水之水位（狭

堤距用）；
第六图表：黄河试验
来源：陕西水利月刊
时间：1933
卷期：第 1 卷第 3 期　页码：1 页
类型：图表

标题：世界新闻
提要：（下）黄河为中国之败子数千年来无澈底导治方法现德国治河专家在巴威略辟一黄河模型研究成灾原因及救治方策
来源：中华（上海）
时间：1933
卷期：第 16 期　页码：11
类型：照片

标题：黄河根本治导问题
来源：山东省建设月刊
时间：1933
卷期：第 3 卷第 2 期　页码：283—289
类型：论文

标题：恩格尔斯黄河试验图表
提要：第三图、油炭炉屑之过筛情形
来源：陕西水利月刊
时间：1933
卷期：第 1 卷第 3 期　页码：1 页
类型：图表

标题：恩格尔斯黄河试验图表
提要：恩格尔斯导黄试验简要报告原文
来源：陕西水利月刊
时间：1933
卷期：第 1 卷第 3 期　页码：53
类型：图表

标题：黄河二十二年分春工费现已派员覆估共需洋八万九千四百七十六元八角三分拟请由省库照拨俾便赶购材料及时兴修是否有当请公决案（附表）
作者：林成秀
来源：河北建设公报
时间：1933
卷期：第 5 卷第 5 期　页码：30—33
类型：决案

标题：第一图、山陕间壶口以上的黄河，两岸绝壁，高达百余公尺，俱为平铺的三叠纪红色砂页岩所成
来源：地理杂志
时间：1933
卷期：第 6 卷第 3 期　页码：1 页
类型：图片

标题：第四图、壶口以下约二十里之间，黄河紧缩成为一小沟，宽不过三十余公尺，是即由于黄河期剥蚀所成
来源：地理杂志
时间：1933
卷期：第 6 卷第 3 期　页码：1 页
类型：图片

标题：养黄河鲤浅说（见乡村建设旬刊）（七续）（附表）
作者：梁秉镁
来源：广智馆星期报
时间：1933
卷期：广字 210　页码：4—6
类型：论文

标题：黄河行船
来源：兴华

时间：1933
卷期：第 30 卷第 9 期　　页码：2—3
类型：论文

标题：黄河水势高涨（中英文对照）
作者：Ma，Y. P.
来源：英语周刊
时间：1933
卷期：新第 24 期　　页码：496
类型：电报

标题：养黄河鲤浅说（见乡村建设旬刊）（八续）
作者：梁秉锳
来源：广智馆星期报
时间：1933
卷期：广字 211 号　　页码：5—6
类型：论文

标题：黄河鲤浅说（见乡村建设旬刊）（九续）
来源：广智馆星期报
时间：1933
卷期：广字 212 号　　页码：6
类型：论文

标题：鲁省开浚黄河淤田
来源：农业周报
时间：1933
卷期：第 2 卷第 12 期　　页码：19
类型：记事

标题：鲁省利用黄河灌溉
来源：兴华
时间：1933
卷期：第 30 卷第 10 期　　页码：42—43
类型：新闻

标题：河北省黄河河务局组织规程
来源：河北省政府公报
时间：1933
卷期：第 1653 号　　页码：8—9
类型：法规

标题：养黄河鲤浅说（见乡村建设旬刊）（十续）
作者：梁秉锳
来源：广智馆星期报
时间：1933
卷期：广字 213　　页码：4—5
类型：论文

标题：公函财政部（第七〇号　中华民国二十二年二月十一日）
提要：径启着案准陕西省水利局局长李协函称吾国黄河根本治导问题由世界著名水工专家德人恩格尔斯研究试验已于去岁派工程师李赋都赴德参与试验
作者：张人杰
来源：建设委员会公报
时间：1933
卷期：第 27 期　　页码：162—163
类型：公函

标题：函陕西水利局（第三九号　中华民国二十二年二月十一日）
提要：径启者案准，贵局函开吾国黄河根本治导问题由世界著名水工专家德人恩格尔斯研究试验已于去岁派工程师李赋都赴德参与试验
作者：张人杰
来源：建设委员会公报
时间：1933
卷期：第 27 期　　页码：163—164

类型：公函

标题：秦中杂诗·黄河楼品茗值雪有怀林词舫同年
作者：王会府
来源：县政周刊
时间：1933
卷期：第73期　页码：13
类型：诗词

标题：函请中国水利工程学会惠寄河北省黄河治本计画并图说俾资考镜希察照由
来源：陕西水利月刊
时间：1933
卷期：第1卷第4期　页码：22
类型：公函

标题：函请河北山东河南河务局代询上次所寄德国水工及水力试验厂之黄河土样疑点数条详为答复以便转达爱司顿研究由
来源：陕西水利月刊
时间：1933
卷期：第1卷第4期　页码：22—23
类型：公函

标题：视察黄河水利报告书纲要
来源：陕西水利月刊
时间：1933
卷期：第1卷第4期　页码：31—43
类型：报告

标题：黄河沙—第四百八十六图
来源：水利
时间：1933
卷期：第4卷第1/2期　页码：1页

类型：图表

标题：黄河沙—第四百八十七图
来源：水利
时间：1933
卷期：第4卷第1/2期　页码：1页
类型：图表

标题：民国八年黄河逐日含沙体积图
来源：水利
时间：1933
卷期：第4卷第1/2期　页码：1页
类型：图表

标题：黄河之迷信——六大王六十五将军
作者：张含英
来源：水利
时间：1933
卷期：第4卷第1/2期　页码：21—28
类型：论文

标题：黄河含沙量之研究
作者：斐礼门
来源：水利
时间：1933
卷期：第4卷第1/2期　页码：53—81
类型：论文

标题：山西省政府三月份行政报告
提要：（四）民政
　　　六、救济灾荒：（甲）疏通黄河运粮情形
来源：山西省政府行政报告
时间：1933
卷期：3月　页码：11—12
类型：报告

标题：一月来之建设
提要：修筑开封北门外至黄河柳园口马路
来源：河南政治
时间：1933
卷期：第 3 卷第 2 期　页码：2
类型：记事

标题：右幅为山海关石河铁桥工程之巨不亚黄河铁桥惜现非我有矣
来源：河北月刊
时间：1933
卷期：第 1 卷第 3 号　页码：1 页
类型：照片

标题：治理黄河的科学方法
作者：孟广照
来源：科学的中国
时间：1933
卷期：第 1 卷第 7 期　页码：12—15
类型：论文

标题：治导黄河试验近讯
来源：工程（中国工程学会会刊）
时间：1933
卷期：第 8 卷第 2 号　页码：129
类型：记事

标题：黄河泛滥淹没村庄三十（中英文对照）
作者：Ma，Y. P.
来源：英语周刊
时间：1933
卷期：新第 26 期　页码：538
类型：电报

标题：养黄河鲤浅说（见乡村建设旬刊）（十一续）
作者：梁秉锳

来源：广智馆星期报
时间：1933
卷期：广字 214 号　页码：5—6
类型：论文

标题：养黄河鲤浅说（见乡村建设旬刊）（十二续）
作者：梁秉锳
来源：广智馆星期报
时间：1933
卷期：广字 215 号　页码：4—5
类型：论文

标题：黄河之研究
作者：微
来源：申报月刊
时间：1933
卷期：第 2 卷第 4 号　页码：65
类型：论文

标题：养黄河鲤浅说（见乡村建设旬刊）（十三续）
作者：梁秉锳
来源：广智馆星期报
时间：1933
卷期：广字 216 号　页码：5—6
类型：论文

标题：绥远粮食过剩
提要：当局正设法运往晋陕，藉黄河运输彼此调剂
来源：农业周报
时间：1933
卷期：第 2 卷第 17 期　页码：17
类型：新闻

标题：任免职官令五件（二十二年四月

二十四日）
提要：黄河水利委员会委员长朱庆澜另有任用，朱庆澜应免本职
作者：林森
来源：国民政府公报（南京1927）
时间：1933
卷期：第1114号　页码：4，2
类型：任免令

标题：国民政府训令（第一七八号　二十二年四月二十五日）
提要：令行政院、立法院、黄河水利委员会委员长李仪祉
中央政治会议函为关于黄河水利委员会决议办法五项令仰遵照办理由
作者：林森　汪兆铭　孙科
来源：国民政府公报（南京1927）
时间：1933
卷期：第1115号　页码：1—2，2
类型：训令

标题：太原经济建设委员会函
提要：请派遣工程人员数人偕同视察黄河经过晋绥一段再就需要详为测绘设计请查照见复由（中华民国二十二年四月六日）
来源：华北水利月刊
时间：1933
卷期：第6卷第3/4期　页码：56—57
类型：公函

标题：函太原经济建设委员会
提要：准函嘱派员协助视察绥境内黄河再就需要代为详测设计等因自应协助进行附述视察日期会集地点及用费各项意见请查照复以便筹备由（中华民国二十二年四月十五日）
来源：华北水利月刊
时间：1933
卷期：第6卷第3/4期　页码：57—58
类型：公函

标题：中政会令速成立黄河水利会
来源：华北水利月刊
时间：1933
卷期：第6卷第3/4期　页码：84
类型：新闻

标题：碛口黄河决口成灾
来源：华北水利月刊
时间：1933
卷期：第6卷第3/4期　页码：85
类型：新闻

标题：国民政府训令（第一七八号　二十二年四月二十五日）
提要：令立法院
黄河水利委员会组织法应由立法院拟定令仰遵照办理由
来源：立法院公报
时间：1933
卷期：第48期　页码：103—104，4
类型：训令

标题：黄河桥上电线将改设水底电线
来源：山东省建设月刊
时间：1933
卷期：第3卷第4期　页码：194—195
类型：新闻

标题：沿河各县沙碱地将利用黄河灌淤
来源：山东省建设月刊
时间：1933

卷期：第 3 卷第 4 期　页码：197—198
类型：新闻

标题：葛季平研究航行黄河汽船成功
来源：山东省建设月刊
时间：1933
卷期：第 3 卷第 4 期　页码：205
类型：新闻

标题：政务官之惩戒
提要：监察院弹劾前山东省政府委员兼修筑黄河决口委员会主席阎容德贻误窟工交付惩戒案送中央公务员惩戒寨
来源：中国国民党指导下之政治成绩统计
时间：1933
卷期：第 4 期　页码：2—3
类型：公函

标题：导淮之进行
提要：八、废黄河河槽上质之钻验
宋季黄河南侵，会淮入海，凡六百余年，至前清咸丰六年，河复北徙，故道淤塞，成废黄河，淮水亦因之不通
来源：中国国民党指导下之政治成绩统计
时间：1933
卷期：第 4 期　页码：165
类型：报告

标题：航行黄河汽船
来源：铁路月刊（平汉线）
时间：1933
卷期：第 36 期　页码：68
类型：记事

标题：黄河取土地位图
来源：水利
时间：1933
卷期：第 4 卷第 3/4 期　页码：1 页
类型：图片

标题：黄河模型水槽之横断面图
来源：水利
时间：1933
卷期：第 4 卷第 3/4 期　页码：1 页
类型：图片

标题：治导黄河模型试验，试验布置之横断面图
来源：水利
时间：1933
卷期：第 4 卷第 3/4 期　页码：1 页
类型：图片

标题：黄河试验表
来源：水利
时间：1933
卷期：第 4 卷第 3/4 期　页码：2 页
类型：图表

标题：黄河之糙率
作者：张含英
来源：水利
时间：1933
卷期：第 4 卷第 3/4 期　页码：123—132
类型：论文

标题：黄河试验简要报告之一
作者：恩格尔斯
来源：水利
时间：1933
卷期：第 4 卷第 3/4 期　页码：149—154
类型：报告

标题：黄河试验简要报告之二
作者：方修斯　江鸿
来源：水利
时间：1933
卷期：第 4 卷第 3/4 期　页码：155—158
类型：报告

标题：黄河沿省境内水利初步计划（节录天津大公报瑞芝君查勘报告）
来源：申报年鉴
时间：1933
卷期：年刊　页码：858—861
类型：计划

标题：河北省黄河南小堤特工在未施工以前之形势摄影
来源：河北建设公报
时间：1933
卷期：第 5 卷第 7 期　页码：4
类型：照片

标题：河北省黄河南小堤特工赶修完成之新式坝基摄影
来源：河北建设公报
时间：1933
卷期：第 5 卷第 7 期　页码：5
类型：照片

标题：黄河之糙率（附表）
作者：张含英
来源：华北水利月刊
时间：1933
卷期：第 6 卷第 3/4 期　页码：1—16
类型：论文

标题：黄河凌汛之根本治法（附表）
作者：张含英

来源：华北水利月刊
时间：1933
卷期：第 6 卷第 3/4 期　页码：17—24
类型：论文

标题：绥远省建设厅召集第二届全省建设会议决议案
提要：修浚包头第四区黄河水渠三道以资灌溉案
来源：绥远建设季刊
时间：1933
卷期：第 13 期　页码：166—167
类型：议案

标题：黄河第二虹吸厂淤田工程计划书
来源：中国建设（上海 1930）
时间：1933
卷期：第 7 卷第 4 期　页码：65—68
类型：计划

标题：呈覆行政院恩格尔氏试验黄河详细报告尚未寄来容俟收到当即呈请鉴核由
来源：陕西水利月刊
时间：1933
卷期：第 1 卷第 5 期　页码：17
类型：公牍

标题：函德国李赋都准山东河南河务局函复爱司顿所询黄河土沙及位置各疑点兹寄照抄原件希查收译交瓦痕湖水工及水力试验厂由
来源：陕西水利月刊
时间：1933
卷期：第 1 卷第 5 期　页码：23—24
类型：公函

标题：（二十）二十二年五月十五日总理纪念周广州特别市党部委员黄河澧报告该党部最近工作概要
来源：西南党务年刊
时间：1933
卷期：年刊　**页码**：1798—1799
类型：演讲

标题：代电复河南省振会为准呈转据孟津县黄河暴涨成灾请予振济等由本会无款可拨特复文（二十二年五月十六日）
来源：振务月刊（南京）
时间：1933
卷期：第 4 卷第 4/5/6 期　**页码**：87
类型：电报

标题：国民政府令（二十二年五月十八日）
提要：褒扬前黄河水利委员会副委员长振灾委员会委员王瑚
作者：林森　汪兆铭　戴传贤
来源：国民政府公报（南京1927）
时间：1933
卷期：第 1134 号　**页码**：2，2
类型：命令

标题：河北省黄河河务局组织规程修正条文
来源：河北省政府公报
时间：1933
卷期：第 1710 号　**页码**：8
类型：法规

标题：国民政府指令（第九六〇号　二十二年五月二十三日）
提要：令行政院呈据内政财政两部呈为会核山东省政府拟请将该省章邱县二十一年份被黄河水冲坍塌地亩缓征银米一案与例尚无不合似应准如所请办理转呈核示由
作者：林森　汪兆铭　黄绍竑
来源：国民政府公报（南京1927）
时间：1933
卷期：第 1139 号　**页码**：8
类型：指令

标题：任免职官令九件（二十二年五月二十六日）
提要：派张含英为黄河水利委员会委员
作者：林森　汪兆铭
来源：国民政府公报（南京1927）
时间：1933
卷期：第 1141 号　**页码**：2，2
类型：任免令

标题：国民政府文官处公函（第二三二四号　二十二年五月二十六日）
提要：函送奉颁黄河水利委员会关防小章
来源：国民政府公报（南京1927）
时间：1933
卷期：第 1144 号　**页码**：4，2
类型：公函

标题：国民党与日本订立停战密约
提要：取缔抗日义勇军活动，军队退守黄河南岸
来源：红色中华
时间：1933
卷期：第 82 期　**页码**：0
类型：新闻

标题：山东省政府建设厅训令（第二五八〇号　五月九日）

提要：令技佐孙钟琳、第十三、十四区水利专员宋磊、李维一
为令遵事查青城齐东黄河沿岸沙池亟宜引黄灌淤改良土质
作者：张鸿烈
来源：山东省建设月刊
时间：1933
卷期：第 3 卷第 5 期　**页码**：122
类型：训令

标题：各省建设要闻（二十二年五月份十七件）
提要：国府令行政院赶速筹备黄河测量设计工作
来源：山东省建设月刊
时间：1933
卷期：第 3 卷第 5 期　**页码**：247
类型：新闻

标题：河北省政府建设厅令（第七二四号　五月十九日）
提要：令县县长，石门商会黄河河务局仰迅将积欠长途电话协款克日清解以凭归垫由
作者：林成秀
来源：河北建设公报
时间：1933
卷期：第 5 卷第 8 期　**页码**：24—25
类型：命令

标题：河北省黄河河务局组织规程
来源：河北建设公报
时间：1933
卷期：第 5 卷第 8 期　**页码**：52—53
类型：规程

标题：黄河含泥量特性之研究
作者：朱延平
来源：浙江省建设月刊
时间：1933
卷期：第 6 卷第 11 期　**页码**：15—21
类型：论文

标题：绥远新闻
提要：绥远最近开浚之民生渠工程浩大可溉田数百顷图为该渠通黄河之口正在工作情形
作者：高赓虞
来源：中华（上海）
时间：1933
卷期：第 18 期　**页码**：17
类型：新闻

标题：一月来之财政
提要：滩地
　　　　筹议废黄河西段各公地移交事宜
来源：河南政治
时间：1933
卷期：第 3 卷第 4 期　**页码**：8
类型：咨文

标题：导淮之进行
提要：一、张福河之疏浚；
　　　　二、裹运河航道之整理；
　　　　三、蒋坝三河活动坝基桩之试验；
　　　　四、水文测量之进行；
　　　　五、淮域土地之调查；
　　　　六、淮域土地之测量；
　　　　七、废黄河河槽土质之钻验等
来源：中国国民党指导下之政治成绩统计
时间：1933
卷期：第 5 期　**页码**：131—135
类型：报告

标题：山东省政府委员兼山东赈务曾主席黄河堵口委员会主席阎容德贻误虚工案
提要：中央公务员惩戒委员会议决书（二十一年度鉴字第五十八号 二十二年五月三十一日）
来源：监察院公报
时间：1933
卷期：第 19 期　**页码**：215—218
类型：议决书

标题：黄河之晨曦（封面）
作者：良友全国摄影旅行团
来源：中华月报
时间：1933
卷期：第 1 卷第 4 期　**页码**：1 页
类型：照片

标题：国民政府指令（第一〇二七号 二十二年六月五日）
提要：令黄河水利委员会
呈报启用奉颁关防小章日期请鉴核备案由
作者：林森
来源：国民政府公报（南京1927）
时间：1933
卷期：第 1150 卷　**页码**：4
类型：指令

标题：山东省政府训令（实字第五七五五号 中华民国二十二年六月八日）
提要：令河务局
行政院令为中央决议赶速筹备黄河水利委员会办法一案仰遵照由
作者：韩复榘
来源：山东省政府公报
时间：1933
卷期：第 237 期　**页码**：32—33，2
类型：训令

标题：山东省政府训令（铨字第五七四三号 中华民国二十二年六月十三日）
提要：令各机关、县政府
准黄河水利委员会函达启用关防日期仰知照由
作者：韩复榘
来源：山东省政府公报
时间：1933
卷期：第 237 期　**页码**：37—38，2
类型：训令

标题：交通部训令（第二九四八号 二十二年六月六日）
提要：令本部直辖各机关（不另行文）
为准黄河水利委员会函开本会奉令从速组织成立遵经指定委员许心武为筹备主任暂借导淮委员会设立驻京办公处并于六月一日启用关防等由合行令仰知照并饬属一体知照由
作者：朱家骅
来源：交通公报
时间：1933
卷期：第 463 号　**页码**：16，3
类型：训令

标题：黄河可行汽船
来源：新世界
时间：1933
卷期：第 24 期　**页码**：19
类型：记事

标题：国民政府训令（第二七九号 二

十二年六月十九日）

提要：令黄河水利委员会
据导淮委员会呈请转饬黄河水利委员会于治黄工程第一期内应同时注意下游堤防俾黄河无南犯之虞淮域借资保障除指令外令仰该会深切注意由

作者：林森

来源：国民政府公报（南京1927）

时间：1933

卷期：第1162号　**页码**：3，2

类型：训令

标题：国民政府指令（第一一四九号二十二年六月十九日）

提要：令导淮委员会
呈请准饬黄河水利委员会于治黄第一期工程时应注意下游堤防以免黄河南犯侵淮乞鉴核令遵由

作者：林森

来源：国民政府公报（南京1927）

时间：1933

卷期：第1162号　**页码**：8

类型：指令

标题：国民政府训令（第二八八号二十二年六月二十四日）

提要：令导淮委员会、黄河水利委员会、广东治河委员会
中央政治会议函为关于实业部呈请修改纺织业厂商认购细纱纺织机器还本付息办法及续拟分期订购锭机办法案决议交水利机关直接办理令仰遵照办理由

作者：林森

来源：国民政府公报（南京1927）

时间：1933

卷期：第1167号　**页码**：2，2

类型：训令

标题：黄河水利委员会组织法（二十二年六月二十八日公布）

来源：国民政府公报（南京1927）

时间：1933

卷期：第1169号　**页码**：1—2

类型：法规

标题：国民政府令（二十二年六月二十八日）

提要：公布黄河水利委员会组织法

作者：林森　孙科

来源：国民政府公报（南京1927）

时间：1933

卷期：第1169号　**页码**：3，2

类型：命令

标题：国民政府训令（第二九七号二十二年六月二十八日）

提要：令直辖各机关
公布黄河水利委员会组织法令仰知照并饬属知照由

作者：林森　孙科

来源：国民政府公报（南京1927）

时间：1933

卷期：第1169号　**页码**：6，2

类型：训令

标题：江西省政府训令（铨字一三〇五号廿二年七月六日）

提要：令建设厅、各厅署处会局县
令知黄河水利委员会启用关防日期（只登公报不另行文）

来源：江西省政府公报

时间：1933

卷期：第 54 期　页码：78—79
类型：训令

标题：黄河河口之整理及其在工程上经济上之重要
作者：张含英
来源：华北水利月刊
时间：1933
卷期：第 6 卷第 5/6 期　页码：35—40
类型：论文

标题：呈内政部
　　　报告派员升太原经济建设委员会勘测晋绥境内黄河河道进行经过仰祈鉴核备案由（中华民国二十二年六月八日）
作者：彭济群
来源：华北水利月刊
时间：1933
卷期：第 6 卷第 5/6 期　页码：61—62
类型：呈文

标题：二十二年五六月份水利新闻
提要：华北水利委员会派员测勘晋绥境黄河河道
来源：华北水利月刊
时间：1933
卷期：第 6 卷第 5/6 期　页码：92
类型：新闻

标题：山东黄河沿岸虹吸淤田工程初步计划说明书
作者：曹瑞芝
来源：山东省建设月刊
时间：1933
卷期：第 3 卷第 6 期　页码：56—66
类型：计划

标题：查勘鄄城黄河沿岸沙地报告书（附图）
作者：周辅世
来源：山东省建设月刊
时间：1933
卷期：第 3 卷第 6 期　页码：127—134，136
类型：报告

标题：本省建设要闻（二十二年六月份十六件）
提要：建设厅计画测量黄河
来源：山东省建设月刊
时间：1933
卷期：第 3 卷第 6 期　页码：176—177
类型：新闻

标题：各省建设要闻（二十二年六月份三十二件）
提要：太原经济建设委员会请华北水利委员会协测晋境黄河河道
来源：山东省建设月刊
时间：1933
卷期：第 3 卷第 6 期　页码：192
类型：新闻

标题：各省建设要闻（二十二年六月份三十二件）
提要：黄河水利委员会拟定治黄工作纲要
来源：山东省建设月刊
时间：1933
卷期：第 3 卷第 6 期　页码：196—197
类型：新闻

标题：河北省政府建设厅令（第八四三号　六月十三日）
提要：令各河河务局局长
　　　准黄河水利委员会函知启用关防

日期等因仰即知照由
作者：林成秀
来源：河北建设公报
时间：1933
卷期：第 5 卷第 9 期　**页码**：22—23
类型：命令

标题：黄河水利委员会组织法（二十二年六月二十八日国民政府公布）
来源：河北建设公报
时间：1933
卷期：第 5 卷第 9 期　**页码**：50—52
类型：法规

标题：黄河水利委员会拟定治黄工作纲要
来源：河北建设公报
时间：1933
卷期：第 5 卷第 9 期　**页码**：95—98
类型：纲要

标题：立法院各委员会审查报告
提要：法制委员会审查报告
拟定黄河水利委员会组织法草案审查报告
作者：焦易堂
来源：立法院公报
时间：1933
卷期：第 50 期　**页码**：55—58
类型：报告

标题：黄河水利委员会组织法（二十二年六月二十八日公布）
来源：立法院公报
时间：1933
卷期：第 50 期　**页码**：121—123
类型：法规

标题：国民政府第一二一七号指令（二十二年六月二十八日）
提要：令立法院
呈为议决黄河水利委员会组织法缮请鉴核公布施行由
来源：立法院公报
时间：1933
卷期：第 50 期　**页码**：129
类型：指令

标题：呈国民政府缮具黄河水利委员会组织法呈请鉴核由（二十二年六月二十四日）
来源：立法院公报
时间：1933
卷期：第 50 期　**页码**：146—147
类型：呈文

标题：国民政府文官处函中央政治会议函为黄河水利委员会改设西京并将导渭列入整治黄河水利计划一案奉批交黄河水利委员会并函知行政院及立法院函达查照由（二十二年六月三日）
来源：立法院公报
时间：1933
卷期：第 50 期　**页码**：167—168
类型：公函

标题：国民政府文官处函黄河水利委员会组织法一案奉批交立法院函达查照由（二十二年六月十七日）
来源：立法院公报
时间：1933
卷期：第 50 期　**页码**：168
类型：公函

标题：黄河水利委员会拟定治黄工作纲要
来源：陕西水利月刊
时间：1933
卷期：第1卷第6期　页码：44
类型：新闻

标题：交通——开始架设黄河电话水线
来源：河南政治
时间：1933
卷期：第3卷第5期　页码：5
类型：记事

标题：李仪祉主持黄河水利会
作者：陈言
来源：时事月报
时间：1933
卷期：第8卷第6期　页码：236
类型：新闻

标题：黄河之糙率（附表）
作者：张含英
来源：北洋理工季刊
时间：1933
卷期：第1卷第2期　页码：64—73
类型：论文

标题：永定黄河南运北运大清子牙等河春工防泛抢险之追述
来源：中国建设（上海1930）
时间：1933
卷期：第7卷第6期　页码：49—100
类型：记事

标题：导淮之进行
提要：一、张福河之疏浚；
　　　二、裹运河航道之整理；
　　　三、县门式三河活动坝之设计；
　　　四、蒋坝三河活动坝基桩之试验；
　　　五、废黄河河槽土质之钻验；
　　　六、水文测量之进行；
　　　七、淮域土地之调查；
　　　八、淮域土地之测丈
来源：中国国民党指导下之政治成绩统计
时间：1933
卷期：第6期　页码：166—170
类型：报告

标题：国民政府指令（第一二一七号二十二年六月二十八日）
提要：令立法院
　　　呈为议决黄河水利委员会组织法缮请鉴核公布施行由
作者：林森　孙科
来源：国民政府公报（南京1927）
时间：1933
卷期：第1171号　页码：2
类型：指令

标题：黄河为界
作者：丁已
来源：时闻旬报
时间：1933
卷期：第1卷第5期　页码：11
类型：评论

标题：黄河水之利用
作者：陈巨来
来源：青鹤
时间：1933
卷期：第1卷第16期　页码：2
类型：新闻

标题：豫境黄河暴涨
来源：中央周报

时间：1933
卷期：第 265 期　页码：5—6
类型：新闻

标题：国民政府指令（第一二三七号　二十二年七月一日）
提要：令黄河水利委员会
呈复遵令于治黄第一期工程时深切注意下游堤防并督率沿河各省河务局严加防御以免决徙乞鉴核令遵由
作者：林森
来源：国民政府公报（南京1927）
时间：1933
卷期：第 1173 号　页码：13
类型：指令

标题：国民政府训令（第三〇八号　二十二年七月三日）
提要：令行政院、考试院、监察院
据司法院呈报山东省政府委员兼山东赈务会主席及黄河堵口委员会主席阎容德交付惩戒案议决书令仰转饬遵照由
作者：林森　汪兆铭　居正
来源：国民政府公报（南京1927）
时间：1933
卷期：第 1174 号　页码：2
类型：训令

标题：国民政府指令（第一二六三号　二十二年七月三日）
提要：令司法院
呈为监察院弹劾山东省政府委员兼山东赈务会主席及黄河堵口委员会主席阎容德一案经中央公务员惩戒委员会议决阎容德免职并停止任用十二年连问议决书请鉴核施行由
作者：林森　居正
来源：国民政府公报（南京1927）
时间：1933
卷期：第 1174 号　页码：9
类型：指令

标题：中央公务员惩戒委员会议决书（二十一年度鉴字第五十八号至二十一年度鉴字第六十号　中华民国二十二年五月三十一日至中华民国二十二年六月六日）
提要：被付惩戒人阎容德原任山东省政府委员兼山东赈务会主席黄河堵口委员会主席，山东惠民县右被付惩戒人因贻误扈工一案经监察院提出弹劾本会议决如左
作者：刘武　王开疆　翁敬棠
来源：司法院公报
时间：1933
卷期：第 78 号　页码：21—25
类型：议决书

标题：鲁两机关合组黄河测量队
来源：国立北平图书馆读书月刊
时间：1933
卷期：第 2 卷第 10 号　页码：28—29

标题：黄河水利委员会组织法（二十二年六月二十八日国民政府公布）
来源：法令周刊
时间：1933
卷期：第 158 期　页码：1—2
类型：法规

标题：呈省政府奉令以准导淮委员会咨

厅将废黄河西假各公地尽先移交一案饬即核议具复因民地公地须临时查勘实属无从移交拟请咨复如实施工程时有需用必要尽可查明收用（四月二十二日）

来源：河南财政季刊
时间：1933
卷期：第 2 期　页码：293—294
类型：呈文

标题：黄河水利委员会组织法
作者：季
来源：军政公报
时间：1933
卷期：第 159 号　页码：6—8
类型：法规

标题：军政部训令（总忠字第二八九号　中华民国二十二年七月十二日）
提要：令各部队、各司令
　　　为抄发黄河水利委员会组织法仰饬属知照由
作者：何应钦
来源：军政公报
时间：1933
卷期：第 159 号　页码：107，4
类型：训令

标题：国民政府训令（第三三一号　二十二年七月十三日）
提要：令导淮委员会、黄河水利委员会、广东治河委员会
　　　据行政院呈据实业部呈为借拨英庚款为纺织厂商担保向英商订购纱锭布机案拟请令行各水利机关于支配纱锭布机各案随时与该部会商令仰该会遵照由

作者：林森　汪兆铭　陈公博
来源：国民政府公报（南京1927）
时间：1933
卷期：第 1183 号　页码：11—12，3
类型：训令

标题：黄河水利委员会组织法（二十二年六月二十八日公布）
来源：司法行政公报
时间：1933
卷期：第 37 号　页码：4—6
类型：法规

标题：鲁省沿黄河沙碱地改造水田
来源：工商半月刊
时间：1933
卷期：第 5 卷第 14 期　页码：79—80
类型：论文

标题：山东省政府训令（铨字第六八三号　中华民国二十二年六月三十日）
提要：令各机关、县政府
　　　奉行政院令知黄河水利委员会启用关防日期仰知照由
作者：韩复榘
来源：山东省政府公报
时间：1933
卷期：第 240 期　页码：21—22，3
类型：训令

标题：交通部训令（第三六五三号　二十二年七月十一日）
提要：令本部直辖各机关（不另行文）
　　　为奉行政院训令并抄发黄河水利委员会组织法等因到部合行抄发原件令仰知照并饬属一体知照由
作者：朱家骅

— 193 —

来源：交通公报
时间：1933
卷期：第472号　**页码**：13—14，3
类型：训令

标题：黄河水利委员会组织法
来源：交通公报
时间：1933
卷期：第472号　**页码**：18—21
类型：法规

标题：国民政府指令（第一三六四号二十二年七月十七日）
提要：令行政院
　　呈据内政财政两部呈为会核山东省政府拟请将寿张县张振公蔡家楼等村庄及黄河续坍占压等地二十一年份秋禾被灾地亩分别缓征银米一案与例尚无不合似应准如所请办理转呈鉴核由
作者：林森　汪兆铭　黄绍竑
来源：国民政府公报（南京1927）
时间：1933
卷期：第1187号　**页码**：3
类型：指令

标题：龙门潼关间之黄河（附表）
作者：赵国宾　张嘉瑞
来源：陕西建设公报
时间：1933
卷期：第7期　**页码**：51—68
类型：论文

标题：黄河水利委员会组织法（二十二年六月二十八日府令公布）
来源：实业公报
时间：1933
卷期：第131—132期　**页码**：50—52
类型：法规

标题：黄河水利委员会组织法（二十二年六月二十八日公布）
来源：法律评论（北京）
时间：1933
卷期：第10卷第42号　**页码**：24—25
类型：法规

标题：黄河水利委员会组织法（中华民国二十二年七月十一日奉行政院抄发七月十四日本府转行）
来源：北平市市政公报
时间：1933
卷期：第206期　**页码**：1—3
类型：法规

标题：铁道部训令（第五九〇六号　中华民国二十二年七月二十四日）
提要：令本部直辖各机关（不另行文）转发黄河水利委员会组织法令仰知照由
作者：顾孟余
来源：铁道公报
时间：1933
卷期：第618期　**页码**：4—6
类型：训令

标题：财政部训令（总字第八三一二号二十二年七月十二日）
提要：令部属各机关
　　奉令抄发黄河水利委员会组织法令仰饬属知照
来源：财政日刊
时间：1933
卷期：第1608号　**页码**：1—3

类型：训令

标题：北平市社会局训令（中华民国二十二年七月二十九日）
提要：令各附属机关学校馆处所
　　　奉市政府令奉行政院令发国府公布黄河水利委员会组织法仰知照等因令仰知照由
来源：社会周刊
时间：1933
卷期：第47期　页码：9—10
类型：训令

标题：山东省政府训令（实字第七二八八号　中华民国二十二年七月十七日）
提要：令河务局
　　　准甘肃省政府电为黄河水位骤涨仰迅饬属注意防护由
作者：韩复榘
来源：山东省政府公报
时间：1933
卷期：第242期　页码：38—39，3
类型：训令

标题：黄河水利会初步治黄计划
来源：蒙藏旬刊
时间：1933
卷期：第58期　页码：33—35
类型：计划

标题：黄河水利委员会组织法
来源：湖南省政府公报
时间：1933
卷期：第159号　页码：4—6
类型：法规

标题：湖南省政府训令（中华民国二十二年七月）
提要：令民政厅、财政厅、建设厅等
　　　抄发黄河水利委员会组织法仰饬属知照由
作者：何键
来源：湖南省政府公报
时间：1933
卷期：第159号　页码：67，5
类型：训令

标题：江水涨落经过
提要：长江方危黄河又涨
来源：蒙藏旬刊
时间：1933
卷期：第56期　页码：22—23
类型：新闻

标题：黄河水利会组织法
来源：蒙藏旬刊
时间：1933
卷期：第56期　页码：24
类型：法则

标题：建设厅令各县开始进行黄河沿岸虹吸淤田工程
来源：山东省建设月刊
时间：1933
卷期：第3卷第7期　页码：220—221
类型：新闻

标题：河北省政府建设厅令（第一九三号　七月二十五日）
提要：令附属各机关
　　　奉省令抄发黄河水利委员会组织法等因仰知照由
作者：林成秀

来源：河北建设公报
时间：1933
卷期：第 5 卷第 10 期　页码：25
类型：命令

标题：黄河流域灌种法
来源：河北实业公报
时间：1933
卷期：第 27 期　页码：110—119
类型：法则

标题：黄河含泥量特性之研究
作者：朱延平
来源：水利
时间：1933
卷期：第 5 卷第 1 期　页码：5—10
类型：论文

标题：韩城潼关间黄河滩地之保护法
来源：陕西水利月刊
时间：1933
卷期：第 1 卷第 7 期　页码：1—4
类型：论文

标题：龙门潼关间之黄河（附表）
作者：赵国宾　张嘉瑞
来源：陕西水利月刊
时间：1933
卷期：第 1 卷第 7 期　页码：37—44
类型：论文

标题：一月来之财政
提要：滩地
　　　呈请统筹废黄河西一段公地接管
　　　问题解决办法
来源：河南政治
时间：1933

卷期：第 3 卷第 6 期　页码：5
类型：咨文

标题：训令所属各机关（总字第一三七五七号　中华民国二十二年七月）
提要：奉行政院令发黄河水利委员会组织法合行抄发令仰知照由
作者：罗文干
来源：外交部公报
时间：1933
卷期：第 6 卷第 3 号　页码：61—63
类型：训令

标题：浙江省政府训令（秘字第九八一号　中华民国二十二年七月二十四日）
提要：令所属各机关
　　　奉行政院令公布黄河水利委员会组织法令行知照等因仰知照由
作者：鲁涤平
来源：浙江省政府公报
时间：1933
卷期：第 1888 期　页码：3—4
类型：训令

标题：国民政府训令（第三七三号　二十二年七月二十九日）
提要：令黄河水利委员会、行政院、立法院
　　　中央政治会议函为决议以山东等九省建设厅厅长为黄河水利委员会当然委员令仰遵照由
作者：林森　汪兆铭
来源：国民政府公报（南京1927）
时间：1933
卷期：第 1197 号　页码：1，1
类型：训令

标题：黄河水灾与黄河水利（二十二年八月二十八日在国府纪念周讲演）
作者：邵元冲
来源：湖南党务半月刊
时间：1933
卷期：第 13 期　页码：8—11
类型：演讲

标题：在德国实验中之黄河模型
来源：科学的中国
时间：1933
卷期：第 2 卷第 3 期　页码：封 1
类型：照片

标题：治理黄河方法在德国实验
提要：（原文载本年七月号 Scientific American）（附照片）
作者：潘迪民
来源：科学的中国
时间：1933
卷期：第 2 卷第 3 期　页码：101—102
类型：记事

标题：黄河初步试验简略报告［附照片］
作者：方修斯
来源：工程（中国工程学会会刊）
时间：1933
卷期：第 8 卷第 4 号　页码：339—346
类型：报告

标题：实业部训令（总字第七二八一号中华民国二十二年七月十五日）
提要：令本部附属各机关
　　　奉院令公布黄河水利委员会组织法转行知照并饬知由（不另行文）
作者：陈公博
来源：实业公报
时间：1933
卷期：第 133—134 期　页码：22
类型：训令

标题：黄河水利委员会组织法
来源：陕西建设公报
时间：1933
卷期：第 8 期　页码：1—2
类型：法规

标题：黄河泛滥冀豫受灾
来源：军队党部政治通讯
时间：1933
卷期：第 15 期　页码：19—21
类型：通讯

标题：上海市政府训令第六二八五号
提要：令本府所属各机关
　　　为奉院令转奉，国府公布黄河水利委员会组织法令行知照转饬由（不另行文）
来源：上海市政府公报
时间：1933
卷期：第 135 期　页码：23—25
类型：训令

标题：长江水位低落黄河忽告危急
来源：新中华
时间：1933
卷期：第 1 卷第 15 期　页码：89—90
类型：新闻

标题：黄河水利委员会组织法（二十二年六月二十八日公布）
作者：姜
来源：山东省政府公报
时间：1933

卷期：第 244 期　页码：8—10
类型：法规

标题：山东省政府训令（实字第七六八六号　中华民国二十二年八月二日）
提要：令各厅局、各县政府、济南市政府奉行政院令发国府公布黄河水利委员会组织法仰知照由
作者：韩复榘
来源：山东省政府公报
时间：1933
卷期：第 244 期　页码：35—36，3
类型：训令

标题：黄河泛决，中原成灾
来源：革命军人
时间：1933
卷期：第 13 期　页码：32—33
类型：新闻

标题：国民政府训令（第三八一号　二十二年八月十四日）
提要：令黄河水利委员会
　　　黄河暴涨水达兰封城下恐走入黄河故道或溃而入淮令仰该会立派专员主持由
作者：林森
来源：国民政府公报（南京1927）
时间：1933
卷期：第 1210 号　页码：2，2
类型：训令

标题：六省黄河防汛会全体代表×为主席李仪祉
作者：中华
来源：时代
时间：1933

卷期：第 4 卷第 12 期　页码：1
类型：照片

标题：黄河决口
作者：韦立　过志杰
来源：时代
时间：1933
卷期：第 4 卷第 12 期　页码：2
类型：记事

标题：黄河续决将成中原重灾
提要：冀陕豫各支流水涨益增险象，自孟津至曹州两岸均成巨浸
来源：通问报
时间：1933
卷期：第 1552 期　页码：20
类型：新闻

标题：本部派员视察平汉路黄河桥
来源：铁道公报
时间：1933
卷期：第 636 期　页码：12—13
类型：通讯

标题：一周要闻（二十二年八月七日至十三日）
提要：黄河泛滥
来源：循环
时间：1933
卷期：第 3 卷第 33 期　页码：14
类型：新闻

标题：北平电黄河铁桥，被水冲坏，现在积极筹备修理
来源：化报
时间：1933
卷期：第 38 期　页码：0

类型：新闻

标题：黄河水涨与长浙亢旱
作者：建人
来源：人民周报
时间：1933
卷期：第 83 期　页码：8
类型：论文

标题：豫境黄河泛滥
来源：华年
时间：1933
卷期：第 2 卷第 33 期　页码：17
类型：记事

标题：国民政府指令（第一五一四号 二十二年八月十七日）
提要：令行政院
　　　呈为关于黄河暴涨一案经院决议办法三项请准令饬黄河导淮两委员会会同陕西河南河北山东安徽江苏各该省政府切实办理由
作者：林森　汪兆铭
来源：国民政府公报（南京1927）
时间：1933
卷期：第 1213 号　页码：5
类型：指令

标题：国民政府训令（第三八五号　二十二年八月十七日）
提要：令黄河水利委员会、导淮委员会
　　　据行政院呈为决议救护黄河水涨办法令仰该会遵照会同陕西等省政府切实办理由
作者：林森　汪兆铭
来源：国民政府公报（南京1927）
时间：1933
卷期：第 1213 号　页码：2，2
类型：训令

标题：黄河泛滥冀豫受灾惨重
来源：中央时事周报
时间：1933
卷期：第 2 卷第 32 期　页码：47—48
类型：新闻

标题：黄河水利委员会组织法
来源：江西省政府公报
时间：1933
卷期：第 59 期　页码：20—21
类型：法规

标题：江西省政府训令（法字第七一七号　二十二年八月七日）
提要：令各厅处署局县
　　　令发黄河水利委员会组织法（只登公报不另行文）
来源：江西省政府公报
时间：1933
卷期：第 59 期　页码：48
类型：训令

标题：黄河水利委员会组织法（二十二年六月二十八日公布）
来源：山东民政公报
时间：1933
卷期：第 164 期　页码：37—39
类型：法规

标题：黄河水灾
作者：芝
来源：民风
时间：1933
卷期：第 2 卷第 8 期　页码：0

类型：记事

标题：黄河水涨
来源：十日谈
时间：1933
卷期：第 2 期　页码：1
类型：评论

标题：一月来国内外时事摘要（自二十二年七月二十一日起至二十二年八月二十日止）
提要：黄河泛滥多处决口（一）
来源：复兴月刊
时间：1933
卷期：第 2 卷第 1 期　页码：301—304
类型：新闻

标题：一周间国内外大事述评（自二十二年八月十一日起至二十二年八月十七日止）
提要：黄河泛滥多处横决
作者：芸生
来源：国闻周报
时间：1933
卷期：第 10 卷第 33 期　页码：9—11
类型：新闻

标题：一周大事日记（八月十一日起八月十七日止）
提要：八月十一日，星期五，豫省黄河汛滥氾水等县成泽国
来源：中央周报
时间：1933
卷期：第 272 期　页码：1
类型：新闻

标题：国民政府训令（第三八七号　二十二年八月十九日）
提要：令行政院、黄河水利委员会中央政治会议函为决议黄河水利委员会暂归行政院指挥监督令仰遵照由
作者：林森　汪兆铭
来源：国民政府公报（南京1927）
时间：1933
卷期：第 1214 号　页码：2，2
类型：训令

标题：黄河暴涨溃决成灾
作者：印
来源：中央周报
时间：1933
卷期：第 272 期　页码：1—5
类型：新闻

标题：黄河水退平汉恢复通车
来源：铁道
时间：1933
卷期：第 4 卷第 6 期　页码：16
类型：新闻

标题：冀豫黄河决口水灾波及鲁西
来源：民众周刊（济南）
时间：1933
卷期：第 5 卷第 32 期　页码：10
类型：新闻

标题：国民政府指令（第一五三二号　二十二年八月二十一日）
提要：令黄河水利委员会
呈复已遵令派委员许心武主持黄河下游堤防并派秘书长张含英前往被灾各省勘查灾况随时具报以便统筹善后办法由

作者：林森
来源：国民政府公报（南京1927）
时间：1933
卷期：第1215号　页码：5
类型：指令

标题：尊禹会与黄河水灾
来源：慈航画报
时间：1933
卷期：第8期　页码：3
类型：评论

标题：黄河水灾
作者：石园
来源：团结
时间：1933
卷期：第3期　页码：8—10
类型：记事

标题：陇海路拨借石方协助平汉路黄河桥工
来源：铁道公报
时间：1933
卷期：第641期　页码：5
类型：新闻

标题：黄河决堤洪水泛滥
来源：救国通讯
时间：1933
卷期：第52号　页码：950
类型：新闻

标题：电陈平汉路黄河铁桥出险后补救情形祈鉴察由
来源：铁道公报
时间：1933
卷期：第642期　页码：3，1

类型：电报

标题：黄河决口
来源：华年
时间：1933
卷期：第2卷第34期　页码：17
类型：新闻

标题：连日大雨，黄河水势飞涨
来源：化报
时间：1933
卷期：第42期　页码：0
类型：新闻

标题：泛滥的黄河
提要：（上）开封黑冈口民夫护堤抢险；
（中左）黄河桥第七十七·七十八孔之激流；
（中右）火车运石抛填黄河桥墩；
（下）开封南门屯塞之麻袋
来源：国闻周报
时间：1933
卷期：第10卷第34期　页码：1页
类型：照片

标题：平汉黄河铁桥自河水泛滥后桥身倾斜
作者：TC
来源：天津商报画刊
时间：1933
卷期：第9卷第10期　页码：1
类型：照片

标题：治理黄河之政治的条件
作者：西
来源：晨光（杭州）
时间：1933

卷期：第 2 卷第 12 期　页码：2
类型：评论

标题：豫鲁苏防御黄河泛滥
作者：仲易
来源：中央时事周报
时间：1933
卷期：第 2 卷第 33 期　页码：36—37
类型：新闻

标题：黄河的警告
作者：咏霓
来源：独立评论
时间：1933
卷期：第 65 号　页码：2—5
类型：评论

标题：一周大事日记（八月十八日起八月廿四日止）
提要：八月十八日，星期五，黄河故道之水止于高寨转袭丰沛，沙河两岸均漂没
来源：中央周报
时间：1933
卷期：第 273 期　页码：34
类型：新闻

标题：一周间国内外大事述评（自二十二年八月十八日起至二十二年八月廿四日止）
提要：国内
　　　黄河洪水威胁未减
作者：芸生
来源：国闻周报
时间：1933
卷期：第 10 卷第 34 期　页码：6—8
类型：新闻

标题：黄河桥被洪流撼动
来源：中央周报
时间：1933
卷期：第 273 期　页码：9—10
类型：新闻

标题：黄河水灾之面面观
来源：民间周报
时间：1933
卷期：第 25 期　页码：1 页
类型：图片

标题：黄河吟
来源：民间周报
时间：1933
卷期：第 25 期　页码：2
类型：歌曲

标题：黄河泛滥为灾
作者：和
来源：民间周报
时间：1933
卷期：第 25 期　页码：5—6
类型：新闻

标题：黄河泛滥华北成灾
来源：每周评论
时间：1933
卷期：第 80 期　页码：1
类型：新闻

标题：黄河泛滥酿成浩劫
作者：蒲安
来源：大中国周报
时间：1933
卷期：第 3 卷第 9 期　页码：16—18
类型：新闻

标题：国民政府训令（第四〇七号　二十二年八月二十八日）
提要：令行政院、监察院
　　　令仰行政院转饬财政部将拨交扬子江防汛委员会之六十万元内未付之款先行移拨为防治黄河水患之用由
作者：林森　汪兆铭　于右任
来源：国民政府公报（南京1927）
时间：1933
卷期：第1221号　页码：8—9，2
类型：训令

标题：黄河铁桥经赶修后已稳固
来源：京沪沪杭甬铁路日刊
时间：1933
卷期：第759号　页码：194
类型：记事

标题：河患——黄河铁桥需款浩大
来源：兴华
时间：1933
卷期：第30卷第33期　页码：29
类型：新闻

标题：欧州僧俗来华团近况、旅沪黄河灾区协济会开筹备会
来源：慈航画报
时间：1933
卷期：第9期　页码：2
类型：记事

标题：时事选录
提要：按黄河长近万里，关系南北十数省利害，其于中原地方影响尤巨，从来无百年不为患者。
来源：中华周报（上海1931）
时间：1933
卷期：第91号　页码：12—14
类型：评论

标题：平汉路黄河铁桥发生水患之经过及修复交通情形
来源：铁路月刊（津浦线）
时间：1933
卷期：第3卷第8期　页码：74—76
类型：论文

标题：黄河小志
作者：施瑛
来源：铁路月刊（津浦线）
时间：1933
卷期：第3卷第8期　页码：101
类型：散文

标题：路界纪闻
提要：重建黄河桥计划
来源：铁路月刊（津浦线）
时间：1933
卷期：第3卷第8期　页码：107—108
类型：新闻

标题：黄河暴涨苏北鲁西均告警
来源：蒙藏旬刊
时间：1933
卷期：第61期　页码：13
类型：新闻

标题：空前之黄河漫决
提要：举行六省防泛会议
　　　设立黄灾救济委会
　　　水利委会正式成立
来源：政治通讯（南京19??）
时间：1933

卷期：第 16 期　页码：5—6
类型：新闻

标题：山东省政府训令（实字第八七九九号　中华民国二十二年八月三十一日）
提要：令各县政府
　　　为黄河决口鲁西各县被灾及本府施放急赈电请中央赈济各情形仰知照由
作者：韩复榘
来源：山东省政府公报
时间：1933
卷期：第 249 期　页码：14—15，1
类型：训令

标题：山东省政府训令（实字第八九八二号　中华民国二十二年八月三十一日）
提要：令河务局
　　　为令知黄河防泛会议议决冀鲁豫分设堵口工程处一案仰知照由
作者：韩复榘
来源：山东省政府公报
时间：1933
卷期：第 249 期　页码：19—20，2
类型：训令

标题：海军部训令（第四九三三号　中华民国二十二年七月二十七日）
提要：令本部直辖各舰队各机关各舰艇长抄发黄河水利委员会组织法通令知照由
作者：陈绍宽
来源：海军公报
时间：1933
卷期：第 50 期　页码：175—177，9
类型：训令

标题：公函国民政府主计处（第三五八号　中华民国二十二年七月二十八日）
提要：径启者案准黄河水利委员会公函开案查本会经常费业奉
作者：张人杰
来源：建设委员会公报
时间：1933
卷期：第 31 期　页码：107—108
类型：公函

标题：振务委员会二十二年八月份工作报告
提要：三、关于主管事务之进行事项：（甲）救济事项：一、黄河水灾
来源：振务委员会工作报告
时间：1933
卷期：8 月　页码：8
类型：报告

标题：河北省政府建设厅令（第一二八二号　八月二十三日）
提要：令附属各机关
　　　准黄河水利委员会函国府令山东等九省建设厅厅长为本会当然委员等因仰知照由
作者：林成秀
来源：河北建设公报
时间：1933
卷期：第 5 卷第 11 期　页码：41
类型：训令

标题：国民政府黄河水利委员会准函奉令山东等省九省建设厅厅长为本会当然委员录案函请查照等因自

应遵办函复查照由（第二二八号
八月二十三日）
来源：河北建设公报
时间：1933
卷期：第 5 卷第 11 期　页码：77—78
类型：公函

标题：代电（第三八一号　八月二十一日）
提要：代电濮阳县张县长据迭电报告黄河水势及防护情形仰仍督饬拼力抢护由
来源：河北建设公报
时间：1933
卷期：第 5 卷第 11 期　页码：80，13
类型：电报

标题：代电（第四三号　八月二十六日）
提要：代电黄河河务局据电报河水泛滥灾情极惨应如何转电速筹急赈伏候钧裁等情已电民政厅核办仰仍拼力抢堵由
来源：河北建设公报
时间：1933
卷期：第 5 卷第 11 期　页码：81，14
类型：电报

标题：代电（第四四号　八月二十六日）
提要：代电河北省民政厅据黄河河务局电报河水泛滥灾情极惨应如何转电速筹急赈伏候钧裁等情已电令抢堵请查照办理由
来源：河北建设公报
时间：1933
卷期：第 5 卷第 11 期　页码：81—82，14
类型：电报

标题：代电（第四一四号　八月三十日）

提要：代电黄河河务局奉省令准开封刘主席电请派除驰剿掘堤土匪并饬堵修决口一案已分别函电饬办仰查照等因仰即速堵具报由
来源：河北建设公报
时间：1933
卷期：第 5 卷第 11 期　页码：82，14
类型：电报

标题：黄河小清河联运工程计划（附表）
来源：山东省建设月刊
时间：1933
卷期：第 3 卷第 8 期　页码：83—89
类型：计划

标题：山东省政府建设厅训令（第三六四二号　八月一日）
提要：令后列各县县政府
　　　为令遵事查黄河沿岸沙碱地面积甚广土质恶劣极有设法改良增加农民生产之必要
作者：张鸿烈
来源：山东省建设月刊
时间：1933
卷期：第 3 卷第 8 期　页码：122—123
类型：训令

标题：本省建设要闻
提要：建设厅河务局派员会勘黄河虹吸管工程
来源：山东省建设月刊
时间：1933
卷期：第 3 卷第 8 期　页码：193—194
类型：新闻

标题：黄河水灾与黄河水利
作者：邵元冲

来源：山东省建设月刊
时间：1933
卷期：第 3 卷第 8 期　页码：216—220
类型：散文

标题：黄河问题
作者：李赋都
来源：山东省建设月刊
时间：1933
卷期：第 3 卷第 8 期　页码：220—231
类型：论文

标题：黄河与治乱关系
提要：上海市工务局长沈怡讲
作者：张书庚
来源：山东省建设月刊
时间：1933
卷期：第 3 卷第 8 期　页码：231—234
类型：演讲

标题：陕西省建设厅训令（七月廿一日）
提要：令直属各机关
　　　为奉省政府令发黄河水利委员会组织法饬知照
来源：陕西建设公报
时间：1933
卷期：第 8 期　页码：7—8
类型：训令

标题：半月来时事摘要（自八月一日至十五日）
提要：国内消息
　　　黄河水大雨岸被淹
来源：进修半月刊
时间：1933
卷期：第 2 卷第 21 期　页码：30
类型：新闻

标题：黄河决口惨不忍睹
来源：公教周刊
时间：1933
卷期：第 227 期　页码：15
类型：新闻

标题：包头县南海子黄河内之民船
来源：绥远建设季刊
时间：1933
卷期：第 14 期　页码：6—7
类型：照片

标题：黄河水利委员会治黄工程计划
作者：述曾
来源：交通职工月报
时间：1933
卷期：第 6 期　页码：59—61
类型：计划

标题：奉令黄河水利委员会组织法现经明令公布应通饬施行一案仰转属知照由
来源：陕西水利月刊
时间：1933
卷期：第 1 卷第 8 期　页码：23—25
类型：命令

标题：呈省政府
　　　为呈覆遵令派员前往平民县查勘黄河水涨一案情形请备查由
来源：陕西水利月刊
时间：1933
卷期：第 1 卷第 8 期　页码：27—28
类型：呈文

标题：黄河水利委员会治黄初步工程计划
来源：陕西水利月刊

时间：1933
卷期：第 1 卷第 8 期　页码：41—43
类型：新闻

标题：浙江省政府八月份行政报告
提要：（一）奉行中央法令事项
　　　黄河水利委员会组织法［表格］
来源：浙江省政府行政报告
时间：1933
卷期：第 8 期　页码：5—6
类型：报告

标题：导淮经废黄河入海之土方估计（附图三幅）
作者：汪胡桢
来源：水利
时间：1933
卷期：第 5 卷第 2 期　页码：13—16
类型：提案

标题：一月来之财政
提要：滩地
　　　定期会商黄河西段公地管辖问题
来源：河南政治
时间：1933
卷期：第 3 卷第 7 期　页码：6
类型：记事

标题：科学丛谈
提要：（一）国际科学界新讯巴维利亚之模型黄河
作者：吴启中　曾昭抡
来源：时事月报
时间：1933
卷期：第 9 卷第 2 期　页码：2
类型：论文

标题：华北水利委员会第十七次大会议事录
提要：附重要报告及提案
　　　报告派员太原经济建设委员会勘测晋绥境内黄河河道进行情形
来源：华北水利月刊
时间：1933
卷期：第 6 卷第 7/8 期　页码：51—52
类型：提案

标题：各铁路警务之整顿
提要：1. 防护黄河铁桥；
　　　2. 接收北宁路东段防务；
　　　3. 整理路警规章；
　　　4. 增设潼西段西安警察分所及渭南派出所
来源：中国国民党指导下之政治成绩统计
时间：1933
卷期：第 8 期　页码：147—148
类型：报告

标题：大事述评（自八月十一日至二十五日）
提要：国内
　　　4. 江水甫平黄河又秋泛
来源：平明杂志
时间：1933
卷期：第 2 卷第 17 期　页码：5—6
类型：新闻

标题：一周要闻（二十二年八月二十一日至廿七日）
提要：黄水仍涨
来源：循环
时间：1933
卷期：第 3 卷第 35 期　页码：14
类型：新闻

标题：半月来时事摘要（自八月十六日至三十日）
提要：黄河水灾益趋严重（附图）
来源：进修半月刊
时间：1933
卷期：第 2 卷第 22 期　**页码**：27
类型：新闻

标题：本周政治述评
提要：（二）黄河水患
来源：北方公论
时间：1933
卷期：第 49 期　**页码**：2—3
类型：新闻

标题：黄河水患
作者：照
来源：科学的中国
时间：1933
卷期：第 2 卷第 5 期　**页码**：1—2
类型：评论

标题：河神溯源
提要：此次黄河在冀省长垣决口、为患鲁豫苏各地、损失甚巨
作者：仲易
来源：中央时事周报
时间：1933
卷期：第 2 卷第 34 期　**页码**：19
类型：论文

标题：每周国内大事述评
提要：黄河防泛会在京开会
作者：仲易
来源：中央时事周报
时间：1933
卷期：第 2 卷第 34 期　**页码**：39—40

类型：新闻

标题：世界大事胡测（一九三三年九月一日）
提要：扶桑三岛为黄河大水淹没
作者：士杰
来源：聊斋
时间：1933
卷期：第 8 期　**页码**：3—4
类型：小说

标题：电菏泽等县县长
提要：为电知关于黄河防汛会议情形由（九月一日）
来源：山东省政府公报
时间：1933
卷期：第 249 期　**页码**：38—39
类型：电报

标题：一周要闻（八月二十四日至八月三十日）
提要：国际
　　临时加入的消息：黄河上游又猛涨二尺，兰封考城一带，河水泛滥，沿黄河故道入苏
来源：生活（上海 1925A）
时间：1933
卷期：第 8 卷第 35 期　**页码**：715
类型：新闻

标题：一周要闻（八月二十四日至八月三十日）
提要：国内
　　黄河水势续涨
来源：生活（上海 1925A）
时间：1933
卷期：第 8 卷第 35 期　**页码**：715

类型：新闻

标题：任免职官令二件（二十二年九月一日）
提要：特派宋子文，黄绍竑，陈公博等为黄河水灾救济委员会委员
作者：林森　汪兆铭
来源：国民政府公报（南京1927）
时间：1933
卷期：第1225号　页码：1，1
类型：任免令

标题：国民政府令（二十二年九月一日）
提要：拨款急振黄河水灾
作者：林森　汪兆铭
来源：国民政府公报（南京1927）
时间：1933
卷期：第1225号　页码：1，1
类型：命令

标题：国民政府指令（第一六一一号二十二年八月三十一日）
提要：令行政院
呈据铁道部铣代电转报黄河水势凶猛各桥墩危险情形除指令转饬火速严密救护并将办理情形随时呈报核夺外转呈鉴核由
作者：林森　汪兆铭　顾孟余
来源：国民政府公报（南京1927）
时间：1933
卷期：第1225号　页码：5
类型：指令

标题：国民政府指令（第一六一二号二十二年八月三十一日）
提要：令行政院
呈据铁道部筱代电续报黄河水势各桥墩全呈摇动幸蛮石运到星夜抢救詹店北岸路堤已修复通车等情转呈鉴核由
作者：林森　汪兆铭　顾孟余
来源：国民政府公报（南京1927）
时间：1933
卷期：第1225号　页码：5
类型：指令

标题：山东省政府委令（实字第六号中华民国二十二年八月二十一日）
提要：令范参议筑先
为黄河决口菏泽等县受灾綦巨仰会同赈务会委员前往急赈由
作者：韩复榘
来源：山东省政府公报
时间：1933
卷期：第247期　页码：5
类型：委令

标题：山东省政府委令（实字第七号中华民国二十二年八月二十一日）
提要：令郭参议文升、李参议天倪
为黄河决口濮范寿阳等县被灾甚重仰会同赈务会委员前往急赈由
作者：韩复榘
来源：山东省政府公报
时间：1933
卷期：第247期　页码：5—6，2
类型：委令

标题：山东省政府公函（实字第一五四八号　中华民国二十二年八月二十一日）
提要：为黄河决口菏泽等县受灾綦巨请迅拨赈款派员驰赴急赈济由
作者：韩复榘

来源：山东省政府公报
时间：1933
卷期：第247期　**页码**：38—39，4
类型：公函

标题：山东省政府公函（实字第一五四七号　中华民国二十二年八月二十一日）
提要：为黄河决口濮范寿阳等县被灾甚重请迅拨赈款派员驰赴急赈由
作者：韩复榘
来源：山东省政府公报
时间：1933
卷期：第247期　**页码**：39，4
类型：公函

标题：山东省政府电文
提要：电呈中央为报告范县黄河水势续涨情形由（八月十八日）
来源：山东省政府公报
时间：1933
卷期：第247期　**页码**：40
类型：电报

标题：山东省政府电文
提要：电导淮委员会、黄河水利委员会为此次黄河决口灾情严重商请速定办法以拯巨灾由（八月十八日）
来源：山东省政府公报
时间：1933
卷期：第247期　**页码**：40—41
类型：电报

标题：电呈行政院拟由苏皖豫鲁冀五省组织黄河下游整委会筹议进行由（八月十九日）
来源：山东省政府公报
时间：1933
卷期：第247期　**页码**：42
类型：电报

标题：电呈中央为续电报告连日黄河水势情形由（八月二十一日）
来源：山东省政府公报
时间：1933
卷期：第247期　**页码**：43
类型：电报

标题：电黄河水利委员会派建设厅长代表出席六省黄河防汛会议由（八月二十三日）
来源：山东省政府公报
时间：1933
卷期：第247期　**页码**：44
类型：电报

标题：电江苏顾主席为电商组织黄河下游整委会由五省各派委员筹议进行由（八月十九日）
来源：山东省政府公报
时间：1933
卷期：第247期　**页码**：45—40
类型：电报

标题：电河南刘主席为电复拟由苏皖豫鲁冀五省组织黄河下游整委会各派委员驻会筹议进行由（八月十九日）
来源：山东省政府公报
时间：1933
卷期：第247期　**页码**：46
类型：电报

标题：黄河沿岸之难民孤舟

作者：秋鹜
来源：新天津画报
时间：1933
卷期：第2期　页码：2
类型：照片

标题：波涛汹涌之黄河雄流
作者：秋鹜
来源：新天津画报
时间：1933
卷期：第2期　页码：2
类型：照片

标题：一周间之时事速写
提要：财长宋子文于二十九日当黄河水灾严重……
来源：新天津画报
时间：1933
卷期：第2期　页码：2
类型：新闻

标题：黄河水灾灾情惨重
来源：红色中华
时间：1933
卷期：第107期　页码：4
类型：新闻

标题：鲁西水灾黄河横流之情形
作者：何冰如
来源：图画周刊
时间：1933
卷期：第9卷第3期　页码：1
类型：照片

标题：一周要闻（二十二年八月廿八日至九月三日）
提要：黄水继涨

此周内黄河上下游均继续激增，兰封考城一带致河水泛溢，浩黄河故道入苏；徐西砀山及丰县一带咸阳电告急，而濮阳、范县、寿张、阳谷等县灾性益大
来源：循环
时间：1933
卷期：第3卷第36号　页码：14
类型：新闻

标题：泛滥的黄河（二）
提要：（上）大水中之考城外城西门
（下）大水落后逃难之乡民
来源：国闻周报
时间：1933
卷期：第10卷第35期　页码：1页
类型：照片

标题：一周间国内外大事述评（自二十二年八月二十五日起至二十二年八月三十一日止）
提要：国内
黄河防泛会议
作者：芸生
来源：国闻周报
时间：1933
卷期：第10卷第35期　页码：8—9
类型：新闻

标题：国民政府指令（第一六一四号二十二年九月一日）
提要：令导淮委员会
呈报派员查勘开封一带黄河漫决情形请鉴核备案由
作者：林森
来源：国民政府公报（南京1927）
时间：1933

卷期：第 1226 号　**页码**：3
类型：指令

标题：国民政府指令（第一六一六号 二十二年九月二日）
提要：令行政院
　　　　呈为鲁豫等省因黄河水灾电请拨款急振一案经饬据审查报告提会修正通过检同修正审查办法呈请鉴核备案由
作者：林森　汪兆铭
来源：国民政府公报（南京1927）
时间：1933
卷期：第 1226 号　**页码**：3
类型：指令

标题：黄河水灾与黄河水利（二十二年八月二十八日在国府纪念周讲演）
作者：邵元冲
来源：中央周报
时间：1933
卷期：第 274 期　**页码**：33—35
类型：演讲

标题：部路要讯
提要：平汉路黄河铁桥发生水患之经过及修复交通情形
来源：铁道公报
时间：1933
卷期：第 651 期　**页码**：5—7
类型：新闻

标题：从黄河水灾说到造林
作者：老鹤
来源：民间周报
时间：1933
卷期：第 26 期　**页码**：14—15

类型：论文

标题：铁道部训令（第六三一六号　中华民国二十二年八月三十一日）
提要：令平汉铁路管理委员会
　　　　迭据该路电陈黄河水势及救护桥梁各情经呈奉院指令抄发遵照由
作者：顾孟余
来源：铁道公报
时间：1933
卷期：第 652 期　**页码**：1—3
类型：训令

标题：黄河水灾急赈：政府拨款四百万并组水灾救济会
来源：民众周刊（济南）
时间：1933
卷期：第 5 卷第 34 期　**页码**：10
类型：新闻

标题：国民政府训令（第四二一号　二十二年九月四日）
提要：令行政院、监察院、本府主计处
　　　　令仰行政院转饬财政部迅拨国币四百万元办理黄河水灾急赈由
作者：林森　汪兆铭　于右任
来源：国民政府公报（南京1927）
时间：1933
卷期：第 1227 号　**页码**：5—6，1
类型：训令

标题：局电济南山东省政府韩主席勋鉴此次黄河溃决鲁西受灾奇重人民荡析离居至为轸念
来源：胶济日刊
时间：1933
卷期：第 819 期　**页码**：0

类型：电报

标题：韩主席复电
　　　青岛胶济铁路委员会勋鉴冬电悉此次黄河溃决鲁西各县被灾惨重待赈孔殷遗会同仁慷慨解囊施巨款
来源：胶济日刊
时间：1933
卷期：第 819 期　页码：0
类型：电报

标题：省政府训令（建字第二八五号中华民国二十二年九月二日）
提要：令民政厅、建设厅
　　　为奉行政院令黄河水利委员会暂归院指挥监督仰知照由
作者：宋哲元
来源：察哈尔省政府公报
时间：1933
卷期：第 239 期　页码：4—5，2
类型：训令

标题：黄河灾区协会成立
来源：慈航画报
时间：1933
卷期：第 10 期　页码：3
类型：记事

标题：国民政府指令（第一六五七号二十二年九月六日）
提要：令黄河水利委员会
　　　呈请颁发该会总务工务两处小官章由
作者：林森
来源：国民政府公报（南京1927）
时间：1933
卷期：第 1230 号　页码：4

类型：指令

标题：交通部指令（第一零八六四号二十二年八月二十二日）
提要：令邮政总局
　　　呈一件，为据报黄河水势涨落及邮局预先防备各情形转请鉴核由
作者：朱家骅
来源：交通公报
时间：1933
卷期：第 487 号　页码：11
类型：指令

标题：国民政府指令（第一六六一号二十二年九月七日）
提要：令行政院
　　　呈据黄河水灾救济委员会呈请颁发关防及小官章转呈饬局铸发由
作者：林森　汪兆铭
来源：国民政府公报（南京1927）
时间：1933
卷期：第 1231 期　页码：2
类型：指令

标题：国民政府文官处公函（第四一二二号　二十二年九月八日）
提要：奉颁黄河水灾救济委员会关防小章送行政院转发
来源：国民政府公报（南京1927）
时间：1933
卷期：第 1231 号　页码：7，1
类型：公函

标题：北平市政府训令（中华民国二十二年九月九日）
提要：令北平市社会局
　　　奉行政院令黄河水利委员会暂归

行政院指挥监督令仰知照由
来源：社会周刊
时间：1933
卷期：第51期　页码：5—6
类型：训令

标题：山东省政府训令（实字第八八四号　中华民国二十二年八月二十六日）
提要：令建设厅、河务局
　　　奉行政院令中央决议各省建设厅长为黄河水利委员会当然委员一案仰知照由
作者：韩复榘
来源：山东省政府公报
时间：1933
卷期：第248期　页码：13—14，2
类型：训令

标题：山东省政府训令（实字第八九号　中华民国二十二年八月三十日）
提要：令民政厅、建设厅、河务局
　　　奉行政院电复冀豫两省黄河决口一案经院议决办法三项仰知照由
作者：韩复榘
来源：山东省政府公报
时间：1933
卷期：第248期　页码：20—21，3
类型：训令

标题：山东省政府电文
提要：电呈中央为报告黄河水势及鲁西灾情由（八月二十五日）
来源：山东省政府公报
时间：1933
卷期：第248期　页码：36
类型：电报

标题：黄河水落苏鲁可免灾祸
提要：丰沛各县已脱险境
来源：蒙藏旬刊
时间：1933
卷期：第62期　页码：10—14
类型：新闻

标题：中政会议
提要：组黄河水灾救济会
来源：蒙藏旬刊
时间：1933
卷期：第62期　页码：17—18
类型：新闻

标题：冀南长垣县石头庄黄河决口写真
作者：冰如
来源：新天津画报
时间：1933
卷期：第3期　页码：1
类型：照片

标题：黄河水灾惨重难民嗷嗷待哺
作者：冰如
来源：新天津画报
时间：1933
卷期：第3期　页码：1
类型：照片

标题：周内大事选要
提要：国内
　　　黄河水灾救济会
来源：北平周报
时间：1933
卷期：第36期　页码：16
类型：新闻

标题：一周间国内外大事述评（自二十

二年九月一日起至二十二年九月七日止）
提要：国内
组织黄河救灾委会
作者：芸生
来源：国闻周报
时间：1933
卷期：第 10 卷第 36 期　页码：5—6
类型：新闻

标题：国民政府指令（第一六七七号　二十二年九月八日）
提要：令行政院
呈据黄河水灾救济委员会呈拟该会章程经院议通过呈请鉴核备案由
作者：林森　汪兆铭
来源：国民政府公报（南京1927）
时间：1933
卷期：第 1232 号　页码：4
类型：指令

标题：一周大事日记（九月一日起至九月七日止）
提要：黄河水利委员会在京正式成立
来源：中央周报
时间：1933
卷期：第 275 期　页码：32
类型：新闻

标题：琐言
提要：此次黄河决口，灾情之惨
来源：乡村建设
时间：1933
卷期：第 3 卷第 5 期　页码：19
类型：评论

标题：黄河决口情形：丁惟汾在国府报告

来源：民众周刊（济南）
时间：1933
卷期：第 5 卷第 35 期　页码：10
类型：新闻

标题：浙江省政府训令（秘字第一二二五九号　中华民国二十二年九月七日）
提要：令建设厅
奉行政院令为中央政治会议议决黄河水利委员会暂归行政院指挥监督一案仰知照等因仰知照由
作者：鲁涤平
来源：浙江省政府公报
时间：1933
卷期：第 1923 期　页码：16—17
类型：训令

标题：黄河泛滥与救济
提要：苏北危险已过
来源：救国通讯
时间：1933
卷期：第 53 号　页码：962
类型：新闻

标题：黄河泛滥与救济
提要：鲁西水势浩大
来源：救国通讯
时间：1933
卷期：第 53 期　页码：962—966
类型：新闻

标题：本周大事记
提要：河患
兰封黄河决口现状
来源：兴华
时间：1933

卷期：第 30 卷第 35 期　**页码**：38—40
类型：新闻

标题：省政府训令（第二四号　中华民国二十二年九月十三日）
提要：令民政厅
奉行政院令现组织黄河水灾救济委员会并拨发四百万元施放急振仰知照并饬知由
作者：宋哲元
来源：察哈尔省政府公报
时间：1933
卷期：第 246 期　**页码**：1
类型：训令

标题：黄河堤上数十万灾民露宿
作者：冰如
来源：新天津画报
时间：1933
卷期：第 3 期　**页码**：1
类型：照片

标题：黄河水利委员会组织法（二十二年六月二十八日府令公布）
来源：工商半月刊
时间：1933
卷期：第 5 卷第 18 号　**页码**：79—80
类型：法规

标题：国内外大事述评（九月一日至十五日）
提要：黄河巨灾急电筹赈
来源：革命军人
时间：1933
卷期：第 15 期　**页码**：35
类型：新闻

标题：最近国内要闻
提要：黄河水势继续退落
来源：华侨周报
时间：1933
卷期：第 41 期　**页码**：55
类型：新闻

标题：黄河何以决口
来源：聊斋
时间：1933
卷期：第 9 期　**页码**：2
类型：谈话

标题：黄河泛滥
提要：河南兰封蔡楼乡决口之北端；
人民在泥泞中逃难；
大水声中之开封北门防御情形；
直灌考城之袁寨决口处南端
作者：王子英
来源：申报月刊
时间：1933
卷期：第 2 卷第 9 号　**页码**：1 页
类型：照片

标题：黄河水患
作者：华
来源：申报月刊
时间：1933
卷期：第 2 卷第 9 号　**页码**：2—3

标题：一月来之中国
提要：黄河泛滥成灾
来源：申报月刊
时间：1933
卷期：第 2 卷第 9 号　**页码**：123
类型：新闻

标题：空前之黄河漫决
提要：各地漫决情形一般
来源：政治通讯
时间：1933
卷期：第 16 期　页码：4—5
类型：新闻

标题：黄河水灾救济会成立
来源：军队党部政治通讯
时间：1933
卷期：第 17 期　页码：11—12
类型：新闻

标题：北平市政府训令（中华民国二十二年九月十五日）
提要：令社会局
　　　奉行政院令奉国府明令设立黄河水灾救济委员会并拨发四百万元施放急赈一案令印知照由
来源：社会周刊
时间：1933
卷期：第 51 期　页码：6—7
类型：训令

标题：半月来时事摘要（自九月一日至十五日）
提要：国内消息
　　　黄河水势陆续退落
来源：进修半月刊
时间：1933
卷期：第 2 卷第 23 期　页码：24
类型：新闻

标题：时事小谈
提要：三、黄河决口水灾严重
来源：新民
时间：1933

卷期：第 49 期　页码：10
类型：新闻

标题：农民银行大建仓库
提要：黄河大水六省受灾
来源：新北夏
时间：1933
卷期：第 21 期　页码：2
类型：记事

标题：黄河水灾已筹善后
来源：华侨半月刊
时间：1933
卷期：第 31 期　页码：32
类型：新闻

标题：六十年来所未有之黄河大水灾
作者：朔一
来源：新社会
时间：1933
卷期：第 5 卷第 6 号　页码：146—146
类型：记事

标题：黄河决口民众纷扰
提要：蛇大王出现
　　　开封男女迷信神权，环绕参拜途为之塞
来源：论语
时间：1933
卷期：第 25 期　页码：67—68
类型：记事

标题：黄河泛滥
提要：河水直灌考城之袁寨决口处北端；
　　　考城中难民逃出后，流宿于堤上之草屋中；
　　　考城外城被水尽毁，此乃孤立水

中之西门；
兰封西蔡楼决口之北端
来源：东方杂志
时间：1933
卷期：第30卷第18号　页码：1页
类型：照片

标题：每周国内大事述评
提要：黄河水势已落
作者：仲易
来源：中央时事周报
时间：1933
卷期：第2卷第36期　页码：43—44
类型：新闻

标题：西南执行部秘书处一周年工作提要
提要：（三）政治
（二一）呈中央执行委员会为据第一集团军总司令部特别党部第三次代表大会电请转饬各省速办赈济黄河水灾等情转呈核办由（中华民国廿二年九月十六日）
作者：胡汉民　陈济棠　白崇禧
来源：西南党务年刊
时间：1933
卷期：年刊　页码：152
类型：报告

标题：国民政府文官处公函（第四二四○号　二十二年九月十五日）
提要：函送奉颁黄河水利委员会总务处工务处小章
来源：国民政府公报（南京1927）
时间：1933
卷期：第1238号　页码：5, 1
类型：公函

标题：铁道部训令（第六五五号　中华民国二十二年九月十八日）
提要：令本部直辖各机关（不另行文）转院令准文官处函知奉令特派宋子文等为黄河水灾救济委员会委员长及委员等令仰知照由
作者：顾孟余
来源：铁道公报
时间：1933
卷期：第664期　页码：3, 1
类型：训令

标题：公函山东省赈务会（第一零五九号　中华民国二十二年九月三日）
提要：函为派员分赴黄河南北两岸会同放赈查灾请查核办理由
作者：李树春
来源：山东民政公报
时间：1933
卷期：第167期　页码：40—42
类型：公函

标题：电菏泽等二十县县长
提要：奉主席代电谕据菏泽县真文电称黄河水涨由东明县二分庄决口直冲鲁西等情仰即督饬民众竭力抢护并具报由（中华民国二十二年八月十六日）
来源：山东民政公报
时间：1933
卷期：第167期　页码：42—43
类型：电报

标题：江西省政府训令（铨字第一八五九号　廿二年九月十五日）
提要：令民政、建设厅
令知黄河水利委员会暂归行政院

　　　　指挥监督
来源：江西省政府公报
时间：1933
卷期：第62期　页码：74
类型：训令

标题：国民政府训令（第四四八号　二十二年九月十八日）
提要：令立法院、行政院、黄河水利委员会
　　　中央政治会议决议加派江苏安徽两省建设厅长为黄河水利委员会当然委员令仰转饬遵照由
作者：林森　汪兆铭　孙科
来源：国民政府公报（南京1927）
时间：1933
卷期：第1240号　页码：5，1
类型：训令

标题：五省黄河水灾惨状
来源：蒙藏旬刊
时间：1933
卷期：第63期　页码：6—8
类型：记事

标题：县执行委员会通令各区广募捐款拯救黄河水灾
来源：长沙民报
时间：1933
卷期：第35号　页码：5
类型：记事

标题：黄河灾民素描
作者：栋
来源：海王
时间：1933
卷期：第6卷第1期　页码：12

类型：诗歌

标题：国民政府指令（第一七四四号　二十二年九月二十二日）
提要：令行政院
　　　呈据黄河水灾救济委员会呈报启用关防小章日期转呈鉴核备案由
作者：林森　汪兆铭
来源：国民政府公报（南京1927）
时间：1933
卷期：第1243号　页码：4
类型：指令

标题：国难大事记（九月一日至十五日）
提要：黄河水利委员会成立
来源：救国通讯
时间：1933
卷期：第54号　页码：1002
类型：记事

标题：记所欲记
提要：黄河水灾与河北官吏
作者：霞菲
来源：礼拜六
时间：1933
卷期：第522期　页码：1—2
类型：记事

标题：到西北去！到西北去！
提要：黄河上游农家用以灌溉之水车
来源：摄影画报
时间：1933
卷期：第9卷第33期　页码：15
类型：照片

标题：冀南长垣等县黄河决口灾情奇重甚于鲁豫视察写真

作者：倪焕章
来源：天津商报画刊
时间：1933
卷期：第 9 卷第 22 期　页码：1
类型：照片

标题：黄河决口被灾者五万人（中英文对照）
作者：Ma, Y. P.
来源：英语周刊
时间：1933
卷期：新第 50 期　页码：1012
类型：新闻

标题：北平市政府训令（中华民国二十二年九月二十五日）
提要：令北平市社会局
　　　奉行政院令发黄河水灾救济委员会章程抄发令仰知照由
来源：社会周刊
时间：1933
卷期：第 53 期　页码：8—9
类型：训令

标题：黄河水灾之严重
提要：兰封北门外半里之黄河故道大水；
　　　山东黄河铁桥上所见之黄河大水；
　　　豫东灾况（一）；
　　　豫东灾况（二）；
　　　破堤之水势（一）；
　　　破堤之水势（二）
来源：新中华
时间：1933
卷期：第 1 卷第 18 期　页码：12
类型：照片

标题：上海市教育局训令教字第一二二号
提要：令本局所属各机关（不另行文）
　　　为奉转知国府明令设立黄河水灾救济委员会并拨国币四百万元施放急振一案由
作者：潘公展
来源：上海市教育局教育周报
时间：1933
卷期：第 210 期　页码：11
类型：训令

标题：冀南黄灾
提要：（上右）黄河南岸背河村庄被水淹浸倒场惨状；
　　　（下右）黄河河务局组织临时急赈处，白旗搭棚之地即施馍处，地内淤淀几与堤平
作者：齐寿安
来源：国闻周报
时间：1933
卷期：第 10 卷第 38 期　页码：1 页
类型：照片

标题：行政院决议案
提要：（一）黄河防泛案（二十二年八月十五日行政院第一二次会议）
来源：农村复兴委员会会报
时间：1933
卷期：第 4 号　页码：1
类型：决议案

标题：行政院决议案
提要：（四）救济黄河水灾并设立黄河水灾救济委员会案（二十二年八月二十九日行政院第一二二次会议）
来源：农村复兴委员会会报
时间：1933

卷期：第 4 号　页码：4—5
类型：决议案

标题：黄河水灾救济会议纪录（二十二年八月三十日）
来源：农村复兴委员会会报
时间：1933
卷期：第 4 号　页码：12—15
类型：纪录

标题：（一）黄河水灾救济委员会章程（二十二年九月四日行政院第一二四次会议通过）
提要：第一条、国民政府为办理黄河水灾区域难民救济及各项善后事宜设黄河水灾救济委员会
来源：农村复兴委员会会报
时间：1933
卷期：第 4 号　页码：16—19
类型：法规

标题：国民政府指令（第一七六三号二十二年九月二十五日）
提要：令行政院
　　　呈为该院第一二六次会议决议黄河水利委员会在下游酌设办事处或工程处呈请备案由
作者：林森　汪兆铭
来源：国民政府公报（南京1927）
时间：1933
卷期：第 1246 号　页码：7
类型：指令

标题：国民政府指令（第一七七○号二十二年九月二十五日）
提要：令黄河水利委员会
　　　呈为拟具该会工作纲要送请鉴核备案并乞令遵由
作者：林森
来源：国民政府公报（南京1927）
时间：1933
卷期：第 1246 号　页码：9
类型：指令

标题：铁道部训令（业字第六六二八号廿二年九月廿五日）
提要：救济黄河水灾运送赈品工料免费办法
来源：京沪沪杭甬铁路日刊
时间：1933
卷期：第 784 号　页码：177
类型：训令

标题：实业部训令（总字第七六八八号中华民国二十二年九月一日）
提要：令本部附属各机关（甲表）
　　　奉院令为奉府令以中央政治会议决议黄河水利委员会暂归行政院指挥监督一案令仰知照由（不另行文）
作者：陈公博
来源：实业公报
时间：1933
卷期：第 141—142 期　页码：25—26
类型：训令

标题：实业部训令（总字第七七六九号中华民国二十二年九月十二日）
提要：令本部附属各机关
　　　奉院令为准文官处函以奉府令明令设立黄河水灾救济委员会并拨发四百万元施放急赈令行知照一案令仰知照由（不另行文）
作者：陈公博

来源：实业公报
时间：1933
卷期：第 141—142 期　页码：26—27
类型：训令

标题：国民政府黄河水灾救济委员会章程
作者：季
来源：军政公报
时间：1933
卷期：第 164 号　页码：1—2
类型：法规

标题：军政部训令（总忠字第四三号
　　　中华民国二十二年九月九日）
提要：令各署厅
　　　为令知黄河水利委员会组织成立日期由
作者：何应钦
来源：军政公报
时间：1933
卷期：第 164 号　页码：85—86，3
类型：训令

标题：军政部训令（总忠字第六二号
　　　中华民国二十二年九月二十日）
提要：令各署厅
　　　为抄发黄河水灾救济委员会章程仰知照由
作者：何应钦
来源：军政公报
时间：1933
卷期：第 164 号　页码：87—88，3
类型：训令

标题：军政部训令（总忠字第七五号
　　　中华民国二十二年九月二十七日）
提要：令各署厅
　　　为奉令在黄河水灾救济委员存在期内黄河水利委员会应受其指挥监督一案仰知照由
作者：何应钦
来源：军政公报
时间：1933
卷期：第 164 号　页码：97—98，3
类型：训令

标题：交通部指令（第一二零四七号
　　　二十二年九月十三日）
提要：令邮政总局
　　　呈一件，为据河南局呈报黄河水患及维持邮运情形，转请鉴核由
作者：朱家骅
来源：交通公报
时间：1933
卷期：第 493 号　页码：9—10
类型：指令

标题：要闻汇志
提要：黄河救济会设分会
来源：蒙藏旬刊
时间：1933
卷期：第 64 期　页码：16
类型：新闻

标题：要闻汇志
提要：黄河水利会首次会
来源：蒙藏旬刊
时间：1933
卷期：第 64 期　页码：16
类型：新闻

标题：路界纪闻
提要：黄河铁桥修竣
来源：铁路月刊（津浦线）

时间：1933
卷期：第 3 卷第 9 期　页码：120
类型：新闻

标题：教育唱歌集
提要：马蚁（寻常小学校用）、黄河（中学校用）
作者：曾志忞
来源：铁路月刊（津浦线）
时间：1933
卷期：第 3 卷第 9 期　页码：134
类型：诗歌

标题：黄河大水泛滥五省记
提要：陕西省哀鸿遍野，山西省灾情严重，河南省洪水横流（未完）
来源：红色中华
时间：1933
卷期：第 114 期　页码：4
类型：新闻

标题：黄河水灾
作者：逸飞
来源：北辰杂志
时间：1933
卷期：第 5 卷第 14 号　页码：1—6
类型：记事

标题：国民政府黄河水灾救济委员会章程
来源：湖南民政刊要
时间：1933
卷期：第 31 期　页码：62—63
类型：法规

标题：训令各县政府为抄发黄河水灾救济委员会章程仰知照由
作者：曹伯闻
来源：湖南民政刊要
时间：1933
卷期：第 31 期　页码：181—182
类型：训令

标题：黄河泛滥中之黄河铁桥（附表、照片）
来源：铁路月刊（平汉线）
时间：1933
卷期：第 41 期　页码：77，79—83
类型：记事

标题：本路黄河铁桥被水时修理工作摄影（一、二）（二十二年八月）
提要：第五十八孔钢梁上向北岸水势情形；第五十八孔钢梁上向南岸水势情形；第五十九孔钢梁上向北岸水势情形；由第七十五孔钢梁上向北观第七十八桥墩被水冲向东移动钢轨湾曲状况
来源：铁路月刊（平汉线）
时间：1933
卷期：第 41 期　页码：84—85
类型：照片

标题：黄河水灾与黄河水利
提要：邵元冲在国府纪念周报告
来源：铁路月刊（平汉线）
时间：1933
卷期：第 41 期　页码：170—173
类型：报告

标题：（甲）省政府委员会会议本厅议案
提要：提议长垣东明两县因黄河溃决受灾奇重应速拨急振以资救济案（民国二十二年八月十八日，省府委员会第四六次会议）

作者：魏鉴
来源：河北民政刊要
时间：1933
卷期：第 21 号　页码：1—3
类型：议案

标题：（甲）省政府委员会会议本厅议案
提要：提议据濮阳县锐电报告黄河决口县境受灾奇重拟拨给急振派员散放案（民国二十二年八月十八日，省府委员会第四六六次会议）
作者：魏鉴
来源：河北民政刊要
时间：1933
卷期：第 21 期　页码：3
类型：议案

标题：公函赈务会（第四六一号　八月二十四日）
提要：据孟县第五区公民郭鸣梧等元代电陈黄河水涨全镇淹没受灾奇重恳请急赈工赈函请查照并案核办见复由
来源：河南民政月刊
时间：1933
卷期：第 8 期　页码：16—18
类型：公函

标题：公函国民政府黄河水利委员会（第四〇二号　中华民国二十二年八月十九日）
提要：经启者前准，贵会函送二十二年度经常费概算书到会当经分别存转并函复
作者：张人杰
来源：建设委员会公报
时间：1933

卷期：第 32 期　页码：90—91
类型：公函

标题：山东省政府建设厅训令（第三八五五号　八月二十三日）
提要：令濮县范县寿张阳穀东阿等县政府为训令事查黄河自河北省长垣县决口……流经鲁省濮县复沿金堤河漫溢至范寿阳阿等县，水势汹涌，堤埝危急
作者：张鸿烈
来源：山东省建设月刊
时间：1933
卷期：第 3 卷第 9 期　页码：85
类型：训令

标题：山东省政府建设厅训令（第三九二〇号　八月二十九日）
提要：令霍炳珩
为训令事查黄河东汜水势汹涌鲁西各县多遭波及亟应派员驰赴受灾县分切实调查以谋防护
作者：张鸿烈
来源：山东省建设月刊
时间：1933
卷期：第 3 卷第 9 期　页码：87
类型：训令

标题：本省建设要闻（二十二年九月份）
提要：黄河第三堵口工程处在小庞庄修筑临河圈堤
来源：山东省建设月刊
时间：1933
卷期：第 3 卷第 9 期　页码：201—202
类型：新闻

标题：各省建设要闻（二十二年九月份）

提要：黄河水利会成文沿河各省工程处
来源：山东省建设月刊
时间：1933
卷期：第 3 卷第 9 期　页码：208—209
类型：新闻

标题：各省建设要闻（二十二年九月份）
提要：铁部筹款重建黄河铁桥
来源：山东省建设月刊
时间：1933
卷期：第 3 卷第 9 期　页码：219
类型：新闻

标题：修治黄河之前提
作者：杨厉明
来源：山东省建设月刊
时间：1933
卷期：第 3 卷第 9 期　页码：227—230
类型：记事

标题：治理黄河意见
作者：王应榆
来源：山东省建设月刊
时间：1933
卷期：第 3 卷第 9 期　页码：230—239
类型：论文

标题：河北省政府建设厅令（第一三七一号　九月十二日）
提要：令东明，长垣，濮阳县县长，黄河河务局局长
　　　奉省令准黄河水利委员会电为派专员驰赴各区次第设立工程处实施防堵一案饬即转令协助等因仰迳照随时妥为协助由
作者：林成秀
来源：河北建设公报

时间：1933
卷期：第 5 卷第 12 期　页码：17—18
类型：命令

标题：河北省政府建设厅令（第一三九三号　九月十六日）
提要：令各河河务局局长
　　　奉省令以奉行政院令为奉国府训令以中央政治会议议决黄河水利委员会暂归行政院指挥监督一案仰知照由
作者：林成秀
来源：河北建设公报
时间：1933
卷期：第 5 卷第 12 期　页码：19—20
类型：命令

标题：河北省政府建设厅令（第一四一一号　九月十九日）
提要：令各河河务局局长
　　　令知国民政府黄河水利委员会组织成立日期由
作者：林成秀
来源：河北建设公报
时间：1933
卷期：第 5 卷第 12 期　页码：20—21
类型：命令

标题：河北省政府建设厅令（第一四四一号　九月二十三日）
提要：令黄河河务局局长，东明长垣濮阳各县长
　　　奉省令抄发办理黄河下游堤防善后规程等因仰知照由
作者：林成秀
来源：河北建设公报
时间：1933

卷期：第5卷第12期　页码：23—24
类型：命令

标题：河北省政府建设厅令（第一四五五号　九月二十七日）
提要：令黄河河务局局长
　　　准黄河水利委员会咨黄河堵口调用人员仍由原机关发薪等因自当照办令仰遵照由
作者：林成秀
来源：河北建设公报
时间：1933
卷期：第5卷第12期　页码：27—28
类型：命令

标题：河北省政府建设厅令（第一四五六号　九月二十七日）
提要：令黄河河务局长，濮阳东明长垣县县长
　　　奉省令以准国民政府黄河水利委员会咨请查照防汛会议决议案第一案尽力协助堵口工程等因仰遵照随时协助由
作者：林成秀
来源：河北建设公报
时间：1933
卷期：第5卷第12期　页码：28—29
类型：命令

标题：河北省政府建设厅令（第五一七号　九月二十八日）
提要：令黄河河务局局长
　　　代电一件电呈遵令查复石头庄土匪掘口情形及南一漫口实仅庞庄一处仰祈鉴核由
作者：林成秀
来源：河北建设公报

时间：1933
卷期：第5卷第12期　页码：46
类型：命令

标题：呈河北省政府呈报黄河大堤被匪扒掘及漫溢各口一案该河务局长孙庆泽应如何惩处厅长督率无方并请电中央处分仰祈鉴核施行文（九月二日）
作者：林成秀
来源：河北建设公报
时间：1933
卷期：第5卷第12期　页码：83—85
类型：呈文

标题：呈河北省政府据黄河河务局电呈遵令查复石头庄土匪掘口情形及南一漫口仅庞庄一处等实情此次黄河酿成巨患委系水位过高及土匪扒堤所致理合具文转呈鉴核文（九月二十八日）
作者：林成秀
来源：河北建设公报
时间：1933
卷期：第5卷第12期　页码：93—95
类型：呈文

标题：咨黄河水利委员会准咨黄河堵口调用人员仍由原机关发薪等因自当如嘱办理咨复查照文（九月二十七日）
作者：林成秀
来源：河北建设公报
时间：1933
卷期：第5卷第12期　页码：98—99
类型：咨文

标题：公函黄河水利委员会准函嘱将议案送会汇编等因治黄议案现正誊写先将案由列单送上请查照由（第二五六号九月十五日）
来源：河北建设公报
时间：1933
卷期：第 5 卷第 12 期　页码：101—103
类型：公函

标题：代电（第四五二号　九月十五日）
提要：代电黄河河务局孙局长关于黄河漫掘各口堵筑工程应商承黄河水委会派员主持妥办中央及各省往来办理工务振灾人员并应随时协助保护仰即遵照办理由
来源：河北建设公报
时间：1933
卷期：第 5 卷第 12 期　页码：103—104，16
类型：电报

标题：代电（第四五三号　九月十五日）
提要：代电长县张县长濮阳县张县长东明县信县长关于黄河各口堵筑工程事宜并中央及各省往来办理工务赈灾人员应由县随时协助保护仰即遵照办理由
来源：河北建设公报
时间：1933
卷期：第 5 卷第 12 期　页码：104，16
类型：电报

标题：黄河含泥量特性之研究
作者：朱廷平
来源：河北建设公报
时间：1933
卷期：第 5 卷第 12 期　页码：126—136
类型：论文

标题：国内之部
提要：八月二月六日，黄河东明决口
来源：长风（上海1933）
时间：1933
卷期：第 1 卷第 1 期　页码：43—44
类型：记事

标题：黄河水灾与黄河水利
提要：八月二十八日在国府纪念周报告
作者：邵元冲
来源：建国月刊（上海）
时间：1933
卷期：第 9 卷第 3 期　页码：1—6
类型：报告

标题：黄河畔之民众
提要：去岁江水为灾，今年黄河泛滥，灾象又成，事前不加防备，灾成后始奔走召集商议防泛办法；开封西北黄河黑岗口河水泛滥冲坍河岸之情形；受殃民众，无处诉苦，惟有呼天，下图为黄河泛滥后纷往龙王庙进香之拥挤情形，其行虽愚，其情至堪悯也；西关之防御工作；
河水泛滥，人民加筑新堤；黄河桥南岸，乡民掘去泥土数尺，以利水流（过志杰赠）；黑岗口农民之抢险工作
作者：马骥超
来源：良友
时间：1933
卷期：第 80 期　页码：5
类型：照片

标题：国内杂事
提要：黄河泛滥，沿河各地告急，上为

黄河防汛会议开幕摄影
黄河防汛会委员长李仪祉（左）
及副委员长汪庆梅
作者：国际摄影新闻社
来源：良友
时间：1933
卷期：第 80 期　页码：17
类型：照片

标题：黄河水利会咨询万总铎
来源：公教周刊
时间：1933
卷期：第 232 期　页码：14
类型：记事

标题：青海考察鳞爪
提要：黄河上游农家用以灌溉之水车
作者：顾执中
来源：中华（上海）
时间：1933
卷期：第 22 期　页码：9
类型：记事

标题：行政院决议六省联合防堵黄河泛滥
来源：海外月刊
时间：1933
卷期：第 13 期　页码：92
类型：新闻

标题：关于本省黄河水灾事项纪要（附图、表）
作者：陈铁卿
来源：河北月刊
时间：1933
卷期：第 1 卷第 9 期　页码：1—15
类型：纪要

标题：省政府训令
提要：为黄河水势暴涨迭遭巨患仰克期在潼关设立黄河水标站随时将河水涨落情形报府备查并将办理情形具覆察夺由
来源：陕西水利月刊
时间：1933
卷期：第 1 卷第 9 期　页码：16
类型：训令

标题：呈省政府
为呈覆奉令在潼关设立黄河水标站所需经临各费应由何项开支请核示由
来源：陕西水利月刊
时间：1933
卷期：第 1 卷第 9 期　页码：18—19
类型：呈文

标题：呈省政府
为呈请拟在潼关改设黄河流量站该流量站暨渭河四水标站所需各费均由导渭专款项下开支请核示由
来源：陕西水利月刊
时间：1933
卷期：第 1 卷第 9 期　页码：19
类型：呈文

标题：呈省政府
为呈覆奉令妥拟行政院电据河南省政府电陈黄河泛溢情形经决议陕豫燕鲁皖苏各省联合防堵一案防堵办法请鉴核由
来源：陕西水利月刊
时间：1933
卷期：第 1 卷第 9 期　页码：19—20
类型：呈文

标题：训令引洛工程处
提要：为奉省令饬在潼关设立黄河水标站饬即遵照派员前往安设测载具复备查由
来源：陕西水利月刊
时间：1933
卷期：第1卷第9期　**页码**：24
类型：训令

标题：黄河问题
作者：李赋都
来源：陕西水利月刊
时间：1933
卷期：第1卷第9期　**页码**：35—46
类型：论文

标题：山东省政府二十二年九月份行政报告
提要：（六）建设：三、水利：（甲）派员参加黄河水利委员会第一次大会
来源：山东省政府行政报告
时间：1933
卷期：9月　**页码**：3
类型：报告

标题：山东省政府训令令各厅局、县市政府（中华民国二十二年九月十四日）
提要：奉行政院令为黄河水利委员会暂归行政院指挥监督一案仰知照由
作者：韩复榘
来源：山东省政府公报
时间：1933
卷期：第251期　**页码**：15，2
类型：训令

标题：山东省政府训令（实字第九三九号　中华民国二十二年九月）
提要：令民政厅、财政厅、建设厅、河务局
奉行政院令为黄河暴涨一案应由黄河水利委员会召集陕豫鲁冀苏皖六省黄河防泛会议一案仰知照由
作者：韩复榘
来源：山东省政府公报
时间：1933
卷期：第251期　**页码**：17—18，3
类型：训令

标题：山东省政府训令（实字第九五二四号　中华民国二十二年九月）
提要：令建设厅、河务局
为介知事案准，国民政府黄河水利委员会第二一五号函开案查本会所订办理黄河下游堤防善后规程业经函达在案兹呈奉
作者：韩复榘
来源：山东省政府公报
时间：1933
卷期：第251期　**页码**：27—28
类型：训令

标题：山东省政府公函（实字第一七八五号　中华民国二十二年九月二十日）
提要：径复者案准，贵会第二一五号公函为本会所订办理黄河下游堤防善后规程已呈奉
作者：韩复榘
来源：山东省政府公报
时间：1933
卷期：第251期　**页码**：40—41
类型：公函

标题：黄河水利委员会组织法（二十二年七月七日国府公布，业经通令知照）
来源：湖北省政府公报
时间：1933
卷期：第 30 期　页码：25—26
类型：法规

标题：中外大事记（自四月十一日至八月三十一日止）
提要：国内
　　　（一）黄河决口
作者：冰森
来源：再生
时间：1933
卷期：第 2 卷第 1 期　页码：1—7
类型：新闻

标题：世界最大工程之一
提要：黄河铁桥模型
来源：北平交大周刊
时间：1933
卷期：第 1 期　页码：4
类型：照片

标题：黄河利病与江苏
作者：吴钊
来源：复兴月刊
时间：1933
卷期：第 2 卷第 2 期　页码：94—105
类型：论文

标题：国内时事
提要：泛滥之黄河
来源：东方杂志
时间：1933
卷期：第 30 卷第 19 号　页码：1 页
类型：照片

标题：南方论坛
提要：天灾乎？人祸乎？
　　　最近黄河之水灾
作者：皓鸣
来源：南方杂志（南宁）
时间：1933
卷期：第 2 卷第 7 期　页码：4—5
类型：论文

标题：（右）黄河灾区一瞥，被淹村庄居民群集圩上避难
作者：新声社
来源：图画时报
时间：1933
卷期：第 967 号　页码：1
类型：照片

标题：山西陕西间黄河之地文发育史
作者：王竹泉　林莲夫
来源：地理杂志
时间：1933
卷期：第 6 卷第 10 期　页码：45—47
类型：论文

标题：风灾及水灾
提要：下列四图为此次黄河决口在济南时所摄
作者：艺华新闻摄影社
来源：中华月报
时间：1933
卷期：第 1 卷第 8 号　页码：1 页
类型：照片

标题：上海市筹赈黄河水灾游艺会在大世界举行开幕礼

提要：中间者为褚民谊氏
来源：东方杂志
时间：1933
卷期：第 30 卷第 19 号　　页码：1 页
类型：国内时事
类型：照片

标题：铁道部选派本届土木毕业生朱庆玉等十名赴黄河水利委会工作
提要：令饬本校备具公函分发该生等持函赴开封该会报到
来源：南洋友声
时间：1933
卷期：第 26 期　　页码：25—26
类型：记事

标题：上海市教育局训令（教字第一二三三〇号）
提要：令本局所属各机关（不另行文）为奉令转抄黄河水灾救济委员会章程由
作者：潘公展
来源：上海市教育局教育周报
时间：1933
卷期：第 211 期　　页码：8—9
类型：训令

标题：温县黄灾
提要：河南温县，南滨黄河，本年七月，河水大发，至八月九日夜间，突堤围城，县之南部，尽成泽国，淹没田禾一千九百余顷，倒塌房屋二万四千余间，被灾人民二万余人，死亡数百，灾民露宿风餐，睹此摄影，即见灾情之一般矣。
作者：吴博九
来源：国闻周报

时间：1933
卷期：第 10 卷第 39 期　　页码：1 页
类型：照片

标题：国民政府黄河水灾救济委员会章程（二十二年九月十三日行政院令颁）
来源：浙江省政府公报
时间：1933
卷期：第 1941 期　　页码：4—5
类型：法规

标题：浙江省政府训令（秘字第一三四五〇号　中华民国二十二年九月二十七日）
提要：令民政厅、浙江振务会
　　　奉行政院令发黄河水灾救济委员会章程仰知照由
作者：鲁涤平
来源：浙江省政府公报
时间：1933
卷期：第 1941 期　　页码：2
类型：训令

标题：黄河水利会开幕
来源：民众周刊（济南）
时间：1933
卷期：第 5 卷第 38 期　　页码：11
类型：新闻

标题：国民政府指令（第一八二二号二十二年十月二日）
提要：令行政院
　　　呈为该院第一二六次会议决议在黄河水灾救济委员会存在期间黄河水利委员会应受其指挥监督呈请备案由

作者：林森　汪兆铭
来源：国民政府公报（南京1927）
时间：1933
卷期：第1251号　页码：19
类型：指令

标题：黄河大水泛滥五省记
提要：河北山东的灾区惨状（未完）
来源：红色中华
时间：1933
卷期：第115期　页码：3
类型：记事

标题：浙江省政府训令（秘字第一三七〇九号　中华民国二十二年九月三十日）
提要：令民政厅、建设厅、浙江振务会
奉行政院令为本院第一二次会议决议在黄河水灾救济委员会存在期间黄河水利委员会应受其指挥监督令仰知照等因仰知照由
作者：鲁涤平
来源：浙江省政府公报
时间：1933
卷期：第1943期　页码：4—5
类型：训令

标题：财政部训令（总字第九七九六号　二十二年九月二十七日）
提要：令部属各机关
奉令抄发黄河水灾救济委员会章程仰即转饬知照
来源：财政日刊
时间：1933
卷期：第1668号　页码：1—2
类型：训令

标题：黄河大水泛滥五省记
提要：水流故道直灌江苏，这是谁造成的灾祸
作者：质娥
来源：红色中华
时间：1933
卷期：第116期　页码：4
类型：记事

标题：山东省政府训令（民字第九四五八号　中华民国二十二年九月二十二日）
提要：令各厅、各县政府、济南市政府、省会公安局
奉行政院令为国府特派宋子文等为黄河水灾救济委员会委员并指定宋为委员长一案仰知照出
作者：韩复榘
来源：山东省政府公报
时间：1933
卷期：第252期　页码：15—16，2
类型：训令

标题：山东省政府训令（实字第九五八五号　中华民国二十二年九月二十二日）
提要：令民政厅、建设厅、河务局、沿黄河各县政府
奉行政院令为豫冀鲁三省沿河各县长关于河防事务须受该省区工程处指挥办理一案仰遵照由
作者：韩复榘
来源：山东省政府公报
时间：1933
卷期：第252期　页码：16—17，3
类型：训令

标题：山东省政府训令（实字第九八〇八号　中华民国二十二年九月二十六日）
提要：令建设厅、河务局
准黄河水利委员会咨请查照黄河防汛会议案第三案各项分别办理一案仰遵办由
作者：韩复榘
来源：山东省政府公报
时间：1933
卷期：第 252 期　页码：22—23，3
类型：训令

标题：山东省政府公函（民字第一七七二号　中华民国二十二年九月十八日）
提要：奉行政院长电关于黄河水灾赈济事宜决议六项请查照由
作者：韩复榘
来源：山东省政府公报
时间：1933
卷期：第 252 期　页码：38—39，4
类型：公函

标题：国民政府黄河水灾救济委员会章程
来源：江西省政府公报
时间：1933
卷期：第 64 期　页码：37—38
类型：法规

标题：江西省政府训令（法字第八九〇号　廿二年九月廿九日）
提要：令民政厅、省赈务会
令发国民政府黄河水灾救济委员会章程
来源：江西省政府公报
时间：1933
卷期：第 64 期　页码：62—63
类型：训令

标题：江西省政府训令（民字第一〇三〇六号　廿二年九月卅日）
提要：令各厅署县及赈务会
令知中央设立黄河水灾救济委员会（并拨巨帑办理急赈）
来源：江西省政府公报
时间：1933
卷期：第 64 期　页码：72
类型：训令

标题：黄河水灾续记
提要：黄河之渡船；
用麻袋柳梢抢成之险工在黄河桥附近；
河务局抢险情形；
鲁西各县片汪洋；
山东河务局长张连用在险口监工情形
作者：陈嘉震
来源：新中华
时间：1933
卷期：第 1 卷第 19 期　页码：13
类型：记事

标题：黄河上游
提要：行驶黄河上游之七站船；
石子嘴宁夏绥远间黄河之重要码头；
托县境内之黄河；
河套晚霞；
石嘴子黄河之行舟；
行驶包头宁夏间之汽轮现已毁废
来源：新中华
时间：1933
卷期：第 1 卷第 19 期　页码：14

类型：照片

标题：上海市政府电（第三一四号）
提要：为陷电奉悉已成立上海各慈善团体筹募黄河水灾联合会希察照由
来源：上海市政府公报
时间：1933
卷期：第 137 期　页码：106
类型：电报

标题：车务处通饬（第二八〇号　中华民国二十二年十月七日）
提要：奉令救济黄河水灾振品工料经部饬运者予以免费由
来源：胶济日刊
时间：1933
卷期：第 849 期　页码：7
类型：呈文

标题：国民政府指令（第一八六三号二十二年十月九日）
提要：令黄河水利委员会
　　　呈送该会委员长副委员长及委员就职宣誓誓词祈鉴核备案由
作者：林森
来源：国民政府公报（南京1927）
时间：1933
卷期：第 1258 号　页码：6
类型：指令

标题：今年黄河水量超过历年最高水位
来源：黄县民友
时间：1933
卷期：第 1 卷第 36 期　页码：16
类型：记事

标题：实业部训令（总字第七八八八号中华民国二十二年九月二十三日）
提要：令附属各机关
　　　奉院令前据黄河水灾救济委员会呈拟该会章程经提会决议通过并经呈国府令准备案令行知照一集令仰知照由
作者：陈公博
来源：实业公报
时间：1933
卷期：第 144 期　页码：18
类型：训令

标题：国民政府黄河水灾救济委员会章程（二十二年九月八日行政院转呈国府备案）
来源：实业公报
时间：1933
卷期：第 144 期　页码：40
类型：法规

标题：本校毕业同学参与黄河水利工作由铁道部选派
来源：北平交大周刊
时间：1933
卷期：第 3 号　页码：2
类型：记事

标题：山东省政府教育厅训令第三七八八号（不另行文）
提要：令省立各学校、教育机关、私立齐鲁大学等
　　　奉令饬知国府以黄河水灾特组织救济委员会并拨国币四百万元为急赈之用等因令仰知照由
来源：山东教育行政周报
时间：1933
卷期：第 259 期　页码：4

类型：训令

标题：会呈省政府呈为会呈核议导淮委员会接管豫省废黄河西段公地请先予同意一案固与本省奉行整理土地各要政诸多窒碍拟请转咨暂从缓议（九月十六日）
来源：河南财政季刊
时间：1933
卷期：第 3 期　页码：292—293
类型：呈文

标题：大事日志（九月一日至三十日）
提要：九月一日
　　　黄河水利委员会在京成立
来源：行健月刊
时间：1933
卷期：第 3 卷第 4 期　页码：200—202
类型：记事

标题：国民政府黄河水灾救济委员会章程
来源：湖南省政府公报
时间：1933
卷期：第 164 号　页码：10
类型：法规

标题：湖南省政府训令（秘法字第五九五五号　中华民国二十二年十月）
提要：令民政厅、财政厅、建设厅等抄发黄河水灾救济委员会章程仰饬属知照由
作者：何键　曹伯闻
来源：湖南省政府公报
时间：1933
卷期：第 164 号　页码：63，5
类型：训令

标题：黄河漫决
提要：村庄被淹惨状；
　　　河南温县水灾惨重住屋坍塌牲畜漂流；
　　　灾民无处栖身架木为巢群集其上情形至惨；
　　　山东巨野县城四面皆水城外损失殆尽城内亦多被淹没
来源：图画晨报
时间：1933
卷期：第 69 期　页码：1
类型：照片

标题：黄河漫决
提要：昔日繁华之村镇今成泽国矣；
　　　河北东明县乡村多被淹没（附照片）；
　　　长垣县城四面皆水城内仅现高早数处损失之巨难以数计；
　　　河南长垣东岸决口附近一带受灾最重一片汪洋茫无涯际惟见柳梢及断续不全之提面而已
来源：图画晨报
时间：1933
卷期：第 69 期　页码：2
类型：记事

标题：黄河漫决
提要：去年新做之塘未受影响；
　　　土塘被冲惟见木椿林立；
　　　抢险工作；
　　　土塘全部被冲；
　　　旧做水泥塘被冲坏一部份
来源：图画晨报
时间：1933
卷期：第 69 期　页码：4
类型：照片

标题：尽成泽国之长垣县城
作者：黄河水灾救济会
来源：新天津画报
时间：1933
卷期：第 8 期　页码：1
类型：照片

标题：暹侨界组织黄河水灾筹赈会
来源：华侨半月刊
时间：1933
卷期：第 33 期　页码：26
类型：新闻

标题：黄河之水
作者：若婴
来源：人文（上海1930）
时间：1933
卷期：第 4 卷第 8 期　页码：8
类型：评论

标题：上海筹赈黄河水灾游艺大会开幕
来源：申报月刊
时间：1933
卷期：第 2 卷第 10 号　页码：1 页
类型：新闻

标题：黄河泛滥洪水退后之灾况一斑
作者：陈嘉震
来源：申报月刊
时间：1933
卷期：第 2 卷第 10 号　页码：1 页
类型：新闻

标题：黄河水灾
提要：兰封西北部决口后之黄河；
　　　（上）黄河防泛会议在京开会：中坐者李仪祉氏；
　　　长垣西岸决口多处；
　　　考城决口处；
　　　巨野县城之惨景；
　　　兰封决口处；
　　　东明县西被水淹没之乡村；
　　　被浸后之考城；
　　　皆成泽国之长垣县城及其乡村；
　　　考城西乡之沃野尽成沙墟
来源：东方杂志
时间：1933
卷期：第 30 卷第 20 号　页码：1 页
类型：照片

标题：巴维利亚之模型黄河
来源：新世界
时间：1933
卷期：第 31 期　页码：48
类型：记事

标题：中国佛教会筹济黄河水灾
来源：佛学半月刊
时间：1933
卷期：第 65 期　页码：12
类型：记事

标题：训令（第五一四零号　中华民国二十二年十月三日）
提要：令全省各县县长、济南市市长、烟台龙口公安局局长等
　　　奉省政府令以奉行政院组织黄河水灾救济委员会仰知照由
作者：李树春
来源：山东民政公报
时间：1933
卷期：第 170 期　页码：13—14
类型：训令

标题：江西省政府训令（建字第四三三六号　廿二年十月十一日）
提要：令建设厅
　　　　令知黄河水灾救济委员会存在期间黄河水利委员会应受其指挥监督
来源：江西省政府公报
时间：1933
卷期：第 65 期　**页码**：71—72
类型：训令

标题：黄河治本研究（附图）
作者：陈志定
来源：政治评论
时间：1933
卷期：第 72/73 号　**页码**：708—721
类型：论文

标题：黄河水患之探究及今后之治导问题（附图）
作者：胡鸣龙
来源：政治评论
时间：1933
卷期：第 72/73 号　**页码**：722—734
类型：论文

标题：黄河水患之原因及治导方法
作者：张质君
来源：政治评论
时间：1933
卷期：第 72/73 号　**页码**：744—751
类型：论文

标题：防治黄河刍议
作者：刘怡生
来源：政治评论
时间：1933
卷期：第 72/73 号　**页码**：773—780

类型：论文

标题：黄河水患之根本对策（附图）
作者：胡景钟
来源：政治评论
时间：1933
卷期：第 72/73 号　**页码**：781—783
类型：论文

标题：治理黄河水灾的管见
作者：陆贯一
来源：政治评论
时间：1933
卷期：第 72/73 号　**页码**：787—790
类型：论文

标题：黄河之研究
作者：吴仁杰
来源：政治评论
时间：1933
卷期：第 72/73 号　**页码**：794—797
类型：论文

标题：我之治黄河刍议
作者：卢受知
来源：政治评论
时间：1933
卷期：第 72/73 期　**页码**：798—799

标题：山东省政府训令（实字第一〇二〇号　中华民国二十二年十月七日）
提要：令建设厅、河务局
　　　　奉行政院令加派苏皖两省建设厅厅长为黄河水利委员会当然委员仰知照由
作者：韩复榘

来源：山东省政府公报
时间：1933
卷期：第 254 期　**页码**：11—12，2
类型：训令

标题：山东省政府指令（铨字第一六九〇九号　中华民国二十二年十月三日）
提要：令黄河下游堤防第三临时区工程处处长
　　　　呈一件为奉黄河水利委员会令派为下游堤防第三区工程处处长并启用关防日期请鉴核备案由
作者：韩复榘
来源：山东省政府公报
时间：1933
卷期：第 254 期　**页码**：22
类型：指令

标题：山东省政府公函（实字第一九七八号　中华民国二十二年十月十一日）
提要：据范县廖桥捻工局捻长等电请拨款速饬河北省堵筑长垣县黄河决口一案请查照由
作者：韩复榘
来源：山东省政府公报
时间：1933
卷期：第 254 期　**页码**：36，4
类型：公函

标题：黄河水利委员会视察黄河漫决情形摄影
提要：（上）考城决口之水势；
　　　　（上）考城附近之灾况；
　　　　（上）水围中之巨野城；
　　　　（上）兰封决口情形

来源：农村复兴委员会会报
时间：1933
卷期：第 5 号　**页码**：6
类型：照片

标题：黄河水利委员会视察黄河漫决情形摄影
提要：（上）已成泽国之长垣县城；
　　　　（上）长垣县东岸决口后扑奔东明之水势；
　　　　（上）水围中之东明县城；
　　　　（上）东明县西被淹之村落
来源：农村复兴委员会会报
时间：1933
卷期：第 5 号　**页码**：7
类型：照片

标题：陕西农村状况
提要：交通
　　　　上、黄河渡船（葭县总镇）
来源：农村复兴委员会会报
时间：1933
卷期：第 5 号　**页码**：13
类型：照片

标题：（八）国民政府黄河水灾救济委员会章程（二十二年九月四日行政院第一二四次会议通过，二十二年九月八日国民政府备案）
来源：农村复兴委员会会报
时间：1933
卷期：第 5 号　**页码**：26—27
类型：法规

标题：山东省政府训令（实字第一〇四七五号　中华民国二十二年十月十四日）

提要：令建设厅、河务局
准黄河水灾救济委员会电请保护工程人员及运输材料等项仰知照由
作者：韩复榘
来源：山东省政府公报
时间：1933
卷期：第 255 期　**页码**：13，2
类型：训令

标题：山东省政府公函（实字第二〇一九号　中华民国二十二年十月十四日）
提要：为函送建设厅勘占培修黄河堤岸整理埽坝及疏治黄河主要支流各项工款请核办由
作者：韩复榘
来源：山东省政府公报
时间：1933
卷期：第 255 期　**页码**：36—37，5
类型：公函

标题：黄河水灾
摘要：黄河水灾逃亡之难民
作者：天津华北新闻影片社
来源：良友
时间：1933
卷期：第 81 期　**页码**：21
类型：照片

标题：黄河水灾
提要：筹赈黄河水灾游艺会，假大世界举行。下图为开会典礼中主席褚民谊氏报告时情形
作者：申报新闻摄影社
来源：良友
时间：1933
卷期：第 81 期　**页码**：21
类型：照片

标题：河北省教育厅便函（第三三零号　中华民国二十二年十月十四日）
提要：为黄河决口长垣东明濮阳三县受灾奇重希捐款送厅汇转由
来源：河北教育公报
时间：1933
卷期：第 6 卷第 30 号　**页码**：65—66，9
类型：公函

标题：补白
提要：本年黄河大水，开封发一电云："十六日午后三时许，黑岗大溜忽滚，南岸势颇汹猛，致一二三人字壩均冲陷，经抢护，六时始筑竣一壩，余在赶抛蛮石中。滑县县长电省赈会称，黄河灌注，一二三四五六七八各区，水横五十余里，纵百余里，深丈或数尺不等，村庄被淹六百余，全塌二百余，水势有涨无减，村区成泽国，老弱饱鱼腹，少壮攀树登屋，因救生船少，相继落水戕生。"
来源：精诚杂志
时间：1933
卷期：第 1 卷第 6—7 期　**页码**：303
类型：电报

标题：黄河问题
提要：1. 渠尾操纵水位活动堰（第 II 试验）；
2. 含溢水槽之水箱，出渠之水用抽水机抽入箱内，水由箱经量水闸流入回水渠，由回水渠仍流入渠内；
3. 测量横断面之设备；

4. 第Ⅱ试验以前之河床，由渠之中部观望渠之尾端，左边为回水渠；

5. 第Ⅱ试验：第1模型年，低水流过之情势；

6. 第Ⅱ试验：第3模型年流后河床之形势；

7. 第Ⅲ试验以前之河床；

8. 第Ⅲ试验：由中水涨至高水时河水出槽之情势；

9. 第Ⅲ试验夜景；

10. 第Ⅲ试验高水流过之情势；

11. 第Ⅲ试验：第三模型年后河床之形势

来源：华北水利月刊
时间：1933
卷期：第6卷第9/10期　**页码**：1—6
类型：照片

标题：黄河问题（未完）（附照片、图表）
作者：李赋都
来源：华北水利月刊
时间：1933
卷期：第6卷第9/10期　**页码**：44—77
类型：论文

标题：函黄河水利、导淮委员会：为本会第十八次委员会议李委员仪祉提议黄河华北导淮三委员会合作办法决议修正通过照录办法函征同意请查核见复由（中华民国二十二年九月二十三日）
来源：华北水利月刊
时间：1933
卷期：第6卷第9/10期　**页码**：100—101
类型：公函

标题：黄河水利委员会代电（中华民国二十二年九月七日）
提要：电达九月二十五日在汴举行全体委员就职典礼即于二十六日召开第一次大会请派员参加由
来源：华北水利月刊
时间：1933
卷期：第6卷第9/10期　**页码**：101
类型：电报

标题：代电黄河水利委员会
提要：贵会全体委员就职典礼并第一次大会本会派李委员书田代表参加由（中华民国二十二年九月十三日）本会暨前顺直水利委员会已往关于黄河工作之简要报告
作者：华北水利委员会
来源：华北水利月刊
时间：1933
卷期：第6卷第9/10期　**页码**：101—107
类型：电报

标题：华北水利委员会第十八次大会议事录
提要：附重要报告及提案
报告奉令派员查勘河北五大河及黄河堤防、报告宁夏至河曲黄河河道查勘竣事
来源：华北水利月刊
时间：1933
卷期：第6卷第9/10期　**页码**：115—117
类型：纪要

标题：华北水利委员会第十八次大会议事录
提要：附重要报告及提案
提议拟具黄河华北导淮三委员会合作办理请公决施行案

作者：李仪祉
来源：华北水利月刊
时间：1933
卷期：第 6 卷第 9/10 期　页码：118
类型：提案

标题：调查报告
提要：查勘冀豫黄河流域堤防报告（附表）
作者：许宝农
来源：华北水利月刊
时间：1933
卷期：第 6 卷第 9/10 期　页码：143—148
类型：报告

标题：二十二年八九月份水利新闻
提要：两月来黄河水灾及救济工作
来源：华北水利月刊
时间：1933
卷期：第 6 卷第 9/10 期　页码：149—160
类型：新闻

标题：呈复省政府奉令据长垣东明濮阳等县电报因黄河溃决受灾奇重等情经会议决派员散放急赈仰遵照办理具报等因谨将遵办情形具文呈复鉴核由（二十二年九月）
来源：河北民政刊要
时间：1933
卷期：第 22 号　页码：2—3
类型：呈文

标题：咨建设厅准代电报据黄河河务局电报河水泛滥灾情极惨应如何转电速筹急振等情已电令抢堵嘱查照办理等因兹将筹振情形咨复查照由（二十二年九月）
来源：河北民政刊要
时间：1933
卷期：第 22 号　页码：3—4
类型：咨文

标题：（甲）省政府委员会会议本厅提案
提要：报告据黄河水灾救济会代表李一非等陈述救济长濮东三县水灾意见请公决案（民国二十二年九月十日，省政府委员会第四七四次会议）
作者：魏鉴
来源：河北民政刊要
时间：1933
卷期：第 22 号　页码：5—12
类型：议案

标题：指令东明县县政府代电报告黄河溃决县境被淹抢修城堤拟设振务分会恳请急振各情形由（廿二年九月）
来源：河北民政刊要
时间：1933
卷期：第 22 号　页码：7
类型：指令

标题：（甲）省政府委员会会议本厅提案（民国二十二年九月二十二日　省政府委员会第四七五次会议）
提要：提议召集东长濮三县灾区代表李一非等共同拟具河北省黄河水灾救济委员会组织章程请公决案
作者：魏鉴
来源：河北民政刊要
时间：1933
卷期：第 22 号　页码：12—15
类型：议案

标题：（甲）省政府委员会会议本厅提案
提要：提议本省黄河水灾救济委员会经费开支办法请公决案（民国二十二年九月二十二日，省政府委员会第四七五次会议）
作者：魏鉴
来源：河北民政刊要
时间：1933
卷期：第22号　**页码**：15—16
类型：议案

标题：（甲）省政府委员会会议本厅提案
提要：报告本省黄河水灾救济委员会议议决先由省垫款拨振东长濮三县灾区请公决案（民国二十二年九月二十九日，省政府委员会第四七七次会议）
作者：魏鉴
来源：河北民政刊要
时间：1933
卷期：第22号　**页码**：16—20
类型：议案

标题：黄河水利委员会办理黄河下游堤防善后规程（二十二年九月四日呈奉行政院指令备案九月十一日到府）
来源：河南民政月刊
时间：1933
卷期：第9期　**页码**：16—17
类型：法规

标题：公函第四区行政督察专员公署（第五一六号　九月二日）
提要：准咨呈据武陟县会委查报勘明被黄河水灾情形转请振济一案已呈报省政府并函振务会核办函复查照并转饬该县依例勘灾呈核由
来源：河南民政月刊
时间：1933
卷期：第9期　**页码**：45—46
类型：公函

标题：指令武陟县政府（第四四七二号九月五日）
提要：呈报黄河暴涨漫淹成灾督饬抢堵各情形并乞续发赈款用石坚修堤坝及请减免漕粮滩租由
来源：河南民政月刊
时间：1933
卷期：第9期　**页码**：49
类型：指令

标题：训令武陟县政府（第一一三四号九月廿三日）
提要：奉省政府指令据呈该县呈报黄河水涨成灾并乞续赈多发石方请减免粮租一案已据呈指令等因仰即知照并应遵前次指饬迅即依例勘灾报核由
来源：河南民政月刊
时间：1933
卷期：第9期　**页码**：48
类型：训令

标题：呈河北省政府据长垣县长呈报据情转请俯准迅予堵修黄河各口等情理合具文呈请鉴核转电黄河水灾救济委员会提前修堵文（十月十九日）
作者：林成秀
来源：河北建设公报
时间：1933
卷期：第6卷第1期　**页码**：1

类型：呈文

标题：河北省政府建设厅令（第一五二号　十月十二日）
提要：令各河河务局
奉省政府转奉行政院令各河务局嗣后关于工赈事件应受黄河水灾救济委员会指挥等因仰即遵照由
作者：林成秀
来源：河北建设公报
时间：1933
卷期：第6卷第1期　**页码**：13
类型：命令

标题：河北省政府建设厅令（第一五三二号　十月十三日）
提要：令各河河务局
奉省令奉令派宋子文等为黄河水灾救济委员会委员并指定委员长一案转行知照由
作者：林成秀
来源：河北建设公报
时间：1933
卷期：第6卷第1期　**页码**：13—14
类型：命令

标题：河北省政府建设厅令（第一五三三号　十月十三日）
提要：令各河河务局
奉省令在黄河水灾救济委员会存在期间黄河水利委员会应受其指挥监督等因仰知照由
作者：林成秀
来源：河北建设公报
时间：1933
卷期：第6卷第1期　**页码**：14—15
类型：命令

标题：河北省政府建设厅令（第五五七二号　十月二十一日）
提要：令濮阳县长张恒懋
呈一件呈报黄河决口本县受灾暨办理护堤救济各情形请鉴核备案由
作者：林成秀
来源：河北建设公报
时间：1933
卷期：第6卷第1期　**页码**：31
类型：命令

标题：电（第四七五号　十月二十日）
提要：濮阳县南街广义成转瀍头镇黄河河务局孙局长览：案查堵筑漫口，必须增修大堤等工一案，前于微日，由局电达上海黄河水灾救济委员会工振组周主任请力予主持在案
来源：河北建设公报
时间：1933
卷期：第6卷第1期　**页码**：44
类型：电报

标题：电（第四八三号　十月二十四日）
提要：濮阳县转广义成送黄河河务局孙局长孙监防委员安稽核专员同览，查该河防汛日期，自七月一日起，至十月底止，现在河水稍落，泛期将满，亟应循例撤防，但撤防以后，各河堤段，仍应由该局长严饬工巡段，加意巡查，认真防护，不得稍涉疏懈，仰将撤防日期，连同防泛物料器俱四柱清册，计算书薄等项，克日呈厅，以凭核办，毋得延误为要。
来源：河北建设公报
时间：1933

卷期：第 6 卷第 1 期　页码：53—54
类型：电报

标题：山东黄河总分段工防图
来源：山东省建设月刊
时间：1933
卷期：第 3 卷第 10 期　页码：11
类型：图片

标题：山东省政府建设厅训令（第四二四三号　九月二十五日）
提要：令定陶嘉祥菏泽巨野、城武济宁单县鱼台金乡县政府
为令知事：查豫冀黄河决口。
作者：张鸿烈
来源：山东省建设月刊
时间：1933
卷期：第 3 卷第 10 期　页码：116
类型：训令

标题：山东境内黄河险工长度暨埽坝段数一览表
来源：山东省建设月刊
时间：1933
卷期：第 3 卷第 10 期　页码：157—164
类型：图表

标题：山东境内黄河拟估修培堤坝工程暨需款数目清单
来源：山东省建设月刊
时间：1933
卷期：第 3 卷第 10 期　页码：164
类型：图表

标题：本省建设要闻（二十二年十月份二十件）
提要：建设厅计划疏浚黄河主要支流

来源：山东省建设月刊
时间：1933
卷期：第 3 卷第 10 期　页码：171—172
类型：新闻

标题：各省建设要闻（二十二年十月份三十四件）
提要：黄河水利会派员从事全河测量
来源：山东省建设月刊
时间：1933
卷期：第 3 卷第 10 期　页码：200
类型：新闻

标题：国民政府黄河水灾救济委员会章程
来源：河北建设公报
时间：1933
卷期：第 6 卷第 1 期　页码：55—56
类型：法规

标题：黄河提案
来源：河北建设公报
时间：1933
卷期：第 6 卷第 1 期　页码：103—114
类型：提案

标题：黄河堵口善后工程需款五百余万元工程处呈省核办
来源：河北建设公报
时间：1933
卷期：第 6 卷第 1 期　页码：166—167
类型：新闻

标题：黄河最近决口之因果及其救济
作者：朱延平
来源：浙江省建设月刊
时间：1933
卷期：第 7 卷第 4 期　页码：5—12

类型：论文

标题：编后
提要：今秋黄河决口，豫冀等省，受灾颇重，损失浩大，全国上下，纷议救济
作者：斌咸
来源：浙江省建设月刊
时间：1933
卷期：第 7 卷第 4 期　页码：6
类型：记事

标题：营造黄河水源涵养森林
提要：为整治黄河治本政策之一
作者：杨兴烈
来源：浙江省建设月刊
时间：1933
卷期：第 7 卷第 4 期　页码：13—16
类型：记事

标题：训令所属各机关（总字第一五四六八号　中华民国二十二年九月）
提要：奉行政院令发黄河水灾救济委员会章程合行抄发令仰知照由
作者：汪兆铭
来源：外交部公报
时间：1933
卷期：第 6 卷第 3 号　页码：83—85
类型：训令

标题：冀鲁豫黄河沿岸各县水灾情形总图（民国二十二年九月）
作者：中国华洋义赈救灾总会调查
来源：救灾会刊
时间：1933
卷期：第 11 卷第 1 期　页码：1 页
类型：图表

标题：水灾报告
提要：本年黄河浩大之初本会最初所接之电报系八月十五日山东曹州府（即菏泽县）福音会包志礼君及天主教万神父所发之电报（附表）
来源：救灾会刊
时间：1933
卷期：第 11 卷第 1 期　页码：1—2
类型：报告

标题：平汉铁路管理委员会工作报告（二十二年八月份）
提要：二、工作实施事项：（丙）工务事项：一、抢护黄河铁桥
来源：铁路月刊（平汉线）
时间：1933
卷期：第 42 期　页码：51
类型：报告

标题：雍司铎关心黄河
提要：为濮阳长垣募捐
来源：公教周刊
时间：1933
卷期：第 234 期　页码：11—13
类型：记事

标题：怒吼吧中国
提要：参加黄河水灾赈济会义务演唱平剧之德国小姐雍竹君女士华装留影
作者：守维
来源：良友
时间：1933
卷期：第 81 期　页码：14
类型：照片

标题：黄河水灾
提要：大溜激流时之状况

作者：陈嘉震
来源：良友
时间：1933
卷期：第 81 期　页码：21
类型：照片

标题：黄河水灾
提要：以石料及麻袋建筑之大堤
作者：陈嘉震
来源：良友
时间：1933
卷期：第 81 期　页码：21
类型：照片

标题：黄河水灾
提要：滦口桥之近影
作者：天津华北新闻影片社
来源：良友
时间：1933
卷期：第 81 期　页码：21
类型：照片

标题：笺函黄河水利委员会（二十二年九月十四日）
提要：函寄职员录由
来源：海军公报
时间：1933
卷期：第 52 期　页码：295，27
类型：笺函

标题：黄河（附图）
作者：臻郊
来源：中学生
时间：1933
卷期：第 38 期　页码：1—21
类型：记事

标题：豫冀两省黄河决口之回顾与前瞻
作者：朱延平
来源：水利
时间：1933
卷期：第 5 卷第 4 期　页码：6—13
类型：论文

标题：河南省黄河防汛会议
来源：河南政治
时间：1933
卷期：第 3 卷第 9 期　页码：1—4
类型：会议

标题：黄河水灾
作者：Charvet 逸飞
来源：河南政治
时间：1933
卷期：第 3 卷第 9 期　页码：1—6
类型：记事

标题：治理黄河之意见
作者：王应榆
来源：河南政治
时间：1933
卷期：第 3 卷第 9 期　页码：1—8
类型：意见

标题：黄河水利委员会在汴开会纪
作者：余梦
来源：河南政治
时间：1933
卷期：第 3 卷第 9 期　页码：1—18
类型：记事

标题：一月来之财政
提要：滩地
核议废黄河西段公地管辖问题

来源：河南政治
时间：1933
卷期：第3卷第9期　页码：7
类型：记事

标题：民国二十二年冀省黄河漫口纪
作者：潞生
来源：河北月刊
时间：1933
卷期：第1卷第10期　页码：1—6
类型：记事

标题：关于本省黄河水灾事项纪要（二）（附图、表）
作者：陈铁卿
来源：河北月刊
时间：1933
卷期：第1卷第10期　页码：1—26
类型：纪要

标题：一月来之灾情与匪患
提要：黄河暴涨灾情惨重（附图）
作者：孙本文
来源：时事月报
时间：1933
卷期：第9卷第4期　页码：134—136
类型：新闻

标题：一月来之灾情与匪患
提要：黄河六省防汛会议
作者：孙本文
来源：时事月报
时间：1933
卷期：第9卷第4期　页码：136
类型：新闻

标题：一月来之灾情与匪患

提要：冀鲁两省黄河水灾损失调查
作者：孙本文
来源：时事月报
时间：1933
卷期：第9卷第5期　页码：170—171
类型：新闻

标题：世界新闻
提要：黄河水五十年来所未有之水灾
来源：时兆月报
时间：1933
卷期：第28卷第10期　页码：4
类型：新闻

标题：为奉令中央政治会议议决黄河水利委员会暂归行政院指挥监督一案仰知照由
来源：陕西水利月刊
时间：1933
卷期：第1卷第10期　页码：22—23
类型：命令

标题：为准黄河水利委员会李委员长电嘱分拨导渭专款等由转饬遵照由
来源：陕西水利月刊
时间：1933
卷期：第1卷第10期　页码：23—24
类型：命令

标题：为准函黄河泛溢修堵工事征集民夫兵工办法经会议议决尽量利用仰遵照由
来源：陕西水利月刊
时间：1933
卷期：第1卷第10期　页码：24
类型：命令

标题：呈省政府
为呈请在潼关改设黄河流量站该流量站暨渭河四水标站所需各费均山导渭专款项下动用开支请核示由
来源：陕西水利月刊
时间：1933
卷期：第1卷第10期　**页码**：25—26
类型：呈文

标题：函（第一零四八号　二十二年十月三日）
提要：函国民政府黄河水利委员会
为函复解释出差旅费规则疑义由
来源：审计部公报
时间：1933
卷期：第31—32期　**页码**：121—122，11
类型：公函

标题：名家说林
提要：黄河的警告
作者：翁文灏
来源：地理杂志
时间：1933
卷期：第6卷第11期　**页码**：38—41
类型：记事

标题：国内时事（一）
提要：黄河水利委员会在开封宣誓就职×李仪祉氏△刘岐氏○王应榆氏
来源：东方杂志
时间：1933
卷期：第30卷第21号　**页码**：1页
类型：照片

标题：训令直辖各机关
提要：奉行政院令发国府公布黄河水利委员会组织法抄发令仰知照由
作者：袁良
来源：北平市市政公报
时间：1933
卷期：第206期　**页码**：8
类型：训令

标题：云窗随笔
提要：非斋兄谈
处暑后越五日，从定县归故都，再乘平浦南行，翌晨渡黄河，午抵泰安，稍憩于铁路宾馆，即作岳东之游
作者：武
来源：民族（上海）
时间：1933
卷期：第1卷第11期　**页码**：1766
类型：散文

标题：黄河水泛
提要：八十八师士兵在徐州修筑黄河旧槽堤岸；
洛口河边筑成的堤填
作者：艺华公司
来源：摄影画报
时间：1933
卷期：第9卷第39期　**页码**：13
类型：照片

标题：青海一瞥
提要：黄河沿岸农人溉田之水车；
距新城堡约十里之黄河渡口
来源：图画晨报
时间：1933
卷期：第72期　**页码**：1
类型：照片

标题：铁道部训令（第七〇五三号 中华民国二十二年十一月二日）
提要：令本部直辖各机关（不另行文）转知补正黄河水灾救济委员会章程内漏落之字仰知照由（不另行文）
作者：顾孟余
来源：铁道公报
时间：1933
卷期：第704期　页码：7，1
类型：训令

标题：呈河北省政府为拟酌将二十三年分黄河春修经费加入堵口善后工费不足仍由救济会增拨呈请鉴核训示施行文（十一月六日）
作者：林成秀
来源：河北建设公报
时间：1933
卷期：第6卷第2期　页码：10—11
类型：呈文

标题："黄河"与"阎罗"
作者：伯龙
来源：北洋画报
时间：1933
卷期：第21卷第1011期　页码：1
类型：论文

标题：本林赈灾协会经收黄河崇明水灾捐款报告（十月底止）
来源：佛学半月刊（世界佛教居士林消息栏）
时间：1933
卷期：第22期　页码：4—5
类型：报告

标题：铁道部训令（第七〇五三号 中华民国二十二年十一月二日）
提要：令本部直辖各机关
案准行政院秘书处函开："查本年九月十六日，行政院第四三六〇号训令抄发之黄河水灾救涛委员会章程，其第二条内'本委员会由国民政府特派委员二十三人组织之'句，缮写时漏落'二十三'三字，应予补正。除分函外，相应函达查照"等由；准此，合行令仰知照。
作者：顾孟余
来源：胶济日刊
时间：1933
卷期：第881期　页码：1
类型：训令

标题：财政部训令（总字第九七九六号 二十二年九月二十七日）
提要：令部属各机关
奉令抄发黄河水灾救济委员会章程仰即转饬知照由
来源：芦盐周报
时间：1933
卷期：第33期　页码：1
类型：训令

标题：河北省政府建设厅令（第一六七八号 十一月十八日）
提要：令南运，永定，黄河河务局饬将征工兴办水利一案计划及意见克日造送由
作者：林成秀
来源：河北建设公报
时间：1933
卷期：第6卷第2期　页码：30—31
类型：命令

标题：河北省政府建设厅令（第一六七九号 十一月十八日）
提要：令子牙，南运，黄河河务局令饬将堤树调查表克日填报由
作者：林成秀
来源：河北建设公报
时间：1933
卷期：第6卷第2期 页码：31
类型：命令

标题：江西省政府训令（法字第九九三号 二十二年十一月九日）
提要：令赈务会、民政厅 补正黄河水灾救济委员会章程第二条漏落三字
来源：江西省政府公报
时间：1933
卷期：第68期 页码：44
类型：训令

标题：河北省黄河水灾救济委员会组织章程（二十二年九月二十二日省委会四六五次会议议决）
来源：社会周刊
时间：1933
卷期：第59—60期 页码：4—6
类型：法规

标题：令为奉令准予黄河水灾急赈联合会备案并予以协助转令遵照由
来源：警察月刊
时间：1933
卷期：第1卷第11期 页码：10—11
类型：命令

标题：河北省政府建设厅令（第一七一三号 十一月二十二日）
提要：令黄河河务局局长 为奉省令省黄灾救济曾田委员等提议请组黄河堤工董事会一案已函中央黄灾救济会核办令仰知照由
作者：林成秀
来源：河北建设公报
时间：1933
卷期：第6卷第2期 页码：34—35
类型：命令

标题：河北省政府建设厅令（第一七四五号 十一月二十七日）
提要：令黄河河务局局长 为奉省令本厅呈拟将本省二十三年黄河春修经费加入堵口善后工费不足仍由救济会增拨一案经会议决函救济会查照办理令仰遵照由
作者：林成秀
来源：河北建设公报
时间：1933
卷期：第6卷第2期 页码：38—40
类型：命令

标题：代电（第五二号 十一月二十七日）
提要：黄河河务局孙局长览查本省黄河漫口迭据长濮东等县人民请求速堵
来源：河北建设公报
时间：1933
卷期：第6卷第2期 页码：79
类型：电报

标题：黄河内施洗盛典（山东）
提要：母老虎得救，回教徒受洗
来源：兴华
时间：1933
卷期：第30卷第46期 页码：33
类型：记事

标题：铁道部训令（第七四〇三号 中华民国二十二年十一月二十四日）
提要：令平汉铁路管理委员会
抄发技正吴启佑察勘该路黄河桥
意见仰知照由
作者：顾孟余
来源：铁道公报
时间：1933
卷期：第725期　**页码**：1—2
类型：训令

标题：路界纪闻
提要：补修黄河铁桥方案
来源：铁路月刊（津浦线）
时间：1933
卷期：第3卷第11期　**页码**：93—94
类型：新闻

标题：一月侨讯
提要：纽约
（一）汇款赈济黄河灾民
作者：体仁
来源：侨务月报
时间：1933
卷期：第1卷第2期　**页码**：70
类型：新闻

标题：各地商况消长要览
提要：13. 宁夏
宁夏位于黄河上游，东临绥远，北接外蒙古，西南毗连甘肃，面积约广九十余万方里，人口总计约二百万
来源：中国商业循环录
时间：1933
卷期：第11期　**页码**：90
类型：记事

标题：代电（第五二一号 十一月三十日）
提要：河北省政府主席钧鉴。案据黄河河务局长孙庆泽漾电称
堵口工程，各漫口均早开工，下月初可一律完竣
来源：河北建设公报
时间：1933
卷期：第6卷第2期　**页码**：71—72
类型：电报

标题：训令河南保定处及沿黄河各驻军为令仰尽力剿匪保护堤工由（中华民国二十二年十一月八日）
作者：刘峙
来源：绥靖旬刊
时间：1933
卷期：第1期　**页码**：42—43
类型：训令

标题：平汉铁路管理委员会工作报告（二十二年九月份）
提要：二、工作实施事项
（乙）车务事项：九、拟修复黄河北岸车站
来源：铁路月刊（平汉线）
时间：1933
卷期：第43期　**页码**：63—64
类型：报告

标题：平汉铁路管理委员会工作报告（二十二年九月份）
提要：二、工作实施事项
（丙）工务事项：二、筹建黄河北岸正式票房
来源：铁路月刊（平汉线）
时间：1933
卷期：第43期　**页码**：66

类型：报告

标题：（甲）省政府委员会本厅提案
提要：报告关于赈济黄河水灾一案现准各士绅王晓岩等转到朱子桥将军来电拟以唐君慕汾捐助平市住屋发行奖券是否可行请公决案（民国二十二年十月十三日 省政府委员会第三十五次谈话会）
作者：魏鉴
来源：河北民政刊要
时间：1933
卷期：第 23 号　**页码**：1—3
类型：议案

标题：河北省黄河水灾救济委员会组织章程（二十二年九月二十二日省委会四六五次会议议决）
来源：河北民政刊要
时间：1933
卷期：第 23 期　**页码**：10—13
类型：法规

标题：公函黄河水利委员会（第五四五号 中华民国二十二年十月三十一日）
提要：迳复省案准，贵会第三〇四号公函内开本会成立未久对于已往治河成案多未明晰始末颇愿收集是项资料用便考查贵会所有水利部份之卷宗如有关于治理黄河者拟请酌予检交本会当派员趋前点收等由
作者：张人杰
来源：建设委员会公报
时间：1933
卷期：第 34 期　**页码**：90—91

类型：公函

标题：三、灾害赈济事项（训令第二九二号 二十二年十一月十八日）
提要：一、训令各县局
奉省政府令以据世界红万字会安庆分会函请募集旧敝棉衣救济黄河水灾难民等情抄发原函令仰知照由
作者：马凌甫
来源：安徽民政公报
时间：1933
卷期：第 31 期　**页码**：150—151
类型：训令

标题：山东黄河沿岸虹吸淤田工程计划
作者：山东省建设厅
来源：水利
时间：1933
卷期：第 5 卷第 5 期　**页码**：75—91
类型：计划

标题：黄河与小清河联运工程计划大纲（附图六）（附表）
作者：周礼　张瑨　庆承道
来源：山东省建设月刊
时间：1933
卷期：第 3 卷第 11 期　**页码**：102—123
类型：计划

标题：黄河小清河联运地形图
来源：山东省建设月刊
时间：1933
卷期：第 3 卷第 11 期　**页码**：127
类型：图表

标题：黄河小清河联运工程断面图、平

面图
来源：山东省建设月刊
时间：1933
卷期：第 3 卷第 11 期　页码：130—131
类型：图表

标题：为兖曹区路局因黄河水灾停业多日亏累甚重拟核减该局支出并赊购车辆以裕收入可否请公决案
作者：张鸿烈
来源：山东省建设月刊
时间：1933
卷期：第 3 卷第 11 期　页码：141—142
类型：提案

标题：山东省政府建设厅训令（第五三〇二号　十一月三日）
提要：令技士杨乃俊，利津、沾化县政府案查黄河水利委员会，现拟进行整理黄河近口沿岸滩地工程，将与本厅合作办理，亟应派员查勘该项工程，以作初步设计，将来与该委员会合作时有所建议，兹派该员本厅技士杨乃俊前往查勘。
作者：张鸿烈
来源：山东省建设月刊
时间：1933
卷期：第 3 卷第 11 期　页码：149
类型：训令

标题：山东省建设厅黄河沿岸虹吸淤田计划一览表、山东省建设厅黄河沿岸虹吸淤田初步实施工程一览表
来源：山东省建设月刊
时间：1933
卷期：第 3 卷第 11 期　页码：200
类型：图表

标题：本省建设要闻（二十二年十一月份十四件）
提要：建设厅派员查勘黄河入海一带沿岸滩地
来源：山东省建设月刊
时间：1933
卷期：第 3 卷第 11 期　页码：243
类型：新闻

标题：笺函黄河水利委员会（二十二年十月二十六日）
提要：函寄各种刊物由
来源：海军公报
时间：1933
卷期：第 53 期　页码：336，31
类型：公函

标题：训令黄河沿岸被灾区域各县长（第一三五〇号　十月十三日）
提要：准省政府秘书处函黄河沿岸被灾区域难免不发疫症嘱速筹办法等因仰即切实注重清洁并查明有无疫症具报核办由
来源：河南民政月刊
时间：1933
卷期：第 10 期　页码：82—83
类型：训令

标题：山西省政府十一月份行政报告
提要：（七）建设
　　　二、水利：（甲）核定本省沿黄河各县暨黄河主要支流汾河沿岸各县各项工程预算（附表）
来源：山西省政府行政报告
时间：1933
卷期：11 月　页码：24—31
类型：报告

标题：为准咨据呈以黄河决堤泛滥成灾联合组织急振会先后议定联合组织急振会先后议定宣言简章等仰知照由
来源：陕西水利月刊
时间：1933
卷期：第1卷第11期　**页码**：30—31
类型：呈文

标题：训令平民县县长
令知本局派委技士张嘉瑞查勘该县黄河水涨岸堤冲崩俟委员倒到日接洽由
来源：陕西水利月刊
时间：1933
卷期：第1卷第8期　**页码**：32
类型：训令

标题：呈覆省政府
为呈遵令派员勘查潼关县长代电报该县大雨连朝黄河堤岸被冲一案情形、请备查由
来源：陕西水利月刊
时间：1933
卷期：第1卷第11期　**页码**：37
类型：呈文

标题：函黄河水利委员会
提要：为据朝邑县县长呈转该县民众代表田枢丞等呈为黄河水患日滋拟在河滩筑一长堤请拨工赈款项以资堵御等情请查核办理见复由
来源：陕西水利月刊
时间：1933
卷期：第1卷第11期　**页码**：45—46
类型：公函

标题：训令咸阳县县政府
令知黄河水利委员会于该县设立水文站，仰即将原设水标站取消，所有公物移交该站接收取据报查由
来源：陕西水利月刊
时间：1933
卷期：第1卷第11期　**页码**：50—51
类型：训令

标题：黄河治本方案
作者：河北省建设厅
来源：水利
时间：1933
卷期：第5卷第5期　**页码**：64—66
类型：方案

标题：暹罗侨界组织黄河水灾筹赈会
来源：海外月刊
时间：1933
卷期：第15期　**页码**：56—57
类型：新闻

标题：黄河与中国文化
作者：许炳琨
来源：史地丛刊（上海）
时间：1933
卷期：第1辑　**页码**：1—12
类型：论文

标题：日本医界杂报
提要：黄河水灾日赤义捐
来源：同仁医学
时间：1933
卷期：第6卷第11号　**页码**：84
类型：新闻

标题：本省黄河水灾摄影

提要：洪水围绕长垣县城；
濮阳县水落后庄村残破情形；
长垣高丈余之牌楼经沙淤后仅露尺许
来源：河北月刊
时间：1933
卷期：第 1 卷第 11 期　页码：1 页
类型：照片

标题：关于本省黄河水灾事项纪要（三）（附、图表）
作者：陈铁卿
来源：河北月刊
时间：1933
卷期：第 1 卷第 11 期　页码：1—17
类型：纪要

标题：冀鲁两省黄河水灾损失调查
来源：中行月刊
时间：1933
卷期：第 7 卷第 5 期　页码：167
类型：调查

标题：中国邮递方法之种种
提要：（上）陕西黄河用牛皮艇运邮
来源：中学生
时间：1933
卷期：第 39 期　页码：1 页
类型：照片

标题：山东省蒲台县黄河淤地之整理
来源：中国国民党指导下之政治成绩统计
时间：1933
卷期：第 11 期　页码：215—216
类型：报告

标题：山东省各县黄河水灾之防遏
来源：中国国民党指导下之政治成绩统计
时间：1933
卷期：第 11 期　页码：216—217
类型：报告

标题：（左）黄河铁桥模型及一部陈列品
来源：交通杂志
时间：1933
卷期：第 2 卷第 1 期　页码：1 页
类型：照片

标题：关于政治者
提要：九、据呈转请对于此次办理黄河流域水灾人员应严密督察案
作者：中国国民党中央执行委员会秘书处
来源：中央党务月刊
时间：1933
卷期：第 64 期　页码：418—419
类型：记事

标题：（插图）黄河长垣东岸决口
来源：工程（中国工程学会会刊）
时间：1933
卷期：第 8 卷第 6 号　页码：1 页
类型：照片

标题：编辑者言
提要：窃维黄河为我国患，历数千年，民国以来，河患尤贫
来源：工程（中国工程学会会刊）
时间：1933
卷期：第 8 卷第 6 号　页码：489—490
类型：评论

标题：治理黄河工作纲要
作者：李仪祉
来源：工程（中国工程学会会刊）

时间：1933
卷期：第 8 卷第 6 号　页码：491—495
类型：纲要

标题：治理黄河之讨论续编
作者：沈怡
来源：工程（中国工程学会会刊）
时间：1933
卷期：第 8 卷第 6 号　页码：496—507
类型：论文

标题：黄河问题
作者：李赋部
来源：工程（中国工程学会会刊）
时间：1933
卷期：第 8 卷第 6 号　页码：508—529
类型：记事

标题：恩格思教授治导黄河试验报告书（附照片）
作者：德国明星水工研究所
来源：工程（中国工程学会会刊）
时间：1933
卷期：第 8 卷第 6 号　页码：530—560
类型：报告

标题：治导黄河试验报告书书后
作者：郑肇经
来源：工程（中国工程学会会刊）
时间：1933
卷期：第 8 卷第 6 号　页码：561—562
类型：记事

标题：黄河的改道
来源：工程（中国工程学会会刊）
时间：1933
卷期：第 8 卷第 6 号　页码：567
类型：论文

标题：二十二年豫省黄河险工暨漫溢情形
作者：河南省黄河河务局
来源：工程（中国工程学会会刊）
时间：1933
卷期：第 8 卷第 6 号　页码：573—577
类型：报告

标题：河北省黄河情形
作者：河北省黄河河务局
来源：工程（中国工程学会会刊）
时间：1933
卷期：第 8 卷第 6 号　页码：577—580
类型：报告

标题：已往关于黄河工作之进行经过（在黄河水利委员会第一次大会报告）
作者：华北水利委员会
来源：工程（中国工程学会会刊）
时间：1933
卷期：第 8 卷第 6 号　页码：580—584
类型：报告

标题：黄河水利委员会组织法（民国二十二年六月二十八日公布）
来源：工程（中国工程学会会刊）
时间：1933
卷期：第 8 卷第 6 号　页码：585—586
类型：法规

标题：附录
提要：二十二年黄河漫决纪事
来源：工程（中国工程学会会刊）
时间：1933
卷期：第 8 卷第 6 号　页码：586—597
类型：附录

标题：黄河问题（附图表）
作者：张水淇
来源：复兴月刊
时间：1933
卷期：第2卷第4期　页码：58—82
类型：论文

标题：黄河堤工视察记
作者：睢怀荪
来源：中行生活
时间：1933
卷期：第21期　页码：442—443
类型：记事

标题：本省黄河水灾摄影（濮阳县）
提要：大地行舟往来无阻
来源：河北月刊
时间：1933
卷期：第1卷第12期　页码：1页
类型：照片

标题：中外要闻
提要：黄河漫溢中原灾重
来源：天主公教白话报
时间：1933
卷期：第17卷第17号　页码：339
类型：新闻

标题：本校校长教务长昨宴章元善先生，商议救济黄河水灾事
来源：清华副刊
时间：1933
卷期：第40卷第7期　页码：23—24
类型：新闻

标题：国民政府指令（第二二二一号二十二年十二月六日）
提要：令行政院
呈据黄河水灾救济委员会委员长孔祥熙呈报就职日期转呈鉴核由
作者：林森　汪兆铭
来源：国民政府公报（南京1927）
时间：1933
卷期：第1307号　页码：4
类型：指令

标题：河北省教育厅公函（第五五一号中华民国二十二年十二月四日）
提要：函本省黄河水灾救济委员会：为准函据东长濮三县学生请拨水灾救济费等情查该三县学生升入省立各院校者本学期应缴之学费业经豁免希查照由
来源：河北教育公报
时间：1933
卷期：第6卷第34期　页码：74，12
类型：公函

标题：北平市政府秘书处函（中华民国二十二年十月三十一日）
提要：函社会局
为准行政院秘书处函补正黄河水灾救济委员会章程第二条内"二十三"一三字由
作者：北平市政府秘书处
来源：社会周刊
时间：1933
卷期：第62—63期　页码：37
类型：公函

标题：黄河灾区调查员——张德生·马绍强·蒋荫恩
提要：日内即将首途
来源：燕大周刊

时间：1933
卷期：第 5 卷第 10 期　页码：19
类型：新闻

标题：黄河水灾委员会函聘本大学工科毕业生倪超陈达二君为工程员
来源：国立同济大学旬刊
时间：1933
卷期：第 8 期　页码：7—8
类型：新闻

标题：国民政府黄河水灾救济委员会章程（二十二年九月八日行政院转呈国府备案）
来源：工商半月刊
时间：1933
卷期：第 5 卷第 24 号　页码：73
类型：法规

标题：边地情况
提要：农家用以灌溉黄河沿岸之风车
作者：顾执中
来源：远东月报
时间：1933
卷期：第 2 卷第 2 期　页码：9
类型：照片

标题：海外之部
提要：暹罗
　　　（一）筹赈黄河水灾之热烈
来源：侨务月报
时间：1933
卷期：第 1 卷第 3 期　页码：81
类型：新闻

标题：海外之部
提要：英属马来

　　　（一）星侨筹赈黄河水灾
来源：侨务月报
时间：1933
卷期：第 1 卷第 3 期　页码：91—92
类型：新闻

标题：国内外合作
提要：国内
　　　农村复兴消息汇载：华洋义赈会为黄河决口募款续办农赈的一封信
来源：合作月刊
时间：1933
卷期：第 5 卷第 11/12 期　页码：33
类型：新闻

标题：治理黄河的我见
作者：郑德坤
来源：东方杂志
时间：1933
卷期：第 30 卷第 24 号　页码：13—20
类型：论文

标题：电界消息
提要：鲁电话处架黄河飞线
来源：新电界
时间：1933
卷期：第 3 卷第 15 号　页码：12—13
类型：新闻

标题：教职员公会为黄河水灾募捐，捐启昨已发出
来源：清华副刊
时间：1933
卷期：第 40 卷第 10 期　页码：24—25
类型：新闻

标题：浙江省政府训令（秘字第一五二

九一号　中华民国二十二年十二月二十五日）
提要：令民政厅厅长、浙江振务会主席准行政院秘书处函为前行政院抄发之黄河水灾救济委员会章程第二条内本委员会由国民政府特派委员二十三人组织之句缮穷时漏落二十三三字应予补正函函查照由仰知照并转饬所属一体知照由
作者：鲁涤平
来源：浙江省政府公报
时间：1933
卷期：第 2013 期　　页码：6—7
类型：训令

标题：国民政府指令（第二三八七号　二十二年十二月二十七日）
提要：令本府主计处
呈为遵核黄河水利委员会设立测量队三队其经费拟请暂由该会经常费内撙节开支一案尚无不合拟恳俯准备案并令行转饬知照由
作者：林森
来源：国民政府公报（南京1927）
时间：1933
卷期：第 1325 号　　页码：12
类型：指令

标题：国民政府训令（第六四四号　二十二年十二月二十八日）
提要：令行政院、监察院、黄河水利委员会
据本府主计处呈核黄河水利委员会设立测量队经费开支案令仰转饬知照由
作者：林森　汪兆铭　于右任
来源：国民政府公报（南京1927）
时间：1933
卷期：第 1326 号　　页码：4，2
类型：训令

标题：训令四局、卫生处、管理颐和园事务所
检发救济河北省黄河水灾奖券令仰酌量分配摊销由（训令第一七六七号）
来源：北平市市政公报
时间：1933
卷期：第 229 期　　页码：5—6
类型：训令

标题：本院行审计部训令（第六七零号　二十二年十二月三十日）
提要：令转黄河水利委员会设立测量队三队其经费暂由该会经常费内樽节开支一案由
来源：监察院公报
时间：1933
卷期：第 21 期　　页码：282
类型：训令

标题：一月来之车务
提要：寅、电务
一、装设黄河桥架线铁架
来源：铁路月刊（津浦线）
时间：1933
卷期：第 3 卷第 12 期　　页码：123—124
类型：报告

标题：农民的遭际
提要：阅报黄河决口豫北一带农民流离失所有感而作
作者：伴梅
来源：偕行

时间：1933
卷期：第1卷第11—12期　页码：322—323
类型：诗歌

标题：黄河水利委员会组织法
来源：湖南民政刊要
时间：1933
卷期：第32期　页码：55—57
类型：法规

标题：省政府训令抄发黄河水利委员会组织法仰一体知照由
作者：何键
来源：湖南民政刊要
时间：1933
卷期：第32期　页码：263
类型：训令

标题：训令华阴县等十三县县长奉省令准山西省政府咨送奖励黄河商船运粮办法令仰分饬遵照等因除分令外仰即查照文
来源：陕西财政旬报
时间：1933
卷期：12月下旬　页码：7—8
类型：训令

标题：奖励黄河商船运粮办法
来源：陕西财政旬报
时间：1933
卷期：12月下旬　页码：26—28
类型：记事

标题：黄河问题（续）（附图）
作者：李赋都
来源：华北水利月刊
时间：1933

卷期：第6卷第11/12期　页码：1—12
类型：论文

标题：函山东、河北、江苏、浙江省建设厅
提要：函请合作组织整理运河讨论会如何荷赞同希见复由（与导淮黄河太湖三委员会会衔）（中华民国二十二年十一月八日）
来源：华北水利月刊
时间：1933
卷期：第6卷第11/12期　页码：33
类型：公函

标题：华北水利委员会第十九次大会议事录
提要：附重要报告及提案
报告会同导淮黄河太湖三委会发起与冀鲁苏浙四省建设厅合作设计整理北平至宁波大运河
来源：华北水利月刊
时间：1933
卷期：第6卷第11/12期　页码：49
类型：纪要

标题：二十二年十月份水利新闻
提要：黄灾救济会积极赈济黄河灾区；
鲁省筹办工振疏浚黄河支流；
黄河水利会汴办事处开始办公；
冀省黄河两岸决口年内可完全堵合；
黄河会商借英庚款为治黄经费
来源：华北水利月刊
时间：1933
卷期：第6卷第11/12期　页码：107—110
类型：新闻

标题：平汉铁路管理委员会工作报告（二

十二年十月份）
提要：二、工作实施事项
（丙）工务事项：八、修筑黄河北岸石堤工程
来源：铁路月刊（平汉线）
时间：1933
卷期：第 44 期　页码：101
类型：报告

标题：国民政府黄河水灾救济委员会章程
来源：河北民政刊要
时间：1933
卷期：第 23 号　页码：6—7
类型：法规

标题：函国民政府黄河水灾救济委员会准函嘱将本省被水灾各县县境及灾况绘图检寄备用由（二十二年十一月）
来源：河北民政刊要
时间：1933
卷期：第 24 号　页码：10
类型：公函

标题：救济黄河水灾农赈事务所组织规程（二十二年十二月五日订）
来源：中国华洋义赈救灾总会丛刊·乙种
时间：1933
卷期：乙种 59 号　页码：2—3
类型：法规

标题：黄河凌汛水涨灾区摄影之（一）
来源：河北建设公报
时间：1933
卷期：第 6 卷第 3 期　页码：4—5
类型：照片

标题：河北省政府建设厅令（第一七九号　十二月七日）
提要：令黄河河务局局长，东明，长垣，濮阳县县长
为奉省令关于治河有关水利计画须送黄河水利委员会核定一案令仰遵照由
作者：林成秀
来源：河北建设公报
时间：1933
卷期：第 6 卷第 3 期　页码：15—16
类型：命令

标题：代电（第五二七号　十二月十三日）
提要：河北省政府主席于钧鉴，案据黄河河务局局长孙庆泽鱼电
来源：河北建设公报
时间：1933
卷期：第 6 卷第 3 期　页码：53
类型：电报

标题：代电（第五三四号　十二月十六日）
提要：河北省政府主席于钧鉴，案据黄河河务局局长孙庆泽庚电
来源：河北建设公报
时间：1933
卷期：第 6 卷第 3 期　页码：60—61
类型：电报

标题：公函（第三四三号　二十二年十二月二十三日）
提要：函黄河水灾救济会准函请东长三县灾情惨重拟征娱乐捐等情复请先行与劝募有关系各机关团体商定文
来源：天津市政府公报
时间：1933

卷期：第 59 期　页码：72—73，4
类型：公函

标题：训令（第七一三号　二十二年十二月九日）
提要：令所属各机关
　　　奉省府令国民政府黄河水灾救济委员会河北省灾振分会于十一月六日成立抄件令仰知照文
　　　国民政府黄河水灾救济委员会河北省灾赈分会章程（国民政府黄河水灾救济委员会河北省灾赈分会议决施行）
来源：天津市政府公报
时间：1933
卷期：第 59 期　页码：79—81，4—5
类型：训令

标题：为提议由黄河水灾赈款农产种籽费项下拨款六万元选购优良美棉种籽供给灾区各县农户种植以资改进棉业而期恢复农村经济案
作者：张鸿烈
来源：山东省建设月刊
时间：1933
卷期：第 3 卷第 12 期　页码：106—110
类型：提案

标题：本省建设要闻（二十二年十二月份）
提要：黄河水利委员会派队测量黄河堤；
　　　东阿黄河将建新闸
来源：山东省建设月刊
时间：1933
卷期：第 3 卷第 12 期　页码：192—194
类型：新闻

标题：黄河汛滥

提要：黄河铁桥正面；
　　　黄河冬季河水结成冰块漫流而下；
　　　险口处加建石堤以杀水势；
　　　鲁西寿张县境之时迁偷鸡塔亦被黄浪淹没大半
作者：陈嘉震
来源：中华（上海）
时间：1933
卷期：第 24 期　页码：12
类型：照片

标题：黄河汛滥
提要：水落后民房仅见屋嵴余悉为泥沙堙没；
　　　河北长垣县被灾后村庄寨门为淤泥所塞只露其半；
　　　高达丈余之牌楼葬身泥中仅露其顶；
　　　水涨时人民庐舍漂没无算此屋为砖墙所建基地坚固犹能幸存水中
作者：焕章新闻社
来源：中华（上海）
时间：1933
卷期：第 24 期　页码：12
类型：照片

标题：黄河汛滥（附照片）
来源：中华（上海）
时间：1933
卷期：第 24 期　页码：12

标题：为准函关于增设黄河水防警察队，保护堤工案，经大会议决，照审查意见，通过、仰知照由
来源：陕西水利月刊
时间：1933
卷期：第 1 卷第 12 期　页码：15
类型：公函

标题：省政府训令
提要：为奉令据黄河水委会呈请通令黄河流域各省府、凡与治河有关之水利计划，须送会核定，方能实行由
来源：陕西水利月刊
时间：1933
卷期：第 1 卷第 12 期　页码：17
类型：训令

标题：呈省政府
　　　为呈复据委查复潼关大雨连朝黄河堤岸被决一案，拟具办法，请核示由
来源：陕西水利月刊
时间：1933
卷期：第 1 卷第 12 期　页码：24—25
类型：呈文

标题：产业行政
提要：晋省兴修水利开发黄河计划
来源：中行月刊
时间：1933
卷期：第 7 卷第 6 期　页码：114—116
类型：计划

标题：民国念二年一年来总账
提要：八月十日黄河水涨上游山洪暴发，平汉路交通断绝
作者：良友堂
来源：良友
时间：1933
卷期：第 83 期　页码：8
类型：照片

标题：山西省政府十二月份行政报告
提要：（四）民政

七、救济：（甲）制定奖励黄河商船运粮办法（附表）
来源：山西省政府行政报告
时间：1933
卷期：12 月　页码：20—21
类型：报告

标题：济南水利建设——剿赤宣传
提要：黄河铁桥迤西之洛口镇码头前之急流；
黄河两岸村庄均为洪水浸没之惨状；
不易见到之黄河铁桥倒影现因水溢两岸流动稍缓遂现倒影
来源：时事月报
时间：1933
卷期：第 9 卷第 6 期　页码：30
类型：照片

标题：本省黄河水灾摄影（濮阳县）
提要：坟茔碑楼仅露上段大水时期几至没顶
来源：河北月刊
时间：1933
卷期：第 1 卷第 12 期　页码：1 页
类型：照片

标题：本省黄河水灾摄影（长垣县）
提要：泥沙淤垫以后仅露屋崤居民掘开山墙匍匐入宿；
平地积水深自一二尺至四五尺不等
来源：河北月刊
时间：1933
卷期：第 1 卷第 12 期　页码：1 页
类型：照片

标题：公函民政厅建设厅河务总局前次会呈关于导淮委员会接管豫省废

黄河西段公地拟请暂从缓议一案现已奉到省政府指令兹抄同原令函请查照备案（十月三日）
来源：河南财政季刊
时间：1933
卷期：第 4 期　页码：220
类型：公函

标题：准国民政府黄河水利委员会函征求关于李委员培基张委员静愚提议水利意见案本厅参照原案拟就甘肃黄河流域应行治理各点分别陈述意见希查照由（二十二年十二月二十八日）
来源：建设
时间：1933
卷期：民国二十二年十月至二十三年六月汇刊　页码：264—267
类型：公函

标题：黄河冰结
来源：妇人画报
时间：1933
卷期：第 13 期　页码：3
类型：照片

标题：最近国内要闻
提要：黄河堤溃决百余处
来源：华侨周报
时间：1933
卷期：第 38 期　页码：40—41
类型：新闻

标题：最近国内要闻
提要：黄河水灾救济委员会现已开始办公
来源：华侨周报
时间：1933

卷期：第 43 期　页码：56
类型：新闻

标题：黄河水利委员会组织法
来源：社会周刊
时间：1933
卷期：第 47 期　页码：3—5
类型：法规

标题：国民政府黄河水灾救济委员会章程
来源：社会周刊
时间：1933
卷期：第 53 期　页码：1
类型：法规

标题：时评
提要：是黄河的罪过吗？
来源：新路（上海1933）
时间：1933
卷期：第 1 卷第 2 期　页码：2—3
类型：评论

标题：行纪
提要：林厅长京汴黄河行纪
来源：河北建设公报
时间：1933
卷期：第 6 卷第 2 期　页码：120—135
类型：记事

标题：黄河问题
作者：李赋都
来源：河北建设公报
时间：1933
卷期：第 6 卷第 2 期　页码：136—147
类型：论文

标题：第三编、特录

提要：（五六）附广州特别市党部委员黄河沣演说词
来源：西南党务年刊
时间：1933
卷期：年刊　页码：1960—1962
类型：演讲

标题：泰山绝顶南望汶泗北眺黄河极目宇宙有小天下之感
来源：铁路月刊（津浦线）
时间：1933
卷期：第3卷第1期　页码：8
类型：照片

标题：山东境内黄河渠口桥下之水势
作者：天津华北新闻社
来源：天津商报画刊
时间：1933
卷期：第9卷第19期　页码：2
类型：照片

标题：黄河决口
来源：青年与战争
时间：1933
卷期：第18期　页码：1页
类型：照片

标题：黄河水患
作者：炳
来源：前途
时间：1933
卷期：第1卷第9期　页码：1—2
类型：记事

标题：黄河水灾中冀鲁豫三省农村经济的大破产
作者：道熙

来源：正论周刊
时间：1933
卷期：第33期　页码：520—523
类型：新闻

标题：各地防患之报告
提要：黄河上下游吃紧
来源：通问报（耶稣教家庭新闻）
时间：1933
卷期：第1551期　页码：11
类型：新闻

标题：（插图）黄河水线在黑岗口安放水线情形
来源：河南省政府年刊
时间：1933
卷期：民国二十二年　页码：53
类型：照片

标题：耳闻目见录
提要：黄河水利委员会之成绩
作者：亚民
来源：南风（莆田）
时间：1933
卷期：第1卷第11期　页码：164
类型：记事

标题：（3）各种农佃在各区所占之百分率
提要：西北区、黄河上游区、北方平原区等
来源：农情报告
时间：1933
卷期：第1卷第8期　页码：3—4
类型：表格

标题：提案
提要：一、水利类

（四·二六）江北各县境内淤黄河堤拟请一律划归各该县建设局所管理以一事权而固堤防案
作者：王酉亭
来源：江苏建设
时间：1933
卷期：第1期　页码：69—70
类型：提案

标题：一月来之内政
提要：水利工程杂讯
　　　黄河水利会开首次会
作者：陈言
来源：时事月报
时间：1933
卷期：第9卷第5期　页码：148
类型：新闻

标题：民国二十二年冀省黄河漫口纪（续）（附图、表）
作者：潞生
来源：河北月刊
时间：1933
卷期：第1卷第11期　页码：1—11
类型：记事

标题：本省黄河水灾摄影（濮阳县）
提要：县治南关金堤以南漫水以后渡船麇集形成码头；
　　　县属魏寨四周被水淹围屋宇多数倒塌
来源：河北月刊
时间：1933
卷期：第1卷第12期　页码：1页

类型：照片

标题：关于本省黄河水灾事项纪要（四）
来源：河北月刊
时间：1933
卷期：第1卷第12期　页码：1—11
类型：纪要

标题：民国二十二年冀省黄河漫口纪（续）（附图）
作者：潞生
来源：河北月刊
时间：1933
卷期：第1卷第12期　页码：1—14
类型：记事

标题：英法日三国协以谋我的观测
提要：以瓜分中国为对象的密秘协定吗？抑准日占满热而不准进占黄河以南的秘密协定呢？抑或许维护三国特殊势力而排斥俄美势力呢？
来源：西南国民周刊
时间：1933
卷期：第2卷第18期　页码：10—11
类型：评论

标题：一月来之灾情与匪患
提要：组织黄河水灾救济委员会
作者：孙本文
来源：时事月报
时间：1933
卷期：第9卷第4期　页码：136
类型：新闻

1934 年

标题：黄河视察日记
作者：王应榆
来源：新亚细亚学会
时间：1934
类型：图书

标题：勘查下游三省黄河报告
来源：黄河水利委员会
时间：1934
类型：图书

标题：黄河中游调查报告
来源：黄河水利委员会
时间：1934
类型：图书

标题：黄河水利委员会第二次大会特刊
来源：黄河水利委员会
时间：1934
类型：图书

标题：民国二十二年黄河水灾调查统计报告
来源：黄河水利委员会
时间：1934
类型：图书

标题：黄河水利委员会第三次大会特刊
来源：黄河水利委员会
时间：1934
类型：图书

标题：黄河与小清河联运工程计划大纲
来源：小清河临时工程委员会
时间：1934
类型：图书

标题：黄河水灾救济委员会二十三年一月份工作报告
来源：不详
时间：1934
类型：图书

标题：上海各慈善团体筹募黄河水灾急赈联合会征信录
来源：不详
时间：1934
类型：图书

标题：开发黄河瀑布及晋南晋中各处水力用以灌田及发展工业之初步计划
来源：山西省水利工程委员会
时间：1934
类型：图书

标题：黄河之根本治法商榷（附图表）
作者：李仪祉
来源：黄河水利月刊

时间：1934
卷期：第 1 卷第 1 期　页码：1—24
类型：论文

标题：黄河之冲积（附表）
作者：张含英
来源：黄河水利月刊
时间：1934
卷期：第 1 卷第 1 期　页码：25—33
类型：报告

标题：二十二年冀鲁豫三省黄河两堤堵口计划（附表）
来源：黄河水利月刊
时间：1934
卷期：第 1 卷第 1 期　页码：35—43
类型：方案

标题：工作报告（二十二年九月份）
来源：黄河水利月刊
时间：1934
卷期：第 1 卷第 1 期　页码：49
类型：报告

标题：工作报告（二十二年十月份）
来源：黄河水利月刊
时间：1934
卷期：第 1 卷第 1 期　页码：49—51
类型：报告

标题：工作报告（二十二年十一月份）
来源：黄河水利月刊
时间：1934
卷期：第 1 卷第 1 期　页码：53—64
类型：报告

标题：勘测渭河报告
作者：华冠时　赵家璞　马冠千
来源：黄河水利月刊
时间：1934
卷期：第 1 卷第 1 期　页码：65—69
类型：报告

标题：黄河水利委员会组织法（二十二年六月二十八日公布）
来源：黄河水利月刊
时间：1934
卷期：第 1 卷第 1 期　页码：73—75
类型：法规

标题：本会总务处组织规程（二十二年十一月二十日公布）
来源：黄河水利月刊
时间：1934
卷期：第 1 卷第 1 期　页码：75—77
类型：法规

标题：本会工务处组织规程（二十二年十一月二十一日公布）
来源：黄河水利月刊
时间：1934
卷期：第 1 卷第 1 期　页码：77—79
类型：法规

标题：本会大会会议规则（二十二年十二月五日公布）
来源：黄河水利月刊
时间：1934
卷期：第 1 卷第 1 期　页码：79—81
类型：法规

标题：函陕西河南江苏山东安徽河北省政府请查照黄河防汛会议决议案确定之河防经费按期拨发以利河

工由（第一九七至二〇二号 二十二年九月五日）
作者： 李仪祉
来源： 黄河水利月刊
时间： 1934
卷期： 第1卷第1期　**页码：** 83
类型： 公函

标题： 咨陕西河南山东河北江苏安徽六省政府请查照黄河防汛会议决议案第一案尽力协助堵口工程由（第一至六号　二十二年九月七日）
作者： 李仪祉
来源： 黄河水利月刊
时间： 1934
卷期： 第1卷第1期　**页码：** 84
类型： 咨文

标题： 函陕西河南河北山东江苏安徽六省政府请查照黄河防汛会议决议案第七案转饬所属各县长征集民夫，并函各当地驻军及保安团警调拨士兵尽力协助堵修工程由（第二〇七至二一二号　二十二年九月七日）
作者： 李仪祉
来源： 黄河水利月刊
时间： 1934
卷期： 第1卷第1期　**页码：** 85
类型： 公函

标题： 咨陕西河南河北山东江苏安徽六省政府请查照黄河防汛会议决议案第三案各项分别办理由（第七至十二号　二十二年九月九日）
作者： 李仪祉
来源： 黄河水利月刊

时间： 1934
卷期： 第1卷第1期　**页码：** 86
类型： 咨文

标题： 呈国民政府行政院为陈明奉令办理黄河下游善后堤防工程经过情形仰祈鉴核示遵由（二十二年十月八日）
作者： 李仪祉
来源： 黄河水利月刊
时间： 1934
卷期： 第1卷第1期　**页码：** 87—88
类型： 呈文

标题： 呈黄河水灾救济委员会本会第一次大会决议案关于绥远水灾请救济案仰祈鉴核办理指令示遵由（二十二年十月二十七日）
作者： 李仪祉
来源： 黄河水利月刊
时间： 1934
卷期： 第1卷第1期　**页码：** 88
类型： 呈文

标题： 呈黄河水灾救济委员会本会第一次大会关于速堵决口等决议各案仰祈鉴核办理示遵由（二十二年十月二十七日）
作者： 李仪祉
来源： 黄河水利月刊
时间： 1934
卷期： 第1卷第1期　**页码：** 89
类型： 呈文

标题： 呈黄河水灾救济委员会本会第一次大会关于加培太行堤金堤及民埝改归官守各决议案仰祈鉴核办

理由（二十二年十月二十七日）

作者：李仪祉

来源：黄河水利月刊

时间：1934

卷期：第1卷第1期　**页码**：89—90

类型：呈文

标题：函全国经济委员会请支配美国棉麦借款充分指拨黄河治本工款希查照由（第三一四号　二十二年十月二十八日）

作者：李仪祉

来源：黄河水利月刊

时间：1934

卷期：第1卷第1期　**页码**：90—91

类型：公函

标题：函山东、河北、山西等省政府关于沿河各县县长协助抢险案请转饬遵照办理见复由（第三二七至三三五号　二十二年十一月一日）

作者：李仪祉

来源：黄河水利月刊

时间：1934

卷期：第1卷第1期　**页码**：92

类型：公函

标题：函绥远甘肃山西河南陕西宁夏建设厅导淮委员会华北水利委员会征求关于导引支流平缓山陕沟水开辟水路等案意见，希照见覆由（第三一七至三二四号　二十二年十一月一日）

作者：李仪祉

来源：黄河水利月刊

时间：1934

卷期：第1卷第1期　**页码**：93—94

类型：公函

标题：训令（第三十九至四十一号　二十二年十一月一日）

提要：令山东、河南、河北省河务局：关于本会第一次大会完整堤防各决议案，仰即详拟办法具报由

作者：李仪祉

来源：黄河水利月刊

时间：1934

卷期：第1卷第1期　**页码**：94

类型：训令

标题：函绥远建设厅关于开发绥远水利案请拟具详细计画送会即希查照由（第三二五号　二十二年十一月一日）

作者：李仪祉

来源：黄河水利月刊

时间：1934

卷期：第1卷第1期　**页码**：95

类型：公函

标题：呈行政院请通令黄河流域各省省政府凡与黄河有关之水利计划须咨送本会核定以后方能施行仰祈鉴核示遵由（二十二年十一月一日）

作者：李仪祉

来源：黄河水利月刊

时间：1934

卷期：第1卷第1期　**页码**：95—96

类型：呈文

标题：函河南省政府商洽关于扩充河南水利工程专门学校经费案，请查照见复由（第三三六号　二十二年十一月一日）

作者：李仪祉
来源：黄河水利月刊
时间：1934
卷期：第 1 卷第 1 期　页码：96—97
类型：公函

标题：函导淮华北水利委员会商洽关于联络黄淮流域水准测量线比较基本平面案，请查照见复由（第三三七至三三八号　二十二年十一月一日）
作者：李仪祉
来源：黄河水利月刊
时间：1934
卷期：第 1 卷第 1 期　页码：97—98
类型：公函

标题：呈行政院请拨款津贴兵工修筑利津县城以下黄河大堤仰祈鉴核示遵由（二十二年十一月三日）
作者：李仪祉
来源：黄河水利月刊
时间：1934
卷期：第 1 卷第 1 期　页码：98—99
类型：呈文

标题：函山东等五省政府、太原河南绥靖公署请转饬黄河流域各县政府、各地驻军尽力剿匪保护堤工以利河防并希见复由（第三三七至三四七号　二十二年十一月三日）
作者：李仪祉
来源：黄河水利月刊
时间：1934
卷期：第 1 卷第 1 期　页码：99—100
类型：公函

标题：黄河防汛会议议事录
来源：黄河水利月刊
时间：1934
卷期：第 1 卷第 1 期　页码：101—109
类型：记录

标题：函复山西建设厅准函知就任建设厅长应兼本会当然委员请抒治黄卓见希查照由（第四四四号　二十二年十一月二十二日）
作者：李仪祉
来源：黄河水利月刊
时间：1934
卷期：第 1 卷第 1 期　页码：100
类型：公函

标题：秸埽之研究（转录山东河务局特刊第二期潘君镒芬在中国工程学会济南分会讲演）
来源：黄河水利月刊
时间：1934
卷期：第 1 卷第 1 期　页码：111—120
类型：演讲

标题：治河意见一（节录本会当然委员赵君守钰致委员长书）
来源：黄河水利月刊
时间：1934
卷期：第 1 卷第 1 期　页码：121—122
类型：意见

标题：治河意见二
作者：武同举
来源：黄河水利月刊
时间：1934
卷期：第 1 卷第 1 期　页码：122—125
类型：意见

标题：治河意见三
作者：陈善同
来源：黄河水利月刊
时间：1934
卷期：第1卷第1期　页码：125—127
类型：意见

标题：秸埽之研究（转录山东河务局特刊第二期潘君镒芬在中国工程学会济南分会讲演）
提要：埽之名称；
　　　埽之剖面；
　　　各种抓子；
　　　顺厢埽图；
　　　丁厢埽图；
　　　编箔之概况（一）；
　　　箔工之一角（二）；
　　　箔工之效力（三）
来源：黄河水利月刊
时间：1934
卷期：第1卷第1期　页码：1页
类型：图片

标题：黄河长垣东岸决口情状
来源：黄河水利月刊
时间：1934
卷期：第1卷第1期　页码：1页
类型：照片

标题：黄河兰封决口情状
来源：黄河水利月刊
时间：1934
卷期：第1卷第1期　页码：1页
类型：照片

标题：民国二十二年黄河泛滥沿河各县受灾状况统计表（二十三年一月三十一日）
作者：黄河水利委员会总务处
来源：黄河水利月刊
时间：1934
卷期：第1卷第1期　页码：1页
类型：报告

标题：东明县西被淹乡村之情状
来源：黄河水利月刊
时间：1934
卷期：第1卷第1期　页码：1页
类型：照片

标题：钜野县城被淹之情状
来源：黄河水利月刊
时间：1934
卷期：第1卷第1期　页码：1页
类型：照片

标题：本会开封办事处摄影
来源：黄河水利月刊
时间：1934
卷期：第1卷第1期　页码：1页
类型：照片

标题：第四次全体会议要案
提要：中国国民党第四届中央执行委员会第四次全体会议决议案
　　　关于经济者：十，李敬斋等五委员提：拟请在国库或棉麦借款内，迅拨一千万元，办理黄河下游善后工程，以防灾患；并每年拨款五百万元，以为治本工费案。
来源：中央党务月刊
时间：1934
卷期：第66期　页码：11
类型：议案

标题：山东省政府建设厅二十三年一、二、三、三个月行政计划
提要：一、道路：（甲）整理：1. 兖曹区各路，因被黄河水灾……
来源：山东省建设月刊
时间：1934
卷期：第 4 卷第 1 期　**页码**：109—122
类型：计划

标题：山东省政府建设厅训令（第五九四二号　十二月十一日）
提要：令历城县政府
查该县境内，堰头附近，黄河大堤以北……
作者：张鸿烈
来源：山东省建设月刊
时间：1934
卷期：第 4 卷第 1 期　**页码**：150—151
类型：训令

标题：山东省政府建设厅训令（第六一四五号　十二月二十三日）
提要：令济宁、鱼台县政府查本年冀、豫黄河决口，东溢之水……
作者：张鸿烈
来源：山东省建设月刊
时间：1934
卷期：第 4 卷第 1 期　**页码**：155—156
类型：训令

标题：各省建设要闻（二十三年一月份）
提要：冀鲁豫三省河务局拟定黄河修堤计划
来源：山东省建设月刊
时间：1934
卷期：第 4 卷第 1 期　**页码**：240—243
类型：新闻

标题：黄河黑岗口柳园口放于修堤计划（附表）
来源：河南建设
时间：1934
卷期：创刊号　**页码**：15—20
类型：计划

标题：电政
提要：二、电话事业
2. 安装黄河水底电缆
来源：河南建设
时间：1934
卷期：创刊号　**页码**：22—23
类型：记事

标题：河南黄河以南沿铁路线各大工厂调查（民国二十二年八月十一月十二月）
作者：刘延实
来源：河南建设
时间：1934
卷期：创刊号　**页码**：31—37
类型：报告

标题：一月来之财政
提要：划一黄河水灾振捐办法
来源：河南政治
时间：1934
卷期：第 3 卷第 12 期　**页码**：1
类型：新闻

标题：河南省二十二年黄河水灾状况一览表
来源：河南政治
时间：1934
卷期：第 3 卷第 12 期　**页码**：1 页
类型：表格

标题：黄河问题（附图）
作者：张水淇
来源：河南政治
时间：1934
卷期：第 3 卷第 12 期　页码：1—14
类型：论文

标题：黄河决口情形（二十二年九月四日在国府纪念周讲演）
作者：丁惟汾
来源：党务汇刊（三台）
时间：1934
卷期：第 2 期　页码：68—69
类型：报告

标题：提劾黄河水灾救济委员会委员周象贤河北省黄河河务局长孙庆泽溺职误民案
提要：本院移付中央公务员惩戒委员会文（第七四号　二十三年三月十四日）
来源：监察院公报
时间：1934
卷期：第 22 期　页码：32—33
类型：提案

标题：本院行监委邵鸿基于洪起王平政训令（第七九六号　二十三年二月六日）
提要：令饬视察黄河振济工程各事宜由
来源：监察院公报
时间：1934
卷期：第 22 期　页码：231
类型：训令

标题：本院行监察委员严庄训令（第五九七号　二十三年三月三十一日）
提要：派查勘黄河筑坝工程由
来源：监察院公报
时间：1934
卷期：第 22 期　页码：235
类型：训令

标题：提劾黄河水灾救济委员会工振组主任孔祥榕等虚靡国帑延误工振案
提要：本院移付中央公务员惩戒委员会文（第一二九号　二十三年六月三十日）
来源：监察院公报
时间：1934
卷期：第 23 期　页码：170—178
类型：提案

标题：我国铁道沿线出产货品展览
提要：黄河铁桥模型及一部陈列品
来源：科学的中国
时间：1934
卷期：第 3 卷第 1 期　页码：29
类型：新闻

标题：本省黄河水灾摄影
来源：河北月刊
时间：1934
卷期：第 2 卷第 1 期　页码：1 页
类型：照片

标题：京汴黄河行纪（未完）
来源：河北月刊
时间：1934
卷期：第 2 卷第 1 期　页码：1—10
类型：报告

标题：豫北浩劫
提要：滑县黄河水涨三尺，已成大溜情

势严重
来源：农村经济
时间：1934
卷期：第 1 卷第 2 期　**页码**：38
类型：新闻

标题：国民政府训令（第六五一号　二十二年十二月三十日）
提要：令行政院、监察院
据本府主计处核复黄河水利委员会拟就该会开办费内移拨款项作为中国第一水工试验所应摊经费案令仰转饬知照由
作者：林森　汪兆铭　于右任
来源：国民政府公报（南京1927）
时间：1934
卷期：第 1327 号　**页码**：5—6，3
类型：训令

标题：国民政府指令（第二四二二号　二十二年十二月三十日）
提要：令本府主计处
呈为遵核黄河水利委员会与华北水利委员会等机关合作创造中国第一水工试验所，应摊经费三万圆，拟请就该会开办费内撙节移拨，仰祈鉴核备案，并令行行政监察两院分别转饬知照由
作者：林森
来源：国民政府公报（南京1927）
时间：1934
卷期：第 1328 号　**页码**：3
类型：指令

标题：国民政府指令（第四八号　二十三年一月十二日）
提要：令黄河水利委员会
呈报遵令组织本会公务人员服用国货委员会，并饬属遵办情形，请鉴核备查由
作者：林森
来源：国民政府公报（南京1927）
时间：1934
卷期：第 1336 号　**页码**：6
类型：指令

标题：国民政府指令（第一四一号　二十三年一月二十五日）
提要：令行政院
呈据黄河水利委员会呈报设立导渭工程处，并补送该处组织规程一案，请鉴核备案由
作者：林森　汪兆铭
来源：国民政府公报（南京1927）
时间：1934
卷期：第 1347 号　**页码**：7
类型：指令

标题：国民政府训令（第六五一号）
提要：令行政院、监察院
为令饬事，案查前据该院、行政院呈，据黄河水利委员会呈为陈明本会与华北水利委员会等机关合作创造中国第一水工试验所
来源：法治旬刊
时间：1934
卷期：第 1 卷第 2 期　**页码**：26—27
类型：训令

标题：时事撮要（一月五日起至十日止）
提要：国内要闻
引黄河水灌田：山东沿河设虹吸管
来源：民众周刊（济南）
时间：1934

卷期：第6卷第2期　页码：11
类型：新闻

标题：本部电饬津陇两路协防黄河伏泛
来源：铁道公报
时间：1934
卷期：第765期　页码：7
类型：电报

标题：国民政府黄河水灾救济委员会章程（二十二年九月十三日行政院令颁）
来源：浙江余姚县政府公报
时间：1934
卷期：第228—229期　页码：1—2
类型：法规

标题：上海市教育局通告教字第一五四六八号
提要：为华洋义赈救灾总会征募黄河水灾农赈捐款特制慈祥花签名校可为推销由
作者：潘公展
来源：上海市教育局教育周报
时间：1934
卷期：第225期　页码：2
类型：公文

标题：交通部训令（第二二七号　二十三年一月十九日）
提要：令本部直辖各机关（不另行文）为准内政部咨以宁夏省政府请将中卫县以黄河为界划分两县河北仍名中卫县河南增设中宁县一案业经核议呈奉行政院指令准予照办等由合行令仰知照并饬属一体知照由

作者：朱家骅
来源：交通公报
时间：1934
卷期：第527号　页码：9—10，2—3
类型：训令

标题：导渭之真谛
作者：李仪祉
来源：黄河水利月刊
时间：1934
卷期：第1卷第2期　页码：1—3
类型：论文

标题：黄河河道变迁史略（附图）
作者：苏兰生
来源：黄河水利月刊
时间：1934
卷期：第1卷第2期　页码：4—17
类型：论文

标题：黄河水利委员会工作纲要
提要：一、测量工作
　　　2. 研究设计工作
　　　3. 河防工作
　　　4. 实施根本治导工作
　　　5. 整理支流工作
　　　6. 植林工作
　　　7. 垦地工作
　　　8. 整理材料工作
来源：黄河水利月刊
时间：1934
卷期：第1卷第2期　页码：19—24
类型：纲要

标题：本会施政报告一（二十二年十二月份）
提要：一、黄河重要图表之绘制

二、河防设计研究之事项

三、黄河上下游堤岸之测量

四、渭河河道之测量

六、放淤分水及虹吸淤田计划

七、拟于津浦路桥墩上绘制水尺办理之情形

八、河工正杂各料及沿河交通情形之调查

九、黄河小清河联运计划研究之结果

十、视察鲁省黄河下游堤工及海口之经过

来源：黄河水利月刊
时间：1934
卷期：第1卷第2期　页码：25—33
类型：报告

标题：本会施政报告二（二十三年一月份）
提要：一、黄河重要图表之绘制

二、河防设计研究之事项

三、黄河上下游堤岸之测量

六、拟修平民朝邑两县筑堤护滩工程

七、商借中英庚款五十万元办理豫省黑岗口及柳园淤灌修堤各工程

八、关于办理黄河善后工程经费之筹划

九、电请拨棉麦借款为黄河善后工程经费

十、冀鲁三省黄河善后工程计划及概算

来源：黄河水利月刊
时间：1934
卷期：第1卷第2期　页码：34—42
文献类型：报告

标题：本会职员请假规则（二十二年十一月十五日公布）
来源：黄河水利月刊
时间：1934
卷期：第1卷第2期　页码：45—46
类型：法规

标题：本会职员考绩规则（二十二年十一月二十二日公布）
来源：黄河水利月刊
时间：1934
卷期：第1卷第2期　页码：46—48
类型：法规

标题：本会办事通则（二十二年十一月二十四日公布）
来源：黄河水利月刊
时间：1934
卷期：第1卷第2期　页码：48—51
类型：法规

标题：本会会计事务规则（二十二年十一月二十七日公布）
来源：黄河水利月刊
时间：1934
卷期：第1卷第2期　页码：51—53
类型：法规

标题：本会职员出差旅费及测勘人员出勤费规则（二十二年十二月一日公布）（附表）
来源：黄河水利月刊
时间：1934
卷期：第1卷第2期　页码：53—56
类型：法规

标题：本会管理档案暨调卷规则（二十二年十二月十一日公布）

来源：黄河水利月刊
时间：1934
卷期：第1卷第2期　页码：56—59
类型：法规

标题：函甘肃、青海、宁夏省政府商洽关于设置甘青宁水利局办理黄河上游水利案，请查照见复由（第四五二至四五四号　二十二年十二月一日）
作者：李仪祉
来源：黄河水利月刊
时间：1934
卷期：第1卷第2期　页码：61
类型：公函

标题：函山东建设厅研究黄河运河联运计划案结果，并商请合组运河讨论会，希查照见复由（第四五七号　二十二年十二月一日）
作者：李仪祉
来源：黄河水利月刊
时间：1934
卷期：第1卷第2期　页码：61—63
类型：公函

标题：函请山东建设厅将黄河与小清河联运工程计划实施意见赐复，希查照由（第四五六号　二十二年十二月一日）
作者：李仪祉
来源：黄河水利月刊
时间：1934
卷期：第1卷第2期　页码：63—64
类型：公函

标题：令山东、河南、河北河务局为奉令筹办监察委员王平政呈报视察山东水灾情形，并附陈意见一案，饬将境内险工加意防护具报由（第五八一六〇号　二十二年十二月一日）
作者：李仪祉
来源：黄河水利月刊
时间：1934
卷期：第1卷第2期　页码：64—65
类型：训令

标题：呈复行政院奉令筹办监察委员王平政呈报视察山东水灾情形，并附陈意见一案遵办情形，请鉴核由（二十二年十二月一日）
作者：李仪祉
来源：黄河水利月刊
时间：1934
卷期：第1卷第2期　页码：66
类型：呈文

标题：令河南、山东、河北省河务局将该局所存正杂各料及所在地等项，分别详细具报，以备查考由（第六一—六三号　二十二年十二月四日）
作者：李仪祉
来源：黄河水利月刊
时间：1934
卷期：第1卷第2期　页码：66—67
类型：训令

标题：令技正孙绍宗以陕西省政府请拨款修筑潼关险工一案，已准电复，仰即速往查勘拟具施工计划及预算，呈候核夺由（第六四号　二十二年十二月五日）

作者：李仪祉
来源：黄河水利月刊
时间：1934
卷期：第1卷第2期　页码：67
类型：训令

标题：令山东、河南、河北河务局将管理境内沿河大堤已通汽车电话及拟定将来扩充路线计划，分别绘图送会由（第六八——七〇号　二十二年十二月七日）
作者：李仪祉
来源：黄河水利月刊
时间：1934
卷期：第1卷第2期　页码：68
类型：训令

标题：令技正孙绍宗查复平民朝邑两县堤坝工程是否全部或一部份工程？又与潼关河堤工程比较孰缓孰急？先行具报，并拟具平民县护堤工程施工计划及预算呈候核夺由（第六七号　二十二年十二月七日）
作者：李仪祉
来源：黄河水利月刊
时间：1934
卷期：第1卷第2期　页码：68—69
类型：训令

标题：代电复中国第一水工试验所董事会前认拨之三万元已呈请行政院核示，一俟令到即设法汇上由（二十二年十二月十六日）
作者：李仪祉
来源：黄河水利月刊
时间：1934
卷期：第1卷第2期　页码：70
类型：电报

标题：函请全国经济委员会补助德国恩格思教授黄河试验费六万元，希查照办理见复由（第四七九号　二十二年十二月二十八日）
作者：李仪祉
来源：黄河水利月刊
时间：1934
卷期：第1卷第2期　页码：71—72
类型：公函

标题：函请黄河水灾救济委员会工赈组请将各工程区设立之无线电台移交本会接管，希查照见复由（第四八三号　二十三年一月五日）
作者：李仪祉
来源：黄河水利月刊
时间：1934
卷期：第1卷第2期　页码：72
类型：公函

标题：令导渭工程处为奉国民政府令派孔祥榕为黄河水利委员会委员，仰知照由（第七二号　二十三年一月六日）
作者：李仪祉
来源：黄河水利月刊
时间：1934
卷期：第1卷第2期　页码：72—73
类型：训令

标题：呈黄河水灾救济委员会为准河南省政府函据滑县灾民王诚卿等请利用灾民，速堵决口案，仰祈鉴核办理由（二十三年一月六日）
作者：李仪祉

来源：黄河水利月刊
时间：1934
卷期：第 1 卷第 2 期　**页码**：73—74
类型：呈文

标题：令导渭工程处为奉国民政府训令成立公务人员服用国货委员会，仰遵照办理由（第七三号　二十三年一月八日）
作者：李仪祉
来源：黄河水利月刊
时间：1934
卷期：第 1 卷第 2 期　**页码**：75—76
类型：训令

标题：呈报国民政府遵令组织本会公务人员服用国货委员会，并饬属遵办情形，请鉴核备查由（二十三年一月八日）
作者：李仪祉
来源：黄河水利月刊
时间：1934
卷期：第 1 卷第 2 期　**页码**：76
类型：呈文

标题：函李委员培基等以奉国民政府令委孔祥榕为本会委员，请查照由（二十三年一月九日）
作者：河水利委员会
来源：黄河水利月刊
时间：1934
卷期：第 1 卷第 2 期　**页码**：76—77
类型：公函

标题：呈黄河水灾救济委员会为奉函知善后工程划归本会办理，此项经费应请筹划，仰祈鉴核示遵由（二十三年一月十日）
作者：李仪祉
来源：黄河水利月刊
时间：1934
卷期：第 1 卷第 2 期　**页码**：77—78
类型：呈文

标题：电黄河水灾救济委员会等八机关为办理黄河善后工程，拟具筹款办法三条，征求同意，以便合词电请中央核准施行由（二十三年一月十二日）
来源：黄河水利月刊
时间：1934
卷期：第 1 卷第 2 期　**页码**：78—80
类型：电报

标题：电令技正孙绍宗从速将潼关及平民朝邑各项工程计划送会由（第二二二号　二十三年一月十二日）
来源：黄河水利月刊
时间：1934
卷期：第 1 卷第 2 期　**页码**：80
类型：电报

标题：咨复陕西政府关于朝邑平民两县建筑护滩长堤各项工程案，即请将计划送会筹议兴工，希查照办理见复由（第二〇号　二十三年一月十七日）
作者：李仪祉
来源：黄河水利月刊
时间：1934
卷期：第 1 卷第 2 期　**页码**：80—81
类型：咨文

标题：电复青海建设厅第一次大会时关

于青海建设厅提案之决议案原文，希查照由（二十三年一月十八日）
来源：黄河水利月刊
时间：1934
卷期：第1卷第2期　页码：81
类型：电报

标题：函请海军部饬属派船测量黄河口海岸海深，希查照办理见复由（第四九六号　二十三年一月二十日）
作者：李仪祉
来源：黄河水利月刊
时间：1934
卷期：第1卷第2期　页码：81—82
类型：公函

标题：电请全国经济委员会先拨美棉麦借款为善后工程经费由（二十三年一月二十三日）
作者：李仪祉
来源：黄河水利月刊
时间：1934
卷期：第1卷第2期　页码：82
类型：电报

标题：函复宁夏省政府所请缓设甘青宁水利局于皋兰，卓见甚是，惟事关三省通案，拟俟甘青两省府函复到会，交工务处研究后，再专函奉达，希查照由（第四九八号　二十三年一月二十四日）
作者：李仪祉
来源：黄河水利月刊
时间：1934
卷期：第1卷第2期　页码：83
类型：公函

标题：令发导渭工程处组织规程，仰遵照办理由（第八八号　二十三年一月二十六日）
作者：李仪祉
来源：黄河水利月刊
时间：1934
卷期：第1卷第2期　页码：83—84
类型：训令

标题：挖乌加河筹借庚款兴修案详细计划，希查照见复由（第四九九号　二十三年一月二十七日）
作者：李仪祉
来源：黄河水利月刊
时间：1934
卷期：第1卷第2期　页码：84—85
类型：记事

标题：咨复陕西省政府准送水利局所拟本省与黄河有关之水利计划，业经审核，不第与本会治河计划无防，而其引洛工程尤与本会治本计划相符，希将此项工程进行情形，随时见示，俾备查考由（第二二号　二十三年一月二十九日）
作者：李仪祉
来源：黄河水利月刊
时间：1934
卷期：第1卷第2期　页码：85
类型：咨文

标题：呈黄河水灾救济委员会为黄河善后工程经费筹款办法已得有关系之各机关复电，大致赞同，抄呈复电，仰祈鉴核，主持进行，并示遵由（二十三年一月三十一日）
作者：李仪祉

来源：黄河水利月刊
时间：1934
卷期：第 1 卷第 2 期　页码：85—86
类型：呈文

标题：电黄河水灾救济委员会孔委员长关于善后工程经费筹款办法案，已遵敬电呈请主持进行，兹派孔委员面陈，祈鉴察由（二十三年一月三十一日）
来源：黄河水利月刊
时间：1934
卷期：第 1 卷第 2 期　页码：86
类型：电报

标题：本会第一次大会议事录
来源：黄河水利月刊
时间：1934
卷期：第 1 卷第 2 期　页码：87—103
类型：记事

标题：黄河之概观
来源：黄河水利月刊
时间：1934
卷期：第 1 卷第 2 期　页码：105—121
类型：论文

标题：黄河与治乱关系（录本会沈委员怡在中华职业教育社学术讲演）
作者：沈怡
来源：黄河水利月刊
时间：1934
卷期：第 1 卷第 2 期　页码：123—126
类型：演讲

标题：长垣冯楼堵口工程第三口中冰凌堆积情形
来源：黄河水利月刊
时间：1934
卷期：第 1 卷第 2 期　页码：1 页
类型：照片

标题：长垣冯楼堵口工程第三坝工程进行进行情形
来源：黄河水利月刊
时间：1934
卷期：第 1 卷第 2 期　页码：1 页
类型：照片

标题：长垣冯楼堵口工程第三坝工程进行期中险恶之水势（船前石堆即河心岛树处）
来源：黄河水利月刊
时间：1934
卷期：第 1 卷第 2 期　页码：1 页
类型：照片

标题：黄河水利委员会民国二十二年十二月份各站水文测量统计表
来源：黄河水利月刊
时间：1934
卷期：第 1 卷第 2 期　页码：1 页
类型：报告

标题：黄河河道变迁史略
提要：黄河六大变迁沿革图
来源：黄河水利月刊禹河及黄河第一第二第五变迁沿革图
时间：1934
卷期：第 1 卷第 2 期　页码：1 页
类型：图片

标题：水道之保护与水灾之防御
提要：黄河堵口及善后工程之促进

来源：中国国民党指导下之政治成绩统计
时间：1934
卷期：第 2 期　**页码**：31
类型：记事

标题：导淮之进行
提要：一、裹运河航道之整理；
　　　　二、悬门式三河活动坝之设计；
　　　　三、废黄河河槽土质之钻验；
　　　　四、淮河中上游干线水准之测量；
　　　　五、水文测量之进行；
　　　　六、淮域公地之整理；
　　　　七、淮域土地之测量；
　　　　八、淮阴船闸及引河应用土地之征收
来源：中国国民党指导下之政治成绩统计
时间：1934
卷期：第 2 期　**页码**：131—134
类型：记事

标题：政务会议（第二百九十四次）
提要：省政府秘书处报告民财建三厅会呈为奉核蒲台县黄河故道淤地可否准由垦丈局丈放一案似令饬县局查照建设厅前拟办法协同办理，请核示应否照准请公决案
来源：山东财政公报
时间：1934
卷期：第 5 卷第 5 期　**页码**：70—71
类型：记事

标题：黄河水利委员会电
提要：为电达对于黄河善后工程拟定筹款办法三条拟联合华北导淮黄河水灾三委员会及豫鲁冀苏皖各省政府合词电请中央核准施行如荷赞同请迅电复由（中华民国二十三年一月十二日）
来源：华北水利月刊
时间：1934
卷期：第 7 卷第 1/2 期　**页码**：42
类型：电报

标题：电复文电请所称各节本会悉表赞同请于主稿会呈时挈列敝衔由（中华民国二十三年一月十三日）
来源：华北水利月刊
时间：1934
卷期：第 7 卷第 1/2 期　**页码**：43
类型：电报

标题：水利新闻（二十三年一月份）
提要：黄河会筹措善后工程费
来源：华北水利月刊
时间：1934
卷期：第 7 卷第 1/2 期　**页码**：69—70
类型：新闻

标题：卫生事业消息汇志
提要：南京
　　　　卫生署及中央卫生实验处；7. 黄河水灾救济委员会卫生组成立
来源：中华医学杂志（上海）
时间：1934
卷期：第 20 卷第 2 期　**页码**：281
类型：新闻

标题：如不修筑堤岸，黄河有改道之虞：黄灾会请冀省府转呈中央由海关附征筑堤税款一年（转录大公报）
来源：陕西水利月刊
时间：1934
卷期：第 2 卷第 1 期　**页码**：12
类型：记事

标题：呈省政府
呈覆遵令呈赍本局与黄河有关系水利各计划，请核转
来源：陕西水利月刊
时间：1934
卷期：第 2 卷第 1 期　**页码**：24
类型：呈文

标题：海军部训令（第五零一号　中华民国二十三年一月二十四日）
提要：令暂代海道测量局局长刘德浦令仰派舰测量黄河口海深接洽具报由
作者：陈绍宽
来源：海军公报
时间：1934
卷期：第 56 期　**页码**：74—75，8
类型：训令

标题：提议于滨县黄河南岸安设虹吸管灌溉高苑农田与涸复卢洼相并办理案
作者：宋磊
来源：山东省建设月刊
时间：1934
卷期：第 4 卷第 2 期　**页码**：177—178
类型：提案

标题：整在修筑之大潼铁路（下）黄河铁桥四十七孔托式板梁炸毁情形
来源：交通杂志
时间：1934
卷期：第 2 卷第 4 期　**页码**：1 页
类型：照片

标题：整在修筑之大潼铁路
提要：黄河铁桥桥桩炸毁情形
来源：交通杂志
时间：1934
卷期：第 2 卷第 4 期　**页码**：1 页
类型：照片

标题：平汉路黄河铁桥（附图）
作者：王之翰　徐节元
来源：交通杂志
时间：1934
卷期：第 2 卷第 4 期　**页码**：25—32
类型：照片

标题：宁夏磴口黄河边之沙岭、青海塔尔寺番人信者之跪拜
来源：开发西北
时间：1934
卷期：第 1 卷第 2 期　**页码**：2
类型：照片

标题：黄河水科委员会组织法（二十二年六月二十八日）
来源：青岛市政府市政公报
时间：1934
卷期：第 47 期　**页码**：31—33
类型：法规

标题：黄河问题（续一卷第九期）（附图）
作者：李赋都
来源：河北省工程师协会月刊
时间：1934
卷期：第 2 卷第 1—2 期　**页码**：24—32
类型：论文

标题：工程消息
提要：鲁省黄河工程
来源：河北省工程师协会月刊
时间：1934

卷期：第 2 卷第 1—2 期　　页码：66
类型：新闻

标题：黄河水利委员会工作纲要
来源：水利
时间：1934
卷期：第 6 卷第 1/2 期　　页码：11—14
类型：纲要

标题：黄河问题（附图片）
作者：李赋都
来源：水利
时间：1934
卷期：第 6 卷第 1/2 期　　页码：15—53
类型：论文

标题：治理黄河意见书（附图）
作者：王应榆
来源：水利
时间：1934
卷期：第 6 卷第 1/2 期　　页码：54—60
类型：文牍

标题：黄河流域之土壤及其冲积
作者：张含英
来源：水利
时间：1934
卷期：第 6 卷第 1/2 期　　页码：79—111
类型：论文

标题：华北水利委员会暨前顺直水利委员会已往关于黄河工作之简要报告（在黄河水利委员会第一次大会报告）
作者：华北水利委员会
来源：水利
时间：1934

卷期：第 6 卷第 1/2 期　　页码：112—116
类型：报告

标题：黄河小清河联运地形图
来源：水利
时间：1934
卷期：第 6 卷第 1/2 期　　页码：1 页
类型：照片

标题：黄河决口摄影
来源：水利
时间：1934
卷期：第 6 卷第 1/2 期　　页码：1 页
类型：照片

标题：提议赵王河、运河、徒骇河及马颊河、宜沿河两岸较远处筑堤防，以备分泄黄河异涨之水，并与黄河堤酌添滚水坝或闸，以便分流入他河以泄水势案
作者：苏兰生
来源：山东省建设月刊
时间：1934
卷期：第 4 卷第 2 期　　页码：166
类型：提案

标题：提议黄河临黄堤与官堤之间筑格堤数道以防由决口漫溢之水扩大范围并整理堤间之泄水河道（如清水河）及其堤防以备排泄溃决之水复归黄河或入他河以减轻水灾案
作者：苏兰生
来源：山东省建设月刊
时间：1934
卷期：第 4 卷第 2 期　　页码：166—167
类型：调查报告

标题：海军部公函（第五〇二号 中华民国二十三年一月二十四日）
提要：函黄河水利委员会：复饬海道测量局派船测量黄河口海深由
来源：海军公报
时间：1934
卷期：第56期 页码：194，20
类型：公函

标题：长垣县黄河水灾遗迹
作者：黄河水灾救济委员会工赈第二区工程处
来源：天津商报画刊
时间：1934
卷期：第10卷第26期 页码：2
类型：照片

标题：余姚县政府训令（民字第一七二三号）
提要：令所属各机关（不另行文）
为奉令黄河水灾救济委员会章程第二条内由国民政府特派委员二十三人组织之句缮写时漏落二十三三字应予补正由
作者：林泽
来源：浙江余姚县政府公报
时间：1934
卷期：第230—231期 页码：4，2
类型：训令

标题：国民政府训令（第五二号 二十三年二月八日）
提要：令全国经济委员会
中央执行委员会函为本会第四届第四次全体会议关于拨款办理黄河下游善后工程及治本工发一案决议交全国经济委员会核办，令仰查照核办由
作者：林森
来源：国民政府公报（南京1927）
时间：1934
卷期：第1359号 页码：3，2
类型：训令

标题：黄河泛滥长垣被灾纪
作者：蔡光华
来源：期刊（天津）
时间：1934
卷期：第2期 页码：6—11
类型：报告

标题：纪实
提要：黄河决口的一夕
作者：张自强
来源：期刊（天津）
时间：1934
卷期：第2期 页码：16—19
类型：新闻

标题：国民政府指令（第二七六号 二十三年二月十三日）
提要：令行政院
呈据黄河水灾救济委员会呈为河工重要，需款甚殷，请准借用英庚款配与黄河水利部份积存款项二十万元，又据管理中英庚款董事会以同情呈请核示前来，经并案提出本院第一四五次会议决议通过，呈报鉴核备案由
作者：林森 汪兆铭
来源：国民政府公报（南京1927）
时间：1934
卷期：第1363号 页码：11
类型：指令

标题：山东省政府教育厅训令（第二二九号　不另行文）
提要：令省立各学校、省立各社会教育机关、私立齐鲁大学等
奉省政府令知准内政部咨宁夏中卫县地域辽阔黄河界分南北治理不便将全境划分两县河北仍名中卫县河南增设中宁县等因令仰知照由
来源：山东教育行政周报
时间：1934
卷期：第277期　**页码**：1—2
类型：训令

标题：山东省政府训令（实字第一一七八号　中华民国二十三年二月七日）
提要：令范县县长
准黄河水灾救济委员会代电为濮范寿阳等县灾民代表王圣铎等电请拨款修筑北岸民埝一案自应仍由各该县就地筹修请转饬知照等因仰饬知由
作者：韩复榘
来源：山东省政府公报
时间：1934
卷期：第271期　**页码**：4，41
类型：训令

标题：山东省政府训令（实字第一二四号　中华民国二十三年二月二日）
提要：令寿张县县长、河务局局长
准黄河水灾救济委员会敬代电以准本府秘实电关于该、寿张县长请速筹堵筑冀南石头庄决口一案现正积极进行堵筑电复查照等因仰知照由
作者：韩复榘
来源：山东省政府公报
时间：1934
卷期：第271期　**页码**：2，29—30
类型：训令

标题：山东省政府指令（实字第一八〇六号　中华民国二十三年二月一日）
提要：令建设厅
会呈一件为呈复会核蒲台县黄河故道淤地应否由垦丈局丈放一案情形，请鉴核由
作者：韩复榘
来源：山东省政府公报
时间：1934
卷期：第271期　**页码**：4
类型：指令

标题：令为黄河水灾急赈捐款仰克日开单报解以凭汇转由
来源：警察月刊
时间：1934
卷期：第2卷第2期　**页码**：29
类型：训令

标题：海军部训令（第五零一号　中华民国二十三年一月二十四日）
提要：令暂代海道测量局局长刘德浦：令仰派舰测量黄河口海深接洽具报由
作者：陈绍宽
来源：海军公报
时间：1934
卷期：第56期　**页码**：74—75，8
类型：训令

标题：国民政府训令（第一〇〇号　二十三年二月二十一日）

提要：令行政院、监察院、本府主计处中央政治会议函为关于黄河水灾救济委员会本会经费暨各项振款二十二年度岁出临时概算决议办法，令仰转饬遵照由
作者：林森　汪兆铭　于右任
来源：国民政府公报（南京1927）
时间：1934
卷期：第1370号　**页码**：2，2
类型：训令

标题：甘肃黄河及其支流沿岸造林计划大纲（附表）
作者：云
来源：海泽
时间：1934
卷期：第4期　**页码**：12—13
类型：计划

标题：导淮之进行
提要：一、裹运河航道之整理；
二、悬门式三河活动坝之设计；
三、刘老涧泄水闸及船闸基址土质之钻验；
四、废黄河河槽土质之钻验；
五、淮河中上游干线水准之测量；
六、水文测量之进行；
七、淮域公地之整理；
八、淮域土地之测量；
九、刘老涧船闸及引河应用土地之征收
来源：中国国民党指导下之政治成绩统计
时间：1934
卷期：第3期　**页码**：139—143
类型：记事

标题：青岛市政府训令（第六四四二号中华民国二十二年七月十八日）
提要：令直辖各机关
奉行政院令公布黄河水利委员会组织法令行知照由
来源：青岛市政府市政公报
时间：1934
卷期：第48期　**页码**：83—85，6
类型：训令

标题：提议本省黄河水灾救济委员会添用专任人员可否酌给津贴案（民国二十三年二月九日省府委员会第五〇九次会议）
作者：魏鉴
来源：河北民政刊要
时间：1934
卷期：第27号　**页码**：33—34
类型：提案

标题：报告关于发行黄河水灾救济奖券一案所有审查结果请公决案（民国二十三年二月二十三日省府委员会第五一三次会议）
作者：鲁穆庭　胡源汇　魏鉴
来源：河北民政刊要
时间：1934
卷期：第27号　**页码**：35—36
类型：提案

标题：国内经济
提要：交通建设
三省河联会请款整理黄河堤防
来源：四川经济月刊
时间：1934
卷期：第1卷第3期　**页码**：9—11
类型：新闻

标题：黄河河口之整理及其在工程上经济上之重要
作者：张含英
来源：黄河水利月刊
时间：1934
卷期：第 1 卷第 3 期　　**页码**：1—6
类型：论文

标题：平汉路黄河铁桥与洪水之关系
作者：安立森
来源：黄河水利月刊
时间：1934
卷期：第 1 卷第 3 期　　**页码**：7—10
类型：论文

标题：黄河水利委员会黄河测量计划及预算
来源：黄河水利月刊
时间：1934
卷期：第 1 卷第 3 期　　**页码**：11—16
类型：计划

标题：本会施政报告（二十三年二月份）
提要：一、重要图表之绘制
二、河防设计研究之事项
三、黄河上下游堤岸之测量
四、渭河河道之测量
五、水文测量之进行
六、本会筹备举行第二次大会
七、本会导渭工程处测竣渭河水库及续测引渭工作
八、函商海军部海道测量局拟请测勘黄河海口
九、函请拨助测量黄河经费
十、商借英庚款举办黑冈口等淤田及修堤一案进行办理情形
十一、本会奉派勘察堵口工程之经过
来源：黄河水利月刊
时间：1934
卷期：第 1 卷第 3 期　　**页码**：17—26
类型：报告

标题：勘察冯楼堵口工程报告
提要：节录本会张秘书长含英会同黄河水灾救济委员会工振组孔主任祥榕奉令勘察冯楼堵口工程呈复本会报告
来源：黄河水利月刊
时间：1934
卷期：第 1 卷第 3 期　　**页码**：53—60
类型：报告

标题：民国二十二年黄河水灾调查统计报告（附表）
来源：黄河水利月刊
时间：1934
卷期：第 1 卷第 3 期　　**页码**：61—72
类型：报告

标题：本会支出单据证明规则（二十二年十二月十六日公布）
来源：黄河水利月刊
时间：1934
卷期：第 1 卷第 3 期　　**页码**：73—75
类型：法规

标题：本会购料规则（二十二年二月十九日公布）
来源：黄河水利月刊
时间：1934
卷期：第 1 卷第 3 期　　**页码**：75—78
类型：法规

标题：本会测工及公役抚恤规则（二十二年十二月二十三日公布）
来源：黄河水利月刊
时间：1934
卷期：第 1 卷第 3 期　**页码**：78—79
类型：法规

标题：河南省建设厅函送黑岗口淤灌计画及二道堤越堤整理计画，所需工程费五十万元，拟向庚款项下商借，乞迅予核办见复由（工字第三一号　一月八日）
作者：张静愚
来源：黄河水利月刊
时间：1934
卷期：第 1 卷第 3 期　**页码**：81—82
类型：公函

标题：整理运河讨论会函知扬子江水道整理委员会加入合作，请查案先予改正会章由（第七号　一月二十二日）
来源：黄河水利月刊
时间：1934
卷期：第 1 卷第 3 期　**页码**：82
类型：公函

标题：行政院训令据黄河水灾救济委员会呈为关于黄河岁修防汛等工程，请饬下河工主管机关负责办理，应准照办，令仰遵照由（第五四六号　二月六日）
来源：黄河水利月刊
时间：1934
卷期：第 1 卷第 3 期　**页码**：83—84
类型：训令

标题：河北省黄河河务局呈送所存正杂料数量及险工地点交通情形，造具表册，仰祈鉴核由（第一零七零号　二月七日）
作者：孙庆泽
来源：黄河水利月刊
时间：1934
卷期：第 1 卷第 3 期　**页码**：85
类型：呈文

标题：管理中英庚款董事会函复准函请将河南建设厅借款案先付审查，已函征各董事意见，俟得多数同意，即当交审查，请查照由（第五六六五号　二月八日）
作者：朱家骅
来源：黄河水利月刊
时间：1934
卷期：第 1 卷第 3 期　**页码**：85—86
类型：公函

标题：河北省黄河河务局呈复监察委员王平政视察山东水灾附陈意见一案，遵将险工防护情形，呈请鉴核由（第一零八八号　二月十日）
来源：黄河水利月刊
时间：1934
卷期：第 1 卷第 3 期　**页码**：86—88
类型：呈文

标题：河北省黄河河务局呈复本局沿河两岸大堤已通汽车电话及拟扩充办法，呈请鉴核由（第一〇九四号　二月十二日）
作者：孙庆泽
来源：黄河水利月刊
时间：1934

卷期：第 1 卷第 3 期　　**页码**：88—92
类型：呈文

标题：行政院秘书处函为奉谕据河北省工程师协会呈请限期堵筑黄河北岸决口并培修金堤一案，修堤一项，应交黄河水利委员会办理，等因，请查照由（第五六一号　二月十六日）
作者：褚民谊
来源：黄河水利月刊
时间：1934
卷期：第 1 卷第 3 期　　**页码**：92—93
类型：公函

标题：河南省建设厅函准函嘱补送黑岗口等处放淤及灌溉工程计画译本及图样，兹随函送达，请查照转寄由（第二九三号　二月二十日）
作者：张静愚
来源：黄河水利月刊
时间：1934
卷期：第 1 卷第 3 期　　**页码**：93—94
类型：公函

标题：管理中英庚款董事会函复关于河南建设厅五十万元借款案，已征得多数董事同意，先付审查，请转电赶寄水利划计英文译本，以资应用由（第五八四〇号　二月二十二日）
作者：朱家骅
来源：黄河水利月刊
时间：1934
卷期：第 1 卷第 3 期　　**页码**：94
类型：公函

标题：内政部函为准行政院秘书处函以奉谕据河北省政府呈请举办津海关附加税修筑黄河堤岸一案，应交内政财政两部会同黄河水利委员会核议具复等由，兹已定期召集会议，请指派代表出席由（第四五号　二月二十三日）
来源：黄河水利月刊
时间：1934
卷期：第 1 卷第 3 期　　**页码**：95
类型：公函

标题：函送管理中英庚款董事会代河南建设厅借用庚款，办理黄河淤灌修堤等工程提案，希查照提请公决由（第四八九号　一月十二日）
作者：李仪祉
来源：黄河水利月刊
时间：1934
卷期：第 1 卷第 3 期　　**页码**：96—97
类型：公函

标题：函复河南建设厅所送黑岗口淤田灌溉及二道堤越堤整理计画，已拟具提案，函请管理中英庚款董事会提会讨论，希查照由（第四九三号　一月十八日）
作者：李仪祉
来源：黄河水利月刊
时间：1934
卷期：第 1 卷第 3 期　　**页码**：97—98
类型：公函

标题：函请管理中英庚款董事会迅将本会前送借用庚款提案，预付审查，提前拨借，希查照办理见复由（第五〇〇号　一月三十日）

作者：李仪祉
来源：黄河水利月刊
时间：1934
卷期：第 1 卷第 3 期　**页码**：98—99
类型：公函

标题：函河南建设厅准中项庚款董事会函请转函迅将计划书译本及图补送一案，希查照办理见复由（第五〇六号　二月三日）
作者：李仪祉
来源：黄河水利月刊
时间：1934
卷期：第 1 卷第 3 期　**页码**：99—100
类型：公函

标题：函复行政院秘书处以准函奉交河北省工程师协会呈请修培金堤一案，已并筹办理，希查照转陈由（第五二六号　二月二十日）
作者：李仪祉
来源：黄河水利月刊
时间：1934
卷期：第 1 卷第 3 期　**页码**：100—101
类型：公函

标题：转函河南建设厅借庚款案已征得多数董事同意，先付审查，希查照由（第五三六号　二月二十二日）
作者：李仪祉
来源：黄河水利月刊
时间：1934
卷期：第 1 卷第 3 期　**页码**：101—102
类型：公函

标题：电复内政部准函以召集津海关附加税修筑黄堤会议，嘱派员出席一案，兹派本会孔委员祥榕代表出席，请查照由（第二九六号　二月二十六日）
来源：黄河水利月刊
时间：1934
卷期：第 1 卷第 3 期　**页码**：102
类型：电报

标题：治理黄河的研究（录本会李委员培基在河南省立水利工程专门学校讲演）
来源：黄河水利月刊
时间：1934
卷期：第 1 卷第 3 期　**页码**：103—110
类型：演讲

标题：长垣石头庄一带大堤淤平树干尽没水中之摄影
来源：黄河水利月刊
时间：1934
卷期：第 1 卷第 3 期　**页码**：1 页
类型：照片

标题：长垣冯楼堵口工程只余二十五公尺之口门摄影
来源：黄河水利月刊
时间：1934
卷期：第 1 卷第 3 期　**页码**：1 页
类型：照片

标题：自下游（即新河道）而望之长垣冯楼堵口工程摄影
来源：黄河水利月刊
时间：1934
卷期：第 1 卷第 3 期　**页码**：1 页
类型：照片

标题：自上游而望之长垣冯楼堵口工程摄影
来源：黄河水利月刊
时间：1934
卷期：第1卷第3期　页码：1页
类型：照片

标题：黄河含泥量之化学成分
来源：陕西水利月刊
时间：1934
卷期：第2卷第2期　页码：8
类型：论文

标题：黄河百害，惟富一套，故后套物产之富饶
来源：新青海
时间：1934
卷期：第2卷第3期　页码：79—80
类型：新闻

标题：本路黄河铁桥救护之经过
作者：熊正琏
来源：铁路月刊（平汉线）
时间：1934
卷期：第47期　页码：40—45
类型：报告

标题：省政府训令
提要：为准黄河水利委员会，咨复准送所拟本省与黄河有关之水利计划，业经审核，希将工程进行情形，见示仰知照由
来源：陕西水利月刊
时间：1934
卷期：第2卷第2期　页码：9
类型：训令

标题：监察院训令（第八七三号　二十三年二月二十四日）
提要：奉国府令准中央政治会议函准准政府核转黄河水灾救济委员会编造该委员会经费暨各项振款二十二年度岁出临时概算拟删去预备费将原列之五十万元分别移并灾振工振项下仍改编概算送本会议备查经决议照财政组审查意见通过一案令仰遵照由
作者：于右任
来源：审计部公报
时间：1934
卷期：第36期　页码：27—28，7
类型：训令

标题：函（第一八八一号　二十三年二月二十一日）
提要：函财政部
为黄河水利委员会支付预算书委任官俸栏内有月支二百二十元者，系根据何种规定，请转知查明见复由
来源：审计部公报
时间：1934
卷期：第36期　页码：42，9
类型：公函

标题：建厅呈送黄河防险会议纪录请分别转送
来源：河南省政府公报
时间：1934
卷期：第966期　页码：3—6
类型：呈文

标题：黄河是中国的忧患
来源：民众月刊

时间：1934
卷期：第 3 期　页码：16
类型：新闻

标题：读潭冈杂志乘风破浪渡入第三时期说感赋（七古集句）
提要：君不见黄河之水天上来
来源：潭冈乡杂志
时间：1934
卷期：第 15 卷第 1 期　页码：59—60
类型：诗词

标题：陕西省建设厅训令（二月一日）
提要：令直属各机关
　　　奉省政府令宁夏省中卫县因黄河界分南北划为两县河北仍名中卫县河南增设中宁县饬知照由
来源：陕西建设公报
时间：1934
卷期：第 21—22 期　页码：22—23
类型：训令

标题：黄河祛患兴利之新计划
提要：于右任在国府纪念周报告
来源：国闻周报
时间：1934
卷期：第 11 卷第 9 期　页码：1—2
类型：报告

标题：国民政府黄河水灾救济委员会近以办理黄灾堵口工程
来源：京沪沪杭甬铁路日刊
时间：1934
卷期：第 921 期　页码：66
类型：新闻

标题：山东省政府训令（实字第一六七号　二十三年二月二十七日）
提要：令建设厅、海务局
　　　准黄河水灾救济委员会为本会工振组主任，周象贤辞职，业派孔祥榕接充请饬属协助等因除电复照办外，仰知照由
作者：韩复渠
来源：山东省政府公报
时间：1934
卷期：第 274 期　页码：16—17，3
类型：训令

标题：劝募慈祥花签拯救黄河灾民
作者：翁之龙
来源：国立同济大学旬刊
时间：1934
卷期：第 17 期　页码：3
类型：新闻

标题：国民政府指令（第五三九号　二十三年三月十五日）
提要：令行政院
　　　呈据黄河水灾救济委员会呈报堵口工程经过情形，及统筹三省善后工程款项办法，请鉴核施行，经提出院议决议通过，并函全国经济委员会，除指令并照案函送暨分行外，呈请鉴核备案由
作者：林森　汪兆铭
来源：国民政府公报（南京1927）
时间：1934
卷期：第 1388 号　页码：4
类型：指令

标题：黄河防灾会之治河计划（中英文对照）
作者：Ma，Y. P.

来源：英语周刊
时间：1934
卷期：新第 74 期　页码：1497
类型：新闻

标题：山东省政府训令（实字第一七四二号　二十三年三月二日）
提要：令河务局
奉行政院令以据黄河水灾救济委员会呈为关于黄河岁修防汛等工程请饬下河工主管机关负责办理应准照办令仰遵照等因仰遵办由
作者：韩复榘
来源：山东省政府公报
时间：1934
卷期：第 275 期　页码：11—13，2
类型：训令

标题：山东省政府呈（实字第四一号二十三年三月七日）
提要：据豫冀鲁三省黄河河务联合会呈请转呈中央核拨巨款修培豫冀鲁三省堤防并呈计划图表请鉴核等情，请鉴核施行由
作者：韩复榘
来源：山东省政府公报
时间：1934
卷期：第 275 期　页码：29—30
类型：呈文

标题：两旬来之黄河下游灾后筹赈
提要：豫省黄灾滑县惨重；
黄河善后工程筹款；
黄河凌解鲁庆安澜
来源：蒙藏旬刊
时间：1934
卷期：第 78—79 期　页码：21—22

类型：新闻

标题：哀流离
作者：辽天一鹤
来源：黄沙半月刊
时间：1934
卷期：第 1 卷第 5 期　页码：36
类型：诗歌

标题：黄河新建虹吸管
作者：琳
来源：兴华
时间：1934
卷期：第 31 卷第 10 期　页码：1
类型：新闻

标题：建厅会订豫省黄河南岸善后工程计划
作者：印
来源：河南省政府公报
时间：1934
卷期：第 983 期　页码：2—6
类型：计划

标题：修理黄河堤坝工程之进行（中英文对照）
作者：Ma，Y. P.
来源：英语周刊
时间：1934
卷期：第 75 期　页码：1516—1517
类型：新闻

标题：山东省建设厅长途电话管路处呈文第一三二号（三月二十九日）
提要：查本处前以博兴、蒲台间黄河水线，架设于严寒冰冻时期
作者：胡学蠡

来源：长途电话月刊
时间：1934
卷期：第 3 期　**页码**：26—27
类型：呈文

标题：一旬来冀豫鲁之请款治黄计划
来源：蒙藏旬刊
时间：1934
卷期：第 80 期　**页码**：23—24
类型：方案

标题：黄河流域土壤冲刷之制止（附表）
作者：安立森　李燕南
来源：黄河水利月刊
时间：1934
卷期：第 1 卷第 4 期　**页码**：1—12
类型：新闻

标题：黄河概况
提要：兰州至潼关
作者：高钧德　石峇
来源：黄河水利月刊
时间：1934
卷期：第 1 卷第 4 期　**页码**：13—26
类型：报告

标题：黄河水利委员会统计工作计划纲目及办理程序（附图）
来源：黄河水利月刊
时间：1934
卷期：第 1 卷第 4 期　**页码**：27—33
类型：纲要

标题：本会施政报告（二十三年三月份）
提要：一、陕西省平民县护岸工程计画
　　　　二、陕西省潼关县护岸工程计画
　　　　三、重要图表之绘制
　　　　五、黄河上下游堤岸之测量
　　　　七、水文测量之进行
　　　　八、出席内政部津海关附加税修筑黄堤会议
　　　　九、拟具水准测量之连接比较方案
　　　　十、请拨修筑平民县护岸工款
　　　　十一、呈核修筑利津以下河堤计画并请迅拨工款案
　　　　十二、拟修潼关护岸工程
　　　　十三、通过统筹黄河善后工款三项办法案
　　　　十四、本会举行第二次全体大会
来源：黄河水利月刊
时间：1934
卷期：第 1 卷第 4 期　**页码**：35—46
类型：报告

标题：黄河水利委员会民国二十三年三月份各站水文测量统计表
来源：黄河水利月刊
时间：1934
卷期：第 1 卷第 4 期　**页码**：47
类型：报告

标题：公务员恤金条例（二十三年三月二十六日公布）
来源：黄河水利月刊
时间：1934
卷期：第 1 卷第 4 期　**页码**：49—53
类型：法规

标题：修正山东黄河上游两岸埝工局组织简章（二十二年四月经山东省政府核准）
来源：黄河水利月刊
时间：1934

卷期：第 1 卷第 4 期　页码：53—55
类型：法规

标题：修正山东黄河上游两岸民埝修守章程（二十二年四月经山东省政府核准）
来源：黄河水利月刊
时间：1934
卷期：第 1 卷第 4 期　页码：55—57
类型：法规

标题：河南省河务局拟定沿河各县民工防汛队组织条例
来源：黄河水利月刊
时间：1934
卷期：第 1 卷第 4 期　页码：57—59
类型：法规

标题：海军部海道测量局函复黄河口测量工程拟俟明年五月开始办理希查照见复由（第三三八号　三月八日）
作者：刘德浦
来源：黄河水利月刊
时间：1934
卷期：第 1 卷第 4 期　页码：61—62
类型：公函

标题：津浦铁路管理局函送天津徐州间各站水准点及泺口站黄河历年最高水位希查照由（第五〇九号　三月十三日）
来源：黄河水利月刊
时间：1934
卷期：第 1 卷第 4 期　页码：62—63
类型：公函

标题：行政院训令准蒋委员长电为据该委员长电请拨发整理河口第一段工程款项请予核办一案令，仰知照由（第一四三六号　三月十九日）
来源：黄河水利月刊
时间：1934
卷期：第 1 卷第 4 期　页码：63
类型：训令

标题：函陕西等九省建设厅请查明单开各县已否设立雨量站，如已设者请转令将雨量记载按月报会，未设者能否即设希查照办理见复由（第五五二至五六〇号　三月八日）
作者：李仪祉
来源：黄河水利月刊
时间：1934
卷期：第 1 卷第 4 期　页码：64—65
类型：公函

标题：呈行政院为呈送拟具兵工修筑利津黄河大堤计划估价清册工程图表仰祈鉴核施行示遵由（三月十三日）
作者：李仪祉
来源：黄河水利月刊
时间：1934
卷期：第 1 卷第 4 期　页码：65—67
类型：呈文

标题：函北平地质调查所为拟合作测量黄河上游请将测量计划先行寄示并查照见复由（第五七二号　三月十七日）
作者：李仪祉
来源：黄河水利月刊
时间：1934

卷期：第 1 卷第 4 期　页码：68
类型：公函

标题：电达河南等五省政府及导淮华北两委员会为奉行政院令知筹集黄河善后工款三项办法业经行政会议决议通过希查照由（三月二十二日）
来源：黄河水利月刊
时间：1934
卷期：第 1 卷第 4 期　页码：68—69
类型：电报

标题：呈行政院为并案呈复关于黄河善后工程办理情形及请求核拨工款并拟议施工办法仰祈鉴核示遵由（三月二十四日）
作者：李仪祉
来源：黄河水利月刊
时间：1934
卷期：第 1 卷第 4 期　页码：69—75
类型：呈文

标题：本会第二次大会议事录
来源：黄河水利月刊
时间：1934
卷期：第 1 卷第 4 期　页码：77—97
类型：记事

标题：治河刍议
作者：徐抚辰
来源：黄河水利月刊
时间：1934
卷期：第 1 卷第 4 期　页码：99—104
类型：论文

标题：利津以下綦家嘴之埽工
来源：黄河水利月刊
时间：1934
卷期：第 1 卷第 4 期　页码：1 页
类型：照片

标题：虎牢关一带之形状
来源：黄河水利月刊
时间：1934
卷期：第 1 卷第 4 期　页码：1 页
类型：照片

标题：河南汜水黄河南岸正在坍塌之形状
来源：黄河水利月刊
时间：1934
卷期：第 1 卷第 4 期　页码：1 页
类型：照片

标题：黄河口太平湾之东望
来源：黄河水利月刊
时间：1934
卷期：第 1 卷第 4 期　页码：1 页
类型：照片

标题：本会函辛未救济会为九月一日召开赈济黄河灾区联席会议已推定明道等五人代表出席由
作者：中国佛教会
来源：中国佛教会报
时间：1934
卷期：第 49/50/51 期　页码：5—6
类型：公函

标题：本会函黄河水灾委员会为查明豫省发电地点复请查照由（二十二年九月十日）
作者：中国佛教会
来源：中国佛教会报

时间：1934
卷期：第 49/50/51 期　页码：5
类型：公函

标题：本会函黄河水炎急振会为推定弘伞、明道、慕西三人为河南省放振代表请查照由（二十二年九月十一日）
作者：中国佛教会
来源：中国佛教会报
时间：1934
卷期：第 49/50/51 期　页码：5—7
类型：公函

标题：本会函各省市县佛教会及诸山寺院并各居士为函送捐册请代募黄河水灾赈款由（二十二年九月十七日）
作者：中国佛教会
来源：中国佛教会报
时间：1934
卷期：第 49/50/51 期　页码：7—8
类型：公函

标题：本会通告各省市县佛教会暨从林寺院为克日举行超荐黄河水灾亡魂道场由（二十二年九月二十日）
作者：圆瑛　王一亭
来源：中国佛教会报
时间：1934
卷期：第 49/50/51 期　页码：8—9
类型：通告

标题：本会函复黄河水灾急振联合会同前由（二十二年九月二十日）
作者：中国佛教会
来源：中国佛教会报

时间：1934
卷期：第 49/50/51 期　页码：9—10
类型：公函

标题：本会函复江苏第五区行政专员公署为川沙等县遭受钜灾已函请黄河水灾急振会迅拨巨款救济由（二十二年九月二十六日）
来源：中国佛教会报
时间：1934
卷期：第 49/50/51 期　页码：10
类型：公函

标题：本会函黄河水灾急振会同前由（二十二年九月二十六日）
作者：中国佛教会
来源：中国佛教会报
时间：1934
卷期：第 49/50/51 期　页码：10—11
类型：公函

标题：青岛市政府训令（第八〇四五号中华民国二十二年九月四日）
提要：令直辖各机关
　　　奉行政院令黄河水利委员会暂归行政院指挥监督令仰知照由
来源：青岛市政府市政公报
时间：1934
卷期：第 50 期　页码：49—50，5
类型：训令

标题：青岛市政府训令（第八三七〇号中华民国二十二年九月十四日）
提要：令直辖各机关
　　　奉行政院令设立黄河水灾救济委照会并拨发四百万元施放急振一案令仰知照由

来源：青岛市政府市政公报
时间：1934
卷期：第 50 期　页码：58—59，6
类型：训令

标题：青岛市政府训令（第八九二〇号
　　　中华民国二十二年九月二十三日）
提要：令直辖各机关
　　　奉行政院令搁发黄河水灾救济委
　　　员会章程令仰知照由
来源：青岛市政府市政公报
时间：1934
卷期：第 50 期　页码：64—65，6
类型：训令

标题：呈覆奉令准黄河水利委员会函请
　　　筹设雨量站饬转遵办一案情形并
　　　赍一览表请鉴核由
来源：陕西水利月刊
时间：1934
卷期：第 2 卷第 3 期　页码：39—40
类型：呈文

标题：咨建设厅
　　　为咨覆黄河水利委员会函请筹设
　　　雨量站一案业奉令遵办请查照由
来源：陕西水利月刊
时间：1934
卷期：第 2 卷第 3 期　页码：43—44
类型：咨文

标题：平汉铁路管理局工作报告（二十
　　　三年二月份）
来源：铁路月刊（平汉线）
时间：1934
卷期：第 48 期　页码：60—61
类型：报告

标题：黄河凌汛水涨灾区摄影五幅
来源：河北建设公报
时间：1934
卷期：第 6 卷第 4 期　页码：4—5
类型：照片

标题：呈河北省政府为据黄河河务局续
　　　电水涨各村被淹各情形已情形已
　　　咨民政厅并案核办呈请鉴核文
　　　（一月二十七日）
作者：林成秀
来源：河北建设公报
时间：1934
卷期：第 6 卷第 4 期　页码：4
类型：呈文

标题：河北省政府建设厅令（训令第一
　　　六号　一月二十七日）
提要：令黄河河务局局长
　　　为准河北省黄灾救济会函长垣县
　　　删电蹙凌水发二三区复被沦胥嘱
　　　速筹堵口等因令，仰遵照，会商
　　　主任工程师速筹堵合由
作者：林成秀
来源：河北建设公报
时间：1934
卷期：第 6 卷第 4 期　页码：24
类型：训令

标题：孔祥熙计划筹措黄河工款
来源：华北水利月刊
时间：1934
卷期：第 7 卷第 3/4 期　页码：95—96
类型：新闻

标题：冯楼决口合龙完工、黄河水利委
　　　会开会

来源：华北水利月刊
时间：1934
卷期：第 7 卷第 3/4 期　页码：96—97
类型：新闻

标题：甘肃省政府建设厅拟于黄河沿岸造林防止河患计划
作者：陈子昂
来源：开发西北
时间：1934
卷期：第 1 卷第 4 期　页码：65—66
类型：计划

标题：黄河造益宁朔，宁夏有九大干渠
来源：开发西北
时间：1934
卷期：第 1 卷第 4 期　页码：82
类型：记事

标题：中国黄河长江下游各省煤矿之分布及河南煤矿运销势力范围图（民国二十三年河南省地质调查所绘制）
来源：河南矿业报告
时间：1934
卷期：第 3 号　页码：333
类型：图片

标题：豫省黄河南岸善后工程计划（附图、表）
来源：河南建设
时间：1934
卷期：第 2 期　页码：15—34
类型：方案

标题：治理黄河的研究
提要：在河南省立水利工程专门学校讲演
作者：李培基
来源：河南民政月刊
时间：1934
卷期：第 15 号　页码：134—139
类型：演讲

标题：呈内政部
准豫冀鲁三省黄河河务联合会函送豫冀鲁三省黄河堤防修培计划请转呈中央拨款修培照录原函检同计划呈请鉴核转呈由（中华民国二十三年三月一日）
作者：林成秀　李书田　徐世大
来源：华北水利月刊
时间：1934
卷期：第 7 卷第 3/4 期　页码：34—36
类型：呈文

标题：内政部指令（土字第四〇号中华民国二十三年三月八日）
提要：令华北水利委员会：呈一件准豫冀三省黄河河务联合会函送豫冀鲁三省黄河堤防修培计画请鉴核转呈由
作者：黄绍竑
来源：华北水利月刊
时间：1934
卷期：第 7 卷第 3/4 期　页码：36
类型：指令

标题：望黄河
作者：逸飞
来源：励进月刊
时间：1934
卷期：第 15 期　页码：14
类型：诗词

标题：黄河水利之整洁
提要：一、苏冀鲁豫漫决区域之查勘；
二、黄河上下游堤岸之测量；
三、水文测量之进行；
四、渭河河道之测量；
五、渭河水库及引渭灌田工程之测量
来源：中国国民党指导下之政治成绩统计
时间：1934
卷期：第 4 期　页码：144—147
类型：报告

标题：流行性感冒发源于黄河流域
来源：觉是青年
时间：1934
卷期：第 1 卷第 4 期　页码：80
类型：新闻

标题：黄河在二十二年陕州洪水情形（附表）
作者：左云之
来源：土木（南京）
时间：1934
卷期：第 1 卷第 6 期　页码：0—1
类型：报告

标题：铁道部呈（业字第五九五号　中华民国二十三年三月三十日）
提要：呈复铁路各项附加捐税经十九年四中全会议决裁撤所有黄河善后铁路附捐拟请免予再办由
作者：顾孟馀
来源：铁道公报
时间：1934
卷期：第 828 期　页码：12
类型：呈文

标题：陇海路局招标修筑灵宝以西沿黄河岸护堤等工程
来源：铁道公报
时间：1934
卷期：第 828 期　页码：16
类型：新闻

标题：国民政府训令（第二〇〇号　二十三年四月九日）
提要：令行政院、监察院、本府主计处中央政治会议函为关于黄河水灾救济委员会振款支配概算书改编科目案决议准予照办令，仰转饬知照由
作者：林森　汪兆铭　于右任
来源：国民政府公报（南京1927）
时间：1934
卷期：第 1408 号　页码：4—5，1
类型：训令

标题：山东省政府训令（实字第二六四六号　二十三年三月三十一日）
提要：令建设厅、河务局
奉行政院令以据黄河水灾救济委员会呈报黄河堵口工程经过情形及统筹三省善后工程款项办法请鉴核施行等情经院议通过令仰遵照等因仰遵照由
作者：韩复渠
来源：山东省政府公报
时间：1934
卷期：第 279 期　页码：41—43，4
类型：训令

标题：黄河治本束水淘沙
作者：中央社
来源：兴华

时间：1934
卷期：第 31 卷第 14 期　页码：39
类型：新闻

标题：陇海招标修筑黄河护堤
来源：铁道
时间：1934
卷期：第 5 卷第 12 期　页码：242
类型：新闻

标题：国民政府训令（第二二三号　二十三年四月二十一日）
提要：令行政院
中央政治会议函为关于河北省政府请举办津海关附加税修筑黄河堤岸经部会核议应准改办芦盐附加一案决议，准照办令，仰转饬遵照由
作者：林森　汪兆铭　黄绍竑　孔祥熙
来源：国民政府公报（南京1927）
时间：1934
卷期：第 1418 期　页码：3—4，2
类型：训令

标题：国民政府指令（第八三四号　二十三年四月二十日）
提要：令行政院
呈据河北省政府呈请举办津海关附加税修筑黄河堤岸一案，经交据内政、财政两部及黄河水利委员会等会核呈复，认为应准改办长芦盐税附加，请核示等情，经院议决议通过，并报告中央政治会议，除照案报告并指令暨分行外，抄同原呈，呈请鉴核备案由
作者：林森　汪兆铭
来源：国民政府公报（南京1927）

时间：1934
卷期：第 1418 号　页码：8
类型：指令

标题：陇海路修筑黄河沿岸护堤
来源：铁路月刊（津浦线）
时间：1934
卷期：第 4 卷第 3—4 期　页码：4—5
类型：新闻

标题：壶中天
提要：渡黄河用山中白云韵
作者：则文
来源：铁路月刊（津浦线）
时间：1934
卷期：第 4 卷第 3—4 期　页码：4
类型：诗词

标题：平汉路抽换黄河铁桥枕木工程
来源：铁道公报
时间：1934
卷期：第 849 期　页码：5—6
类型：新闻

标题：政务会议（计六十二件　第三一二次）
提要：省政府秘书处报告财政厅呈为奉核黄河上游民埝专款保委会，请将今春两岸埝捐每亩暂按一角征收一案，应令河务局转饬该会按照两岸埝工需款实数，分别规定上忙应征埝捐数目，开会议决转呈核办，以免纠纷，请核示应否照准请公决案
来源：山东财政公报
时间：1934
卷期：第 5 卷第 8 期　页码：28

类型：呈文

标题：呈河北省政府关于筹修黄河善后工程一案办理经过录案呈复鉴核文（二月九日）
作者：林成秀
来源：河北建设公报
时间：1934
卷期：第 6 卷第 5 期　页码：4—5
类型：呈文

标题：呈河北省政府为据黄河河务局电以奉周主任电存料请暂尽拨借泛前购还不误工地积雪甚深督率员夫拼力进行等情呈请鉴核备案文（二月十日）
作者：林成秀
来源：河北建设公报
时间：1934
卷期：第 6 卷第 5 期　页码：5
类型：呈文

标题：呈河北省政府为据黄河河务局呈堵口工程进行情形已指令督饬在工员夫拼力进行呈请鉴核文（二月二十一日）
作者：林成秀
来源：河北建设公报
时间：1934
卷期：第 6 卷第 5 期　页码：7
类型：呈文

标题：呈河北省政府为据黄河河务局电复进行堵口工程及防守各段情形呈请鉴核文（二月二十二日）
作者：林成秀
来源：河北建设公报
时间：1934
卷期：第 6 卷第 5 期　页码：8—9
类型：呈文

标题：河北省政府建设厅令（训令第一九一号　二月一日）
提要：令黄河河务局局长
　　关于庞庄堵口工作进行及工竣情形尚未据报令仰迅速查明详细具复以凭转报由
作者：林成秀
来源：河北建设公报
时间：1934
卷期：第 6 卷第 5 期　页码：15
类型：训令

标题：河北省政府建设厅令（训令第一九五号　二月二日）
提要：令黄河河务局局长为奉省令黄河凌汛水涨各村被灾请筹救济一案议决行民政厅令仰知照由
作者：林成秀
来源：河北建设公报
时间：1934
卷期：第 6 卷第 5 期　页码：16
类型：训令

标题：河北省政府建设厅令（训令第三〇八号　二月二十六日）
提要：令黄河河务局局长
　　为奉省令准黄灾救济会世电挪借存料准在汛前购还饬即遵办等因令仰遵照办理仍将存料价目造册呈厅备案借出各料并应分旬报核由
作者：林成秀
来源：河北建设公报
时间：1934

卷期：第 6 卷第 5 期　页码：30—31
类型：训令

标题：河北省政府建设厅令（指令第八八七号　二月二十三日）
提要：令黄河河务局局长
　　　呈一件呈送结存材料表仰祈鉴核由
作者：林成秀
来源：河北建设公报
时间：1934
卷期：第 6 卷第 5 期　页码：38—39
类型：指令

标题：公函黄河水利委员会为准华北水利委员会函送整理运河讨论会聘任总工程师合同等件已分别会印抽存函达查照办理见复由（第四七号　二月二十六日）
来源：河北建设公报
时间：1934
卷期：第 6 卷第 5 期　页码：44—45
类型：公函

标题：（陕省）拟具治黄河意见
来源：河北建设公报
时间：1934
卷期：第 6 卷第 5 期　页码：102—103
类型：新闻

标题：自上游而望之龙门（由图见出洪水位线最狭处自一百一十公尺至一百廿公尺）
来源：黄河水利月刊
时间：1934
卷期：第 1 卷第 5 期
类型：照片

标题：龙门下游之东岸（牌楼后禹门口为造船业发达之地）
来源：黄河水利月刊
时间：1934
卷期：第 1 卷第 5 期
类型：照片

标题：风陵渡口待风上驶之船只
来源：黄河水利月刊
时间：1934
卷期：第 1 卷第 5 期
类型：照片

标题：龙门以上河流峡中之形势
来源：黄河水利月刊
时间：1934
卷期：第 1 卷第 5 期
类型：照片

标题：宇冰学说（附图）
作者：哀伯特　李协
来源：黄河水利月刊
时间：1934
卷期：第 1 卷第 5 期　页码：1—19
类型：论文

标题：黄河最大流量之试估（附表）
作者：张含英
来源：黄河水利月刊
时间：1934
卷期：第 1 卷第 5 期　页码：20—30
类型：报告

标题：施政报告（二十三年四月份）
提要：一、三省黄河南北大堤紧急工程概算
　　　二、重要图表之绘制

三、河防设计研究之事项

四、黄河上下游堤岸之测量

五、渭河河道之测量

六、水文测量之进行

七、奉函令交办黄河岁修防汛各工程案

八、函送黄河善后工程概算请筹拨棉麦借款案

九、与北平地质调查所合作测量黄河上游

十、筹设黄河流域各县雨量站

十一、拟在绥远民生渠口筹设水文站及派员装设巩县等处水标站情形

十二、令沿河各汛堡保护本会测量队所钉椿志

十三、请拨款修筑冀鲁豫紧急工程案

十四、请拨发本会事业费案

十五、函送关于河南征工修培黄沁河堤坝工程案施工注意各点

十六、与海道测量局续商测勘黄河海品安

十七、电请迅拨工款修筑利津河堤工程案

十八、将寄黄河土壤请恩格斯氏试验并请解释质疑各点

十九、令派孔委员祥榕前往河北善后工程处驻工监视指导

来源：黄河水利月刊
时间：1934
卷期：第1卷第5期　**页码：**31—46
类型：报告

标题：踏勘黄河海口情形报告（四月三十日）（附图表）
作者：陆克铭
来源：黄河水利月刊
时间：1934
卷期：第1卷第5期　**页码：**47—51
类型：报告

标题：黄河水利委员会民国二十三年四月份各站水文测量统计表
来源：黄河水利月刊
时间：1934
卷期：第1卷第5期　**页码：**53
类型：报告

标题：修正黄河水利委员会总务处组织规程第五第七两条条文（二十三年四月二十九日公布）
来源：黄河水利月刊
时间：1934
卷期：第1卷第5期　**页码：**72—73
类型：法规

标题：黄河防护堤坝规则（二十三年五月九日公布）
来源：黄河水利月刊
时间：1934
卷期：第1卷第5期　**页码：**73—75
类型：法规

标题：黄河下游民埝修守规则（二十三年五月九日公布）
来源：黄河水利月刊
时间：1934
卷期：第1卷第5期　**页码：**75—76
类型：法规

标题：全国经济委员会水利处函为征集水利计划及有关资料以便国联专家参考附开清单希于四月底以前

检送由（四月十三日）
作者：茅以升
来源：黄河水利月刊
时间：1934
卷期：第 1 卷第 5 期　页码：79—80
类型：公函

标题：河南省政府函据河务局呈送拟具办法及表件请分令沿河各县遵办等情送请查照审核见复由（字第一二三四号　四月二十一日）
来源：黄河水利月刊
时间：1934
卷期：第 1 卷第 5 期　页码：80—81
类型：公函

标题：全国经济委员会秘书处函复准函续请恩格思教授黄河治导试验一案如有参考资料或研究问题请开示由（水字第三〇一八号　四月二十三日）
作者：秦汾
来源：黄河水利月刊
时间：1934
卷期：第 1 卷第 5 期　页码：82—83
类型：公函

标题：代电财政部请每月加拨本会经常费一万元并请垫拨豫冀黄河善后工程经费由
来源：黄河水利月刊
时间：1934
卷期：第 1 卷第 5 期　页码：83
类型：电报

标题：代电黄河水灾救济委员会请迅拨黄河善后工款一百万元由
来源：黄河水利月刊
时间：1934
卷期：第 1 卷第 5 期　页码：83—84
类型：电报

标题：会呈行政院关于河北省灾赈委员会函请举办津海关附加税修筑黄河堤岸一案会同核议情形报请鉴核施行由（四月十六日）
作者：孔祥熙　李仪祉　黄绍竑
来源：黄河水利月刊
时间：1934
卷期：第 1 卷第 5 期　页码：84—85
类型：呈文

标题：函复河南省政府为准函请审核征工修培黄沁两河堤坝工程办法一案已拟具施工应行注意各点希查照办理见复由（黄字第六一四号　四月十八日）
作者：李仪祉
来源：黄河水利月刊
时间：1934
卷期：第 1 卷第 5 期　页码：86—87
类型：公函

标题：呈国民政府为本会开办费前经规定为十万元只领到四万元未领之款拟请将经常费六万元流用仰祈鉴核示遵由（四月十八日）
作者：李仪祉
来源：黄河水利月刊
时间：1934
卷期：第 1 卷第 5 期　页码：87
类型：呈文

标题：电请汪院长令饬财政部尽速筹拨

整理河口第一段工款由
来源：黄河水利月刊
时间：1934
卷期：第1卷第5期　页码：88
类型：电报

标题：函送铁道部平汉路黄河铁桥与洪水之关系报告中英文各一份及附图希查收参考见复由（黄字第六二二号　四月二十六日）
作者：李仪祉
来源：黄河水利月刊
时间：1934
卷期：第1卷第5期　页码：90
类型：公函

标题：函河南山东省政府为关于本会第二次大会提请规定每年河防经费标准并由本会函请增拨案经决议通过录案函达希查照办理见复由（第六二四至第六二五号　四月二十七日）
作者：李仪祉
来源：黄河水利月刊
时间：1934
卷期：第1卷第5期　页码：90—91
类型：公函

标题：函送甘宁青三省政府，关于本会第二次大会所议治河宜择上游浚渠植树案及缓设甘宁青水利局案决议案希查照办理见复由（黄字第六二六号至六二八号　四月二十七日）
作者：李仪祉
来源：黄河水利月刊
时间：1934

卷期：第1卷第5期　页码：91—92
类型：公函

标题：函商绥远建设厅关于开发绥远水利修挖包西河套水渠工程等案经议决希查照斟酌办理见复由（黄字第六二九号　四月二十七日）
来源：黄河水利月刊
时间：1934
卷期：第1卷第5期　页码：92—93
类型：公函

标题：函复全国经济委员会秘书处关于恩格思黄河治导试验案已将土壤书图径寄沈怡君至此项试验本会正继续研究如有问题再行函寄希查照由（黄字第六三〇号　四月二十七日）
作者：李仪祉
来源：黄河水利月刊
时间：1934
卷期：第1卷第5期　页码：93—94
类型：公函

标题：甘肃水利过去情形及将来计画
来源：黄河水利月刊
时间：1934
卷期：第1卷第5期　页码：97—107
类型：方案

标题：黄土及其地土工术上的性质
来源：黄河水利月刊
时间：1934
卷期：第1卷第5期　页码：108—109
类型：论文

标题：青岛市政府训令（第一〇五〇

号　中华民国二十二年十月二十八日）
提要：令直辖各机关
准行政院秘书长函知前发训令抄发黄河水灾救济委员会章程第二条内漏写三字令即知照由
来源：青岛市政府市政公报
时间：1934
卷期：第51期　**页码**：63，6
类型：训令

标题：绥远省民政厅训令（第一五二八号　中华民国二十二年九月三十日）
提要：令各县治局
为奉省府令黄河水利委员会暂归行政院指挥监督仰查照并饬属知照等因令仰查照由
作者：袁庆曾
来源：绥远民政刊要
时间：1934
卷期：第2期
类型：训令

标题：公函黄河水利委员会（第二一三号　中华民国二十三年四月二十一日）
提要：案准黄字第六一一号大函，附送二十三年度事业费概算书，嘱为查照转呈，并见覆等由
作者：张人杰
来源：建设委员会公报
时间：1934
卷期：第40期　**页码**：103—104
类型：公函

标题：黄河倾流于六十五尺宽之沟中水至壶口下跌七十尺水力约十万马力（二十二年五月摄）
来源：中国华洋义赈救灾总会丛刊·甲种
时间：1934
卷期：甲种39　**页码**：1页
类型：照片

标题：省政府训令
提要：为准黄河水利委员会函拟设雨量站地点尚有二十八处或未设立或设立而记载不全请饬速设仰分别办理由
来源：陕西水利月刊
时间：1934
卷期：第2卷第4期　**页码**：27—28
类型：训令

标题：政务会议（计六十二件　第三百一十次）
提要：省政府秘书处报告财政厅呈为奉拟山东省黄河两岸冲淤地亩处理办法请核示应如何办理请公决案
来源：山东财政公报
时间：1934
卷期：第5卷第8期　**页码**：19
类型：议案

标题：江苏省东部盐渍三角洲区土壤约测
提要：第五章、土壤及其解释（土壤之科学的释义）
绯棕色之黄河沉积物
作者：梭颐　侯光炯
来源：土壤专报
时间：1934
卷期：第7期　**页码**：42—43
类型：论文

标题：训令（第一三七一号　二十三年

五月二十二日）
提要：令社会局、各特别区公署为黄河水灾救济奖券在津推销仰饬属维护文
来源：天津市政府公报
时间：1934
卷期：第64期　页码：90—91，5
类型：训令

标题：平汉铁路管理局工作报告（二十三年三月份）
提要：二、工作实施事项
（丙）工务事项：一、加固黄河大桥，第七十一号桥墩工程
来源：铁路月刊（平汉线）
时间：1934
卷期：第49期　页码：13
类型：报告

标题：训令（第一三七一号 二十三年五月二十二日）
提要：令社会局、各特别区公署为黄河水灾救济奖券在津推销仰饬属维护文
来源：天津市政府公报
时间：1934
卷期：第64期　页码：90—91，5
类型：训令

标题：民生渠渠口之黄河（民国二十二年十一月摄）
来源：中国华洋义赈救灾总会丛刊·甲种
时间：1934
卷期：甲种39　页码：1页
类型：照片

标题：山西省政府五月份行政报告

提要：（六）建设
二、水利：（甲）饬送河津荣河等县黄河河防工程详图
来源：山西省政府行政报告
时间：1934
卷期：5月　页码：13—14
类型：报告

标题：治导黄河试验之派员参加
来源：中国国民党指导下之政治成绩统计
时间：1934
卷期：第5期　页码：162
类型：记事

标题：一月来之青海（三月十四日至四月十三日）
提要：交通
修筑贵德黄河浮桥
来源：新青海
时间：1934
卷期：第2卷第5期　页码：85
类型：新闻

标题：林业，黄河沿岸造林
来源：中行月刊
时间：1934
卷期：第8卷第5期　页码：122—123
类型：新闻

标题：黄河与中国文化
作者：许炳琨
来源：楚雁
时间：1934
卷期：创刊号　页码：85—94
类型：新闻

标题：公函国民政府主计处（第二一二

号 中华民国二十三年四月二十一日）

提要：案准黄河水利委员会公函开，"查吾国黄河为患，已数千年，近以堤坝年久失修，河床日益淤高，为患之烈，较前益剧……"

作者：张人杰
来源：建设委员会公报
时间：1934
卷期：第40期　**页码**：105—117
类型：公函

标题：省政府训令
提要：为奉令准黄河水利委员会呈复关于黄河善后工程情形转令遵照由
来源：陕西水利月刊
时间：1934
卷期：第2卷第4期　**页码**：29—30
类型：训令

标题：本院行审计部训令（第一三二四号　二十三年五月二十六日）
提要：令转黄河水利委员会开办费在经常费内移用一案由
来源：监察院公报
时间：1934
卷期：第23期　**页码**：341—342
类型：训令

标题：本院行书记官刘慎堂训令（第六一四号　二十三年四月十日）
提要：派该员随同王委员平政视察黄河赈济工程各事宜令仰遵照由
来源：监察院公报
时间：1934
卷期：第23期　**页码**：363
类型：训令

标题：前陕西黄河用牛皮艇运邮
来源：上海邮工
时间：1934
卷期：第6卷第5/6期　**页码**：1页
类型：照片

标题：潼关望黄河
作者：吴禄贞
来源：大道半月刊
时间：1934
卷期：第10期　**页码**：2
类型：诗词

标题：黄河水灾与治黄方案
作者：孟英廋
来源：新绥远
时间：1934
卷期：第20期　**页码**：1—18
类型：方案

标题：交通部训令（第一七八三号　二十三年四月十七日）
提要：令邮政总局
为准黄河水利委员会函以设置雨量站拟委各地邮局代办等因，除函复准予转饬试办外合行令，仰转饬遵照试办并将办理情形具报备核由
作者：朱家骅
来源：交通公报
时间：1934
卷期：第554号　**页码**：15—16，2
类型：训令

标题：交通部公函（第一一二四号　二十三年四月十七日）
提要：函黄河水利委员会

为准函以设置雨量站拟委托各地邮局代办等因除饬邮政总局遵照试办外相应函复查照由
作者：交通部
来源：交通公报
时间：1934
卷期：第554号　**页码**：20—21，3
类型：公函

标题：山东省政府公函（实字第六四三号　二十三年四月二十日）
提要：奉行政院令为黄河水利委员会兵工修筑科津堤坝一案抄发图册仰派队兴工等因请酌量指派军队以便兴工由
作者：韩复榘
来源：山东省政府公报
时间：1934
卷期：第282期　**页码**：42—43，5
类型：公函

标题：证对
提要：黄巢造反，穿黄袍，渡黄河、只见黄沙滚滚
作者：公鲁
来源：海王
时间：1934
卷期：第6卷第24期　**页码**：382
类型：论文

标题：平汉路抛石护黄河桥概况
来源：铁道公报
时间：1934
卷期：第858期　**页码**：5—8
类型：新闻

标题：国民政府指令（第九七二号　二十三年五月十日）
提要：令行政院
呈为奉令以中央政治会议函，为关于本院函转内财两部及黄河水利委员会核议拟改办芦盐附加修筑黄河堤岸案，函达查照饬遵，再原会呈称豫鲁黄河善后工程，应由中央治黄机关统筹指导，又善后工程与堵口工程，应否交由黄河水灾委员会并办一节，应请仍交院核等由，饬院查照办理，并分别转饬遵照一案，呈复鉴核由
作者：林森　汪兆铭
来源：国民政府公报（南京1927）
时间：1934
卷期：第1434号　**页码**：6
类型：指令

标题：交通部指令（第六五五三号　二十三年四月三十日）
提要：令邮政总局
呈一件，为黄河水利委员会拟托各邮局代办雨量站案，请转函商定详细办法，请鉴核由
作者：朱家骅
来源：交通公报
时间：1934
卷期：第558号　**页码**：13
类型：指令

标题：交通部公函（第一六六六号　二十三年四月三十日）
提要：函黄河水利委员会
为前准函拟于黄河流域设置雨量站并拟托各地邮局代办一案兹经饬据邮政总局呈复请将详细办法饬知或径函该局接洽等情相应函

请查照见复由
作者：朱家骅
来源：交通公报
时间：1934
卷期：第 558 号　页码：25—27，4
类型：公函

标题：平汉路黄河北岸建筑树枝简易导水坝
来源：铁道公报
时间：1934
卷期：第 873 期　页码：9—10
类型：新闻

标题：咨财政厅奉省令据东明长垣两县会呈报会勘长垣县翟疃等村因黄河决口被灾情形核计成灾分数造具地亩粮租册结请鉴核一案，饬会核具报等因咨请查核主稿会办由（二十三年五月）
来源：河北民政刊要
时间：1934
卷期：第 30 期　页码：6—7
类型：咨文

标题：民国二十二年黄河之洪水量
作者：安立森著　张度译
来源：黄河水利月刊
时间：1934
卷期：第 1 卷第 6 期　页码：1—7
类型：报告

标题：黄河答客问
作者：张含英
来源：黄河水利月刊
时间：1934
卷期：第 1 卷第 6 期　页码：11—29
类型：报告

标题：施政报告（二十三年五月份）
提要：三、黄河上下游地形之测量：[表格]
四、渭河灌溉区域之测量：[表格]
五、水文测量之进行：[表格]
六、会呈行政院请拨款修筑潼关护岸工程案
七、派员视察河南善后工程并分别协助工作
八、续派副工程师吴岩霖等前往协助河北善后工程案
九、视察宝鸡峡水库地址之经过
十、派员前赴甘肃测勘黄河上游并商办设立水文站及雨量站事宜
十一、筹办架设三省黄河堤岸段汛电话情形
十二、分函下游有关各省征求分担黄河沿岸地形测量经费案
十三、推行河堤种草以护堤身暨修筑柳坝柳篱以淤串沟案
十四、咨送黄河防护堤坝规则四种请转饬遵照施行案
十五、继续搜集宝鸡峡渭谷水库图及黄河照片等请沈委员怡带德研究
十六、调查沿河经济与社会及农村状况以供参考案
十七、规定报汛办法案
十八、拟定黄淮流域水准测量之连接比较方案
十九、呈复关于皖省府函请制止豫省引洛入淮案办理情形案
来源：黄河水利月刊
时间：1934
卷期：第 1 卷第 6 期　页码：33—43
类型：报告

标题：黄河沿河公路修筑管理规则（二十三年五月九日公布）
来源：黄河水利月刊
时间：1934
卷期：第1卷第6期　**页码**：51—52
类型：法规

标题：国民政府文官处函为录案通知加派郑肇经等六员为黄河水利委员会委员函达查照由（第二〇七七号　五月二日）
来源：黄河水利月刊
时间：1934
卷期：第1卷第6期　**页码**：55
类型：公函

标题：行政院训令前据河北省政府呈请举办津海关附加税修筑黄河堤岸一案经饬据主管部会核复认为应改办芦盐附加提出院议通过经呈奉国府指令案经中政会议决议准照办令仰知照由（字第二二九五号　五月二日）
来源：黄河水利月刊
时间：1934
卷期：第1卷第6期　**页码**：55—56
类型：训令

标题：河南省政府函据河务局呈请分别函令各机关派员协助河工一案请派员协助由（字第一三九六号　五月二日）
来源：黄河水利月刊
时间：1934
卷期：第1卷第6期　**页码**：56—57
类型：呈文

标题：内政部函请将贵会施测之水文成果按月寄部以往成绩并希检送一份以备参考由（土字第一〇二号　五月十二日）
来源：黄河水利月刊
时间：1934
卷期：第1卷第6期　**页码**：57—58
类型：公函

标题：绥远建设厅函复为派遣测量队赴河套详勘渠道工程并请主持商洽英庚款暂先借拨二三十万元振兴水利救济灾民，希查照见复由（第四四号　五月十五日）
来源：黄河水利月刊
时间：1934
卷期：第1卷第6期　**页码**：58—59
类型：公函

标题：整理运河讨论会函为本会总工程师呈请将所拟运河复航计画分送研究相应检寄一份希查收核复由（五月十五日）
作者：整理运河讨论会
来源：黄河水利月刊
时间：1934
卷期：第1卷第6期　**页码**：59
类型：公函

标题：陕西省政府咨据水利局呈复拟具朝邑平民两县建筑护滩长堤工程计画书图呈请核转等情咨请查核办理由（字第六二八号　五月二十二日）
作者：邵力子
来源：黄河水利月刊
时间：1934

卷期：第 1 卷第 6 期　页码：59—60
类型：呈文

标题：铁道部函复安立森黄河桥研究报告兹已抄送平汉路局研究参考希查照由（工字第五六八一号　五月二十三日）
作者：顾孟余
来源：黄河水利月刊
时间：1934
卷期：第 1 卷第 6 期　页码：61
类型：公函

标题：华北水利委员会函复黄淮流域水准测量一案沿津浦线天津德州间之精密水准测量本会可以担任希查照由（字第一一五号　五月二十四日）
来源：黄河水利月刊
时间：1934
卷期：第 1 卷第 6 期　页码：61—62
类型：公函

标题：河南省政府函为据财政厅呈复黄河两岸平原地形测量用费拟由治黄借款内拨付请查照由（第一九七九号　五月二十九日）
来源：黄河水利月刊
时间：1934
卷期：第 1 卷第 6 期　页码：62—63
类型：公函

标题：河北省政府函复关于黄河沿岸地形测量提案可否分担经费一案经本府委员议决复函赞同请查照由（第一二三三号　五月二十九日）
来源：黄河水利月刊

时间：1934
卷期：第 1 卷第 6 期　页码：63
类型：公函

标题：呈国民政府为呈送黄河水利委员会监督各省黄河修防暂行规程草案仰祈鉴核备案施行由（五月四日）
作者：李仪祉
来源：黄河水利月刊
时间：1934
卷期：第 1 卷第 6 期　页码：64
类型：呈文

标题：呈送国民政府、行政院、黄河水灾救济委员会本会第二次大会决议案仰祈鉴核备考由（五月四日）
作者：李仪祉
来源：黄河水利月刊
时间：1934
卷期：第 1 卷第 6 期　页码：65
类型：呈文

标题：函复甘肃建设厅送到甘肃水利计划已转全国经济委员会借款举办俟复到再达希查照由（黄字第六三六号　五月四日）
作者：李仪祉
来源：黄河水利月刊
时间：1934
卷期：第 1 卷第 6 期　页码：65—66
类型：公函

标题：函知华北水利委员会关于请核办山西静乐县下静游村建筑蓄水库等案业经议决希查照由（黄字第六四四号　五月八日）
作者：李仪祉

来源：黄河水利月刊
时间：1934
卷期：第1卷第6期　**页码**：66—67
类型：公函

标题：函导淮委员会为提议兰封小新堤添筑砌石护岸等案经大会议决检送决议案希查照由（黄字第六四五号　五月八日）
作者：李仪祉
来源：黄河水利月刊
时间：1934
卷期：第1卷第6期　**页码**：67
类型：公函

标题：函送导淮委员会、华北水利委员会关于联络黄淮流域水准测量线比较基本平面案经大会决议通过希查照办理见复由（黄字第六四七—六四八号　五月九日）
作者：李仪祉
来源：黄河水利月刊
时间：1934
卷期：第1卷第6期　**页码**：68
类型：公函

标题：咨送河北、河南、山东省政府黄河防护堤坝规则等四种，请转饬遵照施行并希见复由（字第二三—二五号　五月九日）
作者：李仪祉
来源：黄河水利月刊
时间：1934
卷期：第1卷第6期　**页码**：68—69
类型：咨文

标题：函河南等四省政府关于黄河沿岸地形测量提案可否分担经费希查照见复由（黄字第六五〇至六五三号　五月九日）
作者：李仪祉
来源：黄河水利月刊
时间：1934
卷期：第1卷第6期　**页码**：69—70
类型：公函

标题：函知河南省政府关于扩充河南水利工程专校案经第二次大会决议原案保留希查照由（黄字第六五四号　五月九日）
作者：李仪祉
来源：黄河水利月刊
时间：1934
卷期：第1卷第6期　**页码**：70
类型：公函

标题：呈行政院为关于本会第二次大会提议呈请嘉奖去年防河者有劳绩人员案经议决通过录案呈请仰祈鉴核转呈由（五月九日）
作者：李仪祉
来源：黄河水利月刊
时间：1934
卷期：第1卷第6期　**页码**：70—71
类型：呈文

标题：令山东河务局据呈送修培山东黄河两岸堤坝计划案已提会议决附发决议案仰知照由（字第一四四号　五月十日）
作者：李仪祉
来源：黄河水利月刊
时间：1934
卷期：第1卷第6期　**页码**：72

类型：呈文

标题：函全国经济委员会检送甘肃水利计划拟请借款举办希查照办理见复由（黄字第六五六号　五月十四日）
作者：李仪祉
来源：黄河水利月刊
时间：1934
卷期：第1卷第6期　**页码**：72—73
类型：公函

标题：令发河北、河南、山东河务局河堤种草办法仰遵照办理具报由（字第一五〇——一五二号　五月十五日）
作者：李仪祉
来源：黄河水利月刊
时间：1934
卷期：第1卷第6期　**页码**：73
类型：训令

标题：函复绥远建设厅关于主持商借英庚款案如需料款即请开具购料单及拟具还本付息表并提出担保品以便转商希查照由（黄字第六六四号　五月十八日）
作者：李仪祉
来源：黄河水利月刊
时间：1934
卷期：第1卷第6期　**页码**：73—74
类型：公函

标题：函复整理运河讨论会准函送运河复航计划案经研究极有价值希查照由（五月二十二日）
作者：黄河水利委员会
来源：黄河水利月刊
时间：1934
卷期：第1卷第6期　**页码**：74—75
类型：公函

标题：函复绥远建设厅请拨款测量绥省黄河乌加河案目前无款可资挹注至上游勘查测量现已与地质调查所合作进行希查照由（黄字第六七九号　五月二十六日）
作者：李仪祉
来源：黄河水利月刊
时间：1934
卷期：第1卷第6期　**页码**：75—76
类型：公函

标题：本会第一次会务会议议事录
来源：黄河水利月刊
时间：1934
卷期：第1卷第6期　**页码**：77—87
类型：记录

标题：河上语（未完）
来源：黄河水利月刊
时间：1934
卷期：第1卷第6期　**页码**：89—100
类型：论文

标题：自渭河左岸而望之石门峡口
来源：黄河水利月刊
时间：1934
卷期：第1卷第6期　**页码**：1页
类型：照片

标题：消水河迤上渭河两岸之山峰
来源：黄河水利月刊
时间：1934
卷期：第1卷第6期　**页码**：1页

类型：照片

标题：宝鸡峡外之太寅谷口
来源：黄河水利月刊
时间：1934
卷期：第1卷第6期　页码：1页
类型：照片

标题：石门峡口半渡之木筏
来源：黄河水利月刊
时间：1934
卷期：第1卷第6期　页码：1页
类型：照片

标题：征工开浚废黄河导淮入海第一期工程两年计划方案（民国二十三年五月）
提要：导淮入海水道路线图
来源：江苏建设
时间：1934
卷期：第1卷第2期　页码：1页
类型：方案

标题：最近三个月来水利建设之实况（二十三年四月至六月）
提要：一一、筹办开浚废黄河导淮入海工程
来源：江苏建设
时间：1934
卷期：第1卷第2期　页码：4
类型：新闻

标题：征工开浚废黄河导淮入海第一期工程两年计划方案（民国二十三年五月）：附表、图
来源：江苏建设
时间：1934

卷期：第1卷第2期　页码：49—62
类型：方案

标题：黄河沿岸造林
提要：陕建厅派员实地调查
来源：四川经济月刊
时间：1934
卷期：第1卷第6期　页码：13—15
类型：报告

标题：黄河善后工程月底兴工
来源：华北水利月刊
时间：1934
卷期：第7卷第5/6期　页码：85
类型：新闻

标题：黄河会与平地质调查所合作测勘黄河上游
来源：华北水利月刊
时间：1934
卷期：第7卷第5/6期　页码：87
类型：新闻

标题：黄河土壤运德试验
来源：华北水利月刊
时间：1934
卷期：第7卷第5/6期　页码：87
类型：新闻

标题：流行性感冒发源于黄河流域
来源：时兆月报
时间：1934
卷期：第29卷第6期　页码：33
类型：论文

标题：黄河水灾救济委员会二十万元工程借款案

作者：孔祥熙　朱家骅　汪兆铭
来源：管理中英庚款董事会年刊
时间：1934
卷期：第 6 期　**页码**：53—55
类型：议案

标题：黄河水灾救济委员会借用到期庚款二十万元契约（附表）
作者：孔祥熙　朱家骅
来源：管理中英庚款董事会年刊
时间：1934
卷期：第 6 期　**页码**：11—13
类型：公文

标题：黄河石坝与石料调查
作者：林文英
来源：中国建设（上海 1930）
时间：1934
卷期：第 9 卷第 6 期　**页码**：39—41
类型：报告

标题：查勘黄河南岸决口及堤坝报告
作者：陈和甫
来源：水利
时间：1934
卷期：第 6 卷第 6 期　**页码**：476—481
类型：报告

标题：黄河六次改道
来源：陕西水利月刊
时间：1934
卷期：第 2 卷第 5 期　**页码**：16
类型：新闻

标题：记渌口望黄河
作者：胡逸飞
来源：励进月刊

时间：1934
卷期：第 17 期　**页码**：14
类型：教文

标题：征工开浚废黄河导淮入海第一期工程两年计划方案（民国二十三年五月）
提要：导淮经张福河废黄河至套子口入亩水道纵剖面图
作者：江苏省建设厅
来源：江苏建设
时间：1934
卷期：第 1 卷第 2 期　**页码**：1 页
类型：计划

标题：勘查下游三省黄河报告
作者：黄河水利委员会工务处
来源：水利
时间：1934
卷期：第 6 卷第 6 期　**页码**：406—423
类型：报告

标题：黄河水利之整治
提要：一、黄河上下游堤岸之测量；
二、渭河河道之测量；
三、水文测量之进行；
四、三省黄河堤岸段防汛电话之筹办；
五、河堤种草之推行暨柳坝柳篱之修筑；
六、沿河各省水文站及雨量站之继续筹设；
七、黄河上游航运状况之调查
来源：中国国民党指导下之政治成绩统计
时间：1934
卷期：第 6 期　**页码**：160—164
类型：报告

标题：黄河洪水量简单分析表（单位以每秒立方公尺计）
提要：黄河流域各受水区域对于民国二十二年黄河洪水之关系（自八月七日至八月十四日）
来源：黄河水利月刊
时间：1934
卷期：第1卷第6期　页码：9
类型：报告

标题：检送联络全国各水利机关水准基点办法请查照办理——公函黄河水利委员会（中华民国二十三年五月二十二日）
来源：内政公报
时间：1934
卷期：第7卷第22期　页码：297
类型：文牍

标题：从黄河堵口问题谈到复淮故道与苏省利害关系
作者：丁铭忠
来源：江苏月报
时间：1934
卷期：第2卷第1期　页码：1—3
类型：论文

标题：津浦铁路黄河桥
作者：吴益铭
来源：工程（中国工程学会会刊）
时间：1934
卷期：第9卷第3期　页码：258—270
类型：论文

标题：经委会积极进行治黄河
作者：邱致中
来源：中南情报
时间：1934
卷期：第4期　页码：55—56
类型：新闻

标题：黄河也澄清
来源：大道半月刊
时间：1934
卷期：第12期　页码：4
类型：新闻

标题：西北途中杂咏
提要：乘飞机视察黄河青海
作者：许崇灏
来源：新亚细亚
时间：1934
卷期：第7卷第6期　页码：106
类型：教文

标题：包头黄河中之运船
作者：锡九
来源：北晨画刊
时间：1934
卷期：第1卷第3期　页码：4
类型：照片

标题：黄河疏导的试验
来源：华年
时间：1934
卷期：第3卷第22期　页码：422
类型：新闻

标题：山东省政府训令（实字第四三二四号　二十三年五月十八日）
提要：令建设厅、河务局
准黄河水利委员会咨送黄河防护堤坝守则等四种请转饬遵照等情仰知照遵办由：

黄河防护堤坝守则；
黄河下游民埝修守守则；
黄河民工防汛守则；
黄河沿河公路修筑管理守则（附图）
作者：韩复榘
来源：山东省政府公报
时间：1934
卷期：第286期　页码：17—22
类型：训令

标题：日本侵略蒙古步骤（以虚名笼络蒙古汉奸，期一年内使西北变色，黄河北部亦积极侵略
作者：东北社
来源：新江油旬刊
时间：1934
卷期：第6期
类型：新闻

标题：西行散记（续）附照片
来源：殖边
作者：任扬
时间：1934
卷期：第2卷第9期　页码：13—18
类型：记事

标题：黄河水利委员会函请代为化验新凿井水
来源：河南大学校刊
时间：1934
卷期：第47期　页码：1
类型：公函

标题：河北省政府为据黄河河务局呈报黄河善后各工经费预算数目较之前拟筹修方案称有增加应俟拟善后办法确定再编施工预算转呈核办呈请鉴核备案文（三月七日）
作者：林成秀
来源：河北建设公报
时间：1934
卷期：第6卷第6期　页码：4—5
类型：呈文

标题：河北省政府建设厅令（训令第三五六号　三月六日）
提要：令黄河河务局局长
为奉省令以奉行政院令关于黄河岁修防汛等工应饬主管机关负责饬即遵办等因令仰遵照办理由案奉
作者：林成秀
来源：河北建设公报
时间：1934
卷期：第6卷第6期　页码：12—13
类型：训令

标题：河北省政府建设厅令（训令第三八一号　三月八日）
提要：令黄河河务局局长、东明、长垣濮阳县县长等
为奉省令准黄灾会电工振主任赴工视察防堵饬即转饬协助等因令，仰遵照办理具报由
作者：林成秀
来源：河北建设公报
时间：1934
卷期：第6卷第6期　页码：14
类型：训令

标题：河北省政府建设厅令（训令第五一三号　三月二十六日）
提要：令大名、濮阳、东明长垣县县长等
准黄河水科委员会函嘱转饬本省

大名等县将雨量记载按月迳寄等因，除函复外合仰遵照按月照填迳寄由
作者：林成秀
来源：河北建设公报
时间：1934
卷期：第6卷第6期　**页码**：21—27
类型：训令

标题：河北省政府建设厅令（指令第一二七零号　三月十五日）
提要：令黄河河务局局长
呈一件呈送二十一年黄河各测站水位表新核转由
作者：林成秀
来源：河北建设公报
时间：1934
卷期：第6卷第6期　**页码**：36
类型：指令

标题：河北省政府建设厅令（指令第一四四八号　三月二十二日）
提要：令黄河河务局局长
呈一件呈送补修北一段香里张填工计算书单据簿，仰祈核转准销令遵由
作者：林成秀
来源：河北建设公报
时间：1934
卷期：第6卷第6期　**页码**：37—38
类型：指令

标题：电（第四八号　三月六日）
提要：濮阳南街广益成转坝头黄河河务局孙局长
来源：河北建设公报
时间：1934
卷期：第6卷第6期　**页码**：54
类型：电报

标题：国民政府指令（第一三三〇号二十三年六月二十七日）
提要：令行政院
呈为奉钧府交核黄河水利委员会呈送黄河水利委员会监督各省黄河修防暂行规程草案，祈鉴核备案一案，经转交内政部议复，并由院代为修正，谨缮同修正规程，请鉴核备案由
作者：林森　汪兆铭
来源：国民政府公报（南京1927）
时间：1934
卷期：第1475号　**页码**：2
类型：指令

标题：本会委员长视察河北工程摄影之二
来源：黄河水利月刊
时间：1934
卷期：第1卷第7期　**页码**：1页
类型：照片

标题：黄河治本的探讨（附图表）
作者：李仪祉
来源：黄河水利月刊
时间：1934
卷期：第1卷第7期　**页码**：1—22
类型：论文

标题：密西西必河治理之历史
提要：各种学说及计划经过之实际情形（附图表）
作者：兰恩　石峆
来源：黄河水利月刊
时间：1934

卷期：第 1 卷第 7 期　　**页码**：23—34
类型：论文

标题：黄河水利委员会豫冀鲁三省黄河第一期善后工程计划纲要
来源：黄河水利月刊
时间：1934
卷期：第 1 卷第 7 期　　**页码**：35—44
类型：计划

标题：本会施政报告（二十三年六月份）
提要：一、重要图表之绘制［表格］；
二、河防设计研究之事项［表格］；
三、林垦计画之事项［表格］；
四、黄河上下游地形之测量［表格］；
五、渭河灌溉区域之测量［表格］；
六、水文测量之进行［表格］；
七、电请迅拨允发平民县修堤工款一万五千元；
八、呈请核办朝邑县筑堤工程；
九、审核整理运河初步报告；
十、进行施测西安等七处经纬度；
十一、电请提前拨发防泛经费三十万元以应事机；
十二、核定河北省黄河两岸加培大堤工程；
十三、赓续筹设沿河各省水文站及雨量站；
十五、函请保护本会测量队椿志及水文站水尺；
十六、调查黄河上游航运状况；
十七、函请保护本会三省堤岸报泛电话；
十八、拟订冀豫两省黄河交界处工防办法
来源：黄河水利月刊
时间：1934

卷期：第 1 卷第 7 期　　**页码**：51—63
类型：报告

标题：陕西省政府咨据水利局呈复核议韩城县长呈转拟在该县黄澽二水会合地点修筑挑水坝一案情形，咨请统筹核办见复由（字第六八二号　六月二日）
作者：邵力子
来源：黄河水利月刊
时间：1934
卷期：第 1 卷第 7 期　　**页码**：65—66
类型：咨文

标题：宁夏省政府函为准送二次大会关于治河宜择上游浚渠植树案及缓设甘宁青水利局案请查照办理等由已令建设厅遵办复请查照由（字第五三六号　六月十一日）
作者：马鸿逵
来源：黄河水利月刊
时间：1934
卷期：第 1 卷第 7 期　　**页码**：66
类型：公函

标题：青海省政府函为准送二次大会关于治河宜择上游浚渠植树案及缓设甘宁青水利局案，希查照办理见复等由，已令建设厅遵办，复请查照由（第二二三三号　六月十四日）
作者：马麟
来源：黄河水利月刊
时间：1934
卷期：第 1 卷第 7 期　　**页码**：67
类型：公函

标题：导淮委员会函为准送联络黄淮流域水准测量线比较基本平面案提案俟施测方案规画就绪即设法进行函复查照由（字第一一五四号 六月二十五日）
作者：蒋中正
来源：黄河水利月刊
时间：1934
卷期：第 1 卷第 7 期　**页码**：67—68
类型：公函

标题：呈送黄河水灾救济委员会以山西省政府函送河津等四县防河工程办法及预算表附图仰祈鉴核筹办理指令祗遵由（六月十一日）
作者：李仪祉
来源：黄河水利月刊
时间：1934
卷期：第 1 卷第 7 期　**页码**：68—69
类型：呈文

标题：函复河南省政府请审核郑县拟收商捐房捐修理河工一案检送计划图表希查照办理见复由（黄字第七九三号 六月十一日）
作者：李仪祉
来源：黄河水利月刊
时间：1934
卷期：第 1 卷第 7 期　**页码**：69—70
类型：公函

标题：代电黄河水灾救济委员会以据陕西平民县政府微代电称风灾惨重河流冲塌请转陈速拨发护岸工款仰祈鉴核由（字第一一七号 六月十二日）
来源：黄河水利月刊
时间：1934
卷期：第 1 卷第 7 期　**页码**：70
类型：电报

标题：函复国立北平研究院协助施测西安等七处经纬度之费用本会业已备齐何时应用即请函知希查照由（黄字第七九九号 六月十二日）
来源：黄河水利月刊
时间：1934
卷期：第 1 卷第 7 期　**页码**：71
类型：公函

标题：呈国民政府、行政院为陈明本会需要事业费之理由附呈事业计划概算说明书仰祈鉴核准予编入预算并指令祗遵由（六月十五日）
作者：李仪祉
来源：黄河水利月刊
时间：1934
卷期：第 1 卷第 7 期　**页码**：71—74
类型：呈文

标题：呈行政院、黄河水灾救济委员会为呈送陕西朝邑县护堤计画书图仰祈鉴核示遵由（六月十五日）
作者：李仪祉
来源：黄河水利月刊
时间：1934
卷期：第 1 卷第 7 期　**页码**：74—75
类型：呈文

标题：函陕西省政府为拟派员赴陕北各县商设雨量站请通令各县赐予接洽协助并希见复由（黄字第八〇六号 六月十九日）
作者：李仪祉

来源：黄河水利月刊
时间：1934
卷期：第 1 卷第 7 期　页码：76
类型：公函

标题：函送河南、河北省政府培修黄河大堤土方工程图表希查照由（黄字第八〇九—八一〇号　六月二十日）
作者：李仪祉
来源：黄河水利月刊
时间：1934
卷期：第 1 卷第 7 期　页码：76—77
类型：公函

标题：函复新任陕西建设厅厅长请兼任本会当然委员希查照由（黄字第八一三号　六月二十一日）
作者：李仪祉
来源：黄河水利月刊
时间：1934
卷期：第 1 卷第 7 期　页码：77
类型：公函

标题：呈黄河水灾救济委员会为据江苏铜山区第一次行政会议电请修筑兰封石坝案转呈仰祈鉴核办理示遵由（六月二十七日）
作者：李仪祉
来源：黄河水利月刊
时间：1934
卷期：第 1 卷第 7 期　页码：77—78
类型：呈文

标题：函送内政部请奖山东河务局局长张连甲履历事实表希查照办理见复由（黄字第八二六号　六月二十九日）
作者：李仪祉
来源：黄河水利月刊
时间：1934
卷期：第 1 卷第 7 期　页码：78—79
类型：公函

标题：咨河南等九省府函河北建设厅检送本会监督各省黄河修防暂行规程请转饬遵照办理见复由（字第二六一三四、八二七号　六月二十九日）
作者：李仪祉
来源：黄河水利月刊
时间：1934
卷期：第 1 卷第 7 期　页码：79—80
类型：咨文

标题：河上语（续第六期）
来源：黄河水利月刊
时间：1934
卷期：第 1 卷第 7 期　页码：81—88
类型：学术

标题：本会委员长视察河北工程摄影之一
来源：黄河水利月刊
时间：1934
卷期：第 1 卷第 7 期　页码：1 页
类型：照片

标题：本会委员长视察河北工程摄影之二
来源：黄河水利月刊
时间：1934
卷期：第 1 卷第 7 期　页码：1 页
类型：照片

标题：虹吸管放水渠道（红庙）

来源：黄河水利月刊
时间：1934
卷期：第1卷第7期　页码：1页
类型：照片

标题：黄河首创之虹吸管（王家梨行）
来源：黄河水利月刊
时间：1934
卷期：第1卷第7期　页码：1页
类型：照片

标题：黄河治本的探讨
提要：图一、横断面在平汉铁路黄河桥下游3.80公里；
　　　图二、横断面在平汉铁路黄河桥下游2.50公里；
　　　图三、横断面在平汉铁路黄河桥下游1.02公里
作者：黄河水利委员会测绘组
来源：黄河水利月刊
时间：1934
卷期：第1卷第7期　页码：1页
类型：图表

标题：山西省实业厅训令（农字第九九八号　七月四日）
提要：令曲沃等十七县政府
　　　准黄河水利委员会派工程师张朝璐来晋携带函件及雨量记载表等件已令发曾经设立雨量观测各县遵照办理，令仰该县遵照认真办理由
来源：山西实业公报
时间：1934
卷期：第26期　页码：14
类型：训令

标题：奉令准黄河水利委员会李委员长代电为据平民县呈报飓风成灾请速拨奉准之抢险费一案派科长张光廷会商请接洽由
来源：陕西水利月刊
时间：1934
卷期：第2卷第6期　页码：31
类型：电报

标题：函邠县、长武县政府
　　　函达黄河水利委员会委员许心武拟于本月杪前赴两县间勘察泾河水库地址请俟委员到日妥予招待保护见复由
来源：陕西水利月刊
时间：1934
卷期：第2卷第6期　页码：31—32
类型：公函

标题：函黄河水利委员会（农字第二六〇号　七月四日）
提要：准贵会派工程师张朝璐来晋携带函件及雨量记载表等件已令发曾经设立雨量观测各县遵照办理其余暂难设立请查照由
作者：山西省实业厅
来源：山西实业公报
时间：1934
卷期：第26期　页码：8
类型：公函

标题：华北时局重心之张家口—西北水利建设工程
提要：黄河前套
作者：陈祖东
来源：时事月报
时间：1934

卷期：第 11 卷第 1 期　页码：3
类型：照片

标题：继续黄河治导试验
作者：陈言
来源：时事月报
时间：1934
卷期：第 11 卷第 1 期　页码：4
类型：新闻

标题：监督各省黄河修防规程
来源：陕西水利月刊
时间：1934
卷期：第 2 卷第 6 期　页码：15—16
类型：规程

标题：李仪祉由陕赴汴巡视黄河堤岸工程
来源：陕西水利月刊
时间：1934
卷期：第 2 卷第 6 期　页码：41
类型：新闻

标题：黄河工程概况
来源：陕西水利月刊
时间：1934
卷期：第 2 卷第 6 期　页码：41
类型：新闻

标题：治黄河根本计划刍议
作者：刘环伟
来源：科学
时间：1934
卷期：第 18 卷第 7 期　页码：1005—1006
类型：论文

标题：一月来之青海（五月十五日至六月十五日）

提要：交通
　　　贵德黄河侨落成
来源：新青海
时间：1934
卷期：第 2 卷第 7 期　页码：70—71
类型：新闻

标题：黄河水利之整治
提要：一、黄河上下游地形之测量；
　　　二、水准测量之进行；
　　　三、泾谷形势之测量；
　　　四、水文测量之进行；
　　　五、精密水准测量队之组织；
　　　六、黑冈口及柳园口一带地形之测量；
　　　七、西坝头与大车集间新堤之修筑
来源：中国国民党指导下之政治成绩统计
时间：1934
卷期：第 7 期　页码：146—149
类型：报告

标题：呈黄河水灾救济委员会为据江苏铜山区第一次行政会议电请修筑兰封石坝案转呈仰祈鉴核办理示遵由（六月二十七日）
作者：李仪祉
来源：黄河水利月刊
时间：1934
卷期：第 1 卷第 7 期　页码：77—78
类型：呈文

标题：山西省政府七月份行政报告
提要：（一）奉行中央法令事项
　　　黄河水利委员会监督各省黄河修防暂行规程
来源：山西省政府行政报告
时间：1934

卷期：7 月　页码：5—6
类型：报告

标题：津浦路黄河铁桥（封面插图）
作者：志
来源：科学的中国
时间：1934
卷期：第 4 卷第 1 期　页码：16
类型：照片

标题：河北省救济黄河水灾书画物品展览会专页
提要：陆辛农先生画山水
作者：娄翔青
来源：北洋画报
时间：1934
卷期：第 23 卷第 1110 期　页码：3
类型：图片

标题：黄河下游新危险
来源：民声周报
时间：1934
卷期：第 2 卷第 5—6 期　页码：29
类型：新闻

标题：崩溃死亡中的国民党统治
提要：黄河大水为灾
来源：红色中华
时间：1934
卷期：第 210 期　页码：3
类型：新闻

标题：本山东黄河民埝植树简章
来源：山东省政府公报
时间：1934
卷期：第 291 期　页码：15—16
类型：法规

标题：山东省政府训令（实字第五二三七号　二十三年六月二十一日）
提要：令菏泽、济阳、齐东等县长据建设厅河务局呈为遵令会议拟定山东黄河民埝植树简章请鉴核等情，经提政会议决通过，仰遵办由
作者：韩复榘
来源：山东省政府公报
时间：1934
卷期：第 291 期　页码：26—27，3
类型：训令

标题：山东省政府建设厅公函（第九九五号　六月八日）
提要：案查，贵会对于黄河，曾在河南柳园口及山东东洛口设有测流站，并有详细水文记载
来源：山东建设公报
时间：1934
卷期：第 195 期　页码：3
类型：公函

标题：指令黄河水利委员会委员长李仪祉折呈黄河水利会工作概况进行事业暨经费概算鉴核等情指令知照（治字第八九四七号　廿三年七月八日）
作者：蒋中正
来源：军政旬刊
时间：1934
卷期：第 27 期　页码：29—32
类型：指令

标题：代电行政院汪院长据黄河水利委员会委员长李仪祉折呈黄河水利会工作概况进行事业暨经费概算

请鉴核等情电请查照迅予核办饬遵（二三年七月八日）
附汪院长为庚行治惠代电敬悉已令财政部迅予核议具复以凭核办并饬黄河水利委员会知照矣特复

来源：军政旬刊
时间：1934
卷期：第 27 期　**页码**：44
类型：电报

标题：黄河堤岸造林御水计划
来源：农林新报
时间：1934
卷期：第 11 卷第 20 期　**页码**：423
类型：新闻

标题：黄河故道水势仍涨
来源：农业周报
时间：1934
卷期：第 3 卷第 27 期　**页码**：586
类型：新闻

标题：山东省政府咨（实字第七三六号二十三年七月三日）
提要：据河务局呈报本年修培黄河北岸堤工及厢修各工坝埽情形请鉴核转咨等情咨请查照由
作者：韩复渠
来源：山东省政府公报
时间：1934
卷期：第 292 期　**页码**：42
类型：咨文

标题：西北夏清
提要：陕境黄河水涨，平民县大有陆沉之势…黄河水利委员会，从雨量记载为治河设计之基本

来源：西北春秋
时间：1934
卷期：第 8 期　**页码**：1—2
类型：新闻

标题：第三届铁路沿线产品展
提要：平汉馆所陈工程巨大之黄河铁桥模型
来源：新中华
时间：1934
卷期：第 2 卷第 14 期　**页码**：15
类型：新闻

标题：山东省政府训令（实字第六〇三六号　二十三年七月十八日）
提要：令河务局
准国立北平研究院函为本院应黄河水利委员会函请派研究员朱广才等施测西安等七处经纬度请饬属保护等因仰转饬协助保护由
作者：韩复渠
来源：山东省政府公报
时间：1934
卷期：第 294 期　**页码**：13
类型：训令

标题：政务会议（第三百二十九次）
提要：省政府秘书处报告民财建三厅会呈为奉核平阴县请示外县寄庄户对于本县修筑黄河官堤等费是否有摊纳义务一案，似应遵照呈准通案按照地亩摊工摊款请核示应否照准请公决案
来源：山东财政公报
时间：1934
卷期：第 5 卷第 11 期　**页码**：1
类型：议案

标题：会呈省政府奉转行政院令准经济委员会函黄河善后工程经费无款可拨由部会先行筹垫仍责成各省政府进行借款一案查本省经济衰落借款能否进行未敢擅专拟请酌夺函商冀豫两省会同办理以重河务祈鉴核施行由（第一八六五号　二十三年七月三十一日）
作者：张鸿烈　王向荣
来源：山东财政公报
时间：1934
卷期：第 5 卷第 11 期　**页码**：5—8
类型：呈文

标题：蓄水（附图）
作者：李仪祉
来源：黄河水利月刊
时间：1934
卷期：第 1 卷第 8 期　**页码**：1—15
类型：新闻

标题：河流模型研究之真实价值
作者：费格尔著　石峃译
来源：黄河水利月刊
时间：1934
卷期：第 1 卷第 8 期　**页码**：17—19
类型：学术

标题：黄河水利委员会二十三年度林垦工作计划
来源：黄河水利月刊
时间：1934
卷期：第 1 卷第 8 期　**页码**：21—26
类型：计划

标题：本会施政报告（二十三年七月份）
提要：一、重要图表之绘制［表格］；
二、河防设计研究之事项［表格］；
三、林垦计划之事项［表格］；
四、黄河上下游地形之测量［表格］；
五、水准测量之进行［表格］；
六、泾谷形势之测量［表格］；
七、水文测量之进行［表格］；
八、拟定监督各省黄河修防暂行规程；
九、组织精密水准测量队；
十一、令河南河务局遵照本会视察黄沁堤工改善各点办理；
十二、函请河南省政府迅购石料并派员验收沁河埽料以备需用；
十三、派员分往冀鲁豫三省十四、修筑西坝头与大车集间新堤；
十五、规画石车段及滑县考城暨山东北岸堤埝善后办法；
十六、视察河北省黄河善后工程；
十七、调查沿河林业状况；
十八、规划三省修理黄河堤坝工程之经过
来源：黄河水利月刊
时间：1934
卷期：第 1 卷第 8 期　**页码**：27—39
类型：报告

标题：黄河水利委员会导渭工程处组织规程（一月十七日公布）
来源：黄河水利月刊
时间：1934
卷期：第 1 卷第 8 期　**页码**：41—42
类型：法规

标题：黄河水利委员会监督各省黄河修防暂行规程（经呈奉行政院转呈国民政府核准备案于六月二十九日公布）

来源：黄河水利月刊
时间：1934
卷期：第 1 卷第 8 期　　**页码**：42—44
类型：法规

标题：修正官军电报收费及限制办法（七月十二日国民政府公布）
来源：黄河水利月刊
时间：1934
卷期：第 1 卷第 8 期　　**页码**：44—47
类型：法规

标题：陕西省建设厅函复为准函以本厅长受命伊始仍应兼任黄河水利委员会当然委员一案函复赞同希查照由（第三八号　七月七日）
来源：黄河水利月刊
时间：1934
卷期：第 1 卷第 8 期　　**页码**：49
类型：公函

标题：管理中英庚款董事会函知二十五次会议日期如有提案请于本月二十日以前寄会以便汇编议程由（字第七四八九号　七月十二日）
作者：朱家骅
来源：黄河水利月刊
时间：1934
卷期：第 1 卷第 8 期　　**页码**：49—50
类型：公函

标题：内政部函为准函送请奖山东河务局局长张连甲履历事实表嘱查照办理见复除呈请外函复查照由（土字第一七一号　七月二十六日）
来源：黄河水利月刊
时间：1934

卷期：第 1 卷第 8 期　　**页码**：52
类型：公函

标题：河南河务局呈复西坝头至大车集新堤已列入第二期征工案内设法修筑请鉴核饬知由（七月三十日）
作者：陈汝珍
来源：黄河水利月刊
时间：1934
卷期：第 1 卷第 8 期　　**页码**：52—53
类型：呈文

标题：函知平汉路局驻郑办事处本会水准测队前往新乡沿平汉路南下至黄河铁桥施测请转知各站予以便利由（七月一日）
作者：黄河水利委员会
来源：黄河水利月刊
时间：1934
卷期：第 1 卷第 8 期　　**页码**：53
类型：公函

标题：函送河南河北省政府冀豫两省黄河交界处工防办法希察酌见复由（黄字第八三一—八三二号　七月二日）
作者：李仪祉
来源：黄河水利月刊
时间：1934
卷期：第 1 卷第 8 期　　**页码**：53—54
类型：公函

标题：函复财政部准函嘱说明请增加经费详细理由及用途兹特详细说明希查照增拨并希见复由（黄字第八三五号　七月五日）
作者：李仪祉

来源：黄河水利月刊
时间：1934
卷期：第 1 卷第 8 期　页码：54—56
类型：公函

标题：函复整理运河讨论会准函送平津间通航计画初步报告经审核大体周详由（七月十日）
作者：黄河水利委员会
来源：黄河水利月刊
时间：1934
卷期：第 1 卷第 8 期　页码：56
类型：公函

标题：令饬山东、河南、河北河务局对于该省黄河水位流量及一切河防事项特别注意并随时具报仰遵照办理由（字第二二二号　七月十一日）
来源：黄河水利月刊
时间：1934
卷期：第 1 卷第 8 期　页码：56—57
类型：训令

标题：呈行政院为遵令陈明请饬黄河水灾救济委员会多筹三十万元之用途仰祈鉴核施行由（七月十四日）
来源：黄河水利月刊
时间：1934
卷期：第 1 卷第 8 期　页码：57—58
类型：呈文

标题：训令河南河务局关于修培黄沁两河堤坝工程指示改善各点仰遵照办理具报由（字第二三一号　七月十六日）
作者：李仪祉

来源：黄河水利月刊
时间：1934
卷期：第 1 卷第 8 期　页码：58—60
类型：训令

标题：训令山东、河南河务局以准河北黄河善后工程处函为石车段及滑县考城并鲁省北岸上段各堤埝应请统筹案令仰遵照办理由（字第二四一号　七月二十一日）
作者：李仪祉
来源：黄河水利月刊
时间：1934
卷期：第 1 卷第 8 期　页码：60—61
类型：训令

标题：函甘肃建设厅关于甘肃黄河及其支流沿岸造林计划案函商办法希查照见复由（黄字第八五七号　七月二十一日）
作者：李仪祉
来源：黄河水利月刊
时间：1934
卷期：第 1 卷第 8 期　页码：61
类型：公函

标题：函送山东省政府山东省培修大堤土方及修理坝埽工程图表希查照由（黄字第八五四号　七月二十一日）
作者：李仪祉
来源：黄河水利月刊
时间：1934
卷期：第 1 卷第 8 期　页码：61—62
类型：公函

标题：函送河北、河南、山东省政府豫

标题：冀鲁三省黄河第一期善后工程计画纲要希查照由（黄字第八六一号 七月二十六日）
作者：李仪祉
来源：黄河水利月刊
时间：1934
卷期：第1卷第8期　页码：62—63
类型：公函

标题：函复国民政府主计处关于黄河长度面积及水位之深浅情形并附图表希查照由（黄字第八六四号 七月二十七日）
作者：李仪祉
来源：黄河水利月刊
时间：1934
卷期：第1卷第8期　页码：63—64
类型：公函

标题：黄河水利委员会第二次会务会议议事录
来源：黄河水利月刊
时间：1934
卷期：第1卷第8期　页码：65—67
类型：记录

标题：陕西渭河流域灌溉计画书（附图）
作者：巴尔格　顾葆康
来源：黄河水利月刊
时间：1934
卷期：第1卷第8期　页码：69—82
类型：计划

标题：平汉路桥二十二年大水后之护矶工程
来源：黄河水利月刊
时间：1934
卷期：第1卷第8期　页码：1页
类型：照片

标题：开封北汛二十三年坝垛坍塌抢修护岸之情形
来源：黄河水利月刊
时间：1934
卷期：第1卷第8期　页码：1页
类型：照片

标题：东明县刘庄险工摄影之一
来源：黄河水利月刊
时间：1934
卷期：第1卷第8期　页码：1页
类型：照片

标题：东明县刘庄险工摄影之二
来源：黄河水利月刊
时间：1934
卷期：第1卷第8期　页码：1页
类型：照片

标题：陕西省财政厅指令
提要：指令朝邑县县长据呈转该县绅氏田枢丞等呈报赵渡镇新市镇等处因黄河泛溢淹没秋禾恳请豁免粮租颁发急赈等情文
来源：陕西财政旬报
时间：1934
卷期：8月中旬　页码：20
类型：指令

标题：指令朝邑县政府
据代电陈明该县代表田枢丞呈称黄河暴涨秋禾淹没令准备查饬遵照勘验填表备考由
来源：陕西水利月刊

时间：1934
卷期：第 2 卷第 7 期　**页码**：30
类型：命令

标题：平汉铁路管理局工作报告（二十三年六月份）
提要：二、工作实施事项
（甲）总务事项
二、关于公益者
（一）查上年黄河水灾其因受损失即救护水险出力，应给救助费与奖金之各处署员工长警，曾经拟具方法分别令饬各处署遵照办理，并呈部鉴核各在案
来源：铁路月刊（平汉线）
时间：1934
卷期：第 52 期　**页码**：93—95
类型：调查报告

标题：大荔
提要：
大荔连日苦热，因县城在黄河沙地之中
作者：文萱
来源：开发西北
时间：1934
卷期：第 2 卷第 2 期　**页码**：122
类型：新闻

标题：导淮之进行
提要：三、黄河中上游干线水准之测量
来源：中国国民党指导下之政治成绩统计
时间：1934
卷期：第 8 期　**页码**：133
类型：报告

标题：黄河水利之整治
提要：一、黄河地形之测量；
二、水准测量之进行；
三、泾谷形势之测量；
四、水文测量之进行
来源：中国国民党指导下之政治成绩统计
时间：1934
卷期：第 8 期　**页码**：136—139
类型：文牍

标题：绥远及察哈尔西南部地质志
提要：第二章、地文
盆地：黄河盆地：自归绥以西沿黄河迄于五原，地势平坦，长约八百里，宽约六十里至一百六十里，高出海面一千二三百公尺
作者：孙健初
来源：地质专报
时间：1934
卷期：甲种　**页码**：12—13
类型：论文

标题：黄河水灾救济委员会委员兼工赈组主任周象贤河北省黄河河务局局长兼工赈组第二区工程处长孙庆泽溺职误民案
中央公务员惩戒委员会议决书（二十三年度鉴字第一七八号　二十三年八月九日）
来源：监察院公报
时间：1934
卷期：第 24 期　**页码**：63—68
类型：文牍

标题：去年黄河水灾概况
作者：孙本文
来源：时事月报
时间：1934
卷期：第 11 卷第 2 期　**页码**：73

类型：新闻

标题：中国河工理论与黄河问题
作者：朱皆平
来源：时事月报
时间：1934
卷期：第 11 卷第 2 期　页码：98—110
类型：论文

标题：黄河的沙及其他（太原通讯）
提要：豫晋行程的第三段
作者：坎侯
来源：华年
时间：1934
卷期：第 3 卷第 31 期　页码：611—613
类型：新闻

标题：全国经委会试验治导黄河
来源：农林新报
时间：1934
卷期：第 11 卷第 23 期　页码：476
类型：新闻

标题：江岸的涨和坍
来源：科学的中国
时间：1934
卷期：第 4 卷第 4 期　页码：44
类型：照片

标题：黄河之畔
来源：河南教育月刊
时间：1934
卷期：第 4 卷第 10 期　页码：21—23
类型：诗歌

标题：甲子宿黄河舟中
作者：澄斋
来源：河南教育月刊
时间：1934
卷期：第 4 卷第 10 期　页码：5
类型：教文

标题：呈河北省政府据黄河河务局呈报冯楼透水坝合龙后水势情形转请鉴核文（四月十一日）
作者：林成秀
来源：河北建设公报
时间：1934
卷期：第 6 卷第 7 期　页码：2—3
类型：呈文

标题：呈河北省政府为奉令转全国经济委员会电黄河善后工款过巨非会所能担任，应另筹办法等因仍恳电请行政院务乞实现原定筹款办法第三项转行该会迅准酌拨一部借款以便立时兴工由（四月十四日）
作者：林成秀
来源：河北建设公报
时间：1934
卷期：第 6 卷第 7 期　页码：3—4
类型：呈文

标题：河北省政府令（第一四号　四月十六日）
提要：兹制定修筑黄河善后工程处组织章程公布之此令（章程载法规栏）
作者：于学忠
来源：河北建设公报
时间：1934
卷期：第 6 卷第 7 期　页码：7
类型：训令

标题：河北省政府建设厅令（训令第五四八号 四月三日）
提要：令黄河河务局
奉省令据黄河水灾救济会呈黄河堵口工程暨统筹三省善后工程款项办法请鉴核一案经省委会决议分行等因仰知照由
作者：林成秀
来源：河北建设公报
时间：1934
卷期：第6卷第7期　页码：8—9
类型：训令

标题：公函黄河水利委员会为据葛象一等呈送修堤筑坝估计书函达查核统筹办理由（四月六日）
来源：河北建设公报
时间：1934
卷期：第6卷第7期　页码：43—44
类型：公函

标题：公函河北省黄河水灾救济委员会为准函关委员等动议请厅电县举士绅参加办理修堤一案业于工程处组织章程内规定聘沿河士绅执行监察函复查照由（四月十六日）
作者：河北省黄河水灾救济委員會
来源：河北建设公报
时间：1934
卷期：第6卷第7期　页码：44
类型：公函

标题：河北省修筑黄河善后工程处组织章程
来源：河北建设公报
时间：1934
卷期：第6卷第7期　页码：1—2

标题：　　　　　　　　　　　　　
类型：法规

标题：呈河北省政府为奉省令黄河目兵杨庆坤等殉工准由省颁给区额并各给恤金五百元已令发匾额并咨财政厅照拨恤金呈复鉴核文（五月十七日）
作者：林成秀
来源：河北建设公报
时间：1934
卷期：第6卷第8期　页码：4
类型：呈文

标题：河北省政府令（训令第二七八三号 五月一日）
提要：令建设厅
本府委员会会议黄河目兵杨庆坤、耿高升殉工身殁一案解议决准由省颁给匾额并各给邮金五百元,仰遵照具领转发由
作者：于学忠
来源：河北建设公报
时间：1934
卷期：第6卷第8期　页码：6
类型：训令

标题：呈河北省政府为据黄河河务局呈桃泛猛涨抢护刘庄险工情形呈报鉴核文（五月三日）
作者：林成秀
来源：河北建设公报
时间：1934
卷期：第6卷第8期　页码：1—2
类型：呈文

标题：呈河北省政府为据黄河河务局呈查复程魁士等请援例停堵漫口一

案情形程魁士等原呈意见应勿庸议呈请鉴核文（五月十日）
作者：林成秀
来源：河北建设公报
时间：1934
卷期：第 6 卷第 8 期　**页码**：2—4
类型：呈文

标题：河北省政府令（训令第三二四二号　五月十八日）
提要：令建设厅
准黄河水利委员会咨送黄河防护堤填守则等四种请转饬遵照施行等因仰遵照由
作者：于学忠
来源：河北建设公报
时间：1934
卷期：第 6 卷第 8 期　**页码**：7
类型：训令

标题：河北省政府建设厅令（训令第七九九号　五月十四日）
提要：令黄河河务局局长
为奉省令黄河水利委员会已派孔委员祥榕前往黄河善后工程处监工指导令仰遵照并候工程处成立就近转知由
作者：林成秀
来源：河北建设公报
时间：1934
卷期：第 6 卷第 8 期　**页码**：14
类型：训令

标题：河北省政府建设厅令（训令第八一四号　五月十七日）
提要：令黄河河务局局长
为奉省令黄河日兵杨庆坤等殉工准由省颁给匾额并各给恤金五百元检发匾额令仰遵照办理具报由
作者：林成秀
来源：河北建设公报
时间：1934
卷期：第 6 卷第 8 期　**页码**：17—18
类型：训令

标题：河北省政府建设厅令（训令第八八一号　五月二十九日）
提要：令黄河河务局局长
为奉省令准山东韩主席电黄河南岸堤工助款三万元饬知转饬会修等因令仰遵照迅速会商切实修筑呈报由
作者：林成秀
来源：河北建设公报
时间：1934
卷期：第 6 卷第 8 期　**页码**：19—20
类型：训令

标题：咨财政厅为奉省令黄河目兵杨庆坤等殉工准由省颁给匾并各给恤金五百元咨行查照如数照拨恤金以凭转发文（五月十七日）
作者：林成秀
来源：河北建设公报
时间：1934
卷期：第 6 卷第 8 期　**页码**：36—37
类型：咨文

标题：黄河防护堤坝守则
来源：河北建设公报
时间：1934
卷期：第 6 卷第 8 期　**页码**：40—42
类型：法规

标题：黄河下游民埝修守守则
来源：河北建设公报
时间：1934
卷期：第 6 卷第 8 期　**页码**：42
类型：法规

标题：黄河民工防汛规则
来源：河北建设公报
时间：1934
卷期：第 6 卷第 8 期　**页码**：42—43
类型：法规

标题：黄河沿河公路修筑管理守则（附图）
来源：河北建设公报
时间：1934
卷期：第 6 卷第 8 期　**页码**：43—45
类型：法规

标题：黄河决口
作者：一达
来源：新天津画报
时间：1934
卷期：第 51 期
类型：新闻

标题：黄河水利委员会监督各省黄河修防暂行规程
来源：山东省政府公报
时间：1934
卷期：第 297 期　**页码**：14—16
类型：法规

标题：山东省政府训令（实字第五八二八号　二十三年七月三十一日）
提要：令历城、利津、蒲台等县长准黄河水利委员会咨送监督各省黄河修防暂行规程请转饬遵照办理等因仰遵办由
作者：韩复榘
来源：山东省政府公报
时间：1934
卷期：第 297 期　**页码**：18—19，2
类型：训令

标题：黄河水势陡涨
提要：长垣又告决口，水头已迫鲁境
来源：民众周刊（济南）
时间：1934
卷期：第 6 卷第 30 期　**页码**：9
类型：新闻

标题：十日小景
提要：黄河水涨长垣决口冲毁数十村
来源：老实话
时间：1934
卷期：第 39 期
类型：照片

标题：黄河水患又见于今年吗
来源：兴华
时间：1934
卷期：第 31 卷第 32 期　**页码**：1—2
类型：新闻

标题：黄河又决矣
作者：辰
来源：政治评论
时间：1934
卷期：第 116 期　**页码**：384—386
类型：新闻

标题：一周间（自八月十四至二十日）
提要：德公民投票希获胜利、兴登堡遗属系伪造、比物理学家飞升同温

层壮举、美国撤尽海地美军、湘停止两储蓄会收储款、行政院严办黄河水利会不职人员、王用宾谈大学生职业问题、中国已无法避免瓜分、洋米四十万包运沪、沪慈善团体求雨纠纷

来源：人言周刊
时间：1934
卷期：第1卷第28期　页码：600
类型：新闻

标题：黄河秋泛长垣决口
作者：仲易
来源：中央时事周报
时间：1934
卷期：第3卷第33期　页码：36
类型：新闻

标题：黄河决口及其责任
提要：本年华北水灾，至为严重，黄河堤工，号称安澜，而最近又以决口闻矣
作者：希
来源：民鸣周刊
时间：1934
卷期：第1卷第13期　页码：4—5
类型：新闻

标题：山东省政府建设厅训令（第三七六三号　七月二十八日）
提要：令技佐李润之、范县、寿张等县政府
案准整理运河讨论会函送临清至黄河间运河复航初步计划
作者：张鸿烈
来源：山东建设公报
时间：1934
卷期：第202期　页码：28—29
类型：训令

标题：一年来复兴农村政策之实施状况
提要：第一章、一年来中央对农村复兴之计划及设施
一、行政院设施之一部
丁、救济黄河水灾
来源：农村复兴委员会会报
时间：1934
卷期：第2卷第3期　页码：19
类型：报告

标题：丰歉状况
提要：黄河水灾迷信为患
来源：兴华
时间：1934
卷期：第31卷第33期　页码：40
类型：新闻

标题：政务会议（第三百三十七次）
提要：省政府秘书处报告财政厅呈为奉核黄河两岸民埝圈护地亩本年上忙征收埝捐数目一案拟准通融办理均按每亩征收银元一角，如有不敷，俟下忙再行通盘计算，酌量征收，请核示应否照准请公决案
来源：山东财政公报
时间：1934
卷期：第5卷第12期　页码：1—2
类型：呈文

标题：政务会议（第三百三十七次）
提要：省政府秘书处报告财政厅河务局会呈为奉核本省应摊黄河南北部平原地形测量经费一案拟准自二十三年度起改由省预备费项下分

期摊拨,请提会核议应否照准请公决案
来源:山东财政公报
时间:1934
卷期:第5卷第12期 页码:4
类型:呈文

标题:议案(民国二三十年八月二十一日,省府委员会第四十次谈话会)
提要:(甲)省政府委员会议本厅提案报告长垣境内车石段黄河决口业由本省黄灾会派员查勘灾情并拨款救济请公决案
作者:魏鉴
来源:河北民政刊要
时间:1934
卷期:第33期 页码:7
类型:议案

标题:训令泾河邻县水文站、泾惠渠管理局
令知准黄河水利委员会函如遇紧急报泛时请通知当地电局临时展长工作一案,饬查照办理由
来源:陕西水利月刊
时间:1934
卷期:第2卷第8期 页码:52
类型:训令

标题:二十三年八月香里张决口(原廿一口门)之摄影
来源:黄河水利月刊
时间:1934
卷期:第1卷第9期 页码:1页
类型:照片

标题:二十三年八月香里张决口迎河一

面柳坝将近竣工时之摄影
来源:黄河水利月刊
时间:1934
卷期:第1卷第9期 页码:1页
类型:照片

标题:沙荒之进展
作者:Bennett,H.H. 苏兰生
来源:黄河水利月刊
时间:1934
卷期:第1卷第9期 页码:12—18
类型:论文

标题:河南省政府函为据采料委员会呈复奉令以准黄河水利委员会函请转饬采料委员会从速招标购石一案办理情形请查照由(字第二七一三号 八月三日)、江苏省政府函请将兰封旧黄河石工先就本省所筹之七万元代为规划兴办见复由(建字第二三一号 八月六日)
作者:陈果夫
来源:黄河水利月刊
时间:1934
卷期:第1卷第9期 页码:37—38
类型:公函

标题:河南省振务会函为案据滑县呈请筹拨工振兴修柳青河转请查核由(字第五五六号 八月十一日)
作者:张钫
来源:黄河水利月刊
时间:1934
卷期:第1卷第9期 页码:39—40
类型:公函

标题:河南河务局呈为转呈下南分局长

标题：刘家沛所拟筑坝地点草图一低乞鉴核示遵由（八月二十三日）
作者：陈汝珍
来源：黄河水利月刊
时间：1934
卷期：第 1 卷第 9 期　**页码**：40—41
类型：呈文

标题：行政院训令以据报此次黄河决口情形经提出院议应查明负责人员从严惩处并切实堵御并施救济令仰遵照由（第四五六一号　八月二十七日）
来源：黄河水利月刊
时间：1934
卷期：第 1 卷第 9 期　**页码**：41—42
类型：训令

标题：河南河务局呈复遵令办理完整堤防等案经过及拟办情形请鉴核由（八月二十九日）
作者：陈汝珍
来源：黄河水利月刊
时间：1934
卷期：第 1 卷第 9 期　**页码**：42—43
类型：呈文

标题：函达陕西省政府修筑朝邑土堤案已奉行政院指令及黄河水灾救济委员会电复请查照由（黄字第八七一号　八月八日）
作者：李仪祉
来源：黄河水利月刊
时间：1934
卷期：第 1 卷第 9 期　**页码**：43—44
类型：公函

标题：令催河南、河北河务局迅将完整堤防等案拟具详细办法送会核办由（第二四七号　八月九日）
作者：李仪祉
来源：黄河水利月刊
时间：1934
卷期：第 1 卷第 9 期　**页码**：44—45
类型：训令

标题：函河南建设厅以准河南省振务会函据滑县县政府呈请筹拨工振兴修柳青河转请查核一案抄件函，请查照办理见复由（黄字第八八〇号　八月十五日）
作者：李仪祉
来源：黄河水利月刊
时间：1934
卷期：第 1 卷第 9 期　**页码**：45—46
类型：公函

标题：电呈行政院汪院长河北长垣境决口情形请派员澈查由
作者：李仪祉
来源：黄河水利月刊
时间：1934
卷期：第 1 卷第 9 期　**页码**：46
类型：电报

标题：令河南河务局从速招集民夫抢护老安堤仰遵照办理具报由（第二五〇号　八月十六日）
作者：李仪祉
来源：黄河水利月刊
时间：1934
卷期：第 1 卷第 9 期　**页码**：47
类型：训令

标题：电陈行政院河北长垣决口抢堵情形由
来源：黄河水利月刊
时间：1934
卷期：第 1 卷第 9 期　页码：47—48
类型：电报

标题：函请华北水利委员会代为分析粗细沙点之分布并求其比重详细开示俾资参考希查照办理见复由（黄字第八八五号　八月二十二日）
作者：李仪祉
来源：黄河水利月刊
时间：1934
卷期：第 1 卷第 9 期　页码：48—49
类型：公函

标题：令河南河务局饬将开封北泛等处被水冲蛰各坝从速修复具报由（第二五五号　八月二十三日）
作者：李仪祉
来源：黄河水利月刊
时间：1934
卷期：第 1 卷第 9 期　页码：49—50
类型：报告
类型：训令

标题：令河南河务局将武陟新堤塌卸之处应速修复仰遵照办理具报由（第二五六号　八月二十三日）
作者：李仪祉
来源：黄河水利月刊
时间：1934
卷期：第 1 卷第 9 期　页码：50—51

标题：电陈行政院为上游阴雨不已恐河水同时并涨应如何紧急措施请示遵由
来源：黄河水利月刊
时间：1934
卷期：第 1 卷第 9 期　页码：51—52
类型：训令

标题：函江苏省政府为拟定修筑兰封小新堤块石护岸及其上游挑水坝工程计画图表派员持往接洽由（八月二十五日）
作者：李仪祉
来源：黄河水利月刊
时间：1934
卷期：第 1 卷第 9 期　页码：51
类型：公函

标题：电告冀鲁豫三省政府上游水势请饬属严事戒备由
来源：黄河水利月刊
时间：1934
卷期：第 1 卷第 9 期　页码：52
类型：电报

标题：河套与治河之关系（附表）
作者：张相文
来源：黄河水利月刊
时间：1934
卷期：第 1 卷第 9 期　页码：57—69
类型：论文

标题：黄河水利之整治
提要：一、水准测量之进行；
　　　　二、水文测量之进行；
　　　　三、郑潼段工程之施测
来源：中国国民党指导下之政治成绩统计
时间：1934
卷期：第 9 期　页码：149—151

类型：报告

标题：二二年黄河水灾之成因
作者：吴明愿
来源：水利
时间：1934
卷期：第 7 卷第 3 期　页码：154—162
类型：报告

标题：黄河水灾视察报告书（附表）
作者：朱墉
来源：水利
时间：1934
卷期：第 7 卷第 3 期　页码：163—169
类型：报告

标题：一月大事汇述
提要：黄河入海改道
来源：隆昌县政月刊
时间：1934
卷期：第 1 期　页码：1—2
类型：新闻

标题：黄河水利委员会——成立一年来工作概况（本会张秘书长含英在成立一周年纪念大会之报告）（附表）
来源：黄河水利月刊
时间：1934
卷期：第 1 卷第 9 期　页码：79—90
类型：报告

标题：指令潼关县政府
　　　据呈黄河堤岸多被冲坍究应如何办理令知应候黄河水利委员会统筹由
来源：陕西水利月刊
时间：1934

卷期：第 2 卷第 8 期　页码：57
类型：摘要

标题：黄河治本的探讨
作者：钱家凤　郑钧
来源：陕西水利月刊
时间：1934
卷期：第 2 卷第 8 期　页码：3 页
类型：论文

标题：视察河南省黄河善后工程报告
作者：郑耀西
来源：黄河水利月刊
时间：1934
卷期：第 1 卷第 9 期　页码：19—26
类型：报告

标题：视察河北省黄河善后工程报告
作者：刘秉鐄
来源：黄河水利月刊
时间：1934
卷期：第 1 卷第 9 期　页码：27—35
类型：报告

标题：电陈行政院、黄河水灾救济委员会河北长垣九股路决口情形由
来源：黄河水利月刊
时间：1934
卷期：第 1 卷第 9 期　页码：45
类型：电报

标题：函德国恩格斯教授关于黄河质疑之点（附图）
作者：李仪祉
来源：黄河水利月刊
时间：1934
卷期：第 1 卷第 9 期　页码：71—78

类型：论文

标题：呈行政院、黄河水灾救济委员会为呈送视察豫冀鲁三省黄河善后工程报告仰祈鉴核备考由（八月二十八日）
作者：李仪祉
来源：黄河水利月刊
时间：1934
卷期：第1卷第9期　页码：53—55
类型：呈文

标题：半月来时事摘要（自八月十六日至三十日）
提要：国内消息
　　　黄河秋汛又在长垣决口
来源：进修半月刊
时间：1934
卷期：第3卷第22期　页码：28
类型：新闻

标题：黄河皮筏与北江舟楫（附照片）
作者：张沅恒（文）良友旅行团（图）
来源：良友
时间：1934
卷期：第93期　页码：8
类型：记事

标题：测量第二队应黄河水利委员之请，往陕进行测量导淮工作
作者：娱乐社
来源：良友
时间：1934
卷期：第93期　页码：17
类型：照片

标题：山东省政府训令（实字第六六九号　二十三年八月十一日）
提要：令河务局
　　　据财政厅呈复黄河两岸埝捐拟请仍按保委会原拟办法本年上忙均按每亩一角征收等情经提政会议决照准，仰饬知由
作者：韩复榘
来源：山东省政府公报
时间：1934
卷期：第299期　页码：7—8，2
类型：训令

标题：令饬郑县修理郑上汛黄河堤上虹吸管
来源：河南省政府公报
时间：1934
卷期：第1118期　页码：5—6
类型：记事

标题：黄河险象
来源：结晶
时间：1934
卷期：第3期　页码：2—3
类型：新闻

标题：黄河流域长垣县香里张决口后挂柳完成
作者：檀才
来源：北晨画刊
时间：1934
卷期：第2卷第4期　页码：3
类型：照片

标题：鲁境黄河盛涨之大淦
来源：导光
时间：1934
卷期：第2卷第23期　页码：3

类型：照片

标题：黄河又告泛滥
来源：导光
时间：1934
卷期：第 2 卷第 23 期　页码：3
类型：新闻

标题：国民政府指令（第一八五〇号二十三年九月七日）
提要：令行政院
　　呈据黄河水利委员会呈为山东省河务局局长张连甲防河护堤，著有劳绩，请予奖励一案，经交内政部核复与例尚无不合，请转呈颁给匾额，检同事实表并抄同原呈，转请鉴核施行由
作者：林森　汪兆铭　黄绍竑
来源：国民政府公报（南京1927）
时间：1934
卷期：第 1535 号　页码：9
类型：指令

标题：国民政府指令（第一八五六号二十三年九月七日）
提要：令行政院
　　呈据内政、财政两部呈，为会核河北省政府请将长垣县徐寨等村二十二年份被黄河水冲沙压不能垦复地亩，额征田赋自二十三年上忙起，永远豁除一案，与例尚无不合，自应准如所请办理，除指令照准外，呈报鉴核备案由
作者：林森　汪兆铭　黄绍竑　孔祥熙
来源：国民政府公报（南京1927）
时间：1934
卷期：第 1535 号　页码：11

类型：指令

标题：本国教育文化史的新页
提要：文化工作的努力
　　（一）物理研究所派员测量黄河经纬度
来源：教育杂志
时间：1934
卷期：第 24 卷第 1 期　页码：187
类型：新闻

标题：黄河水势又告危险
作者：芸
来源：保定新青年
时间：1934
卷期：第 1 卷第 1 期　页码：9
类型：新闻

标题：黄河溃口须在二十日前赶筑完成
来源：结晶
时间：1934
卷期：第 5 期　页码：5
类型：新闻

标题：黄河决口
来源：警卫旅周刊
时间：1934
卷期：第 3 卷第 11 期　页码：30
类型：新闻

标题：本厅指令（指令第七六五七号中华民国二十三年八月二十五日）
提要：令德县县长李树德
　　呈一件为黄河涯分驻所巡官董法思在王岑庄击毙者匪拟请记功一次请核示由
作者：李树春
来源：山东民政公报

时间：1934
卷期：第 203 期　页码：16
类型：指令

标题：广州市政府训令（第二九五九号　二十五年七月）
提要：令市属各机关
　　　奉省府令转奉行政院令关于黄河水灾及天津公益两奖券应严禁销售一案仰遵照由
作者：刘纪文
来源：广州市政府市政公报
时间：1934
卷期：第 476 号　页码：33—34
类型：训令

标题：呈河北省政府为据黄河河务局呈加培太行堤长垣段已估入善后大工豫省段并未估入等情呈请鉴核转咨饬迅分别加培文（六月二日）
作者：林成秀
来源：河北建设公报
时间：1934
卷期：第 6 卷第 9 期　页码：1—2
类型：呈文

标题：河北省政府建设厅令（训令第八九九号　六月二日）
提要：令濮阳，长垣，东明县县长，黄河河务局局长
　　　为奉省令发黄河防护堤坝守则等件令仰遵照由
作者：林成秀
来源：河北建设公报
时间：1934
卷期：第 6 卷第 9 期　页码：6—7
类型：训令

标题：河北省政府建设厅令（训令第九四号　六月六日）
提要：令黄河河务局局长：关于太行堤经常修守事项仰候善后工竣即在可能范围酌拟办法呈核由
作者：林成秀
来源：河北建设公报
时间：1934
卷期：第 6 卷第 9 期　页码：15
类型：训令

标题：河北省政府建设厅令（训令第九五六号　六月八日）
提要：令南运河河务局局长
　　　为准整理运河讨论会函送临清至黄河间运河复航初步计书令仰查核议复以凭核办由
作者：林成秀
来源：河北建设公报
时间：1934
卷期：第 6 卷第 9 期　页码：15—16
类型：训令

标题：河北省政府建设厅令（训令第一八八号　六月二十九日）
提要：令黄河河务局局长，长垣县县长
　　　奉令窑头扫坝应准由长垣县督饬防护并令黄河河务局酌予协助等因仰遵照由
作者：林成秀
来源：河北建设公报
时间：1934
卷期：第 6 卷第 9 期　页码：26—27
类型：训令

标题：公函河北省修筑黄河善后工程处为准黄河救济会工振组函送濮阳

八区各村请拨款补助民埝原呈函达查核办理迳饬遵照由（六月十一日）
来源：河北建设公报
时间：1934
卷期：第 6 卷第 9 期　页码：39
类型：公函

标题：函黄河水灾救济委员会工振组函送濮阳八区各村请拨款补助民埝原呈已转函修筑黄河善后工程处查核办理饬遵函复查照由（六月十一日）
来源：河北建设公报
时间：1934
卷期：第 6 卷第 9 期　页码：39—40
类型：公函

标题：电（第一七一号 六月三十日）
提要：濮阳双合镇黄河河务局孙局长览据本月沁日津益世报载长
来源：河北建设公报
时间：1934
卷期：第 6 卷第 9 期　页码：42
类型：电报

标题：兰州城外黄河之水车
作者：陈万里
来源：东南日报画报
时间：1934
卷期：第 51 期
类型：照片

标题：修复黄河决口
作者：醒之
来源：大众之路
时间：1934

卷期：第 27 期　页码：2
类型：新闻

标题：半月间大事记述（二十三年八月十六日至三十一日）
提要：黄河决口九处
来源：社会半月刊（上海）
时间：1934
卷期：第 1 卷第 2 期　页码：102
类型：新闻

标题：利用黄河淤沙
来源：兴华
时间：1934
卷期：第 31 卷第 37 期　页码：2—3
类型：报告

标题：黄河决口的责任
来源：华年
时间：1934
卷期：第 3 卷第 39 期　页码：761—762
类型：新闻

标题：呈省政府奉钧令据濮阳县及长垣县水灾救委会代电报黄河决口被灾情形请迅予赈济等情饬查核办理具报等因谨将核办该两案经过情形呈复鉴核由
来源：河北民政刊要
时间：1934
卷期：第 34 期　页码：6—8
类型：呈文

标题：呈省政府奉钧令据实习县长王文琳等漾代电报奉查长垣县黄河决口及堵筑情形并散放急赈办法等情，仰迅筹急赈办理具报等因，

谨将核办此案及筹办长垣水灾赈济各情形呈复鉴核由（二十三年九月）
来源：河北民政刊要
时间：1934
卷期：第34期　页码：8—9
类型：呈文

标题：咨建设厅准咨以据长垣县黄灾救委会电报黄河决口被灾情形，请予急赈等情咨行查核筹赈并将赈恤情形见复等因，兹将先后筹拨长垣水灾急赈九千元经过情形咨复查照由（二十三年九月）
来源：河北民政刊要
时间：1934
卷期：第34期　页码：23—24
类型：咨文

标题：吏治（二十三年九月）
提要：训令荐举班县长李云锦、李芳、考试班县长马宾鸿、本厅视察员张守先，奉省令，以准胡委员提议关于黄河善后工程办事出力人员请从优叙用一案。经会议决照办，饬遵办等，因兹已分别照案注册，仰知照由。
来源：河北民政刊要
时间：1934
卷期：第34期　页码：33—34
类型：训令

标题：函山东省建设厅
准函复，适宜设立模范灌溉区，地点均在黄河以南，本会以限于组织章程，不克从事举办，应请贵省自办，以资提倡函，复查照由（中华民国二十三年九月二十七日）
来源：华北水利月刊
时间：1934
卷期：第7卷第9/10期　页码：23—24
类型：公函

标题：黄河中游调查报告（附照片、表）
作者：王华棠　刘锡彤　吴树德
来源：华北水利月刊
时间：1934
卷期：第7卷第9/10期　页码：65—109
类型：报告

标题：黄河中游调查报告
提要：黄河泛溢时期之浅滩；
　　　石嘴山黄河形势；
　　　磴口以北河岸之沙漠；
　　　磴口附近河岸之黄土层；
　　　河套未经开垦之荒原；
　　　自河口镇以下河身渐为山峡所束；
　　　老牛湾黄河形势；
　　　老牛湾附近之陡岩及山巅之碉堡（其一）；
　　　老牛湾附近之陡岩及山巅之碉堡（其二）；
　　　关河口黄河形势；
　　　注入黄河之泥沙；
　　　龙口之形势；
　　　宁夏西门外之唐渠；
　　　纵贯五原县城之义和渠；
　　　民生渠口之进水闸；
　　　民生渠口黄河之护岸石工（岸下有水标）；
　　　七站船上舟子摇橹；
　　　七站船之侧面；
　　　航行黄河之高帮船；

扬帆逆水上行之五站船；
河口镇以下上行船只舟子拉纤之困难情形；
载货结队上行之七站船；
包头南海子之废汽船；
上行船只舟子拉纤
来源：华北水利月刊
时间：1934
卷期：第 7 卷第 9/10 期　页码：66—85
类型：报告

标题：水利新闻（二十三年八月份）
提要：水工试验所第一步试验黄河；
黄河入海突然改道
来源：华北水利月刊
时间：1934
卷期：第 7 卷第 9/10 期　页码：112—113
类型：新闻

标题：呈河北省政府为据濮阳县代电修筑黄河大堤工竣呈请鉴核文（七月十一日）
作者：林成秀
来源：河北建设公报
时间：1934
卷期：第 6 卷第 10 期　页码：7—8
类型：呈文

标题：命令河北省政府令（训令第四六二号　七月七日）
提要：令建设厅：准黄河水利委员会咨送监督各省黄河修防暂行规程请转饬遵办等因仰转饬黄河河务局遵办由
作者：于学忠
来源：河北建设公报
时间：1934
卷期：第 6 卷第 10 期　页码：8
类型：训令

标题：河北省政府建设厅令（训令第一一三号　七月二日）
提要：令黄河河务局局长
仰遵照迳函河南河务局赶速兴修太行堤具报查核由
作者：林成秀
来源：河北建设公报
时间：1934
卷期：第 6 卷第 10 期　页码：10—11
类型：训令

标题：河北省政府建设厅令（训令第一一二一号　七月四日）
提要：令黄河河务局局长：黄河水灾救济委员会工振组拟以工余存料抵还铅丝办法奉令候电请原议办理等因仰将原借及抵还各料计数估价列表报查由
作者：林成秀
来源：河北建设公报
时间：1934
卷期：第 6 卷第 10 期　页码：14—15
类型：训令

标题：河北省政府建设厅令（训令第一一三四号　七月六日）
提要：令黄河河务局局长
该局已故办事员路习曾请恤一案奉令照最后薪额特给四个月一次恤金二百元，仰先垫发报查由
作者：林成秀
来源：河北建设公报
时间：1934
卷期：第 6 卷第 10 期　页码：17—18

类型：训令

标题：河北省政府建设厅令（训令第一一五二号　七月十一日）
提要：令黄河河务局局长
　　　　准黄河水利委员会函送本会监督黄河修防暂行规程请转饬遵照办理具报等因仰遵办具报以凭函复由
作者：林成秀
来源：河北建设公报
时间：1934
卷期：第6卷第10期　**页码**：19—20
类型：训令

标题：河北省政府建设厅令（训令第一一九六号　七月二十日）
提要：令黄河河务局局长
　　　　为奉省令发黄河水利委员会监督各省黄河修防暂行规程令仰遵照办理具报由
作者：林成秀
来源：河北建设公报
时间：1934
卷期：第6卷第10期　**页码**：25—26
类型：训令

标题：河北省政府建设厅令（指令第三四一四号　七月十一日）
提要：令濮阳县县长
　　　　代电一件电报修筑黄河大堤工竣日期伏祈鉴核备查由
作者：林成秀
来源：河北建设公报
时间：1934
卷期：第6卷第10期　**页码**：36—37
类型：指令

标题：河北省政府建设厅令（指令第三六八一号　七月二十八日）
提要：令黄河河务局局长
　　　　呈一件为遵令呈送水位曲线图祈鉴核汇转由
作者：林成秀
来源：河北建设公报
时间：1934
卷期：第6卷第10期　**页码**：39
类型：指令

标题：电（第一八一号　七月九日）
提要：濮阳双合镇黄河河务局孙局览前送堵口工作日报展转
来源：河北建设公报
时间：1934
卷期：第6卷第10期　**页码**：49
类型：电报

标题：黄河水利委员会监督各省黄河修防暂行规程
来源：河北建设公报
时间：1934
卷期：第6卷第10期　**页码**：51—52
类型：法规

标题：海军部指令（第六四四三号　中华民国二十三年九月十九日）
提要：令暂代海道测量局局长刘德浦
　　　　呈一件为呈报关于测量黄河口海深一案接洽情形检同计划书乞鉴核由
作者：陈绍宽
来源：海军公报
时间：1934
卷期：第64期　**页码**：235—236
类型：指令

标题：黄河水利委员会导渭工程处、陕西省水利局测量队组织规程（附表）
作者：水工科
来源：陕西水利月刊
时间：1934
卷期：第 2 卷第 9 期　页码：9—12
类型：法规

标题：呈省政府
　　　呈报局长乘机飞往兰州宁夏等处视察黄河上游日期请备查由
来源：陕西水利月刊
时间：1934
卷期：第 2 卷第 9 期　页码：37
类型：呈文

标题：黄河水利委员会导渭工程处陕西引渭灌溉工程计划概说
来源：黄河水利月刊
时间：1934
卷期：第 1 卷第 10 期　页码：19—24
类型：论文

标题：本会施政报告（二十三年八月份）
提要：一、重要图表之绘制［表格］；
　　　二、河防设计研究之事项［表格］；
　　　三、黄河地形之测量［表格］；
　　　四、水准测量之进行［表格］；
　　　五、泾谷形势之测量［表格］；
　　　七、视察山东省堤工；
　　　八、筹画合作河工试验；
　　　九、令冀豫两省河务局迅将完整堤防案拟具详细办法送核；
　　　十、拟定修筑兰封小新堤块石护岸及挑水坝工程计画；
　　　十一、督同河北河务局抢堵长垣石车段决口之经过；
　　　十二、令河南河务局召集民夫抢护老安堤；
　　　十三、令河南河务局迅速修复开封北泛冲蛰各坝及武陟新堤塌卸之处；
　　　十四、电呈上游水势请预为措施以防灾患；
　　　十五、令河南河务局将黄河南岸堤坝遵照指示办理；
　　　十七、请代分析粗细沙点之分布并求其比重以资参考；
　　　十八、呈报视察豫冀鲁三省黄河善后工程报告
来源：黄河水利月刊
时间：1934
卷期：第 1 卷第 10 期　页码：25—37
类型：报告

标题：视察山东黄河善后工程报告
作者：齐寿安
来源：黄河水利月刊
时间：1934
卷期：第 1 卷第 10 期　页码：39—49
类型：报告

标题：河北省黄河善后工程处电陈石车段口门挂柳缓溜情形并拟开始闭气工作以复大堤原状由
来源：黄河水利月刊
时间：1934
卷期：第 1 卷第 10 期　页码：51
类型：电报

标题：河北省黄河善后工程处电达大熘北移杨耿祠东淘刷颇剧已严饬抢护由
来源：黄河水利月刊

时间：1934
卷期：第 1 卷第 10 期　**页码**：51
类型：电报

标题：河北省黄河河务局局长滑德铭呈报奉委接篆日期请鉴核训示由（九月十三日）
作者：滑德铭
来源：黄河水利月刊
时间：1934
卷期：第 1 卷第 10 期　**页码**：51—52
类型：呈文

标题：国民政府训令以准中央政治会议秘书处函为第五次全国代表大会准于本年十一月十二日举行奉谕关于国民政府及所属各院部会之工作报告应于十月二十日以前汇编送核案令仰遵照办理由（第六五七号　九月十四日）
来源：黄河水利月刊
时间：1934
卷期：第 1 卷第 10 期　**页码**：52—53
类型：训令

标题：行政院令据黄河水灾救济委员会孔委员长电陈长垣决口救济办法并请求各项经院会决议照办令仰遵照又该委员长佳电经并案提会并仰知照由（第五一一九号　九月十七日）
来源：黄河水利月刊
时间：1934
卷期：第 1 卷第 10 期　**页码**：53
类型：电报

标题：河北省政府函复允借会场请查照由（第二三七五号　九月十九日）
来源：黄河水利月刊
时间：1934
卷期：第 1 卷第 10 期　**页码**：53—54
类型：公函

标题：管理中英庚款董事会函知第二十七次董事会议日期如有提案请即寄会由（第八一五一号　九月二十日）
作者：朱家骅
来源：黄河水利月刊
时间：1934
卷期：第 1 卷第 10 期　**页码**：54
类型：公函

标题：华北水利委员会代电复三次大会本会推派徐委员世大届时代表出席希查照由
来源：黄河水利月刊
时间：1934
卷期：第 1 卷第 10 期　**页码**：54
类型：电报

标题：河北省黄河善后工程处电告二十五号口门已于二十五日堵塞断流由
来源：黄河水利月刊
时间：1934
卷期：第 1 卷第 10 期　**页码**：54—55
类型：电报

标题：电呈行政院请饬拨款以资增高杨耿坝顶并作抢险费由
来源：黄河水利月刊
时间：1934
卷期：第 1 卷第 10 期　**页码**：55
类型：电报

标题：代电知本会各委员以本会定于十月十八日在天津开第三次大会请届时出席并将提案送会以便编入议程由
来源：黄河水利月刊
时间：1934
卷期：第 1 卷第 10 期　　**页码**：55—56
类型：电报

标题：电达导淮委员会、华北水利委员会本会定于十月十八日在天津开第三次大会请派代表届时出席并将提案送会，以便编列议程由
来源：黄河水利月刊
时间：1934
卷期：第 1 卷第 10 期　　**页码**：56
类型：电报

标题：电本会各当然委员以本会定于十月十八日在天津开第三次大会请届时出席并将提案送会以便编列议程由
来源：黄河水利月刊
时间：1934
卷期：第 1 卷第 10 期　　**页码**：56
类型：电报

标题：训令山东、河南、河北河务局本会定于十月十八日在天津开第三次大会，如有建议，务于开会十五日前将建议书呈送到会以备采择提案由（第二六六至二六八号　九月十二日）
作者：李仪祉
来源：黄河水利月刊
时间：1934
卷期：第 1 卷第 10 期　　**页码**：56—57
类型：训令

标题：函国立北平研究院以前请协助施测西安等七处经纬度案现又添测凤翔一处，请查照由（黄字第九〇五号　九月十二日）
作者：李仪祉
来源：黄河水利月刊
时间：1934
卷期：第 1 卷第 10 期　　**页码**：57
类型：公函

标题：函河北省政府商借大礼堂及会议厅为本会开会场所，希查照慨允见复由（黄字第九〇六号　九月十三日）
作者：李仪祉
来源：黄河水利月刊
时间：1934
卷期：第 1 卷第 10 期　　**页码**：57—58
类型：公函

标题：电呈行政院石车段决口善后工程计划祈鉴核示遵由
来源：黄河水利月刊
时间：1934
卷期：第 1 卷第 10 期　　**页码**：58—59
类型：电报

标题：令河南河务局以准河南省振务会函请核办堵塞辛庄集等处串沟口门案令仰遵照从速堵塞由
作者：李仪祉
来源：黄河水利月刊
时间：1934
卷期：第 1 卷第 10 期　　**页码**：59
类型：公函

标题：呈黄河水灾救济委员会为据封邱县政府呈勘验华洋堤畔已无积水并冲口水势汹险请先堵修一案仰祈鉴核示遵由（九月二十一日）
作者：李仪祉
来源：黄河水利月刊
时间：1934
卷期：第1卷第10期　**页码**：59—61
类型：呈文

标题：电呈行政院、黄河水灾救济委员会为冯楼滩坎坍陷请发补助抢险工款由
来源：黄河水利月刊
时间：1934
卷期：第1卷第10期　**页码**：61—63
类型：电报

标题：电河北河务局以冯楼形势危急仰速抢护具报由
来源：黄河水利月刊
时间：1934
卷期：第1卷第10期　**页码**：63
类型：电报

标题：电令河北河务局抢护北三段横坝由
来源：黄河水利月刊
时间：1934
卷期：第1卷第10期　**页码**：63
类型：电报

标题：电行政院、黄河水灾救济委员会续呈杨耿庙坍塌并加派员协抢由
来源：黄河水利月刊
时间：1934
卷期：第1卷第10期　**页码**：63—64
类型：电报

标题：电陈行政院、黄河水灾救济员会冯楼与北三段大溜外移情势稍缓由
来源：黄河水利月刊
时间：1934
卷期：第1卷第10期　**页码**：64
类型：电报

标题：代电达张委员静愚、导淮委员会、华北水利委员会本会第三次大会开会场所已定并催送提案由
来源：黄河水利月刊
时间：1934
卷期：第1卷第10期　**页码**：64
类型：电报

标题：电达河北山东陕西山西江苏安徽六省建设厅长本会第三次大会开会场所已定并催送提案由
来源：黄河水利月刊
时间：1934
卷期：第1卷第10期　**页码**：65
类型：电报

标题：电达绥远宁夏甘肃青海四省建设厅长本会第三次大会开会场所已定并催送提案由
来源：黄河水利月刊
时间：1934
卷期：第1卷第10期　**页码**：65
类型：电报

标题：代电达张委员含英等本会第三次大会开会场所已定并催送提案由
来源：黄河水利月刊
时间：1934
卷期：第1卷第10期　**页码**：65
类型：电报

标题：电达须委员君悌等本会第三次大会开会场所已定并催送提案由
来源：黄河水利月刊
时间：1934
卷期：第 1 卷第 10 期　页码：65—66
类型：电报

标题：训令山东、河南河务局长饬知本会第三次大会开会场所由（第二七八至二七九号九月二十五日）
作者：李仪祉
来源：黄河水利月刊
时间：1934
卷期：第 1 卷第 10 期　页码：66
类型：训令

标题：电呈行政院、黄河水灾救济委员冯楼溜势又变杨耿庙前坍塌仅余二公尺工情危急由
来源：黄河水利月刊
时间：1934
卷期：第 1 卷第 10 期　页码：66—67
类型：电报

标题：电陈行政院、黄河水灾救济委员会冯楼及北三段工情请鉴察由
来源：黄河水利月刊
时间：1934
卷期：第 1 卷第 10 期　页码：67
类型：电报

标题：令山东河务局局长奉国民政府题颁绩者安澜匾额检同题字全份令仰查收具报由（第二八〇号　九月二十九日）
作者：李仪祉
来源：黄河水利月刊

时间：1934
卷期：第 1 卷第 10 期　页码：67—68
类型：公函

标题：五十年黄河话沧桑
作者：张含英
来源：黄河水利月刊
时间：1934
卷期：第 1 卷第 10 期　页码：69—78
类型：散文

标题：黄河水利委员会自制堵口工程模型摄影之一
来源：黄河水利月刊
时间：1934
卷期：第 1 卷第 11 期　页码：1 页
类型：照片

标题：黄河水利委员会自制堵口工程模型摄影之二
来源：黄河水利月刊
时间：1934
卷期：第 1 卷第 11 期　页码：1 页
类型：照片

标题：河中泥沙之研究（未完）（附表）
作者：史悌芬　张含英
来源：黄河水利月刊
时间：1934
卷期：第 1 卷第 11 期　页码：18—34
类型：论文

标题：黄河流域土壤研究计划
来源：黄河水利月刊
时间：1934
卷期：第 1 卷第 11 期　页码：35—40
类型：方案

标题：本会施政报告（二十三年九月份）
提要：二、河防设计研究之事项；
　　　　三、水准测量之进行；
　　　　四、水文测量之进行；
　　　　五、继续督同抢护石车段决口修堵工情；
　　　　六、电呈拟具石车段决口善后工程计画请核示案；
　　　　七、视察黄河上游水利；
　　　　八、派第二精密水准测量队施测郑潼段工程；
　　　　九、呈请将补助潼关护岸工程费移拨平民抢险工款；
　　　　十、呈送拟具统一河防办法请核示案；
　　　　十一、签注内政部所拟水利机关大地测绘暂行标准草案意见案；
　　　　十三、电呈冯楼滩坎坍塌请筹拨补助抢险工款；
　　　　十四、续电呈冯楼坍塌情形并加派齐工程师协助抢护；
　　　　十五、呈请拨款修筑华洋提及堵塞辛庄等串沟决口案；
　　　　十六、令河南河务局将料缺各泛加紧购运并督属竭力抢护
来源：黄河水利月刊
时间：1934
卷期：第1卷第11期　**页码**：42—53
类型：报告

标题：黄河上游视察报告
作者：李仪祉
来源：黄河水利月刊
时间：1934
卷期：第1卷第11期　**页码**：53—64
类型：报告

标题：黄河口视察报告（附表）
作者：安立森　苏兰生
来源：黄河水利月刊
时间：1934
卷期：第1卷第11期　**页码**：65—81
类型：报告

标题：黄河水利委员会监督各省黄河修防暂行规程（二十三年六月二十七日呈奉行政院核准公布施行）
来源：黄河水利月刊
时间：1934
卷期：第1卷第11期　**页码**：83—84
类型：法规

标题：黄河堵口工款保管委员会简章（二十三年十月十二日呈准备案）
来源：黄河水利月刊
时间：1934
卷期：第1卷第11期　**页码**：84—85
类型：法规

标题：全国经济委员会秘书处代电为奉蒋委员长电嘱转请贵会迅就主管部份代拟兵工实施计划大纲飞送南昌行营以便研究由
来源：黄河水利月刊
时间：1934
卷期：第1卷第11期　**页码**：87
类型：电报

标题：河北河务局长滑德铭电陈自号日起老大坝下横堤被溜冲击经抢护至冬辰该堤尚存九十公尺老大坝各埽亦见蛰动形势危险由
来源：黄河水利月刊
时间：1934

卷期：第 1 卷第 11 期　　页码：87
类型：电报

标题：河北省政府于主席电据长垣县县长电称杨耿庙被溜冲沉没杨耿坝亦岌岌可危等情特电奉闻由
来源：黄河水利月刊
时间：1934
卷期：第 1 卷第 11 期　　页码：87—88
类型：电报

标题：河北省政府于主席电据河北省黄河善后工程处电陈现在各口门状况及抢厢　各埽情形转请查照由
来源：黄河水利月刊
时间：1934
卷期：第 1 卷第 11 期　　页码：89
类型：电报

标题：行政院据黄河水灾救济委员会呈为关于黄河九股路重行决口一案经会同议定办法四项并拟订工款保管委员会简章请鉴核等情决议通过令仰遵照由（第五〇九号　十月九日）
来源：黄河水利月刊
时间：1934
卷期：第 1 卷第 11 期　　页码：89—90
类型：呈文

标题：河北省政府于主席电为据河北省黄河善后工程处电陈抢护石头庄老在坝等处情形转请查照由
来源：黄河水利月刊
时间：1934
卷期：第 1 卷第 11 期　　页码：90
类型：电报

标题：河北省黄河河务局呈为遵令呈送修筑柳坝及柳篱护沿图表仰祈鉴核由（十月十六日）
作者：滑德铭
来源：黄河水利月刊
时间：1934
卷期：第 1 卷第 11 期　　页码：90—91
类型：呈文

标题：河北省政府于主席电告河北黄河善后工程处堵口计画及办理情形由
来源：黄河水利月刊
时间：1934
卷期：第 1 卷第 11 期　　页码：91
类型：电报

标题：河北黄河善后工程处电陈近日工作情形拟俟何处先淤即铺料进土由
来源：黄河水利月刊
时间：1934
卷期：第 1 卷第 11 期　　页码：92
类型：电报

标题：河南省政府函以准省振务会函据委员赵祖懿、封邱县县长姚家望呈报会勘黄灾救护灾民情形缕陈应办事项请速予堵修一案请查照办理见复由（民二字第一三七号　十月二十六日）
来源：黄河水利月刊
时间：1934
卷期：第 1 卷第 11 期　　页码：92—94
类型：公函

标题：全国经济委员会水利处函为国联已派水利专家于十二月间来华请将各项详细记载图表预为准备以

备参阅由（第一四六六号　十月二十九日）
作者：茅以升
来源：黄河水利月刊
时间：1934
卷期：第 1 卷第 11 期　页码：94—95
类型：公函

标题：呈行政院请转商拨发山东黄河沿岸虹吸淤田工程第一期经费仰祈鉴核示遵由（十月二日）
作者：李仪祉
来源：黄河水利月刊
时间：1934
卷期：第 1 卷第 11 期　页码：95
类型：呈文

标题：电呈行政院、黄河水灾救济委员会河北横坝冲断情形由
来源：黄河水利月刊
时间：1934
卷期：第 1 卷第 11 期　页码：95—96
类型：电报

标题：电令河北河务局急速抢护老大坝各埽由
来源：黄河水利月刊
时间：1934
卷期：第 1 卷第 11 期　页码：96
类型：电报

标题：电请河北省黄河善后工程处赶办物料极力防护免再出险由
来源：黄河水利月刊
时间：1934
卷期：第 1 卷第 11 期　页码：96
类型：电报

标题：函复江苏省政府关于修筑兰封小新堤块石护岸案已派员负责筹画俟款到即行兴工希查照由（黄字第九二一号　十月四日）
作者：李仪祉
来源：黄河水利月刊
时间：1934
卷期：第 1 卷第 11 期　页码：96—97
类型：公函

标题：电陈行政院、黄河水灾救济委员会老大坝各埽随厢随蛰危险情形由
来源：黄河水利月刊
时间：1934
卷期：第 1 卷第 11 期　页码：97—98
类型：电报

标题：代电送南昌行营第二厅黄河部份兵工实施计划大纲并附图请查收转陈见复由
来源：黄河水利月刊
时间：1934
卷期：第 1 卷第 11 期　页码：98
类型：电报

标题：呈复行政院本会已令派秘书长张含英为黄河堵口工款保管委员会代表委员祈鉴核备查由（十月十六日）
来源：黄河水利月刊
时间：1934
卷期：第 1 卷第 11 期　页码：98—99
类型：呈文

标题：函河南、山东、河北省政府请汇拨二十三年度应摊测量黄河南北部平原地形经费二万六千元希查

标题：照办理见复由（第九三六号　十月三十一日）
作者：李仪祉
来源：黄河水利月刊
时间：1934
卷期：第 1 卷第 11 期　页码：99—100
类型：公函

标题：函复河南省政府华洋堤加培计画，已令发河南河务局遵照施工封邱一带泄水工程刻正测量地形堵塞贯台一带串沟已由河北及河南河务局分别进行，希查照由（第九三七号　十月三十一日）
作者：李仪祉
来源：黄河水利月刊
时间：1934
卷期：第 1 卷第 11 期　页码：100
类型：公函

标题：本会委员沈君怡与恩格尔斯质难之文（附图）
作者：李仪祉
来源：黄河水利月刊
时间：1934
卷期：第 1 卷第 11 期　页码：101—105
类型：附录

标题：黄河水利之整治
提要：一、黄河地形之测量；
　　　二、水准测量之进行；
　　　三、郿惠渠地形之测量；
　　　四、水文测量之进行
来源：中国国民党指导下之政治成绩统计
时间：1934
卷期：第 10 期　页码：159—162
类型：报告

标题：河中泥沙之研究（续第十一期）（附图表）
作者：张含英
来源：黄河水利月刊
时间：1934
卷期：第 1 卷第 12 期　页码：1—26
类型：论文

标题：河中泥沙之研究（续第十一期）
提要：第六表
　　　河流之裹流泥沙（1）
　　　河流之裹流泥沙（2）
　　　河流之裹流泥沙（3）
　　　河流之裹流泥沙（4）
　　　河流之裹流泥沙（5）
　　　河流之裹流泥沙（6）
　　　河流之裹流泥沙（7）
　　　河流之裹流泥沙（8）
来源：黄河水利月刊
时间：1934
卷期：第 1 卷第 12 期　页码：1—8
类型：论文

标题：汉延渠进水口
来源：黄河水利月刊
时间：1934
卷期：第 1 卷第 12 期　页码：1 页
类型：照片

标题：唐徕渠闸（大坝）
来源：黄河水利月刊
时间：1934
卷期：第 1 卷第 12 期　页码：1 页
类型：照片

标题：惠农渠首（河左岸）
来源：黄河水利月刊

时间：1934
卷期：第 1 卷第 12 期　页码：1 页
类型：照片

标题：皋兰上游八十里之青石关
来源：黄河水利月刊
时间：1934
卷期：第 1 卷第 12 期　页码：1 页
类型：照片

标题：中国黄土之分析（附图表）
作者：蔡振
来源：黄河水利月刊
时间：1934
卷期：第 1 卷第 12 期　页码：27—35
类型：论文

标题：本会施政报告（二十三年十月份）
提要：一、重要图表之绘制；
二、河防设计研究之事项；
三、黄河地形之测量；
四、水准测量之进行；
五、郿惠渠地形之测量；
六、水文测量之进行；
七、督同抢护河北横坝及老大坝各埽情形；
八、拟具黄河部分兵工实施计画大纲；
九、继续筹画修筑兰封小新堤石坝工程；
十、呈请筹拨山东黄河沿岸虹吸淤田第一期经费；
十一、关于沁河创建蓄水坝及开辟干渠之研讨；
十二、派员会同勘定河北石车段善后办法；
十三、加培华洋堤计画及封邱泄水工程办理情形；
十四、拟具郿惠渠测量工作纲要；
十五、函请汇拨二十三年度认摊测量黄河地形经费；
十六、本会举行第三次大会
来源：黄河水利月刊
时间：1934
卷期：第 1 卷第 12 期　页码：37—58
类型：报告

标题：行政院训令以奉国府训令以国库负担之各水利机关经费准自本年十一月份起由全国经济委员会总领统筹转发等因除分令外令仰知照由（字第五九七二号　十一月一日）
来源：黄河水利月刊
时间：1934
卷期：第 1 卷第 12 期　页码：67
类型：训令

标题：行政院训令以奉国府训令以准中央政治会议函为据，行政院函以长垣决口估计堵修等费约需二十万元现在河情紧迫关于中央担任之十万元应请依照预算章程第三十九条提前核定以应急需一案经提出本会议决议准先行动支等由饬即分别转饬遵照等因令仰遵照由
来源：黄河水利月刊
时间：1934
卷期：第 1 卷第 12 期　页码：68
类型：训令

标题：河南河务局呈报兰封旧黄河口工用石方业已备齐请派员接收并请咨催

江苏省政府从速拨款以便兴工而免贻误乞鉴核由（十一月五日）
作者：陈汝珍
来源：黄河水利月刊
时间：1934
卷期：第 1 卷第 12 期　页码：68—70
类型：呈文

标题：全国学术工作咨询处函送征求学术工作人员登记表请予协助并发交刊登由（术字第二十四号　十一月六日）
作者：程振基　俞同奎
来源：黄河水利月刊
时间：1934
卷期：第 1 卷第 12 期　页码：70—71
类型：公函

标题：河南河务局呈报节交霜降豫河黄沁两岸一律保护平稳普庆安澜所有抢险出力人员另案择尤奖励以昭激劝，请鉴核由（十一月十七日）
作者：陈汝珍
来源：黄河水利月刊
时间：1934
卷期：第 1 卷第 12 期　页码：71—74
类型：呈文

标题：行政院训令以准全国经济委员会函复关于转商拨发山东黄河沿岸虹吸淤田工程第一期经费一案情形令行遵照由（字第六三八五号　十一月二十一日）
来源：黄河水利月刊
时间：1934
卷期：第 1 卷第 12 期　页码：74
类型：训令

标题：令饬河北河务局迅速遵照议决办法将堵修计划拟定呈核仰遵照由（字第三〇〇号　十一月九日）
作者：李仪祉
来源：黄河水利月刊
时间：1934
卷期：第 1 卷第 12 期　页码：74—75
类型：公函

标题：函清江苏省政府迅将修筑兰封小新堤块石护岸及其上游挑水坝工款汇拨到会以便购料兴工，希查照办理见复由（字第九四三号　十一月十日）
作者：李仪祉
来源：黄河水利月刊
时间：1934
卷期：第 1 卷第 12 期　页码：75—76
类型：公函

标题：函商陕西、山西省政府测验陕晋间黄河预算及分担经费办法希查照见复由（黄字第九五九—九六〇号　十一月二十三日）
作者：李仪祉
来源：黄河水利月刊
时间：1934
卷期：第 1 卷第 12 期　页码：76—77
类型：公函

标题：令发河南、河北、山东河务局堵塞串沟以免再罹水患案仰切实遵行具报由（字第三一一三一三号　十一月二十三日）
作者：李仪祉
来源：黄河水利月刊
时间：1934

卷期：第 1 卷第 12 期　**页码**：77
类型：公函

标题：函河南河北等省政府请拟订黄河各渡管理规则交主管机关办理希查照办理见复由（黄字第九六一—九七四号　十一月二十三日）
作者：李仪祉
来源：黄河水利月刊
时间：1934
卷期：第 1 卷第 12 期　**页码**：78
类型：公函

标题：函请河南省政府将疏浚惠济河及装设虹吸管工程计画分送有关系各机关查考希查照办理见复由（黄字第九五七号　十一月二十三日）
作者：李仪祉
来源：黄河水利月刊
时间：1934
卷期：第 1 卷第 12 期　**页码**：78—79
类型：公函

标题：函商陕西山西省政府、陇海铁路管理局分担测量禹潼间河道经费一案希查照见复由（黄字第九六一—九六三号　十一月二十三日）
作者：李仪祉
来源：黄河水利月刊
时间：1934
卷期：第 1 卷第 12 期　**页码**：79—80
类型：公函

标题：函请河北、山东省政府请于河务局设林务人员专司造林案希查照办理见复由（字第九六四—九六五号　十一月廿三日）
作者：李仪祉
来源：黄河水利月刊
时间：1934
卷期：第 1 卷第 12 期　**页码**：80—81
类型：公函

标题：函请经济委员会秘书处转陈拨发补助绥远省测量黄河及乌加河经费希查照见复由（字第九五四号　十一月二十三日）
作者：李仪祉
来源：黄河水利月刊
时间：1934
卷期：第 1 卷第 12 期　**页码**：81—82
类型：公函

标题：函请河南建设厅将关于沁洛各河灌溉材料送会参考希查照办理见复由（黄字第九五五号　十一月二十三日）
作者：李仪祉
来源：黄河水利月刊
时间：1934
卷期：第 1 卷第 12 期　**页码**：82—83
类型：公函

标题：令发河南、河北、山东省河务局沿堤加筑土坝以淤串沟仰妥拟计画进行具报由（字第三〇八—三一〇号　十一月二十三日）
作者：李仪祉
来源：黄河水利月刊
时间：1934
卷期：第 1 卷第 12 期　**页码**：83
类型：公函

标题：函铁道部请于改建或修理平汉路

黄河铁桥时应将计划与本会及河南省政府共同商酌希查照办理见复由（黄字第九五八号 十一月二十三日）

作者：李仪祉
来源：黄河水利月刊
时间：1934
卷期：第 1 卷第 12 期 页码：83—84
类型：公函

标题：咨商江苏、安徽省政府可否第每年协助豫省黄河南岸防汛费四万元案希查照见复由（字第三六一三七号 十一月廿三日）

作者：李仪祉
来源：黄河水利月刊
时间：1934
卷期：第 1 卷第 12 期 页码：84—85
类型：咨文

标题：函询山东建设厅关于前已试办王家梨行等处虹吸工程计画详图等逐项见告希查照由（黄字第九七五号 十一月二十四日）

作者：李仪祉
来源：黄河水利月刊
时间：1934
卷期：第 1 卷第 12 期 页码：85—86
类型：公函

标题：函请河南建设厅检送引沁入卫并于沁河之上建库蓄水计画希查照办理见复由（黄字第九七六号 十一月二十四日）

作者：李仪祉
来源：黄河水利月刊
时间：1934

卷期：第 1 卷第 12 期 页码：86
类型：公函

标题：黄河治标治本办法
作者：吕振
来源：黄河水利月刊
时间：1934
卷期：第 1 卷第 12 期 页码：87—94
类型：附录

标题：黄水会将勘测浚治黄河海口淤积
来源：河北建设公报
时间：1934
卷期：第 6 卷第 12 期 页码：2—3
类型：新闻

标题：黄河水利委员会第三届大会
作者：林风
来源：清华周刊
时间：1934
卷期：第 42 卷第 2 期 页码：2—3
类型：记事

标题：一月来之青海（八月十六至九月十五）
提要：本县黄河浮桥经省府派员修竣后
作者：仲模
来源：新青海
时间：1934
卷期：第 2 卷第 10 期 页码：79—80
类型：新闻

标题：黄河上游之牛皮筏
来源：水利
时间：1934
卷期：第 7 卷第 4 期 页码：1 页
类型：照片

标题：黄河上游之水上交通
作者：何之泰
来源：水利
时间：1934
卷期：第 7 卷第 4 期　页码：231
类型：报告

标题：黄河水利之整治
提要：一、黄河地形之测量；
　　　二、水准测量之进行；
　　　三、郿惠渠地形之测量；
　　　四、水文测量之进行
来源：中国国民党指导下之政治成绩统计
时间：1934
卷期：第 11 期　页码：147—150
类型：报告

标题：笺函黄河水利委员会（二十三年三月二十七日）：收到黄河防汛会议及第一次大会会议汇编一册复送海军公报请查收由
来源：海军公报
时间：1934
卷期：第 58 期　页码：370
类型：公函

标题：中书君诗
提要：秋望黄河水绕汉宫墙作者当齿冷也
作者：钱钟书
来源：国风（南京）
时间：1934
卷期：第 5 卷第 6/7 期　页码：63
类型：诗词

标题：开封井水及黄河水分析报告（附表）
作者：戴日镛
来源：河南大学学报
时间：1934
卷期：第 1 卷第 3 期　页码：1—6
类型：报告

标题：黄河上游农民使用之水车
来源：新亚细亚
时间：1934
卷期：第 8 卷第 4 期　页码：10
类型：照片

标题：黄河上游之二种交通工具
提要：（上）羊皮筏子；
　　　（下）牛皮筏子
来源：新亚细亚
时间：1934
卷期：第 8 卷第 4 期　页码：10
类型：照片

标题：西北内地的行路难
提要：骡车搬上缆船准备渡过黄河情形
来源：良友
时间：1934
卷期：第 95 期　页码：10
类型：照片

标题：一周间国内外大事述要（由二十三年九月二十八日起至二十三年十月四日止）
提要：国内
　　　黄河突然改道
作者：金震
来源：国闻周报
时间：1934
卷期：第 11 卷第 40 期　页码：1
类型：新闻

标题：一周简评

提要：黄河改道与全国水利
作者：草人
来源：国闻周报
时间：1934
卷期：第 11 卷第 40 期　**页码**：2
类型：新闻

标题：实业部指令（林字第一三四七号中华民国二十三年九月十二日）
提要：令河北省民政、实业、建设厅呈一件，据河北省第五林务局黄河河务局呈拟黄河堤防造林办法及简章祈鉴核备案由
作者：陈公博
来源：实业公报
时间：1934
卷期：第 195—196 期　**页码**：17
类型：指令

标题：林字第一三五三号（中华民国二十三年九月十四日）
提要：准咨据河北省民建实三厅呈转第五林务局黄河河务局会拟黄河堤防造林办法一案前据分呈业已指令照复请查照由
作者：陈公博
来源：实业公报
时间：1934
卷期：第 195—196 期　**页码**：75—76
类型：咨文

标题：黄河险象迭生
提要：入海河口淤塞，长垣溢水入鲁
来源：民众周刊（济南）
时间：1934
卷期：第 6 卷第 38 期　**页码**：11
类型：新闻

标题：黄河问题将如之何？
来源：国闻周报
时间：1934
卷期：第 11 卷第 41 期　**页码**：1—2
类型：新闻

标题：国内外大事述评
提要：黄河入海突然改道
作者：记者
来源：大道半月刊
时间：1934
卷期：第 21 期　**页码**：8
类型：新闻

标题：贡献给第三届黄河水利委员会（未完）
来源：绥远农村周刊
时间：1934
卷期：第 23 期

标题：贡献给第三届黄河水利委员会（三）
来源：绥远农村周刊
时间：1934
卷期：第 25 期
类型：记事

标题：建厅提议黄委会方案三则（三）（提议请拨测愿绥远黄河暨乌加河经费委）
来源：绥远农村周刊
时间：1934
卷期：第 23 期　**页码**：1
类型：议案

标题：令饬各县保护黄河水利委员会测量队施测黄河地形

来源：河南省政府公报
时间：1934
卷期：第1157期　**页码**：4—5
类型：报告

标题：国内时事（自本年九月廿三日起至同年九月廿九日止）
提要：整治黄河工作近况
　　　黄河水势，日渐退落，大泛期间业将完全度过
来源：外部周刊
时间：1934
卷期：第30期　**页码**：25—26
类型：新闻

标题：黄河水利委员会一个重要的决议
作者：昨非
来源：保定新青年
时间：1934
卷期：第1卷第7期　**页码**：1—3
类型：新闻

标题：狂涛（述黄河水滨一个农人的生活）（附图）
作者：倬如
来源：保定新青年
时间：1934
卷期：第1卷第7期　**页码**：18—21
类型：记事

标题：平汉路收购黄河北岸民地
来源：铁道公报
时间：1934
卷期：第997期　**页码**：9—10
类型：新闻

标题：冀南黄河水灾长垣县城外被淹惨状之一斑
来源：天津商报画刊
时间：1934
卷期：第12卷第39期　**页码**：1
类型：照片

标题：冀燕垣黄河决口灾极巨
提要：灾区占县三分二灾民十四万，财产损失一千三百余万
来源：四川省立农学院院刊
时间：1934
卷期：第5期　**页码**：38
类型：新闻

标题：公函河北省黄河水灾救济委员会据濮阳县各机关代电报灾情惨重人民困苦请发急报续筹堵口等情除电复并咨行建设厅设筹堵口外函，请查核办理由（二十三年十月）
来源：河北民政刊要
时间：1934
卷期：第35期　**页码**：8
类型：公函

标题：公函河北省黄河水灾救济委员会奉省令据濮阳县呈为秘书科长等办理赈务河工异常出力造具事实清册，请分别给奖等情饬核拟具复等因除呈复外函请查核办理由（二十三年十月）
来源：河北民政刊要
时间：1934
卷期：第35期　**页码**：9—10
类型：公函

标题：惩戒案件（二十三年度鉴字第一九四号　二十三年十一月十六日）

提要： 黄河水灾救济委员会工振组主任孔祥榕虚縻国帑延误工振案中央公务员惩戒委员会议决书
来源： 监察院公报
时间： 1934
卷期： 第 25 期　**页码：** 117—122
类型： 议案

标题： 平汉铁路管理局工作报告（二十三年九月份）
提要： 二·工作实施事项
（丙）工务事项：二、续办黄河水患防护善后工程
来源： 铁路月刊（平汉线）
时间： 1934
卷期： 第 55 期　**页码：** 19—20
类型： 报告

标题： 调查及意见书
提要： 草拟黄河水利委员会林垦组初步工作计划大纲
作者： 万康民
来源： 中华农学会报
时间： 1934
卷期： 第 129/130 期　**页码：** 260—269
类型： 报告

标题： 长垣县黄河堵口工程位置略图
来源： 水利
时间： 1934
卷期： 第 7 卷第 5 期　**页码：** 1 页
类型： 照片

标题： 长垣县黄河决口鸟瞰图
来源： 水利
时间： 1934
卷期： 第 7 卷第 5 期　**页码：** 1 页
类型： 照片

标题： 临清至黄河间运河复航初步计划（附图）
作者： 汪胡桢
来源： 水利
时间： 1934
卷期： 第 7 卷第 5 期　**页码：** 357—361
类型： 计划

标题： 黄河之整理
作者： 白郎都　周尚
来源： 水利
时间： 1934
卷期： 第 7 卷第 5 期　**页码：** 365—369
类型： 报告

标题： 赈务述要
提要： 黄河水灾
来源： 救灾会刊
时间： 1934
卷期： 第 12 卷第 2 期　**页码：** 7
类型： 新闻

标题： 黄河流域水利建设之崩溃
来源： 中国农村
时间： 1934
卷期： 第 1 卷第 2 期　**页码：** 75—76
类型： 学术

标题： 秦关道望黄河寄怀
作者： 吴禄贞
来源： 大道半月刊
时间： 1934
卷期： 第 22 期　**页码：** 2
类型： 诗词

标题：黄河汛滥与改道
来源：农村经济
时间：1934
卷期：第 2 卷第 1 期　页码：101
类型：新闻

标题：黄河水灾冀南三县灾民移往绥远垦殖出发前摄影
作者：电影从业公司
来源：天津商报画刊
时间：1934
卷期：第 12 卷第 41 期　页码：1
类型：照片

标题：陇海路灵宝西黄河陡涨水溜冲陷路基外沙滩
来源：铁道公报
时间：1934
卷期：第 1007 期　页码：9—10
类型：新闻

标题：本厅指令（指令第九八八零号中华民国二十三年十月十八日）
提要：令寿张县县长
　　　话代电一件报告黄河水落一公寸六分金堤河水涨五公分由
作者：李树春
来源：山东民政公报
时间：1934
卷期：第 208 期　页码：17
类型：指令

标题：海军部海道测量局航船布告第一二三号
提要：中华民国北海岸渤海湾黄河口外海岸伸展
来源：交通公报

时间：1934
卷期：第 609 号　页码：22—23
类型：布告

标题：黄河水灾冀南长垣县灾情状
作者：伯龙
来源：北洋画报
时间：1934
卷期：第 24 卷第 1165 期　页码：1
类型：照片

标题：李仪祉氏视察甘宁绥黄河道
来源：新中华
时间：1934
卷期：第 2 卷第 21 期　页码：10
类型：照片

标题：黄河泛滥的治理继续在德国研究（附照片）
提要：黄河泛滥的治理继续在德国研究；
　　　煤渣沙泥混合试验；
　　　德国拔哇利亚阿尔卑斯山麓中国黄河研究所；
　　　黄河试验区沙土底层；
　　　管理流水灌溉潮汐压力的机械
来源：科学的中国
时间：1934
卷期：第 4 卷第 10 期　页码：30
类型：论文

标题：包头东南廿里之黄河码头
来源：东方杂志
时间：1934
卷期：第 31 卷第 22 号　页码：1 页
类型：照片

标题：有百弊而无一利的黄河

来源：时代
时间：1934
卷期：第7卷第2期　页码：5
类型：报告

标题：河北省政府令（训令第五二四四号　七月三十日）
提要：据黄河善后工程处呈拟河北省黄河善后工程处褒奖出力员绅暂行规则等件经提会议决通过令仰知照由
作者：于学忠
来源：河北建设公报
时间：1934
卷期：第6卷第11期　页码：2—3
类型：训令

标题：河北省政府建设厅令（训令第一三六七号　八月十三日）
提要：令黄河河务局局长
　　　奉省令胡委员提议为奉令兼办防汛事宜拟请仍令濮阳县等三县长对原修各堤段拨夫帮同防守一案，经议决照办仰知照并转饬知照等因仰知照由
作者：林成秀
来源：河北建设公报
时间：1934
卷期：第6卷第11期　页码：12—13
类型：训令

标题：视察河北省黄河善后工程报告
作者：工程师刘秉
来源：河北建设公报
时间：1934
卷期：第6卷第11期　页码：71—78
类型：报告

标题：半月间大事记述（二十三年十月十六日至三十一日）
提要：水灾与扣赈捐
　　　黄河下游出险
来源：社会半月刊（上海）
时间：1934
卷期：第1卷第6期　页码：99
类型：新闻

标题：山东省政府建设厅训令（第五四八〇号　十一月八日）
提要：令技正曹瑞芝、技士孔令瑢
　　　案查本省黄河沿岸，虹吸灌溉事业
作者：张鸿烈
来源：山东建设公报
时间：1934
卷期：第215期　页码：21—22
类型：训令

标题：半月间大事记述（二十三年十月十六日至三十一日）
提要：水灾与扣赈捐
　　　黄河下游出险
来源：社会半月刊（上海）
时间：1934
卷期：第1卷第6期　页码：99
类型：新闻

标题：世界上第二条长桥黄河铁桥——长约九里
作者：康世
来源：儿童晨报
时间：1934
卷期：第215期　页码：3
类型：新闻

标题：河南省建设厅

提要：准函复适宜模范灌溉区地点均在黄河以南本会以限于组织章程不克从事举办应请贵省自办以资提倡，查照由（中华民国二十三年十月十八日）
来源：华北水利月刊
时间：1934
卷期：第 7 卷第 11/12 期　页码：60—61
类型：公函

标题：平汉铁路管理局行政计划（二十三年十月至十二月）
提要：丙、工务部份
　　　（一）已定计划正在进行事项：八、展长黄河北岸路西尽头岔道工程
来源：铁路月刊（平汉线）
时间：1934
卷期：第 56 期　页码：21
类型：计划

标题：呈省政府
　　　呈报局长赴兰宁等处视察黄河转由南京返陕到局任事日期请鉴核备查由
来源：陕西水利月刊
时间：1934
卷期：第 2 卷第 11 期　页码：40
类型：呈文

标题：黄河上游之地质与人生
提要：狼山南端之太阳庙；
　　　蒙古生活；
　　　阿拉王府；
　　　贺兰山中之峡谷；
　　　兰州北塔山下瞰黄河
来源：地理学报
时间：1934

卷期：第 1 卷第 2 期　页码：1 页
类型：照片

标题：黄河河床之变化及其淤淀率
作者：吴明愿
来源：水利
时间：1934
卷期：第 7 卷第 6 期　页码：446—458
类型：报告

标题：黄河之汛期及其六级水位
作者：吴明愿
来源：水利
时间：1934
卷期：第 7 卷第 6 期　页码：459—472
类型：报告

标题：九七纪念题辞
提要：岱岳巍巍黄河滔滔
作者：李树春
来源：武训先生九七诞辰纪念册
时间：1934
卷期：12 月　页码：97
类型：题辞

标题：黄河决口
作者：露
来源：津汇月刊（天津 1934）
时间：1934
卷期：第 2 期　页码：100
类型：新闻

标题：黄河水利之整治
提要：一、河防事项之设计研究；
　　　二、黄河地形之测量；
　　　三、水准测量之进行；
　　　四、渭惠渠地形之测量

标题：五、水文测量之进行
来源：中国国民党指导下之政治成绩统计
时间：1934
卷期：第 12 期　页码：136—140
类型：报告

标题：兰州北门外黄河第一桥
来源：地理学报
时间：1934
卷期：第 1 卷第 2 期　页码：1 页
类型：照片

标题：一月间边事记略（十月十三至十一月十二）
提要：交通
　　　李仪祉查勘黄河结果
作者：学仁
来源：边事研究
时间：1934
卷期：第 1 卷第 1 期　页码：138
类型：报告

标题：森林召在黄河西岸沙漠之森林中风景极佳此系召内一角
来源：天津商报画刊
时间：1934
卷期：第 13 卷第 3 期　页码：1
类型：照片

标题：中级常识教材
提要：（二）黄河铁桥（四下）
作者：周子坚
来源：儿童与教师
时间：1934
卷期：第 15 期　页码：788—789
类型：著作

标题：镇压黄河水之铁牛
来源：东方杂志
时间：1934
卷期：第 31 卷第 23 期　页码：1 页
类型：照片

标题：伤心惨目、有如是耶
提要：黄河水灾，遍及数省，尤以河北为最严重；
　　　黄河沿岸之居民，一闻警号齐出抢险，此抢险时之真情
作者：王元龙
来源：良友
时间：1934
卷期：第 99 期　页码：18
类型：照片

标题：整治黄河尾闾
来源：时事汇报
时间：1934
卷期：第 1 期　页码：17
类型：新闻

标题：黄河流域的水灾旱害和森林
作者：黄菊逸
来源：河北通俗农刊
时间：1934
卷期：创刊号　页码：52—69
类型：学术

标题：过黄河桥
来源：河南教育月刊
时间：1934
卷期：第 5 卷第 2 期　页码：3
类型：诗词

标题：铁道部训令（工字第一二二八五

号 中华民国二十三年十二月十日）
提要：令平汉铁路管理局令知黄河铁桥改建或修理时应将新桥计划先与黄河水利委员会接洽由
作者：顾孟余
来源：铁道公报
时间：1934
卷期：第1041期　**页码**：1—2
类型：训令

标题：本厅提议案（二件）
提要：提议架设濮县鄄城间长途电话过河水线拟请照案拨款二千三百九十六元以便施工案；架设鄄濮两县间跨越黄河飞线及架设鄄濮段长途电话工程费支付预算书
作者：张鸿烈
来源：山东建设公报
时间：1934
卷期：第218期　**页码**：2—4
类型：提案

标题：疏浚黄河后套
来源：时事汇报
时间：1934
卷期：第2期　**页码**：19
类型：新闻

标题：天灾人祸
提要：冀南黄河水患长濮灾重待赈
来源：时事汇报
时间：1934
卷期：第2期　**页码**：38
类型：新闻

标题：对于黄河应有之认识（124）
作者：炽
来源：史地社会论文摘要月刊
时间：1934
卷期：第1卷第3期　**页码**：16
类型：学术

标题：长垣黄河堵口工程买台西坝坝头"进占"情形坝前为雇用之"捆厢船"
来源：导光
时间：1934
卷期：第2卷第38期　**页码**：3
类型：照片

标题：现在德国进行中之黄河试验
来源：导光
时间：1934
卷期：第2卷第38期　**页码**：3
类型：照片

标题：黄河堵口进行顺利
来源：导光
时间：1934
卷期：第2卷第38期　**页码**：3
类型：新闻

标题：黄河入海又改道
来源：时事汇报
时间：1934
卷期：第3期　**页码**：19
类型：新闻

标题：水利工程专家将来华研究黄河问题
来源：大学新闻（北平）
时间：1934
卷期：第2卷第15期　**页码**：1
类型：新闻

标题：黄河入海河口积淤日甚
来源：导光
时间：1934
卷期：第 2 卷第 39 期　页码：3
类型：新闻

标题：征工开浚废黄河导淮入海第一期工程两年计划方案（民国二十三年五月）
提要：江苏省图
　　　水利（民国二十三年）
作者：江苏省建设厅
来源：江苏建设
时间：1934
卷期：第 1 卷第 2 期　页码：1 页
类型：计划

标题：四月六日本府委员会第五二五次会议委员兼建设厅长林成秀报告
提要：黄河目兵杨庆坤耿高升殉工身殁拟请特拨款项优予恤赏并题给匾额以昭矜式请公决案文
来源：河北月刊
时间：1934
卷期：第 2 卷第 5 期　页码：10
类型：报告

标题：黄河水利委员会组织法（二十二年六月二十三日立法院第三届第二三次会议通过，二十二年六月二十八日国民政府公布）
来源：立法专刊
时间：1934
卷期：第 9 期　页码：10—11
类型：法规

标题：公函河北省黄河水灾救济委员会准财政厅咨以准省银行函复已派员赴濮阳筹设分行至贷款农民须俟筹妥的款方可承办等因，咨请查照等因函，请查照由（二十三年六月）
来源：河北民政刊要
时间：1934
卷期：第 31 期　页码：17—20
类型：公函

标题：训令（参字第三四七四号）
提要：令阜宁县县长李晋芳
　　　据水上公安队第三区区部呈复据第十四队长报称巡船不敷分拨黄河口令，仰知照由
作者：项致庄　李守维
来源：江苏保安季刊
时间：1934
卷期：第 4 期　页码：34
类型：训令

标题：北平市社会局训令（中华民国二十三年三月三十日）
提要：令各附属机关校馆处所
　　　准河北省黄河水灾救济委员会函送奖券得奖号码单仰知照由（附表）
来源：社会周刊
时间：1934
卷期：第 75—76 期　页码：21—22
类型：训令

标题：北平市政府训令（市字第三九〇号　中华民国二十三年二月十二日）
提要：令北平市社会局
　　　准河北省黄河水灾救济委员会函达救济黄灾奖券展斯开奖令仰知照由

来源：社会周刊
时间：1934
卷期：第 70 期　　**页码**：10—11
类型：训令

标题：津浦旅途所见
提要：（上）车过黄河铁桥时所摄桥之深长可见一斑
作者：宗之熿
来源：交通杂志
时间：1934
卷期：第 2 卷第 12 期　　**页码**：1 页
类型：照片

标题：函焦作区党部准函请捐助黄河泛溢灾区棉衣捐助款洋请核收文（十二月二十二日）
来源：中原股份有限公司董事会汇刊
时间：1934
卷期：第 11 期　　**页码**：58
类型：公函

标题：15. 国民政府黄河水救济委员会章程（二十二年九月十三日行政院令颁）
来源：浙江财政月刊
时间：1934
卷期：第 6 卷第 12 期　　**页码**：40—41
类型：法规

标题：冀豫鲁苏四省合组地形测量队
提要：完成黄河两岸地形测量工程，黄委会拟定方案向四省接洽
来源：河南政治
时间：1934
卷期：第 4 卷第 6 期　　**页码**：1 页
类型：新闻

标题：兰考温三段堵口工程始末记
提要：黄河水灾救济委员会工振组第一区工程处总报告
来源：河南政治
时间：1934
卷期：第 4 卷第 2 期　　**页码**：1—15
类型：报告

标题：旧闻钞
提要：乙、国外之部
　　　得毋又称黄祸乎——英人谓黄河为疫菌之源（香港工商日报）
作者：胡桃
来源：羿弓九日刊
时间：1934
卷期：第 2 卷第 7 期　　**页码**：26
类型：新闻

标题：各县县长函报从政感想摘要
提要：灵宝县长孙桩荣
　　　黄河水患，甚于毒蛇猛兽
来源：河南政治
时间：1934
卷期：第 4 卷第 7 期　　**页码**：4
类型：新闻

标题：科学丛谈
提要：（一）国内科学消息
　　　北平研究院测量黄河流域经纬度
作者：吴启中　曾昭抡
来源：时事月报
时间：1934
卷期：第 11 卷第 2 期　　**页码**：10
类型：新闻

标题：西北开发消息一束
　　　陕西、陕境黄河水涨为患

作者：文萱
来源：开发西北
时间：1934
卷期：第 2 卷第 1 期　页码：83—84
类型：新闻

标题：平汉铁路管理委员会工作报告（二十二年十一月份）
提要：二、工作实施事项
（丙）工务事项：三、重建黄河南岸闸夫房
来源：铁路月刊（平汉线）
时间：1934
卷期：第 45 期　页码：15
类型：报告

标题：黄河冬汛较夏灾为烈，冀南七十余村成泽国（香港工商日报）
作者：紫薇
来源：羿弓九日刊
时间：1934
卷期：第 2 卷第 5 期　页码：28—29
类型：记事

标题：公函保安司令部为请查明黄河水上保安队强迫乘车情形并希见复以凭核办由（中华民国二十三年十二月十七日）
作者：刘峙
来源：绥靖旬刊
时间：1934
卷期：第 41 期　页码：53
类型：公函

标题：黄河铁桥七十七孔提式桁梁毁炸情形
来源：交通杂志

时间：1934
卷期：第 2 卷第 4 期　页码：i 页
类型：照片

标题：召开豫省黄河防险会议
来源：河南政治
时间：1934
卷期：第 4 卷第 1 期　页码：2—3
类型：新闻

标题：黄河水利会开会
来源：复兴月刊
时间：1934
卷期：第 2 卷第 9 期　页码：16
类型：新闻

标题：青海、贵德黄河浮桥告成
作者：文萱
来源：开发西北
时间：1934
卷期：第 2 卷第 1 期　页码：96—97
类型：新闻

标题：民国二十二年冀省黄河漫口纪（续）（附图）
作者：潞生
来源：河北月刊
时间：1934
卷期：第 2 卷第 3 期　页码：1—12
类型：记事

标题：考察西北
提要：甘肃皋兰（兰州）之黄河铁桥下为西北民间交通利器牛皮筏子内装羊毛以数十具扎成长方形之排加载运物颇为便利
作者：胡筠庄

来源：中华（上海）
时间：1934
卷期：第 28 期　页码：13
类型：照片

标题：召开豫省黄河防险会议
来源：河南政治
时间：1934
卷期：第 4 卷第 2 期　页码：4
类型：新闻

标题：（右）黄河皮筏到包头靠岸情形
作者：金士宣
来源：交通杂志
时间：1934
卷期：第 2 卷第 11 期　页码：1 页
类型：照片

标题：开发绥远水利二十三年修挖包西河套水渠工程拟具计划图表请并案筹借英庚款以便兴工案（提案黄河水利委员会）
来源：绥远建设季刊
时间：1934
卷期：第 16 期　页码：7—8
类型：计划

标题：民政厅长魏鉴视察本省黄河灾区各县摄影
来源：河北月刊
时间：1934
卷期：第 2 卷第 5 期　页码：1 页
类型：照片

标题：电复陈主任参谋军艺为本署已令六十师派兵一营侦查兰封以北沿黄河两岸匪踪相机迅予扑灭希转告杨县长协商进剿由
来源：绥靖旬刊
时间：1934
卷期：第 29 期　页码：101
类型：电报

标题：（左）黄河皮筏到包头卸兰州水烟情形
作者：金士宣
来源：交通杂志
时间：1934
卷期：第 2 卷第 11 期　页码：1 页
类型：照片

标题：（右）黄河皮筏卸毕拆架情形
作者：金士宣
来源：交通杂志
时间：1934
卷期：第 2 卷第 11 期　页码：1 页
类型：照片

标题：黄河水利委员会第三届大会
作者：林风
来源：清华周刊
时间：1934
卷期：第 42 卷第 2 期　页码：2—3
类型：新闻

标题：二十二年黄河大泛及其治导
作者：褚绍唐
来源：地学季刊
时间：1934
卷期：第 1 卷第 4 期　页码：61—77
类型：学术

标题：河南省黄河堵口工程
提要：贯台堵口工程，已成之西坝全段

及东坝坝头全景；
贯台堵口工程，运输泥土之巨大船舶
来源：时事旬报
时间：1934
卷期：第 18 期　页码：14—15
类型：照片

标题：黄河长垣决口记
提要：工程概况
试验治黄聘德专家研究；
疏浚废黄工程二年完竣；
鲁黄堤工大泛前即完竣；
黄会工作张秘书之报告
护黄经费
护岸工程陕黄分任经费；
治黄借款即可按期拨付
水位涨落
来源：内政消息
时间：1934
卷期：创刊号　页码：44—48
类型：记事

标题：我所主张的整治黄河及淮河办法——社会研究之二
作者：楼金匀
来源：初杭
时间：1934
卷期：第 1 期　页码：182—184
类型：论文

标题：黄河水势突涨
作者：赵景源
来源：儿童世界（上海 1922）
时间：1934
卷期：第 32 卷第 5 期　页码：89
类型：新闻

标题：民国二十二年黄河水灾损失
来源：申报月刊
时间：1934
卷期：第 3 卷第 8 期　页码：2 页
类型：照片

标题：京汴黄河行纪（续）
作者：华北水利委员会
来源：河北月刊
时间：1934
卷期：第 2 卷第 3 期　页码：1—13
类型：报告

标题：去年黄河水灾之损失统计
作者：徐天章
来源：申报月刊
时间：1934
卷期：第 3 卷第 8 期　页码：1 页
类型：照片

标题：周县长开始下乡巡视
提要：至羊岚镇黄河营等处咨询各乡民生活情形，并声明绝不受民众供应
来源：黄县民友
时间：1934
卷期：第 2 卷第 25 期　页码：10
类型：新闻

标题：鲁引黄河水灌淤
来源：四川农业
时间：1934
卷期：第 1 卷第 3 期　页码：68—69
类型：新闻

标题：电（第一四号　一月三十一日）
提要：濮阳南街广益成转坝头黄河河务局
来源：河北建设公报

时间：1934
卷期：第 6 卷第 4 期　页码：54
类型：电报

标题：电复委员长何为饬豫境黄河以北各县为发现刘匪即同时报告邯郸何军长进剿一节已电饬遵办由
来源：绥靖旬刊
时间：1934
卷期：第 8 期　页码：61
类型：电报

标题：黄河行驶轮船之研究
作者：张培增
来源：中法国立工学院院刊
时间：1934
卷期：第 1 期　页码：89
类型：论文

标题：电复郑州蒋司令锄欧为刘匪现窜至武陟之保安庄希转饬严密防堵黄河各渡口由
来源：绥靖旬刊
时间：1934
卷期：第 11 期　页码：36
类型：电报

标题：亟待治导之黄河水患
作者：祝霖
来源：现代社会
时间：1934
卷期：第 3 卷第 11/12 期　页码：2
类型：论文

标题：黄河堵口合龙
来源：天主公教白话报
时间：1934
卷期：第 18 年第 7 号　页码：139—140
类型：新闻

标题：黄河开口九处
来源：天主公教白话报
时间：1934
卷期：第 18 年第 17 号　页码：339
类型：新闻

标题：京汴黄河行纪（续）
来源：河北月刊
时间：1934
卷期：第 2 卷第 2 期　页码：1—6
类型：报告

标题：西行道上（二）
提要：渡过黄河的一角
来源：文学（上海 1933）
时间：1934
卷期：第 3 卷第 5 期　页码：1 页
类型：照片

标题：黄河土壤运往德国试验
来源：四川农业
时间：1934
卷期：第 1 卷第 5 期　页码：75—76
类型：论文

标题：灌溉场排水总渠之巨闸
来源：时事旬报
时间：1934
卷期：第 3 期　页码：1 页
类型：照片

标题：黄河水利新建设
提要：水渠中之进水木槽；参加典礼之来宾

来源：时事旬报
时间：1934
卷期：第 3 期　页码：1 页
类型：照片

标题：河南省黄河堵口工程
提要：西坝之加土工作
来源：时事旬报
时间：1934
卷期：第 18 期　页码：15
类型：照片

标题：皮筏——黄河交通之特别工具，以兽皮制成革囊，札成浮筏以代船只
来源：中华景象
时间：1934
卷期：全国摄影总集　页码：21
类型：照片

标题：八月、黄河水涨成灾灾民不下一百余万
来源：时事大观
时间：1934
卷期：上　页码：1 页
类型：照片

标题：一年来之黄河上游
来源：时事大观
时间：1934
卷期：下　页码：336—337
类型：报告

标题：黄河北岸桥西石堤冲毁及修复经过：沁河口植木场水冲情形
来源：铁路月刊（平汉线）
时间：1934
卷期：第 45 期　页码：113

类型：照片

标题：关于黄河
作者：李维珠
来源：师中季刊
时间：1934
卷期：第 3 卷第 1/2 期　页码：36—37
类型：报告

标题：第二次黄河决口咎在谁何？
作者：盛公木
来源：时代漫画
时间：1934
卷期：第 9 期　页码：3
类型：图片

标题：考察西北
提要：皋兰黄河边之牧童及羊群；
甘肃土人用羊皮筏子搬场家畜用具俱随筏顺黄河面下；
皋兰附近黄河岸边之筒车为取水灌田之用；
皋兰城上俯瞰黄河萦绕如带
作者：胡筠庄
来源：中华（上海）
时间：1934
卷期：第 28 期　页码：12—14
类型：照片

标题：国内时事（自本年八月五日起至同年八月十一日止）
提要：经会聘德专家研究黄河水利
来源：外部周刊
时间：1934
卷期：第 23 期　页码：18
类型：新闻

标题：黄河筑堤积极进行
来源：四川农业
时间：1934
卷期：第1卷第5期　页码：75
类型：新闻

标题：青海玉树现状一瞥
提要：黄河之水天上来
来源：蒙藏旬刊
时间：1934
卷期：第94—95期　页码：40
类型：新闻

标题：越谚杂咏（三续）
提要："不到黄河心不死"
作者：越痴
来源：芭蕉
时间：1934
卷期：第3期　页码：2
类型：诗词

标题：黄河北岸桥西石堤冲毁及修复经过
来源：铁路月刊（平汉线）
时间：1934
卷期：第45期　页码：115
类型：照片

标题：黄河中之帆船船身高阔容量颇巨
作者：上海国难宣传团
来源：中华（上海）
时间：1934
卷期：第29期　页码：12—13
类型：照片

标题：（左）黄河北岸之金山寺远望皋兰城
作者：张智鸿
来源：礼拜六
时间：1934
卷期：第584期　页码：22
类型：照片

标题：出版界珍闻
提要：国内
　　　13. 黄河水利
来源：浙江省立图书馆馆刊
时间：1934
卷期：第3卷第3期　页码：41
类型：新闻

标题：包头景物
提要：以皮筏由甘肃循黄河运至包头南海子河岸之烟及羊毛等
来源：新生周刊
时间：1934
卷期：第1卷第35期　页码：24
类型：照片

标题：黄河北岸桥西石堤冲毁及修复经过（附表、照片）
来源：铁路月刊（平汉线）
时间：1934
卷期：第45期　页码：4—7
类型：新闻

标题：道慈实录
提要：水灾赈济之概要
　　　本年黄河决口，延及河北山东河南三省
来源：道德月刊
时间：1934
卷期：第1卷第3期　页码：1—4
类型：新闻

标题：黄河边有缆船之设，载车绕过沙邱

来源：中华景象
时间：1934
卷期：全国摄影总集　页码：21
类型：照片

标题：本路伟大工程之一黄河铁桥——南部
来源：铁路月刊（平汉线）
时间：1934
卷期：第 51 期　页码：10
类型：照片

标题：本路伟大工程之一黄河铁桥——北部
来源：铁路月刊（平汉线）
时间：1934
卷期：第 51 期　页码：10
类型：照片

标题：本路伟大工程之一黄河铁桥——中部
来源：铁路月刊（平汉线）
时间：1934
卷期：第 51 期　页码：10
类型：照片

标题：绥远河套黄河故道乌如河应从速修挖以减下游水祸案（附图）
来源：绥远建设季刊
时间：1934
卷期：第 15 期　页码：2—5
类型：记事

标题：提议黄河水利第四次会议请在绥远省举行案
来源：绥远建设季刊
时间：1934

卷期：第 18 期　页码：5
类型：提案

标题：记叙我们对黄河灾区同胞的救济
作者：许明瑛
来源：晓声
时间：1934
卷期：第 2 卷第 7 期　页码：8—9
类型：新闻

标题：青海建成黄河浮桥
来源：蒙藏月报
时间：1934
卷期：第 1 卷第 6 期　页码：86
类型：新闻

标题：黄河北之重镇道口近况
提要：为河道货运所经之地，仍不失为商业荟萃之区
来源：经济评论
时间：1934
卷期：第 1 卷第 3 期　页码：120
类型：新闻

标题：天津黄河水灾救济委员会发行奖券
来源：醒农半月刊
时间：1934
卷期：创刊号　页码：41
类型：新闻

标题：后依阴山前临黄河之蒙古召
作者：上海国难宣传团
来源：中华（上海）
时间：1934
卷期：第 29 期　页码：12
类型：照片

标题：观黄河有感
作者：作民
来源：崇实季刊
时间：1934
卷期：第16—17期　页码：148
类型：诗词

标题：(左)兰州黄河边之水车
作者：张智鸿
来源：礼拜六
时间：1934
卷期：第584期　页码：22
类型：照片

标题：黄河水灾
提要：鲁境长水，河北平静
来源：交河周刊
时间：1934
卷期：第1期　页码：11
类型：新闻

标题：黄河码头
作者：安狂夫
来源：中学生文艺
时间：1934
卷期：下　页码：322
类型：散文

标题：津浦铁路黄河铁桥之侧影
来源：铁展
时间：1934
卷期：第1期　页码：16
类型：照片

标题：平汉馆陈列该路之最艰巨工程黄河铁桥模型及说明
来源：铁展
时间：1934
卷期：第2期　页码：17
类型：照片

标题：黄河治本意见案
来源：绥远建设季刊
时间：1934
卷期：第15期　页码：1—2
类型：议案

标题：绥远应在黄河沿岸广植森林遏制下游沙患案
来源：绥远建设季刊
时间：1934
卷期：第15期　页码：4—5
类型：议案

标题：修挖绥远河套黄河故道乌加河工程概测计划
来源：绥远建设季刊
时间：1934
卷期：第16期　页码：12—15
类型：计划

标题：测量绥省黄河暨乌加河计划（附预算书）（附表）
来源：绥远建设季刊
时间：1934
卷期：第16期　页码：17—22
类型：计划

标题：提议请救测量绥远黄河暨乌加河经费案
来源：绥远建设季刊
时间：1934
卷期：第18期　页码：2—3
类型：议案

标题：潼关黄河渡船
作者：沈杏初
来源：中华（上海）
时间：1934
卷期：第 27 期　页码：13
类型：照片

标题：隔年日历
提要：黄河水继续激涨，灾情日趋严重，鲁西，菏泽等县灾民三十余万，被水逼迫上树，啼饥号寒。
来源：结晶
时间：1934
卷期：创刊号　页码：5—6
类型：新闻

标题：黄河边之舟车
来源：中华景象
时间：1934
卷期：全国摄影总集　页码：21
类型：照片

标题：黄河清
作者：呆呆
来源：天津商报画刊
时间：1934
卷期：第 11 卷第 12 期　页码：2
类型：散文

标题：修筑黄河铁桥借款合同将签订
来源：旅行周报
时间：1934
卷期：第 1 卷第 2 期　页码：4
类型：新闻

标题：黄河风景题记（附照片）
作者：刘靴鄂

来源：艺风
时间：1934
卷期：第 2 卷第 5 期　页码：94

标题：贵德黄河浮桥
作者：林葆珊
来源：青海评论
时间：1934
卷期：第 40 期　页码：12—14
类型：报告

标题：LOOKING BACK 1933——黄河决口
来源：时代
时间：1934
卷期：第 5 卷第 5 期　页码：2
类型：新闻

标题：公函黄河善后工程处为黄河新工防汛抢险事宜经省委会议决交由善后工程处兼办请查照由（七月二日）
来源：河北建设公报
时间：1934
卷期：第 6 卷第 10 期　页码：37—38
类型：公函

标题：关于黄河铁桥与洪水关系之文献
提要：本路抛投蛮石防护黄河桥概说（民国二十三年四月二十日平汉铁路工务处编）；对于安立森工程司所著"平汉路黄河铁桥与洪水关系研究报告书"之意见
来源：铁路月刊（平汉线）
时间：1934
卷期：第 51 期　页码：1—4、4—5
类型：报告

标题：黄河水利新建设
提要：主持建设之黄河水利委员会委员长李仪祉
来源：时事旬报
时间：1934
卷期：第 3 期　**页码**：1 页
类型：照片

标题：黄河北岸桥西石堤冲毁及修复经过
提要：距黄河桥上流一公里七百公尺处水冲最烈堆石最巨；
距黄河桥上流一公里二百公尺处砌石情形
来源：铁路月刊（平汉线）
时间：1934
卷期：第 45 期　**页码**：4—5
类型：照片

标题：黄河长垣决口记
来源：内政消息
时间：1934
卷期：创刊号　**页码**：43—52
类型：记事

标题：函请黄河水利委员会组织绥远省黄河暨乌加河测量队饬拨经费办理并希见复文
来源：绥远建设季刊
时间：1934
卷期：第 16 期　**页码**：5—6
类型：公函

标题：再述黄河根本治理意见案（提案黄河水利委员会）
来源：绥远建设季刊
时间：1934
卷期：第 16 期　**页码**：8—10
类型：提案

标题：组织绥远省黄河暨乌加河测量队请拨经费办理案（提案黄河水利委员会）
来源：绥远建设季刊
时间：1934
卷期：第 16 期　**页码**：10—12
类型：提案

标题：修挖绥远河套黄河故道乌加河请筹借英庚款以资兴修案（提案黄河水利委员会）
来源：绥远建设季刊
时间：1934
卷期：第 16 期　**页码**：15—16
类型：提案

标题：黄河北岸桥西石堤冲毁及修复经过
提要：距黄河桥上流约半公里处砌石情形
来源：铁路月刊（平汉线）
时间：1934
卷期：第 45 期　**页码**：5
类型：照片

标题：关于黄河铁桥与洪水关系之文献
作者：安立森
来源：铁路月刊（平汉线）
时间：1934
卷期：第 51 期　**页码**：6—8
类型：论文

标题：河南省黄河堵口工程
提要：黄河舟楫
来源：时事旬报
时间：1934
卷期：第 18 期　**页码**：14

类型：照片

标题：平汉铁路
提要：黄河桥
　　　　黄河桥南段；
　　　　黄河桥北段；
　　　　黄河桥中段
来源：铁展
时间：1934
卷期：第 1 期　**页码**：13
类型：照片

1935 年

标题：黄河年表
作者：沈怡
来源：军事委员会资源委员会
时间：1935
类型：图书

标题：黄河富源之利用
作者：崔士杰　崔景三
来源：胶济铁路局
时间：1935
类型：图书

标题：黄河概况及治本探讨
来源：黄河水利委员会
时间：1935
类型：图书

标题：山东黄河水灾救济报告书
来源：山东黄河水灾救济委员会
时间：1935
类型：图书

标题：黄河石头庄、冯楼堵口工程实录
作者：宋希尚
时间：1935
类型：图书

标题：黄河水利委员会第四次大会议程
来源：黄河水利委员会
时间：1935
类型：图书

标题：黄河水利委员会工作报告（自二十三年二月起至二十三年八月止）
来源：黄河水利委员会
时间：1935
类型：图书

标题：黄河上游暴涨大水过陕州下注
来源：真光杂志
时间：1935
卷期：第 34 卷第 10 期　页码：72
类型：新闻

标题：绥边黄河结冰
来源：天津商报画刊
时间：1935
卷期：第 13 卷第 17 期　页码：1
类型：照片

标题：国民政府令（任免令四件　二十四年一月五日）
提要：行政院院长汪兆铭呈，据黄河水利委员会呈请任命顾鸿熙为黄河水利委员会总务处科长
作者：林森　汪兆铭　甘乃光
来源：国民政府公报（南京1927）
时间：1935

— 386 —

卷期：第 1632 号　页码：4
类型：任免令

标题：国民政府指令（第一六号　二十四年一月五日）
提要：令行政院
　　　呈据黄河水利委员会呈荐顾鸿熙等为该会总务处科长，转呈明令任命由
作者：林森　汪兆铭
来源：国民政府公报（南京1927）
时间：1935
卷期：第 1633 号　页码：5
类型：指令

标题：国民政府指令（第二一号　二十四年一月五日）
提要：令行政院
　　　呈据黄河水利委员会呈荐蔡振等五员为该会工务处技正、技士等职，转呈明令任命由
作者：林森　汪兆铭
来源：国民政府公报（南京1927）
时间：1935
卷期：第 1633 号　页码：6
类型：指令

标题：黄河工款
来源：天主公教白话报
时间：1935
卷期：第 19 年第 2 号　页码：43
类型：新闻

标题：黄河水利会扩充林垦
来源：农业周报
时间：1935
卷期：第 4 卷第 2 期　页码：63—64

类型：记事

标题：国民政府指令（第一三六号　二十四年一月十七日）
提要：令行政院
　　　呈据内政、财政两部呈，为会核河南省政府拟请将兰封县第一区圪垱等村，第二区铜瓦厢等村二十二年份被黄河水淹及沙压成灾不能垦复地亩，额征丁漕及补助捐、补助费、串票捐等，全数豁免一案，与例尚无不合，自应准如所请办理，除指令照准外，报请鉴核备案由
作者：林森　汪兆铭　甘乃光
　　　（代）孔祥熙
来源：国民政府公报（南京1927）
时间：1935
卷期：第 1643 号　页码：13
类型：指令

标题：国联水利专家
提要：一行四人赴汴考察黄河水利
　　　沃摩迪由津赴汴视察黄河
来源：导光
时间：1935
卷期：第 3 卷第 3 期　页码：3
类型：记事

标题：愤
提要：模糊了黄河
作者：嗫嚅
来源：药报
时间：1935
卷期：第 42 号　页码：89
类型：诗歌

标题：公函（副字第一四四号　中华民国二十四年一月廿八日）
提要：函黄河水利委员会为本署马房已向他处另觅地址请查照由
作者：刘峙
来源：绥靖旬刊
时间：1935
卷期：第 45 期　**页码**：77—78
类型：公函

标题：国民政府指令（第二一九号　二十四年一月二十六日）
提要：令全国经济委员会
呈为准内政部移送黄河水灾救济委员会请奖叙工振组主任孔祥榕办理堵口工程异常出力一案，核与兴办水利奖励条例第三条三四两项规定相符，检同履历事实表，请鉴核特予褒扬由
作者：林森
来源：国民政府公报（南京 1927）
时间：1935
卷期：第 1651 号　**页码**：8
类型：指令

标题：政务会议（第三百七十次）
提要：省政府秘书处报告财政厅呈为奉核河务局奉派科长赵录仁赴津出席黄河水利委员会第三次大会旅费计算书类共洋一百四十三元二角一角拟援案准由二十三年度省预备费项下开支请提会核议应否照准请公决案
来源：山东财政公报
时间：1935
卷期：第 6 卷第 4 期　**页码**：15—16
类型：议案

标题：政务会议（第三百七十三次）
提要：省政府秘书处报告民财建三厅会呈为奉核盐运使署函请查示鲁省发展农田水利工程实施计划一案检同黄河沿岸虹吸游田工程计划等件请转函查照并令饬产硝县分迅予查禁以畅官销应如何办理请公决案
来源：山东财政公报
时间：1935
卷期：第 6 卷第 4 期　**页码**：25—26
类型：议案

标题：训令第三四区兼司令及本部各室科为准北平军分会咨以划定保以定北静海等十四县鲁北黄河以北无棣等卅四县冀南及豫北长垣武安等卅七县自十一月一日起划为北平分会招募区等仰知照（中华民国二十四年元月）
作者：刘峙
来源：河南保安月刊
时间：1935
卷期：第 1 期　**页码**：4—6
类型：训令

标题：本会委员长视察黄河下游摄影之一
来源：黄河水利月刊
时间：1935
卷期：第 2 卷第 1 期　**页码**：1 页
类型：照片

标题：本会委员长视察黄河下游摄影之二
来源：黄河水利月刊
时间：1935
卷期：第 2 卷第 1 期　**页码**：1 页
类型：照片

标题：兰州灌溉之水车
来源：黄河水利月刊
时间：1935
卷期：第 2 卷第 1 期　**页码**：1 页
类型：照片

标题：黄河水文观测估计表
来源：黄河水利月刊
时间：1935
卷期：第 2 卷第 1 期　**页码**：1 页
类型：图表

标题：黄河起淤情形
来源：黄河水利月刊
时间：1935
卷期：第 2 卷第 1 期　**页码**：1 页
类型：照片

标题：关于治河之准备
作者：李仪祉
来源：黄河水利月刊
时间：1935
卷期：第 2 卷第 1 期　**页码**：1—3
类型：论文

标题：黄河水文之研究（二十三年十二月）
提要：（一）中国西北部降雨及流量与气象之关系；
（二）流域之性质；
（三）流量之情状；
（四）低水时流量；
（五）涨水时流量；
（六）含沙问题；
（七）洪涨时间河槽之冲刷及淤淀；
（八）黄河创造冲积平原之速率；
（九）水文研究之估计
来源：黄河水利月刊
时间：1935
卷期：第 2 卷第 1 期　**页码**：4—19
类型：论文

标题：整理平汉路黄河铁桥上游河槽计划（附表）
来源：黄河水利月刊
时间：1935
卷期：第 2 卷第 1 期　**页码**：21—25
类型：图表

标题：陕西郿县各峪口河流渠堰水利调查报告（附图表、照片）
作者：傅健
来源：黄河水利月刊
时间：1935
卷期：第 2 卷第 1 期　**页码**：27—64
类型：报告

标题：施政报告（二十三年十一月份）
提要：一、重要图表之绘制［表格］；
二、河防设计研究之事项：兹将十一月份本会河防设计研究之成绩列表如左［表格］；
三、黄河地形之测量［表格］；
四、水准测量之进行：兹将十一月份本会第一第二精密水准测量队测量之成绩列表如左［表格］；
五、郿惠渠地形之测量［表格］；
六、水文测量之进行：兹将十一月份本会水文测量之成绩列表如左［表格］；
七、会勘石车段及贯台工情；
八、会核堵筑石车段及贯台各口门工料预算；
九、完成培修河北省金堤工程计划；
十、函请拨助绥远省测量黄河及

乌加河经费；
十一、拟具测验陕晋间黄河预算及分担经费办法；
十二、函请冀鲁两省政府于河务局设林务人员专司造林案；
十三、函请河南省政府将疏浚惠济河及装设虹吸管工程计画分送有关系各机关查考；
十四、函请铁道部于建修平汉路黄河铁桥时将计画与本会及河南省政府共同商酌；
十五、函商分担测量禹潼间河道经费；
十六、咨商协助豫省黄河南岸防泛经费；
十七、推行堵塞串沟以免再罹水患案；
十八、推行沿堤加筑土坝以淤串沟案；
十九、函请河南等省政府拟订黄河各渡管理规则交主管机关办理；
二十、函请河南建设厅检送沁洛诸河灌溉材料以备参考；
二十一、视察贯台一带堤工及河南境内黄河堤岸

来源：黄河水利月刊
时间：1935
卷期：第2卷第1期　**页码：**65—77
类型：报告

标题：河南省政府函为准平汉路局函请设法防护沁河西岸滩地请查照由（建三字第九五号　十二月八日）
来源：黄河水利月刊
时间：1935
卷期：第2卷第1期　**页码：**79—80
类型：公函

标题：山东建设厅函为据利津县长呈报本年黄河口门变迁情形转请查照核办由（第二〇五〇号　十二月十三日）
来源：黄河水利月刊
时间：1935
卷期：第2卷第1期　**页码：**80—81
类型：公函

标题：铁道部函复平汉路黄河铁桥改建之时当将新桥计划先与贵会接洽由（工字第七四〇〇号　十二月十四日）
作者：顾孟余
来源：黄河水利月刊
时间：1935
卷期：第2卷第1期　**页码：**82
类型：公函

标题：河北河务局呈为遵令另拟北一段堵口工程经费概算书及预算图表仰祈鉴核令遵由（十二月十五日）
作者：滑德铭
来源：黄河水利月刊
时间：1935
卷期：第2卷第1期　**页码：**82—83
类型：呈文

标题：全国经济委员会秘书处函为准函送绥远省黄河及乌加河原提案等件希转陈核拨经费等由应请派员实地考查拟具初步工程计划送处再行转陈核办由（水字第八六五一号　十二月二十一日）
作者：秦汾
来源：黄河水利月刊
时间：1935

卷期：第 2 卷第 1 期　页码：83—84
类型：公函

标题：函河南省政府请拨款令饬河务局整理境内黄河大堤希查照办理见复由（黄字第九八八号　十二月五日）
作者：李仪祉
来源：黄河水利月刊
时间：1935
卷期：第 2 卷第 1 期　页码：84—85
类型：公函

标题：令导渭工程处为奉行政院训令饬水利机关移转管辖一案令仰知照由（第三一八号　十二月五日）
作者：李仪祉
来源：黄河水利月刊
时间：1935
卷期：第 2 卷第 1 期　页码：85—86
类型：训令

标题：函送全国经费委员会秘书处测量绥远省黄河及乌加河经费案内提案计划预算及决议案希查照转陈核拨并盼见复由（黄字第九九三号　十二月十日）
作者：李仪祉
来源：黄河水利月刊
时间：1935
卷期：第 2 卷第 1 期　页码：86—87
类型：公函

标题：训令河北河务局为派副工程师许榕懋等督同从速堵合长垣决口及贯台串沟仰遵照由（第三二二号　十二月十二日）

作者：李仪祉
来源：黄河水利月刊
时间：1935
卷期：第 2 卷第 1 期　页码：87—88
类型：训令

标题：函送河南等七省政府黄河行凌调查表请转发填报希查照办理见复由（黄字第九九七至一〇〇三号　十二月十五日）
作者：李仪祉
来源：黄河水利月刊
时间：1935
卷期：第 2 卷第 1 期　页码：88—89
类型：公函

标题：电请全国经济委员会筹拨整理利津河口工款以便兴工由
来源：黄河水利月刊
时间：1935
卷期：第 2 卷第 1 期　页码：89
类型：电报

标题：函河南省政府为关于平汉路修建黄河铁桥计划应先与贵府及本会商酌一案已准铁道部函复照办希查照由（黄字第一〇〇六号　十二月十八日）
作者：李仪祉
来源：黄河水利月刊
时间：1935
卷期：第 2 卷第 1 期　页码：89—90
类型：公函

标题：函复山东建设厅整理黄河河口第一段工程已电请拨款并派队测勘希查照由（黄字第一〇〇五号

十二月十八日）
作者：李仪祉
来源：黄河水利月刊
时间：1935
卷期：第 2 卷第 1 期　页码：90—91
类型：公函

标题：电复河北河务局长以据皓电陈拟先堵贯台后再堵北一段各口等情准予照办由
来源：黄河水利月刊
时间：1935
卷期：第 2 卷第 1 期　页码：91
类型：电报

标题：函复河南省政府以准函请设法防护沁河西岸滩地一案拟请联合呈请工程经费希查照办理见复由（黄字第一〇一四号　十二月二十五日）
作者：李仪祉
来源：黄河水利月刊
时间：1935
卷期：第 2 卷第 1 期　页码：92
类型：公函

标题：函复河北省政府关于黄河善后工程案请转饬于来年春工之际应照计划补修希查照办理见复由（第一〇一二号　十二月二十五日）
作者：李仪祉
来源：黄河水利月刊
时间：1935
卷期：第 2 卷第 1 期　页码：93
类型：公函

标题：函复全国经济委员秘书处关于请转陈核拨测量绥远黄河及乌加河经费一案声叙原委请查照转陈核拨见复由（黄字第一〇一七号　十二月二十八日）
作者：李仪祉
来源：黄河水利月刊
时间：1935
卷期：第 2 卷第 1 期　页码：93—95
类型：公函

标题：渭惠渠计画书序
作者：李仪祉
来源：黄河水利月刊
时间：1935
卷期：第 2 卷第 1 期　页码：97—98
类型：计划

标题：咨建设厅
咨知派本局水政科科长赵玉玺前往商洽会拟本省境内黄河各渡管理规则一案请查照由
来源：陕西水利月刊
时间：1935
卷期：第 2 卷第 12 期　页码：32
类型：咨文

标题：函黄河水利委员会西京办公厅：函请准转咸阳水文站长李清华赴太寅便道代为视察宝鸡等六县雨量站事宜并希见复由
来源：陕西水利月刊
时间：1935
卷期：第 2 卷第 12 期　页码：32—33
类型：公函

标题：函建设厅
函请参照令发山西黄河各渡规则

先行拟具本省黄河各渡规则草案
俾便商定会复由
来源：陕西水利月刊
时间：1935
卷期：第 2 卷第 12 期　页码：33
类型：公函

标题：审计部公函（第三四六八号　二十四年一月十七日）
提要：函黄河水利委员会
送二十三年六月份经常费支出计算书类审核通知书由
来源：审计部公报
时间：1935
卷期：第 47 期　页码：173—174
类型：公函

标题：黄河三门峡之中流砥柱
来源：黄河水利月刊
时间：1935
卷期：第 2 卷第 2 期　页码：1 页
类型：照片

标题：黄河三门峡冬季之水溜
来源：黄河水利月刊
时间：1935
卷期：第 2 卷第 2 期　页码：1 页
类型：照片

标题：造林不足以防洪（附表）
作者：万晋
来源：黄河水利月刊
时间：1935
卷期：第 2 卷第 2 期　页码：103—111
类型：图表

标题：施政报告（二十三年十二月份）
提要：一、重要图表之绘制：兹将十二月份本会绘制图表之成绩列表如左〔表格〕；
二、河防设计研究之事项：兹将十二月份本会河防设计研究之成绩列表如左〔表格〕；
三、黄河地形之测量〔表格〕；
五、渭惠渠地形之测量〔表格〕；
六、水文测量之进行；
七、电请全国经济委员会提请五中全会确定黄河工款；
八、函请河南省政府拨款整理境内黄河大堤；
九、筹办山东黄河沿岸虹吸淤田第一期工程；
十、拟订黄河概况及治本探讨；
十一、电令副工程师许懋榕等共同负责督修堵口工程；
十二、电知贯台堵口应行注意事项令河北河务局切实遵办；
十三、电令河北河务局注意堵口工程合龙时东时东坝底虚变化；
十四、电知河北河务局准予先堵贯台后再堵北一段各口；
十五、电请全国经济委员会筹拨整理利津河口工款；
十六、函请河北省政府转饬河务局按照本会前发善后工程计画补修完善；
十七、拟联合呈请拨款防护沁河西岸滩地
来源：黄河水利月刊
时间：1935
卷期：第 2 卷第 2 期　页码：113—125
类型：报告

标题：陕西省政府函为本府委员会第一百

六十四次会议决议通过山陕两省滨河各县管理般渡暂行规则送请查核见复由（字第一五三号　二月十四日）
来源：黄河水利月刊
时间：1935
卷期：第 2 卷第 2 期　页码：121—132
类型：公函

标题：山东韩主席电据利津县长报告黄河入海口门于十月间在南北岸决口情形迅速筹款兴工由
来源：黄河水利月刊
时间：1935
卷期：第 2 卷第 2 期　页码：127—128
类型：公文

标题：河北省政府函复关于黄河善后工程案准函嘱转饬河务局于来年春工之际应按照计划补修并见复等因已饬建设厅转饬遵照办理希查照由（字第十号　一月十日）
来源：黄河水利月刊
时间：1935
卷期：第 2 卷第 2 期　页码：128
类型：公函

标题：河南河务局呈请咨催江苏省政府协款从速汇拨以便早日施工而免贻误乞鉴核示遵由（一月十一日）
作者：陈汝珍
来源：黄河水利月刊
时间：1935
卷期：第 2 卷第 2 期　页码：128—129
类型：呈文

标题：平汉铁路管理局郑州办事处为改建黄河桥计划案请决定商洽地点及办法见复由（一月十一日）
来源：黄河水利月刊
时间：1935
卷期：第 2 卷第 2 期　页码：129—130
类型：公文

标题：江苏省政府据江北运河工程局呈为预防黄河水患及整理旧河请转咨黄河水利委员会尽速兴办除指令处相应函请查照办理由（建字第四号　一月十四日）
作者：陈果夫
来源：黄河水利月刊
时间：1935
卷期：第 2 卷第 2 期　页码：130—131
类型：呈文

标题：全国经济委员会秘书处以准行政院函送内政部编订之水利法草案抄同原件函请签注意见送还核办由（水字第〇四三四号　一月二十四日）
作者：秦汾
来源：黄河水利月刊
时间：1935
卷期：第 2 卷第 2 期　页码：132—133
类型：公函

标题：宁夏省政府为准函请拟订黄河各渡管理规则交主管机关办理见复一案该项规则已令据建设厅呈赍到府相应抄同该规则一份函复查照由（宁字第九〇八号　一月二十八日）
作者：马鸿逵
来源：黄河水利月刊
时间：1935

卷期：第 2 卷第 2 期　页码：133
类型：公函

标题：代电复山东韩主席关于兵工修筑利津黄堤分筹工款各节由（字第一八五号　一月八日）
来源：黄河水利月刊
时间：1935
卷期：第 2 卷第 2 期　页码：133—135
类型：电报

标题：函甘肃建设厅为据榆中县属民众代表张质丞等呈请拨款保护冲刷一案录案请查照办理见复由（黄字第一〇二六号　一月十二日）
作者：李仪祉
来源：黄河水利月刊
时间：1935
卷期：第 2 卷第 2 期　页码：135—137
类型：公函

标题：函河南等九省建设厅请将黄河暨各支流水记载单位情形见告希查照见复由（黄字第一〇三六—一〇四四号　一月十四日）
作者：李仪祉
来源：黄河水利月刊
时间：1935
卷期：第 2 卷第 2 期　页码：137—138
类型：公函

标题：训令河北河务局为准行政院秘书处函交长垣县水灾救济会条陈修堤办法六项案关于一、二、三三项仰遵照办理具报由（字第三四〇号　一月十五日）
作者：李仪祉

来源：黄河水利月刊
时间：1935
卷期：第 2 卷第 2 期　页码：138—139
类型：训令

标题：训令山东河务局为派员视察行凌仰转饬知照由（字第三四六号　一月十五日）
作者：李仪祉
来源：黄河水利月刊
时间：1935
卷期：第 2 卷第 2 期　页码：139
类型：训令

标题：呈行政院为准钧院秘书处函交长垣县水灾救济会条陈修筑堤防办法六项案谨将办理情形具文呈复仰祈鉴核备考由（一月十五日）
作者：李仪祉
来源：黄河水利月刊
时间：1935
卷期：第 2 卷第 2 期　页码：139—140
类型：呈文

标题：函请陕西省政府协助韩潼段测量经费希查照见复由（黄字第一〇三一号　一月十五日）
作者：李仪祉
来源：黄河水利月刊
时间：1935
卷期：第 2 卷第 2 期　页码：140
类型：公函

标题：函请山东建设厅查明宜设苗圃地址以便派员前往勘查希查照办理见复由（黄字第一〇四九号　一月二十三日）

作者：李仪祉
来源：黄河水利月刊
时间：1935
卷期：第2卷第2期　页码：141
类型：公函

标题：函河南等三省政府为组织巡河队请转令沿河各县保送队员以备训练出发工作希查照办理见复由（黄字第一〇五〇——〇五二号　一月二十四日）
作者：李仪祉
来源：黄河水利月刊
时间：1935
卷期：第2卷第2期　页码：141—142
类型：公函

标题：函复江苏省政府准函请预防黄河水患一案请将修筑兰封小新堤护岸工款速拨兴工希查照见复由（黄字第一〇五六号　一月二十五日）
作者：李仪祉
来源：黄河水利月刊
时间：1935
卷期：第2卷第2期　页码：142—143
类型：公函

标题：函河南、山东省政府为准江苏省政府函请预防黄患及整理旧河案请转饬河务局按照善后计画修培希查照办理见复由（黄字第一〇五八——〇五九号　一月二十五日）
作者：李仪祉
来源：黄河水利月刊
时间：1935
卷期：第2卷第2期　页码：143—145
类型：公函

标题：函复平汉铁路管理局郑州办事处关于改建黄河桥计画案会商地点希查照见复由（黄字第一〇五三号　一月廿五日）
作者：李仪祉
来源：黄河水利月刊
时间：1935
卷期：第2卷第2期　页码：145
类型：公函

标题：王同春开发河套记
作者：顾颉刚
来源：黄河水利月刊
时间：1935
卷期：第2卷第2期　页码：147—153
类型：记事

标题：河工模型试验水力学
作者：沙玉清
来源：黄河水利月刊
时间：1935
卷期：第2卷第2期　页码：155—186
类型：论文

标题：贯台口门沈下柳枕（此为补救工程之主要工作）
来源：黄河水利月刊
时间：1935
卷期：第2卷第3期　页码：1页
类型：照片

标题：贯台堵口工程挂齐绳缆准备进占之摄影
来源：黄河水利月刊
时间：1935

卷期：第 2 卷第 3 期　　页码：1 页
类型：照片

标题：贯台口门凌块拥集之情形
来源：黄河水利月刊
时间：1935
卷期：第 2 卷第 3 期　　页码：1 页
类型：照片

标题：柳枕在船上捆扎将完之情形
来源：黄河水利月刊
时间：1935
卷期：第 2 卷第 3 期　　页码：1 页
类型：照片

标题：后汉王景理水之探讨（附图）
作者：李仪祉
来源：黄河水利月刊
时间：1935
卷期：第 2 卷第 3 期　　页码：187—192
类型：论文

标题：兵工治河计划书（附表）
来源：黄河水利月刊
时间：1935
卷期：第 2 卷第 3 期　　页码：207—215
类型：计划

标题：视察壶口及龙门行凌报告
作者：冯同有
来源：黄河水利月刊
时间：1935
卷期：第 2 卷第 3 期　　页码：217—227
类型：报告

标题：施政报告（二十四年一月份）
提要：一、重要图表之绘制：兹将一月份本会绘制图表之成绩，列表如左［表格］；
二、河防设计研究之事项［表格］；
三、黄河地形之测量［表格］；
四、精密水准测量之进行：兹将一月份本会第一第二精密水准测量队测量之成绩列表如左［表格］；
五、郿惠渠之测量：兹将二十三年二月份本会导渭工程处测量郿惠渠之成绩列表如左［表格］；
六、水文测量之进行［表格］；
七、拟订二十四年工作计画概要；
八、会同国联水利专家察勘河堤及贯台工程；
九、关于兵工修筑利津河堤拟分筹工款以便兴工案；
十、施测贯台口门；
十一、令河北河务局遵照指示各点切实修筑华洋堤；
十二、函请陕西省政府协助韩潼段测量经费；
十三、电陈黄河河口海岸测量计画请拨施款测；
十四、派员视察山东行凌情形；
十五、派员前往晋鲁各省设立雨量站；
十六、奉交长垣县水灾救济会等条陈修筑黄河堤防办法六项办理情形；
十七、调查河南等九省境内黄河暨各支流水文记载单位；
十八、勘查苗圃地址；
十九、组织巡河队；
二十、函请江苏省政府速拨修筑兰封堤岸工款；
二十一、答复国联水利专家函询各问题

来源：黄河水利月刊
时间：1935
卷期：第2卷第3期　页码：229—243
类型：报告

标题：全国经济委员会水利设计测量细则（二十四年二月十一日公布）（附图表）
来源：黄河水利月刊
时间：1935
卷期：第2卷第3期　页码：245—258
类型：法规

标题：全国经济委员会水利处函为国联专家需参考黄河各项图表请查照检送由（第一八三〇号　二月八日）
作者：茅以升
来源：黄河水利月刊
时间：1935
卷期：第2卷第3期　页码：259—260
类型：公函

标题：全国经济委员会训令为水文测验已设立之各站地址年月经费应详细开列呈核其需增设之各站应分别编制图表以凭筹办仰即遵照由（第一〇四八号　二月十一日）
来源：黄河水利月刊
时间：1935
卷期：第2卷第3期　页码：260
类型：训令

标题：河南省政府函为准函以准江苏省政府函请预防黄患及整理旧河案请转饬河务局按照善后计画修培已令饬河务局遵办请查照由（建三字第三十一号　二月十一日）
来源：黄河水利月刊
时间：1935
卷期：第2卷第3期　页码：260—261
类型：公函

标题：全国经济委员会训令以据电陈兵工修筑利津以下黄河河口第一段工程经费八十三万七千余元请由中央与鲁省各筹半数请核示一案仰迅与鲁省府商定办法并补送计画等以凭核办由（第一〇六八号　二月十二日）
来源：黄河水利月刊
时间：1935
卷期：第2卷第3期　页码：261
类型：训令

标题：全国经济委员会训令以据转送测量绥远省黄河乌加河计画预算提案请拨助经费五万三千二百七十五元等情该项测量业经列入二十三年度水利事业方案仰遵照商同绥远省政府拟具测量范围办法预算等送会以凭核办由（第一〇六九号　二月十二日）
来源：黄河水利月刊
时间：1935
卷期：第2卷第3期　页码：262
类型：训令

标题：全国经济委员会训令为豫冀鲁三省黄河大堤一案已列入本会二十三年度兴办水利事业方案内统筹核办仰即遵照令开各节与与豫冀鲁三省政府接洽办理具报核办由（第一〇九八号　二月十二日）
来源：黄河水利月刊

时间：1935
卷期：第 2 卷第 3 期　　页码：262—263
类型：训令

标题：全国经济委员会训令为组织设计测量队计画已列入二十三年度兴办水利事业方案应由该会酌量实际需要先行拟具设计测量队组织大纲设计项目施测范围详细预算一并呈会统筹核办由（第一二三一号　二月十四日）
来源：黄河水利月刊
时间：1935
卷期：第 2 卷第 3 期　　页码：263
类型：训令

标题：全国经济委员会秘书处函为准交通部函以准外交部函（第一二八三号　二月十六日）
提要：关于提出第十六届国际航业会议提案报告一案检同原件嘱转行各水利机关及学术团体研究提出等由兹抄同原议题并抄附原函请查照分别研究拟具提案或报告于六月底以前送处以便汇转由
作者：秦汾
来源：黄河水利月刊
时间：1935
卷期：第 2 卷第 3 期　　页码：264
类型：公函

标题：全国经济委员会训令以准行政院函送河北省政府呈送黄河善后工程概算书嘱查照核办等由抄发原函检附原概算书令仰并案办理具报由（第一二五七号　二月十六日）
来源：黄河水利月刊

时间：1935
卷期：第 2 卷第 3 期　　页码：264—265
类型：训令

标题：河北省政府函以据建设厅呈为奉令核议饬办长垣水灾救济会条陈修筑黄河堤防办法一案逐项核拟呈复鉴核训示等情请查照由（第三八二号　二月二十三日）
来源：黄河水利月刊
时间：1935
卷期：第 2 卷第 3 期　　页码：265—266
类型：公函

标题：全国经济委员会训令奉国府令以本会呈拟各水利机关初步整理方案业经中央政治会议决议通过饬即通行等因合行摘录方案令仰遵照由（字第一六八八号　二月二十七日）
来源：黄河水利月刊
时间：1935
卷期：第 2 卷第 3 期　　页码：266—267
类型：训令

标题：函送水工试验所董事会请代为试验研究之各项问题一份希逐项试验研究并将结果随时见告俾资参考由（黄字第一〇六九号　二月七日）
作者：李仪祉
来源：黄河水利月刊
时间：1935
卷期：第 2 卷第 3 期　　页码：267—268
类型：公函

标题：训令河北河务局为派本会技正陶

述曾等会同督堵贯台工程仰知照由（第三六五号 二月十一日）
来源：黄河水利月刊
时间：1935
卷期：第 2 卷第 3 期　**页码**：268
类型：训令

标题：函复行政院秘书处为准函交驻平政务整理委员会呈据华北建设讨论会夏组长签报视察长垣决口情形一案谨缕述管见希查照转陈由（黄字第一〇七一号　二月十三日）
作者：李仪祉
来源：黄河水利月刊
时间：1935
卷期：第 2 卷第 3 期　**页码**：268—270
类型：公函

标题：训令河南、河北、山东河务局饬将本年大泛前应做春修夏防工程及可拨经费实数具报仰遵照由（第三六六号　二月十五日）
作者：李仪祉
来源：黄河水利月刊
时间：1935
卷期：第 2 卷第 3 期　**页码**：270—271
类型：训令

标题：函山东省政府为兵工修筑利津大堤拟由中央与地方分筹工款一案已奉令准请将应筹半数早日备妥并派定军队以便及时兴工希查照办理见复由（黄字第一〇七五号　二月十六日）
作者：李仪祉
来源：黄河水利月刊
时间：1935
卷期：第 2 卷第 3 期　**页码**：271—272
类型：公函

标题：呈全国经济委员会为奉令兵工修筑利津大堤由中央与鲁省分筹工款一案已函请山东省政府预为筹备并由本会赶速派队施测规画以便绘制图表核仰祈鉴核由（二月十六日）
作者：李仪祉
来源：黄河水利月刊
时间：1935
卷期：第 2 卷第 3 期　**页码**：272—273
类型：呈文

标题：呈复全国经济委员会关于培修豫冀鲁三省黄河大堤及埽坝工程计画一案已令河务局呈送计画以便汇编呈核并请筹储经费以备施工仰祈鉴核示遵由（二月二十日）
作者：李仪祉
来源：黄河水利月刊
时间：1935
卷期：第 2 卷第 3 期　**页码**：273—274
类型：呈文

标题：函绥远建设厅为请拨测量纷远黄河及乌加河经费案已列预算并请检送测图希查照由（黄字第一〇八〇号　二月二十二日）
作者：李仪祉
来源：黄河水利月刊
时间：1935
卷期：第 2 卷第 3 期　**页码**：274—275
类型：公函

标题：呈全国经济委员会检送本会设计

测量队组织大纲及经费预算与设计项目施测范围仰祈鉴核示遵由（二月二十五日）
作者：李仪祉
来源：黄河水利月刊
时间：1935
卷期：第 2 卷第 3 期　**页码**：275—276
类型：呈文

标题：训令潼关等十五县（一月七日）
提要：为奉令发沿河各县黄河行凌调查表饬即依式填造报查由
来源：陕西水利月刊
时间：1935
卷期：第 3 卷第 1 期　**页码**：60
类型：训令

标题：包头宁夏间黄河测量与通轮计划（附图）
作者：李纫菴　岳亦民
来源：西北问题季刊
时间：1935
卷期：第 1 卷第 2 期　**页码**：171—184
类型：附录

标题：一周间发文摘由披露
提要：呈文
据呈黄河涯道房被匪抢掠呈请转函德县县政府严缉匪徒俾安工作由
来源：工训周刊
时间：1935
卷期：第 193 期　**页码**：1
类型：呈文

标题：黄河下游之泥沙
作者：吴明愿
来源：水利
时间：1935
卷期：第 8 卷第 1 期　**页码**：45—64
类型：记事

标题：黄河河工图谱（附图二十二幅）（附照片九幅）
来源：水利
时间：1935
卷期：第 8 卷第 1 期　**页码**：65—69
类型：照片

标题：赈务
提要：陕西水利、黄河决口现正堵塞
来源：救灾会刊
时间：1935
卷期：第 12 卷第 4 期　**页码**：20
类型：新闻

标题：黄河水利之整治
兹将黄河水利委员会一月份整治各项水利之成绩
提要：一、河防之设计研究；
二、黄河地形之测量；
三、精密水準测量之进行；
四、郿惠渠之测量；
五、水文测量之进行；
六、贯台口门之施测；
七、晋鲁各省雨量站之设立
来源：中国国民党指导下之政治成绩统计
时间：1935
卷期：第 1 期　**页码**：126—131
类型：报告

标题：黄河水利之整治
兹将黄河水利委员会十一月份整治各项水利之成绩
提要：一、河防之设计研究；

二、董庄堵口工程之进行；

三、整理黄河故道工程计划之拟具；

四、黄河地形之测量；

五、黄河上游之测勘；

六、林垦事项之计划；

七、设计测量队工作之进行

来源：中国国民党指导下之政治成绩统计

时间：1935

卷期：第 11 期　**页码**：111—115

类型：报告

标题：国民政府令（任免令六件　二十四年二月二日）

提要：黄河水利委员会副委员长王应榆另有任用，王应榆应免本职

作者：林森　汪兆铭　何应钦

来源：国民政府公报（南京1927）

时间：1935

卷期：第 1656 号　**页码**：5—6，2

类型：任免令

标题：铁道部训令（工字第三二六号　中华民国二十四年一月三十日）

提要：令技士许鉴、金其毅、毛起等派该员随同郑科长华前往查勘黄河整理工事由

作者：顾孟余　曾仲鸣

来源：铁道公报

时间：1935

卷期：第 1082 期　**页码**：3，1

类型：训令

标题：铁道部训令（总字第三二六号　中华民国二十四年一月三十日）

提要：令简任技正兼设计科长郑华派该员前往开封会勘黄河整理工事具报由

作者：顾孟余　曾仲鸣

来源：铁道公报

时间：1935

卷期：第 1082 期

类型：训令

标题：电平汉路局工务处长王金职派该员前往开封会勘黄河整理工事由

来源：铁道公报

时间：1935

卷期：第 1082 期

类型：电报

标题：公函导淮委员会、黄河水利委员会（第五六号　中华民国二十四年二月六日）

提要：案奉国民政府第九二号训令开，为令饬事，案据行政院二十四年一月七日第二三号呈称

作者：张人杰

来源：建设委员会公报

时间：1935

卷期：第 50 期　**页码**：133—136

类型：其公函

标题：兰州黄河铁桥（此桥保险期已过，亟待重修）

作者：吴寿人

来源：北洋画报

时间：1935

卷期：第 25 卷第 1202 期　**页码**：1

类型：照片

标题：五、省外消息

提要：黄河水利会创设苗圃（未完）

来源：陕西棉讯

时间：1935
卷期：第 10 期　页码：7
类型：新闻

标题：山东省政府训令（民字第二〇七九号　二十四年八月三十日）
提要：令黄河水灾救济委员会
　　　为本主席此次视察滕县收容所据灾民张永成面称伊妻及子在兖州上车失散恳代查找等语仰迅转饬各收容所详细查找交领由
作者：韩复榘
来源：山东省政府公报
时间：1935
卷期：第 353 期　页码：62
类型：训令

标题：山东省政府训令（民字第二〇九五号　二十四年九月一日）
提要：令黄河水灾救济委员会
　　　为旧历中秋令节瞬届仰将灾民人数详细查明呈领节赏由
作者：韩复榘
来源：山东省政府公报
时间：1935
卷期：第 353 期　页码：62
类型：训令

标题：山东省政府训令（民字第二〇八七号　二十四年九月二日）
提要：令黄河水灾救济委员会、县政建设实验区长官公署、各市县政府
　　　为灾民收容所住屋有应行修补之处须速设法修葺令仰知照、遵照由
作者：韩复榘
来源：山东省政府公报
时间：1935
卷期：第 353 期　页码：63—64
类型：训令

标题：山东省政府训令（民字第二〇八八号　二十四年九月二日）
提要：令黄河水灾救济委员会、各县政府
　　　为各县对于慈善捐助应即时送交管理处散放并另报黄河水灾救济会查考令仰知、遵照由
作者：韩复榘
来源：山东省政府公报
时间：1935
卷期：第 353 期　页码：64
类型：训令

标题：山东省政府训令（民字第二〇八九号　二十四年九月二日）
提要：令黄河水灾救济委员会、县政建设实验区长官公署、各市县政府
　　　据报告各县收容所灾民生眼疾者甚多此项疾病传染甚易仰查明调治并设隔离而免传染由
作者：韩复榘
来源：山东省政府公报
时间：1935
卷期：第 353 期　页码：64—65
类型：训令

标题：山东省政府训令（民字第二〇九〇号　二十四年九月二日）
提要：令济南市政府、各县县政府、黄河水灾救济委员会、县政建设实验区长官
　　　为各县应十分注意灾民饮食生熟居地清洁切实认真检查以重卫生令仰遵、知照由
作者：韩复榘

来源：山东省政府公报
时间：1935
卷期：第353期　页码：65
类型：训令

标题：国民政府指令（第三六七号　二十四年二月十三日）
提要：令行政院
　　　呈据内政、财政两部呈，为会核山东省政府拟请将齐河县属二十二年秋灾，计县境东北旧有黄河决口水冲沙压不毛之西冯等一百零八村庄历缓地亩，并河坍以及河淤冲坍高套等六村庄被占地亩，又河淤升科地亩秋禾被水，情形较重之郭庄八村庄被灾地亩，又河淤租课地亩秋禾被水，情形较重之丁家口一村庄被灾地亩，情形较轻之曹庄等六村庄被灾地亩，情形最轻之正楼等六村庄旧欠地亩，又并卫地亩秋禾被沙较重之本屯等五十四屯庄军谷地粮地等地亩额征田赋、租课、漕米等款分别缓征一案，与例尚无不合，自应准如所请办理，除指令照准外，呈报鉴核备案由
作者：林森　汪兆铭　甘乃光
来源：国民政府公报（南京1927）
时间：1935
卷期：第1666号　页码：9
类型：指令

标题：本府建设厅核阅所属各机关例行公文一览表开封县张，郑康侯，呈送黄河行凌调查表请鉴核存转
来源：河南省政府公报
时间：1935
卷期：第1254期　页码：6—7
类型：报告

标题：黄河上游交通和水利的一瞥
提要：这是一个小筏的上面，轻灵的骨架多用树条构成
　　　这是一个小筏的底面，排列的多是灌气的皮袋
　　　这是黄河上游运货的巨筏，正在制造中
　　　羊皮袋内灌气方法全凭人工呼气、图中一人正在从一只羊皮袋口吹入空气
　　　这是在兰州的一个巨大戽水车
　　　这是黄河上游往来的小筏
　　　这是兰州城外戽水车的一瞥
来源：科学画报
时间：1935
卷期：第2卷第14期　页码：523—525
类型：照片

标题：国内一周大事记（七月二十日至廿六日）
提要：鲁黄河决口泛滥未已济宁将被淹灌……
来源：新生活周刊
时间：1935
卷期：第1卷第60期　页码：15
类型：新闻

标题：国联水利专家拟定视察黄河日程
提要：顾德蒲得利等定期出发
来源：国防论坛
时间：1935
卷期：第3卷第7期　页码：26—27
类型：记事

标题：咨河北省政府（赋字第一二六四一号 二十四年二月十二日）
提要：准河北黄河水灾救济委员会电送二十三年水灾概况及赈济情形咨请免赋
作者：孔祥熙
来源：财政日刊
时间：1935
卷期：第2085号　**页码**：4
类型：咨文

标题：代电（赋字第一八六二号 二十四年二月十二日）
提要：河北黄河水灾救济委员会鉴卅代电及二十三年长濮东三县水灾调查概况阅悉复电嘉慰
来源：财政日刊
时间：1935
卷期：第2085号　**页码**：4—5
类型：电报

标题：咨山西等六省政府（林字第一五〇九号 中华民国二十四年一月二十一日）
提要：咨请拟具黄河沿岸保安造林实施计划由
作者：陈公博
来源：实业公报
时间：1935
卷期：第214—215期　**页码**：96
类型：咨文

标题：黄河远上
提要：一肩可以渡水；
　　　　兰州水车输水入城；
　　　　黄河之牛皮囊筏；
　　　　兰州水车近观

来源：新中华
时间：1935
卷期：第3卷第4期　**页码**：13
类型：照片

标题：壶口下约四公里处河中冰盖已解陷过半其附者于两侧石上者复呈塌陷之象
来源：黄河水利月刊
时间：1935
卷期：第2卷第4期　**页码**：1页
类型：照片

标题：壶口瀑布处水花飞溅于左近之石上冻结为冰之状况
来源：黄河水利月刊
时间：1935
卷期：第2卷第4期　**页码**：1页
类型：照片

标题：壶口下约八公里孟门山附近河面封冻状况
来源：黄河水利月刊
时间：1935
卷期：第2卷第4期　**页码**：1页
类型：照片

标题：免除大河以北豫鲁冀九县水患议
作者：李仪祉
来源：黄河水利月刊
时间：1935
卷期：第2卷第4期　**页码**：283—289
类型：记事

标题：林被物与蓄水库（附图）
作者：万晋
来源：黄河水利月刊

时间：1935
卷期：第 2 卷第 4 期　页码：290—300
类型：论文

标题：兵工治河计划书（续三期）
来源：黄河水利月刊
时间：1935
卷期：第 2 卷第 4 期　页码：301—312
类型：计划

标题：踏勘洛河水库报告
作者：郑士彦
来源：黄河水利月刊
时间：1935
卷期：第 2 卷第 4 期　页码：313—320
类型：报告

标题：施政报告（二十四年二月份）
提要：三、林垦计画之事项：兹将二月份本会林垦计画之成绩，列表如左［表格］；
四、黄河地形之测量［表格］；
五、精密水准测量之进行兹将二月份本会第一第二精密水准测量队之成绩列表如左［表格］；
六、水文测量之进行［表格］；
七、拟具整理平汉路黄河铁桥上游河槽计画及会同勘查经过；
八、出席会商黄河问题会议；
九、函请中国第一水工试验所代为试验研究各问题；
十、测勘黄河下游一带险工；
十一、测竣利津等处经纬度；
十二、函请山东省政府预筹修筑利津河口半数工款以备施工；
十三、加派陶工程师等督同堵筑贯台工程；
十四、视察贯台工情并会商进行办法；
十五、令三省河务局将本年大泛前应做春修夏防工程计画及经费具报核办；
十六、扩充甘肃雨量站；
十七、拟订设计测量队组织大纲
来源：黄河水利月刊
时间：1935
卷期：第 2 卷第 4 期　页码：323—333
类型：报告

标题：修正兴办水利奖励条例（二十四年四月四日国民政府公布）
来源：黄河水利月刊
时间：1935
卷期：第 2 卷第 4 期　页码：335—336
类型：法规

标题：修正兴办水利给奖励章程（二十四年四月九日国民政府公布）（附表）
来源：黄河水利月刊
时间：1935
卷期：第 2 卷第 4 期　页码：336—340
类型：法规

标题：铁道部函为整理平汉路黄河桥上游黄河河床及防护工事议决案变动桥身长度已令仰平汉路实地测量陈述意见关于贵会应办部分请实施并见复由（工字第四五五号　三月二日）
作者：顾孟余
来源：黄河水利月刊
时间：1935
卷期：第 2 卷第 4 期　页码：341—342
类型：公函

标题：河北河务局呈报贯台堵口工程情
　　　形仰祈鉴核筹商办法训示祗遵由
　　　（三月二日）
作者：滑德铭
来源：黄河水利月刊
时间：1935
卷期：第 2 卷第 4 期　　**页码**：342—344
类型：呈文

标题：海军部海道测量局函为黄河口测
　　　量拟俟明春办理请查照示复由
　　　（第三七号　三月七日）
作者：刘德浦
来源：黄河水利月刊
时间：1935
卷期：第 2 卷第 4 期　　**页码**：345
类型：公函

标题：河南河务局呈报温县堤工修废经
　　　过情形并请求知派员以便遴员会
　　　勘乞鉴核由（三月三十日）
作者：陈汝珍
来源：黄河水利月刊
时间：1935
卷期：第 2 卷第 4 期　　**页码**：345—349
类型：呈文

标题：山东建设厅函复以本省以西沿河
　　　两岸宜设苗圃地点请查照酌办由
　　　（第六〇三号　三月三十日）
来源：黄河水利月刊
时间：1935
卷期：第 2 卷第 4 期　　**页码**：349—350
类型：公函

标题：电复全国经济委员会秘书处贯台
　　　工情请转陈鉴核由
来源：黄河水利月刊
时间：1935
卷期：第 2 卷第 4 期　　**页码**：350—351
类型：电报

标题：函陇海铁潼路西工程局请拨借潼
　　　关材料厂余地为本会设立苗圃场
　　　所希查照慨允见复由（黄字第一
　　　〇九〇号　三月二日）
作者：李仪祉
来源：黄河水利月刊
时间：1935
卷期：第 2 卷第 4 期　　**页码**：351
类型：公函

标题：代电河南省政府请转令博爱县拨
　　　给柳庄苗圃地址以便育苗造林希
　　　查照见复由（第一九六号　三月
　　　六日）
来源：黄河水利月刊
时间：1935
卷期：第 2 卷第 4 期　　**页码**：352
类型：电报

标题：呈全国经济委员会为呈送本会已
　　　设及拟设水文等站地址经费表附
　　　图仰祈鉴核示遵由（三月七日）
作者：李仪祉
来源：黄河水利月刊
时间：1935
卷期：第 2 卷第 4 期　　**页码**：352
类型：呈文

标题：函复山西建设厅以准函知荣任厅
　　　长应兼本会当然委员并请抒治黄
　　　卓见希查照由（黄字第一一〇〇
　　　号　三月十四日）

作者：李仪祉
来源：黄河水利月刊
时间：1935
卷期：第2卷第4期　**页码**：353
类型：公函

标题：呈全国经济委员会为呈报组织巡河队巡查豫冀鲁三省黄河两岸堤坝并开支经费办法仰祈鉴核备案示遵由（三月十六日）
作者：李仪祉
来源：黄河水利月刊
时间：1935
卷期：第2卷第4期　**页码**：353—354
类型：呈文

标题：函复海军部海道测量局以测量河口经费已呈请全国经济委员会迅赐筹拨拟俟款到再订施测时间希查照由（黄字第一一一一号　三月二十一日）
作者：李仪祉
来源：黄河水利月刊
时间：1935
卷期：第2卷第4期　**页码**：354—355
类型：公函

标题：呈复全国经济委员会以河口测量须先购材料谨另缮具计划书并补造预算书仰祈鉴核拨发示遵由（三月二十二日）
作者：李仪祉
来源：黄河水利月刊
时间：1935
卷期：第2卷第4期　**页码**：355—356
类型：呈文

标题：代电全国经济委员会水利处检送整理平汉路黄河铁桥上游河槽工程计划书及三机关会议纪录希查照转陈预筹工款由
来源：黄河水利月刊
时间：1935
卷期：第2卷第4期　**页码**：356—357
类型：电报

标题：代电河南省政府请协助整理平汉路黄河铁桥上游河槽工费由
来源：黄河水利月刊
时间：1935
卷期：第2卷第4期　**页码**：357
类型：电报

标题：函复铁道部关于整理平汉路黄河铁桥上游河河床及防御工事议决案本会担任工程部分已分别计划应请将研究桥址及长度结果并定案见告以便参照设计希查照办理见复由（黄字第一一二〇号　三月二十八日）
作者：李仪祉
来源：黄河水利月刊
时间：1935
卷期：第2卷第4期　**页码**：357—358
类型：公函

标题：呈全国经济委员会为遵令呈送拟具豫冀鲁三省金堤紧急培修工程计划图表仰祈鉴核示遵（三月三十日）
作者：李仪祉
来源：黄河水利月刊
时间：1935
卷期：第2卷第4期　**页码**：358

类型：呈文

标题：禹贡土壤的探讨
作者：王光玮
来源：黄河水利月刊
时间：1935
卷期：第 2 卷第 4 期　页码：359—370
类型：论文

标题：立法院各委员会审查报告
提要：法制委员会审查报告
　　　修正黄河水利委员会组织法设置秘书长案审查报告
作者：焦易堂
来源：立法院公报
时间：1935
卷期：第 67 期　页码：1
类型：报告

标题：呈国民政府为本院会议议决黄河水利委员会无设置秘书长之必要录案呈请鉴核由（二十四年二月五日）
来源：立法院公报
时间：1935
卷期：第 67 期　页码：1
类型：呈文

标题：国民政府文官处函关于修正黄河水利委员会组织法设置秘书长一案奉批交立法院函达查照由（二十二年八月十一日）
来源：立法院公报
时间：1935
卷期：第 67 期　页码：16
类型：公函

标题：立法院各委员会审查报告
提要：法制委员会会同经济委员会审查报告
　　　修正黄河水利委员会组织法草案案审查报告
来源：立法院公报
时间：1935
卷期：第 71 期　页码：138—139
类型：报告

标题：呈国民政府缮具扬子江华北两水利委员会组织条例，修正黄河水利委员会组织法，修正导淮委员会组织法呈请鉴核由（二十四年六月二十五日）
来源：立法院公报
时间：1935
卷期：第 71 期　页码：9—10
类型：呈文

标题：一月来之建设
提要：公路
　　　修筑郑县至黄河堤公路
来源：河南政治
时间：1935
卷期：第 5 卷第 2 期　页码：1
类型：新闻

标题：一月来之林垦
提要：实部筹款举办黄河堤岸造林
来源：中国实业
时间：1935
卷期：第 1 卷第 9 期　页码：1758（20）
类型：新闻

标题：黄灾近讯
提要：长垣

据长垣县函称去年黄河水灾……
来源：救灾会刊
时间：1935
卷期：第 12 卷第 5 期　页码：25
类型：新闻

标题：关于本年黄河堵口工程
作者：逸群
来源：苏声月刊
时间：1935
卷期：第 2 卷第 2 期　页码：26—27
类型：新闻

标题：答客问
提要：从黄河堵口谈到复淮故道与苏省利害关系
作者：丁铭忠
来源：苏声月刊
时间：1935
卷期：第 2 卷第 2 期　页码：28—29
类型：评论

标题：黄河水利之整治
提要：一、河防之设计研究；
　　　二、黄河地形之测量；
　　　三、精密水准测量之进行；
　　　四、水文测量之进行；
　　　五、黄河下游一带险工之测勘；
　　　六、利津等处经纬度之观测；
　　　七、贯台工程之督同堵筑
来源：中国国民党指导下之政治成绩统计
时间：1935
卷期：第 2 期　页码：135—139
类型：报告

标题：咨河北省政府（赋字第一二六四一号　二十四年二月十二日）
提要：咨河北省府准河北黄河水灾救济委员会电送二十三年水灾概况及赈济情形咨请免职
作者：孔祥熙
来源：财政公报
时间：1935
卷期：第 84 期　页码：68
类型：咨文

标题：代电河北黄河水灾救济委员会（赋字第一八六二号　二十四年二月十二日）
提要：卅代电及二十三年长濮东三县水灾调查概况阅悉复电嘉慰
来源：财政公报
时间：1935
卷期：第 84 期　页码：76
类型：电报

标题：天下大事　农村消息
提要：河北长垣县长电省请款办春耕
　　　河北长垣县，前因黄河上流决口，全境变成一片汪洋
来源：田家半月报
时间：1935
卷期：第 2 卷第 5 期　页码：3
类型：新闻

标题：财政部批准免除黄河灾区钱粮
提要：去年河北长垣县等处黄河决口，善后工程到现在还没办好
来源：田家半月报
时间：1935
卷期：第 2 卷第 5 期　页码：4
类型：新闻

标题：黄河皮筏

来源：美术生活
时间：1935
卷期：第 12 期　页码：30
类型：照片

标题：黄河卧游专页
提要：（一）黄河沿岸居民修堤工作；
　　　（二）黄河中之民船；
　　　（三）黄河黑岗口渡口；
　　　（四）水涨时之黄河
作者：筠厂
来源：北晨画刊
时间：1935
卷期：第 4 卷第 3 期　页码：4
类型：照片

标题：国内农业消息
提要：森林
　　　黄河沿岸保安造林计划
来源：农业周报
时间：1935
卷期：第 4 卷第 9 期　页码：315
类型：新闻

标题：国民政府训令（第一九二号　二十四年三月八日）
提要：令行政院、全国经济委员会中央政治会议函为黄河在河北长垣地方决口著全国经济委员会与财政部会商救济办法筹措必要经费令仰遵办由
作者：林森　汪兆铭　孔祥熙
来源：国民政府公报（南京 1927）
时间：1935
卷期：第 1685 号　页码：8
类型：训令

标题：一月来之林垦
提要：黄河上游保安造林
来源：中国实业
时间：1935
卷期：第 1 卷第 5 期　页码：945
类型：记事

标题：黄河沿岸之水车
来源：新青海
时间：1935
卷期：第 3 卷第 3 期　页码：7
类型：照片

标题：山西省内黄河一曲
作者：王小亭
来源：图画晨报
时间：1935
卷期：第 142 期　页码：1 页
类型：照片

标题：一周大事汇述
提要：冀南黄河大涨形势危急
来源：中央周报
时间：1935
卷期：第 354 期　页码：10—11
类型：新闻

标题：太原绥远间之黄河
作者：王小亭
来源：新人周刊
时间：1935
卷期：第 1 卷第 27 期　页码：23
类型：照片

标题：国内要闻
提要：实业
　　　黄河沿岸保安造林计划

来源：海外月刊
时间：1935
卷期：第 29 期　页码：87
类型：新闻

标题：国民政府指令（第六九七号　二十四年三月十八日）
提要：令行政院
　　　呈据黄河水灾救济委员会呈报该会办理结束情形，转呈鉴核备案由
作者：林森　汪兆铭
来源：国民政府公报（南京1927）
时间：1935
卷期：第 1694 号　页码：11
类型：指令

标题：黄河水势日涨
来源：北方公论
时间：1935
卷期：第 92 期　页码：1—3
类型：评论

标题：铁道部训令（总字第九二七号　中华民国二十四年三月十九日）
提要：令本部直辖各机关（不另行文）：奉院令黄河水灾救济委员会结束情形一案转行知照由
作者：顾孟余　曾仲鸣
来源：铁道公报
时间：1935
卷期：第 1121 期　页码：1—3
类型：训令

标题：函黄河水利委员会（林字第一五七〇号　中华民国二十四年二月二十五日）
提要：函请检送已有之堤防造林各项计划以便参考由
作者：陈公博
来源：实业公报
时间：1935
卷期：第 218—219 期　页码：117—118
类型：公函

标题：一周间、黄河工情危迫万分
来源：人言周刊
时间：1935
卷期：第 2 卷第 8 期　页码：160
类型：新闻

标题：郑县卧游专页：平汉路黄河南岸山洞
作者：滚滚
来源：北晨画刊
时间：1935
卷期：第 4 卷第 6 期　页码：4
类型：照片

标题：黄河的堵口
来源：华年
时间：1935
卷期：第 4 卷第 11 期
类型：评论

标题：兰州黄河第一侨
作者：吴文华
来源：道路月刊
时间：1935
卷期：第 46 卷第 2 期　页码：8
类型：照片

标题：山东省政府训令（实字第四六三号　二十四年二月二十七日）
提要：令第一区行政督察专员

准黄河水利委员会函为本会派第三测量队前往冀鲁豫三省测量黄河两岸平原地形请令经过各县保护协助等因仰饬遵由

作者：韩复榘
来源：山东省政府公报
时间：1935
卷期：第 327 期　页码：27—28
类型：训令

标题：救济黄河决口问题
来源：国闻周报
时间：1935
卷期：第 12 卷第 11 期　页码：3—4
类型：新闻

标题：黄河堵口问题已有具体办法
来源：中央周报
时间：1935
卷期：第 355 期　页码：9—11
类型：新闻

标题：黄河水涨冀豫危急
来源：兴华
时间：1935
卷期：第 32 卷第 11 期　页码：42—43
类型：新闻

标题：一周间、黄河堤防危在旦夕
来源：人言周刊
时间：1935
卷期：第 2 卷第 9 期　页码：180
类型：新闻

标题：时评：黄河决口是谁之咎？
作者：崑山
来源：文明之路

时间：1935
卷期：第 7 期　页码：2—3
类型：评论

标题：迩来黄河水灾奖券……
来源：天津商报画刊
时间：1935
卷期：第 13 卷第 49 期　页码：1
类型：新闻

标题：黄河又将泛滥成灾
提要：关于黄河水利之组织，实在很多很多
作者：光
来源：民鸣周刊
时间：1935
卷期：第 1 卷第 42 期　页码：2
类型：新闻

标题：公函河北省政府函复收到第八期黄河水灾救济奖券振款五万元请查照由（二十四年二月）
来源：河北民政刊要
时间：1935
卷期：第 39 期　页码：2
类型：公函

标题：公函河北省建设厅据报黄河水灾情况函请核办由（二十四年二月）
来源：河北民政刊要
时间：1935
卷期：第 39 期　页码：4
类型：公函

标题：沁河灌溉渠引水口
来源：黄河水利月刊
时间：1935

卷期：第 2 卷第 5 期　页码：1 页
类型：照片

标题：沁河灌溉渠
来源：黄河水利月刊
时间：1935
卷期：第 2 卷第 5 期　页码：1 页
类型：照片

标题：沁河上游
来源：黄河水利月刊
时间：1935
卷期：第 2 卷第 5 期　页码：1 页
类型：照片

标题：巩固堤防策（附图）
作者：李仪祉
来源：黄河水利月刊
时间：1935
卷期：第 2 卷第 5 期　页码：371—373
类型：论文

标题：黄河二十三年水文记载之研究（附表）
作者：张含英
来源：黄河水利月刊
时间：1935
卷期：第 2 卷第 5 期　页码：374—384
类型：论文

标题：豫冀鲁三省金堤紧急培修工程计划（附表）
来源：黄河水利月刊
时间：1935
卷期：第 2 卷第 5 期　页码：385—388
类型：计划

标题：河北省黄河大堤紧急工程计划大纲（河北省黄流河务局局长齐寿安呈送）
来源：黄河水利月刊
时间：1935
卷期：第 2 卷第 5 期　页码：389—398
类型：计划

标题：施政报告（二十四年三月份）
提要：一、重要图表之绘制［表格］；
二、河防设计研究之事项：兹将三月份本会河防设计研究之成绩列表如左［表格］；
三、林垦计画之事项：兹将三月份本会林垦计画实施之成绩列表如左［表格］；
四、黄河地形之测量［表格］；
五、精密水准测量之进行：兹将三月份本会第一第二精密水准测量队测量之成绩列表如左［表格］；
六、水文测量之进行：兹将三月份本会水文测量之成绩列表如左［表格］；
七、组织第三测量队；
八、训练巡河队；
九、拟具水文测量施测方法；
十、再呈全国经济委员会请拨施测黄河口海岸工款；
十一、电陈贯台工情；
十二、出席贯台堵口补救会议及勘查情形；
十三、拟订培修冀鲁豫三省大堤紧急工程纲要；
十四、会议培修冀鲁豫大堤紧急工程及培修金堤工程进行办法；
十五、筹备培修金堤施工事宜；
十六、查勘陈桥濮阳间水势地形；

十七、签注大地测绘暂行标准草案及水利法草案；
十八、拟订黄河上游造林计画
来源：黄河水利月刊
时间：1935
卷期：第 2 卷第 5 期　　**页码**：399—413
类型：报告

标题：河南省政府代电为前准贵会麻代电请拨借柳庄地亩育苗等由经令河务局查复兹据呈复拟具办法两项请鉴核等情电请查核见复由、实业部函复以关于黄河上游保安林本部现正与陕甘绥三省筹商进行俟办法确定当再会同联会办理准函送黄河上游造林计划
作者：陈公博
来源：黄河水利月刊
时间：1935
卷期：第 2 卷第 5 期　　**页码**：415—417
类型：电报

标题：河北建设厅代电为黄河大堤紧急工程已派欧阳惟一会局组织工程处兴修下余中央补助款十八万元拟请由会迳发河北省黄河河务局具领转电察核照办理由
来源：黄河水利月刊
时间：1935
卷期：第 2 卷第 5 期　　**页码**：417
类型：电报

标题：河南河务局代电复筹划中牟陈桥施工办法与华洋小埝及金堤防守情形请鉴核由
来源：黄河水利月刊
时间：1935
卷期：第 2 卷第 5 期　　**页码**：417—418
类型：电报

标题：河南省政府函为准电嘱转饬河务局将博爱县柳庄苗圃亩清丈移交等由已转饬遵办请查照迳与接洽办理由（建三字第九一号　四月二十六日）
来源：黄河水利月刊
时间：1935
卷期：第 2 卷第 5 期　　**页码**：418
类型：公函

标题：河南省政府咨据温县县长呈报办理征工修筑涝河新堤经过困难情形请查照并案核办由（建三字第一九八号　四月十六日）
作者：刘峙
来源：黄河水利月刊
时间：1935
卷期：第 2 卷第 5 期　　**页码**：419—420
类型：咨文

标题：河南河务局呈报陈桥段培堤工程测竣即行动工暨中牟段拟定开工日期请鉴核备查由（四月二十九日）
作者：陈汝珍
来源：黄河水利月刊
时间：1935
卷期：第 2 卷第 5 期　　**页码**：420—421
类型：呈文

标题：呈全国经济委员会为呈送遵令办理培修豫冀鲁大堤金堤工程计划及确定分担经费办法会议纪录仰乞鉴核示遵由（四月二日）
作者：李仪祉
来源：黄河水利月刊

时间： 1935
卷期： 第 2 卷第 5 期　**页码：** 421—423
类型： 呈文

标题： 呈全国经济委会员为呈报本会设计测量队于本年四月一日组织成立仰祈鉴核备案示遵由（四月三日）
作者： 李仪祉
来源： 黄河水利月刊
时间： 1935
卷期： 第 2 卷第 5 期　**页码：** 423—424
类型： 呈文

标题： 呈全国经济委员会请协助兰封小新堤块石护岸及其上游挑水坝工程工款三万元附呈计划仰祈鉴核示遵由（四月三日）
来源： 黄河水利月刊
时间： 1935
卷期： 第 2 卷第 5 期　**页码：** 424—425
类型： 呈文

标题： 呈全国经济委员会为呈请拨发黄河下游协助防泛费三十万元仰祈鉴核示遵由（四月四日）
作者： 李仪祉
来源： 黄河水利月刊
时间： 1935
卷期： 第 2 卷第 5 期　**页码：** 425—426
类型： 呈文

标题： 函山东、河南、河北省政府请充分筹措本年防泛经费希查照办理见复由（黄字第一一三三号　四月四日）
作者： 李仪祉
来源： 黄河水利月刊
时间： 1935
卷期： 第 2 卷第 5 期　**页码：** 425—426
类型： 公函

标题： 呈全国经济委员会为兵工修筑黄河河口第一段工程经费由中央与地方各筹半数一案兹准山东省政府函复勉筹工款二十万元据情转呈仰祈鉴核示遵由（四月十二日）
作者： 李仪祉
来源： 黄河水利月刊
时间： 1935
卷期： 第 2 卷第 5 期　**页码：** 426—428
类型： 呈文

标题： 代电复河南省政府关于苗圃事采用分育办法请转令移交苗圃地亩由
来源： 黄河水利月刊
时间： 1935
卷期： 第 2 卷第 5 期　**页码：** 428
类型： 电报

标题： 电河北建设厅请将培修大堤从速兴工并将开工日期电示由
来源： 黄河水利月刊
时间： 1935
卷期： 第 2 卷第 5 期　**页码：** 429
类型： 电报

标题： 呈全国经济委员会为呈报黄河与北运河联运计划及附图经审核大致尚妥仰祈鉴核示遵由（四月十八日）
作者： 李仪祉
来源： 黄河水利月刊
时间： 1935
卷期： 第 2 卷第 5 期　**页码：** 429

类型：呈文

标题：代电河南河务令速送培修大堤计划并将开工日期具报由
电山东河务局令速送培修大堤计划并将开工日期电复由
来源：黄河水利月刊
时间：1935
卷期：第 2 卷第 5 期　　**页码**：430
类型：电报

标题：呈全国经济委员会为呈报培修金堤筹备经过及开工日期并附表及规则仰祈鉴核备考由（四月二十二日）
作者：李仪祉
来源：黄河水利月刊
时间：1935
卷期：第 2 卷第 5 期　　**页码**：430—432
类型：呈文

标题：呈全国经济委员会为呈报办理豫冀鲁三省黄河大堤紧急工程情形仰祈鉴核备考由（四月二十二日）
作者：李仪祉
来源：黄河水利月刊
时间：1935
卷期：第 2 卷第 5 期　　**页码**：432—433
类型：呈文

标题：函河南、河北、山东省政府为检送办理三省黄河大堤紧急工程预计算及请领工款办法希查照转饬遵照由（黄字第一一五〇号　四月二十二日）
作者：李仪祉
来源：黄河水利月刊
时间：1935
卷期：第 2 卷第 5 期　　**页码**：433—434
类型：公函

标题：咨河南省政府为准咨请派员会勘温县大堤案已据派员会勘呈复据情咨请查照办理见复由（第四二号　四月二十五日）
作者：李仪祉
来源：黄河水利月刊
时间：1935
卷期：第 2 卷第 5 期　　**页码**：434—435
类型：咨文

标题：呈全国经济委员会为呈送培修金堤第一二两段包出土工一览表仰祈鉴核示遵由（四月二十七日）
作者：李仪祉
来源：黄河水利月刊
时间：1935
卷期：第 2 卷第 5 期　　**页码**：435—436
类型：呈文

标题：呈全国经济委员会为呈送拟具沁河口滩地护岸工程计划并附请领工款之临时收据仰祈鉴核赐予拨发示遵由（四月三十日）
作者：李仪祉
来源：黄河水利月刊
时间：1935
卷期：第 2 卷第 5 期　　**页码**：436—437
类型：呈文

标题：中国第一水工试验所初步试验计划大纲
来源：黄河水利月刊
时间：1935

卷期：第 2 卷第 5 期　　**页码**：439—454
类型：计划

标题：泾惠渠近况（二十四年四月）
提要：一、灌溉情形；
　　　　二、养护各干渠情形；
　　　　三、整理各斗渠情形；
　　　　四、养护沿渠树木情形；
　　　　五、各支渠工作情形
作者：陕西省水利局
来源：黄河水利月刊
时间：1935
卷期：第 2 卷第 5 期　　**页码**：455—462
类型：记事

标题：青海之巡礼
提要：西北考察团团长杨嘉庆与河南亲王（青海省境内黄河以南区域之部属首领）滚喝环觉合影
作者：杨嘉庆
来源：良友
时间：1935
卷期：第 103 期　　**页码**：23
类型：照片

标题：陕西空中摄影
提要：（左）这是陕西省西部黄河南岸的地下村庄。黝黑的方洞是住宅底天窗……
来源：科学图解
时间：1935
卷期：第 5 期　　**页码**：19
类型：照片

标题：黄河牛皮袋舟
提要：（1）易于搬运的一人筏；
　　　　（2）牛皮袋里塞满羊毛后再吹进空气以增浮力；
　　　　（3）在建筑中的运货筏；
　　　　（4）航行中的筏——右边的一座载人两名及谷类农产物八袋；
　　　　（5）羊皮袋制成的一人筏
来源：科学图解
时间：1935
卷期：第 5 期　　**页码**：19
类型：照片

标题：黄河问题之普通认识
作者：邹元辉
来源：土木工程
时间：1935
卷期：第 3 卷第 1 期　　**页码**：91—103
类型：论文

标题：山东省黄河两岸冲淤地亩处理办法
来源：山东财政公报
时间：1935
卷期：第 6 卷第 6 期　　**页码**：5—7
类型：法规

标题：黄河沿岸经纬度
来源：陕西水利月刊
时间：1935
卷期：第 3 卷第 2 期　　**页码**：50
类型：报告

标题："黄河之水天上来"
作者：杜重远
来源：新生周刊
时间：1935
卷期：第 2 卷第 11 期　　**页码**：2
类型：评论

标题：黄河水利之整治

兹将黄河水利委员会三月份整治各项水利之成绩
提要：一、河防之设计研究；
二、黄河地形之测量；
三、精密水准测量之进行；
四、水文测量之进行；
五、巡河队之训练
来源：中国国民党指导下之政治成绩统计
时间：1935
卷期：第 3 期　**页码**：132—136
类型：报告

标题：黄河堵口及修堤工程之进行
来源：中国国民党指导下之政治成绩统计
时间：1935
卷期：第 3 期　**页码**：155
类型：报告

标题：黄河堵口失败之教训
来源：国闻周报
时间：1935
卷期：第 12 卷第 12 期　**页码**：3—4
类型：新闻

标题：黄河决口积极堵筑（附图）
来源：国闻周报
时间：1935
卷期：第 12 卷第 12 期　**页码**：6—7
类型：新闻

标题：三十年前兰州未建铁桥时，用船只连锁供人渡河之情形、黄河铁桥即建在当年过渡处
来源：科学画报
时间：1935
卷期：第 2 卷第 17 期　**页码**：封 1
类型：照片

标题：甘肃兰州黄河铁桥
来源：科学画报
时间：1935
卷期：第 2 卷第 17 期　**页码**：封 1
类型：照片

标题：怎样建筑桥梁（一）
提要：图十三、兰州黄河铁桥可为钢构桥的代表；
图十四、三十年前，兰州未建黄河铁桥，用船只连锁渡河之情形
来源：科学画报
时间：1935
卷期：第 2 卷第 17 期　**页码**：645
类型：照片

标题：冀南黄河大涨：三厅长偕往视察
来源：复兴月刊
时间：1935
卷期：第 3 卷第 8 期　**页码**：14—15
类型：新闻

标题：黄河国冰解水涨
来源：天主公教白话报
时间：1935
卷期：第 19 年第 7 号　**页码**：151
类型：新闻

标题：河北省府的黄河紧急会议
来源：天主公教白话报
时间：1935
卷期：第 19 年第 7 号　**页码**：152
类型：新闻

标题：主持黄河试验之恩格思教授
来源：工程（中国工程学会会刊）
时间：1935

卷期：第 10 卷第 2 期　页码：115
类型：照片

标题：参加黄河试验之经过
作者：沈怡
来源：工程（中国工程学会会刊）
时间：1935
卷期：第 10 卷第 2 期　页码：119—123
类型：记事

标题：国内，冀省府召开黄河塔口会议
来源：工训周刊
时间：1935
卷期：第 160 期
类型：新闻

标题：兰州西门外之黄河水车
来源：地理杂志
时间：1935
卷期：第 8 卷第 4/5 期　页码：1 页
类型：照片

标题：海闻
提要：黄河沿岸八处经纬度测量完成
来源：海事（天津）
时间：1935
卷期：第 8 卷第 10 期　页码：87—88
类型：新闻

标题：黄河大水为患（附图）
作者：问渔
来源：国讯
时间：1935
卷期：第 91 期　页码：575—576
类型：新闻

标题：一周大事汇述

提要：黄河形势紧急
来源：中央周报
时间：1935
卷期：第 356 期　页码：7—9
类型：新闻

标题：黄河水涨与皖北春荒
来源：农村经济
时间：1935
卷期：第 2 卷第 6 期　页码：6—7
类型：记事

标题：预防黄河之水患
提要：拟造保安林计划
　　　树秧二千万株，需款五十万元，
　　　长袤二百里，分作十九期（未完）
来源：绥远农村周刊
时间：1935
卷期：第 46 期　页码：1
类型：计划

标题：民政、奉令转知黄河水灾救济委
　　　员会结束情形
来源：河南省政府公报
时间：1935
卷期：第 1292 期　页码：7—8
类型：报告

标题：弹劾案件
提要：提劾黄河水灾救济委员会工赈组
　　　主任孔祥榕工程处长孙庆泽长垣
　　　县长步恒勖监理员区董范贞臣孙
　　　亲鼐废弛职务案
　　　本院移付中央公务员惩戒委员会
　　　文（第一一八三号　二十四年四
　　　月五日）
来源：监察院公报

时间：1935
卷期：第 26 期　页码：101—104
类型：提案

标题：黄河水灾志略
提要：长垣城外水深丈许之南关
　　　由长垣城下望汪洋一片
来源：导光
时间：1935
卷期：第 3 卷第 13 期　页码：3
类型：照片

标题：黄河紧急工程之经费及办法均已
　　　确定
来源：中央周报
时间：1935
卷期：第 357 期　页码：3—6
类型：报告

标题：部路要讯
提要：平汉路添辟黄河北岸站临时站台
来源：铁道公报
时间：1935
卷期：第 1134 期　页码：10
类型：新闻

标题：冀省府培修黄河大堤，大堤坍溃
　　　五千八百公尺
来源：通问报：耶稣教家庭新闻
时间：1935
卷期：第 1634 期　页码：23
类型：新闻

标题：黄河善后工程
来源：外部周刊
时间：1935
卷期：第 57 期　页码：14

类型：新闻

标题：黄河上游保安造林
来源：外部周刊
时间：1935
卷期：第 57 期　页码：20
类型：新闻

标题：黄河堵口工程未竣事宜，统交孔
　　　祥熙、李仪祉接办
来源：国讯
时间：1935
卷期：第 92 期　页码：614
类型：新闻

标题：山东省政府训令（实字第七五七
　　　号　二十四年三月二十九日）
提要：令河务局
　　　准黄河水利委员会电为派副工程
　　　师王宗魁办理修培金堤第二段工
　　　程请饬东阿等县县长协助等因除
　　　电复并饬县遵办外仰知照由
作者：韩复榘
来源：山东省政府公报
时间：1935
卷期：第 330 期　页码：46
类型：训令

标题：包头黄河岸建筑浮码头
来源：西北问题
时间：1935
卷期：第 2 卷第 9/10 期　页码：39—40
类型：新闻

标题：黄河堵口修堤
来源：天主公教白话报
时间：1935

卷期：第 19 年第 8 号　页码：174
类型：新闻

标题：黄河中之皮筏过贵德浮桥之情形
来源：新青海
时间：1935
卷期：第 3 卷第 4 期　页码：1
类型：图片

标题：黄河决口形势严重
来源：正风半月刊
时间：1935
卷期：第 1 卷第 8 期　页码：140—141
类型：新闻

标题：林垦
　　　实部电陕甘绥迅造黄河保安林
来源：农业周报
时间：1935
卷期：第 4 卷第 14 期　页码：501
类型：新闻

标题：实部积极进行黄河保安造林
来源：农业周报
时间：1935
卷期：第 4 卷第 15 期　页码：530
类型：新闻

标题：黄河贯台堵口已合龙
来源：外部周刊
时间：1935
卷期：第 58 期　页码：21
类型：新闻

标题：国民政府指令（第一〇一〇号
　　　二十四年四月二十二日）
提要：令行政院

呈为转送黄河水灾救济委员会总报告书，请鉴核由
作者：林森　汪兆铭
来源：国民政府公报（南京 1927）
时间：1935
卷期：第 1723 号　页码：3
类型：指令

标题：西北画报
提要：兰州北门外之黄河铁桥
来源：西北问题
时间：1935
卷期：第 2 卷第 11/12 期　页码：封 3
类型：照片

标题：中风症与黄河
作者：崇基
来源：读书生活
时间：1935
卷期：第 1 卷第 12 期　页码：18—19
类型：论文

标题：国民政府训令（第三三八号　二十四年四月二十五日）
提要：令行政院、全国经济委员会
　　　中央政治会议函为关于堵筑黄河贯台决口案决议由国民政府查明孔祥榕及在事出力人员劳绩予以嘉奖并饬沿河各省政府对灾民迅予救济分令遵照由
作者：林森　汪兆铭
来源：国民政府公报（南京 1927）
时间：1935
卷期：第 1726 号　页码：2—3
类型：训令

标题：国民政府指令（第一〇四九号

二十四年四月二十六日）
提要：令全国经济委员会
呈为陈报黄河决口，力谋补救，现幸贯台业告合龙，谨沥陈经过困难情形，仰即鉴核备案由
作者：林森
来源：国民政府公报（南京1927）
时间：1935
卷期：第1727号　页码：17
类型：指令

标题：拨助黄河堵口工程需用之机车车辆
来源：铁道公报
时间：1935
卷期：第1152期　页码：12
类型：新闻

标题：政务会议（第三百八十七次）
提要：省政府秘书处报告民财建三厅会呈为奉核本省兴修黄河堤埝筹集经费办法一案拟将官堤缓至编审二十四年度总概算时再行酌列专款先修上游南岸及中游北岸民埝由省预备费项下补助工费十分之三约洋一十五万元至上游北岸民念补助费俟此项工程完竣赓续筹发请核示应否照准请公决案
来源：山东财政公报
时间：1935
卷期：第6卷第7期　页码：7—9
类型：议案

标题：省政府训令（三月十一日）
提要：准实业部代电黄河上游保安造林工程决定由部酌提二万元并由甘绥陕各筹一万八千元以资举办业提会决议照办仰知照由
来源：陕西水利月刊
时间：1935
卷期：第3卷第3期　页码：31
类型：训令

标题：水利新闻（二十四年三月份）
提要：郑州至潼关间黄河水准测竣
来源：陕西水利月刊
时间：1935
卷期：第3卷第3期　页码：53
类型：新闻

标题：黄河上游视察报告
作者：李仪祉
来源：陕西水利月刊
时间：1935
卷期：第3卷第3期　页码：55—62
类型：报告

标题：公函黄河水利委员会等（第一五九号　中华民国二十四年三月二十六日）
提要：案准国民政府主计处公函开，"案查二十二年度第一级暨第二级决算……"
作者：张人杰
来源：建设委员会公报
时间：1935
卷期：第51期　页码：146—147
类型：公函

标题：国内劳工消息（三月份）
提要：十一、就业机会
（一）公共工程：（戊）水利工程：（3）黄河工程：（丑）经费：黄河工费……（三月二十九日新闻报、三月三十一日新闻报）

来源：国际劳工通讯
时间：1935
卷期：第 7 期　页码：103—104
类型：新闻

标题：平汉铁路管理局行政计划（廿四年四月至六月）
来源：铁路月刊（平汉线）
时间：1935
卷期：第 60 期　页码：16—18
类型：计划

标题：秦渠第二水闸
来源：黄河水利月刊
时间：1935
卷期：第 2 卷第 6 期　页码：1 页
类型：照片

标题：汉延渠退水闸
来源：黄河水利月刊
时间：1935
卷期：第 2 卷第 6 期　页码：1 页
类型：照片

标题：西宁河水排
来源：黄河水利月刊
时间：1935
卷期：第 2 卷第 6 期　页码：1 页
类型：照片

标题：皋兰柳沟黄河上游
来源：黄河水利月刊
时间：1935
卷期：第 2 卷第 6 期　页码：1 页
类型：照片

标题：论德国堵塞决口法（附图）
作者：李仪祉
来源：黄河水利月刊
时间：1935
卷期：第 2 卷第 6 期　页码：467—470
类型：评论

标题：黄河试验及其结果
作者：沈怡
来源：黄河水利月刊
时间：1935
卷期：第 2 卷第 6 期　页码：471—474
类型：记事

标题：沁河口滩地护岸工程计划书（附表）
来源：黄河水利月刊
时间：1935
卷期：第 2 卷第 6 期　页码：475—478
类型：计划

标题：踏勘泾河水库报告
作者：郑士彦
来源：黄河水利月刊
时间：1935
卷期：第 2 卷第 6 期　页码：479—486
类型：报告

标题：施政报告（二十四年四月份）
提要：一、重要图表之绘制：兹将四月份本会绘制图表之成绩，列表如左［表格］；
二、河防设计研究之事项：兹将四月份本会河防设计研究之成绩，列表如左［表格］；
三、林垦计画之事项［表格］；
四、黄河地形之测量［表格］；
五、精密水准测量之进行：兹将本会第一精密水准测量队四月份及咸潼精密水准测量对二三四各月份测量之成绩，列表如左［表格］；
六、水文测量之进行；
七、办理培修金堤工程实施之经过；
九、办理培修三省黄河大堤工程情形；
十一、河北省培修大堤开工日期；
十二、电河南河务局迅速拟送中牟护岸及陈桥培堤工程计画；
十三、呈请全国经济委员会拨发协助兰封小新堤工款；
十四、拟具兵工治河计画及提案并出席会议；
十五、呈请全国经济委员会核发本年协县防泛费；
十六、函请冀鲁豫三省政府充分筹措本年防泛经费；
十七、组织设计测量队；
十八、继续勘测黄河上游；
十九、勘查温县漫溢情形并拟修大堤防护；
二十、勘察孟律白鹤镇河患情形

来源：黄河水利月刊
时间：1935
卷期：第 2 卷第 6 期　**页码**：487—504
类型：报告

标题：河北省政府函以据建设厅呈报组织临时工程处请转函黄河水利委员会派员指导等情请即派员指导以利进行由（第一〇二三号　五月六日）
来源：黄河水利月刊
时间：1935
卷期：第 2 卷第 6 期　**页码**：505—506
类型：公函

标题：铁道部代电询黄河桥上游河槽工程是否全部工料为三十五万元平汉路应供石料费已否包括在内请检寄工程计划及估单并希见复由
来源：黄河水利月刊
时间：1935
卷期：第 2 卷第 6 期　**页码**：507
类型：电报

标题：陕西省政府函（第五四四号　五月八日）
提要：以准山西省政府咨据民建两厅呈复核议山陕两省滨河各县管理船渡暂行规则情形嘱查照等由已将上项规则由府公布施行函请查照由、河北建设厅代电以据齐寿安等江电报称老大坝开工日期请鉴核等情电请查核转报由
来源：黄河水利月刊
时间：1935
卷期：第 2 卷第 6 期　**页码**：507—508
类型：公函

标题：河南省政府函以据本府财政厅签呈奉令饬筹修培大堤协款十二万元中牟堤工五万元已在前拨购料委员会款内计算下余七万元拟在治黄借款内拨付尚属可行请查照由（十一日）、河南河务局呈复遵令拨交博爱县柳庄地亩已饬西沁分局将租照收回并造具租户姓名亩数清册迳送方技佐存查乞鉴核由
作者：陈汝珍
来源：黄河水利月刊
时间：1935
卷期：第 2 卷第 6 期　**页码**：508—509
类型：公函

标题：山东省政府函以据河务局呈报朱口至临濮集杨庄至十里堡大堤及李升屯康屯险工本省地方应筹之款已移作修埝补助费检具各表请核转等情请查照由（实字第六一〇号 五月十一日）
来源：黄河水利月刊
时间：1935
卷期：第2卷第6期 **页码**：510—511
类型：公函

标题：河北建设厅代电以据黄河大堤紧急工程临时工程处电陈刘庄险工开工日期请鉴核等情电请查核转报由
来源：黄河水利月刊
时间：1935
卷期：第2卷第6期 **页码**：511
类型：电报

标题：山东河务局电陈朱口至临濮集及李康段工程均于上月号日兴工由
来源：黄河水利月刊
时间：1935
卷期：第2卷第6期 **页码**：511—512
类型：电报

标题：河南省政府咨复为准咨以派员会勘结果温县大堤应即修筑涝河新堤亦宜兴修已令本省河务局迅速并案拟办具报核夺请查照由（五月十三日）
作者：刘峙
来源：黄河水利月刊
时间：1935
卷期：第2卷第6期 **页码**：512
类型：咨文

标题：河南省政府函以据整理水道改良土壤委员会呈为复测虹吸管高度函请派员参加讨论由（五月十七日）
来源：黄河水利月刊
时间：1935
卷期：第2卷第6期 **页码**：512—513
类型：公函

标题：全国经济委员会电饬派员查勘指导各省治河机关主办善后工程进行是否切实完固及冀河务局堵复工程所做是否适当由
来源：黄河水利月刊
时间：1935
卷期：第2卷第6期 **页码**：514
类型：电报

标题：河南河务局呈报中牟大堤护岸工程开工日期暨陈桥堤工测竣准备情形请鉴核由（五月二十七日）
作者：陈汝珍
来源：黄河水利月刊
时间：1935
卷期：第2卷第6期 **页码**：514—515
类型：呈文

标题：呈全国经济委员会为呈报审议王家梨行虹吸工程情形拟请筹措建设山东东阿县爱山虹吸闸第一期工程费仰祈鉴核示遵由（五月二日）
作者：李仪祉
来源：黄河水利月刊
时间：1935
卷期：第2卷第6期 **页码**：515—517
类型：呈文

标题：电达本会各委员各当然委员及导

淮华北两委员会本会定于六月二十日开第四次大会请早送提案以便编入议程由

来源：黄河水利月刊
时间：1935
卷期：第 2 卷第 6 期　**页码**：517—518
类型：电报

标题：咨复河南省政府以准咨据温县县长呈报修筑涝河新堤困难情形请并案核办案温县大堤应即修筑已详前咨涝河新堤亦宜兴修请查照办理见复由（第四三号　五月三日）
作者：李仪祉
来源：黄河水利月刊
时间：1935
卷期：第 2 卷第 6 期　**页码**：518
类型：咨文

标题：训令冀鲁豫三省河务局局长本会定于六月二十日开第四次大会如有建议先期送会以备采择提会讨论仰遵照由（第四九七号　五月三日）
作者：李仪祉
来源：黄河水利月刊
时间：1935
卷期：第 2 卷第 6 期　**页码**：518—519
类型：训令

标题：训令河南河务局饬将拨交本会之博爱柳庄余地二百中亩租照收回移交本会接收以便设立苗圃仰遵照办理具报由（五月四日）
作者：李仪祉
来源：黄河水利月刊
时间：1935

卷期：第 2 卷第 6 期　**页码**：519—520
类型：训令

标题：函复河北省政府为准函以组织临时工程处请派员指导等由本会前已派员指导希查照由（黄字第一一七〇号　五月十五日）
作者：李仪祉
来源：黄河水利月刊
时间：1935
卷期：第 2 卷第 6 期　**页码**：520
类型：公函

标题：训令河北、山东河务局以据曹属八县河工促进会呈请修筑险工等情仰查核办理具报由（五月十五日）
作者：李仪祉
来源：黄河水利月刊
时间：1935
卷期：第 2 卷第 6 期　**页码**：521—522
类型：训令

标题：呈全国经济委员会为呈送建议免除长濮等九县水患议仰祈鉴核示遵由（五月十九日）
作者：李仪祉
来源：黄河水利月刊
时间：1935
卷期：第 2 卷第 6 期　**页码**：522—523
类型：呈文

标题：函复山东省政府以准函为地方应筹十万元中已筹足八万余元既移作修埝补助费拟请再宽筹经费以备李升屯康屯两处汛期抢险之用其朱口至临濮集杨庄至十里堡大堤培修工程地方所任五万元仍请

照案筹足希查照办理见复由（黄字第一一八八号　五月廿二日）
作者：李仪祉
来源：黄河水利月刊
时间：1935
卷期：第 2 卷第 6 期　页码：523—524
类型：公函

标题：呈全国经济委员会为呈送河北省石车段紧急工程计划大纲仰祈鉴核示遵由（五月二十三日）
作者：李仪祉
来源：黄河水利月刊
时间：1935
卷期：第 2 卷第 6 期　页码：524
类型：呈文

标题：函山东建设厅为呈请筹拨建设山东东阿爱山虹吸闸第一期工程费案已奉指令饬送工程计画希查照办理见复由（黄字第一一九〇号　五月二十三日）
作者：李仪祉
来源：黄河水利月刊
时间：1935
卷期：第 2 卷第 6 期　页码：525
类型：公函

标题：发代电复铁道部以平汉路铁桥上游河槽工程俟本会筹有的款再行实测设计由
来源：黄河水利月刊
时间：1935
卷期：第 2 卷第 6 期　页码：525—526
类型：电报

标题：咨河南省政府为准咨请派员会勘温县大堤案已据派员会勘呈复据情咨请查照办理见复由（五月二十四日）
作者：李仪祉
来源：黄河水利月刊
时间：1935
卷期：第 2 卷第 6 期　页码：526—527
类型：咨文

标题：总河近事考（附编年姓名）
作者：俞正燮
来源：黄河水利月刊
时间：1935
卷期：第 2 卷第 6 期　页码：529—542
类型：掌故

标题：俞理初总河近事考编年姓名增注
作者：庄曾谐
来源：黄河水利月刊
时间：1935
卷期：第 2 卷第 6 期　页码：543—545
类型：掌故

标题：续俞理初总河近事考编年姓名
作者：庄曾谐
来源：黄河水利月刊
时间：1935
卷期：第 2 卷第 6 期　页码：547—550
类型：掌故

标题：国民政府训令（第三零六号　二十四年四月十三日）
提要：令立法院：检发修正黄河水利委员会组织法草案令仰查照审议由
来源：立法院公报
时间：1935
卷期：第 69 期　页码：6

类型：训令
标题：灾区民众麇集堤上
来源：黄河水利月刊
时间：1935
卷期：第2卷第7期　页码：1页
类型：照片

标题：本年七月山东董庄决口第一第二口门
来源：黄河水利月刊
时间：1935
卷期：第2卷第7期　页码：1页
类型：照片

标题：江苏坝被水冲破之情形
来源：黄河水利月刊
时间：1935
卷期：第2卷第7期　页码：1页
类型：照片

标题：董庄决口第三口门
来源：黄河水利月刊
时间：1935
卷期：第2卷第7期　页码：1页
类型：照片

标题：固定黄河河床先从改除险堤入手议（附图）
作者：李仪祉
来源：黄河水利月刊
时间：1935
卷期：第2卷第7期　页码：551—554
类型：论文

标题：引河杀险说
作者：许心武
来源：黄河水利月刊
时间：1935
卷期：第2卷第7期　页码：555—558
类型：论文

标题：兰封小新堤块石护岸及其上游挑水坝工程计划说明书（附表）
来源：黄河水利月刊
时间：1935
卷期：第2卷第7期　页码：559—560
类型：计划

标题：视察豫省培修黄河大堤工程报告
作者：郑耀西
来源：黄河水利月刊
时间：1935
卷期：第2卷第7期　页码：561—564
类型：报告

标题：视察董庄临濮集决口情形报告
作者：郑耀西
来源：黄河水利月刊
时间：1935
卷期：第2卷第7期　页码：565—566
类型：报告

标题：勘察董庄临濮集间大堤决口开挖引河适当位置及筹画决口善后补救办法报告
作者：陆克铭
来源：黄河水利月刊
时间：1935
卷期：第2卷第7期　页码：567—568
类型：报告

标题：施政报告（二十四年五月份）
提要：一、河防设计研究之事项：兹将五月份本会河防设计研究之成绩，列表如左［表格］；
三、林垦计画之事项［表格］；
四、黄河地形之测量［表格］；
五、精密水准测量之进行：兹将五月份本会第一精密水准测量队及咸潼精密水准测量队测量之成绩，列表如左［表格］；
六、水文测量之进行兹将五月份本会水文测量之成绩，列表如左；
七、续呈培修金堤包工承揽及与原计画稍有变更各情形；
八、呈送河北省车石段大堤紧急工程计画大纲；
九、函请山东省政府宽筹抢险经费并将应任大堤工款照案筹足；
十、咨请河南省政府修筑温县大堤及涝河新堤；
十一、办理兰封小新堤护岸工程；
十二、办理沁河口至九堡十二坝护岸工程；
十三、办理堵复华洋堤缺口工程；
十四、会同验收贯台合龙工程并筹商保守办法及华洋堤修守事宜；
十五、建议免除大河以北豫冀鲁九县水患议；
十六、设立金积水文站及磴口等处雨量站；
十七、筹设山西省定襄等县雨量站；
十八、筹设博爱潼关各苗圃；
十九、踏勘洛河水库

来源：黄河水利月刊
时间：1935
卷期：第2卷第7期　页码：570—582
类型：报告

标题：实施救灾准备金暂行办法（二十四年六月八日国民政府公布）
来源：黄河水利月刊
时间：1935
卷期：第2卷第7期　页码：583—584
类型：法规

标题：救灾准备金保管委员会组织条例（二十四年六月八日国民政府公布）
来源：黄河水利月刊
时间：1935
卷期：第2卷第7期　页码：584—586
类型：法规

标题：全国经济委员会训令为关于接修贯孟堤案内防泛费五万元据请提前拨发等情应准照办仰编送预算并按照规定手续请领以凭核发由（六月三日）
作者：蒋中正　孔祥熙　宋子文
来源：黄河水利月刊
时间：1935
卷期：第2卷第7期　页码：587—588
类型：训令

标题：河南省政府函为本月八日开会会核虹吸管变更计划请派员出席由（六月六日）
作者：河南省政府
来源：黄河水利月刊
时间：1935
卷期：第2卷第7期　页码：588
类型：公函

标题：河北省建设厅代电以据黄河大堤紧急工程处电陈堵筑串沟办理情形理合电请查核转报由
来源：黄河水利月刊
时间：1935

卷期：第 2 卷第 7 期　页码：588—589
类型：电报

标题：全国经费委员会训令以奉令公布实施救灾准备金暂行办法及救灾准备金保管委员会组织条例令仰知照由（六月十五日）
作者：蒋中正　孔祥熙　宋子文
来源：黄河水利月刊
时间：1935
卷期：第 2 卷第 7 期　页码：589
类型：训令

标题：河北省黄河河务局呈为奉令以据曹属八县河工促进会呈请拨款兴修冀属黄河南岸第一段背河圈堤或加帮后戗等情仰查勘估计核办具报等因呈请鉴核由（六月十六日）
作者：齐寿安
来源：黄河水利月刊
时间：1935
卷期：第 2 卷第 7 期　页码：590
类型：呈文

标题：河南省政府函为兹派本府建设厅技正谢志安及河务局局长宋澍　会同贵会委员前往视察豫境培修黄河大堤工程请查照派员会同办理由（建三字第一四四号　六月二十四日）
来源：黄河水利月刊
时间：1935
卷期：第 2 卷第 7 期　页码：590—591
类型：公函

标题：河北河务局呈送防泛组织办法及抢险方法等请鉴核由（六月二十四日）
作者：齐寿安
来源：黄河水利月刊
时间：1935
卷期：第 2 卷第 7 期　页码：591
类型：呈文

标题：山东建设厅函送东阿爱山淤灌工程计划书图请查核迅予转呈全国经济委员会以便提交水利委员会由（六月二十七日）
来源：黄河水利月刊
时间：1935
卷期：第 2 卷第 7 期　页码：591—592
类型：公函

标题：呈全国经济委员会为呈送增设水文测量站经常费分配表及经常费开办费请款书凭单仰祈鉴核拨发示遵由（六月一日）
作者：李仪祉
来源：黄河水利月刊
时间：1935
卷期：第 2 卷第 7 期　页码：592—594
类型：呈文

标题：函山东省政府关于兵工修筑黄河河口第一段工程经费一案仍请筹足半数以符原案希查照见复由（六月五日）
作者：李仪祉
来源：黄河水利月刊
时间：1935
卷期：第 2 卷第 7 期　页码：594—595
类型：公函

标题：电全国经济委员会陈明二十四年

标题：度本会拟办水利事业名称及经费概算祈鉴核示遵由
来源：黄河水利月刊
时间：1935
卷期：第 2 卷第 7 期　**页码**：595—596
类型：电报

标题：函河南省政府请迅拨陈桥迤东大堤加培工程俾河务局早日施工希查照办理见复由（黄字第一二一四号　六月六日）
作者：李仪祉
来源：黄河水利月刊
时间：1935
卷期：第 2 卷第 7 期　**页码**：596—597
类型：公函

标题：代电河南河务局令将陈桥以东大堤加培工程应迅速兴工并将各工之预算计划图表克日送会核转由
来源：黄河水利月刊
时间：1935
卷期：第 2 卷第 7 期　**页码**：597—598
类型：电报

标题：呈全国经济委员会为呈报办理兰封小新堤护岸工程情形及开工日期仰祈鉴核示遵由（六月七日）
作者：李仪祉
来源：黄河水利月刊
时间：1935
卷期：第 2 卷第 7 期　**页码**：598—599
类型：呈文

标题：呈全国经济委员会续呈办理豫冀鲁三省黄河大堤紧急工程情形仰祈鉴核备考由（六月七日）
作者：李仪祉
来源：黄河水利月刊
时间：1935
卷期：第 2 卷第 7 期　**页码**：599—602
类型：呈文

标题：呈全国经济委员会为呈请转呈国民政府通令豫冀鲁三省政府于黄河两岸沿堤一百公尺以内造林仰祈鉴核施行由（六月十四日）
作者：李仪祉
来源：黄河水利月刊
时间：1935
卷期：第 2 卷第 7 期　**页码**：602—603
类型：呈文

标题：函复河南省政府请将黑岗口虹吸管工程计划分送有关各机关查考由（六月十七日）
作者：李仪祉
来源：黄河水利月刊
时间：1935
卷期：第 2 卷第 7 期　**页码**：603—604
类型：公函

标题：函全国经济委员会秘书处为本会于大泛期内订定报泛办法送请查照转陈备案由（六月十八日）
作者：李仪祉
来源：黄河水利月刊
时间：1935
卷期：第 2 卷第 7 期　**页码**：604—605
类型：公函

标题：函太原绥靖公署请令饬河津军用电信分局准通电报泛以利河防希查照办理见复由（六月十九日）

作者：李仪祉
来源：黄河水利月刊
时间：1935
卷期：第2卷第7期　页码：605
类型：公函

标题：呈全国经济委员会为奉令查明鲁省培修朱临杨十大堤工款业经地方筹足施工并请迅发鲁省余额协款仰祈鉴核施行由（六月廿一日）
作者：李仪祉
来源：黄河水利月刊
时间：1935
卷期：第2卷第7期　页码：605—606
类型：呈文

标题：训令山东河务局为朱临段未完部分应速催工进行黄十段应早施工仰遵照分别办理具报由（六月廿九日）
作者：李仪祉
来源：黄河水利月刊
时间：1935
卷期：第2卷第7期　页码：607
类型：训令

标题：黄河堵口办法及鲁冀豫防泛情形
提要：节录全国经济委员会水利处郑副某长肇经视察报告
作者：郑肇经
来源：黄河水利月刊
时间：1935
卷期：第2卷第7期　页码：609—615
类型：报告

标题：河工名谓
来源：黄河水利月刊
时间：1935
卷期：第2卷第7期　页码：617—645
类型：附录

标题：平汉铁路管理局工作报告（二十四年四月份）
来源：铁路月刊（平汉线）
时间：1935
卷期：第62期　页码：13—14
类型：报告

标题：黄河水灾河北长垣县民屋淹没之情形（二十四年二月二十七日摄）
来源：救灾会刊
时间：1935
卷期：第12卷第7期　页码：1页
类型：照片

标题：河南贯台黄河决口防堵情形（二十四年二月二十六日摄）
来源：救灾会刊
时间：1935
卷期：第12卷第7期　页码：34
类型：照片

标题：黄河水灾略图（民国二十四年三月一日调查）
来源：救灾会刊
时间：1935
卷期：第12卷第7期　页码：36
类型：图片

标题：民国二十四年四月份中国天气概况
提要：本月天气，黄河下流及江浙沿海均嫌燥暖……（中英文对照）
来源：气象月刊
时间：1935

卷期：第 8 卷第 4 期　页码：6—7
类型：新闻

标题：本路二十四年四月分工作报告
提要：（十八）拨助黄河堵口工程需用之机车车辆
来源：铁路月刊（北宁线）
时间：1935
卷期：第 5 卷第 4 期　页码：4
类型：报告

标题：恩格思教授黄河模型试验（河床冲刷及滩地淤积情形）
来源：水利
时间：1935
卷期：第 8 卷第 4 期　页码：1 页
类型：照片

标题：民国廿三年恩格思教授黄河试验报告汇编
来源：水利
时间：1935
卷期：第 8 卷第 4 期　页码：190
类型：报告

标题：主持黄河试验之恩格思教授
来源：水利
时间：1935
卷期：第 8 卷第 4 期　页码：191
类型：照片

标题：黄河模型试验场夜景
来源：水利
时间：1935
卷期：第 8 卷第 4 期　页码：192
类型：照片

标题：参加黄河试验之经过
作者：沈怡
来源：水利
时间：1935
卷期：第 8 卷第 4 期　页码：193—196
类型：记事

标题：一九三四年黄河试验临时报告（附图）
作者：恩格思
来源：水利
时间：1935
卷期：第 8 卷第 4 期　页码：197—203
类型：报告

标题：黄河与中国水利之关系
作者：朱延平
来源：浙江省建设月刊
时间：1935
卷期：第 8 卷第 10 期　页码：1—4
类型：论文

标题：黄河机船试验航行
作者：公
来源：科学
时间：1935
卷期：第 19 卷第 4 期　页码：638
类型：记事

标题：兰州游记
提要：兰州黄河铁桥
作者：吴亦寿
来源：柯达杂志
时间：1935
卷期：第 6 卷第 4 期　页码：8
类型：照片

标题：韩主席拟赴黄河下游视察屯垦情形
来源：铎声旬报
时间：1935
卷期：第 2 卷第 30—31 期　页码：23
类型：新闻

标题：黄河水利之整治
　　　兹将黄河水利委员会四月份整治各项水利之成绩
提要：一、河防之设计研究；
　　　二、黄河地形之测量；
　　　三、精密水準测量之进行；
　　　四、水文测量之进行；
　　　五、三省培修大堤工作之视察；
　　　六、兵工治河计划之拟具；
　　　七、设计测量队之组织；
　　　八、黄河上游之继续测勘
来源：中国国民党指导下之政治成绩统计
时间：1935
卷期：第 4 期　页码：124—129
类型：报告

标题：黄河贯台堵口之合龙
来源：中国国民党指导下之政治成绩统计
时间：1935
卷期：第 4 期　页码：151
类型：报告

标题：铁道部指令（工字第三六四五号中华民国二十四年四月二十五日）
提要：令平汉铁路管理局
　　　呈一件呈为油漆黄河南岸至汉口段内十五公尺以上锈蚀桥梁，乞鉴核备案由
作者：顾孟余　曾仲鸣
来源：铁道公报
时间：1935

卷期：第 1154 期　页码：12—13
类型：指令

标题：塞外风光之四
提要：包头黄河岸上之骆驼群
来源：之江期刊
时间：1935
卷期：第 4 期　页码：56
类型：照片

标题：国风社诗选
提要：黄河水灾感赋
作者：黄光寿
来源：国专月刊
时间：1935
卷期：第 2 卷第 3 期　页码：72—73
类型：诗歌

标题：一月来之青海（三月廿一至四月廿日）
提要：政治
　　　七、实业部咨省府在黄河上游实施保安造林
作者：积琏
来源：新青海
时间：1935
卷期：第 3 卷第 5 期　页码：83
类型：新闻

标题：黄河水利委员会将在甘青宁三省遍设雨量站
作者：积琏
来源：新青海
时间：1935
卷期：第 3 卷第 5 期　页码：85—86
类型：新闻

标题：从诗经卫风上证明黄河流域古今气候之殊异
作者：鲍先德
来源：复兴月刊
时间：1935
卷期：第 3 卷第 9 期　页码：1—6
类型：论文

标题：黄河贯台口门已合龙
来源：复兴月刊
时间：1935
卷期：第 3 卷第 9 期　页码：7
类型：新闻

标题：又是黄河决口
作者：良辅
来源：东方杂志
时间：1935
卷期：第 32 卷第 9 号　页码：4
类型：评论

标题：黄河决口的损失
来源：首都电厂月刊
时间：1935
卷期：第 51 期　页码：14
类型：评论

标题：交通部训令（第二〇九〇号　二十四年四月二十日）
提要：令巴县汉口南昌吉安湖口等为嗣后所有发往扬子江水道整理委员会及黄河水利委员会等机关之水位电报应分别利用各该机关挂号英文字为收报机关缩写名称以利传递仰各遵照由
作者：朱家骅
来源：交通公报

时间：1935
卷期：第 659 期　页码：13—14
类型：训令

标题：济南卧游专页
提要：洛口黄河铁桥，距济南十二里
作者：陈乐箴
来源：北晨画刊
时间：1935
卷期：第 4 卷第 12 期　页码：4
类型：照片

标题：西安卧游专页
提要：潼关外黄河遥望
作者：何熙曾
来源：北晨画刊
时间：1935
卷期：第 4 卷第 13 期　页码：4
类型：照片

标题：黄河与渭水合流处之远望；潼关外黄河运输之帆船；潼关下之黄河水位测量处
作者：范希天
来源：北晨画刊
时间：1935
卷期：第 6 卷第 5 期　页码：4
类型：照片

标题：函黄河水利委员会（林字第一六三〇号　中华民国二十四年四月八日）
提要：关于黄河上游保安造林本部现正与陕甘绥三省筹商进行俟办法确定常再会同联合办理准函送黄河上游造林计划已留部参考复请查照由

作者：陈公博
来源：实业公报
时间：1935
卷期：第 225 期　**页码**：113
类型：公函

标题：山东省政府训令（实字第八七二号　二十四年四月九日）
提要：令河务局
　　准黄河水利委员会函为函达培修黄河大堤工程会议纪录希查照等因抄发原件令仰知照由：培修豫冀鲁大堤紧急工程及培修金堤工程会议纪录
作者：韩复榘　刘旭初
来源：山东省政府公报
时间：1935
卷期：第 333 期　**页码**：45
类型：训令

标题：国民政府指令（第一一七一号　二十四年五月八日）
提要：令行政院呈为奉令以中央政治会议函为全国经济委员会工振组主任孔祥榕等，已将黄河贯台决口抢堵合龙，饬即转饬沿河各省政府对灾民迅予救济一案，业已令饬遵照，呈复鉴核由
作者：林森　汪兆铭
来源：国民政府公报（南京1927）
时间：1935
卷期：第 1737 号　**页码**：7
类型：指令

标题：国民政府指令（第一一八七号　二十四年五月十日）
提要：令全国经济委员会
　　呈为关于贯台堵口工竣，请派员验收后，交冀豫两省政府接管一案，前奉钧府指令已派监察严庄、本府秘书沈砺，并饬派技术人员会同于五月十日以前莅工验收等因，除指派本会水利委员会委员傅汝霖、黄河水利委员会委员长李仪祉二员前往会同验收，并分电河北、河南省省政府派员到工办理交接，一面电知孔主任祥榕遵照外，呈报鉴核由
作者：林森
来源：国民政府公报（南京1927）
时间：1935
卷期：第 1738 号　**页码**：10
类型：指令

标题：国民政府指令（第一一八九号　二十四年五月十日）
提要：令全国经济委员会
　　呈为据工振组主任孔祥榕报称，河北省黄河河务局对于应办修防工程，延误时机，河防可虑等情，除再电请河北省政府严饬赶速办理外，仰祈鉴核由
作者：林森
来源：国民政府公报（南京1927）
时间：1935
卷期：第 1738 号　**页码**：11
类型：指令

标题：黄河大汛期近各堤埝赶修中
来源：中央周报
时间：1935
卷期：第 362 期　**页码**：13—14
类型：新闻

标题：黄河工程
作者：海路
来源：导报
时间：1935
卷期：第1卷第2期　页码：27
类型：记事

标题：铁道部建设黄河新铁桥
提要：平汉铁路（从北平到汉口）在河南的黄河铁桥
来源：田家半月报
时间：1935
卷期：第2卷第10期　页码：5
类型：新闻

标题：绥远包头黄河野渡
来源：正风半月刊
时间：1935
卷期：第1卷第10期　页码：1页
类型：照片

标题：实业筹划黄河上游保安造林
来源：农业周报
时间：1935
卷期：第4卷第19期　页码：29
类型：新闻

标题：交通部电政司公函（第三七九一号　二十四年五月七日）
提要：函山东电政管理局
　　　为感代电悉嗣后东明报话处投送黄河北岸各集镇专送电报准向收报人核实加收渡资希转饬查照办理由
作者：电政司
来源：交通公报
时间：1935
卷期：第663号　页码：5—6
类型：公函

标题：在黄河两岸人工开河灌田亦系治黄办法之一
来源：导光
时间：1935
卷期：第3卷第19期　页码：3
类型：评论

标题：山东省政府训令（实字第一〇七一号　二十四年四月二十九日）
提要：令河务局
　　　准黄河水利委员会函为检送办理三省黄河大堤紧急工程预计算及请领工款办法希查照转饬遵照等因仰遵照由
作者：韩复榘
来源：山东省政府公报
时间：1935
卷期：第335期　页码：61—63
类型：训令

标题：黄河志编纂工作
来源：国立编译馆馆刊
时间：1935
卷期：第2期　页码：8—9
类型：记事

标题：咨河南省政府（林字第一六五七号　中华民国二十四年四月十八日）
提要：准咨转河务局呈复办理黄河堤防造林情形除留备存查外咨复查照由
作者：陈公博
来源：实业公报
时间：1935
卷期：第228期　页码：74

标题：贯台黄河堵口成功以后
作者：张仲伊
来源：独立评论
时间：1935
卷期：第 152 号　**页码**：4—7
类型：评论

标题：国民政府指令（第一三一三号　二十四年五月二十四日）
提要：令行政院
呈据内政、财政两部呈，为会核山西省政府拟请将永济县县属长旺村等六村上年秋间被黄河冲陷不能垦复之民田二十五顷五十八亩五分一厘五毫五丝，应征田赋各款，自二十三年下忙起，永远豁除一案，与勘报灾歉条例尚无不合，自应准如所请办理，除指令照准外，连同原附简明表，呈报鉴核备案由
作者：林森　汪兆铭　陶履谦
来源：国民政府公报（南京1927）
时间：1935
卷期：第 1751 号　**页码**：7
类型：指令

标题：包头黄河套渡口
来源：南开高中
时间：1935
卷期：第 2 期　**页码**：4
类型：照片

标题：批（钱字第五五七八号　二十四年五月二十日）
提要：批河北省冀南黄灾代表田家鼎、关兆凤
呈一件呈请将黄河水灾救济奖券续办一年等情由
作者：孔祥熙
来源：财政日刊
时间：1935
卷期：第 2168 号　**页码**：4—5
类型：批文

标题：冀鲁豫三省黄河大堤正在积极培修中
来源：外部周刊
时间：1935
卷期：第 61 期　**页码**：16
类型：新闻

标题：铁道部决建新黄河桥
来源：外部周刊
时间：1935
卷期：第 61 期　**页码**：18
类型：新闻

标题：政务会议（计二十三件）（第三百九十二次）
提要：省政府秘书处报告财建两厅会呈为奉核黄河水利委员会函请筹拨兵工修筑利津大堤需款半数一案此项四十一万余元巨款本省财力绝无挹注余地惟有向银行团借款或发行地方公债两途较易筹集请核定原则以便拟妥办法应如何办理请公决案
来源：山东财政公报
时间：1935
卷期：第 1 号　**页码**：4—5
类型：议案

标题：绥远省民政厅指令（第三四〇七号 中华民国二十三年八月二十六日）

提要：令萨拉齐县县长
代电报良匠窑子村护村坝，被黄河水冲坏，坝顶决口，村东北一带受灾及督饬抢护各情形由

作者：袁庆曾

来源：绥远民政刊要

时间：1935

卷期：第 3 期　**页码**：27

类型：指令

标题：平汉路局筹建黄河铁桥（四月二十七日新闻报）

来源：国际劳工通讯

时间：1935

卷期：第 8 期　**页码**：103

类型：新闻

标题：水利（黄河水利）
二日，李仪祉由汴绕道郑州道口，赴濮阳沿金堤视察筹划。

作者：蔚溪

来源：交通职工月报

时间：1935

卷期：第 3 卷第 3 期　**页码**：4

类型：新闻

标题：平汉铁路管理局工作报告（二十四年三月份）

提要：二·工作实施事项
（乙）车务事项：一、拟添辟黄河北岸临时站台

来源：铁路月刊（平汉线）

时间：1935

卷期：第 61 期　**页码**：9—10

类型：报告

标题：黄河水利之整治

提要：一、河防之设计研究；
二、黄河地形之测量；
三、精密水准测量之进行；
四、水文测量之进行；
五、金堤之培修；
六、豫冀鲁三省大堤之培修

来源：中国国民党指导下之政治成绩统计

时间：1935

卷期：第 5 期　**页码**：128—132

类型：报告

标题：黄河贯台堵口工程之验收

来源：中国国民党指导下之政治成绩统计

时间：1935

卷期：第 5 期　**页码**：153—154

类型：报告

标题：黄河大堤紧急工程及培修金堤工程之进行

来源：中国国民党指导下之政治成绩统计

时间：1935

卷期：第 5 期　**页码**：154—155

类型：报告

标题：黄河改道之原因

作者：张含英

来源：陕西水利月刊

时间：1935

卷期：第 3 卷第 4 期　**页码**：59—63

类型：论文

标题：黄河泛滥（中英文对照）

作者：马文元

来源：中学生

时间：1935
卷期：第 55 期　页码：212—211
类型：报告

标题：水利
　　　黄河试验之经过
来源：中行月刊
时间：1935
卷期：第 10 卷第 5 期　页码：104—106
类型：记事

标题：海军部公函（第二一○六号　中华民国二十四年四月八日）
提要：函黄河水灾救济委员会
　　　收到函送黄河水灾救济报告书五册特函复谢请查照由
来源：海军公报
时间：1935
卷期：第 71 期　页码：297—298
类型：公函

标题：批（钱字第五五七八号　二十四年五月二十日）
提要：批河北省冀南黄灾代表田家鼐、关兆凤
　　　呈一件呈请将黄河水灾救济奖券续办一年等情由
作者：孔祥熙
来源：财政公报
时间：1935
卷期：第 87 期　页码：95—96
类型：公函

标题：黄河沿岸保安造林计划中树种之选定
作者：张二锡
来源：西北农学社刊

时间：1935
卷期：第 1 卷第 3 期　页码：10—13
类型：记事

标题：乘飞机视察黄河青海
来源：公余半月刊
时间：1935
卷期：第 1 卷第 2 期　页码：12
类型：记事

标题：国民政府训令（第四四六号　二十四年六月一日）
提要：令全国经济委员会
　　　据本府前派验收黄河贯台堵口工程委员严庄沈砺等呈请令饬全国经济委员会转饬黄河水利委员会将节余款项限期修筑贯台贯孟两堤以作太行堤之屏障令仰转饬办理由
作者：林森
来源：国民政府公报（南京1927）
时间：1935
卷期：第 1758 号　页码：4—5
类型：训令

标题：国民政府指令（第一三八二号　二十四年六月一日）
提要：令全国经济委员会
　　　呈据李仪祉、傅汝霖呈报会日本府派员验收贯台堵口工程暨交由黄河水利委员会接收保管情形，转请鉴核由
作者：林森
来源：国民政府公报（南京1927）
时间：1935
卷期：第 1758 号　页码：8
类型：指令

标题：国民政府指令（第一三八七号 二十四年六月一日）

提要：令本府前派验收黄河贯台堵口工程委员严庄、沈砺
呈为呈报遵令验收黄河贯台堵口工程经过情形，并请令饬全国经济委员会转饬黄河水利委员会将节余款项，限期修筑贯台、贯孟两堤，以作太行堤之屏障，检同图册等件，祈鉴核分别备案施行由

作者：林森

来源：国民政府公报（南京1927）

时间：1935

卷期：第1758号　**页码**：9

类型：指令

标题：鲁省招纳垦民垦殖黄河淤荒

来源：农业周报

时间：1935

卷期：第4卷第22期　**页码**：757—758

类型：新闻

标题：咨陕西省政府林字（第一六八六号 中华民国二十四年五月四日）

提要：准咨转林务局所拟黄河沿岸保安造林实施计划此案本部正待请款遴员前往会商筹办所有各省造林计划拟俟会商决定请查照由

作者：陈公博

来源：实业公报

时间：1935

卷期：第231期　**页码**：67

类型：咨文

标题：月夜车过黄河

来源：道路月刊

时间：1935

卷期：第47卷第2号　**页码**：12

类型：诗词

标题：平汉路黄河铁桥及本院博物馆意造车站模型

来源：交大平院季刊

时间：1935

卷期：第1卷第1期　**页码**：7

类型：照片

标题：平汉路黄河铁桥模型

来源：交大平院季刊

时间：1935

卷期：第1卷第1期　**页码**：9

类型：照片

标题：黄河问题之我见

作者：李唯善

来源：沪江附中季刊

时间：1935

卷期：创刊号　**页码**：52—54

类型：论文

标题：黄河上游造林将进行

来源：农业周报

时间：1935

卷期：第4卷第24期　**页码**：794

类型：新闻

标题：三万里山水人物志

提要：关于黄河鲤（十八）

作者：恨水

来源：北晨画刊

时间：1935

卷期：第5卷第6期

类型：散文

标题：黄河大堤等培修工程积极进行
来源：外部周刊
时间：1935
卷期：第67期　页码：17—18
类型：报告

标题：黄河机船试航成功
提要：水程千六百里往返十七日
来源：导光
时间：1935
卷期：第3卷第24期　页码：2
类型：报告

标题：函黄河水利委员会（六月二十六日）
提要：函复准函嘱饬亭口水文站代办邠县报泛一案办理情形请查照由
来源：陕西水利月刊
时间：1935
卷期：第3卷第6期　页码：39
类型：公函

标题：黄河水利会在陕设立各河报泛站
来源：陕西水利月刊
时间：1935
卷期：第3卷第6期　页码：62
类型：新闻

标题：黄河水利委员会在汴开四届会议
来源：陕西水利月刊
时间：1935
卷期：第3卷第6期　页码：62—64
类型：新闻

标题：黄河上游三省造林
来源：兴华
时间：1935
卷期：第32卷第24期　页码：39

类型：记事

标题：黄河流域林业之视察
来源：中国国民党指导下之政治成绩统计
时间：1935
卷期：第6期　页码：60—61
类型：报告

标题：黄河水利之治理
提要：一、河防之设计研究；
　　　二、黄河地形之测量；
　　　三、精密水准测量之进行；
　　　四、水文测量之进行；
　　　五、金堤之培修；
　　　六、督修三省黄河大堤工程之进行；
　　　七、贯孟堤之修筑；
　　　八、沁河口护岸工程之筹备；
　　　九、华洋堤缺口工程之完成；
　　　十、各测站报讯办法之规定
来源：中国国民党指导下之政治成绩统计
时间：1935
卷期：第6期　页码：113—120
类型：报告

标题：设计测量队工作之进行
提要：1. 华北水利委员会；
　　　2. 黄河水利委员会；
　　　3. 导淮委员会；
　　　4. 扬子江水利委员会
来源：中国国民党指导下之政治成绩统计
时间：1935
卷期：第6期　页码：140—141
类型：报告

标题：函黄河水利委员会西京办公厅（五月三日）
提要：据委员袁耀如函报视察各县雨量

站查泾川未设站等情一案请查核办理由
来源：陕西水利月刊
时间：1935
卷期：第 3 卷第 5 期　页码：51
类型：公函

标题：于院长呈请设黄河督办
来源：陕西水利月刊
时间：1935
卷期：第 3 卷第 5 期　页码：75
类型：新闻

标题：咨教育厅
咨发临河县长呈复停办东关第三小学即系前被黄河湮倒东关小学等情并核定民众教育馆经费数目请查核主稿办理由
来源：绥远财政季刊
时间：1935
卷期：第四季　页码：30—31
类型：咨公

标题：河北濮阳金堤未经培修以前摄影之一
来源：黄河水利月刊
时间：1935
卷期：第 2 卷第 8 期　页码：1 页
类型：照片

标题：河北濮阳金堤既经培修以后摄影之二
来源：黄河水利月刊
时间：1935
卷期：第 2 卷第 8 期　页码：1 页
类型：照片

标题：密西西比河裁湾取直之进展（附图表）
作者：朱相尧
来源：黄河水利月刊
时间：1935
卷期：第 2 卷第 8 期　页码：654—658
类型：报告

标题：黄河上游造林计划（附表）
来源：黄河水利月刊
时间：1935
卷期：第 2 卷第 8 期　页码：659—669
类型：计划

标题：视察江苏丰沛铜三县防黄堤及蔺家坝报告（八月二日）
作者：刘秉鏞
来源：黄河水利月刊
时间：1935
卷期：第 2 卷第 8 期　页码：671—672
类型：报告

标题：视察韩庄湖口双闸报告（八月三日）
作者：刘秉鏞
来源：黄河水利月刊
时间：1935
卷期：第 2 卷第 8 期　页码：672—673
类型：报告

标题：视察黄河董庄口门及济宁以北泛滥与宣泄情形报告
作者：刘秉鏞
来源：黄河水利月刊
时间：1935
卷期：第 2 卷第 8 期　页码：673—678
类型：报告

标题：施政报告（二十四年六月份）
提要：一、重要图表之绘制：兹将六月份本会绘制图表之成绩，列表如左［表格］；
二、河防设计研究之事项：兹将六月份本会河防设计研究之成绩，列表如左［表格］；
三、林垦计画之事项［表格］；
四、黄河地形之测量［表格］；
六、水文测量之进行：兹将六月份本会水文测量之成绩，列表如左［表格］；
七、呈报培修金堤自开工至六月二十二日已做工程；
八、督修三省黄河大堤紧急工程进行情形；
九、修筑贯孟堤工程进行情形；
十一、修竣华洋堤缺口工程；
十二、电请分别拨发协助三省大堤余款；
十三、呈报本会最近增设各水文测站记载汇表及继续筹设晋陕两省各测站情形；
十四、规定各测站报汛办法；
十五、呈请通令三省政府于黄河两岸沿堤百公尺内造林以利河防
来源：黄河水利月刊
时间：1935
卷期：第2卷第8期　**页码**：679—694
类型：报告

标题：全国经济委员会电知本会水利委员会开会在即仰将二十四年度拟办之水利工程计划图表等于七月十日以前呈会由
来源：黄河水利月刊
时间：1935

卷期：第2卷第8期　**页码**：695
类型：电报

标题：河北河务局电请迅赐拨发紧急工款一万五千余元由
来源：黄河水利月刊
时间：1935
卷期：第2卷第8期　**页码**：695—696
类型：电报

标题：河南河务局呈请将故道小新堤南端大堤同时接修完整以固河防乞鉴核示遵由（七月六日）
作者：宋渺
来源：黄河水利月刊
时间：1935
卷期：第2卷第8期　**页码**：696—697
类型：呈文

标题：河北河务局代电请派专员商请省府授以指挥长濮东三县之权督同防泛是否可行请鉴核示遵由
来源：黄河水利月刊
时间：1935
卷期：第2卷第8期　**页码**：697
类型：电报

标题：河北省政府函据建设厅转送修复九股路一带决口工程计划函请查核由（第一五八六号　七月十日）
来源：黄河水利月刊
时间：1935
卷期：第2卷第8期　**页码**：697—698
类型：公函

标题：河南河务局呈报办理豫河紧急善后防御工程经过暨最近进行状况

并今后设法补救情形请鉴核由（七月十日）
作者：宋浵
来源：黄河水利月刊
时间：1935
卷期：第 2 卷第 8 期　**页码**：698—700
类型：呈文

标题：河南河务局呈为据兰考紧工所呈请拟发军里寨厢 做护岸工程等情除指令准予照办并派闻技术员前往查验外请鉴核查由（七月二十一日）
作者：宋浵
来源：黄河水利月刊
时间：1935
卷期：第 2 卷第 8 期　**页码**：700—701
类型：呈文

标题：河北河务局代电陈本年泛期设防及抢险经过情形请鉴核由
来源：黄河水利月刊
时间：1935
卷期：第 2 卷第 8 期　**页码**：701—702
类型：电报

标题：河南河务局呈报陈桥大堤招工经过及最近进行困难情形附送原表请鉴核由（七月三十一日）
作者：宋浵
来源：黄河水利月刊
时间：1935
卷期：第 2 卷第 8 期　**页码**：702—703
类型：呈文

标题：呈全国经济委员会为呈送山东建设厅所拟东河县爱山淤灌工程计画书图拟恳迅赐提交水利委员会讨论表决早日拟款俾便施工仰祈鉴核示遵由（七月三日）
作者：李仪祉
来源：黄河水利月刊
时间：1935
卷期：第 2 卷第 8 期　**页码**：704—706
类型：呈文

标题：代电河北临时工程处令将未完各工从速设法完成并补送详细估计表由（第二七九号）
来源：黄河水利月刊
时间：1935
卷期：第 2 卷第 8 期　**页码**：706
类型：电报

标题：呈全国经济委员会为呈送本会廿四年度拟办水利事业简要说明书仰祈鉴核示遵由（七月十日）
作者：李仪祉
来源：黄河水利月刊
时间：1935
卷期：第 2 卷第 8 期　**页码**：706—707
类型：呈文

标题：电山东省政府为奉全国经济委员会令拟移中央大堤协款二万元补助康屯民埝防泛 商请察酌迅复以便转报由
来源：黄河水利月刊
时间：1935
卷期：第 2 卷第 8 期　**页码**：707
类型：电报

标题：呈全国经济委员会为据河北河务局电呈防泛 工款复未奉拨款料

两缺转呈仰祈鉴核示遵由（七月十二日）
作者：李仪祉
来源：黄河水利月刊
时间：1935
卷期：第2卷第8期　**页码**：707—708
类型：呈文

标题：训令山东河务为奉令转饬迅即按十五万元编具朱临段及黄十段工款预算书连同各段横断面图一并送会核转仰遵照由（第四五一号　七月十六日）
作者：李仪祉
来源：黄河水利月刊
时间：1935
卷期：第2卷第8期　**页码**：708
类型：训令

标题：训令三省沿河各县县政府、三省河务局为准孔常务委员电成立督察黄河防泛事宜办公处请转知等由仰知照由（第四五七号　七月十九日）
作者：李仪祉
来源：黄河水利月刊
时间：1935
卷期：第2卷第8期　**页码**：709—710
类型：训令

标题：函复河北省政府为函请审核河北培修大堤紧急工程临时工程处组织章程则已审核饬遵希查照由（黄字第一二九五号　七月二十四日）
作者：李仪祉
来源：黄河水利月刊
时间：1935
卷期：第2卷第8期　**页码**：710

类型：公函

标题：河工名谓（续七期）
来源：黄河水利月刊
时间：1935
卷期：第2卷第8期　**页码**：715—726
类型：附录

标题：平汉铁路管理局行政计划（二十四年七月至九月）
提要：丙·工务部份
（二）已定计划尚未进行事项：二·研究黄河铁桥新桥工程计划
来源：铁路月刊（平汉线）
时间：1935
卷期：第63期　**页码**：19
类型：报告

标题：平汉铁路职工教育委员会二十四年五月份工作报告
提要：一、暂缓设立黄河南岸职工学校另筹流动教学办法
来源：铁路月刊（平汉线）
时间：1935
卷期：第63期　**页码**：24—25
类型：报告

标题：华北之雨量
提要：华北雨量记载图表
河北濮阳坝头镇黄河河务局（十九年至二十年）
来源：华北水利委员会水文气象测验报告
时间：1935
卷期：第1期　**页码**：74
类型：表格

标题：黄河贯台工情仍紧

来源：华北水利月刊
时间：1935
卷期：第 8 卷第 5/6 期　**页码**：103
类型：新闻

标题：冀鲁豫黄河大堤积极培修
来源：华北水利月刊
时间：1935
卷期：第 8 卷第 5/6 期　**页码**：105—106
类型：新闻

标题：黄河贯台堵口合龙
提要：口门堵合后之圈堤，远处为未堵合前黄河河水流往长垣之水道；
合龙后，夯打坚实；
口门正面两旁进占中间合龙；
合龙后乡民演剧酬神；
贯台口门全景；
合龙后抛石护岸
作者：陈祖东
来源：时事月报
时间：1935
卷期：第 12 卷第 6 期　**页码**：1
类型：照片

标题：经济恐慌中之农村
提要：黄河防汛会议之全体代表
来源：中华月报
时间：1935
卷期：第 3 卷第 1 期　**页码**：1 页
类型：照片

标题：经济恐慌中之农村
提要：黄河在兰封之决口处
来源：中华月报
时间：1935
卷期：第 3 卷第 1 期　**页码**：1 页
类型：照片

标题：黄河水利会近讯
来源：科学
时间：1935
卷期：第 19 卷第 6 期　**页码**：953
类型：新闻

标题：临河县修筑德成渠至永济渠黄河堤防工竣
来源：绥远建设季刊
时间：1935
卷期：第 21 期　**页码**：8
类型：照片

标题：检送绥远河套十大干渠测量计划书请予查核拨款继续测量黄河及乌加河案（提案黄河水利委员会第四次大会）
作者：冯曦
来源：绥远建设季刊
时间：1935
卷期：第 21 期　**页码**：5—7

标题：整理绥远河套干渠及乌加河退水拟分期修挖详估工程需款数目请予拨给巨款修治振兴水利减除下游水患案（提案黄河水利委员会第四次大会）
作者：冯曦
来源：绥远建设季刊
时间：1935
卷期：第 21 期　**页码**：7—8
类型：议案

标题：绥远河套本年修治渠道紧要工程工作报告请查核案（提案黄河水

利委员会第四次大会）
作者：冯曦
来源：绥远建设季刊
时间：1935
卷期：第 21 期　页码：8—9
类型：议案

标题：拟订绥远黄河河防地方政府应负专责并应联合防御办法请查核案（提案黄河水利委员会第四次大会）
作者：冯曦
来源：绥远建设季刊
时间：1935
卷期：第 21 期　页码：10—11
类型：议案

标题：黄河上游造林运动
来源：天主公教白话报
时间：1935
卷期：第 19 年第 13 号　页码：284
类型：新闻

标题：黄河水利委员会组织法（二十四年七月一日修正公布）
来源：国民政府公报（南京1927）
时间：1935
卷期：第 1782 号　页码：1—2
类型：法规

标题：国民政府令（二十四年七月一日）
提要：修正黄河水利委员会组织法令
作者：林森　孙科
来源：国民政府公报（南京1927）
时间：1935
卷期：第 1782 号　页码：8
类型：法规

标题：江河水灾（摘录七月天津大公报）
提要：南京七月三日专电
经委会三日分别饬黄河长江有关之各省建厅及河局切实注意防汛工作并派孔祥榕、郑肇经督察黄河防汛事宜
来源：华北水利月刊
时间：1935
卷期：第 8 卷第 7/8 期　页码：121—124
类型：新闻

标题：国民政府训令（第五三六号　二十四年七月一日）
提要：令直辖各机关
修正黄河水利委员会组织法令仰知照并饬属知照由
作者：林森　孙科
来源：国民政府公报（南京1927）
时间：1935
卷期：第 1783 号　页码：8
类型：训令

标题：省政府训令（七月三日）
提要：为奉令修正黄河水利委员会组织法等因，仰知照由
来源：陕西水利月刊
时间：1935
卷期：第 3 卷第 7 期　页码：30
类型：训令

标题：黄河水患原因及急切补救办法
作者：李仪祉
来源：陕西水利月刊
时间：1935
卷期：第 3 卷第 7 期　页码：69—70
类型：报告

标题：黄河水利会开设露天水工试验场
来源：陕西水利月刊
时间：1935
卷期：第 3 卷第 7 期　**页码**：72
类型：新闻

标题：测量黄河上游甘境告一段落
来源：陕西水利月刊
时间：1935
卷期：第 3 卷第 7 期　**页码**：72—73
类型：新闻

标题：国民政府指令（第一六八九号　二十四年七月二日）
提要：令行政院
　　呈据内政、财政两部呈，为会核山东省政府拟请将长清县二十二年秋禾被水，勘不成灾，情形较重及较轻各村庄，并近年沿河各村庄被黄河坍占之大粮地、荒田地、灶田地、及军屯地等分别缓征丁漕一案，与例尚无不合，自应准如所请办理，除指令照准外，呈报鉴核备案由
作者：林森　汪兆铭　陶履谦
来源：国民政府公报（南京1927）
时间：1935
卷期：第 1784 号　**页码**：3
类型：指令

标题：国民政府指令（第一六九〇号　二十四年七月二日）
提要：令立法院
　　呈为议决通过扬子江水利委员会组织条例、华北水利委员会组织条例，及修正黄河水利委员会组织法、导淮委员会组织法，缮请鉴核公布施行由
作者：林森　孙科
来源：国民政府公报（南京1927）
时间：1935
卷期：第 1784 号　**页码**：4
类型：指令

标题：黄河下游垦区种豆
来源：农业周报
时间：1935
卷期：第 4 卷第 26 期　**页码**：835
类型：新闻

标题：黄河堤防造林讯
来源：农业周报
时间：1935
卷期：第 4 卷第 29 期　**页码**：901
类型：新闻

标题：本院训令（第一零号　二十四年七月五）
提要：令审计部、各监察使署：奉国府令修正黄河水利委员会组织怯通饬施行令仰知照由
作者：于右任
来源：监察院公报
时间：1935
卷期：第 36 期　**页码**：14—15
类型：训令

标题：审计部训令（字第一二号　二十四年七月九日）
提要：令本部江苏省审计处：奉院转府令修正黄河水利委员会组织法通饬施行一案合行令仰知照由
来源：审计部江苏省审计处公报
时间：1935

卷期：第 2 期　页码：15
类型：训令

标题：疏浚黄河与开发四川
来源：广大西北考察团月刊
时间：1935
卷期：第 1 期　页码：10
类型：新闻

标题：广州市政府训令（第二九五九号 二十五年七月）
提要：令市属各机关
　　　奉省府令转奉行政院令关于黄河水灾及天津公益两奖券应严禁销售一案仰遵照由
作者：刘纪文
来源：广州市政府市政公报
时间：1935
卷期：第 505 期　页码：80—81
类型：训令

标题：国民政府令（二十四年七月一日）
提要：公布黄河水利委员会组织法令
来源：法令周刊
时间：1935
卷期：第 262 期　页码：2
类型：法规

标题：法规（二十四年七月一日国民政府修正公布）
提要：黄河水利委员会组织法
来源：法令周刊
时间：1935
卷期：第 262 期　页码：20—21
类型：法规

标题：军政部训令（总仁字第一二六八号　中华民国二十四年七月十一日）
提要：令各署厅司处
　　　为抄发修正黄河水利委员会组织法仰饬属知照由
作者：何应钦　曹浩森
来源：军政公报
时间：1935
卷期：第 207 号　页码：107—110
类型：训令

标题：本府核阅所属各机关例行公文一览表
提要：通许祝绥，呈复奉发黄河水灾委员会报告书请鉴核……
来源：河南省政府公报
时间：1935
卷期：第 1378 期　页码：6—9
类型：报告

标题：决口声中之黄河怒涛
来源：新天津画报
时间：1935
卷期：第 97 期　页码：1
类型：照片

标题：长江水患黄河决口：汉口江岸水势摄影
来源：国闻周报
时间：1935
卷期：第 12 卷第 27 期　页码：5
类型：新闻

标题：长江水患黄河决口（附照片）
来源：国闻周报
时间：1935
卷期：第 12 卷第 27 期　页码：4—6
类型：新闻

标题：黄河水势暴涨不已
来源：秦风周报
时间：1935
卷期：第1卷第20期　页码：26
类型：新闻

标题：河工模型试验始创者并为我国试验黄河之恩格司氏与其夫人合影
来源：科学世界（南京）
时间：1935
卷期：第4卷第7期　页码：1页
类型：照片

标题：恩格司氏在德国试验之黄河模型
来源：科学世界（南京）
时间：1935
卷期：第4卷第7期　页码：1页
类型：照片

标题：黄河暴涨豫鲁均危
来源：中央周报
时间：1935
卷期：第371期　页码：7—8
类型：新闻

标题：审计部训令（字第一二零号　二十四年七月十六日）
提要：令本部湖北省审计处
　　　奉院转府令修正黄河水利委员会组织法通饬施行一案合行令仰知照由
来源：审计部湖北省审计处公报
时间：1935
卷期：第3期　页码：8—9
类型：训令

标题：省政府代电（建字第一一四号）
摘要：厅为电发黄河水利委员会组织法仰饬知由
来源：察哈尔省政府公报
时间：1935
卷期：第804期　页码：1
类型：电报

标题：黄河水利委员会组织法（民国二十四年七月一日修正公布）
来源：察哈尔省政府公报
时间：1935
卷期：第804期　页码：4
类型：法规

标题：黄河大泛
作者：郭菴
来源：监政周刊
时间：1935
卷期：第119期　页码：4
类型：新闻

标题：国民政府训令（第六七七号　二十四年九月九日）
提要：令行政院、全国经济委员会
　　　中央政治会议函为关于财政部拟具黄河长江水患标本兼治办法及行政院决议各节决议办法令仰分别饬遵由
作者：林森　汪兆铭　孔祥熙等
来源：国民政府公报（南京1927）
时间：1935
卷期：第1842号　页码：3
类型：训令

标题：国民政府指令（第一七九八号　二十四年七月十五日）
提要：令全国经济委员会

呈据黄河水利委员会呈荐业经铨叙部审查合格之刘秉璜、陆克铭二员试署该会工务处技正，转请鉴核任命由
作者：林森　汪兆铭
来源：国民政府公报（南京1927）
时间：1935
卷期：第1795号　**页码**：11
类型：指令

标题：鲁黄河上游泛滥
提要：两决口已并合为一，由鄄菏向巨野泛滥
来源：通问报（耶稣教家庭新闻）
时间：1935
卷期：第1648期　**页码**：21
类型：新闻

标题：侨务委员会公函（中华民国二十四年七月十九日）
提要：函华侨爱国义捐总收款处为据新加坡中华总商会电汇黄河灾民赈款二万元到会检同汇单送请查收急赈由
作者：陈树人
来源：侨务委员会公报
时间：1935
卷期：第22期　**页码**：24—25，4
类型：公函

标题：侨务委员会电（中华民国二十四年七月十九日发）
提要：电新加坡中华总商会为收到电汇黄河水灾赈款二万元殊堪嘉尚已随送华侨爱国义捐总收款处妥转施赈电复知照由
来源：侨务委员会公报
时间：1935
卷期：第22期　**页码**：28，5
类型：电报

标题：函黄河水利委员会（林字第一七四五号　中华民国二十四年六月二十二日）
提要：派本部专门委员乔荣昇前往甘绥陕三省筹备沿黄保安造林事宜函请查照由
作者：陈公博
来源：实业公报
时间：1935
卷期：第236期　**页码**：102—103
类型：公函

标题：黄河续涨灾区扩大二万方里
提要：灾民在二百万人以上，长江流域暂趋安定
来源：公教周刊
时间：1935
卷期：第7卷第14期　**页码**：3

标题：黄河决口后偃城一瞥
作者：杨绿田
来源：新天津画报
时间：1935
卷期：第98期　**页码**：1
类型：照片

标题：一周间国内外要闻简志
提要：七月十四日星期日，国内，武汉全部堤防危迫，黄河决口水向巨野泛滥太行堤吃紧
来源：工训周刊
时间：1935
卷期：第176期　**页码**：0

类型：要闻

标题：抄发法规事项
提要：十三、抄发修正黄河水利委员会组织法——训令所属各机关（中华民国二十四年七月十五日）
来源：内政公报
时间：1935
卷期：第 8 卷第 17 期　**页码**：52—54
类型：法规

标题：罹灾调查赈济事项
提要：九、奉交山东省政府主席韩复榘文电陈请拨款派员堵筑鄄城黄河决口请查核主办会复——咨赈务委员会（中华民国二十四年七月二十三日）
来源：内政公报
时间：1935
卷期：第 8 卷第 17 期　**页码**：88
类型：公报

标题：训令（总字第一三九九〇号　二十四年七月十二日）
提要：令部属各机关
　　　　奉院令抄发黄河水利委员会组织法转饬知照
作者：孔祥熙
来源：财政日刊
时间：1935
卷期：第 2214 号　**页码**：2—4
类型：训令

标题：长江，黄河，皆告惊险
来源：小学与社会
时间：1935
卷期：第 1 卷第 26 期　**页码**：12

类型：新闻

标题：黄河水灾抢护汇志
来源：通问报（耶稣教家庭新闻）
时间：1935
卷期：第 1649 期　**页码**：21—22
类型：新闻

标题：铁道部训令（总字第二五八八号中华民国二十四年七月二十日）
提要：令本部直辖各机关（不另行文）奉发黄河水利委员会组织法转行知照由
作者：顾孟余　曾仲鸣
来源：铁道公报
时间：1935
卷期：第 1228 期　**页码**：8—10
类型：训令

标题：山东省政府电文
提要：通电国民政府暨各院部会、省市政府党部等为黄河漫决灾情惨重恳优予佽助以澹沈灾由（七月十五日）
来源：山东省政府公报
时间：1935
卷期：第 345 期　**页码**：36—37
类型：电报

标题：鲁黄河决口写真
来源：新天津画报
时间：1935
卷期：第 99 期　**页码**：1
类型：照片

标题：黄河水利委员会组织法（民国二十四年七月一日修正公布）

来源：浙江省政府公报
时间：1935
卷期：第 2394 期　**页码**：1—2
类型：法规

标题：浙江省政府训令秘字（第六〇〇五号　二十四年七月廿五日）
提要：令所属各机关
　　为奉行政院转发国府明令修正黄河水利委员会组织法令仰饬属一体知照一案令仰一体知照由
作者：黄绍竑
来源：浙江省政府公报
时间：1935
卷期：第 2394 期　**页码**：7
类型：训令

标题：修正黄河水利委员会组织法（七月一日国府公布经本府于七月十八日以省秘一字本六一号训令所属知照）
来源：湖北省政府公报
时间：1935
卷期：第 119 期　**页码**：62—63
类型：法规

标题：最近黄河微山湖中运河水位表
来源：江苏广播双周刊
时间：1935
卷期：第 3 期　**页码**：59
类型：新闻

标题：黄河水利委员会组织法（民国廿四年七月一日修正公布）
来源：贵州省政府公报
时间：1935
卷期：第 5 期　**页码**：23—24
类型：法规

标题：黄河有浸苏可能（中央社南京二十七日电）
来源：绥远农村周刊
时间：1935
卷期：第 63 期　**页码**：0
类型：电报

标题：一月来之青海（五月廿一日至六月廿日）
提要：政治
　　三、建设厅向黄河水利委员会之提案
　　治理黄河宜筹设黄河上游雨量站以便实施测验而定治河方针案
来源：新青海
时间：1935
卷期：第 3 卷第 7 期　**页码**：43—44
类型：提案

标题：江西省政府训令秘壹（第二一三四号　中华民国二十四年七月三十一日）
提要：令民政厅、建设厅、水利局、各县县政府、各区行政督察专员公署（不另行文）
　　黄河水利委员会组织法
作者：熊式辉
来源：江西省政府公报
时间：1935
卷期：第 255 期　**页码**：2—3
类型：法规

标题：国民政府（第一六九〇号指令　二十四年七月二日）
提要：令立法院

呈为议决通过扬子江水利委员会组织条例，华北水利委员会组织条例，及修正黄河水利委员会组织法，导淮委员会组织法，缮请鉴核公布施行由
来源：立法院公报
时间：1935
卷期：第 72 期　页码：414—415
类型：指令

标题：黄河水利之整治
提要：一、河防之设计研究
　　　二、林垦事项之计划；
　　　四、精密水准测量之进行；
　　　六、沁河护岸工程之进行；
　　　七、陈桥及中牟大堤工程之进行；
　　　八、冀省大堤紧急工程之进行；
　　　九、朱临黄十各段工程之进行；
　　　十、董庄临濮集大堤决口之勘查；
　　　十一、黄河中下游水位流量及灾况之勘查；
　　　十二、豫冀鲁三省防汛工程之协助
来源：中国国民党指导下之政治成绩统计
时间：1935
卷期：第 7 期　页码：125—131
类型：报告

标题：设计测量队工作之进行
提要：1. 华北水利委员会；
　　　2. 黄河水利委员会；
　　　3. 导淮委员会；
　　　4. 扬子江水利委员会
来源：中国国民党指导下之政治成绩统计
时间：1935
卷期：第 7 期　页码：152
类型：报告

标题：训令所属机关（文字第六六四八号　中华民国二十四年七月十一日）
提要：奉行政院令转知"国府明令修正黄河水利委员会组织法"由
作者：汪兆铭
来源：外交部公报
时间：1935
卷期：第 8 卷第 7 期　页码：50—52
类型：训令

标题：东明长垣黄河决口横溢
提要：沿岸田园淹没房舍无存，两县长电省府拨款救济，堤工因暴风雨被迫停止
来源：通问报（耶稣教家庭新闻）
时间：1935
卷期：第 1650 期　页码：28
类型：电讯

标题：山东十里铺黄河悬垂水尺之摄影
来源：黄河水利月刊
时间：1935
卷期：第 2 卷第 9 期　页码：1
类型：照片

标题：豫省河防定策刍议（附表）
作者：宋涁
来源：黄河水利月刊
时间：1935
卷期：第 2 卷第 9 期　页码：733—745
类型：论文

标题：阌乡灵宝土壤冲刷情形勘察报告（附照片）
作者：万晋
来源：黄河水利月刊
时间：1935

卷期：第 2 卷第 9 期　　**页码**：759—768
类型：报告

标题：施政报告（二十四年七月份）
提要：一、重要图表之绘制；
　　　　二、河防设计研究之事项；
　　　　三、林垦计画之事项；
　　　　四、黄河地形之测量；
　　　　五、精密水准测量之进行；
　　　　六、水文测量之李行；
　　　　七、呈请派员验收金堤工程及分别移交防守；
　　　　八、完成贯孟堤第一分段工程；
　　　　九、兰封小新堤护岸工程进展情形；
　　　　十、沁河口护岸工程施工状况；
　　　　十一、河南陈桥及中牟大堤工程进展情形；
　　　　十二、河北省大堤紧急工程进行状况；
　　　　十三、令山东河务局遵照赶办朱临黄十各段工程；
　　　　十四、勘查山东董庄临濮集间大堤决口情形；
　　　　十五、勘查黄河中下游各支流水位流量及被灾情况；
　　　　十六、协助豫冀鲁三省防汛工程
来源：黄河水利月刊
时间：1935

卷期：第 2 卷第 9 期　　**页码**：769—780
类型：报告

标题：河南省政府函为准函送接修小新堤南端新堤工程图已令饬兰封县制止蔡楼民众阻挠请查照办理由（建三字第一七六号　八月一日）
来源：黄河水利月刊
时间：1935

卷期：第 2 卷第 9 期　　**页码**：781—782
类型：公函

标题：全国经济委员会秘书处函为甘省拟在平凉泾川开辟水渠请设立水文站详测泾河常年流量以资研究由（水字第七七三一号　八月五日）
来源：黄河水利月刊
时间：1935

卷期：第 2 卷第 9 期　　**页码**：782
类型：公函

标题：全国经济委员会令催赶速编送三省大堤紧急工程及黄河与运河通航联运工程两项预算由（秘字第七九四四号　八月八日）
来源：黄河水利月刊
时间：1935

卷期：第 2 卷第 9 期　　**页码**：784
类型：法令

标题：全国经济委员会训令为本会于本月五日召开疏导黄河水流会议决议案三项除函行政院转行苏鲁两省府并分饬导淮委员会外仰即遵照办理具报由（水字第七九七号　八月八日）
作者：汪兆铭　蒋中正　孔祥熙等
来源：黄河水利月刊
时间：1935

卷期：第 2 卷第 9 期　　**页码**：785
类型：训令

标题：全国经济委员会训令发本会所订核发水利机关工款仰遵照办理由（秘字第八一六五号　八月十一日）
作者：汪兆铭　蒋中正　孔祥熙等

来源：黄河水利月刊
时间：1935
卷期：第 2 卷第 9 期　**页码**：786
类型：训令

标题：河南河务局呈为据陈桥紧急工程事务所呈报各段土工行将告竣取土地点水深数尺可否继续进行请即示遵等情已饬暂行结束呈请鉴核备查由（八月二十一日）
作者：宋涉
来源：黄河水利月刊
时间：1935
卷期：第 2 卷第 9 期　**页码**：786—787
类型：呈文

标题：河南河务局呈为中牟紧急工程事务所主任刘家驹呈请添做浮柳坝一道乞鉴核备查由（八月二十四日）
作者：宋涉
来源：黄河水利月刊
时间：1935
卷期：第 2 卷第 9 期　**页码**：787—789
类型：呈文

标题：河南河务局呈报遵令接收兰封小新堤护岸工程已饬属保管仍请将上游挑水坝早日修齐以奠安全乞鉴核由（八月二十四日）
作者：宋涉
来源：黄河水利月刊
时间：1935
卷期：第 2 卷第 9 期　**页码**：789—790
类型：呈文

标题：呈全国经济委员会为奉电妥拟山东黄河大堤决口补救办法兹经拟具开挖坝头镇迤下引河工程计画概要及附图仰祈鉴核示遵由（八月二日）
作者：李仪祉
来源：黄河水利月刊
时间：1935
卷期：第 2 卷第 9 期　**页码**：790—792
类型：呈文

标题：呈全国经济委员会为遵令呈送山东修培大堤朱临及黄十段横断面图及工款预算书仰祈鉴核示遵由（八月三日）
作者：李仪祉
来源：黄河水利月刊
时间：1935
卷期：第 2 卷第 9 期　**页码**：792—793
类型：呈文

标题：呈复全国经济委员会为奉令催报二十三年度增设水文站情形及逐月测验成果图表等因查前奉令饬已于六月十日附表呈复仰祈鉴核由（八月八日）
作者：李仪祉　孔祥榕
来源：黄河水利月刊
时间：1935
卷期：第 2 卷第 9 期　**页码**：793—794
类型：呈文

标题：函绥远省政府请将兴复后套大黑河水利测量范围及详细预算送会以便研究而利进行希查照办理见复由（黄字第一三一九号　八月九日）
作者：李仪祉　孔祥榕
来源：黄河水利月刊

时间：1935
卷期：第 2 卷第 9 期　页码：794
类型：公函

标题：呈全国经济委员会为呈送派员视察江苏丰沛铜三县防黄堤及蔺家坝等处情形之报告仰祈鉴核备考由（八月十日）
作者：李仪祉　孔祥榕
来源：黄河水利月刊
时间：1935
卷期：第 2 卷第 9 期　页码：795
类型：呈文

标题：训令河南河务局以奉经委会令据报河南河务局办理陈桥工程变更情形希饬遵照指示办理仰该局遵照办理并将办理情形随时报核由（第五〇二号　八月二十三日）
作者：李仪祉　孔祥榕
来源：黄河水利月刊
时间：1935
卷期：第 2 卷第 9 期　页码：795—796
类型：训令

标题：代电复绥远建设厅请拨防泛费一案俟派员前往勘查具报再行核办由（八月二十四日）
来源：黄河水利月刊
时间：1935
卷期：第 2 卷第 9 期　页码：796
类型：电报

标题：呈全国经济委员会为德国水工专家恩格斯教授治导黄河试验有特殊供献请颁发奖章以资酬庸仰祈鉴核示遵由（八月二十六日）
作者：李仪祉　孔祥榕
来源：黄河水利月刊
时间：1935
卷期：第 2 卷第 9 期　页码：796—797
类型：呈文

标题：函复全国经济委员会秘书处为准泾惠渠管理局函泾河流量不足情形兹检同图表寄请参考泾川水文站本会当即筹设希查照由（黄字第一三三八号　八月二十六日）
作者：李仪祉　孔祥榕
来源：黄河水利月刊
时间：1935
卷期：第 2 卷第 9 期　页码：797—798
类型：公函

标题：呈全国经济委员会为呈报山东河务局经办朱临段大堤培修工程现以无法进行已暂准停工仰祈鉴核备案示遵由（八月二十八日）
作者：李仪祉　孔祥榕
来源：黄河水利月刊
时间：1935
卷期：第 2 卷第 9 期　页码：798—800
类型：呈文

标题：呈全国经济委员会为呈报兰封小新堤工程护岸部份已分别验收接收完竣附送图表仰祈鉴核备考由（八月三十日）
作者：李仪祉　孔祥榕
来源：黄河水利月刊
时间：1935
卷期：第 2 卷第 9 期　页码：801
类型：呈文

标题：呈全国经济委员会为准山东省政府函请拨借庚款修筑运料轻便铁路应如何办理仰祈鉴核示遵由（八月三十一日）
作者：李仪祉　孔祥榕
来源：黄河水利月刊
时间：1935
卷期：第 2 卷第 9 期　**页码**：801—802
类型：呈文

标题：代电详复河南省政府贯孟堤未完部份泛后即督饬赶修关于旧华洋堤防守事宜请仍饬河局县府督率民夫负责防守以符成案由（第四六九号）
来源：黄河水利月刊
时间：1935
卷期：第 2 卷第 9 期　**页码**：802—803
类型：电报

标题：黄河水利委员会第二周年之工作概括
提要：本会孔副委员长在本会成立第二周年纪大会之报告
来源：黄河水利月刊
时间：1935
卷期：第 2 卷第 9 期　**页码**：805—812
类型：报告

标题：贯孟堤零公里起点处及本会孔副委员长纪念碑
　　　贯孟堤西坝内堤与大堤交叉点堤工工程
来源：黄河水利月刊
时间：1935
卷期：第 2 卷第 10 期
类型：照片

标题：防止土壤冲刷为治理黄河之要图
作者：万晋
来源：黄河水利月刊
时间：1935
卷期：第 2 卷第 10 期　**页码**：813—831
类型：论文

标题：勘查绥远省沿河各县被灾情形防泛工程及救济办法报告
作者：李宝泰
来源：黄河水利月刊
时间：1935
卷期：第 2 卷第 10 期　**页码**：849—857
类型：报告

标题：施政报告（二十四年八月份）
提要：一、重要图表之绘制；
　　　二、河防设计研究之事项；
　　　三、林垦计画之事项；
　　　四、上游测勘及设计测量之进行；
　　　五、水文测量之进行；
　　　六、修竣兰封小新堤护岸工程并移交防守；
　　　七、完成贯孟堤西段正堤及月堤挑水坝工程；
　　　八、沁河口护岸工程进行情形；
　　　九、河南陈桥及中牟大堤修培情形；
　　　十一、山东朱临段堤工暂行结束；
　　　十二、拟订山东董庄堵口计画原则及协助运输材料经过；
　　　十三、勘查苏省防黄工程及韩庄湖口双闸等情形；
　　　十四、补助绥远宁夏两省抢修黄河紧急工款；
　　　十五、协助冀豫鲁三省防泛工程
来源：黄河水利月刊
时间：1935

卷期：第 2 卷第 10 期　页码：859—872
类型：报告

标题：华北水利委员会函为水工试验经费前请贵会与本会平无分担各拨半数应请即予照拨俾资应用希查照办理见复由（第七三二号　九月三日）
作者：彭济群
来源：黄河水利月刊
时间：1935
卷期：第 2 卷第 10 期　页码：873—874
类型：公函

标题：河北省政府函为据建设厅转报金堤新工被雨冲残拟具防守办法请转函设法修复补助等情函请查核办理由（第二〇四三号　九月七日）
作者：商震
来源：黄河水利月刊
时间：1935
卷期：第 2 卷第 10 期　页码：874—876
类型：公函

标题：山东董庄黄河堵口工程委员会代电为奉省主席交下世代电诵悉兹将进行状况及困难情形复请鉴核由（九月九日）
来源：黄河水利月刊
时间：1935
卷期：第 2 卷第 10 期　页码：876
类型：电报

标题：全国经济委员会训令以奉国民政府训令关于中央公务员捐俸助振办法饬属遵照一案令仰遵照由（秘字第九三一九号　九月十七日）
作者：汪兆铭　蒋中正　孔祥熙等
来源：黄河水利月刊
时间：1935
卷期：第 2 卷第 10 期　页码：877—878
类型：训令

标题：全国经济委员会训令为检发拟订本年扬子江黄河堵口复堤办法大纲希查照办法大纲速即会同勘估拟具施工计画送会核办由（水字第九五〇三号　九月二十日）
作者：汪兆铭　蒋中正　孔祥熙等
来源：黄河水利月刊
时间：1935
卷期：第 2 卷第 10 期　页码：878—879
类型：训令

标题：全国经济委员会训令为鲁省董庄决口堵筑工程近与鲁省韩主席接洽仍由该省府继续办理合将接洽经过情形令仰知照并照案尽力协助进行仍将协办情形随时具报查核由（秘字第九八四四号　九月二十八日）
作者：汪兆铭　蒋中正　孙科等
来源：黄河水利月刊
时间：1935
卷期：第 2 卷第 10 期　页码：879—880
类型：训令

标题：河南省政府函为准水灾救济总会函以店集抢堵工程不在河务局范围函请查照由（建三字第二七六号）
来源：黄河水利月刊
时间：1935
卷期：第 2 卷第 10 期　页码：880—881
类型：公函

标题：宁夏省政府建设厅呈为报告此次视察本省各县河渠堤坝冲决情形祈鉴核俯准查照前次决议案协助并从速派员查勘俾资动工修筑用固河防而策安全由（九月三十日）
作者：马如龙
来源：黄河水利月刊
时间：1935
卷期：第 2 卷第 10 期　　**页码**：881—882
类型：呈文

标题：代电复全国经济委员会关于最近筹备堵口工程情形请鉴核由（第四八二号　九月五日）
来源：黄河水利月刊
时间：1935
卷期：第 2 卷第 10 期　　**页码**：882—884
类型：电报

标题：训令山东河务局以据本会林垦组主任万晋报告视察山东黄河堤柳状况并拟整理办法仰该局遵照办理并将办理情形具报查核由（第五一二号　九月五日）
作者：李仪祉　孔祥榕
来源：黄河水利月刊
时间：1935
卷期：第 2 卷第 10 期　　**页码**：884—885
类型：训令

标题：训令河南河务局为前据该局呈请函请河南省政府转饬黄沁河工采料委员会克日运石前往东坝头以便分别抛护运还兹准函复已转饬遵照仰知照由（第五一四号　九月七日）
作者：李仪祉　孔祥榕

来源：黄河水利月刊
时间：1935
卷期：第 2 卷第 10 期　　**页码**：885—886
类型：训令

标题：函全国经济委员会水利处为本会以金积设立水文站诸多不宜拟将金积站移设兰州希查照备考并见复由（黄字第一三六一号　九月十日）
作者：李仪祉　孔祥榕
来源：黄河水利月刊
时间：1935
卷期：第 2 卷第 10 期　　**页码**：886—887
类型：公函

标题：代电山东省政府黄河董庄堵口工程委员会为据菏泽民众代表彭占元等请建筑朱口石坝转请统筹统办见复由（第四九一号　九月十日）
来源：黄河水利月刊
时间：1935
卷期：第 2 卷第 10 期　　**页码**：887
类型：电报

标题：代电全国经济委员会转陈淮安县县长姚崇国等请拨款堵口祈鉴核由（第四九三号　九月十一日）
来源：黄河水利月刊
时间：1935
卷期：第 2 卷第 10 期　　**页码**：887—888
类型：电报

标题：函复河南省政府以准贵府函据封邱县呈请饬堵修华洋堤埝等由查此案前经八月元世两代电详复在案请查照并转饬知照由（黄字第

一三六三号　九月十二日）
作者：李仪祉　孔祥榕
来源：黄河水利月刊
时间：1935
卷期：第 2 卷第 10 期　**页码**：888—889
类型：公函

标题：训令山东河务局为据该局前呈请将朱临段工程暂行结束一案已转奉核准惟黄十段工程进行程度应即详报以凭核转仰即遵照由（第五二二号　九月十四日）
作者：李仪祉　孔祥榕
来源：黄河水利月刊
时间：1935
卷期：第 2 卷第 10 期　**页码**：889
类型：训令

标题：函绥远建设应关于整理绥远河套干渠及乌加河退水分期修挖工程案办理情形希查照由（黄字第一三六六号　九月十四日）
作者：李仪祉　孔祥榕
来源：黄河水利月刊
时间：1935
卷期：第 2 卷第 10 期　**页码**：890
类型：公函

标题：函达山东省政府为前准函请拨借庚款修筑运料轻便铁路一案兹奉令饬详报需款数目拟具计画预算及拨借该款手续请将上项分别开示并拟具计画预算送会俾便转报希查照办理见复由（黄字第一三七〇号　九月十五日）
作者：李仪祉　孔祥榕
来源：黄河水利月刊

时间：1935
卷期：第 2 卷第 10 期　**页码**：891
类型：公函

标题：函复河北省政府为修复金堤水沟浪窝似应由指定机关办理本会限于经费无法补助希查照由（第一三七六号　九月二十三日）
来源：黄河水利月刊
时间：1935
卷期：第 2 卷第 10 期　**页码**：892
类型：公函

标题：呈全国经济委员会为呈送工振培修山东黄河上游南岸上堤计画图表仰祈鉴核示遵由（九月廿七日）
作者：李仪祉　孔祥榕
来源：黄河水利月刊
时间：1935
卷期：第 2 卷第 10 期　**页码**：892—893
类型：呈文

标题：改善河南河务计划书
作者：宋渺
来源：黄河水利月刊
时间：1935
卷期：第 2 卷第 10 期　**页码**：895—902
类型：报告

标题：黄河水利委员会组织法（二十四年七月一日修正公布）
来源：审计部公报
时间：1935
卷期：第 53 期　**页码**：75—77
类型：法规

标题：公布法规案　国民政府令（二十

四年七月一日）
提要：公布修正黄河水利委员会组织法由（条文全文见法规栏内）
作者：林森　孙科
来源：审计部公报
时间：1935
卷期：第53期　**页码**：125，5
类型：法规

标题：绥远建设厅呈省政府据临河县长呈报修筑黄河堤防变更计划及办法乞备案文
来源：绥远建设季刊
时间：1935
卷期：第22期　**页码**：77—78
类型：呈文

标题：绥远建设厅呈省政府缮送拟订绥远黄河河防地方政府应负专责并联合防御办法请通饬沿河各县局遵照办理文
来源：绥远建设季刊
时间：1935
卷期：第22期　**页码**：81—82
类型：呈文

标题：绥远建设厅代电省政府报告近日黄河水涨沿河各县决口暨防御情形并恳转请中央拨发防汛费五万元以免疏虞文
作者：冯曦
来源：绥远建设季刊
时间：1935
卷期：第22期　**页码**：89—90
类型：电报

标题：绥远建设厅代电省政府续报绥省黄河水涨暨防御情形乞鉴核文
作者：冯曦
来源：绥远建设季刊
时间：1935
卷期：第22期　**页码**：94—96
类型：电报

标题：绥远建设厅代电省政府续报绥省黄河水势暨各县溃决淹没并防御情形乞鉴核文
作者：冯曦
来源：绥远建设季刊
时间：1935
卷期：第22期　**页码**：96—98
类型：电报

标题：绥远建设厅代电省政府续报黄河水势情形乞鉴核文
作者：冯曦
来源：绥远建设季刊
时间：1935
卷期：第22期　**页码**：98—99
类型：电报

标题：绥远建设厅代电省政府续报绥省黄河水涨各情形请鉴核文
作者：冯曦
来源：绥远建设季刊
时间：1935
卷期：第22期　**页码**：99—100
类型：电报

标题：绥远建设厅训令萨托两县修筑黄河堤坝应与各关系方面彼此联络文
来源：绥远建设季刊
时间：1935
卷期：第22期　**页码**：101

类型：训令

标题：长江黄河水汛情形及本省防汛近况
提要：刘主席七月十五日在六二次联合纪念周报告
来源：安徽政务月刊
时间：1935
卷期：第9期　页码：15—16
类型：报告

标题：东明县黄河水灾摄影
提要：鲍寨一带村庄被淹情形；
　　　武丘集一带村庄住房倒塌情形；
　　　大曹家一带村庄住房倒塌情形
来源：河北月刊
时间：1935
卷期：第3卷第10期　页码：1页
类型：照片

标题：河北省黄河紧急工程概况（未完）
作者：林荣
来源：河北月刊
时间：1935
卷期：第3卷第10期　页码：1—12
类型：报告

标题：河北省救济黄河水灾概况及统计报告（未完）（附表）
作者：蒋锡曾
来源：河北月刊
时间：1935
卷期：第3卷第10期　页码：1—7
类型：报告

标题：黄河防汛抢险办法（续）（附图）
作者：林荣
来源：河北月刊

时间：1935
卷期：第3卷第10期　页码：1—9
类型：论文

标题：兰州北之黄河及其阶段地
来源：土壤专报
时间：1935
卷期：第12期　页码：134
类型：照片

标题：南北水患
提要：鲁境黄河决口；
　　　苏北黄河改道
来源：兴华
时间：1935
卷期：第32卷第29期　页码：33—34
类型：要闻

标题：本国时事要略（自七月一日至十五日）
提要：黄河长江洪水泛滥鄂鲁赣湘均罹重灾
来源：正风半月刊
时间：1935
卷期：第1卷第15期　页码：152—153
类型：要闻

标题：一旬大事记（七月十九日）
提要：长江黄河涨潮不定
来源：沧口民众
时间：1935
卷期：第5期　页码：1
类型：要闻

标题：江苏废黄河现状及黄河夺淮之经过
作者：武同举
来源：苏衡

时间：1935
卷期：第 1 卷第 3 期　页码：72—75
类型：论文

标题：黄河南堤崩溃后决水有夺淮入海势
来源：苏衡
时间：1935
卷期：第 1 卷第 3 期　页码：93
类型：要闻

标题：黄河夜渡
作者：吾文
来源：淮海
时间：1935
卷期：第 3 期　页码：53—54
类型：散文

标题：对于黄河应有之认识
作者：刘汉
来源：江苏评论
时间：1935
卷期：第 4 卷第 1 期　页码：11—14
类型：评论

标题：交通部训令（第三六九一号　二十四年七月十三日）
提要：令本部直辖各机关（不另行文）为奉行政院训令并抄发黄河水利委员会组织法等因到部合行抄发原件令仰知照并饬属一体知照由
作者：朱家骅
来源：交通公报
时间：1935
卷期：第 685 期　页码：7—8，2
类型：训令

标题：黄河水利委员会组织法（民国二十四年七月一日国民政府修正公布）
来源：交通公报
时间：1935
卷期：第 685 期　页码：13—15
类型：法规

标题：山东黄河民埝防泛守则
来源：山东省政府公报
时间：1935
卷期：第 346 期　页码：22—23
类型：法规

标题：山东黄河渡口管理守则
来源：山东省政府公报
时间：1935
卷期：第 346 期　页码：23
类型：法规

标题：山东省政府训令（实字第一六三八号　二十四年七月十六日）
提要：令县政建设实验区长官、濮县，平阴，齐东等县长
据民建两厅及河务局会呈拟订黄河渡口管理守则请饬沿河各县切实遵行等情经提政会议决照准仰饬遵遵办由
作者：韩复榘
来源：山东省政府公报
时间：1935
卷期：第 346 期　页码：32—33，3
类型：训令

标题：山东省政府训令（财字第一六八一号　二十四年七月二十日）
提要：令财政厅、机关、各县市政府等为黄河溃决惨罹奇灾凡本省各级公务员薪俸应自七月一日起按八

成发给仰遵照并饬属遵照由
作者：韩复榘
来源：山东省政府公报
时间：1935
卷期：第 346 期　页码：35—36，3—4
类型：训令

标题：山东省政府训令（实字第一六八二号　二十四年七月二十日）
提要：令建设厅、河务局
　　　奉行政院令准全国经委会函据黄河水利委员会呈请通令豫冀鲁三省政府沿堤造林令仰遵办等因仰遵办由
作者：韩复榘
来源：山东省政府公报
时间：1935
卷期：第 346 期　页码：36—37，4
类型：训令

标题：冀黄河决口处临濮集官堤上难民之惨象
作者：何冰如
来源：新天津画报
时间：1935
卷期：第 100 期　页码：1
类型：照片

标题：鲁豫黄河续涨
来源：绥远农村周刊
时间：1935
卷期：第 64 期　页码：0
类型：要闻

标题：黄河水利委员会组织法（廿四年七月一日修正公布）
来源：河南省政府公报
时间：1935
卷期：第 1401 期　页码：2—3
类型：法规

标题：上海市政府训令（第一四七八六号）
提要：令本府所属各机关
　　　为奉行政院训令，国府明令修正黄河水利委员会组织法应在通饬施行一案通令知照由（不另行文）
来源：上海市政府公报
时间：1935
卷期：第 159 期　页码：87—89
类型：训令

标题：一周大事述评
提要：救济灾民
　　　今年各省水灾情形，较二十年尤为严重，现在长江流域水势稍杀，而黄河决口大溜
作者：希
来源：民鸣周刊
时间：1935
卷期：第 2 卷第 10 期　页码：2—3
类型：新闻

标题：一周间（八月二日）
提要：黄河水向苏北倾泻
来源：人言周刊
时间：1935
卷期：第 2 卷第 22 期　页码：440
类型：要闻

标题：黄河水利委员会组织法（卅一年十日十七日修正公布）
来源：广东省政府公报
时间：1935
卷期：第 303 期　页码：10—12

类型：法规

标题：黄河黄庄决口第三口门
来源：新中华
时间：1935
卷期：第 3 卷第 15 期　页码：11
类型：照片

标题：黄河在山东鄄城决口洪水分流巨野嘉祥郓城前泽东平汶上济宁等十数县
来源：新中华
时间：1935
卷期：第 3 卷第 15 期　页码：12
类型：照片

标题：山东临濮集黄河决口现状及堵筑办法（附图）
作者：郑肇经
来源：广播周报
时间：1935
卷期：第 47 期　页码：28—32
类型：演讲

标题：兰州黄河铁桥
来源：广播周报
时间：1935
卷期：第 47 期　页码：65
类型：照片

标题：黄河水利委员会组织法（民国二十四年七月一日修正公布）
提要：行政院第三七二五号令发，本府建字第五一四七号令行
来源：甘肃省政府公报
时间：1935
卷期：第 4 卷第 29—32 期　页码：10—12

类型：法规

标题：甘肃省政府训令（建字第五一四七号　二十四年八月十日）
提要：令民建两厅奉行政院令发修正黄河水利委员会组织法仰知照
来源：甘肃省政府公报
时间：1935
卷期：第 4 卷第 29—32 期　页码：50
类型：训令

标题：经委会讨论黄河决口问题
来源：秦风周报
时间：1935
卷期：第 1 卷第 22 期　页码：16—17
类型：要闻

标题：山东黄河水灾救济委员会组织成立并启用钤记
来源：胶济日刊
时间：1935
卷期：第 1408 期　页码：3
类型：要闻

标题：治理黄河根本办法（未完）
来源：绥远农村周刊
时间：1935
卷期：第 65 期　页码：0
类型：论文

标题：各地水灾电讯
提要：黄河溜势变幻靡定
昨日上游盛涨大溜直冲朱口下午即落
来源：通问报（耶稣教家庭新闻）
时间：1935
卷期：第 1652 期　页码：28

类型：要闻

标题：各地水灾电讯
提要：经委会研究黄河堵口及导溜
　　　水利处昨召开谈话会，结果已草
　　　成具体办法
来源：通问报（耶稣教家庭新闻）
时间：1935
卷期：第 1652 期　页码：28—29
类型：要闻

标题：黄河水利委员会组织法（二十四
　　　年七月一日修正府令公布）
来源：实业公报
时间：1935
卷期：第 245 期　页码：96—97
类型：法规

标题：函黄河水利委员会（林字第一七
　　　九一号　中华民国二十四年八月
　　　十五日）
提要：准函送西北各省沿河坡地垦植办
　　　法一份已留备参考由
作者：陈公博
来源：实业公报
时间：1935
卷期：第 245 期　页码：138
类型：公牍

标题：黄河为害及其治法的检讨
作者：金翰宗
来源：申报月刊
时间：1935
卷期：第 4 卷第 8 期　页码：19—27
类型：时评

标题：黄河续涨大堤溃决

作者：悦
来源：政训半月刊
时间：1935
卷期：第 1 期　页码：4—5
类型：要闻

标题：惊人的消息——黄河决口，一片
　　　汪洋
来源：常识画报（高级儿童）
时间：1935
卷期：第 12 期　页码：6
类型：图片

标题：国民政府指令（第二〇一一号
　　　二十四年八月十五日）
提要：令全国经济委员会
　　　呈为呈报办理扬子江及黄河决口
　　　防堵经过并筹拟堵筑疏导各情形，
　　　祈鉴核由
作者：林森
来源：国民政府公报（南京1927）
时间：1935
卷期：第 1822 期　页码：5
类型：指令

标题：黄河水利委员会组织法（二十四
　　　年七月一日修正公布）
来源：山东省政府公报
时间：1935
卷期：第 348 期　页码：21—23
类型：法规

标题：山东省政府呈（第四三八号　二
　　　十四年七月三十日）
提要：呈行政院
　　　奉令以奉国府明令修正黄河水利
　　　委员会组织法仰饬属知照等因除

交建设厅通饬知照外呈复鉴核由
作者：韩复榘
来源：山东省政府公报
时间：1935
卷期：第 348 期　页码：30—31，3
类型：呈文

标题：黄河防汛报告
作者：秦汾
来源：交易所周刊
时间：1935
卷期：第 1 卷第 31/32/33 期　页码：37—38
类型：报告

标题：黄河决口经过
作者：韩多峰
来源：交易所周刊
时间：1935
卷期：第 1 卷第 31/32/33 期　页码：40—41

标题：一周间国内外要闻简志（八月十一日星期日）
提要：国内
　　　林主席复电留汪、黄河下游水位续涨、湖水泛滥苏北成灾
来源：工训周刊
时间：1935
卷期：第 179 期　页码：0
类型：要闻

标题：国内时事（自本年八月四日起至同年八月十日止）
提要：全国经委会商讨黄河决口补救办法
来源：外部周刊
时间：1935
卷期：第 75 期　页码：17—18
类型：新闻

标题：旬日纪录
提要：南京十日电
　　　赈务委员举办长江黄河各省水灾急赈……
来源：四维旬刊
时间：1935
卷期：第 1 卷第 19 期　页码：10

标题：治理黄河根本办法（续）
来源：绥远农村周刊
时间：1935
卷期：第 66 期　页码：0

标题：治理黄河根本办法（二续）
来源：绥远农村周刊
时间：1935
卷期：第 67 期　页码：0
类型：论文

标题：大事记
提要：八月八日
　　　黄河上游暴涨……
来源：国讯
时间：1935
卷期：第 104 期　页码：854

标题：一周重要电讯
提要：仝日南京电
　　　经委会讨论黄河决口水流问题……
来源：民导
时间：1935
卷期：第 13 期　页码：1

标题：黄河变迁史略与根治之方法
作者：赵沐生
来源：正论（南京）
时间：1935

卷期：第 41 期　页码：9—13

标题：Weekly News
　　　黄河之危险（中英文对照）
作者：Ma，Y. P.
来源：英语周刊
时间：1935
卷期：新第 146 期　页码：1311

标题：山东省政府指令（铨字第六一九一号　二十四年八日八日）
提要：令山东黄河水灾救济委员
　　　呈一件为呈报本会成立及启用钤记日期附钤模请备案由
作者：韩复榘
来源：山东省政府公报
时间：1935
卷期：第 349 期　页码：47
类型：指令

标题：国内经济
提要：经委会筹辟八大航道
　　　各航道与长江黄河相衔接，工程浩大五年以上始可竣事
来源：经济旬刊
时间：1935
卷期：第 5 卷第 5—6 期　页码：75—76
类型：要闻

标题：黄河夺运入淮
来源：国闻周报
时间：1935
卷期：第 12 卷第 33 期　页码：3—4
类型：要闻

标题：一周间发文摘由披露
提要：训令
　　　奉管理委员会令以山东黄河水灾救济委员会组织成立启用钤记转令知照由（各分会）
来源：工训周刊
时间：1935
卷期：第 180 期　页码：1
类型：训令

标题：胶济路筹备拨车一列为黄河董庄堵口运料之用
来源：铁道公报
时间：1935
卷期：第 1255 期　页码：8
类型：新闻

标题：实业部训令（总字第一五九七九号　中华民国二十四年七月十七日）
提要：令本部附属各机关
　　　奉院令为奉府令明令修正黄河水利委员会组织法应再通饬施行一案转饬知照由（不另行文）
作者：陈公博
来源：实业公报
时间：1935
卷期：第 241—242 期　页码：27—28
类型：训令

标题：咨宁夏省政府（林字第一七七五号　中华民国二十四年七月二十七日）
提要：准咨送黄河沿岸保安造林实施计划本部拟俟汇齐再行统筹办理复请查照由
作者：陈公博
来源：实业公报
时间：1935
卷期：第 241—242 期　页码：86

类型：咨文

标题：函黄河水利委员会（林字第一七七一号 中华民国二十四年七月二十三日）
提要：函送陕绥两省沿河造林计划仍希将所订西北各省沿河坡地垦殖办法检寄一份由
作者：陈公博
来源：实业公报
时间：1935
卷期：第 241—242 期　**页码**：100—101
类型：公函

标题：黄河水利之整治
提要：一、金堤工程之完成；
　　　　二、贯孟堤第一分段工程之完成；
　　　　三、兰封小新堤护岸工程之进展
来源：中国国民党指导下之政治成绩统计
时间：1935
卷期：第 8 期　**页码**：116—117
类型：报告

标题：设计测量队工作之进行
提要：1. 华北水利委员会；
　　　　2. 黄河水利委员会；
　　　　3. 导淮委员会；
　　　　4. 扬子江水利委员会
来源：中国国民党指导下之政治成绩统计
时间：1935
卷期：第 8 期　**页码**：138
类型：报告

标题：海军部训令（第四二四四号 中华民国二十四年七月十五日）
提要：令本部直辖各舰队各机关各舰艇长抄发修正黄河水利委员会纰织法令仰知照由
作者：陈绍宽
来源：海军公报
时间：1935
卷期：第 74 期　**页码**：146—149，9
类型：训令

标题：海军部指令（第三九九七号 中华民国二十四年七月四日）
提要：令暂代海道测量局局长刘德浦呈一件为呈报黄河口须于明春开测拟复黄河水利委员会先将款项拨汇购料乞示由
作者：陈绍宽
来源：海军公报
时间：1935
卷期：第 74 期　**页码**：213
类型：指令

标题：海军部指令（第四四三七号 中华民国二十四年七月二十五日）
提要：令暂代海道测量局局长刘德浦呈一件为呈报黄河水利委员会拨到黄河口一部分测量费数目请鉴核备案由
作者：陈绍宽
来源：海军公报
时间：1935
卷期：第 74 期　**页码**：264—265
类型：指令

标题：疏导黄河决口水流会议之召集
来源：中国国民党指导下之政治成绩统计
时间：1935
卷期：第 8 期　**页码**：134
类型：报告

标题：（插图）东明县黄河水涨境内大曹家一带各庄住屋倒塌情形（廿四，七，十四）
来源： 河北民政月刊
时间： 1935
卷期： 第 1 期　**页码：** 23
类型： 照片

标题：（插图）东明县黄河水涨境内武邱集一带各庄住屋倒塌情形（廿四，七，十四）
来源： 河北民政月刊
时间： 1935
卷期： 第 1 期　**页码：** 24
类型： 照片

标题：（插图）东明县黄河水涨水势浩荡情形（廿四，七，十四）
来源： 河北民政月刊
时间： 1935
卷期： 第 1 期　**页码：** 25
类型： 照片

标题：（插图）东明县黄河水涨县政府派员施放蒸馍救济难民情形（廿四，七，十四）
来源： 河北民政月刊
时间： 1935
卷期： 第 1 期　**页码：** 26
类型： 照片

标题：（插图）东明县黄河水涨县政府派员赴河西各村调查灾情及施放馍赈情形（廿四，七，十四）
来源： 河北民政月刊
时间： 1935
卷期： 第 1 期　**页码：** 27

类型： 照片

标题：（插图）东明县黄河水涨境内公西集一带各庄被淹情形（廿四，七，十四）
来源： 河北民政月刊
时间： 1935
卷期： 第 1 期　**页码：** 29
类型： 照片

标题：（插图）东明县黄河水涨境内鲍寨一带各庄被淹情形（廿四，七，十四）
来源： 河北民政月刊
时间： 1935
卷期： 第 1 期　**页码：** 30
类型： 照片

标题： 冀省东明黄河溃决后之情况
来源： 蒙藏月报
时间： 1935
卷期： 第 3 卷第 5 期　**页码：** 15
类型： 照片

标题： 防黄
提要： 电请院会堵筑黄河决口
来源： 安徽政务月刊
时间： 1935
卷期： 第 10 期　**页码：** 357
类型： 新闻

标题： 防黄
提要： 严电妥防黄河南侵
来源： 安徽政务月刊
时间： 1935
卷期： 第 10 期　**页码：** 358
类型： 新闻

标题：黄河上之皮筏
提要：黄河长八千八百余里，下游自河南以下，常有水患，上游水性重浊湍急……
来源：时兆月报
时间：1935
卷期：第 30 卷第 8 期　**页码**：封 4
类型：照片

标题：遍地大水
提要：襄河上流一带水灾
　　　　豫境黄河暴涨，民夫齐集黑岗口堤上堆积沙包防险
　　　　济宁城外黄河泛滥，村庄皆成泽国
来源：东方杂志
时间：1935
卷期：第 32 卷第 17 期　**页码**：1 页
类型：照片

标题：中外要闻
提要：关于黄河的电讯一束
来源：天主公教白话报
时间：1935
卷期：第 19 卷第 17 期　**页码**：371
类型：要闻

标题：水利与水害（上篇，论北方黄河）
作者：钱穆
来源：禹贡
时间：1935
卷期：第 4 卷第 1 期　**页码**：1—8
类型：论文

标题：南北大水为灾
提要：长江灾情惨重、鲁境黄河决口
来源：中华归主
时间：1935
卷期：第 158 期　**页码**：17
类型：新闻

标题：谈黄河
作者：张仲伊
来源：独立评论
时间：1935
卷期：第 166 期　**页码**：15—18
类型：论文

标题：黄河下流之变迁（附表）
来源：苏衡
时间：1935
卷期：第 1 卷第 4 期　**页码**：104
类型：论文

标题：防治黄河会议
提要：下：水灾声中之防治黄河会议已于上月在京开会
作者：国际社
来源：时事月报
时间：1935
卷期：第 13 卷第 3 期　**页码**：2
类型：照片

标题：黄河上游水势倾泻
提要：朱门口溃决时闻形势趋严重，不老河六塘河续涨新堤被浸
来源：通问报（耶稣教家庭新闻）
时间：1935
卷期：第 1655 期　**页码**：20—21
类型：电讯

标题：黄河开口子；老百姓遭殃
提要：千百万劳苦大众无家可归（中外文对照）

来源：新文字半月刊
时间：1935
卷期：第2期　页码：2
类型：通讯报道

标题：黄河大溜全逼朱口，朱口大堤难保
来源：儿童晨报
时间：1935
卷期：第293期　页码：1
类型：新闻

标题：本周大事述评
提要：筹赈救灾
　　　长江大水甫告安宁，黄河之山洪又见泛滥，最近黄河大溜已达徐州，大有夺运入淮之势
作者：虎
来源：民鸣周刊
时间：1935
卷期：第2卷第11期　页码：4
类型：新闻

标题：山东省政府训令（实字第一九二七号　二十四年八月十五日）
提要：令菏泽东阿齐东等县县长、河务局等
　　　奉行政院令准经委会函据督察黄河防汛事宜孔祥榕拟定统一事权办法请查核一案经院议通过仰遵照等因仰知遵照由
作者：韩复榘
来源：山东省政府公报
时间：1935
卷期：第351期　页码：38—39，3
类型：训令

标题：行政院会议
提要：财政部孔部长前向行政院提议，长江黄河水患标本兼治办法时，曾规定由财铁交三部所属铁路邮电海关监务服务人员
作者：德亮
来源：中央时事周报
时间：1935
卷期：第4卷第36期　页码：31—32
类型：会议

标题：地质学研究所测量黄河上游地形时工作情形
来源：国立北平研究院院务汇报
时间：1935
卷期：第6卷第5期　页码：1页
类型：照片

标题：国立暨南大学西北教育考察团游踪摄要（参看本期所刊西北教育鸟瞰一文）
提要：（五）黄河下行交通工具，多用牛羊皮筏……
来源：教育杂志
时间：1935
卷期：第25卷第9期　页码：1页
类型：照片

标题：兰州黄河铁桥
来源：正风半月刊
时间：1935
卷期：第1卷第9期　页码：1页
类型：照片

标题：徐东不老河溃决后，水势汹涌灌淹两区
提要：陇海路基被水包围大许站下尽成泽国，灵璧县府愿助八千民夫修

筑黄河故堤
来源：通问报（耶稣教家庭新闻）
时间：1935
卷期：第1656期　页码：21
类型：电讯

标题：绥五原境黄河水势猛涨
来源：通问报（耶稣教家庭新闻）
时间：1935
卷期：第1656期　页码：21
类型：新闻

标题：委令委员朱浩元（九月十二日）
摘要：令饬奉令据潼关县呈报黄河陡涨冲崩东关等处请拨款修筑一案仰该员前往勘查呈复由
来源：陕西水利月刊
时间：1935
卷期：第3卷第9期　页码：33—34
类型：政令

标题：黄河水文之研究（续前期）（附表）
来源：陕西水利月刊
时间：1935
卷期：第3卷第9期　页码：67—73
类型：论文

标题：山东省政府黄河董庄堵口工程处组织简章
来源：山东省政府公报
时间：1935
卷期：第355期　页码：18—19
类型：法规

标题：山东省政府训令（实字第二一七六号　二十四年九月十日）
提要：令建设厅、河务局

准黄河水和委员会函送修正黄河民工防汛规财第五条条文嘱转饬办理等因仰饬遵由
作者：韩复榘
来源：山东省政府公报
时间：1935
卷期：第355期　页码：30—31，3
类型：训令

标题：山东省政府训令（民字第二二一四号　二十四年九月十三日）
提要：令县政建设实验区长官公署、济南市政府、各厅局、各县政府、黄河水灾救济委员会
据潍县呈报基督教会捐款救灾请予嘉奖等情应准传令嘉奖仰知照由
作者：韩复榘
来源：山东省政府公报
时间：1935
卷期：第355期　页码：31—32，3
类型：训令

标题：山东省政府训令（民字第二二一五号　二十四年九月十三日）
提要：令县政建设实验区长官公署、各厅市县、黄河水灾救济委员会
据新泰县呈报新裕公司经理李文彬丁云亭捐煤七万斤给灾民之用请鉴核等情应准传令嘉奖仰知照由
作者：韩复榘
来源：山东省政府公报
时间：1935
卷期：第355期　页码：32—33，3
类型：训令

标题：山东省政府训令（民字第二二二九号　二十四年九月十六日）

提要：令黄河水灾救济委员会、县政建设实验区长官公署、济南市政府、各厅局、各县政府
据潍县呈报汽车路局台高潍段段长黄延祊捐款救灾请予嘉奖等情应准传令嘉奖仰知照由
作者：韩复榘
来源：山东省政府公报
时间：1935
卷期：第 355 期　**页码**：33，3
类型：训令

标题：山东省政府指令（实字第六九四号　二十四年九月七日）
提要：令黄河董庄堵口工程委员会
呈一件为呈送工程处组织简章请鉴核示遵由
作者：韩复榘
来源：山东省政府公报
时间：1935
卷期：第 355 期　**页码**：35
类型：指令

标题：黄河上游之水乡生活
提要：用牛皮筒吹气编成筏子，借以装载货物运往青海甘肃包头等处，售完以后，则即放气而由陆道归来，一年来去二次；
渔夫在渠边打鱼每日约可得六七十斤但价值不过五六角而已；
从包头运粮食至河套逆流而上须费时四十余日；
爸爸打鱼孩子提篮，希望多打几条，也可以买些糖果；
黄河渡船一日来回二次；
黄河上游附近之船夫生活；
停泊黄河岸边之渔舟
来源：申报月刊
时间：1935
卷期：第 4 卷第 9 期　**页码**：1 页
类型：照片

标题：遍地哀鸿
提要：黄河黑岗口水势汹涌×处黑线为大溜浪高数尺
来源：申报月刊
时间：1935
卷期：第 4 卷第 9 期　**页码**：1 页
类型：照片

标题：黄河水灾
作者：石
来源：三民主义月刊
时间：1935
卷期：第 6 卷第 3 期　**页码**：6—8
类型：评论

标题：主席诰灾民一
来源：山东省政府公报
时间：1935
卷期：第 352 期　**页码**：88—89
类型：新闻

标题：社会科补充教材——黄河的灾患（附图）
提要：教学旨趣、作业纲要、教学材料、参与资料
作者：汤秉乾
来源：实验研究月刊
时间：1935
卷期：第 10 卷第 1 期　**页码**：36—38
类型：报告

标题：黄河志编纂会近讯

提要：黄河志编纂会原设本京城北蓁巷四号……
来源：国立编译馆馆刊
时间：1935
卷期：第 5 期　**页码**：5
类型：新闻

标题：黄河堵口工程计划大致确定
来源：中央周报
时间：1935
卷期：第 380 期　**页码**：8
类型：新闻

标题：黄河上游大溜下移
来源：沪民
时间：1935
卷期：第 5—6 期　**页码**：13—15
类型：新闻

标题：水利与水害（上篇，论北方黄河）（894）
作者：同
来源：史地社会论文摘要月刊
时间：1935
卷期：第 1 卷第 12 期　**页码**：21—22
类型：摘要

标题：黄河长江标本兼治办法
来源：四维旬刊
时间：1935
卷期：第 1 卷第 22 期　**页码**：10
类型：报告

标题：河南考城县县长张育芝兰封县长赵一鹤长垣县长张铖长垣县保卫团副总团长翟学文河北省黄河河务局局长孙庆泽防灾不力违法失职案
提要：中央公务员惩戒委员会议决书（二十四年度鉴字第二七四号　二十四年八月二十九日）
来源：监察院公报
时间：1935
卷期：第 47 期　**页码**：32—35
类型：议决

标题：黄河东堤又告溃决
来源：华年
时间：1935
卷期：第 4 卷第 37 号　**页码**：18

标题：向计划黄河治本办法者进一言
作者：旭生
来源：独立评论
时间：1935
卷期：第 169 号　**页码**：1—5
类型：评论

标题：国民政府指令（第二二六六号　二十四年九月二十日）
提要：令全国经济委员会
　　呈为此次江河泛滥，灾情惨重，堵口复堤，刻不容缓，谨拟具本年扬子江、黄河堵口复堤办法大纲七条，除函行政院并分别电令妥速进行外，报请鉴核备案由
作者：林森
来源：国民政府公报（南京1927）
时间：1935
卷期：第 1852 期　**页码**：10
类型：指令

标题：长江黄河堵口的复堤工程，经委会已经拟定办法

来源：儿童晨报
时间：1935
卷期：第 298 期　页码：2
类型：新闻

标题：同行消息
提要：徐州
　　　本年黄河水患，受灾区域极广……
来源：同行月刊
时间：1935
卷期：第 3 卷第 9 期　页码：24
类型：要闻

标题：黄河成灾的原因
作者：王子
来源：儿童晨报
时间：1935
卷期：第 299 期　页码：3
类型：评论

标题：山东省政府指令（民字第六九一〇号　二十四年九月七日）
提要：令黄河水灾救济委员会
　　　呈二件为转请加委宋绍武刘抡元为汶上县滨县管理处副主任由
作者：韩复榘
来源：山东省政府公报
时间：1935
卷期：第 354 期　页码：27
类型：指令

标题：设计测量队工作之进行
提要：1. 华北水利委员会；
　　　2. 黄河水利委员会；
　　　3. 导淮委员会；
　　　4. 扬子江水利委员会
来源：中国国民党指导下之政治成绩统计
时间：1935
类型：报告

标题：（九）防灾救济事项
提要：一、奉交水利委员韩国钧呈为黄河为患请早定大计并山东以西各县灾黎请先谋安置等办法各一案请查核办理——公函全国经济委员会（中华民国二十四年九月五日）
来源：内政公报
时间：1935
卷期：第 8 卷第 19 期　页码：124—127
类型：呈文

标题：黄河水利之整治
提要：一、河防之设计研究；
　　　二、林垦事项之计划；
　　　三、黄河地形之测量；
　　　四、精密水准测量之进行；
　　　五、水文测量之进行；
　　　七、河北大堤紧急工程之验收；
　　　八、苏省防黄工程之勘查；
　　　九、贯孟堤西段工程之进行；
　　　十、沁河口护岸工程之进展；
　　　十一、河南陈桥一部份堤工之修竣；
　　　十二、培修山东黄河南岸大堤工振计划之拟订；
　　　十三、董庄堵口工程之筹备；
　　　十四、鲁冀豫三省防汛工程之协助
来源：中国国民党指导下之政治成绩统计
时间：1935
卷期：第 9 期　页码：126—134
类型：报告

标题：扬子江黄河堵口复堤办法大纲之拟订
来源：中国国民党指导下之政治成绩统计

时间：1935
卷期：第 9 期　页码：150
类型：报告

标题：黄河董庄堵口工程之进行
来源：中国国民党指导下之政治成绩统计
时间：1935
卷期：第 9 期　页码：151
类型：报告

标题：水利新闻（八月份）
提要：绥远省测量黄河乌加河
来源：陕西水利月刊
时间：1935
卷期：第 3 卷第 8 期　页码：65
类型：新闻

标题：黄河流域佃农与自耕农的比例（附表）
来源：四川经济月刊
时间：1935
卷期：第 4 卷第 3 期　页码：70
类型：评论

标题：视察董庄黄河堵口工程之观感
作者：何之泰
来源：北洋理工季刊
时间：1935
卷期：第 3 卷第 3 期　页码：43—46
类型：评论

标题：黄河防汛抢险办法（附图）
作者：林荣
来源：河北月刊
时间：1935
卷期：第 3 卷第 9 期　页码：1—12
类型：评论

标题：最近之青海（八月一日至三十一日）
提要：（四）灾情
　　　共和连日大雨黄河水势暴涨
来源：新青海
时间：1935
卷期：第 3 卷第 9 期　页码：66
类型：要闻

标题：甘肃兰州黄河铁桥之远望
来源：商业月报
时间：1935
卷期：第 15 卷第 9 期　页码：1 页
类型：照片

标题：青海风光
提要：黄河岸边之水车
作者：张全平
来源：中华（上海）
时间：1935
卷期：第 37 期　页码：4
类型：照片

标题：本校赈灾会（九月三十日开始募捐）
提要：捐启：谨启者
　　　此次黄河长江流域，水灾奇重……
来源：磐石杂志
时间：1935
卷期：第 3 卷第 8 期　页码：60
类型：新闻

标题：CHARHAR AND THE YELLOW RIVER
　　　黄河夕照
来源：声色画报
时间：1935
卷期：第 1 卷第 2 期　页码：16
类型：照片

标题：黄河水利委员会组织法（二十四年七月一日修正府令公布）
来源：法令周报（上海）
时间：1935
卷期：第 40 期　页码：579
类型：法规

标题：各地水灾电讯
提要：包头黄河又涨，灾民达二万二千余人
来源：通问报（耶稣教家庭新闻）
时间：1935
卷期：第 1659 期　页码：22
类型：新闻

标题：黄河下游有堤河段之治理（附表）
作者：安立森
来源：黄河水利月刊
时间：1935
卷期：第 2 卷第 11 期　页码：903—914
类型：报告

标题：工赈培修山东上游南岸大堤工程计划说明书（附表）
来源：黄河水利月刊
时间：1935
卷期：第 2 卷第 11 期　页码：915—916
类型：报告

标题：查勘河南孟津至陕州间拦洪水库地址报告
作者：安立森
来源：黄河水利月刊
时间：1935
卷期：第 2 卷第 11 期　页码：917—931
类型：报告

标题：施政报告（二十四年九月份）
提要：一、重要图表之绘制；
二、河防设计研究之事项；
三、林垦计画之事项［表格］；
四、黄河地形测量及设计测量之进行［表格］；
五、精密水准测量之进行；
六、水文测量之进行；
七、贯孟堤西段工程全部即将完工；
八、沁河口护岸工程进展情形；
九、河南陈桥堤工一部修竣；
十、培修贯台合龙处大坝工程；
十一、继续施测黄河地形；
十二、拟订工振培修山东黄河南岸大堤计画；
十三、筹备董庄堵口工程情形；
十四、协助鲁冀豫三省防汛工程
来源：黄河水利月刊
时间：1935
卷期：第 2 卷第 11 期　页码：933—944
类型：报告

标题：河南河务局代电为据上南局电陈荥泽五堡一二三坝坍塌危急各情形除电饬加紧抢厢并即赴工督同抢护外电请鉴核由（十月三日）
来源：黄河水利月刊
时间：1935
卷期：第 2 卷第 11 期　页码：945—946
类型：电报

标题：绥远建设厅代电为据报黄河水势续涨情势极为险恶等情汇请鉴核由（十月八日）
来源：黄河水利月刊
时间：1935
卷期：第 2 卷第 11 期　页码：946—947

类型：电报

标题：全国经济委员会农业处函为准函以本处函送沿黄支干种植苜蓿之初步实施计画经拟具办法两项嘱酌办见复等因查所拟办法至利推行兹尚有奉商之点希查酌办理当否仍候卓裁见复由（农字第一六三三号　十月二十二日）
作者：赵迳芳
来源：黄河水利月刊
时间：1935
卷期：第2卷第11期　**页码**：947—948
类型：公函

标题：河南省政府代电为据封邱县长电请迅速堵塞决口并续修下段大堤请查照办理由（十月二十三日）
来源：黄河水利月刊
时间：1935
卷期：第2卷第11期　**页码**：948—949
类型：电报

标题：代电全国经济委员会陈报宁夏冲毁堤坝及被灾情形由（十月十二日）
来源：黄河水利月刊
时间：1935
卷期：第2卷第11期　**页码**：949—950
类型：电报

标题：函复全国经济委员会农业处以准函送沿黄支干种埴苜蓿之初步实施计画至为完善惟关于本年实施办法一项似多趋重于牧畜方面兹拟具办法两项函请查酌办理见复由（黄字第一三九八号　十月十二日）

作者：李仪祉　孔祥榕
来源：黄河水利月刊
时间：1935
卷期：第2卷第11期　**页码**：950—951
类型：公函

标题：函山东建设厅为准送黄运联运工程费分年预算书等呈奉经委会指令各节转希查照办理由（黄字第一四〇一号　十月十五日）
作者：李仪祉　孔祥榕
来源：黄河水利月刊
时间：1935
卷期：第2卷第11期　**页码**：951—952
类型：公函

标题：呈全国经济委员会为呈报黄河复堤工程召会集议支配工款情形附呈纪录及各提案仰祈鉴核示遵由（十月十九日）
作者：李仪祉　孔祥榕
来源：黄河水利月刊
时间：1935
卷期：第2卷第11期　**页码**：953—954
类型：呈文

标题：呈全国经济委员会为呈送山东黄河董庄堵口工程计画（划）书并附陈意见祈鉴核示遵由（十月十九日）
作者：李仪祉　孔祥榕
来源：黄河水利月刊
时间：1935
卷期：第2卷第11期　**页码**：954—957
类型：呈文

标题：电陈全国经济委员会冷寨及南二

段十一铺工情祈鉴核由（十月二十六日）
来源：黄河水利月刊
时间：1935
卷期：第2卷第11期　页码：957
类型：电报

标题：函复河南省政府以培修贯孟堤东段经费现尚未奉拨发在东段未经施工以前仍请查照成案办理由（黄字第一四一号　十月二十八日）
作者：李仪祉　孔祥榕
来源：黄河水利月刊
时间：1935
卷期：第2卷第11期　页码：957—958
类型：公函

标题：函送河南、河北、山东省政府黄河河务机关利用农隙征募乡民办理半工半读训练河防人材案希照办理见复由（黄字第一四一八号　十月三十一日）
作者：李仪祉　孔祥榕
来源：黄河水利月刊
时间：1935
卷期：第2卷第11期　页码：958—959
类型：公函

标题：黄河流域之土壤及其冲积（附表）
作者：张含英
来源：黄河水利月刊
时间：1935
卷期：第2卷第11期　页码：961—1014
类型：报告

标题：商情报告（市第五一四号　中华民国二十四年十月五日）
提要：九月份五金市况之回顾
九月份之五金市况，因长江黄河珠江等流域，均洪水为灾，元气大伤
来源：商情报告
时间：1935
卷期：第332期　页码：20—21
类型：报告

标题：陕甘绥三省黄河造林
来源：导光周刊
时间：1935
卷期：第3卷第32期　页码：2
类型：新闻

标题：黄河水利委员会组织法（民国二十四年七月一日修正公布）
来源：四川省政府公报
时间：1935
卷期：第23期　页码：66—67
类型：法规

标题：甘肃黄河沿岸之水车
作者：孙友农
来源：农林新报
时间：1935
卷期：第12卷第29期　页码：2—4
类型：随笔

标题：山东省政府训令（民字第二二一八号　二十四年九月十三日）
提要：令县政建设实验区长官公署、各厅县、济南市政府
黄河水灾救济委员会呈报博山县煤矿业同业公会劝募原煤七十五吨济南市面粉业同业公会捐款三千元请分别予以嘉奖等情应准传

令嘉奖仰知照由
作者：韩复榘
来源：山东省政府公报
时间：1935
卷期：第 356 期　页码：26—27，2
类型：训令

标题：山东省政府训令（铨字第二三一〇号　二十四年九月十九日）
提要：令县政建设实验区长官、黄河水灾救济委员会
据郓城县县长呈本县黄河水灾救济委员会委员王枫宸因公病故请褒扬抚恤等情已令仰黄河水灾救济委员会开列事实具呈察夺仰饬知由
作者：韩复榘
来源：山东省政府公报
时间：1935
卷期：第 356 期　页码：28—29，3
类型：训令

标题：对于鲁代表治黄河意见拟分流入南河故道之驳议
作者：武同举
来源：江苏研究
时间：1935
卷期：第 1 卷第 6 期　页码：1—3
类型：报告

标题：黄河决了口……
来源：小朋友画报
时间：1935
卷期：第 2 卷第 32 期　页码：1
类型：图片

标题：国民政府令（任免令七件　二十四年十月十九日）
提要：黄河水利委员会委员长李仪祉呈请辞职
作者：林森　汪兆铭　陈公博
来源：国民政府公报（南京1927）
时间：1935
卷期：第 1875 期　页码：4—5，2
类型：政令

标题：驻仰光领馆通讯（第二十六号）
提要：吾国本年水灾遍及长江黄河两流域……
来源：外部周刊
时间：1935
卷期：第 83 期　页码：25—26
类型：通讯

标题：二千万振灾公债
提要：此次长江黄河两流域，而尤其是黄河，为灾之烈，实所罕见
作者：光
来源：民鸣周刊
时间：1935
卷期：第 2 卷第 18 期　页码：3
类型：新闻

标题：豫引黄入惠
提要：黄河之为害，是谁都承认的，尤其是这几年来，受黄灾极甚……
作者：光
来源：民鸣周刊
时间：1935
卷期：第 2 卷第 18 期　页码：3
类型：新闻

标题：山东省政府训令（民字第二四二〇号　二十四年十月四日）

提要：令县政建设实验区长官、民政厅、各县政府
据黄河水灾救济委员会呈复批交济宁王长官陷代电据巨野县长电拟灾民通信办法一案请令饬灾区各县查照等情除指令照准外仰饬遵、知照、饬遵由
作者：韩复榘
来源：山东省政府公报
时间：1935
卷期：第 358 期　**页码**：20—21，2
类型：训令

标题：不到黄河心不死，黑岗口远足素描
提要：骑驴坐车步行一听尊便，疲乏愉快满足甘苦备尝
作者：珊冰
来源：河南大学校刊
时间：1935
卷期：第 87 期　**页码**：2
类型：游记

标题：国民政府指令（第二五五六号二十四年十月二十九日）
提要：令全国经济委员会
二十四年十月二十三日第一零七六七号呈一件，为黄河水利委员会委员长李仪祉呈请辞职，已奉令照准，所有该会委员长职务，已饬由副委员长孔祥榕暂行代理，请鉴核备案由
作者：林森
来源：国民政府公报（南京 1927）
时间：1935
卷期：第 1884 期　**页码**：18
类型：指令

标题：童庄堵口工程修筑大堤进引之情形
来源：黄河水利月刊
时间：1935
卷期：第 2 卷第 12 期
类型：照片

标题：童庄堵口工程东坝坝前护沿
来源：黄河水利月刊
时间：1935
卷期：第 2 卷第 12 期
类型：照片

标题：童庄堵口工程储以待用之秸石等料
来源：黄河水利月刊
时间：1935
卷期：第 2 卷第 12 期
类型：照片

标题：董庄江苏坝之全景
来源：黄河水利月刊
时间：1935
卷期：第 2 卷第 12 期
类型：照片

标题：河防现状及目前应有之措施
作者：郑耀西
来源：黄河水利月刊
时间：1935
卷期：第 2 卷第 12 期　**页码**：1021—1024
类型：报告

标题：培修陈桥迤东豫堤紧急工程计划
作者：河南河务局
来源：黄河水利月刊
时间：1935
卷期：第 2 卷第 12 期　**页码**：1025—1027
类型：报告

标题：勘查寿张阳谷东阿东平郓城菏泽鄄城等县境内溃水暨拦水埝情形并如何设法泄水还黄等报告（附表）
作者：华冠时　赵家璞　马冠千
来源：黄河水利月刊
时间：1935
卷期：第2卷第12期　**页码**：1029—1042
类型：报告

标题：施政报告（二十四年十月份）
提要：一、重要图表之绘制［表格］；
二、河防设计研究之事项；
三、林垦计画实施之事项；
四、黄河徒骇河地形测量及设计测量之进行［表格］；
五、精密水准测量之进行［表格］；
六、水文测量之进行［表格］；
七、西京办事处之工作成绩［表格］；
八、招集豫冀鲁苏四省会商黄河堵口复堤及分配工款会议；
九、会同山东省政府审议黄河董庄堵口工程计画（划）；
十、派员勘察绥远宁夏水灾情形并代请补助防泛费；
十一、协助山东铺设由兰封至东坝头轻便铁路；
十二、完成沁口护岸工程；
十三、协助豫冀鲁三省办理防泛工程；
十四、协助山东办理董庄堵口事宜
来源：黄河水利月刊
时间：1935
卷期：第2卷第12期　**页码**：1043—1060
类型：报告

标题：公务员任用法施行细则（二十四年十二月三十一日国民政府公布）
来源：黄河水利月刊
时间：1935
卷期：第2卷第12期　**页码**：1063—1067
类型：法规

标题：公务员考绩法（二十四年七月十六日国民政府公布）
来源：黄河水利月刊
时间：1935
卷期：第2卷第12期　**页码**：1067—1068
类型：法规

标题：公务员考绩法施行细则（二十四年十月三十日国民政府公布）、公务员考绩奖惩条例（二十四年十一月一日国民政府公布）
来源：黄河水利月刊
时间：1935
卷期：第2卷第12期　**页码**：1068—1072
类型：法规

标题：考绩委员会组织通则（二十四年十一月一日国民政府公布）
来源：黄河水利月刊
时间：1935
卷期：第2卷第12期　**页码**：1072—1073
类型：法规

标题：宁夏省政府马主席电为宁夏河渠工程浩大应及时兴修该工款是否贵会酌量拨发请电示由（十一月六日）
来源：黄河水利月刊
时间：1935
卷期：第2卷第12期　**页码**：1075
类型：电报

标题：全国经济委员会农业处函为准函关于沿黄支干种植苜蓿之初步实施计画（划）一案再分述意见三项嘱查酌理见复等由兹分别拟复希查照办理由（农字第一七六六号　十一月十六日）
作者：赵迳芳
来源：黄河水利月刊
时间：1935
卷期：第 2 卷第 12 期　**页码**：1075—1076
类型：公函

标题：实业部地质调查所函复合作研究钻探地质办法请查酌见复由（字第五九四三号　十一月十八日）
作者：翁文灏
来源：黄河水利月刊
时间：1935
卷期：第 2 卷第 12 期　**页码**：1076—1077
类型：公函

标题：河北省建设厅代电为奉省令转发堵口复堤工程办法细则饬迅速遵办具报等因现以工情变迁已饬黄河河务局先事筹备催速另拟修筑计画（划）呈候核转特先电请察照由（十一月二十九日）
来源：黄河水利月刊
时间：1935
卷期：第 2 卷第 12 期　**页码**：1077—1078
类型：电报

标题：函实业部地质调查所为本会拟建拦洪水库拟请介绍富有经验之地质专家一人主持钻探工作希查照办理见复由（十一月二日）
作者：黄河水利委员会
来源：黄河水利月刊
时间：1935
卷期：第 2 卷第 12 期　**页码**：1079
类型：公函

标题：函山东、河南、河北、江苏省政府为奉令对于堵口复堤防治各项工作努力督促实行一案希查照并转行知照由（字第二号　十一月五日）
作者：孔祥榕
来源：黄河水利月刊
时间：1935
卷期：第 2 卷第 12 期　**页码**：1079—1080
类型：公函

标题：呈全国经济委员会为呈复遵电查明黄河故道河槽淤垫高度堤岸残缺情形及排泄水量之工程需款约数仰祈鉴核示遵由（十一月七日）
作者：孔祥榕
来源：黄河水利月刊
时间：1935
卷期：第 2 卷第 12 期　**页码**：1080—1083
类型：呈文

标题：呈全国经济委员会为遵令议复宁夏省请拨款修筑被水冲毁各河渠工程一案仰祈鉴核示遵由（十一月九日）
作者：孔祥榕
来源：黄河水利月刊
时间：1935
卷期：第 2 卷第 12 期　**页码**：1083—1084
类型：呈文

标题：呈全国经济委员会为呈送兰封小

标题：新堤上游丁圪垱护岸工程计画书仰祈鉴核示遵由（十一月十五日）
作者：孔祥榕
来源：黄河水利月刊
时间：1935
卷期：第 2 卷第 12 期　**页码**：1084—1085
类型：呈文

标题：代电山东、河南、河北省政府：请对于堵口复堤工程赶速进行并将进行实况见复由（十一月十五日）
作者：孔祥榕
来源：黄河水利月刊
时间：1935
卷期：第 2 卷第 12 期　**页码**：1085
类型：电报

标题：呈全国经济委员会为准绥远建设厅代电请续拨防泛费四万五千元具文转呈仰祈鉴核由（十一月十六日）
作者：孔祥榕
来源：黄河水利月刊
时间：1935
卷期：第 2 卷第 12 期　**页码**：1085—1086
类型：呈文

标题：电全国经济委员会准山东省政府铣电转祈鉴核由（十一月十八日）
作者：孔祥榕
来源：黄河水利月刊
时间：1935
卷期：第 2 卷第 12 期　**页码**：1086—1087
类型：电报

标题：呈全国经济委员会为呈送绥远省防泛紧急工程图表仰祈鉴核示遵由（十一月十九日）
作者：孔祥榕
来源：黄河水利月刊
时间：1935
卷期：第 2 卷第 12 期　**页码**：1087—1088
类型：呈文

标题：呈全国经济委员会为呈送黄运联运工程案内魏家山吸水站各项工程包工合同暨附属书类仰祈鉴核一案示遵由（十一月二十六日）
作者：孔祥榕
来源：黄河水利月刊
时间：1935
卷期：第 2 卷第 12 期　**页码**：1088—1089
类型：呈文

标题：呈全国经济委员会为呈请拨发巨型试验及防冲土壤试验开办费之一部暨七八两月份经常费附呈请款书仰祈鉴核施行由（十一月二十七日）
作者：孔祥榕
来源：黄河水利月刊
时间：1935
卷期：第 2 卷第 12 期　**页码**：1089—1090
类型：呈文

标题：呈全国经济委员为呈复本会设计测量队已往工作情形及以后工作计画并呈送康屯裁湾取直工程计画及董庄决口形势图仰祈鉴核示遵由（十一月二十八日）
作者：孔祥榕
来源：黄河水利月刊
时间：1935
卷期：第 2 卷第 12 期　**页码**：1090—1091

类型：呈文

标题：函复山东建设厅送还黄运联运二十四年度预算书及分配表请查照前函办理见复由（第三六号　十一月二十八日）
作者：孔祥榕
来源：黄河水利月刊
时间：1935
卷期：第 2 卷第 12 期　页码：1091—1092
类型：公函

标题：呈全国经济委员会为呈复上年度三省大堤紧急工程案内黄十段中牟陈桥工程进行情形仰祈鉴核示遵由（十一月三十日）
作者：孔祥榕
来源：黄河水利月刊
时间：1935
卷期：第 2 卷第 12 期　页码：1092—1094
类型：呈文

标题：河防八法
作者：张鹏翮
来源：黄河水利月刊
时间：1935
卷期：第 2 卷第 12 期　页码：1095—1099
类型：报告

标题：报告本省黄河水灾救济委员会派员押运发给长垣县麦种及振衣支用旅运各费数目请公鉴案
作者：李培基
来源：河北民政月刊
时间：1935
卷期：第 3 期　页码：40—42
类型：报告

标题：河北省黄河北岸车石段大堤堵口护堤实习报告
作者：恽新安　薛履坦
来源：水利
时间：1935
卷期：第 9 卷第 4 期　页码：269—281
类型：报告

标题：黄河水灾之因素与治法
作者：朱延平
来源：浙江省建设月刊
时间：1935
卷期：第 9 卷第 4 期　页码：1—7
类型：报告

标题：山东及江苏黄河水灾图
作者：中国华洋义赈救灾总会
来源：救灾会刊
时间：1935
卷期：第 13 卷第 1 期　页码：72
类型：图片

标题：晋北区呈报将黄河沿岸之罗峪口永和关两盐警队暂调北路协缉之备案
来源：盐务汇刊
时间：1935
卷期：第 77 期　页码：20—21
类型：呈文

标题：黄河水利之整治
　　　兹将黄河水利委员会十月份办理之工作择要分述
提要：一、豫冀鲁三省防汛堵口各项工程之协助；
　　　二、沁河口护岸工程之完成；
　　　三、河防之设计研究；

四、林垦事项之计划；
五、黄河徒骇河地形测量及设计测量之进行；
六、精密水准测量之进行；
七、水文测量之进行；
八、黄河堵口复堤会议之召集
来源：中国国民党指导下之政治成绩统计
时间：1935
卷期：第 10 期　页码：116—124
类型：报告

标题：中外要闻
提要：黄河水利委员会会长李仪祉辞职照准了
来源：天主公教白话报
时间：1935
卷期：第 19 卷第 21 期　页码：460
类型：新闻

标题：山东省政府训令（民字第二六○○号 二十四年十月二十二日）
提要：令各厅市县局、县政建设实验区长官、黄河水灾救济委员会
为鲁西水灾捐薪助赈各县长热心救济殊堪嘉慰亟应通令周知用资观感仰知照由
作者：韩复榘
来源：山东省政府公报
时间：1935
卷期：第 360 期　页码：30—31，3
类型：训令

标题：水利工程学会请周礼先生演讲
提要：讲题"黄河之堵口工程"，今日晚七时在致知堂
来源：国立中央大学日刊
时间：1935

卷期：第 1544 号　页码：2972
类型：通知

标题：山东省政府教育厅训令（第二五八九号）
提要：令省立师范学校、实验小学、各县县政府等
准山东黄河水灾救济委员会函送歌曲两种随令颁发仰转发各校由（附歌曲）
来源：山东教育行政周报
时间：1935
卷期：第 368 期　页码：1—3
类型：训令

标题：建设厅长冯曦提议临五安三县局长对于黄河河防应负专责并应联合防御案
来源：绥远建设季刊
时间：1935
卷期：第 20 期　页码：118—119
类型：报告

标题：黄河泛冰记
作者：任兴发
来源：小朋友
时间：1935
卷期：第 640 期　页码：43—44
类型：日记

标题：鲁黄河淤地处理办法
来源：内政消息
时间：1935
卷期：第 10 期　页码：783—784
类型：报告

标题：黄河之水天上来

作者：仁
来源：中国漫画
时间：1935
卷期：第 2 期　页码：6—7
类型：随笔

标题：徐州征民夫二万余抢筑黄河大堤
作者：赵宗鲁
来源：新人周刊
时间：1935
卷期：第 1 卷第 48 期　页码：23
类型：照片

标题：黄河岸上远望蒙古沙漠
作者：王小亭
来源：新人周刊
时间：1935
卷期：第 1 卷第 20 期　页码：22
类型：照片

标题：历代黄河在豫泛滥纪要
作者：张了且
来源：禹贡
时间：1935
卷期：第 4 卷第 6 期　页码：5—19
类型：论文

标题：山东历城风景
提要：黄河铁桥
来源：正风半月刊
时间：1935
卷期：第 1 卷第 22 期　页码：1 页
类型：照片

标题：山东省政府训令（民字第二六八四号　二十四年十月二十六日）
提要：令各厅市县局、县政建设实验区长官
据黄河水灾救济委员会呈为东平县长孙永汉呈报地方款节余有意朦混请酌予处分等情经提政会议决孙永汉记过一次并严令实验区各县迅速查报仰知照饬遵由
作者：韩复榘
来源：山东省政府公报
时间：1935
卷期：第 361 期　页码：24—25，3
类型：训令

标题：山东省政府训令（民字第二七一八号　二十四年十月三十一日）
提要：令各厅市局、县政建设实验区长官
据黄河水灾救济委员会呈据沂水县长号话电山东灾声月刊一案系借端敛钱请通令严禁等情仰饬属严禁由
作者：韩复榘
来源：山东省政府公报
时间：1935
卷期：第 361 期　页码：25，3
类型：训令

标题：黄河水利委员会根本治黄计划
来源：导光周刊
时间：1935
卷期：第 3 卷第 38 号　页码：3
类型：计划

标题：论黄河水患
作者：李翠凤
来源：遗族校刊
时间：1935
卷期：第 3 卷第 1 期　页码：134—136
类型：论文

标题：中央公务员惩戒委员会公示（中华民国二十四年十一月二十一日）
提要：为公示送达事，本会处理黄河水灾救济委员会工振组主任孔祥榕等被劾废弛职务贻害地方一案
作者：覃振
来源：国民政府公报（南京1927）
时间：1935
卷期：第1904期　**页码**：11
类型：公示

标题：统一黄河水利行政组织案
来源：中央党务月刊
时间：1935
卷期：第88期　**页码**：148—151
类型：决议

标题：平汉铁路管理局工作报告（二十三年十一月份）
提要：展筑黄河北岸路西尽头岔道
来源：铁路月刊（平汉线）
时间：1935
卷期：第57期　**页码**：89
类型：报告

标题：大人骨
提要：伍青海共和县黄河南岸发现体长丈余有殉葬之金质小马，或为汉赵充国征匈奴时战士
来源：铁路月刊（平汉线）
时间：1935
卷期：第57期　**页码**：108
类型：新闻

标题：河北省救济黄河水灾概况及统计报告（续）（附表）
作者：蒋锡曾

来源：河北月刊
时间：1935
卷期：第3卷第11期　**页码**：1—6
类型：报告

标题：本年国内灾患迭见，黄河长江流域一带，先后发生水灾……图为女童子军沿途募捐时之情形
作者：顺麟
来源：良友
时间：1935
卷期：第111期　**页码**：7
类型：照片

标题：河北黄河之护岸埽工
来源：水利
时间：1935
卷期：第9卷第5期
类型：照片

标题：固定黄河河床应以何水位为标准
作者：李仪祉
来源：水利
时间：1935
卷期：第9卷第5期　**页码**：287—295
类型：论文

标题：咆哮的黄河
作者：葛葆桢
来源：文学（上海1933）
时间：1935
卷期：第5卷第5期　**页码**：892—895
类型：诗歌

标题：铁路要讯
提要：路讯
胶济路：（丙）续拨黄河堵口运料

车一列
来源：铁路杂志
时间：1935
卷期：第 1 卷第 6 期　页码：184
类型：新闻

标题：山东省政府黄河董庄堵口工程处组织简章
来源：山东民政公报
时间：1935
卷期：第 246 期　页码：59—60
类型：法规

标题：山东省政府训令（民字第二七七八号　二十四年十一月八日）
提要：令黄河水灾救济委员会、各厅县局、济南市政府
据县政建设实验区长官呈报定陶县长刘卓孚捐薪助赈等情应准传令嘉奖以昭激劝仰知照由
作者：韩复榘
来源：山东省政府公报
时间：1935
卷期：第 363 期　页码：15—16，2
类型：训令

标题：山东省政府训令（民字第二八一四号　二十四年十一月十四日）
提要：令各厅局市、县政建设实验区长官、黄河水灾救济委员会
据陵县灾民收容管理处呈报捐施药资及劝募棉衣救济灾黎各情形请鉴核等情该县长捐薪助赈嘉惠灾民应予传令嘉奖仰知照由
作者：韩复榘
来源：山东省政府公报
时间：1935

卷期：第 363 期　页码：19—20，3
类型：训令

标题：包头南"二里半"村之黄河图示夏季水流汹涌之状
来源：地学季刊
时间：1935
卷期：第 2 卷第 3 期　页码：1 页
类型：照片

标题：孔祥榕电山东堵口会催堵黄河口
来源：天主公教白话报
时间：1935
卷期：第 19 卷第 23 期　页码：503
类型：电报

标题：黄河上游水行的两个深刻的印象
作者：任美锷
来源：地理杂志
时间：1935
卷期：第 8 卷第 11/12 期　页码：76—80
类型：论文

标题：黄河夕照
来源：地理杂志
时间：1935
卷期：第 8 卷第 11/12 期　页码：封面
类型：照片

标题：甘省府决定补修黄河铁桥
来源：建设评论
时间：1935
卷期：第 1 卷第 3 期　页码：109—110
类型：新闻

标题：（国内）长江黄河水灾迸发灾区十余省

来源：纯泉
时间：1935
卷期：第 3 期　**页码**：44—45
类型：新闻

标题：山东省政府训令（民字第二八二九号　二十四年十一月十五日）
提要：令各厅局市、县政建设实验区长官据黄河水灾救济委员会呈为续据呈报捐薪助赈各县长及数目清折请鉴核等情应予传令嘉奖仰知照由
作者：韩复榘
来源：山东省政府公报
时间：1935
卷期：第 364 期　**页码**：26—27，2
类型：训令

标题：国民政府指令（第二八二八号　二十四年十二月六日）
提要：令全国经济委员会
　　　二十四年十一月三十日会秘字第一二二零四号呈一件，为准山东省政府韩主席漾电，请将黄河董庄堵口工程改归黄河水利委员会代理委员长孔祥榕接办，核尚可行，除已令饬该代委员长积极办理，并复请山东省政府仍以全力协助进行，以期早日合龙外，报请鉴核备案由
作者：林森
来源：国民政府公报（南京1927）
时间：1935
卷期：第 1916 号　**页码**：10
类型：指令

标题：北上渡黄河口占
作者：钝厂

来源：民族周刊
时间：1935
卷期：第 7 期　**页码**：13
类型：诗歌

标题：山东黄河水灾救济委员会造送十月二十六至十月二十九日收支赈捐款数目四柱清表
来源：山东省政府公报
时间：1935
卷期：第 365 期　**页码**：62—66
类型：清单

标题：国内地理界消息
提要：甲、各省水利状况
　　　引黄河水入惠济河：疏通汴市积水灌溉农田，黑冈口虹吸管实行试水
作者：杨向奎　葛启扬　张佩苍
来源：禹贡
时间：1935
卷期：第 4 卷第 8 期　**页码**：39
类型：新闻

标题：国内地理界消息
提要：己、各省水灾状况
　　　黄河又涨水：苏北军屯河溃决，沭阳县城危急
作者：杨向奎　葛启扬　张佩苍
来源：禹贡
时间：1935
卷期：第 4 卷第 8 期　**页码**：56
类型：新闻

标题：国内地理界消息
提要：己、各省水灾状况
　　　冀冷寨黄河险工：鲁鄄城格堤被

熘冲塌百余丈，苏北大伊山被淹没交通阻断

作者：杨向奎　葛启扬　张佩苍
来源：禹贡
时间：1935
卷期：第4卷第8期　页码：56
类型：新闻

标题：黄河之堵口工程
提要：周礼先生十一月十一日在本校水利工程学会演讲
作者：冯龙云　朱咸
来源：国立中央大学日刊
时间：1935
卷期：第1580号　页码：3116
类型：演讲

标题：历代黄河在豫泛滥纪要（1130）
作者：张了且
来源：史地社会论文摘要月刊
时间：1935
卷期：第2卷第3期　页码：24
类型：摘要

标题：黄河水灾之因素与治法（1131）
作者：伯
来源：史地社会论文摘要月刊
时间：1935
卷期：第2卷第3期　页码：24—25
类型：摘要

标题：国民政府指令（第二九一四号二十四年十二月十九日）
提要：令全国经济委员会
二十四年十二月十二日会水字第一二六一八号呈一件，为准浙江省政府、河北省政府、黄河水科委员会先后函送兴办水利有功人员干凯军等请奖表，经核与条例相符，分别给与奖章以昭激劝，检同原表及清单，汇案呈请鉴核备案由
作者：林森
来源：国民政府公报（南京1927）
时间：1935
卷期：第1927期　页码：6
类型：指令

标题：咨绥远省政府（林字第一八八四号　中华民国二十四年十一月十五日）
提要：准咨送黄河保安造林计划及第一林区主任履历表均无不合应准备案黄河保安造林系目今要政应请转饬切实进行至本部津贴之六千元业已汇拨希查收见复由
作者：陈公博
来源：实业公报
时间：1935
卷期：第257—258期　页码：102—103
类型：咨文

标题：山东黄河水灾救济委员会造送十月三十日至十一月三日收支赈捐款数目四柱清表
来源：山东省政府公报
时间：1935
卷期：第366期　页码：58—64，5
类型：清单

标题：横渡黄河
作者：莫孚
来源：新中华
时间：1935

卷期：第 3 卷第 24 期　页码：78—81
类型：随笔

标题：黄河之堵口工程（续）
提要：周礼先生十一月十一日在本校水利工程学会演讲（附表）
作者：冯龙云　朱咸
来源：国立中央大学日刊
时间：1935
卷期：第 1582 期　页码：3123—3124
类型：演讲

标题：黄河之堵口工程（续）
提要：周礼先生十一月一日在本校水利工程学会演讲
作者：冯龙云　朱咸
来源：国立中央大学日刊
时间：1935
卷期：第 1583 期　页码：3126—3127
类型：演讲

标题：山东黄河水灾救济委员会造送十一月四日至七日收支赈捐款数目四柱清表
来源：山东省政府公报
时间：1935
卷期：第 367 期　页码：5，71—77
类型：清单

标题：江河水灾（十月份至十一月份）
提要：（济南三日电）孔祥榕电韩复榘谓黄河水利委员会奉经委会令会同鲁苏豫冀四省府对复堤堵口事详勘，估拟施工计划及办法
来源：华北水利月刊
时间：1935
卷期：第 8 卷第 11/12 期　页码：77—80
类型：新闻

标题：流量比率曲线 Approximate Discharge Rating Curve 及本年黄河在潼关最大流量之探讨（附图表）
作者：杨炳堃
来源：陕西水利月刊
时间：1935
卷期：第 3 卷第 11 期　页码：3—8
类型：论文

标题：河北省黄河水灾救电青岛市政府为鸣谢拨助本省赈款四千元由救济委员会（二十四年十一月）
来源：河北民政月刊
时间：1935
卷期：第 5 期　页码：191
类型：公牍

标题：河南盐务收税局二十四年十一月份工作报告
提要：（二）关于晋省封闭黄河北岸洪阳车村等渡口案
来源：盐务汇刊
时间：1935
卷期：第 81 期　页码：107—108
类型：报告

标题：开封黑岗口黄河南岸安装虹吸管工程计划
来源：整理水道改良土壤汇刊
时间：1935
卷期：第 1 期　页码：133—137
类型：计划

标题：河北省黄河紧急工程概况（续）
作者：林荣

来源：河北月刊
时间：1935
卷期：第 3 卷第 12 期　页码：1—11
类型：报告

标题：中国矿业纪要第五次
提要：各省矿业近状：四、宁夏省：宁夏之煤矿；宁夏黄河宽谷东西两岸之山岭
作者：侯德封
来源：地质专报
时间：1935
卷期：丙种　页码：338—339
类型：纪要

标题：黄河水灾灾民抱孩水中力图挣扎图
来源：救灾会刊
时间：1935
卷期：第 13 卷第 3 期　页码：20
类型：照片

标题：宋元明代之黄河
作者：武同举
来源：水利
时间：1935
卷期：第 9 卷第 6 期　页码：430—440
类型：文章

标题：开封之水利工程
提要：距开封六十里之黑岗口安置虹吸管六对吸取黄河之水灌溉农田上月工竣已正式启用矣
来源：复兴月刊
时间：1935
卷期：第 4 卷第 4 期　页码：7
类型：照片

标题：绥远省沿黄河各县二十四年防泛紧急工程计划一览表
来源：绥远建设季刊
时间：1935
卷期：第 23 期　页码：82—85
类型：报告

标题：铁路要讯
提要：路讯
　　　陇海路：（己）修筑灵宝迤西黄河正式护堤工程
来源：铁路杂志
时间：1935
卷期：第 1 卷第 7 期　页码：154
类型：新闻

标题：黄河水利之整治
提要：一、河防之设计研究；
　　　二、董庄堵口工程之进行；
　　　三、沁河口便桥之筹设；
　　　四、黄河地形之测量；
　　　五、精密水准测量之进行；
　　　六、水文测量之进行；
　　　七、林垦事项之办理；
　　　八、董庄兰封无线电台之设置
来源：中国国民党指导下之政治成绩统计
时间：1935
卷期：第 12 期　页码：115—123
类型：报告

标题：民国二十三年大事记
提要：一月二十一日杜理事长绍彭膺国府黄河水灾救济委员会山东查放处主任由鲁来函报告……
作者：朱质璋
来源：道德半月刊
时间：1935

卷期：第1卷第1期　**页码**：27—32
类型：要闻

标题：工商与物产
提要：周家口特种手工业调查
　　　　手工业六十余种行销黄河南北，农村凋敝新工业兴起后渐衰落
来源：国际贸易导报
时间：1935
卷期：第7卷第6期　**页码**：182—184

标题：每周国内大事述要
提要：水灾问题
　　　　电请鲁韩掘埝放水、水险重心移到邳县、黄河又涨朱口吃紧
作者：德亮
来源：中央时事周报
时间：1935
卷期：第4卷第34期　**页码**：26—27
类型：要闻

标题：每周国内大事述要
提要：水灾报告
　　　　沂河溃决窑湾陆沉、万公堤崩溃十数丈、柴米河决四十余丈、鲁进行堵黄河决口
作者：德亮
来源：中央时事周报
时间：1935
卷期：第4卷第39期　**页码**：37—38
类型：要闻

标题：班禅大师入蒙宣化由平绥路抵包头即西进经乌中公西公两旗渡黄河抵伊盟每遇大召必诵经日极受欢迎图示蒙民手捧礼物进召叩见情形
来源：新人周刊
时间：1935
卷期：第1卷第23期　**页码**：1
类型：照片

标题：九日黄河上游暴涨大水已过陕州
来源：我存杂志
时间：1935
卷期：第3卷第7期　**页码**：66
类型：新闻

标题：一月来之西北
提要：绥远
　　　　一、沃野设治局近况：沃野位鄂托克旗西，正当黄河之滨……
作者：文萱
来源：开发西北
时间：1935
卷期：第4卷第5期　**页码**：80—81

标题：治理江河应注意之点
提要：三日行政院会议已通过长江黄河治标治本的提案……
来源：民间（北平）
时间：1935
卷期：第2卷第9期　**页码**：23—24
类型：报告

标题：黄河运机船只（军渡至延水关）
来源：地理学报
时间：1935
卷期：第2卷第1期　**页码**：1页
类型：照片

标题：黄河鸟瞰
作者：王小亭　逸千
来源：时代

时间：1935

卷期：第 7 卷第 5 期　页码：3

类型：照片

标题：冀省府筹款培修黄河大堤，大堤坍溃五千八百公尺

来源：真光杂志

时间：1935

卷期：第 34 卷第 6 期　页码：77

类型：新闻

标题：黄河决口水至郓城有直下苏北形势

来源：真光杂志

时间：1935

卷期：第 34 卷第 9 期　页码：73

类型：新闻

标题：序一、宁夏滨临黄河，土质肥腴，饶农田水利之富；故物产蕃多，驰誉全国

作者：马鸿达

来源：宁夏财政年刊

时间：1935

卷期：民国二十三年　页码：29—30

类型：报告

标题：中国华洋义赈救灾总会筹募黄河水灾农赈会计报告表

来源：中国华洋义赈救灾总会丛刊·甲种

时间：1935

卷期：甲种 43　页码：98

类型：表格

标题：电新五师杨师长郑州铁道炮队蒋代司令等为准河南省政府电告国联专家由汴出发察勘黄河水利希于到达时妥为保护由

来源：绥靖旬刊

时间：1935

卷期：第 44 期　页码：76—77

类型：电报

标题：每周简讯（七月二十二日至二十八日）

提要：七月二十二日，水利专家李仪祉等在津浦宾馆议定黄河堵口办法六项

来源：礼拜六

时间：1935

卷期：第 601 期　页码：21

类型：新闻

标题：黄县黄河水灾赈委会决议演剧集款赈济黄灾，特约北平名角登台，廿五日起演唱六天

来源：黄县民友

时间：1935

卷期：第 3 卷第 33—34 期　页码：34

类型：新闻

标题：一月来的国际

提要：黄河改道之势已成

作者：黄山

来源：青年界

时间：1935

卷期：第 8 卷第 3 期　页码：32—33

类型：新闻

标题：一月来之建设

提要：水利

　　　筹备黄河复堤办法

来源：河南政治

时间：1935

卷期：第 5 卷第 11 期　页码：2

类型：新闻

标题：青海风光
提要：烟草
在宁夏附近及黄河西岸一带颇富农产品尤以烟草为最伙所制兰州水烟名闻全国
作者：张全平
来源：中华（上海）
时间：1935
卷期：第 37 期　页码：4
类型：照片

标题：包头南海子黄河岸之运粮船
来源：开发西北
时间：1935
卷期：第 3 卷第 1/2 期　页码：1 页
类型：照片

标题：一月来之林垦
提要：鲁西灾民移垦黄河下游洼地
来源：中国实业
时间：1935
卷期：第 1 卷第 3 期　页码：557
类型：新闻

标题：多事的黄河，又闹搬家
来源：中国现象（九一八以后之中国画史）
时间：1935
卷期：九一八以后之中国画史　页码：71
类型：照片

标题：防黄
提要：电江都高宝淮邳三段工务所（黄河漫溢妥为防范）
来源：江北运河工程局年刊
时间：1935
卷期：第 3 期　页码：88
类型：电文

标题：冀省黄河工纪（未完）
作者：潞生
来源：河北月刊
时间：1935
卷期：第 3 卷第 1 期　页码：1—4
类型：纪要

标题：本会纪事
提要：本会山东菏泽县分会报告水灾函为呈报黄河决口事，窃职会按本会宗旨……
作者：杨秀山
来源：道德半月刊
时间：1935
卷期：第 1 卷第 11 期　页码：22—23
类型：公函

标题：主任在黄河水利委员会对副委长孔祥榕举行宣誓就职礼训词（五月十一日）
来源：绥靖旬刊
时间：1935
卷期：第 56 期　页码：121—123
类型：讲演

标题：黄河水车
来源：中国学生（上海 1935）
时间：1935
卷期：第 1 卷第 10 期　页码：封二
类型：照片

标题：县政府召开黄河水灾赈捐筹备会讨论募集赈款办法
来源：黄县民友

时间：1935
卷期：第 3 卷第 31—32 期　**页码**：35
类型：新闻

标题：时事新闻
提要：水越来越凶了，襄河上流带水灾
　　　　1. 济宁城外黄河泛滥村庄皆成泽国
来源：常识画报：中级儿童
时间：1935
卷期：第 15 期　**页码**：3
类型：照片

标题：水灾的挣扎
提要：1. 开封地滨黄河南岸城外各要道
　　　　备置沙包以防不测情形
来源：常识画报：高级儿童
时间：1935
卷期：第 15 期　**页码**：6
类型：照片

标题：兰州之黄河铁桥逊清末年所建
来源：欧亚航空公司开航四周年纪念特刊
时间：1935
卷期：不详　**页码**：134
类型：照片

标题：兰州附近黄河岸边之灌水车
来源：欧亚航空公司开航四周年纪念特刊
时间：1935
卷期：卷期不详　**页码**：134
类型：照片

标题：黄河堵口工作长垣县北岸河堤决
　　　　口卅一处堵筑半耗费百万
提要：（1）第廿一口东坎之工作
　　　　（2）贯台沟口西坝筑坝工作
　　　　（3）东坎全景
来源：新生周刊
时间：1935
卷期：第 2 卷第 2 期　**页码**：1
类型：照片

标题：北上考古平汉车中过黄河写怀
作者：马谏甫
来源：文艺捃华
时间：1935
卷期：第 2 卷第 1 期　**页码**：51
类型：诗歌

标题：关于黄河
作者：李维珠
来源：女师学院季刊
时间：1935
卷期：第 3 卷第 1/2 期　**页码**：36—37
类型：评论

标题：整治黄河之我见
作者：剑秋
来源：汗血周刊
时间：1935
卷期：第 5 卷第 13 期　**页码**：260
类型：评论

标题：青海贵德黄河之渡河
来源：开发西北
时间：1935
卷期：第 3 卷第 3 期　**页码**：1 页
类型：照片

1936 年

标题：黄河之河性
作者：吴明愿
来源：河南民报社
时间：1936
类型：图书

标题：豫冀鲁三省黄河图
来源：全国经济委员会水利处
时间：1936
类型：图书

标题：黄河志（第 3 篇　水文工程）
来源：国立编译馆
时间：1936
类型：图书

标题：黄河志（第 1 篇　气象）
来源：国立编译馆
时间：1936
类型：图书

标题：冀鲁豫三省黄河安澜庆祝会特刊
来源：冀鲁豫三省黄河安澜庆祝会
时间：1936
类型：图书

标题：恩格思治导黄河试验报告汇编
来源：全国经济委员会
时间：1936

类型：图书

标题：山东董庄黄河堵口工程纪要
作者：孔祥榕
时间：1936
类型：图书

标题：山东黄河水灾救济报告书（第 2 期）
来源：山东黄河水灾救济委员会
时间：1936
类型：图书

标题：对于山东董庄黄河堵口工程合龙
　　　闭气之谈话及根本治黄之意见
作者：孔祥榕
时间：1936
类型：图书

标题：潼关潼水入黄河处
来源：国风（南京）
时间：1936
卷期：第 8 卷第 1 期　页码：封 2
类型：照片

标题：柳园口黄河边防淤闸工程设计
　　　（附图表）
作者：何照芬
来源：土木工程（复旦土木工程学会会刊）
时间：1936

卷期：第 6 期　页码：39—47
类型：报告

标题：过黄河
作者：刘海涛
来源：校风
时间：1936
卷期：第 354 期　页码：1416
类型：诗词

标题：黄河之水天上来
提要：灾情是怎样？祸根在那里？（附图）
作者：丁晓先
来源：新少年
时间：1936
卷期：第 1 卷第 1 期　页码：39—44
类型：时评

标题：国民政府令（二十五年一月十六日）
提要：全国经济委员会呈，为黄河水利委员会技正刘秉镕、陆克铭呈请辞职，请免本职，应照准
作者：林森
来源：国民政府公报（南京1927）
时间：1936
卷期：第 1947 号　页码：1
类型：政令

标题：黄河堵口大工借鉴录
作者：武同举
来源：江苏研究
时间：1936
卷期：第 2 卷第 1 期　页码：1—16
类型：论文

标题：省政府训令（建字第四九号　中华民国二十六年一月二十六日）

提要：令民政厅、建设厅为奉行政院令发修正黄河水利委员会组织法仰知照由
作者：张自忠
来源：察哈尔省政府公报
时间：1936
卷期：第 969 期　页码：6—7，2
类型：训令

标题：提议拟定改聘本省黄河水灾救济委员会委员表请公决案
作者：张吉墉
来源：河北民政月刊
时间：1936
卷期：第 1 期　页码：50—57
类型：议案

标题：提议长垣县因黄河凌水暴发受灾甚重应否加拨振款二千元以资救济请公决案
作者：张吉墉
来源：河北民政月刊
时间：1936
卷期：第 1 期　页码：57—59，61
类型：议案

标题：河北省黄河水灾救济委员会代电南京振务会为送历次分拨各县振款数目清单请惠察由（二十四年十二月）
来源：河北民政月刊
时间：1936
卷期：第 1 期　页码：300—303
类型：电报

标题：河北省黄河水灾救济委员会长垣巡回诊疗队诊疗人数统计表（民

国二十四年八月至十月）
来源：河北民政月刊
时间：1936
卷期：第 1 期　页码：396—397
类型：表册

标题：董庄堵口工程西坝石坦坡之构造
来源：黄河水利月刊
时间：1936
卷期：第 3 卷第 1 期　页码：1 页
类型：照片

标题：董庄江苏坝第十坝头将届完工之情形
来源：黄河水利月刊
时间：1936
卷期：第 3 卷第 1 期　页码：1 页
类型：照片

标题：水经注河水考（未完）
作者：马毓山
来源：黄河水利月刊
时间：1936
卷期：第 3 卷第 1 期　页码：1—32
类型：论著

标题：黄河水利委员会二十五年份设计工作大纲
来源：黄河水利月刊
时间：1936
卷期：第 3 卷第 1 期　页码：33—35
类型：计划

标题：黄河水利委员会二十五年份测量及测验计画大纲（二十五年一月起迄十二月止）
来源：黄河水利月刊
时间：1936
卷期：第 3 卷第 1 期　页码：36—42
类型：计划

标题：河曲潼关间黄河干支各流概述（附表）
作者：顾乾贞
来源：黄河水利月刊
时间：1936
卷期：第 3 卷第 1 期　页码：43—57
类型：报告

标题：黄河水利委员会设计测量队二十四年四月至十二月工作状况报告
来源：黄河水利月刊
时间：1936
卷期：第 3 卷第 1 期　页码：59—65
类型：报告

标题：施政报告（二十四年十一月份）
提要：一、重要图表之绘制；
二、河防设计工程研究之事项；
三、林垦计画实施之事项；
四、黄河地形之测量；五、黄河上游测勘之进行；
六、精密水准测量之进行；七、水文测量之进行；
八、西京办事处之工作成绩；九、孔代理委员长接任视事；
十、设立泾川水文站；
十一、请拨发黄河巨型试验及防冲土壤试验开办费；
十二、核议黄河故道河槽淤垫高度堤岸残缺情形及排泄水量之工程需款约数案；
十三、拟具兰封小新堤上游丁圪垱护岸工程计画；

十四、抢护沁河口西黄河滩地护岸工程；
十五、成立第四科及工程组；
十六、协助山东董庄堵口进行情形
来源：黄河水利月刊
时间：1936
卷期：第3卷第1期　**页码**：67—87
类型：报告

标题：山东省政府咨为据民建财三厅核复河务局请筹发朱临黄十工款一案经政会议决朱临黄十堤款照准其上游中民埝补助费咨商黄委会请查核见复由（实字第一五二四号　十二月二日）
作者：韩复榘
来源：黄河水利月刊
时间：1936
卷期：第3卷第1期　**页码**：95—97
类型：咨文

标题：全国经济委员会训令关于所属设计测量队组织情形工作概况支出经费及完成之计画截至本年十二月底编具报告送会以凭汇编由（会水字第一二一九九号　十二月三日）
作者：汪兆铭　蒋中正　孔祥熙等
来源：黄河水利月刊
时间：1936
卷期：第3卷第1期　**页码**：97
类型：训令

标题：荷泽实验县县政府呈为恳请筹拨巨款就朱口工段添修石坝六道培修临河大堤后戗并将外大堤再加修补以作第二保障请鉴核由（十二月四日）
作者：陈亚三
来源：黄河水利月刊
时间：1936
卷期：第3卷第1期　**页码**：97—98
类型：呈文

标题：全国经济委员会训令以据水利处呈转国立中央研究院气象研究所拟送增设黄河长江流域雨量站及预告洪水位计画令仰该会核议具报以凭核办由（会秘字一二五一四号　十二月十日）
作者：汪兆铭　蒋中正　孔祥熙等
来源：黄河水利月刊
时间：1936
卷期：第3卷第1期　**页码**：99—100
类型：训令

标题：河北省政府电为南二段一带新修防险工程多已冲毁加修工料费倍蓰请设法加拨工款以济急需由（十二月十二日）
来源：黄河水利月刊
时间：1936
卷期：第3卷第1期　**页码**：100—101
类型：电报

标题：咨复山东省政府以朱临黄十段大堤工款既准照拨请饬施工至补助埝民工费请饬送计画预算以便转呈核示请查照见复由（第十号　十二月三日）
作者：孔祥榕
来源：黄河水利月刊
时间：1936
卷期：第3卷第1期　**页码**：101—102

类型：咨文
标题：电河南、河北省政府为询工程进行如何需否即领公债预约券希见复由（十二月四日）
来源：黄河水利月刊
时间：1936
卷期：第 3 卷第 1 期　**页码**：102—103
类型：电报

标题：函复江苏省政府丁圪垱护岸工程当就可能范围提早施工至挑水坝工程因限于经费俟筹有相当办法再行函达希查照由（第三十一号　十二月五日）
作者：孔祥榕
来源：黄河水利月刊
时间：1936
卷期：第 3 卷第 1 期　**页码**：103
类型：公函

标题：呈全国经济委员会为呈复奉发本年扬子江黄河堵口办法大纲及细则业经转送并准复到祈鉴核备考由（十二月七日）
作者：孔祥榕
来源：黄河水利月刊
时间：1936
卷期：第 3 卷第 1 期　**页码**：104—105
类型：呈文

标题：呈全国经济委员会为呈送宁夏省河渠灾区一览图及河坝标准图工程计画表及说明书并审核意见仰祈鉴核备考由（十二月九日）
作者：孔祥榕
来源：黄河水利月刊
时间：1936
卷期：第 3 卷第 1 期　**页码**：105—106
类型：呈文

标题：呈全国经济委员会拟请将金堤剩余树苗移植贯孟堤祈鉴核备案并示遵由（十二月九日）
作者：孔祥榕
来源：黄河水利月刊
时间：1936
卷期：第 3 卷第 1 期　**页码**：106—107
类型：呈文

标题：函山东建设厅为前准函送黄运联运案内魏家山吸水站各项工程包工合同及附属书类经呈奉指令饬将工程进行情形按月报会希查照办理见复由（第三十八号　十二月十日）
作者：孔祥榕
来源：黄河水利月刊
时间：1936
卷期：第 3 卷第 1 期　**页码**：109
类型：公函

标题：呈全国经济委员会据河南河务局呈报豫河紧急工程本年未完部分拟俟来春兴工办理等情祈鉴核示遵由（十二月十一日）
作者：孔祥榕
来源：黄河水利月刊
时间：1936
卷期：第 3 卷第 1 期　**页码**：109—111
类型：呈文

标题：呈全国经济委员会为转送河南中牟紧急工程计画书及预算仰祈鉴核示遵由（十二月十四日）

作者：孔祥榕
来源：黄河水利月刊
时间：1936
卷期：第 3 卷第 1 期　页码：111
类型：呈文

标题：呈全国经济委员会为遵令勘查河北省南二段及北三段迭呈险象原因呈请鉴核由（十二月十四日）
作者：孔祥榕
来源：黄河水利月刊
时间：1936
卷期：第 3 卷第 1 期　页码：111—113
类型：呈文

标题：呈全国经济委员会为呈报贯孟堤工程已验收完竣并交由河南省政府接管附呈图表仰祈鉴核备考由（十二月十四日）
作者：孔祥榕
来源：黄河水利月刊
时间：1936
卷期：第 3 卷第 1 期　页码：113—114
类型：呈文

标题：函实业部地质调查所为本会钻探孟津以上黄河地质拟于明年三月间实施请届时派专家协助以利进行希查照见复由（第四十三号　十二月二十日）
作者：孔祥榕
来源：黄河水利月刊
时间：1936
卷期：第 3 卷第 1 期　页码：114—115
类型：公函

标题：呈全国经济委员会为遵令核议整理及添设雨量站及预告洪水办法具文呈报仰祈鉴核示遵由（十二月二十八日）
作者：孔祥榕
来源：黄河水利月刊
时间：1936
卷期：第 3 卷第 1 期　页码：115—116
类型：呈文

标题：呈全国经济委员会为遵令呈送本会廿五年份测量及测验计画大纲伏乞鉴核由（十一月二十八日）
作者：孔祥榕
来源：黄河水利月刊
时间：1936
卷期：第 3 卷第 1 期　页码：116—117
类型：呈文

标题：苏联坡塔波夫教授发明治河新法
来源：黄河水利月刊
时间：1936
卷期：第 3 卷第 1 期　页码：119—120
类型：通讯报道

标题：山东黄河渡口管理守则
来源：山东河务特刊
时间：1936
卷期：第 8 期　页码：63—64
类型：法规

标题：山东黄河民埝防汛守则
来源：山东河务特刊
时间：1936
卷期：第 8 期　页码：64—65
类型：法规

标题：山东省政府训令（实字第二九四

号　中华民国二十四年二月七日）
提要：令河务局
　　　　为准黄委会函请饬河务局按照山东黄河善后工程计划进行由
作者：韩复榘
来源：山东河务特刊
时间：1936
卷期：第 8 期　**页码**：70—73，5
类型：训令

标题：山东省政府指令（实字第五六七零号　中华民国二十四年七月十六日）
提要：令河务局
　　　　呈一件为会商拟订黄河渡口管理守则请通令沿河各县切实执行由
作者：韩复榘
来源：山东河务特刊
时间：1936
卷期：第 8 期　**页码**：80
类型：指令

标题：呈黄河水利委员会送黄河行凌调查表
来源：山东河务特刊
时间：1936
卷期：第 8 期　**页码**：116
类型：呈文

标题：呈黄河水利委员会本年春厢与善后工程拟请分别进行由（二十四年二月二十三日）
作者：张连甲
来源：山东河务特刊
时间：1936
卷期：第 8 期　**页码**：117—119
类型：呈文

标题：呈黄河水利委员会遵令造送修培朱临段土方款数表由（二十四年六月一日）
作者：张连甲
来源：山东河务特刊
时间：1936
卷期：第 8 期　**页码**：125
类型：呈文

标题：呈黄河水利委员会为送黄十段大堤修培土方款数表由（二十四年六月十八日）
作者：张连甲
来源：山东河务特刊
时间：1936
卷期：第 8 期　**页码**：126
类型：呈文

标题：本厅提议案
　　　　提议据黄河水灾灾民移垦办事处呈据垦殖区垦民请贷款购买牛马发给应用可否照准请公决案
作者：张鸿烈
来源：山东省建设半月刊
时间：1936
卷期：第 1 卷第 3 期　**页码**：193
类型：提案

标题：河北省黄河紧急工程概况（续）
作者：林荣
来源：河北月刊
时间：1936
卷期：第 4 卷第 1 期　**页码**：1—11
类型：报告

标题：甘肃沿黄河造林
来源：科学

时间：1936
卷期：第 20 卷第 1 期　　页码：71—72
类型：新闻

标题：黄河之理想洪水峰
作者：吴明愿
来源：水利
时间：1936
卷期：第 10 卷第 1 期　　页码：24—28
类型：文章

标题：海宁观潮与黄河水灾
作者：子安
来源：效实学生
时间：1936
卷期：创刊号　　页码：10
类型：文章

标题：地方建设
提要：甘肃省
　　　省垣黄河南岸河堤工程之补修
来源：中国国民党指导下之政治成绩统计
时间：1936
卷期：第 1 期　　页码：220
类型：新闻

标题：路讯
提要：平汉路
　　　（丁）重行油漆黄河铁桥
来源：铁路杂志
时间：1936
卷期：第 1 卷第 8 期　　页码：149
类型：新闻

标题：黄河（上）
来源：新民
时间：1936

卷期：第 1 卷第 47 期　　页码：20—24
类型：问答

标题：中牟县中牟中汛沿黄河大堤一带沙地灌溉计划
来源：河南政治
时间：1936
卷期：第 6 卷第 11 期　　页码：2
类型：新闻

标题：令延津县澈底清理黄河故道滩地
来源：河南政治
时间：1936
卷期：第 6 卷第 5 期　　页码：5
类型：新闻

标题：山东黄河南岸大堤可保无虞
来源：天主公教白话报
时间：1936
卷期：第 20 卷第 3 期　　页码：65
类型：新闻

标题：长江黄河产棉调查结果
提要：中央农业所派员视察，决在华北广植美棉
来源：农学
时间：1936
卷期：第 1 卷第 5 期　　页码：129
类型：新闻

标题：潼关黄河船舶
来源：国风（南京）
时间：1936
卷期：第 8 卷第 2 期　　页码：封 2
类型：照片

标题：黄河堵口之争执

作者：胡焕庸
来源：国风（南京）
时间：1936
卷期：第 8 卷第 2 期　页码：34—38
类型：评论

标题：黄河流域地质志略序
作者：翁文灏
来源：地理杂志
时间：1936
卷期：第 9 卷第 1 期　页码：20—21
类型：序文

标题：甘绥陕三省沿黄河造林
提要：中央补助二万五千余元
来源：绥远农村周刊
时间：1936
卷期：第 89 期　页码：0

标题：棉作
提要：中央农业实验所前派技正冯泽芳视察去年长江黄河两流域……
来源：农业周报
时间：1936
卷期：第 5 卷第 4 期　页码：20
类型：新闻

标题：黄河董庄决口视察记（附图、照片）
作者：黄炎
来源：工程周刊
时间：1936
卷期：第 5 卷第 5 期　页码：58—61
类型：通讯报道

标题：兰州及黄河
来源：竞乐画报
时间：1936

卷期：第 2 卷第 7 期　页码：20
类型：照片

标题：山东黄河水灾救济委员会造送（二十四年十二月十五日至二十四年十二月三十一日）收支赈捐款数目四柱清表
来源：山东省政府公报
时间：1936
卷期：第 372 期　页码：40—57
类型：清单

标题：山东黄河水灾救济委员会造送二十五年一月六日至十二日收支赈、捐款数目四柱清表
来源：山东省政府公报
时间：1936
卷期：第 373 期　页码：67—75
类型：清单

标题：咨甘肃省政府（林字第一九四五号　二十五年一月廿日）
提要：准咨送黄河造林计划大致尚妥惟预算表内所列专员旅费等三项应予核减黄河保安造林为目前要政应请转饬切实进行由
作者：吴鼎昌
来源：实业公报
时间：1936
卷期：第 266—267 期　页码：52—53
类型：咨文

标题：黄河堵口大借款（中英文对照）
来源：英语周刊
时间：1936
卷期：新第 171 期　页码：2310—2311
类型：新闻

标题：山东省政府训令（实字第二〇六号 二十五年一月三十一日）
提要：令民政厅
准黄河水利委员会电范县县长张振声濮县县长许树声征料迅速请先予记功一次等因经政会议决照准仰通行知照由
作者：韩复榘
来源：山东省政府公报
时间：1936
卷期：第 374 期　　页码：22，2
类型：训令

标题：山东黄河水灾救济委员会造送二十五年一月十三日至二十五年一月十七日收支赈、捐款数目四柱清表
来源：山东省政府公报
时间：1936
卷期：第 374 期　　页码：78—83
类型：清单

标题：甘肃黄河沿岸水车之调查与研究
作者：孙友农
来源：中国农民银行月刊
时间：1936
卷期：第 1 卷第 2 期　　页码：158—163
类型：论文

标题：民国二十四年黄河抢险摄影
提要：冷寨砖坝
　　　二段砖坝脚及大熘
　　　二段十一堡砖坝；
　　　二段十一堡柳坝底
来源：河北月刊
时间：1936
卷期：第 4 卷第 2 期　　页码：1 页

类型：照片

标题：强邻窥伺下之内蒙
提要：从包头至伊克昭盟必经之黄河渡头
来源：时事月报
时间：1936
卷期：第 14 卷第 2 期　　页码：1
类型：照片

标题：董庄堵口工程西坝进占
来源：黄河水利月刊
时间：1936
卷期：第 3 卷第 2 期　　页码：1 页
类型：照片

标题：董庄堵口工程西坝进占加料
来源：黄河水利月刊
时间：1936
卷期：第 3 卷第 2 期　　页码：1 页
类型：照片

标题：董庄堵口工程西坝进占取土处
来源：黄河水利月刊
时间：1936
卷期：第 3 卷第 2 期　　页码：1 页
类型：照片

标题：董庄堵口工程西坝之石坦坡
来源：黄河水利月刊
时间：1936
卷期：第 3 卷第 2 期　　页码：1 页
类型：照片

标题：水经注河水考（续第一期）
作者：马毓山
来源：黄河水利月刊
时间：1936

卷期：第 3 卷第 2 期　页码：121—143
类型：论文

标题：黄河水利委员会二十五年份河防事业大纲
来源：黄河水利月刊
时间：1936
卷期：第 3 卷第 2 期　页码：145—149
类型：施政纲要

标题：宝鸡峡水库勘查报告书
作者：郑士彦
来源：黄河水利月刊
时间：1936
卷期：第 3 卷第 2 期　页码：151—158
类型：报告

标题：本会二十四年十二月份施政报告
提要：一、重要图表之绘制；
　　　二、河防设计工程研究之事项；
　　　三、林垦计画实施之事项；
　　　四、黄河地形之测量；
　　　六、水文测量之进行；
　　　七、接办山东董庄堵口工程及进行情形；
　　　八、购买东河苗圃地址；
　　　九、编制修防报告；
　　　十、筹备金堤植树；
　　　十一、筹设沁河口便桥；
　　　十二、董庄兰封设置无线电台；
　　　十三、拟具本会二十五年份测量及测验计画大纲
来源：黄河水利月刊
时间：1936
卷期：第 3 卷第 2 期　页码：159—177
类型：报告

标题：宁夏马主席电请将本省应修河渠各工程即予准照预算拨发以便筹办物料兴修由（一月四日）
来源：黄河水利月刊
时间：1936
卷期：第 3 卷第 2 期　页码：179—180
类型：电报

标题：中国水利工程学会函送黄河决口考察研究团视察报告书一份以供采择由（一月四日）
作者：中国水利工程学会
来源：黄河水利月刊
时间：1936
卷期：第 3 卷第 2 期　页码：180
类型：公函

标题：河南省政府函以据本省河务局呈为贯孟堤保安队拟俟该堤设泛案呈准后再行令饬下北分局酌予收用已指令准如所拟办理请查照由（建三字第四二五号　一月六日）
来源：黄河水利月刊
时间：1936
卷期：第 3 卷第 2 期　页码：180—181
类型：公函

标题：河南河务局呈报豫河各段紧急工程已成部分请鉴核转呈备查由（一月十三日）
作者：宋渌
来源：黄河水利月刊
时间：1936
卷期：第 3 卷第 2 期　页码：181—182
类型：呈文

标题：山东省政府函以据民政厅核复实

验区长官呈报鱼台呈县救灾经过及拟具救济办法一案查核拟办法情形函请迅速施工堵口由（民字第三十二号　一月十五日）
来源：黄河水利月刊
时间：1936
卷期：第 3 卷第 2 期　页码：182—183
类型：公函

标题：山东省政府咨为据河务局呈送上游北岸民埝拟修标准横断面估需土方图表咨请核办由（实字第五五号　一月十八日）
作者：韩复榘
来源：黄河水利月刊
时间：1936
卷期：第 3 卷第 2 期　页码：183—185
类型：咨文

标题：山东省政府电为据鄄城秦县长先后电报溜势挟冰直冲近埝溢决新埝亦陷等情特电奉闻由（一月十九日）
来源：黄河水利月刊
时间：1936
卷期：第 3 卷第 2 期　页码：185
类型：电报

标题：河南省政府函据卢氏县县长呈转农业指导员协同黄河水利委员会工程师查勘洛河北岸开渠情形请查照派员测量由（建三字第十五号　一月二十日）
作者：商震
来源：黄河水利月刊
时间：1936
卷期：第 3 卷第 2 期　页码：185—186

类型：公函
标题：河南河务总局呈据本局考察团电报温县苟宅庄顺水坝工程须移地址以资救济请鉴核备查由（五月二十五日）
作者：宋涤
来源：黄河水利月刊
时间：1936
卷期：第 3 卷第 2 期　页码：186—187
类型：呈文

标题：河南河务总局呈复博爱县蒋村民堤收归官守一案已饬查明拟复转呈核办请鉴核由（一月二十五日）
作者：宋涤
来源：黄河水利月刊
时间：1936
卷期：第 3 卷第 2 期　页码：187—188
类型：呈文

标题：电山东建设厅请提前修筑董庄至菏泽汽车路由（一月九日）
来源：黄河水利月刊
时间：1936
卷期：第 3 卷第 2 期　页码：188
类型：电报

标题：代电河北省政府询复堤工程进行情形希查照见复由（一月十日）
来源：黄河水利月刊
时间：1936
卷期：第 3 卷第 2 期　页码：189
类型：电报

标题：训令河南河务局为前送中牟紧急工程计画书表及预算奉全国经济

委员会令仰遵照指示各节分别办理由（第三十号　一月十一日）
作者：孔祥榕
来源：黄河水利月刊
时间：1936
卷期：第 3 卷第 2 期　**页码**：189—190
类型：训令

标题：函河南省政府为准派员验收接管沁河口西黄河滩地护岸第一期工程已竣事希查照由（第六三号　一月十六日）
作者：孔祥榕
来源：黄河水利月刊
时间：1936
卷期：第 3 卷第 2 期　**页码**：190—191
类型：公函

标题：代电全国经济委员会转陈豫省府对于复堤着手进行公债预约券拟请照发由（一月十六日）
来源：黄河水利月刊
时间：1936
卷期：第 3 卷第 2 期　**页码**：191
类型：电报

标题：呈全国经济委员会为转呈请派员验收河南河务局经办陈桥大堤紧急工程已完部分祈鉴核示遵由（一月十八日）
作者：孔祥榕
来源：黄河水利月刊
时间：1936
卷期：第 3 卷第 2 期　**页码**：192—193
类型：呈文

标题：训令河南河务局为饬查明博爱县蒋村民堤有无收归官守之必要具覆核办由（第三十五号　一月二十一日）
作者：孔祥榕
来源：黄河水利月刊
时间：1936
卷期：第 3 卷第 2 期　**页码**：193—196
类型：训令

标题：呈全国经济委员会为呈送拟本具会二十五年施工大纲等仰祈鉴核示遵由（一月二十六日）
作者：孔祥榕
来源：黄河水利月刊
时间：1936
卷期：第 3 卷第 2 期　**页码**：196—197
类型：呈文

标题：呈全国经济委员会为据河南河务局呈请拨助防守沁河口西黄河滩地护岸工程购置工具等费已准在该工余款内拨助祈鉴核备案示遵由（一月三十日）
作者：孔祥榕
来源：黄河水利月刊
时间：1936
卷期：第 3 卷第 2 期　**页码**：197—200
类型：呈文

标题：建筑渭河宝鸡峡水库之利弊
作者：齐寿安
来源：黄河水利月刊
时间：1936
卷期：第 3 卷第 2 期　**页码**：201—204
类型：论文

标题：陕西之水利事业（转录二十五年

一月二十一日河南民国日报）
来源：黄河水利月刊
时间：1936
卷期：第3卷第2期　页码：205—210
类型：论文

标题：方觉慧等提议设黄河督办
来源：华北水利月刊
时间：1936
卷期：第9卷第1/2期　页码：94—95
类型：新闻

标题：顾桑等视察黄河
来源：华北水利月刊
时间：1936
卷期：第9卷第1/2期　页码：96
类型：新闻

标题：审计部公函（计字第一四九八号二十五年二月十八日）
提要：函黄河水利委员会
　　　送二十三年七月至十月分经常费审核通知书由
来源：审计部公报
时间：1936
卷期：第60期　页码：100—101
类型：公函

标题：审计部公函（计字第一六二一号二十五年二月二十五日）
提要：函全国经济委员会秘书处
　　　请转发黄河水利委员会二十三年十一月二十四年一月份经常费审核通知书由
来源：审计部公报
时间：1936
卷期：第60期　页码：106—107

类型：公函

标题：山东黄河董左堵口工程视察报告
作者：中国水利工程学会考察团
来源：水利
时间：1936
卷期：第10卷第2期　页码：56—58
类型：报告

标题：黄河祥符大工始末记（附图）
作者：戴祁　张炯
来源：水利
时间：1936
卷期：第10卷第2期　页码：111—152
类型：论文

标题：黄河祥符决口灾区图
来源：水利
时间：1936
卷期：第10卷第2期　页码：153—167
类型：论文

标题：咸丰五年至清末黄河决口考
作者：恽新安
来源：水利
时间：1936
卷期：第10卷第2期　页码：168—184
类型：论文

标题：黄河堵口工程
提要：摄影者堵口工委会工程师唐振绪
　　　在董庄公次；
　　　柳石堆筑之西坝坦坡；
　　　挑水坝工程状况（顶厢包眉子）；
　　　楷料铺垫之堤工；
　　　董庄西坝进展中；
　　　车马载道，筑堤秸料之运输；

柳排护堤工程
来源：良友
时间：1936
卷期：第 114 期　页码：27
类型：照片

标题：黄河（下）
来源：新民
时间：1936
卷期：第 1 卷第 48 期　页码：75—80
类型：问答

标题：山东黄河新堤
来源：天主公教白话报
时间：1936
卷期：第 20 卷第 5 期　页码：109—110
类型：新闻

标题：建筑黄河铁桥铁部派专员勘测
来源：新建设
时间：1936
卷期：第 3 卷第 8 期　页码：13
类型：新闻

标题：山东黄河水灾救济委员会造送二十五年一月十八日至一月二十二日收支赈捐款数目四柱清表
来源：山东省政府公报
时间：1936
卷期：第 375 期　页码：62—68
类型：清单

标题：筹筑潼关黄河铁桥
来源：路向
时间：1936
卷期：第 2 卷第 5 期　页码：31
类型：新闻

标题：油漆黄河铁桥
来源：津浦铁路日刊
时间：1936
卷期：第 1483—1507 期　页码：95
类型：新闻

标题：泺口黄河桥
来源：津浦铁路日刊
时间：1936
卷期：第 1483—1507 期　页码：145
类型：新闻

标题：同蒲陇海联运之黄河铁桥即兴工
来源：导光
时间：1936
卷期：第 4 卷第 8 期　页码：3
类型：新闻

标题：山东省政府指令（民字第一一三五号　二十五年二月二十日）
提要：令山东黄河水灾救济委员会呈一件呈报分路派员视察各县灾民收容所请鉴核备案由
作者：韩复榘
来源：山东省政府公报
时间：1936
卷期：第 376 期　页码：32—33
类型：指令

标题：山东黄河水灾救济委员会造送二十五年一月三十日至二月五日收支赈捐款数目四柱清表
来源：山东省政府公报
时间：1936
卷期：第 376 期　页码：56—63
类型：清单

标题：监察使方觉慧元日代电：报告视察黄河堵口工程情形
来源：监察院公报
时间：1936
卷期：第 72 期　页码：35—36
类型：电报

标题：实业部指令（农字第五一五〇号　中华民国二十五年二月十九日）
提要：令山东黄河水灾救济委员会二十五年二月十二日呈字第五一六号呈一件呈送第一期山东黄河水灾救济报告书由
作者：吴鼎昌
来源：实业公报
时间：1936
卷期：第 270 期　页码：32—33
类型：指令

标题：黄河流域铁路造林之研究
作者：徐盈
来源：中国实业
时间：1936
卷期：第 2 卷第 3 期　页码：2783—2803
类型：论文

标题：山东黄河水灾救济委员会造送二十五年二月六日至二月十一日收支赈捐款数目四柱清表
来源：山东省政府公报
时间：1936
卷期：第 377 期　页码：66—72
类型：清单

标题：甘省拨款修黄河桥
来源：路向
时间：1936

卷期：第 2 卷第 6 期　页码：30
类型：新闻

标题：国民政府训令（第二七五号　二十五年三月十八日）
提要：令全国经济委员会中央政治委员会函为关于统一黄河水利行政组织各提案决议办法令仰遵照由
作者：林森
来源：国民政府公报（南京 1927）
时间：1936
卷期：第 2000 号　页码：6，2
类型：训令

标题：黄河北岸移兵筑路摄影之一部
作者：国际
来源：天津商报画刊
时间：1936
卷期：第 16 卷第 48 期　页码：1
类型：照片

标题：山东黄河水灾救济委员会造送二十五年二月十二日至二十五年二月十九日收支赈捐款数目四柱清表
来源：山东省政府公报
时间：1936
卷期：第 378 期　页码：48—56
类型：清单

标题：山东黄河水灾救济委员会造送二十五年二月二十日至三月二日收支赈捐款数目四柱清表
来源：山东省政府公报
时间：1936
卷期：第 379 期　页码：53—64

类型：清单

标题：黄河黑岗口
来源：学校生活
时间：1936
卷期：第 136 期　页码：20
类型：照片

标题：本年黄河保安林在安北植八百余亩
来源：绥远农村周刊
时间：1936
卷期：第 97 期　页码：0
类型：新闻

标题：黄河流域之气候（附表）
作者：胡焕庸
来源：地理学报
时间：1936
卷期：第 3 卷第 1 期　页码：51—98
类型：论文

标题：黄河测量队
来源：新世界
时间：1936
卷期：第 95 期　页码：39—40
类型：新闻

标题：山东黄河水灾救济委员会造送二十五年三月二日收支赈捐款数目四柱清表
来源：山东省政府公报
时间：1936
卷期：第 379 期　页码：62—63
类型：清单

标题：三月廿七日黄庄堵口将合龙前孔委员长（上立者）指挥工作之情形
来源：黄河水利月刊
时间：1936
卷期：第 3 卷第 3 期　页码：1 页
类型：照片

标题：三月廿七日董庄堵口将合龙前口门之情形
来源：黄河水利月刊
时间：1936
卷期：第 3 卷第 3 期　页码：1 页
类型：照片

标题：三月廿七日董庄既合龙后孔委员长（上立者）指挥铺柳压土之情形
来源：黄河水利月刊
时间：1936
卷期：第 3 卷第 3 期　页码：1 页
类型：照片

标题：董庄堵口工程合龙处作成之石坦坡
来源：黄河水利月刊
时间：1936
卷期：第 3 卷第 3 期　页码：1 页
类型：照片

标题：水经注河水考（续第二期）
作者：马毓山
来源：黄河水利月刊
时间：1936
卷期：第 3 卷第 3 期　页码：211—234

标题：查勘汾河拦洪水库报告
作者：丁绳武　沈锡圭
来源：黄河水利月刊
时间：1936
卷期：第 3 卷第 3 期　页码：241—251
类型：报告

标题：本会二十五年一月份施政报告
提要：一、重要图表之绘制；
二、河防工程设计研究之事项；
三、林垦计画实施之事项；
四、黄河地形之测量；
五、精密水准测量之进行；
六、水文测量之进行；
七、董庄堵口工程进行情形；
八、令饬河南河务局清理贯孟堤一带柳荫地亩并派目兵协助金堤造林；
九、函请实业部地质调查所派员协助钻探工作；
十、兰封小新堤栽种柳株；
十一、呈请颁给恩格斯教授水利奖章；
十二、电请太原绥靖公署转饬驻军保护龙门军渡水文站
来源：黄河水利月刊
时间：1936
卷期：第3卷第3期　**页码**：253—268
类型：报告

标题：民国二十四年黄河汜滥沿河各县受灾状况统计表
作者：黄河水利委员会第四科
来源：黄河水利月刊
时间：1936
卷期：第3卷第3期　**页码**：1页
类型：图表

标题：民国二十四年山东董庄黄河决口各县受灾状况统计表
作者：黄河水利委员会第四科
来源：黄河水利月刊
时间：1936
卷期：第3卷第3期　**页码**：插页
类型：图表

标题：荷泽曹属八县河工促进会代电请筹拨巨款在朱口工段添修石坝及临河大堤后戗等工准与董庄堵口同时施工由（二月四日）
来源：黄河水利月刊
时间：1936
卷期：第3卷第3期　**页码**：269
类型：电报

标题：河北省政府电为前准卅电以中央拨助公债预约券需否即领一节现以赶工需款拟早领变价惟具领如何手续请查照赐覆由（二月十日）
来源：黄河水利月刊
时间：1936
卷期：第3卷第3期　**页码**：270
类型：电报

标题：山东河务局呈为菏泽县所请修建朱口险工等工程本省已请准经委会由孔委员长办理由（二月十五日）
作者：张连甲
来源：黄河水利月刊
时间：1936
卷期：第3卷第3期　**页码**：271—272
类型：呈文

标题：铁道部电复沁河口架桥一案已饬平汉路准予免费运输惟按照此项工程议决案第一案本部已照办其第二案铁桥上游改正河床等工程贵会迄未照办请迅予办理见复由（二月十七日）
来源：黄河水利月刊
时间：1936

卷期：第 3 卷第 3 期　**页码**：272
类型：电报

标题：山东河务局呈报二十五年春厢工料数目及请款情形由（二月二十二日）
作者：张连甲
来源：黄河水利月刊
时间：1936
卷期：第 3 卷第 3 期　**页码**：272—273
类型：呈文

标题：山东建设厅函送东阿爱山淤灌工程费预算书提要乙种预算分配表及乙种预算请款书等件请查核转呈全国经济委员会照案拨款由（水字第八〇三号　二月二十八日）
来源：黄河水利月刊
时间：1936
卷期：第 3 卷第 3 期　**页码**：273—274
类型：公函

标题：呈全国经济委员会为呈复奉令核复韩主席请筹分泄黄流本会正筹拟于上中游造林防沙筑库拦洪下游开挖减河整理海口仰祈鉴核由（二月一日）
作者：孔祥榕
来源：黄河水利月刊
时间：1936
卷期：第 3 卷第 3 期　**页码**：275
类型：呈文

标题：呈全国经济委员会为呈复奉发河南陕县林务指导员葛清泉请设立黄沁两河造林局一案前据该员具呈到会业经批答祈鉴核赐转由（二月一日）
作者：孔祥榕
来源：黄河水利月刊
时间：1936
卷期：第 3 卷第 3 期　**页码**：275—276
类型：呈文

标题：函复河南省政府引洛灌田系兴办地方水利似宜由贵府转饬主管机关办理希查照由（字第七五号　二月一日）
作者：孔祥榕
来源：黄河水利月刊
时间：1936
卷期：第 3 卷第 3 期　**页码**：276—277
类型：公函

标题：代电复铁道部关于整理平汉桥上游河槽工程已请拨款施工希查照由（二月六日）
来源：黄河水利月刊
时间：1936
卷期：第 3 卷第 3 期　**页码**：277—278
类型：电报

标题：呈全国经济委员会为遵令呈复绥远黄河测量队施测经纬度所用仪器方法时刻附呈测量成果表仰祈鉴核备考由（二月八日）
作者：孔祥榕
来源：黄河水利月刊
时间：1936
卷期：第 3 卷第 3 期　**页码**：278—279
类型：呈文

标题：呈全国经济委员会为据情转请迅拨陈桥迤东大堤加培工程协款三万

标题：元俾应工需伏祈鉴核施行由（二月八日）
作者：孔祥榕
来源：黄河水利月刊
时间：1936
卷期：第 3 卷第 3 期　页码：279—280
类型：呈文

标题：函海军部海道测量局为关于黄河口测量材料已否备齐并定于何时施测希查照见复由（第八九号　二月十二日）
作者：孔祥榕
来源：黄河水利月刊
时间：1936
卷期：第 3 卷第 3 期　页码：280—281
类型：公函

标题：呈全国经济委员会为准山东省政府咨商补助北岸上中游民埝工费案附呈抄件图表祈鉴核示遵由（二月十三日）
作者：孔祥榕
来源：黄河水利月刊
时间：1936
卷期：第 3 卷第 3 期　页码：281—283
类型：呈文

标题：函复国民政府军事委员会委员长行营第二厅准函交研究于培祥治河意见研究结果希查照转陈由（第九一号　二月十四日）
作者：孔祥榕
来源：黄河水利月刊
时间：1936
卷期：第 3 卷第 3 期　页码：283—284
类型：公函

标题：呈全国经济委员会为遵令呈复按洪水位推算洪水量方法并饬改进测量方法一案祈鉴核由（二月十五日）
作者：孔祥榕
来源：黄河水利月刊
时间：1936
卷期：第 3 卷第 3 期　页码：284—288
类型：呈文

标题：函绥远建设厅函知奉令前送原拟测量队人员遣散留驻办法应准备案惟春融召集后须遵照核准计画预算办理再改测办法应即补报希查照转饬遵照由（二月十七日）
作者：孔祥榕
来源：黄河水利月刊
时间：1936
卷期：第 3 卷第 3 期　页码：288—289
类型：公函

标题：代电全国经济委员会请将整理平汉桥上游河槽工程列入预算并请提前拨款由（二月二十八日）
来源：黄河水利月刊
时间：1936
卷期：第 3 卷第 3 期　页码：289
类型：电报

标题：黄河冀豫鲁三省交界工段烧砖防险意见
作者：郑耀西
来源：黄河水利月刊
时间：1936
卷期：第 3 卷第 3 期　页码：298—299
类型：评论

标题：黄河水利之之整治
提要：一、河防之设计研究；
二、林垦事项之办理；
三、黄河地形之测量；
四、精密水准测量之进行；
五、水文测量之进行；
六、董庄堵口工程之完成；
七、黄河地质钻探之筹备；
八、龙门军渡水文站之保护；
九、渭河宝鸡峡拦洪水库计划之拟具；
十、抢护鄄城民埝之督饬；
十一、李升屯引河工程之完成；
十二、黄河修防会之召开；
十三、防汛工程之催办
来源：中国国民党指导下之政治成绩统计
时间：1936
卷期：第3期　页码：140—151
类型：报告

标题：黄河北岸发现轨道材料
来源：津浦铁路日刊
时间：1936
卷期：第1508—1533期　页码：53
类型：新闻

标题：黄河小唱
作者：钟朗华
来源：诗经
时间：1936
卷期：第1卷第6期　页码：44—45
类型：诗歌

标题：山东黄河水灾救济委员会造送二十五年三月三日至八日收支赈捐款数目四柱清表
来源：山东省政府公报
时间：1936
卷期：第380期　页码：70—74
类型：清单

标题：国民政府指令（第七三六号　二十五年四月三日）
提要：令行政院
二十五年三月二十四日第七三零号呈一件，为据内政、财政两部呈，以会核河南省政府咨为兰封县属岳寨村二十二年被黄河水灾淹没地亩，实系永远不能垦复，请予永远豁免田赋一案，与例尚无不合，应准如所请办理，祈核转等情，应准照办，呈报鉴核备案由
作者：林森　蒋中正　蒋作宾　孔祥熙
来源：国民政府公报（南京1927）
时间：1936
卷期：第2014期　页码：6
类型：指令

标题：黄河堵口限期完成
来源：绥远农村周刊
时间：1936
卷期：第98期　页码：0
类型：新闻

标题：（黄河）用虹吸管淤田利益（未完）
来源：绥远农村周刊
时间：1936
卷期：第98期　页码：1

标题：国民政府指令（第七五一号　二十五年四月六日）
提要：令全国经济委员会

二十五年三月三十日会秘字第二三二五八号呈一件，为据黄河水利委员会代理委员长孔祥榕感电报称，黄河董庄堵口工程，已于本月二十七日下午五时四十五分合龙等情，除电饬仍督属加紧赶办闭氯工作，以期安全巩固，并俟验收后查明在事出力人员汇案核奖外，呈报鉴核备案由

作者：林森
来源：国民政府公报（南京1927）
时间：1936
卷期：第 2016 期　页码：9
类型：指令

标题：论评选辑
提要：慎防今年之黄河
来源：国闻周报
时间：1936
卷期：第 13 卷第 13 期　页码：2—3
类型：评论

标题：宜春县政府训令（建字第 100 号民国二十五年三月二十九日）
提要：令第五区区长袁升学
令第五区长该区十六保保长黄河清办理征工得力传令嘉奖仰饬知照由
作者：漆能廉
来源：宜春县政府公报
时间：1936
卷期：第 15 期　页码：3—4
类型：训令

标题：黄河两岸
作者：徐盈
来源：永生
时间：1936
卷期：第 1 卷第 6 期　页码：143
类型：随笔

标题：山东黄河水灾救济委员会造送二十五年三月九日至十五日收支赈捐款数目四柱清表
来源：山东省政府公报
时间：1936
卷期：第 381 期　页码：98—109
类型：清单

标题：西北诸省间黄河两岸之悬桥（初经以上各地者多以行此桥为苦）
来源：导光
时间：1936
卷期：第 4 卷第 13 期　页码：3
类型：照片

标题：包头王县长电报黄河水势已降落
来源：绥远农村周刊
时间：1936
卷期：第 99 期　页码：0
类型：新闻

标题：（黄河）用虹吸管淤田利益（续）
来源：绥远农村周刊
时间：1936
卷期：第 99 期　页码：1

标题：黄河沿岸之保安林
作者：绥远建设厅
来源：正风
时间：1936
卷期：第 2 卷第 5 期　页码：300
类型：通讯报道

标题：天空下之中国风景
提要：兰州黄河铁桥
来源：竞乐画报
时间：1936
卷期：第 10 卷第 40 期　页码：27
类型：照片

标题：山东省黄河水灾灾民移垦办事处章程
来源：山东省政府公报
时间：1936
卷期：第 382 期　页码：25—26
类型：法规

标题：山东省政府训令（建副水字第一三号　二十五年三月二十六日）
提要：令利津、蒲台、滨县惠民、青城、齐东等县政府
为沿河各县培修黄河大堤以挖去河内淤滩为要工在淤处取土并嗣后不准在新淤滩地私筑民埝仰切实遵办由
作者：韩复榘　张鸿烈
来源：山东省政府公报
时间：1936
卷期：第 382 期　页码：52，4
类型：训令

标题：山东省政府训令（建副水字第二二号　二十五年三月三十日）
提要：令寿张、东阿、濮县、阳谷县政府
为黄河北岸民埝关系河防极重应与范县同时征工培修一案仰遵照办理由
作者：韩复榘　张鸿烈
来源：山东省政府公报
时间：1936
卷期：第 382 期　页码：61，5
类型：训令

标题：山东省政府公函（建副垦字第五号　二十五年二月二十八日）
提要：公函省服务会
函送修正山东省黄河水灾灾民移垦办事处章程请查照办理由
作者：韩复榘
来源：山东省政府公报
时间：1936
卷期：第 382 期　页码：85，9
类型：公函

标题：山东黄河水灾救济委员会造送二十五年三月十六日至十九日收支赈捐款数目四柱清表
来源：山东省政府公报
时间：1936
卷期：第 382 期　页码：112—116
类型：清单

标题：国民政府指令（第八五五号　二十五年四月二十日）
提要：令全国经济委员会
二十五年四月十五日会水字第二三九五四号呈一件，为董庄堵口工程业已合龙闭气，呈奉钧府令派秘书沈砺苤工监验等因，除电知黄河水利委员会孔代委员长并经本会派员陪局前往，暨电山东省政府派员同时到工办理交接手续外，呈报鉴核由
作者：林森
来源：国民政府公报（南京1927）
时间：1936
卷期：第 2028 号　页码：7

类型：指令

标题：绥建厅在五原设林区培植黄河保安林
来源：西北导报
时间：1936
卷期：第6期　页码：41
类型：简讯

标题：山东黄河水灾救济委员会造送二十五年三月二十二日至二十五日收支账、捐款数目四柱清表
来源：山东省政府公报
时间：1936
卷期：第383期　页码：138—141
类型：清单

标题：平汉铁路管理局行政计划（二十五年四月至六月）
提要：丙、工务部份
　　（一）已定计划正在进行事项：三、油漆黄河铁桥工程
来源：铁路月刊（平汉线）
时间：1936
卷期：第71—72期　页码：134
类型：计划

标题：平汉铁路管理局工作报告（二十五年一月）
提要：二、工作实施事项
　　（丙）工务事项：一、油漆黄河铁桥
来源：铁路月刊（平汉线）
时间：1936
卷期：第71—72期　页码：161—162
类型：报告

标题：两月来之铁路

提要：同蒲陇海两路联运决建黄河大铁桥
来源：铁路月刊（平汉线）
时间：1936
卷期：第71—72期　页码：348
类型：新闻

标题：董庄堵口工程边坝闭气龙衣之侧面
来源：黄河水利月刊
时间：1936
卷期：第3卷第4期　页码：1页
类型：照片

标题：董庄堵口工程关门埽将及水面之情形
来源：黄河水利月刊
时间：1936
卷期：第3卷第4期　页码：1页
类型：照片

标题：董庄堵口工程船只运输材料之情形
来源：黄河水利月刊
时间：1936
卷期：第3卷第4期　页码：1页
类型：照片

标题：董庄堵口工程硪工
来源：黄河水利月刊
时间：1936
卷期：第3卷第4期　页码：1页
类型：照片

标题：山东鄄城县康屯裁湾取直工程初步计画（附图表）
来源：黄河水利月刊
时间：1936
卷期：第3卷第4期　页码：317—320
类型：计划

标题：查勘壶口龙门栏洪水库地址报告
（续第三期）
作者：丁绳武　沈锡圭
来源：黄河水利月刊
时间：1936
卷期：第 3 卷第 4 期　页码：321—327
类型：报告

标题：本会二月份施政报告
提要：一、重要图表之绘制；
　　　二、河防工程设计研究之事项；
　　　三、林垦计画及实施之事项；
　　　四、黄河地形之测量；
　　　五、精密水准测量之进行；
　　　六、水文测量之进行；
　　　八、拟具渭河宝鸡峡拦洪水库计画；
　　　九、督饬抢护鄄城民埝；
　　　十一、拟具李升屯引河与黄花寺改河计画利害对照表
来源：黄河水利月刊
时间：1936
卷期：第 3 卷第 4 期　页码：334—346
类型：报告

标题：全国经济委员会各河流报泛办法（二十五年三月十日公布）
来源：黄河水利月刊
时间：1936
卷期：第 3 卷第 4 期　页码：347—348
类型：法规

标题：全国经济委员会训令为本会制定各河流报泛　办法除分行外合行检发原办法令仰遵照转饬遵办由（会水字第二二四三三号　三月十日）
作者：汪兆铭　蒋中正　孔祥熙等
来源：黄河水利月刊

时间：1936
卷期：第 3 卷第 4 期　页码：349—350
类型：训令

标题：全国经济委员会代电为春令水落培修正宜除分电长江黄河有关各省府赶办堵复工程并修防注意事项外仰该会督促赶速办理由（三月十二日）
来源：黄河水利月刊
时间：1936
卷期：第 3 卷第 4 期　页码：350
类型：电报

标题：河南河务局呈送遵令补造改正陈桥紧急工程预算书四份请鉴核转请核发工款以利进行由（三月十三日）
作者：王力仁
来源：黄河水利月刊
时间：1936
卷期：第 3 卷第 4 期　页码：350—351
类型：呈文

标题：河南河务局呈为视察黄沁两河各工拟具修防意见请鉴核示遵由（三月十四日）
作者：王力仁
来源：黄河水利月刊
时间：1936
卷期：第 3 卷第 4 期　页码：351—355
类型：呈文

标题：导淮委员会函为请迅堵董庄决口并同时培修黄河南堤函达查照办理见复由（第一九九一号　三月二十日）

作者：蒋中正
来源：黄河水利月刊
时间：1936
卷期：第 3 卷第 4 期　　页码：355—356
类型：公函

标题：河南省政府函据卸任河务局长宋涉呈报中牟紧急工程已作部分请准予派员先行验收以资结束请查照派员会同验收由（建三字第一二一号　三月二十一日）
作者：商震
来源：黄河水利月刊
时间：1936
卷期：第 3 卷第 4 期　　页码：356—357
类型：公函

标题：河南河务局呈报豫省河工二十五年修防计画预算与进行情形并请设法筹办以维河防乞鉴核示遵由（三月二十三日）
作者：王力仁
来源：黄河水利月刊
时间：1936
卷期：第 3 卷第 4 期　　页码：358—362
类型：呈文

标题：全国经济委员会电为准鲁省府电以下游淤塞时有溃决之虑黄河水利委员会虽有整理下游河槽计画复限于经费兹拟按照征工服役办法挑挖河口如以为可行请饬黄利会设计征工等语仰即派员前往洽商办理具报由（三月二十五日）
来源：黄河水利月刊
时间：1936
卷期：第 3 卷第 4 期　　页码：362—363
类型：电报

标题：河北河务局呈为奉令发还图表遵经修正完竣呈请鉴核由（三月二十八日）
作者：马赓年
来源：黄河水利月刊
时间：1936
卷期：第 3 卷第 4 期　　页码：363—364
类型：呈文

标题：呈全国经济委员会为呈复奉发河防法草案等三种谨签具意见附呈抄件祈鉴核备考由（三月九日）
作者：孔祥榕
来源：黄河水利月刊
时间：1936
卷期：第 3 卷第 4 期　　页码：365—366
类型：呈文

标题：呈全国经济委员会为呈复河北省黄河水灾救济委员会电陈长垣凌灾情形及河南省政府请接修贯孟堤东段并堵塞决口两案遵令并案核议情形仰祈鉴核由（三月十八日）
作者：孔祥榕
来源：黄河水利月刊
时间：1936
卷期：第 3 卷第 4 期　　页码：369—372
类型：呈文

标题：呈全国经济委员会为呈送黄河口护岸工程改正计画及预算书仰祈鉴核拨款由（三月十八日）
作者：孔祥榕
来源：黄河水利月刊
时间：1936

卷期：第 3 卷第 4 期　页码：372—373
类型：呈文

标题：函复全国经济委员会农业处关于沿黄支干种植苜蓿初步实施计画一案兹分别拟复三项办法并请派员会同出发调查希查照办理见复由（第一二九号　三月二十一日）
作者：孔祥榕
来源：黄河水利月刊
时间：1936
卷期：第 3 卷第 4 期　页码：375—376
类型：公函

标题：电全国经济委员会黄河修防会议决议案（三月三十日）
来源：黄河水利月刊
时间：1936
卷期：第 3 卷第 4 期　页码：376—377
类型：电报

标题：山东董庄黄河堵口工程纪要
作者：孔祥榕
来源：黄河水利月刊
时间：1936
卷期：第 3 卷第 4 期　页码：379—402
类型：纪要

标题：测量之进展
提要：一、海军测量之进行；
　　　二、航海布告之刊行；
　　　三、黄河口之筹备开测；
　　　四、水道图之分发；
　　　五、标志会议之派员出席；
　　　六、划一全国测量办法之派员会议
来源：中国国民党指导下之政治成绩统计
时间：1936

卷期：第 4 期　页码：38—39
类型：报告

标题：黄河水利之整治
提要：一、河防之设计研究；
　　　二、林垦事项之计划；
　　　三、黄河地形之测量；
　　　四、设计测量队工作之进行；
　　　五、精密水准测量之进行；
　　　六、水文测量之进行；
　　　七、董庄堵口闭气及各项整理工程之完成；
　　　八、兰封小新堤工圪埼护岸工程之兴修；
　　　九、测量黄河口之办理；
　　　十、修筑黄十段大堤之督促；
　　　十一、河工防空干部训练班之筹设；
　　　十二、沿黄水利森林及土壤冲刷情形之调查
来源：中国国民党指导下之政治成绩统计
时间：1936
卷期：第 4 期　页码：130—139
类型：报告

标题：黄河问题研究
作者：杨青田
来源：中华月报
时间：1936
卷期：第 4 卷第 5 期　页码：7—11
类型：论文

标题：黄河的皮筏
来源：教与学
时间：1936
卷期：第 1 卷第 11 期　页码：1 页
类型：照片

标题：黄河桥上
作者：李友琴
来源：潇湘涟漪
时间：1936
卷期：第2卷第2期　页码：57—66
类型：散文

标题：山东黄河水灾救济委员会造送二十五年三月二十六日至二十九日收支赈捐款数目四柱清表
来源：山东省政府公报
时间：1936
卷期：第384期　页码：126—130
类型：清单

标题：省政府训令（总字第一九〇号　中华民国二十五年四月十六日）
提要：令张家口商会、十二旗群办公处、警务处等
　　　为奉冀察政务委员会令发黄河水灾救济奖券条例仰知照并饬属、商会知照由
作者：张自忠
来源：察哈尔省政府公报
时间：1936
卷期：第1009期　页码：17—18，2
类型：训令

标题：黄河水灾救济奖券条例
来源：察哈尔省政府公报
时间：1936
卷期：第1009期　页码：72
类型：法规

标题：冀察政务委员会指令（政字第一五一六号　中华民国二十五年四月二十五日）
提要：河北省政府
　　　代电一件，据黄河河务局电报河水骤涨南二南四北三各坝埽蛰陷甚急情形请鉴核由
作者：宋哲元
来源：冀察政务委员会公报
时间：1936
卷期：第26期　页码：24—25
类型：指令

标题：呈行政院（林字第二一三四号　中华民国二十五年四月三十日）
提要：准绥省府咨以黄河北岸保安造林关于林地问题请转呈由院令饬遵等由原咨所称似尚可行拟请转令绥省蒙旗主管机关会同绥省府妥为办理除咨复外请鉴核令遵由
作者：吴鼎昌
来源：实业公报
时间：1936
卷期：第278期　页码：32
类型：呈文

标题：黄河巨型试验
提要：谭葆泰先生在本校水利工程学会演讲
作者：冯龙云
来源：国立中央大学日刊
时间：1936
卷期：第1679期　页码：3521—3522
类型：演讲

标题：山东省政府训令（建副水字第三七号　二十五年四月七日）
提要：令建设厅技正周礼、史安栋，利津、蒲台、滨县、惠民、青城等县政府

兹派技正周礼史安栋前往黄河沿岸查勘滩地情形并督饬各县挑土筑堤仰遵照办理知照由
作者：韩复榘　张鸿烈
来源：山东省政府公报
时间：1936
卷期：第385期　页码：44，5
类型：训令

标题：山东黄河水灾救济委员会造送二十五年三月三十日至四月三日收支赈捐款数目四柱清表
来源：山东省政府公报
时间：1936
卷期：第385期　页码：128—132
类型：清单

标题：训令直辖各机关准　黄河水灾救济奖券办事函知奉令续办黄河水灾救济奖券　在平组织办事处于四月五日开始办事通令知照由（不另行文）
作者：秦德纯
来源：北平市市政公报
时间：1936
卷期：第351期　页码：7
类型：训令

标题：边疆各处之通讯
提要：兰州黄河铁桥即开始动工
来源：边事研究
时间：1936
卷期：第4卷第1期　页码：98
类型：新闻

标题：变更黄河旧制
来源：天主公教白话报

时间：1936
卷期：第20卷第10期　页码：220
类型：新闻

标题：国民政府指令（第一〇八二号二十五年五月十三日）
提要：令行政院
二十五年五月六日第一一四五号呈一件，为据内政、财政两部呈，以会核山东省政府请将滨县艾李庄等村二十三年黄河冲塌地亩，又二十四年早张李庄被河水冲塌永远不能垦复地亩，分别豁免田赋一案，与修正勘报灾歉条例尚无不合，应准如所请办理，祈核转等情，应准照办，呈报鉴核备案由
作者：林森　蒋中正　蒋作宾　孔祥熙
来源：国民政府公报（南京1927）
时间：1936
卷期：第2049号　页码：11
类型：指令

标题：山东黄河水灾救济委员会造送二十五年四月四日至十日收支赈捐款数目四柱清表
来源：山东省政府公报
时间：1936
卷期：第386期　页码：138—143
类型：清单

标题：黄河巨型试验（续）
提要：谭葆泰先生在本校水利工程学会演讲
作者：冯龙云
来源：国立中央大学日刊
时间：1936

卷期：第 1681 期　页码：3528—3529
类型：演讲

标题：委员王平政呈报文
提要：监验董庄黄河堵口工程
作者：王平政
来源：监察院公报
时间：1936
卷期：第 81 期　页码：48—49
类型：呈文

标题：吞食数百万灾黎之黄河决口的合龙
作者：张译刚
来源：永生
时间：1936
卷期：第 1 卷第 12 期　页码：封四
类型：照片

标题：山东黄河水灾救济委员会造送二十五年四月十一日至十四日收支赈捐款数目四柱清表
来源：山东省政府公报
时间：1936
卷期：第 387 期　页码：140—143
类型：清单

标题：黄河渡口与过渡船时之摄影
来源：导光
时间：1936
卷期：第 4 卷第 19 期　页码：0
类型：照片

标题：兰州城外黄河水轮
来源：导光
时间：1936
卷期：第 4 卷第 19 期　页码：0
类型：照片

标题：咨绥远省政府（林字第二一七二号　中华民国二十五年五月十九日）
提要：关于黄河北岸保安造林之林地问题一案兹奉行政院令开已令绥省境内蒙旗地方自治政委会会同绥省府协同办理仰转行知照等因相应咨达查照由
作者：吴鼎昌
来源：实业公报
时间：1936
卷期：第 281 期　页码：33
类型：咨文

标题：种植苜蓿减少黄河注沙
来源：兴华
时间：1936
卷期：第 33 卷第 17 期　页码：41
类型：新闻

标题：山东黄河水灾救济委员会造送二十五年四月十五日至三十日收支赈捐款数目四柱清表
来源：山东省政府公报
时间：1936
卷期：第 388 期　页码：111—121
类型：清单

标题：海军部指令（第二二四八号　中华民国二十五年四月十日）
提要：令暂代海道测量局局长刘德浦二十五年四月八日呈一件为黄河水科委员会请开列测量黄河口按月费数目业经开单呈复另缮清一份乞鉴核备案由
作者：陈绍宽
来源：海军公报
时间：1936

卷期：第 83 期　页码：248—249
类型：指令

标题：黄河水利之整理
提要：一、河防之设计研究；
　　　二、林垦事项之计划；
　　　三、冀鲁豫修防事宜之赶办；
　　　四、黄河大堤岁修工程之进行；
　　　五、黄河上游之施测；
　　　六、精密水準测量之进行；
　　　七、水文测量之进行；
　　　八、设计测量队工作之进行
来源：中国国民党指导下之政治成绩统计
时间：1936
卷期：第 5 期　页码：101—105
类型：报告

标题：清乾隆黄河决口考
作者：薛履坦
来源：水利
时间：1936
卷期：第 10 卷第 5 期　页码：348—377
类型：论文

标题：水工试验所试验黄河
来源：科学
时间：1936
卷期：第 20 卷第 5 期　页码：409
类型：新闻

标题：黄河史料之研究
作者：沈怡
来源：工程
时间：1936
卷期：第 12 卷第 1 号　页码：11—20

标题：短期内日将夺取黄河以北？

作者：真之
来源：生活日报星期增刊
时间：1936
卷期：第 1 卷第 5 号　页码：4
类型：新闻

标题：黄河治本策
来源：天主公教白话报
时间：1936
卷期：第 20 卷第 11 期　页码：241
类型：新闻

标题：黄河水灾救济方
作者：王福海
来源：论语
时间：1936
卷期：第 89 期　页码：46
类型：时译

标题：冀察政务委员会指令（财字第一
　　　七〇九号　五月十七日）
提要：令建设委员会
　　　呈一件为呈送黄河水灾奖券办事
　　　处条例请备案由
来源：冀察政务委员会公报
时间：1936
卷期：第 34 期　页码：17
类型：指令

标题：冀察政务委员会指令（财字第一
　　　八〇九号　五月十四日）
提要：令建设委员会
　　　呈一件为转报黄河水灾救济奖券
　　　办事处罚办商人罗常并处分罚款
　　　各缘由请备案由
来源：冀察政务委员会公报
时间：1936

卷期：第 34 期　页码：18
类型：指令

标题：国民政府指令（第一二五〇号　二十五年六月四日）
提要：令本府秘书沈砺
　　　二十五年五月三十日呈一件，为呈报奉派监验黄河黄庄堵口工程情形，连同该董庄堵口工程处原绘工程图及余存材料清册，仰祈鉴核备案由
作者：林森
来源：国民政府公报（南京1927）
时间：1936
卷期：第 2067 号　页码：18
类型：指令

标题：山东黄河水灾救济委员会造送二十五年五月一日至十三日收支赈捐款数目四柱清表
来源：山东省政府公报
时间：1936
卷期：第 389 期　页码：7，102—108
类型：清单

标题：长江·黄河·运河将建灌溉渠
来源：导光
时间：1936
卷期：第 4 卷第 21 期　页码：3
类型：新闻

标题：兰州黄河铁桥
来源：励志
时间：1936
卷期：第 4 卷第 23 期　页码：8
类型：照片

标题：省政府训令（建字第三五〇号　中华民国二十五年五月十九日）
提要：令民财建教四厅、警务处
　　　为准黄河水利委员会电孔委员长继续任职仰知照由
作者：张自忠
来源：察哈尔省政府公报
时间：1936
卷期：第 1014 期　页码：21，2
类型：训令

标题：山东黄河水灾救济委员会造送二十五年五月十四日至二十三日收支赈捐款数目四柱清表
来源：山东省政府公报
时间：1936
卷期：第 390 期　页码：8，118—122
类型：清单

标题：本院指令（机字第二七八四号　二十五年六月十七日）
提要：令河北监察区监察使周利生
　　　二十五年六月十日第八一号呈一件，为准黄河水利委员会等函送河工计划等件，抄呈鉴核由
作者：于右任
来源：监察院公报
时间：1936
卷期：第 86 期　页码：19
类型：指令

标题：铁道部指令（工字第五一三一号　中华民国二十五年六月五日）
提要：令平汉铁路管理局
　　　据呈在黄河北岸车站建设零担货棚，准予备案
作者：张嘉璈

来源：铁道公报
时间：1936
卷期：第 1497 期　页码：7
类型：指令

标题：兰州黄河大水车高三丈余
来源：励志
时间：1936
卷期：第 4 卷第 24 期　页码：20
类型：照片

标题：修正山东黄河渡口管理规则（附表）
来源：济南市政府市政月刊
时间：1936
卷期：第 10 卷第 6 期　页码：48—50
类型：法规

标题：黄河故道
作者：骋陆
来源：唯美
时间：1936
卷期：第 16 期　页码：14
类型：诗词

标题：山东黄河水灾救济委员会造送二十五年五月廿四日至二十八日收支赈捐款数目四柱清表
来源：山东省政府公报
时间：1936
卷期：第 391 期　页码：8，106—109
类型：清单

标题：韩复渠巡视鲁北，在黄河沿与宋哲元会晤
来源：通问报（耶稣教家庭新闻）
时间：1936
卷期：第 1694 期　页码：21

类型：新闻

标题：黄河农林调查团抵陕
来源：福建省统计时报
时间：1936
卷期：第 2 卷第 12 期　页码：11
类型：新闻

标题：山东黄河水灾救济委员会造送二十五年五月廿九日至六月一日收支赈捐款数目四柱清表
来源：山东省政府公报
时间：1936
卷期：第 392 期　页码：7，111—115
类型：清单

标题：地理系平绥路沿线地理考察照片之一
提要：包头附近之黄河
来源：师大月刊
时间：1936
卷期：第 27 期　页码：1 页
类型：照片

标题：黄河
作者：马翎
来源：沪声
时间：1936
卷期：第 1 卷第 5 期　页码：15
类型：话剧

标题：养黄河鲤浅说
作者：山东省建设厅全省农业推广委员会
来源：青岛工商季刊
时间：1936
卷期：第 4 卷第 2 期　页码：19—36
类型：论文

标题：黄河富源之利用
作者：崔士杰
来源：图书展望
时间：1936
卷期：第 1 卷第 9 期　　**页码**：73
类型：简介

标题：文化机关新讯
提要：3. 水工试验所不日开始试验黄河
来源：图书展望
时间：1936
卷期：第 1 卷第 9 期　　**页码**：83
类型：新闻

标题：海军部指令（第二七四八号　中华民国二十五年五月一日）
提要：令暂代海道测量局局长刘德浦二十五年四月二十九日呈一件为拟请亲往青岛与谢司令商借炮艇开测委河口并向黄河水委会接洽各节乞核示由
作者：陈绍宽
来源：海军公报
时间：1936
卷期：第 84 期　　**页码**：232—233
类型：指令

标题：海军部指令（第二八七一号　中华民国二十五年五月六日）
提要：令暂代海道测量局局长刘德浦二十五年五月四日呈一件为测量黄河口一带拟改托谢司令代雇相当船只乞示由
作者：陈绍宽
来源：海军公报
时间：1936
卷期：第 84 期　　**页码**：245—246

类型：指令

标题：笺函黄河水利委员会（二十五年五月十四日）
提要：收到职员录
来源：海军公报
时间：1936
卷期：第 84 期　　**页码**：420，34
类型：笺函

标题：笺函周鲁岩君（二十五年五月十九日）
提要：函送消弭黄河水患书不属本部主管行政范围经转送全国经济委员会审察特复查照由
来源：海军公报
时间：1936
卷期：第 84 期　　**页码**：424，34
类型：笺函

标题：笺函全国经济委员会（二十五年五月十九日）
提要：转送周鲁岩投递之消弭黄河水患书一扣请查照由
来源：海军公报
时间：1936
卷期：第 84 期　　**页码**：424—425，35
类型：笺函

标题：丁圪垱滩岸未施工前坍塌之情形
来源：黄河水利月刊
时间：1936
卷期：第 3 卷第 6 期　　**页码**：1 页
类型：照片

标题：丁圪垱护岸工程编柳打桩之情形
来源：黄河水利月刊

时间：1936
卷期：第 3 卷第 6 期　页码：1 页
类型：照片

标题：丁圪垱护岸工程土方坡度完成之情形
来源：黄河水利月刊
时间：1936
卷期：第 3 卷第 6 期　页码：1 页
类型：照片

标题：丁圪垱护岸工程抛石之情形
来源：黄河水利月刊
时间：1936
卷期：第 3 卷第 6 期　页码：1 页
类型：照片

标题：丁圪垱护岸工程干砌块石完成之情形
来源：黄河水利月刊
时间：1936
卷期：第 3 卷第 6 期　页码：1 页
类型：照片

标题：丁圪垱护岸工程植草工竣之情形
来源：黄河水利月刊
时间：1936
卷期：第 3 卷第 6 期　页码：1 页
类型：照片

标题：黄河流域之管理（附表）
作者：万晋
来源：黄河水利月刊
时间：1936
卷期：第 3 卷第 6 期　页码：477—492
类型：论著

标题：黄河水利委员会乱荆子寿光圩子地形测量
来源：黄河水利月刊
时间：1936
卷期：第 3 卷第 6 期　页码：1 页
类型：图片

标题：恢复乱荆于至海口之黄河道计画书
来源：黄河水利月刊
时间：1936
卷期：第 3 卷第 6 期　页码：493—497

标题：视察河北省黄河堤段工程报告
作者：张含英
来源：黄河水利月刊
时间：1936
卷期：第 3 卷第 6 期　页码：499—503
类型：报告

标题：本会二十五年四月施政报告
提要：一、重要图表之绘制；
二、河防设计工程研究之事项；
三、林垦之计画与实施事项；
四、黄河地形之测量；
五、设计测量之进行；
六、精密水准测量之进行；
七、水文测量之进行；
八、完成董庄堵口闭气工作及各项整理工程；
九、兴修兰封小新堤丁圪垱护岸工程；
十、委托海道测量局测量黄河口；
十一、督促山东河务局修筑黄十段大堤；
十三、函请绥远省政府酌派军警保护包头水文站；
十四、贯孟堤及西坝头至清河集

一带植柳完竣，并令饬河南河务
局接收守护；
十五、筹备防空干部训练所；
十六、会同全国经济委员会农业
处调查沿黄河水利森林及土壤冲
刷情形；
十七、令饬河南河务局修补沁河
口第一期工程土堤并设置堡房及
防守工具

来源：黄河水利月刊
时间：1936
卷期：第 3 卷第 6 期　**页码**：505—523
类型：报告

标题：全国经济委员会令饬对于黄河上游
　　　　奖励种植苜蓿应迅与有关各省府商
　　　　洽进行仍将办理情形具报由（会水
　　　　字第二四六六六号　五月七日）
作者：汪兆铭　蒋中正　孔祥熙等
来源：黄河水利月刊
时间：1936
卷期：第 3 卷第 6 期　**页码**：526

标题：全国经济委员会令饬会商各省妥
　　　　筹修防由（会水字第二四六四五
　　　　号　五月七日）
作者：汪兆铭　蒋中正　孔祥熙等
来源：黄河水利月刊
时间：1936
卷期：第 3 卷第 6 期　**页码**：526—527

标题：鲁西各县民众代表王衡如等电为
　　　　黄河大患溃决时虞仅恃柳秸等物
　　　　难以巩固堤岸而石料运输困难拟
　　　　请建筑临黄济汴铁路运石以大堤
　　　　为路基柳槐为枕木费约五百万元
　　　　完成一大支线恳转请中央采择施

行由（五月九日）
来源：黄河水利月刊
时间：1936
卷期：第 3 卷第 6 期　**页码**：527—528
类型：电报

标题：河南河务局呈报陈桥紧急工程现
　　　　在进行已达八成前奉垫拨中央协
　　　　款洋一万元开支已尽拟请将其余
　　　　未拟洋二万元迅予一并垫发俾工
　　　　程得大汛期前完成乞鉴核由（五
　　　　月十二日）
作者：王力仁
来源：黄河水利月刊
时间：1936
卷期：第 3 卷第 6 期　**页码**：528—529
类型：呈文

标题：主办山东董庄黄河堵口工程事宜处
　　　　函移交贵会保管余存材料项下拨助
　　　　山东省政府防守新工用品数目除呈
　　　　经委会备案外函达查照并希见复由
　　　　（第一七号　五月十三日）
作者：孔祥榕
来源：黄河水利月刊
时间：1936
卷期：第 3 卷第 6 期　**页码**：529
类型：公函

标题：全国经济委员会电为本会第十四次
　　　　常务委员会议通过蒋常务委员提议
　　　　更加充实全国水利公路一案查本会
　　　　前拟全国水利六年计画业经通饬就
　　　　第一期应办工程先拟初步计画限六
　　　　月底送核兹特订于六月五日召集各
　　　　水利机关主管技术人员会商仰即派
　　　　员参加并先电复由

来源：黄河水利月刊
时间：1936
卷期：第 3 卷第 6 期　页码：533
类型：电报

标题：河南河务局呈送新拟接修三义寨至小新堤南端新堤工程计画图表及预算请鉴核拨款兴工由（五月二十九日）
来源：黄河水利月刊
时间：1936
卷期：第 3 卷第 6 期　页码：534
类型：呈文

标题：呈全国经济委员会为呈复沁河口工程第一二两期工款情形并附送预算书分配表及请款书伏祈鉴核拨发示遵由（五月五日）
作者：孔祥榕
来源：黄河水利月刊
时间：1936
卷期：第 3 卷第 6 期　页码：535—538
类型：呈文

标题：训令河北河务局经办复堤工程应即赶速兴工依期完成并先将开工日期具报一面测绘坝址等图送会核转仰遵照由（第八〇号　五月六日）
作者：孔祥榕
来源：黄河水利月刊
时间：1936
卷期：第 3 卷第 6 期　页码：538—539
类型：训令

标题：呈全国经济委员会为准河南省政府电复复堤工程及防泛事务应从速兴工切实办理一案已转饬遵办并据河南河务局呈报东坝头及杨庄护岸工程开工日期祈鉴核备查由（五月八日）
作者：孔祥榕
来源：黄河水利月刊
时间：1936
卷期：第 3 卷第 6 期　页码：539
类型：呈文

标题：呈全国经济委员会为呈报兰封小新提上游丁圪垱护岸工程开工日期祈鉴核备考由（五月八日）
作者：孔祥榕
来源：黄河水利月刊
时间：1936
卷期：第 3 卷第 6 期　页码：540
类型：呈文

标题：呈全国经济委员会为准河北省政府电复筹办黄河复堤防泛情形暨南二段情势严重已饬切实防护各等由祈鉴核备考由（五月十一日）
作者：孔祥榕
来源：黄河水利月刊
时间：1936
卷期：第 3 卷第 6 期　页码：540—541
类型：呈文

标题：呈全国经济委员会为呈报遵令办理鲁省复堤案内善后工程谨将主办山东董庄黄河堵口工程事宜处撤回开封办理结束另设本会董庄堵口善后工程事宜处伏乞鉴核备案由（五月十五日）
作者：孔祥榕
来源：黄河水利月刊

时间：1936
卷期：第 3 卷第 6 期　页码：541—542
类型：呈文

标题：呈全国经济委员会为据河北省黄河河务局苟代电陈复堤工款已奉拨五万三千元当于苟日实施兴工等情理合转呈伏乞鉴核备案由（五月二十八日）
作者：孔祥榕
来源：黄河水利月刊
时间：1936
卷期：第 3 卷第 6 期　页码：545—546
类型：呈文

标题：嵇曾筠河工说
来源：黄河水利月刊
时间：1936
卷期：第 3 卷第 6 期　页码：553—568
类型：论文

标题：海事新闻（六月上、乙）
提要：黄河海口裁湾工程
来源：新世界
时间：1936
卷期：第 96 期　页码：49
类型：新闻

标题：中外新闻
提要：黄河海口即将开挖新河，孔祥榕过徐赴汴
来源：通问报（耶稣教家庭新闻）
时间：1936
卷期：第 1692 期　页码：23
类型：新闻

标题：黄河渡口（湟水入黄之下游）

来源：华北水利月刊
时间：1936
卷期：第 9 卷第 5/6 期　页码：1 页
类型：照片

标题：测量之进展
提要：一、海军测量之进行；
　　　二、航船布告之刊行；
　　　三、黄河口之测量；
　　　四、水道图之付印
来源：中国国民党指导下之政治成绩统计
时间：1936
卷期：第 6 期　页码：37—38
类型：报告

标题：铁路工程之建设
提要：一、粤汉铁路之促成；
　　　二、陇海铁路之促成；
　　　三、苏嘉路工程之进行；
　　　四、钱塘江桥工程之进行；
　　　五、成渝路测量工事之进行；
　　　六、川湘路工程之筹备；
　　　七、湘黔铁路测量之进行；
　　　八、京衢路宣衢段工程之进行；
　　　九、潼关黄河铁桥之筹建
来源：中国国民党指导下之政治成绩统计
时间：1936
卷期：第 6 期　页码：102—105
类型：报告

标题：黄河水利之整治
提要：一、河心之设计研究
　　　二、林垦事项之计画
　　　三、黄河地形之测量
　　　四、黄河上游之测勘
　　　五、精密水准测量之进行
　　　六、水文测量之进行

七、冀鲁豫三省修防工程之督促
八、黄河海口乱荆子寿光围子裁湾取直工程之兴办
九、豫省贯孟堤大坝之督修
十、山东黄十段大堤工程之完成

来源：中国国民党指导下之政治成绩统计
时间：1936
卷期：第 6 期　**页码**：116—121
类型：报告

标题：绥远省民政厅咨（第九七号　中华民国二十四年八月三十日）
提要：咨绥远省建设厅
为奉省府令以本省沿黄河各县水灾经中央拨一万元由例会决议先拨三千元办急赈务会拟工赈计划候核令仰遵办等因关于工赈部份咨请查照主政办理由
作者：袁庆曾
来源：绥远民政刊要
时间：1936
卷期：第 4 期　**页码**：9—10
类型：咨文

标题：黄河埽工与运河埽工之异同观
作者：王子尊
来源：江苏建设
时间：1936
卷期：第 3 卷第 7 期　**页码**：8—11
类型：论文

标题：冀察政务委员会指令（财字第二三〇八号　发文六月十二日）
提要：令河北省政府
呈一件呈报奉令为规定黄灾奖券每期开奖后即将所得余金半数拨交该府转发黄河水灾委员会应用令仰知照等因除函该会查照外呈复鉴核由
来源：冀察政务委员会公报
时间：1936
卷期：第 43 期　**页码**：12
类型：指令

标题：甘省计划黄河沿岸造林
来源：导光
时间：1936
卷期：第 4 卷第 22 期　**页码**：2
类型：新闻

标题：山东省政府公函（建副水字第二六六号　二十五年六月二十日）
提要：公函黄河水利委员会
据聊城县民任淑卿等呈为徒骇河不能泄黄恳取销前议等情查徒骇河床浅槽窄分流黄水似不可行请准予取消前议由
作者：韩复榘
来源：山东省政府公报
时间：1936
卷期：第 397 期　**页码**：51—52，7
类型：公函

标题：山东黄河水灾救济委员会造送二十五年六月二日至七日收支赈捐款数目四柱清表
作者：刘沛然
来源：山东省政府公报
时间：1936
卷期：第 393 期　**页码**：96—100
类型：清单

标题：黄河连日大涨
来源：兴华

时间：1936
卷期：第 33 卷第 25 期　页码：43—44
类型：新闻

标题：贺黄河水利委员会孔委员长电
来源：四川省政府公报
时间：1936
卷期：第 50 期　页码：85
类型：电报

标题：山东黄河水灾救济委员会造送二十五年六月八日至十二日收支赈捐款数目四柱清表
来源：山东省政府公报
时间：1936
卷期：第 394 期　页码：123—127
文献类型：清单

标题：山东黄河水灾救济委员会造送二十五年六月十三日至二十日收支赈捐款数目四柱清表
来源：山东省政府公报
时间：1936
卷期：第 395 期　页码：134—138
类型：清单

标题：水又涨了
提要：近几年来缀点着炎夏的总是长江黄河……
来源：史地知识
时间：1936
卷期：第 1 卷第 3 期　页码：2
类型：通讯

标题：过黄河（壬申九秋）
来源：道路月刊
时间：1936

卷期：第 51 卷第 1 期　页码：107
类型：诗歌

标题：黄河水涨
来源：天主公教白话报
时间：1936
卷期：第 20 卷第 14 期　页码：308
类型：新闻

标题：边疆各处之通讯
提要：河套黄河水涨，十大干渠放进水流
来源：边事研究
时间：1936
卷期：第 4 卷第 3 期　页码：103
类型：新闻

标题：黄河视察日记
作者：张佑周
来源：农报
时间：1936
卷期：第 3 卷第 20 期　页码：42
类型：书评

标题：甘省准备在黄河两岸造林
作者：赵景源
来源：儿童世界（上海1922）
时间：1936
卷期：第 37 卷第 2 期　页码：94
类型：新闻

标题：废黄河口
作者：行空
来源：江南汽车旬刊
时间：1936
卷期：第 54 期　页码：3
类型：诗歌

标题：江西省训令（财总字第一二九三三号 中华民国二十五年七月十八日）
提要：令南昌市政委员会、省会公安局、各区行政督察专员公署江西省政府奉行政院令严禁销售黄河水灾救济奖券及天津市公益慈善奖券等因令仰遵办具报
作者：熊式辉
来源：江西省政府公报
时间：1936
卷期：第554期　**页码**：10—11
类型：训令

标题：黄河水利委员会督察河防暂行守则
来源：河南省政府公报
时间：1936
卷期：第1695期　**页码**：2—4
类型：法规

标题：呈行政院（林字第二二七五号 中华民国二十五年七月十一日）
提要：准绥远省政府咨送黄河造林场廿五年度作业计划并请继续津贴等由在沿河造林津贴一节绥甘陕三省事同一律似应并案解决惟本部限于预算实无余款可拨可否垦由钧院转饬财政部编列三省沿河造林补助费预算以资继续补助之处理合胪陈本部办理本案经过情形呈请鉴核示遵由
作者：吴鼎昌
来源：实业公报
时间：1936
卷期：第289期　**页码**：27—28
类型：呈文

标题：咨绥远省政府（林字第二二七八号 中华民国二十五年七月十一日）
提要：准咨据建设厅呈送黄河造林场二十五年度作业计划并请继续拨给津贴检送原件嘱核办见复等由查原计遵尚属可行惟所嘱继续津贴一节本部实无款可拨现已拟具意见呈院核示先行咨覆查照由
作者：吴鼎昌
来源：实业公报
时间：1936
卷期：第289期　**页码**：32
类型：咨文

标题：本府通令严禁销售黄河水灾救济奖券及天津市公益慈善奖券
来源：云南省政府公报
时间：1936
卷期：第176期　**页码**：1—3
类型：政令

标题：黄河尾闾淤荒灾民移往开垦
来源：实业部月刊
时间：1936
卷期：第1卷第4期　**页码**：125
类型：新闻

标题：令各公安局为奉令严禁销售黄河水灾救济及天津公益慈善等奖券仰遵照饬属严禁由
作者：沈溥
来源：定海县政府公报
时间：1936
卷期：第30期　**页码**：7，0
类型：政令

标题：兰州黄河第一桥
来源：真光杂志

时间：1936
卷期：第 35 卷第 7 期　页码：1 页
类型：照片

标题：本路二十五年七月到九月行政计划
提要：丙、工务部份
　　　（一）已定计划正在进行事项：十二、展长黄河北岸股道工程
来源：铁路月刊（平汉线）
时间：1936
卷期：第 75 期　页码：98
类型：计划

标题：本路二十五年七月到九月行政计划
提要：丙、工务部份
　　　（一）已定计划正在进行事项：十九、添建黄河南岸扶轮小学校舍工程
来源：铁路月刊（平汉线）
时间：1936
卷期：第 75 期　页码：100
类型：计划

标题：黄河航线包宁段试航成功
来源：铁路月刊（平汉线）
时间：1936
卷期：第 75 期　页码：300—301
类型：新闻

标题：海军部指令（第三五三六号　中华民国二十五年六月一日）
提要：令暂代海道测量局局长刘德浦五月二十九日呈一件为拟饬甘露或诚胜出测黄河口之便前往龙口查勘暗礁并陈无须设置浮标缘由乞鉴核由
作者：陈绍宽

来源：海军公报
时间：1936
卷期：第 85 期　页码：185—186
类型：指令

标题：代电海道测量局刘代局长所请拟饬甘露先驶泊佘山同诚胜开至黄河口后回沪续修应照准由
来源：海军公报
时间：1936
卷期：第 85 期　页码：375，35
类型：电报

标题：黄河水利委员会博爱苗圃二十五年培育榆树苗木生长状况摄影
来源：黄河水利月刊
时间：1936
卷期：第 3 卷第 7 期　页码：1 页
类型：照片

标题：黑岗口黄河巨型试验初步计画（附图、表）
作者：设计组
来源：黄河水利月刊
时间：1936
卷期：第 3 卷第 7 期　页码：581—586
类型：计划

标题：视察豫境河工情形报告书
作者：朱长安　吕祖钧
来源：黄河水利月刊
时间：1936
卷期：第 3 卷第 7 期　页码：589—596
类型：报告

标题：二十五年五月份施政报告
提要：一、重要图表之绘制；

二、河防工程设计之研究事项；
三、林垦之计画与实施事项；
四、设计测量之进行；
五、精密水准测量之进行；
六、水文测量之进行；
七、孔委员长奉令真除定期宣誓就职；
八、派员分往冀豫鲁商催防事宜；
九、董庄堵口工程验收完竣并赶办结束；
十、成立董庄堵口善后工程事宜处；
十一、孔委员长视察海口；
十二、拟具修筑临黄济汴铁路计画；
十三、函请山东省政府转饬利津霑化两县府保护精密水准测量队；
十四、电请太原陕西豫皖绥靖公署转饬潼关附近驻军对于潼关水文站测量断面予以便利；
十五、新订钻探机一部已运到西京即将试验钻探；
十六、验收并移交金堤柳株；
十七、黄河上游测勘队出发施测

来源：黄河水利月刊
时间：1936
卷期：第3卷第7期　**页码**：597—613
类型：报告

标题：河南河务局呈报豫河修防工事进行概况并款料不足尚须择要筹办情形附送各段防守人员职名单请鉴核转呈由（六月五日）
作者：王力仁
来源：黄河水利月刊
时间：1936
卷期：第3卷第7期　**页码**：615—618
类型：呈文

标题：河南河务局呈为遵将中央拨款两万元拟具择要施工办法请鉴核示遵由（六月六日）
作者：王力仁
来源：黄河水利月刊
时间：1936
卷期：第3卷第7期　**页码**：618—619
类型：呈文

标题：河北河务局呈为遵令呈复春修及太行堤各工计画进行等情形请鉴核由（六月八日）
作者：杜玉六
来源：黄河水利月刊
时间：1936
卷期：第3卷第7期　**页码**：619—620
类型：呈文

标题：河南省政府函为案准函据河务局呈送拟接修三义寨南端新堤工程计画图表预算嘱查照拨款一案前据该局迳呈到府业经指令饬遵请查照由（财审字第一三七二号　六月二十四日）
作者：商震
来源：黄河水利月刊
时间：1936
卷期：第3卷第7期　**页码**：622—623
类型：公函

标题：河南省政府函据河务局呈为据案转呈视察沁河口暨迤西护滩工程情形附具意见请核示等情一案请查照迅予派员会勘速定办法并希见复由（建三字第三五四号　六月三十日）
作者：商震

来源：黄河水利月刊
时间：1936
卷期：第3卷第7期　页码：623—625
类型：公函

标题：函请董庄堵口善后工程处拨给块石五千公方交兰封丁圪垱护岸工程事务所为备防之用希查照办理见复由（第二五五号　六月六日）
作者：孔祥榕
来源：黄河水利月刊
时间：1936
卷期：第3卷第7期　页码：628—629
类型：公函

标题：函河南省政府为据河南河务局呈送新拟接修三义寨至小新堤南端新堤工程计画图表预算请鉴核拨款等情拟请仍照去年计画迅赐拨款俾赶速接修藉策安全希查照办理见复由（第二五七号　六月九日）
作者：孔祥榕
来源：黄河水利月刊
时间：1936
卷期：第3卷第7期　页码：629—630
类型：公函

标题：电全国经济委员会为呈送督防处组织暂行规则及经费预算祈鉴核示遵由（六月十八日）
来源：黄河水利月刊
时间：1936
卷期：第3卷第7期　页码：633—634
类型：电报

标题：呈全国经济委员会为呈送本会代编补助黄河乌加河测量队经费预算书表等件乞鉴核备案并乞将十及十一两月份经费扣捐余数迅赐核发由（六月二十日）
作者：孔祥榕
来源：黄河水利月刊
时间：1936
卷期：第3卷第7期　页码：634—635
类型：呈文

标题：函复山东省政府以请建修黄河南岸铁路一案业经本会以前经据情电请嗣奉经委会令准行政院函复据铁道部核复实不相宜各节函复在案希查照由（第二八五号　六月二十二日）
作者：孔祥榕
来源：黄河水利月刊
时间：1936
卷期：第3卷第7期　页码：635—636
类型：公函

标题：黄河大汛写真
来源：时事月报
时间：1936
卷期：第15卷第5期　页码：3
类型：照片

标题：铁路工程之建设
提要：一、粤汉铁路之促成；
二、陇海铁路之促成；
三、钱塘江桥工程之进行；
四、成渝路测量工事之进行；
五、川湘路工程之筹备；
六、湘黔路工程之进行；
七、京衢路宣衢段工程之进行；
八、潼关黄河铁桥之筹建
来源：中国国民党指导下之政治成绩统计

时间：1936
卷期：第 7 期　页码：74—77
类型：报告

标题：黄河水利之整治
提要：一、河防之设计研究；
　　　二、林垦事项之计划；
　　　三、设计测量之进行；
　　　四、黄河地形之测量；
　　　五、黄河上游测量之进行；
　　　六、精密水准测量之进行；
　　　八、董庄堵口善后工程之完成；
　　　九、抛石护岸紧急工程之办理；
　　　十、黄河海口乱荆子寿光圩子引河工程之完成；
　　　十一、丁圪垱护岸工程之完成及防险材料之储备；
　　　十二、修建太行堤之协助；
　　　十三、设计测量队工作之进行
来源：中国国民党指导下之政治成绩统计
时间：1936
卷期：第 7 期　页码：82—86
类型：报告

标题：黄河水利委员会组织法（二十四年七月一日修正公布）
来源：青岛市政府市政公报
时间：1936
卷期：第 72 期　页码：103—105
类型：法规

标题：青岛市政府训令（第七一〇九号）
提要：令直辖各机关
　　　奉行政院令发修正黄河水利委员会组织法令仰知照由
来源：青岛市政府市政公报
时间：1936

卷期：第 72 期　页码：260，13
类型：训令

标题：青岛市政府训令（第七九八九号）
提要：令直辖各机关
　　　准山东黄河水灾救济委员会函知成立及启用铃记日期令仰知照由
来源：青岛市政府市政公报
时间：1936
卷期：第 73 期　页码：162，11
类型：训令

标题：水利黄河海口裁湾取直工程，决挖引河两道，修二挑水坝……
提要：水利
来源：建设委员会公报
时间：1936
卷期：第 66 期　页码：186—189
类型：新闻

标题：黄河机船正式开航
来源：路向
时间：1936
卷期：第 3 卷第 3 期　页码：29
类型：新闻

标题：中央公务员惩戒委员会议决书（鉴字第三五〇号　二十五年六月十九日）
提要：黄河水灾救济委员会委员兼工赈组主任孔祥榕前河北省黄河河务局兼工赈组第二区工程处处长孙庆泽前河北长垣县县长步恒勋前长垣县区长兼堤工监理员范贞臣孙亲鼐废弛职务案
来源：监察院公报
时间：1936

卷期：第 92 期　页码：29—34
类型：议决书

标题：潼关黄河桥工筹备处组织守则
　　　（本年八月廿五日参字第七八三号
　　　部令公布）
来源：津浦铁路日刊
时间：1936
卷期：第 1613—1637 期　页码：195
类型：法规

标题：抢修刘庄险工之运货船
提要：黄河视察写真之一
作者：王叶堂
来源：新天津画报
时间：1936
卷期：第 151 期　页码：1
类型：照片

标题：大流直射刘庄
提要：黄河视察写真之三
作者：王叶堂
来源：新天津画报
时间：1936
卷期：第 151 期　页码：1
类型：照片

标题：黄河水利委员会督察河防暂行守则
来源：山东省政府公报
时间：1936
卷期：第 398 期　页码：10—12
类型：法规

标题：山东省政府训令（秘实字第一一
　　　五号　二十五年七月十七日）
提要：令民政厅、建设厅、河务局等
　　　准黄河水利委员会函为督防处成
　　　立日期附送暂行守则请查照等因
　　　仰知照由
作者：韩复榘
来源：山东省政府公报
时间：1936
卷期：第 398 期　页码：27，3
类型：训令

标题：山东省政府指令（建副建字第一
　　　八五号　二十五年六月三日）
提要：令黄河水灾救济委员会
　　　呈一件转呈一二区专员公署造送
　　　以工代账书图清册请鉴核由
作者：韩复榘　张鸿烈
来源：山东省政府公报
时间：1936
卷期：第 398 期　页码：47
类型：指令

标题：黄河本年大泛可平稳渡过
来源：天主公教白话报
时间：1936
卷期：第 20 卷第 16 期　页码：351
类型：新闻

标题：同蒲陇海接轨处黄河铁桥定期开工
来源：新建设
时间：1936
卷期：第 3 卷第 17 期　页码：14
类型：新闻

标题：山东省政府指令（秘民字第二九
　　　二〇号　二十五年七月二十四日）
提要：令黄河水灾救济委员会
　　　呈一件呈报本会自二十四年七月
　　　十二日起至二十五年六月三十日
　　　结束止收支款项及结存数目移交

省赈务会接办请鉴核备案并呈清册由
作者：韩复榘
来源：山东省政府公报
时间：1936
卷期：第 399 期　**页码**：52—55
类型：指令

标题：冀察政务委员会代电（政字第三一五三号）
提要：电黄河水利委会
为据长垣县民代电称黄河太行堤为北岸严重保障请培修等情拟请迅予核办由
来源：冀察政务委员会公报
时间：1936
卷期：第 54 期　**页码**：32，4
类型：电报

标题：山东省政府训令（秘实字第一二二〇号　二十五年八月十一日）
提要：令河务局、第一二区行政督察专员、沿黄河各县县长
为黄河新淤地亩凡无民埝地方一概不准占种仰知照遵照布告周知由
作者：韩复榘
来源：山东省政府公报
时间：1936
卷期：第 401 期　**页码**：38，3
类型：训令

标题：山东省政府公函（建副星字第七五号　二十五年七月十四日）
提要：公函山东省赈务会据黄河水灾灾民移垦办事处呈为利津第一垦区添筑北坝需款一万五千元函请贵会查照拨发见复由
作者：韩复榘
来源：山东省政府公报
时间：1936
卷期：第 401 期　**页码**：78—79，6
类型：公函

标题：甘省实行沿黄河造林
来源：实业部月刊
时间：1936
卷期：第 1 卷第 5 期　**页码**：439
类型：新闻

标题：部路要闻：铁道部为筹备潼关黄河桥上建筑事宜……
来源：京沪沪杭甬铁路日刊
时间：1936
卷期：第 1677 期　**页码**：200
类型：新闻

标题：黄河口
作者：金石宫
来源：新民校刊
时间：1936
卷期：第 1 卷第 7—8 期　**页码**：34—35
类型：诗歌

标题：冀省刘庄险工护坦之修整
来源：黄河水利月刊
时间：1936
卷期：第 3 卷第 8 期　**页码**：1 页
类型：照片

标题：鲁省朱口埽工前之水势
来源：黄河水利月刊
时间：1936
卷期：第 3 卷第 8 期　**页码**：1 页

类型：照片

标题：沁河口滩地护岸工程经过谈
作者：李楒
来源：黄河水利月刊
时间：1936
卷期：第 3 卷第 8 期　　页码：645—647
类型：论文

标题：勘查渭河报告书（未完）
作者：高钧德
来源：黄河水利月刊
时间：1936
卷期：第 3 卷第 8 期　　页码：657—674
类型：报告

标题：二十五年六月份施政报告
提要：二、河防设计工程研究之事项；
　　　　三、林垦计画实施事项；
　　　　四、黄河地形之测量；
　　　　五、黄河上游测勘之进行；
　　　　六、精密水准测量之进行；
　　　　八、派员会商三省赶办应行修防工程并督促进行情形；
　　　　九、组织督防处并请拨发防汛费暨拟具组织规则；
　　　　十、兴办黄河海口乱荆子寿光围子裁湾取直工程；
　　　　十一、协助河北省办理冷寨险工；
　　　　十二、督促河南河务局修补贯孟堤大坝；
　　　　十三、修竣兰封小新堤上游丁圪垱护岸工程并移交防守；
　　　　十四、完成山东黄十段大堤工程；
　　　　十五、厘定各测站报泛办法；
　　　　十六、协助江汉工程局办理襄河遥堤堵口工程
来源：黄河水利月刊
时间：1936
卷期：第 3 卷第 8 期　　页码：675—697
类型：报告

标题：二十五年七月份施政报告
提要：一、重要图表之绘制；
　　　　二、河防工程设计之研究事项；
　　　　三、林垦之计画与实施事项；
　　　　四、设计测量之进行；
　　　　五、黄河地形之测量；
　　　　六、精密水准测量之进行；
　　　　七、黄河上游测勘之进行；
　　　　八、水文测量之进行；
　　　　九、完成董庄堵口善后工程；
　　　　十、办理抛石护岸紧急工程；
　　　　十一、成立贯孟堤临时防泛处；
　　　　十二、完成兰封小新堤上游丁圪垱护岸工程并运堆备防石料；
　　　　十三、规定冀鲁豫三省沿河长途电话线保护办法；
　　　　十四、黄河海口乱荆子寿光围子裁弯引河工程告竣；
　　　　十五、协款督修太行堤；
　　　　十六、修整黄河两岸汽车路
来源：黄河水利月刊
时间：1936
卷期：第 3 卷第 8 期　　页码：697—715
类型：报告

标题：河南省政府函为案据河务局呈请拨给本年防泛费一案经提交省府会议议决由本省筹拨五万元不敷之数请贵会拨助请查照俯赐早日拨发以固河防由（财审字第一四八九号　七月六日）
作者：商震

来源：黄河水利月刊
时间：1936
卷期：第 3 卷第 8 期　页码：717—719
类型：呈文

标题：冀察政务委员会电为长垣县绅民呈报以太行堤卑薄难抗洪涛恳拨帑重修等情拟请迅予查核办理由（七月二十六日）
来源：黄河水利月刊
时间：1936
卷期：第 3 卷第 8 期　页码：720—721
类型：呈文

标题：河南河务局呈报奉省政府令准钧会电检送贯孟堤临时修守计画一案饬即遵照切实会同办理等因除遵照并分呈暨分令外请鉴核备查由（七月二十九日）
作者：王力仁
来源：黄河水利月刊
时间：1936
卷期：第 3 卷第 8 期　页码：721—722
类型：呈文

标题：河南河务局呈为遵令呈送接筑沁口西子埝断面图及预算请鉴核由（七月二十九日）
作者：王力仁
来源：黄河水利月刊
时间：1936
卷期：第 3 卷第 8 期　页码：722—724
类型：呈文

标题：封邱县政府电复遵电会同河务分局勘估并先行垫款兴修请鉴核由（七月三十日）
来源：黄河水利月刊
时间：1936
卷期：第 3 卷第 8 期　页码：724
类型：电报

标题：呈全国经济委员会为呈报兰封小新堤上游丁圪垱护岸工程已分别验收接收完竣附送图表祈鉴核备案由（七月六日）
作者：孔祥榕
来源：黄河水利月刊
时间：1936
卷期：第 3 卷第 8 期　页码：724—726
类型：呈文

标题：呈全国经济委员会为呈复豫省府请拨董庄堵口余石经过情形祈鉴核备查由（七月七日）
作者：孔祥榕
来源：黄河水利月刊
时间：1936
卷期：第 3 卷第 8 期　页码：726—727
类型：呈文

标题：电河北省政府为本会拨付冷寨及老大坝石料已分别交河北黄河河务局点收又刘庄险工已饬兰封运输处拨借石料三百市方并电令该局遵照领存具报在案统希查照由（七月十日）
来源：黄河水利月刊
时间：1936
卷期：第 3 卷第 8 期　页码：727—728
类型：电报

标题：函复河南省政府堵塞沙窝武楼各串沟用款已请由经委会二十五年

度三省黄河大堤紧急工程费项下拨发俟复再行函达希查照由（会字第三三〇号 七月十六日）
作者：孔祥榕
来源：黄河水利月刊
时间：1936
卷期：第 3 卷第 8 期　**页码**：729—730
类型：公函

标题：函河南省政府为据派员勘查呈复沁河口护滩工程有被沁水冲刷之虞并据沁工事务所查复请查案催修子埝各等情请查照拨款兴修以利河防并希见复由（会字第三三九号 七月十八日）
作者：孔祥榕
来源：黄河水利月刊
时间：1936
卷期：第 3 卷第 8 期　**页码**：731—732
类型：公函

标题：电河北河务局为太行堤工重要本会拟拨二万元以便施工业经电请河北省政府及建设厅转饬确定兴工日期依限完成仰遵办具报由（七月二十八日）
来源：黄河水利月刊
时间：1936
卷期：第 3 卷第 8 期　**页码**：732
类型：电报

标题：铁路工程之建设
提要：一、粤汉铁路之促成；
　　　二、陇海铁路之促成；
　　　三、钱塘江桥工程之进行；
　　　四、成渝路测量工事之进行；
　　　五、川湘路工程之筹备；
　　　六、湘黔路工程之进行；
　　　七、京衢路宣衢段工程之进行；
　　　八、黄河铁路工程之进行
来源：中国国民党指导下之政治成绩统计
时间：1936
卷期：第 8 期　**页码**：81—86
类型：报告

标题：黄河水利之整治
提要：一、河防之设计研究；
　　　二、林垦事项之计划；
　　　三、黄河地形之测量；
　　　四、精密水准测量之进行；
　　　五、水文测量之进行；
　　　六、冀鲁豫沿河险工之督察防护；
　　　七、黄河沿岸险工地点水尺之设立；
　　　八、沁河口西黄河滩地护岸工程之进行；
　　　九、河南封邱串沟之堵塞；
　　　十、整理黄河河口工程计划之拟具；
　　　十一、黄运联运工程之进行；
　　　十二、设计测量队工作之进行
来源：中国国民党指导下之政治成绩统计
时间：1936
卷期：第 8 期　**页码**：92—96
类型：报告

标题：国内劳工消息（七月份）
提要：十六、失业
　　　（甲）公共工程竣工：（三）水利：黄河海口疏导工程（七月二十二日时）
来源：国际劳工通讯
时间：1936
卷期：第 3 卷第 8 期　**页码**：97
类型：新闻

标题：青岛市政府公函（第一一三七三号）
提要：函黄河志编纂会
据社会局呈查填本市辖区矿产表转送查收由
来源：青岛市政府市政公报
时间：1936
卷期：第 76 期　**页码**：256—257，19
类型：公函

标题：山东省政府建设厅指令（电字第八三二号　七月二十五日）
提要：令长清县政府
呈一件呈送本县二十三年度架设黄河飞线费支付预算祈鉴核备案由
作者：张鸿烈
来源：山东省建设半月刊
时间：1936
卷期：第 1 卷第 9 期　**页码**：115
类型：指令

标题：青海风光
提要：牛皮筏渡黄河
作者：马步芳
来源：新亚细亚
时间：1936
卷期：第 12 卷第 3 期　**页码**：13
类型：照片

标题：黄河
作者：徐炯
来源：新亚细亚
时间：1936
卷期：第 12 卷第 3 期　**页码**：124
类型：诗歌

标题：山东董庄黄河决口堵合后之隐忧（附图）

作者：王士纬
来源：地理教育
时间：1936
卷期：第 1 卷第 6 期　**页码**：4—11
类型：论文

标题：黄河水利委员会督察河防暂行守则
来源：山东省建设半月刊
时间：1936
卷期：第 1 卷第 9 期　**页码**：15—17
类型：法规

标题：山东黄河水灾纪念碑
作者：张绍堂
来源：进德月刊
时间：1936
卷期：第 2 卷第 1 期　**页码**：60—62
类型：文录

标题：本厅大事记（二十五年七月份）
提要：一日，副署
省府令黄河水灾救济委员会照数拨给高唐县整理盐车道沟购地建闸费款
来源：山东省建设半月刊
时间：1936
卷期：第 1 卷第 9 期　**页码**：140—145
类型：记事

标题：潼关黄河桥测量工竣
来源：路向
时间：1936
卷期：第 3 卷第 5 期　**页码**：31
类型：新闻

标题：铁道部令（参字第七八三号　中华民国二十五年八月二十五日）

提要：公布潼关黄河桥工筹备处组织规程
作者：张嘉璈
来源：铁道公报
时间：1936
卷期：第 1568 期　　**页码：**1
类型：部令

标题：潼关黄河桥工筹备处组织规程
来源：铁道公报
时间：1936
卷期：第 1568 期　　**页码：**0—1
类型：法规

标题：黄河危及鲁省
作者：陈东林
来源：高级中华英文周报
时间：1936
卷期：第 30 卷第 756 期　　**页码：**311
类型：新闻

标题：潼关黄河桥工筹备处组织规程（廿五年八月二十五日部令公布）
来源：粤汉铁路旬刊
时间：1936
卷期：第 4 期　　**页码：**2—3
类型：法规

标题：国民政府指令（第一八九五号　二十五年九月八日）
提要：令司法院
呈据中央公务员惩戒委员会呈，为黄河水灾救济委员会委员兼工赈组主任孔祥榕等被劾废弛职务一案，经会议决孔祥榕、范贞臣均不受惩戒，孙庆泽免职并停止任用五年，步恒勋降二级改叙，孙亲甀免职并停止任用三年，连同议决书，呈请将该河北省黄河河务局局长孙庆泽免职处分，鉴核施行由
作者：林森　居正
来源：国民政府公报（南京1927）
时间：1936
卷期：第 2148 号　　**页码：**14
类型：指令

标题：海军部海道测量局航船布告第一九七号
提要：中华民国北海岸渤海湾黄河口附近发现浅水
来源：交通公报
时间：1936
卷期：第 801 期　　**页码：**18
类型：布告

标题：游黄河黑岗口记
作者：中平
来源：学校生活
时间：1936
卷期：第 153 期　　**页码：**22—28
类型：游记

标题：冀察政务委员会训令（财字第三九四二号　中华民国二十五年八月二十九日）
提要：令建设委员会
为仰将黄河水灾救济奖券克日清交并自开办之日起按月清结具报由
作者：宋哲元
来源：冀察政务委员会公报
时间：1936
卷期：第 64 期　　**页码：**15—16
类型：训令

标题：黄河机船试航成功
来源：路向
时间：1936
卷期：第 3 卷第 6 期　**页码**：31
类型：新闻

标题：你莫呜咽，老黄河！
作者：钱彤
来源：校风
时间：1936
卷期：第 422 期　**页码**：1687—1688
类型：诗歌

标题：监察使方觉慧电
提要：视察黄河防护工程
来源：监察院公报
时间：1936
卷期：第 99 期　**页码**：38
类型：电报

标题：甘省准备黄河主干两岸造林
来源：实业部月刊
时间：1936
卷期：第 1 卷第 6 期　**页码**：226
类型：新闻

标题：黄河又闹灾了！
作者：韩伯林
来源：是非公论
时间：1936
卷期：第 18 期　**页码**：4—9
类型：评论

标题：冀察政务委员会训令（财字第四二二五号　中华民国二十五年九月五日）
提要：令建设委员会
　　据河北省政府呈准本省黄河水灾委员会函请转催迅拨十五六期黄灾奖券余金仰查案照拨由
作者：宋哲元
来源：冀察政务委员会公报
时间：1936
卷期：第 66 期　**页码**：12
类型：训令

标题：冀察政务委员会指令（财字第四一三四号　九月五日）
提要：令河北省政府
　　呈一件为准本省黄河水灾委员会函请转催迅拨十五六期黄灾奖券余金请鉴核饬拨由
来源：冀察政务委员会公报
时间：1936
卷期：第 66 期　**页码**：14
类型：指令

标题：司法院指令（指字第六一二号　二十五年九月十五日）
提要：令河北省政府
　　呈为奉发孔祥榕等被付惩戒案议决书内前黄河河务局长孙庆泽曾受免职停止任用处分尚未期满兹又停止任用五年应否继续合并执行请核示由
来源：司法公报
时间：1936
卷期：第 139 期　**页码**：8
类型：指令

标题：陇海路黄河铁桥年内兴工
来源：导光
时间：1936
卷期：第 4 卷第 27 期　**页码**：2

类型：新闻

标题：山东省政府牌示（建副电字第二九六号 二十五年七月十四日）
提要：牌示单县等各代表
准黄河水利委员会函复沿河筑路一案前经电奉全国经济委员会训令以转据铁道部核复实不相宜请查照等因合行牌示知照由
来源：山东省政府公报
时间：1936
卷期：第405期 **页码**：65，7
类型：牌示

标题：行政院命绥省府黄河沿岸造林
来源：绥远农村周刊
时间：1936
卷期：第123期 **页码**：1
类型：新闻

标题：交通消息（八月份）
提要：三、航务
（9）晋省当局筹设黄河航路
作者：伟公
来源：交通职工月报
时间：1936
卷期：第4卷第7—8期 **页码**：122
类型：新闻

标题：黄河铁桥测量工竣
作者：伟公
来源：交通职工月报
时间：1936
卷期：第4卷第7—8期 **页码**：126
类型：新闻

标题：泺口看黄河
作者：前人
来源：天南
时间：1936
卷期：第7卷第1期 **页码**：70
类型：诗歌

标题：中黄河正流考（本社专载）
来源：光明月刊
时间：1936
卷期：第1卷第4期 **页码**：33—34
类型：论文

标题：董庄合龙处前汛期中新筑之第一石坝
来源：黄河水利月刊
时间：1936
卷期：第3卷第9期 **页码**：1页
类型：照片

标题：董庄合龙处前汛期中新筑之第三秸埽
来源：黄河水利月刊
时间：1936
卷期：第3卷第9期 **页码**：1页
类型：照片

标题：九月六日黑岗口险工前之水势
来源：黄河水利月刊
时间：1936
卷期：第3卷第9期 **页码**：1页
类型：照片

标题：九月七日李升屯第六挑水坝头之水势
来源：黄河水利月刊
时间：1936
卷期：第3卷第9期 **页码**：1页

类型：照片

标题：历代河患之概述（至清代止）（附表）
作者：木广
来源：黄河水利月刊
时间：1936
卷期：第 3 卷第 9 期　页码：741—754
类型：论文

标题：沁河口西黄河滩地抛石盘坝工程计画说明书（附图表）
来源：黄河水利月刊
时间：1936
卷期：第 3 卷第 9 期　页码：755—756

标题：勘查渭河报告书（续前期）
作者：高钧德
来源：黄河水利月刊
时间：1936
卷期：第 3 卷第 9 期　页码：757—776
类型：报告

标题：本会二十五年八月施政报告
提要：一、重要图表之绘制；
二、河防工程设计之研究事项；
三、林垦之计画与实施事项；
四、林垦之计画与实施事项；
五、设计测量成绩之整理；
六、精密水准测量成绩之整理；
七、水文测量之进行；
八、督察防护三省沿河险工；
九、豫鲁冀黄河沿岸险工地点设立水尺；
十、完成沁河口西黄河滩地第二期护岸工程并加修盘坝子埝；
十一、编送黄河水利建设成绩；
十二、堵塞沙窝武楼串沟；
十三、编制本会重要工作总报告；
十四、派员会同鲁省府拟具整理黄河河口工程文韬计画；
十五、编制二十四年度本会行政统计；
十六、电请山东第一路民团指挥部暨羊角沟水上公安局协助并保护海口测量工作
来源：黄河水利月刊
时间：1936
卷期：第 3 卷第 9 期　页码：777—791
类型：报告

标题：河南河务局呈报验收小新堤及丁圪垱护岸栽草并督饬看管情形请鉴核备查由（八月九日）
作者：王力仁
来源：黄河水利月刊
时间：1936
卷期：第 3 卷第 9 期　页码：793—794
类型：呈文

标题：河南河务局寒代电为据东沁分局电报老龙湾第五坝卑矮漫顶等情除饬加高抛护外请鉴核由（八月十五日）
来源：黄河水利月刊
时间：1936
卷期：第 3 卷第 9 期　页码：796
类型：电报

标题：河南河务局篠代电为据上北分局电报温武汛陡涨五公寸刻仍大雨等情除饬加意防守外请鉴核由（八月十九日）
来源：黄河水利月刊

时间：1936
卷期：第3卷第9期　页码：796
类型：电报

标题：河南河务局电为据下南分局报东坝头坝一带第一朵坦坡下蛰等情形除饬遇必要时准予招工抢抛外请鉴核由（八月二十日）
来源：黄河水利月刊
时间：1936
卷期：第3卷第9期　页码：796—797
类型：电报

标题：河北河务局电报祸申至漾辰水势涨落及抢护情形请鉴核由（八月二十四日）
来源：黄河水利月刊
时间：1936
卷期：第3卷第9期　页码：797
类型：电报

标题：山东河务局沁电报自养日起李升屯水位连涨南一二三段各坝埽均见淘刷蛰陷幸抢护平稳请鉴核由（八月二十九日）
来源：黄河水利月刊
时间：1936
卷期：第3卷第9期　页码：798
类型：电报

标题：函复泾洛工程局为请转饬洑头水文站绘具各水尺位置等图送会俾资参考希查照办理见复由（八月十日）
作者：孔祥榕
来源：黄河水利月刊
时间：1936

卷期：第3卷第9期　页码：798—799
类型：公函

标题：函复实业部为经委会农业处所拨潼泛区苜蓿采种圃农具工资补助费支出单据已函送该处在案希查照由（八月十日）
作者：孔祥榕
来源：黄河水利月刊
时间：1936
卷期：第3卷第9期　页码：799—800
类型：公函

标题：电陈全国经济委员会、全国经济委员会水利委员会主任委员孔视察黄河南北两岸各险工及伏汛水顺工稳等情形请鉴核备案由
来源：黄河水利月刊
时间：1936
卷期：第3卷第9期　页码：800—802
类型：电报

标题：函宁夏省政府以准支代电以本省河工水涨堤决嘱派员查勘等由兹派黄河上游测勘队队长高钧德就近前往查勘请查照赐予接洽由（第三七四号　八月十九日）
作者：孔祥榕
来源：黄河水利月刊
时间：1936
卷期：第3卷第9期　页码：802
类型：公函

标题：电陈全国经济委员会水利委员会主任委员孔此次黄河上游及泾渭同涨曾分投视察及三省各险工暨海口因先事防护办理各项工程全

河未生巨险经过情形乞垂察由（八月三十日）
来源：黄河水利月刊
时间：1936
卷期：第3卷第9期　页码：802—804
类型：电报

标题：黄河水利委员会第三周年之工作概况
作者：孔祥榕
来源：黄河水利月刊
时间：1936
卷期：第3卷第9期　页码：805—819
类型：报告

标题：本路二十四年十二月工作报告
提要：二、工作实施事项
　　　（丙）工务事项：三、油漆郑县郾城两站天桥，并郑县与黄河南岸间各钢梁
来源：铁路月刊（平汉线）
时间：1936
卷期：第77期　页码：98
类型：报告

标题：道光二十一年黄河围城档案
作者：郭豫才
来源：河南博物馆馆刊
时间：1936
卷期：第3期　页码：15—25
类型：史料

标题：流量比率曲线与黄河在潼关最大流量之探讨
作者：杨炳堃
来源：水利
时间：1936

卷期：第11卷第3期　页码：123—126
类型：论文

标题：董庄黄河溜势变化
来源：通问报（耶稣教家庭新闻）
时间：1936
卷期：第1706期　页码：22
类型：新闻

标题：黄河
作者：张文麟
来源：中学生
时间：1936
卷期：第67期　页码：191
类型：诗歌

标题：铁路工程之建设
提要：一、粤汉铁路之促成；
　　　二、陇海铁路之促成；
　　　三、钱塘江桥工程之进行；
　　　四、成渝路测量工事之进行；
　　　五、川湘路工程之筹备；
　　　六、湘黔铁路测量之进行；
　　　七、京衢路工程之进行；
　　　八、潼关黄河铁桥工之筹建
来源：中国国民党指导下之政治成绩统计
时间：1936
卷期：第9期　页码：78—81
类型：报告

标题：黄河水利之整治
提要：一、河防之设计研究；
　　　二、林垦事项之计划；
　　　三、董庄险工之抢护；
　　　四、河南朱庄石坝之修筑；
　　　五、修筑兰董段轻便铁路计划之拟具；

六、黄河地形之测量；
七、黄河上游之施测；
八、精密水准测量之进行；
九、水文测量之进行；
十、设计测量之进行

来源：中国国民党指导下之政治成绩统计
时间：1936
卷期：第 9 期　页码：86—91
类型：报告

标题：国内劳工消息（八月份）
类型：十七、就业
（甲）举办公共工程：（二）铁路：同蒲陇海联运黄河铁桥（八月三日时）
来源：国际劳工通讯
时间：1936
卷期：第 3 卷第 9 期　页码：76—77
类型：新闻

标题：剑余吟（续前）
提要：游黄河铁桥及虞姬祠并登芒山作诗七绝四首
作者：黄孝颖
来源：宪兵杂志
时间：1936
卷期：第 4 卷第 5 期　页码：175
类型：诗歌

标题：河南省政府公函（字第四八号　二月十二日）
提要：为贯孟堤关系河南河北两省沿河北岸居民生命财产之安危极为重大请令饬黄河水利委员会从速堵塞决口并接修东段，以除水患由
来源：河南省政府公报
时间：1936

卷期：第 1559 期　页码：4—8
类型：公函

标题：陕西省政府公函
提要：函黄河水利委员会
为据建设厅呈复奉令核议奖励种植苜蓿办法加具意见请核转一案函请查照由
来源：陕西省政府公报
时间：1936
卷期：第 2868 期　页码：10—11
类型：公函

标题：一月来之林垦
提要：鲁省进行垦放黄河下游淤荒
来源：中国实业
时间：1936
卷期：第 2 卷第 1 期　页码：2529
类型：新闻

标题：国民政府令（任免令十八件　二十五年十月五日）
提要：黄河水利委员会委员兼秘书长张含英呈请辞职……
作者：林森
来源：国民政府公报（南京1927）
时间：1936
卷期：第 2170 号　页码：1
类型：任免令

标题：西北行（续）
提要：黄河之一角
来源：边疆
时间：1936
卷期：第 1 卷第 4 期　页码：64
类型：照片

标题：山东省政府训令（建副农字第八五八号 二十五年八月二十六日）
提要：令利津县县长、滨蒲利霑棣垦丈局、黄河水灾灾民移垦办事处
据委员徐沅电陈利津垦区发生蝗蝻已派建厅技佐刘仁宣前往会同捕剿仰遵办具报由
作者：韩复榘　张鸿烈
来源：山东省政府公报
时间：1936
卷期：第407期　**页码**：44，5
类型：训令

标题：黄河上的船夫
提要：中国劳工的一个模型
作者：小方
来源：生活星期刊
时间：1936
卷期：第1卷第19期　**页码**：19
类型：照片

标题：国民政府指令（第二一四九号 二十五年十月九日）
提要：令全国经济委员会
二十五年九月十九日第三零一三四号呈一件，为据黄河水利委员会呈，请以王郁骏代理该会副委员长，仰祈鉴核备案由
作者：林森
来源：国民政府公报（南京1927）
时间：1936
卷期：第2175号　**页码**：8
类型：指令

标题：危机日深中的绥远
提要：人与车马同渡黄河
来源：东方杂志
时间：1936
卷期：第33卷第20期　**页码**：1页
类型：照片

标题：绥黄河造林
提要：省府奉令饬属遵照
来源：绥农
时间：1936
卷期：第1卷第9—10期　**页码**：22—23
类型：新闻

标题：黄河水涨惊人（中英文对照）
作者：Ma，Y. P.
来源：英语周刊
时间：1936
卷期：新第205期　**页码**：216
类型：新闻

标题：红军渡过黄河
来源：红色中华
时间：1936
卷期：第308期　**页码**：0
类型：新闻

标题：青岛市政府训令（第一四八一号 中华民国二十五年二月二十五日）
提要：令社会局、公安局
准山东黄河水灾救济委员会函嘱协助山东各界黄河筹振会演放水灾电影一案令仰查照前令办理由
来源：青岛市政府市政公报
时间：1936
卷期：第79期　**页码**：150—151，9
类型：训令

标题：审计部公函（计字第一六零三号 二十五年十月二十一日）

提要：函全国经济委员会
请转发黄河水利委员会二十四年七月至十月份原有十五水文站经常费审核通知书由
来源：审计部公报
时间：1936
卷期：第 68 期　**页码**：100—101
类型：公函

标题：水利新闻（八月份）
提要：统一黄河水利行政组织
来源：华北水利月刊
时间：1936
卷期：第 9 卷第 9/10 期　**页码**：93
类型：新闻

标题：黄河沙量来源之分析
提要：（图一）含沙量与输沙量之关系曲线图
来源：黄河水利月刊
时间：1936
卷期：第 3 卷第 10 期　**页码**：1 页
类型：图片

标题：董庄耳坝全坝之形式
来源：黄河水利月刊
时间：1936
卷期：第 3 卷第 10 期　**页码**：1 页
类型：照片

标题：董庄耳坝坝头下水抛做之柳石坦
来源：黄河水利月刊
时间：1936
卷期：第 3 卷第 10 期　**页码**：1 页
类型：照片

标题：黄河沙量来源之分析（附图表）
提要：附表（一）立方公尺水样中含沙量与输量计算表；
附表（二）黄河各地及其支流最大含沙量及输沙量统计表；
附表（三）黄河每次洪水流经各地时所含沙量一览表；
图（一）含沙量与输沙量之关系曲线图；图（二）黄河水流经过各地时输沙量统计图；
附表（四）黄河各地七八九三个月中总输沙量；
附表（五）黄河各地全年总输沙量；
图（三）黄河各地输沙量比较曲线图
作者：李汉贤
来源：黄河水利月刊
时间：1936
卷期：第 3 卷第 10 期　**页码**：821—832

标题：勘查渭河报告书（续前期）
作者：高钧德
来源：黄河水利月刊
时间：1936
卷期：第 3 卷第 10 期　**页码**：833—843
类型：报告

标题：本会二十五年九月施政报告
提要：一、重要图表之绘制；
二、河防工程设计之研究事项；
三、林垦之计画与实施事项；
四、黄河地形之测量；
五、设计测量之进行；
六、精密水准测量之进行；
七、黄河上游测勘之进行；
八、水文测量之进行；
九、孔委员长补行宣誓典礼；
十、王处长奉令代理副委员长；

十一、督察防护三省险工；
十二、抢护董庄新险工；
十三、请款购置仪器；
十四、朱庄太平庄间修筑石坝；
十五、各测量队出发施测；
十六、函请绥远省政府饬属保护上游测勘队；
十七、拟具修筑兰济沿河铁路兰董段轻便铁路计画

来源：黄河水利月刊
时间：1936
卷期：第3卷第10期　页码：846—864
类型：报告

标题：潼关博爱及东阿苗圃播种区抚育记载统计表
来源：黄河水利月刊
时间：1936
卷期：第3卷第10期　页码：865
类型：图表

标题：苗圃播种区树种统计表
来源：黄河水利月刊
时间：1936
卷期：第3卷第10期　页码：866
类型：图表

标题：潼关博爱及东阿圃圃插条抚育记载统计表
来源：黄河水利月刊
时间：1936
卷期：第3卷第10期　页码：866
类型：图表

标题：长垣、封邱县政府呈为修堵苏庄等串沟民工补助费可否仍照原案每方发给一角以示礼恤请鉴核指示遵行由（九月二日）
作者：张靖宇　姚家望
来源：黄河水利月刊
时间：1936
卷期：第3卷第10期　页码：867—869
类型：呈文

标题：河北河务局呈为呈报视查南岸各工及防护情形请鉴核由（九月二日）
作者：杜玉六
来源：黄河水利月刊
时间：1936
卷期：第3卷第10期　页码：869—870
类型：呈文

标题：河南河务局呈复原武县城呈报黄河北塌请查验筑坝以防水患一案前据该县分呈到局已令饬上南下北两分局会勘具报请鉴核由（九月六日）
作者：王力仁
来源：黄河水利月刊
时间：1936
卷期：第3卷第10期　页码：870—871
类型：呈文

标题：河北河务局电陈阳日水势工情南一南三土埝冲刷几溃业经抢修坚实冷寨刘庄等处各工尚稳由（九月八日）
来源：黄河水利月刊
时间：1936
卷期：第3卷第10期　页码：871—872
类型：电报

标题：河南河务局呈复开封第五区保长王品三王国兰等先后呈请修坝固

标题：堤一案遵令勘议情形请鉴核示遵由（九月九日）
作者：王力仁
来源：黄河水利月刊
时间：1936
卷期：第 3 卷第 10 期　**页码**：872—873
类型：呈文

标题：河南河务局呈复东坝头护岸新修及修补部分塌蛰缘由暨抛石护脚已饬施工情形请鉴核备查由（九月十日）
作者：王力仁
来源：黄河水利月刊
时间：1936
卷期：第 3 卷第 10 期　**页码**：873—874
类型：呈文

标题：山东河务局电为据东阿县长及上游总段长先后电报东阿民埝单薄濮县柳园等处坍塌等情除饬妥慎分别抢护外请鉴核由（九月十日）
来源：黄河水利月刊
时间：1936
卷期：第 3 卷第 10 期　**页码**：874—875
类型：电报

标题：河南河务局呈为遵令将奉拨东坝头抛石护脚两万元石料择要抛护及留存备防数目请鉴核备查由（九月十一日）
作者：王力仁
来源：黄河水利月刊
时间：1936
卷期：第 3 卷第 10 期　**页码**：875—876
类型：呈文

标题：山东河务局电据齐河李县长等迭电称佳日午王庄背河发生漏洞水由平地突出势如涌泉立调兵夫堵塞迄今筑成后戗六丈宽三丈五尺牵高三尺业经闭气请鉴核由（九月十四日）
来源：黄河水利月刊
时间：1936
卷期：第 3 卷第 10 期　**页码**：876
类型：电报

标题：代电河南河北河务局潼关水涨仰严加防范具报由（九月二日）
来源：黄河水利月刊
时间：1936
卷期：第 3 卷第 10 期　**页码**：877—878
类型：电报

标题：呈经委会呈报派员验收东坝头及杨庄新堤抛石护岸工程暨陈桥紧急工程续修部分各情形祈鉴核备案由（九月三日）
作者：孔祥榕
来源：黄河水利月刊
时间：1936
卷期：第 3 卷第 10 期　**页码**：879—881
类型：呈文

标题：呈经委会为呈复丁圪垱护岸工程仅可护滩如洪水漫滩则小新堤至三义寨无堤工段危险仍属堪虞前准钧会秘书处函嘱查明各险工妥议办法业经令饬豫河局补送计画预算以凭核议函请转陈核示在案乞鉴核由（九月三日）
作者：孔祥榕
来源：黄河水利月刊

时间：1936
卷期：第 3 卷第 10 期　页码：881—882
类型：呈文

标题：电经委会水头已到中牟及派员赴三省督催指导情形乞鉴核由（九月六日）
来源：黄河水利月刊
时间：1936
卷期：第 3 卷第 10 期　页码：882—883
类型：电报

标题：代电河南河务局据朱副总工程师墉电陈中牟上汛十堡水已平石护岸仰即加紧防备以免疏虞并具报由（九月八日）
来源：黄河水利月刊
时间：1936
卷期：第 3 卷第 10 期　页码：883
类型：电报

标题：函达河南省政府以派员查勘黑岗口一带护岸情形拟于朱庄至太平庄间修筑石坝三座现已派员筹备兴工希查照由（第三九六号　九月八日）
作者：孔祥榕
来源：黄河水利月刊
时间：1936
卷期：第 3 卷第 10 期　页码：883—885
类型：公函

标题：函山东省政府为本会在东阿苗圃西南续购民地一亩有余请援照成案令发东阿县政府免税注册粘契寄还并盼见复由（第二六八号　九月二十一日）
作者：孔祥榕
来源：黄河水利月刊
时间：1936
卷期：第 3 卷第 10 期　页码：885—886
类型：公函

标题：函河南省政府为准派员验收接管沁河口西黄河滩地第二期护岸工程业已竣事希查照由（第二七一号　九月二十二日）
作者：孔祥榕
来源：黄河水利月刊
时间：1936
卷期：第 3 卷第 10 期　页码：886
类型：公函

标题：代电山东河务局以据电陈佳日王庄背河发生漏洞已由李县长等调集兵夫赶速抢堵筑成后戗等情殊堪嘉慰仰即转知并督饬续将后戗加高培固以名疏虞由（九月二十二日）
来源：黄河水利月刊
时间：1936
卷期：第 3 卷第 10 期　页码：887
类型：电报

标题：电河南河务局准由沁河口所储备防石料项下拨借二百五十公方仰接洽拨运并督饬赶做鱼鳞坝一面仍应严催包商赶运标购石料一俟运工即如数拨还仰分别遵办具报由（九月二十三日）
来源：黄河水利月刊
时间：1936
卷期：第 3 卷第 10 期　页码：887—888
类型：电报

标题：代电复山东河务局佳电据悉仰仍加紧分别严防并转饬有关各县于大汛后将民埝培修完整由（九月二十四日）
来源：黄河水利月刊
时间：1936
卷期：第 3 卷第 10 期　**页码**：888
类型：电报

标题：历代河渠书目提要
作者：穆筱
来源：黄河水利月刊
时间：1936
卷期：第 3 卷第 10 期　**页码**：889—920

标题：地理论文提要
提要：黄河上流农产区域
作者：张其昀
来源：科学时报
时间：1936
卷期：第 3 卷第 10 期　**页码**：56—60
类型：简介

标题：晋宁间黄河通航成功
来源：西陲宣化使公署月刊
时间：1936
卷期：第 1 卷第 7/8 期　**页码**：10
类型：新闻

标题：鲁冀豫庆祝黄河安澜，定三十日在济南举行
来源：通问报（耶稣教家庭新闻）
时间：1936
卷期：第 1711 期　**页码**：23
类型：新闻

标题：长江黄河水灾阅申报图画刊后
作者：诗农
来源：诗林双月刊
时间：1936
卷期：第 1 卷第 3 期　**页码**：26
类型：诗歌

标题：北归杂诗
提要：（十三）过黄河
作者：一叶
来源：诗林双月刊
时间：1936
卷期：第 1 卷第 3 期　**页码**：34—35
类型：诗词

标题：国防第一线——绥远（二）
提要：绥南
　　　　滨临黄河之河口镇
来源：东方杂志
时间：1936
卷期：第 33 卷第 21 期　**页码**：1 页
类型：照片

标题：黄河定期撤防
来源：天主公教白话报
时间：1936
卷期：第 20 卷第 21 期　**页码**：462
类型：新闻

标题：乘飞机视察黄河青海
来源：孤愤
时间：1936
卷期：第 7 期　**页码**：33
类型：诗歌

标题：行政改革消息
提要：组织运用
　　　　黄河水利行政统一组织

来源：行政研究
时间：1936
卷期：第1卷第2期　页码：421
类型：新闻

标题：国民政府训令（第八三九号　二十五年十一月四日）
提要：令行政院、全国经济委员会、本府主计处
中央政治委员会函为关于全国经济委员会拟具统一黄河修防办法纲要草案决议修正通过令仰遵办由
作者：林森　蒋中正
来源：国民政府公报（南京1927）
时间：1936
卷期：第2196号　页码：11，2
类型：训令

标题：咨绥远省政府（林字第一四二九号）
提要：关于继续补助黄河保安造林场经费一案已奉院令照准除本年度补助费须俟概算核定再向财政部洽领转发外先将办理经过咨达查照由
作者：吴鼎昌
来源：实业公报
时间：1936
卷期：第304期　页码：28—29
类型：咨文

标题：咨甘肃、陕西省政府（林字第二四二八号）
提要：为继续推进黄河上游保安造林事宜曾经本部拟具办法呈院核示现奉院令照准除本年度补助费须俟概算核定再向财政部洽领梅发外先将办理经过咨达查照由
作者：吴鼎昌

来源：实业公报
时间：1936
卷期：第304期　页码：29—30
类型：咨文

标题：黄河水利委员会督察河防暂行规则
来源：济南市政府市政月刊
时间：1936
卷期：第10卷第11期　页码：41—43
类型：法规

标题：甘肃黄河沿岸之水车
来源：海声（北平）
时间：1936
卷期：第1卷第1期　页码：7
类型：照片

标题：兰州黄河铁桥与北塔山
来源：海声（北平）
时间：1936
卷期：第1卷第1期　页码：7
类型：照片

标题：训令（第六六八四号　二十五年十一月十日）
提要：令山东、河北，河南等省政府
为抄发统一黄河修防办法纲要由（附办法纲要）
来源：行政院公报
时间：1936
卷期：第1卷第16期　页码：7—8，2
类型：训令

标题：黄河歌
作者：宁筱纯
来源：未央
时间：1936

卷期：第 48 期　页码：194—195
类型：诗歌

标题：国民政府指令（第二四三二号　二十五年十一月十三日）
提要：令全国经济委员会
　　　二十五年五月二十六日会秘字第二五五七零号呈一件，为黄河水利委员会委员长孔祥榕，办理黄河董庄堵口工程，特著勋劳，呈请鉴核特予奖励，以昭激劝由
作者：林森
来源：国民政府公报（南京1927）
时间：1936
卷期：第 2203 号　页码：5
类型：指令

标题：论黄河
作者：刘天和
来源：交大唐院周刊
时间：1936
卷期：第 143—144 期　页码：13—17
类型：论文

标题：行政院训令（第六六八四号　二十五年十一月十日）
提要：令山东、河北、河南等省政府颁发统一黄河修防办法纲要令
来源：法令周刊
时间：1936
卷期：第 334 期　页码：1
类型：训令

标题：统一黄河修防办法纲要（二十五年十一月十日行政院颁行）
来源：法令周刊
时间：1936

卷期：第 334 期　页码：5—6
类型：法规

标题：致黄河水利委员会函（公字第二五四三五号　二十五年十一月七日）
提要：整理黄河入海河口购置机船等拟借用中英庚款一案似难办理函复查照
作者：孔祥熙
来源：财政日刊
时间：1936
卷期：第 2628 期　页码：3—4
类型：公函

标题：风陵渡黄河铁桥
来源：导光
时间：1936
卷期：第 4 卷第 36 期　页码：2
类型：新闻

标题：军政部训令（总爱字第三三八二号　中华民国二十五年十一月十七日）
提要：令各署厅司处、各部队、各司令为抄发统一黄河修防办法纲要仰饬属知照由
作者：何应钦
来源：军政公报
时间：1936
卷期：第 240 期　页码：56—58，2
类型：训令

标题：本路二十五年十月至十二月行政计划
提要：丙、工务部份：（一）已定计划正在进行事项：六、油漆郑县至黄河南岸各钢梁，并郑县、鄢城两站天

桥工程
来源：铁路月刊（平汉线）
时间：1936
卷期：第 79 期　页码：229
类型：计划

标题：本路二十五年十月到十二月行政计划
提要：丙、工务部份
（一）已定计划正在进行事项：十九、添建黄河南岸扶轮小学校舍工程
来源：铁路月刊（平汉线）
时间：1936
卷期：第 79 期　页码：232
类型：计划

标题：本路二十五年九月工作报告
提要：二、工作实施事项
（丙）工务事项：一、黄河南岸材料第五库加高围墙
来源：铁路月刊（平汉线）
时间：1936
卷期：第 79 期　页码：260
类型：报告

标题：铁道部潼关黄河桥工程处组织专章（廿五年十一月二十五日部令公布）
来源：粤汉铁路旬刊
时间：1936
卷期：第 12—13 期　页码：18—19

标题：黄河大汛写真
来源：时事月报
时间：1936
卷期：第 15 卷第 5 期　页码：3
类型：照片

标题：为呈赍拟定黄河沿岸保安造林实施计划请鉴核咨转由
作者：马如龙
来源：宁夏省建设汇刊
时间：1936
卷期：第 1 期　页码：131—134
类型：呈文

标题：致开封黄河水利委员会电
来源：宁夏省建设汇刊
时间：1936
卷期：第 1 期　页码：172—173
类型：电报

标题：铁道部令（参字第一〇二二号）
提要：公布铁道部潼关黄河桥工程处组织专章
作者：张嘉璈
来源：铁道公报
时间：1936
卷期：第 1641 期　页码：4
类型：部令

标题：黄河水利委员会孔委员长补行宣誓就职典礼颂
作者：张鸿烈
来源：进德月刊
时间：1936
卷期：第 2 卷第 4 期　页码：112
类型：文录

标题：黄河大桥现已开工兴筑
来源：天主公教白话报
时间：1936
卷期：第 20 卷第 23 期　页码：506

类型：新闻

标题：铁道部潼关黄河桥工程处组织专章
来源：铁道公报
时间：1936
卷期：第1641期　页码：0—1
类型：法规

标题：黄河皮筏
作者：吾木
来源：星华
时间：1936
卷期：第1卷第28期　页码：21
类型：散文

标题：统一黄河修防办法
来源：福建县政
时间：1936
卷期：第1卷第6—7期　页码：95
类型：法规

标题：江西省政府训令（民建字第七九九二号）
提要：令各区行政督察专员公署、农业院、南昌市政委员会等
　　　奉行政院令以长江黄河两岸应提前造林仰遵照办理等因令仰遵照认真办理
作者：熊式辉
来源：江西省政府公报
时间：1936
卷期：第671期　页码：16—20
类型：训令

标题：铁道部潼关黄河桥工程处组织专章
来源：平绥日刊
时间：1936

卷期：第312期　页码：1—2
类型：法规

标题：出版消息
提要：本馆最近出版之书籍，有黄河志第一篇气象，第三篇水文工程两书……
来源：国立编译馆馆刊
时间：1936
卷期：第20期　页码：4
类型：新闻

标题：包头黄河中所乘之皮筏
来源：边疆
时间：1936
卷期：第1卷第7—8期　页码：9
类型：照片

标题：统一黄河修防办法纲要
来源：冀察政务委员会公报
时间：1936
卷期：第92期　页码：28—29
类型：法规

标题：山东省政府训令（秘实字第一六五二号　二十五年十一月二十三日）
提要：令河务局
　　　准黄河水利委员会函为黄河修防会议关于提早举办岁修工程一案议决通过等因令仰遵照办理由
作者：韩复榘
来源：山东省政府公报
时间：1936
卷期：第416期　页码：26—27，3
类型：训令

标题：山东省政府训令（秘实字第一六四

六号 二十五年十一月二十五日）
提要：令河务局、沿黄河各县县长、第一二五六区行政督察专员
准黄河水利委员会函为黄河修防会议关于提议增筑小埝其原有民埝培修工程应报主管机关核办一案议决通过等因令仰遵知照由
作者：韩复榘
来源：山东省政府公报
时间：1936
卷期：第416期　**页码**：27—28，3
类型：训令

标题：国民政府指令（第二七〇〇号二十五年十二月二十二日）
提要：令全国经济委员会
二十五年十二月十四日会秘字第三三四二九号呈一件，为据黄河水利委员会委员长孔祥榕代电为母丧恳准辞职，会务嘱代理副委员长王郁骏暂代，经会令准给假一月，呈报鉴核备案由
作者：林森
来源：国民政府公报（南京1927）
时间：1936
卷期：第2237期　**页码**：8
类型：指令

标题：国民政府指令（第二七二四号二十五年十二月二十四日）
提要：令全国经济委员会
二十五年十二月十九日会水字第三三五九五号呈一件，为核给黄河冯楼、贯台、董庄三次堵口合龙在事出力人员杨宗津等十二员奖章，检同请奖事实表清单，呈请鉴核备案由

作者：林森
来源：国民政府公报（南京1927）
时间：1936
卷期：第2238期　**页码**：26
类型：指令

标题：咨内政部、蒙藏委员会（林字第二四八四号）
提要：准行政院秘书处函以奉院长谕据绥远省政府呈送黄河两岸造林计划概要应交内实两部会同核复嘱查照等由兹定期会商案关蒙务咨请派员出席与议由
作者：吴鼎昌
来源：实业公报
时间：1936
卷期：第311期　**页码**：39
类型：咨文

标题：小新闻
提要：黄河大桥现已开工兴筑
来源：导光
时间：1936
卷期：第4卷第38期　**页码**：2
类型：新闻

标题：水利新闻（十月份）
提要：黄河安澜庆祝大会
来源：华北水利月刊
时间：1936
卷期：第9卷第11/12期　**页码**：89—90
类型：新闻

标题：水利新闻（十月份）
提要：黄河修防办法
来源：华北水利月刊
时间：1936

卷期：第 9 卷第 11/12 期　页码：90—91
类型：新闻

标题：国内劳工消息（十一月份）
提要：十七、就业
　　　（甲）举办公共工程：（四）桥梁：
　　　晋南黄河铁桥（十一月廿一日申）
来源：国际劳工通讯
时间：1936
卷期：第 3 卷第 12 期　页码：140
类型：新闻

标题：绥远萨拉齐附近黄河受溢平原上
　　　之粉砂质石灰性冲积土
来源：土壤特刊·乙种
时间：1936
卷期：第 1 期　页码：1 页
类型：照片

标题：河南孟津沿黄河之河岸侵蚀，当
　　　水位高时，砂质土壤破裂后堕入
　　　河中
来源：土壤特刊·乙种
时间：1936
卷期：第 1 期　页码：1 页
类型：照片

标题：建设要闻选辑
提要：三、水利
　　　丙、黄河修防办法
来源：中国建设（上海 1930）
时间：1936
卷期：第 14 卷第 6 期　页码：119—121
类型：新闻

标题：黄河水利会购置挖泥船
来源：新世界

时间：1936
卷期：第 107 期　页码：98—99
类型：新闻

标题：江南黄河故道及淮扬运河略图
来源：史学年报
时间：1936
卷期：第 2 卷第 3 期　页码：1 页
类型：图片

标题：保送青海学生赴沪求学之经过——
　　　可怕的"煮人锅"
提要：青海学生在皮筏上安渡黄河煮人锅
来源：新青海
时间：1936
卷期：第 4 卷第 10—12 期　页码：32
类型：照片

标题：吞食数百万灾黎之黄河决口的合龙
提要：开放第二引河河口
来源：永生
时间：1936
卷期：第 1 卷第 12 期　页码：封四
类型：照片

标题：山东西南部黄河水灾图
来源：中国华洋义赈救灾总会丛刊·甲种
时间：1936
卷期：甲种 45　页码：4
类型：图片

标题：几次过黄河的经验
作者：石轩
来源：中学生文艺季刊
时间：1936
卷期：第 2 卷第 4 期　页码：34—41
类型：随笔

标题：同蒲陇海联运黄河铁桥即兴工
来源：改进专刊
时间：1936
卷期：第12期　页码：8—9
类型：纪要

标题：编后随笔
提要：黄河为患，由来已久……
来源：河南政治
时间：1936
卷期：第6卷第9期　页码：6
类型：随笔

标题：黄河
作者：杜甫
来源：国本
时间：1936
卷期：第1卷第2期　页码：66
类型：诗歌

标题：安阳通讯
提要：汉平干线，上有宥日在黄河桥及淇县两处……
作者：凝远
来源：电友
时间：1936
卷期：第12卷第8期　页码：201—202
类型：新闻

标题：中州景色
提要：三、黄河八里胡同峡之西口峡宽不过二百公尺；
　　　五、黄河白上游急流而下行于宽不过三四百公尺之山谷中
作者：徐汇瀹
来源：青岛画报
时间：1936

卷期：第20期　页码：4
类型：照片

标题：黄河口门封冻，可以行人，图中黑影为筑坝基搬运料土的工人
作者：唐振绪
来源：时代
时间：1936
卷期：第9卷第5期　页码：0
类型：照片

标题：包头名产（黄河鲤鱼）
来源：家庭周刊
时间：1936
卷期：乙种114　页码：1页
类型：照片

标题：山东灾民运动会
提要：去年黄河决口鲁西灾民十余万……
作者：高剑虹
来源：良友
时间：1936
卷期：第115期　页码：5
类型：照片

标题：自动灌溉器
提要：黄河岸边之水车
作者：刘硕甫　胡筠庄
来源：中华（上海）
时间：1936
卷期：第41期　页码：26
类型：照片

标题：边疆各处之通讯
提要：包境黄河水势虽跌落，春耕恐告绝望民生问题堪虞
来源：边事研究

时间：1936
卷期：第 3 卷第 6 期　**页码**：108—109
类型：新闻

标题：治黄之过去与今后
提要：中华民国二十五年九月一日在黄河水利委员会孔委员长宣誓就职典礼讲词
作者：商震
来源：河南政治
时间：1936
卷期：第 6 卷第 9 期　**页码**：1—6
类型：演讲

1937 年

标题：黄河志
来源：国立编译馆
时间：1937
类型：图书

标题：黄河志（第 2 篇地质志略）
来源：国立编译馆
时间：1937
类型：图书

标题：希级友研究黄河沙土之利用（附照片）
作者：石家瑚
来源：浙大工学院民廿四级级刊
时间：1937
卷期：第 3 期　页码：18
类型：论文

标题：家湖兄近函述彼已由黄河北岸沁河口西滩地护岸工程事务所调回开封会内，在发计组工作矣
作者：振蓉
来源：浙大工学院民廿四级级刊
时间：1937
卷期：第 3 期　页码：62
类型：消息

标题：龙门附近黄河最窄处，约七八丈宽，在梯子崖附近（参看"龙门游记"一文）
作者：贾铭钰
来源：南开高中
时间：1937
卷期：第 14 期　页码：7
类型：照片

标题：由黄河西岸东望禹庙（参看"龙门游记"一文）
作者：贾铭钰
来源：南开高中
时间：1937
卷期：第 14 期　页码：7
类型：照片

标题：黄河旁之悬崖绝壁（参看"龙门游记"一文）
作者：贾铭钰
来源：南开高中
时间：1937
卷期：第 14 期　页码：7
类型：照片

标题：黄河大桥现在开工兴筑：限明年底以前完工
来源：磐石杂志
时间：1937
卷期：第 5 卷第 1 期　页码：49

标题：写真与漫画
提要：黄河上游之皮船
来源：农林新报
时间：1937
卷期：第 14 卷第 1 期　页码：65
类型：照片

标题：黄河上的纤夫
作者：何懋勋
来源：南大（天津）
时间：1937
卷期：第 2 期　页码：43—46
类型：诗歌

标题：咨内政部（林字第二五〇八号　中华民国二十五年十二月二十二日）
提要：拟就关于同审查绥省黄河两岸造林计划一案会函稿二份会函一份咨请判印封发存还由
作者：吴鼎昌
来源：实业公报
时间：1937
卷期：第 312 期　页码：37
类型：咨文

标题：本部与黄河水利委员会积极推进沿河造林
作者：方声秀
来源：实业部月刊
时间：1937
卷期：第 2 卷第 1 期　页码：281—282
类型：新闻

标题：开工兴筑黄河铁桥
提要：明年底以前完工，计划建筑联合站
来源：铁道半月刊
时间：1937

卷期：第 2 卷第 2 期　页码：105—106
类型：新闻

标题：日人竟敢策划黄河以北各县独立
来源：史地
时间：1937
卷期：第 1 卷第 6 期　页码：2
类型：讲座

标题：陕甘一瞥
提要：兰州城外黄河上之水车
作者：庄泽宣
来源：申报每周增刊
时间：1937
卷期：第 2 卷第 3 期　页码：封四
类型：照片

标题：黄河水利委员会组织法（二十六年一月十六日修正公布）
来源：国民政府公报（南京 1927）
时间：1937
卷期：第 2255 号　页码：4—5
类型：法规

标题：国民政府令（二十六年一月十六日）
提要：修正黄河水利委员会组织法令
作者：林森　孙科
来源：国民政府公报（南京 1927）
时间：1937
卷期：第 2255 号　页码：6，2
类型：国民政府令

标题：国民政府训令（第五三号　二十六年一月十六日）
提要：令直辖各机关
　　　修正黄河水利委员会组织法令仰知照并饬属知照由

作者： 林森　孙科
来源： 国民政府公报（南京1927）
时间： 1937
卷期： 第2256号　**页码：** 7，2
类型： 训令

标题： 国民政府指令（第一三二号　二十六年一月十六日）
提要： 令立法院
　　二十六年一月十五日第四八四号呈一件，为议决修正黄河水利委员会组织法，缮请鉴核公布施行由
作者： 林森　孙科
来源： 国民政府公报（南京1927）
时间： 1937
卷期： 第2256号　**页码：** 12
类型： 指令

标题： 国民政府指令（第一一一号　二十六年一月十五日）
提要： 令全国经济委员会
　　二十六年一月十二日会水字第四零二三五号呈一件，为转报黄河水利委员会委员长孔祥榕销假视事日期，仰祈鉴核备案由
作者： 林森
来源： 国民政府公报（南京1927）
时间： 1937
卷期： 第2255号　**页码：** 13
类型： 指令

标题： 黄河
作者： 张文麟
来源： 前导月刊（安庆）
时间： 1937
卷期： 第1卷第4期　**页码：** 19
类型： 诗歌

标题： 本院训令（院字第一二八九号二十六年一月二十三日）
提要： 令审计部、各监察使署
　　明令修行黄河水利委员会组织法一案令仰知照由
作者： 于右任
来源： 监察院公报
时间： 1937
卷期： 第117期　**页码：** 70，7
类型： 训令

标题： 训令（第三三四号　二十六年一月十九日）
提要： 令河北山东河南省政府为准全国经济委员会函送接收冀鲁豫三省黄河河务局暂行办法案由
来源： 行政院公报
时间： 1937
卷期： 第2卷第4期　**页码：** 4，2
类型： 训令

标题： 训令（第三七六号　二十六年一月二十日）
提要： 令鲁冀豫晋陕绥宁甘青省改府为准全国经济委员会函送黄河水利委员会黄河修防处组织规程案由
来源： 行政院公报
时间： 1937
卷期： 第2卷第4期　**页码：** 6，2
类型： 训令

标题： 国民政府令（二十六年一月十六日）公布修正黄河水利委员会组织法令
来源： 法令周刊
时间： 1937
卷期： 第342期　**页码：** 2

类型：法规

标题：黄河水利委员会组织法（二十六年一月十六日国民政府修正公布）
来源：法令周刊
时间：1937
卷期：第 342 期　页码：5—6
类型：法规

标题：冀察政务委员会训令（政字第七七二九号　中华民国二十六年二月十七日）
提要：令河北省政府
　　　准黄河水利委员会文电已拨发复堤工款两万元交黄河河务局具领仰知照由
作者：宋哲元
来源：冀察政务委员会公报
时间：1937
卷期：第 110 期　页码：7
类型：训令

标题：山东省政府训令（民副字第三零三八号　二十五年十二月三十日）
提要：令济阳县县长孙骏昌、利津县县长薛儒华、前惠民县县长魏汉章等
　　　据河务局长呈报黄河安澜并请奖励出力各县长等情经政会议决照准合仰知照由
作者：韩复榘　李树春
来源：山东省政府公报
时间：1937
卷期：第 422 期　页码：56—59，4
类型：训令

标题：山东省政府指令（民、建副垦字第一三七号　二十五年十月二十六日）
提要：令黄河水灾灾民移垦办事处
　　　呈一件呈报各垦区灾民业经安置就绪绘具地亩图说请鉴核由
作者：韩复榘　李树春　张鸿烈
来源：山东省政府公报
时间：1937
卷期：第 422 期　页码：84
类型：指令

标题：山东省政府公函（建副总字第五二号　二十五年十一月三十日）
提要：公函主办山东董庄黄河堵口工程事宜处
　　　据董庄堵口工程委员会呈复垫付石料价经过详情请查照办理由
作者：韩复榘
来源：山东省政府公报
时间：1937
卷期：第 422 期　页码：94，96，8
类型：公函

标题：军政部训令（总信（文）字第三七六号　中华民国二十六年元月二十二日）
提要：令各署厅、司处、部队、司令
　　　为抄发修正黄河水利委员会组织法仰饬属知照由
作者：何应钦
来源：军政公报
时间：1937
卷期：第 244 期　页码：13—16，2
类型：训令

标题：铁部借款建修湘黔路及黄河铁桥（民国二十五年十二月份）
作者：叶景秋　余伟公

来源：交通职工月报
时间：1937
卷期：第 5 卷第 1 期　**页码**：129—130
类型：新闻

标题：铁道部潼关黄河桥工程处组织专章（二十五年十一月二十五日部令参字第一〇二二号公布）
来源：铁路月刊（平汉线）
时间：1937
卷期：第 81 期　**页码**：372—373
类型：法规

标题：绥远河套黄河水势跌落
来源：蒙藏月报
时间：1937
卷期：第 6 卷第 4 期　**页码**：91
类型：新闻

标题：黄河水利委员会组织法（二十六年一月十六日修正公布）
来源：立法院公报
时间：1937
卷期：第 88 期　**页码**：111—113
类型：法规

标题：府令（国民政府第一三二号指令二十六年一月十六日）
提要：令立法院
二十六年一月十五日第四八四号呈一件，为议决修正黄河水利委员会组织法，缮请鉴核公布施行由
来源：立法院公报
时间：1937
卷期：第 88 期　**页码**：121
类型：指令

标题：呈国民政府缮具修正黄河水利委员会组织法呈请鉴核由（二十六年一月十五日）
来源：立法院公报
时间：1937
卷期：第 88 期　**页码**：131—132
类型：呈文

标题：国民政府文官处函为黄河水利委员会组织法草案案奉批交立法院函达查照由（二十五年十一月二十五日）
来源：立法院公报
时间：1937
卷期：第 88 期　**页码**：153—154
类型：公函

标题：训令所属机关（文 26 字第五五九号　中华民国二十六年一月廿一日）
提要：为奉行政院令抄发修正黄河水利委员会组织法令仰知照由
作者：张群
来源：外交部公报
时间：1937
卷期：第 10 卷第 1 期　**页码**：74—77
类型：训令

标题：（三）机关组织事项
提要：二、抄发修正黄河水利委员会组织法　训令所属各机关（中华民国二十六年一月二十二日）
来源：内政公报
时间：1937
卷期：第 10 卷第 1 期　**页码**：39—41
类型：训令

标题：立法院各委员会审查报告

提要：法制委员会审查报告
修正黄河水利委员会组织法草案
案审查报告
作者：吴经熊
来源：立法院公报
时间：1937
卷期：第88期　页码：46，48—51
类型：报告

标题：国民政府令（二十六年一月十六日）公布修正黄河水利委员会组织法由
作者：林森　孙科
来源：审计部公报
时间：1937
卷期：第71期　页码：22—23，2
类型：法规

标题：黄河水利委员会组织法（二十六年一月十六日国民政府修正公布）
来源：天津市政府公报
时间：1937
卷期：第96期　页码：10—12
类型：法规

标题：铁部向德公司借四千万
提要：以三千万建筑湘黔路，余一千万重修黄河桥
来源：改进专刊
时间：1937
卷期：第20期　页码：5
类型：纪要

标题：本厅提议案
提要：建设厅呈据黄河水灾灾民移垦办事处呈送二十五年度八九两月份经费管理费及追加经费管理费预算书暨凭单收据可否准予备案请公决案
来源：山东省建设半月刊
时间：1937
卷期：第2卷第3期　页码：88
类型：提案

标题：黄河史料之研究（中国工程师学会第六届年会第二名得奖论文）
作者：沈怡
来源：工程（中国工程学会会刊）
时间：1937
卷期：第12卷第1期　页码：11—20
类型：论文

标题：训令直辖各机关奉行政院令颁国府颁国府公布修正黄河水利委员会组织法令仰知照由（训令第二二一号）
作者：秦德纯
来源：北平市市政公报
时间：1937
卷期：第390期　页码：13
类型：训令

标题：黄河水利委员会组织法（二十六年一月十六日修正公布）
来源：法治周刊
时间：1937
卷期：复刊1　第36期　页码：15—17
类型：法规

标题：修正黄河水利委员会组织法二十六年一月十六日国府公布
来源：北平市市政公报
时间：1937
卷期：第390期　页码：3—5

类型：法规

标题：黄河释名
提要：河滨偶谈之一
作者：张含英
来源：禹贡
时间：1937
卷期：第6卷第11期　页码：17—20
类型：论文

标题：行驶黄河之皮筏
来源：新世界
时间：1937
卷期：第10卷第2期　页码：46
类型：随笔

标题：交通部训令（第二四号　二十六年一月二十一日）
提要：令本部直辖各机关
　　　为奉行政院令转国府公布之修正黄河水利委员会组织法到部合行抄发原件令仰知照并饬属一体知照由（不另行文）
作者：俞飞鹏
来源：交通公报
时间：1937
卷期：第842期　页码：4—5，1
类型：训令

标题：黄河水利委员会组织法（二十六年一月十六日国民政府修正公布）
来源：交通公报
时间：1937
卷期：第842期　页码：8—11
类型：法规

标题：训令（浙江省政府训令秘字第一二〇一号　廿六年二月三日）
提要：令所属各机关
　　　为奉行政院信颁黄河水利委员会组织法仰知照由
作者：朱家骅
来源：浙江省政府公报
时间：1937
卷期：第2859期　页码：9—10，2
类型：训令

标题：修正黄河水利委员会组织法（一月十六日国府公布经本府于一月一日以省秘一字一八五四〇号训令所属知照）
来源：湖北省政府公报
时间：1937
卷期：第274期　页码：25—27
类型：法规

标题：黄河水利委员会组织法（二十六年一月十六日修正公布）
来源：浙江省政府公报
时间：1937
卷期：第2859期　页码：4—6
类型：法规

标题：铁道部训令（总字第二六二号　中华民国二十六年一月二十二日）
提要：令本部直辖各机关（不另行文）
　　　奉令明令公布修正黄河水利委员会组织法，饬转知等因，转令知照
作者：张嘉璈
来源：铁道公报
时间：1937
卷期：第1697期　页码：3—4
类型：训令

标题：训令（总字第三三二八四号　二十六年一月二十一日）
提要：令部属各机关
奉院令抄发黄河水利委员会组织法转饬知照
作者：孔祥熙
来源：财政日刊
时间：1937
卷期：第 2686 期　页码：1—4
类型：训令

标题：实业部训令（总字第二六〇二六号　中华民国二十六年一月二十三日）
提要：令本部附属各机关
奉院令转奉国府明令公布修正黄河水利委员会组织法一案转行知照由（不另行文）
作者：吴鼎昌
来源：实业公报
时间：1937
卷期：第 317 期　页码：14
类型：训令

标题：山西省政府咨（建交字第一号　中华民国二十六年二月二日）
提要：以黄河铁桥需用洋灰由同蒲路输运运费准全数记账请查照成案办理
来源：山西省政公报
时间：1937
卷期：第 5 期　页码：143—144
类型：咨文

标题：黄河水利委员会组织法（二十六年一月十六日修正公布）
来源：冀察政务委员会公报
时间：1937
卷期：第 104 期　页码：32—35
类型：法规

标题：省政府训令（建字第四九号　中华民国二十六年一月二十六日）
提要：令民政厅、建设厅
为奉行政院令发修正黄河水利委员会组织法仰知照由
作者：刘汝明
来源：察哈尔省政府公报
时间：1937
卷期：第 1049 期　页码：27—28，2
类型：训令

标题：黄河水利委员会组织法（二十六年一月十六日修正公布）
来源：察哈尔省政府公报
时间：1937
卷期：第 1049 期　页码：55—56
类型：法规

标题：黄河水利委员会组织法（二十六年一月十六日修正公布）（未完）
来源：陕西省政府公报
时间：1937
卷期：第 30 期　页码：11—12
类型：法规

标题：上海市政府训令（第二二一四七号）
提要：令本府所属各机关
为奉，行政院转奉，国府明令公布修正黄河水利委员会组织法一案令行知照并转饬知照由
来源：上海市政府公报
时间：1937
卷期：第 177 期　页码：56—59
类型：训令

标题：黄河水利委员会组织法（二十六年一月十六日修正公布）
来源：山西省政公报
时间：1937
卷期：第6期　页码：22—25
类型：法规

标题：山西省政府训令（建水字第二二号　中华民国二十六年二月五日）
提要：令偏关等十九县县长　为颁发黄河水利委员会组织法
来源：山西省政公报
时间：1937
卷期：第6期　页码：37
类型：训令

标题：陕西风光
提要：潼关，在陕西河南山西邻接处，黄河自北来，由此折而东，故形势极为险要，为古来用兵必争之地，此为其外景；
佳县，为黄河右岸之山城，在一数千万年之堆积土上，其年层显露可数；
府谷绝岸，高临黄河，风景佳绝；
玉桂凌霄——府谷黄河风景
作者：中外新闻社
来源：良友
时间：1937
卷期：第125期　页码：6
类型：照片

标题：黄河水利委员会组织法（续）
来源：察哈尔省政府公报
时间：1937
卷期：第1050期　页码：54—55
类型：法规

标题：西北风光
提要：（上图）黄河最小之羊皮筏；（左）绥远包头之黄河边
来源：铁道半月刊
时间：1937
卷期：第2卷第4期　页码：23
类型：照片

标题：平汉、去年客货运收入锐增
提要：较前年多三分之一，准备重建黄河铁桥
来源：铁道半月刊
时间：1937
卷期：第2卷第4期　页码：130—131
类型：新闻

标题：国民政府令（任免令八件　二十六年二月十九日）
提要：黄河水利委员会委员沈怡、陈泮岭、李培基、郑肇经、须恺、李书田、陈汝珍、段泽清、刘定庵、朱墉、吴南凯、万辟均免本职。此令。
作者：林森　蒋中正　孔祥熙
来源：国民政府公报（南京1927）
时间：1937
卷期：第2284期　页码：3—4，2
类型：任免令

标题：山东省政府训令（秘铨字第九〇号　二十六年二月三日）
提要：令各机关、县市政府　奉行政院令以奉国府明令修正黄河水利委员会组织法饬即转饬知照等因仰知照并饬属知照由
作者：韩复榘
来源：山东省政府公报

时间：1937
卷期：第 425 期　页码：40—41，3
类型：训令

标题：黄河水利委员会委员长孔祥榕（中）离平赴保在车站留影其右为总务处长万辟左为顾问刘砥泉
作者：魏守忠
来源：世界画报（北京）
时间：1937
卷期：第 584 期　页码：1
类型：照片

标题：黄河水利委员会组织法（二十六年一月十六日修正公布）
来源：山东省政府公报
时间：1937
卷期：第 425 期　页码：20—23
类型：法规

标题：充满和平气象陕边之黄河渡口
来源：导光
时间：1937
卷期：第 5 卷第 4 期　页码：2
类型：照片

标题：鲁黄河下游水位高涨
来源：导光
时间：1937
卷期：第 5 卷第 5 期　页码：2
类型：新闻

标题：国民政府令（二件）（二十六年二月十九日）
提要：黄河水利委员会委员沈怡，陈泮岭、李培基、郑肇经、须恺、李书田、陈汝珍、段泽清、刘定庵、朱墉、吴南凯、万辟均免本职。此令
来源：冀察政务委员会公报
时间：1937
卷期：第 110 期　页码：6，4
类型：政令

标题：训令（总字第四一一号　二十六年一月二十六日）
提要：令本会所属各机关
黄河水利委员会组织法（二十六年一月十六日修正公布）
作者：吴忠信
来源：蒙藏月报
时间：1937
卷期：第 6 卷第 5 期　页码：72—74
类型：训令

标题：海军部训令（第五〇四号　中华民国二十六年一月二十三日）
提要：令本部直辖各舰队各机关各舰艇长抄发"修正黄河水利委员会组织法"通令知照由
作者：陈绍宽
来源：海军公报
时间：1937
卷期：第 92 期　页码：194—197，8
类型：训令

标题：鲁省府拨款办理黄河下游淤灌工程
来源：华北水利月刊
时间：1937
卷期：第 10 卷第 1/2 期　页码：130
类型：新闻

标题：简写兰州
提要：兰州北门外之黄河

来源：实报半月刊
时间：1937
卷期：第 2 卷第 10 期　页码：39
类型：照片

标题：黄河水利委员会组织法（卅一年十日十七日修正公布）
来源：贵州省政府公报
时间：1937
卷期：第 60 期　页码：8—9
类型：法规

标题：贵州省政府训令（民总字第七三八号　中华民国二十六年三月）
提要：令各区专署、各县政府
奉行政院令奉国府令以黄河水利委员会组织法再加修正应即通饬施行等因令仰知照
作者：顾祝同　曹经沅
来源：贵州省政府公报
时间：1937
卷期：第 60 期　页码：14
类型：训令

标题：黄河水利委员会黄河修防处组织规程
来源：陕西省政府公报
时间：1937
卷期：第 50 期　页码：10—11
类型：法规

标题：任免令十件（二十六年三月三日）
提要：全国经济委员会呈
请任命陶履敦为黄河水利委员会技正兼科长，滑德铭为黄河水利委员会技正，卫龙章为黄河水利委员会技士，应照准，此令。
作者：林森　蒋中正
来源：国民政府公报（南京 1927）
时间：1937
卷期：第 2294 号　页码：3—4, 2
类型：任免令

标题：国民政府训令（第一三八号　二十六年三月二日）
提要：令行政院、全国经济委员会
山东河北河南山西陕西绥远宁夏甘肃青海各省省政府主席依法应派为黄河水利委员会当然委员令仰知照并转饬遵照由
作者：林森　蒋中正
来源：国民政府公报（南京 1927）
时间：1937
卷期：第 2294 号　页码：5, 2
类型：训令

标题：绥远包头黄河第一景
作者：鲁文辉
来源：家庭周刊
时间：1937
卷期：乙种 130　页码：1 页
类型：照片

标题：包头黄河第二景
作者：鲁文辉
来源：家庭周刊
时间：1937
卷期：乙种 130　页码：1 页
类型：照片

标题：包头黄河第三景
作者：鲁文辉
来源：家庭周刊
时间：1937

卷期：乙种 130　页码：1 页
类型：照片

标题：本府训令（建字第三九九四号
　　　二六，三，五）
提要：令四川省水利局、各县政府
　　　奉行政院令抄发黄河水利委员会
　　　组织法一份令仰转饬知照由
来源：四川省政府公报
时间：1937
卷期：第 74 期　页码：22
类型：训令

标题：黄河水利委员会组织法（二十六
　　　年一月十六日修正公布）
来源：四川省政府公报
时间：1937
卷期：第 74 期　页码：26—28
类型：法规

标题：国民政府令（十三件）
提要：全国经济委员会呈
　　　请任命陶履敦为黄河水利委员会
　　　技正兼科长……（二十六年三月
　　　三日至三月四日）滑德铭为黄河
　　　水利委员会技正，卫龙章为黄河
　　　水利委员会技士，应照准，此令
来源：冀察政务委员会公报
时间：1937
卷期：第 114 期　页码：6—7，4
类型：呈文

标题：(中华民国二十六年三月五日）呈
　　　行政院
提要：据冀省府呈为统一黄河修防一案
　　　请转商缓行等情请核示由
作者：宋哲元

来源：冀察政务委员会公报
时间：1937
卷期：第 114 期　页码：20—24，5
类型：呈文

标题：西北之更生（三月四日在本处中
　　　央电台播讲）
提要：兰州铁桥，为黄河最早修建之铁
　　　桥，当时有"天下黄河只一桥"
　　　之号
来源：广播周报
时间：1937
卷期：第 128 期　页码：10
类型：照片

标题：黄河释名
作者：张含英
来源：月报
时间：1937
卷期：第 1 卷第 3 期　页码：623—624
类型：论文

标题：冀察政务委员会指令（政字第八
　　　〇一九号　二十六年三月五日）
提要：令河北省政府
　　　呈一件为统一黄河修防一案举措
　　　恐与本省异趣呈请鉴核转商从缓
　　　实行以弭隐患由
来源：冀察政务委员会公报
时间：1937
卷期：第 115 期　页码：14
类型：指令

标题：河北省黄河水灾救济委员会通告
　　　（第十四号　廿六年三月日）（附表）
作者：冯治安
来源：河北省政府公报

时间：1937
卷期：第 3060 期　页码：13—14
类型：通告

标题：河南省政府训令（秘字第一七号）
提要：令各机关（不另行文）
　　　奉行政院令以奉国府令依照黄河水利委员会组织法第二条之规定沿河各省政府主席为当然委员一案仰知照由
来源：河南省政府公报
时间：1937
卷期：第 1895 期　页码：4—5
类型：训令

标题：陈黄河治（2292）
作者：箕
来源：史地社会论文摘要月刊
时间：1937
卷期：第 3 卷第 6 期　页码：22—23
类型：摘要

标题：黄河释名（2302）
作者：复
来源：史地社会论文摘要月刊
时间：1937
卷期：第 3 卷第 6 期　页码：27
类型：摘要

标题：未来的摄影新闻
提要：转瞬将至的黄河流域的难民大观
作者：诸涛山
来源：时代漫画
时间：1937
卷期：第 36 期　页码：11
类型：照片

标题：黄河水利委员会组织法（十六年一月十六日修正公布）
来源：云南省政府公报
时间：1937
卷期：第 9 卷第 23 期　页码：4—6
类型：法规

标题：国民政府指令（第五五七号　二十六年三月二十四日）
提要：令行政院
　　　二十六年三月十七日第六二二号呈一件，为据内政、财政两部呈，以会核河南省政府拟请将原武县二十四年被黄河水灾地亩，豁免田赋一案，与例尚无不合，请准如所请办理，祈核转等情，应准照办，连同原附简明表，呈报鉴核备案由
作者：林森　蒋中正　蒋作宾
来源：国民政府公报（南京 1927）
时间：1937
卷期：第 2312 号　页码：13
类型：指令

标题：山西省政府训令（建农字第一一二号　中华民国二十六年三月十六日）
提要：令万泉、平陆、虞乡等县县长以准黄河水委会函送雨量站工饷嘱转发仰转发由
来源：山西省政公报
时间：1937
卷期：第 12 期　页码：71
类型：训令

标题：鲁黄河下游决口
来源：国际言论

时间：1937
卷期：第 3 期　**页码**：92
类型：新闻

标题：山西省政府公函（建农字第一九号　中华民国二十六年三月十三日）
提要：黄河水利委员会
山西省政府函黄河水利委员会为送万泉等县两量站一月分工饷收据请查照由
来源：山西省政公报
时间：1937
卷期：第 12 期　**页码**：70—71
类型：公函

标题：（铁道）第二黄河大铁桥双十节完成
来源：中国农民银行月刊
时间：1937
卷期：第 2 卷第 3 期　**页码**：126
类型：新闻

标题：黄河水利委员会函达测候所在各县设立雨量台
来源：新青海
时间：1937
卷期：第 5 卷第 3 期　**页码**：43
类型：新闻

标题：黄河
摘要：图示船只运输大宗砂石以便改善黄河之航运
来源：商业月报
时间：1937
卷期：第 17 卷第 3 期　**页码**：1 页
类型：照片

标题：（七）土地赋税减免事项

提要：五、准咨送东阿县境黄河水利委员会购置苗圃地亩免税简明表咨复存俟汇办——咨山东省政府（中华民国二十六年三月十九日）
来源：内政公报
时间：1937
卷期：第 10 卷第 3 期　**页码**：173—174
类型：咨文

标题：平汉铁路管理局工作报告（二十五年十二月份）
提要：二、工作实施事项（甲）总务事项；十九·酌拟黄河北岸植木场之处置办法
来源：铁路月刊（平汉线）
时间：1937
卷期：第 82 期　**页码**：254
类型：报告

标题：开封县黄河南部土地整理计划
来源：河南省政府年刊
时间：1937
卷期：民国二十五年　**页码**：610、611—613、613—614

标题：谈黄河皮筏
来源：地理教学
时间：1937
卷期：第 1 卷第 3 期　**页码**：58
类型：论文

标题：黄河歌
作者：谭灵
来源：青年界
时间：1937
卷期：第 11 卷第 3 期　**页码**：79
类型：诗歌

标题：黄河上流之农产区域
来源：科学
时间：1937
卷期：第21卷第3期　页码：265
类型：论文

标题：到黄河去
作者：逸生
来源：中外月刊
时间：1937
卷期：第2卷第4期　页码：2
类型：随笔

标题：黄河水利之整治
来源：革新与建设
时间：1937
卷期：第1期　页码：29—30
类型：报告

标题：本厅提议案
提要：建设厅提议为据黄河水灾灾民移垦办事处呈送购买委员会二十五年七、八、九三个月旅杂等费预算计算书类可否援案核销请公决案
作者：张鸿烈
来源：山东省建设半月刊
时间：1937
卷期：第2卷第7期　页码：173
类型：提案

标题：云南省政府训令（秘二建总字第五七四号　中华民国二十六年三月十七日）
提要：令省内外各机关
　　　令为分布修正黄河水利委员会组织法一案
作者：龙云

来源：云南省政府公报
时间：1937
卷期：第9卷第23期　页码：6—7
类型：训令

标题：治理黄河条陈
来源：正风
时间：1937
卷期：第4卷第4期　页码：391—392
类型：剪报

标题：长江和黄河
作者：王骧
来源：儿童之友
时间：1937
卷期：第3期　页码：199—200
类型：诗歌

标题：红药楼近诗
提要：黄废黄河
作者：周弃子
来源：国闻周报
时间：1937
卷期：第14卷第13期　页码：15
类型：诗歌

标题：国民政府指令（第六八四号　二十六年四月五日）
提要：令行政院
　　　二十六年三月三十日第七三七号呈一件，为据内政财政两部呈，以会核河南省政府拟请将开封县第五区张庄等村，二十四年被黄河坍塌沙压地亩，豁免田赋一案，与例尚无不合，请准如所请办理，祈核转等情，应准照办，连同原附简明表，呈报鉴核备案由

作者：林森　蒋中正　蒋作宾
来源：国民政府公报（南京1927）
时间：1937
卷期：第2322号　页码：11
类型：指令

标题：高等法院例行指令一览表
提要：呈报黄河解冻本县与包头邮路不通一切公文不能寄存递谨电奉闻由
来源：绥远省政府公报
时间：1937
卷期：第44卷第10期　页码：4—5
类型：呈文

标题：平汉路局拟重修黄河桥
来源：导光
时间：1937
卷期：第5卷第11期　页码：2
类型：新闻

标题：山东省政府训令（秘实字第二四二号　二十六年三月二十三日）
提要：令河务局
　　　奉行政院令知沿黄河山东等九省政府主席依法为黄河水利委员会当然委员令仰遵照等因仰知照由
作者：韩复榘
来源：山东省政府公报
时间：1937
卷期：第432期　页码：65—66，3
类型：训令

标题：山东省政府建设厅二十五年十二月份施政成绩报告
提要：贰、水利
　　　甲、修筑魏家山灌溉区黄河北大堤涵洞……
来源：山东省建设半月刊
时间：1937
卷期：第2卷第8期　页码：67—68
类型：报告

标题：山东省政府建设厅公函（水字第一二七九号　一月七日）
提要：查鲁省南运河，北起黄河南岸之十里堡经安山济宁，以迄台儿庄，计长二百八十五公里，沿河皆系富饶之区，亟宜兴工整理，以利航运，而裕经济。
来源：山东省建设半月刊
时间：1937
卷期：第2卷第8期　页码：159—160
类型：公函

标题：本厅提议案
提要：设厅提议为据黄河水灾灾民移垦办事处呈送二十五年十一月份经费农村管理费暨追加经费农村管理费支付预算书可否准予援例备案请公决案
作者：张鸿烈
来源：山东省建设半月刊
时间：1937
卷期：第2卷第8期　页码：169—170
类型：提案

标题：本厅大事记（二十六年二月份）
提要：一日，分派技士李象震前往濮范寿张阳谷等县查勘沿黄河筹设虹吸工程地点。
来源：山东省建设半月刊
时间：1937
卷期：第2卷第8期　页码：211—214
类型：新闻

标题：开封剪影
提要：黄河沿之渡船
来源：现代青年（北平）
时间：1937
卷期：第 7 卷第 1 期　页码：16
类型：照片

标题：宁夏新建设
提要：雄踞黄河之青铜峡形势（上图）
来源：道路月刊
时间：1937
卷期：第 53 卷第 2 期　页码：6
类型：照片

标题：小麦分类稻麦所研究成功
提要：计分红白硬软四大类及斑粒三组，硬麦黄河流域最多长江以南最少
来源：首都国货导报
时间：1937
卷期：第 39 期　页码：39—40
类型：报告

标题：国民政府令（任免令八件　二十六年四月十六日）
提要：任命万晋为黄河水科委员会工务处技正此令
作者：林森　蒋中正　王宠惠
来源：国民政府公报（南京 1927）
时间：1937
卷期：第 2330 号　页码：4—5，2
类型：任免令

标题：论历代黄河徙流
来源：交大唐院周刊
时间：1937
卷期：第 159—160 期　页码：1—11
类型：论文

标题：黄河渡头
作者：知之
来源：前导月刊（安庆）
时间：1937
卷期：第 2 卷第 1 期　页码：4
类型：诗词

标题：河北省黄河水灾救济委员会通告（第十五号　廿六年四月）
提要：河北省黄河水灾救济委员会二十六年三月份振款收支对照表（第十五号）；
河北省黄河水灾救济委员会二十六年三月份经济收支对照表（第十五号）
作者：冯治安
来源：河北省政府公报
时间：1937
卷期：第 3088 期　页码：17—19
类型：通告

标题：国民政府训令（第二九二号　二十六年四月二十日）
提要：令行政院
据全国经济委员会呈据黄河水利委员会拟具山东河南各修防处暂行组织规程令仰该院知照由
作者：林森　蒋中正　王宠惠
来源：国民政府公报（南京 1927）
时间：1937
卷期：第 2334 号　页码：7，2
类型：训令

标题：任免令十八件（二十六年四月二十二日）
提要：全国经济委员会呈
请任命吴思度、李宝泰、杨励明

为黄河水利委员会技正应照准，此令
作者：林森　蒋中正　王宠惠
来源：国民政府公报（南京1927）
时间：1937
卷期：第2335号　**页码**：5—7，2
类型：任免令

标题：山东省政府训令（建副水字第一三七二号　二十六年二月六日）
提要：令技士李象震
据第六区行政督察专员呈请派员勘筹濮范寿阳等县黄河沿岸虹吸工程等情兹派该技士前往查勘仰遵办具报由
作者：韩复榘　张鸿烈
来源：山东省政府公报
时间：1937
卷期：第434期　**页码**：51—52，4
类型：训令

标题：任免令七件（二十六年四月二十七日）
提要：全国经济委员会呈
请任命许宝农为黄河水利委员会技正，李燕南为黄河水利委员会技士，应照准，此令
作者：林森　蒋中正　王宠惠
来源：国民政府公报（南京1927）
时间：1937
卷期：第2339号　**页码**：21—23，2
类型：任免令

标题：黄河水利委员会组织法（二十六年一月十六日修正公布）（第七二六期公报建水字第七七四号训令附件）

来源：安徽政务月刊
时间：1937
卷期：第27期　**页码**：163—165
类型：法规

标题：审计部公函（计字第五三九四号二十六年四月九日）
提要：函全国经济委员会
请转发黄河水利委员会设计测量队二十四年十一月至二十五年六月份经费支出计算书类审核通知书由
来源：审计部公报
时间：1937
卷期：第74期　**页码**：98—99
类型：公函

标题：小麦分类稻麦改进所分折完毕（四月十二日朝报）
提要：计分红白硬软四大类及班粒三组，硬麦黄河流域最多长江以南最少
来源：金大农专
时间：1937
卷期：春季号　**页码**：74
类型：报告

标题：（甲）举办公共工程
提要：（四）桥梁
黄河大铁桥（三月二十七日东）
来源：国际劳工通讯
时间：1937
卷期：第4卷第4期　**页码**：107
类型：新闻

标题：黄河统一修防
来源：华北水利月刊
时间：1937

卷期：第 10 卷第 3/4 期　　页码：91
类型：新闻

标题：（水利）筹划黄河虹吸工程
来源：中国建设（上海 1930）
时间：1937
卷期：第 15 卷第 4 期　　页码：116—118
类型：新闻

标题：海军部指令（第一三八〇号　中华民国二十六年三月五日）
提要：令暂代海道测量局局长刘德浦二十六年三月二日呈一件为测量黄河口用费略有变更经函请黄河水利委员会查照办理乞鉴核备案由
作者：陈绍宽
来源：海军公报
时间：1937
卷期：第 94 期　　页码：186—187
类型：指令

标题：山东省政府建设厅训令（水字第一三一五号　二月六日）
提要：令第十、十三水利区专员朱长满、宋磊
　　　查筹办黄河下游淤灌工程已择定在利津王家庄安设虹吸管。
作者：张鸿烈
来源：山东省建设半月刊
时间：1937
卷期：第 2 卷第 9 期　　页码：137
类型：训令

标题：本厅提议案
提要：建设厅呈据前黄河水灾灾民移垦办事处呈为垦区所收食粮不敷食用尚须贷款接济除现存各款外拟请再由摊粮折价项下指拨十万元可否照准请公决案
来源：山东省建设半月刊
时间：1937
卷期：第 2 卷第 9 期　　页码：164—165
类型：提案

标题：本厅提议案
提要：提议为据黄河水灾灾民移垦办事处呈送二十五年十一月份经费农村管理费暨追加经费农村管理费支付预算书可否准予援例备案请公决案
作者：张鸿烈
来源：山东省建设半月刊
时间：1937
卷期：第 2 卷第 9 期　　页码：165—166
类型：提案

标题：山东省政府训令（建副铨字第九五号　二十六年二月二十四日）
提要：令秦道堉、张连甲等六员
　　　准主办山东董庄黄河堵口工程事宜处函送水利奖章执照随令附发仰遵照具领并缴铸造印花等发由（附表）
作者：韩复榘　张鸿烈
来源：山东省政府公报
时间：1937
卷期：第 435 期　　页码：63—65，6
类型：训令

标题：国民政府指令（第九二八号　二十六年五月三日）
提要：令全国经济委员会
　　　二十六年四月二十四日会水字第四四零九二号呈一件，为核给黄

河冯楼、贯台、董庄三次抢堵合笼在事出力人员陈延炯等一百十四员奖章，检同请奖事实表及清单，呈请鉴核备案由
作者：林森
来源：国民政府公报（南京1927）
时间：1937
卷期：第2345号　页码：9
类型：指令

标题：国民政府指令（第九一二号　二十六年五月一日）
提要：令行政院
二十六年四月二十三日第九九七号呈一件，为据内政、财政两部呈，以会核山东省政府拟请将东阿县呈报黄河水利委员会购置苗圃地亩，自二十五年起豁免田赋一案，与土地赋税减免规程之规定尚无不合，似可准予转请免税，祈核转等情，应准照办，连同原附简明表，呈报鉴核备案由
作者：林森　蒋中正　王宠惠
来源：国民政府公报（南京1927）
时间：1937
卷期：第2344号　页码：14
类型：指令

标题：编后语
提要："黄河千里，只富一套"可见河套的地势，是怎样重要了
作者：作新
来源：公教周刊
时间：1937
卷期：第9卷第7期　页码：11

标题：黄河水利委员会河南修防处暂行组织规程
来源：河南省政府公报
时间：1937
卷期：第1939期　页码：2—5
类型：法规

标题：任免令十一件（二十六年五月十三日）
提要：全国经济委员会呈
请任命张度、丁绳武署黄河水利委员会技士，应照准，此令
作者：林森　蒋中正　王宠惠
来源：国民政府公报（南京1927）
时间：1937
卷期：第2353号　页码：4—6，2
类型：任免令

标题：国民政府指令（第一〇三六号　二十六年五月十三日）
提要：令全国经济委员会
二十六年五月七日会水字第四四五七八号呈一件，据黄河水利委员会请转呈铸发山东、河南各修防处铜质关防小章，以资信守等情，呈请鉴核饬局铸发由
作者：林森
来源：国民政府公报（南京1927）
时间：1937
卷期：第2354号　页码：10
类型：指令

标题：国民政府指令（第一〇三六号　二十六年五月十三日）
提要：令全国经济委员会
二十六年五月七日会水字第四四五七八号呈一件，据黄河水利委员会请转呈铸发山东、河南各修

防处铜质关防小章，以资信守等情，呈请鉴核饬局铸发由
作者：林森
来源：国民政府公报（南京1927）
时间：1937
卷期：第2354号　**页码**：10
类型：指令

标题：山东省政府建设厅二十六年二月份施政成绩报告
提要：叁、水利
甲、派员测勘黄河下游安设虹吸管地点……
来源：山东省建设半月刊
时间：1937
卷期：第2卷第10期　**页码**：84—85
类型：报告

标题："黄河释名"补
作者：郑鹤声
来源：月报
时间：1937
卷期：第1卷第5期　**页码**：1098—1099
类型：论文

标题：黄河水利委员会材料运输处启用钤记日期
来源：胶济日刊
时间：1937
卷期：第1942期　**页码**：1
类型：新闻

标题：徐州发现黄河泛滥遗迹
来源：大地
时间：1937
卷期：第1卷第5期　**页码**：49
类型：新闻

标题："黄河百害，惟富一套"
提要：河套剪影（照片多幅）
作者：杨令德
来源：东方杂志
时间：1937
卷期：第34卷第10期　**页码**：1页
类型：照片

标题：吴越文化传播于黄河流域的说明（附图）
作者：卫聚贤
来源：东方杂志
时间：1937
卷期：第34卷第10期　**页码**：63—70
类型：论文

标题：开封黄河渡口
来源：申报每周增刊
时间：1937
卷期：第2卷第19期　**页码**：封四
类型：照片

标题：铁道部指令（工字第三九九六号中华民国二十六年五月十二日）
提要：令新路建设委员会
据转呈潼关黄河桥工程处呈报开工日期暨实行开工情形，准备案
作者：张嘉璈
来源：铁道公报
时间：1937
卷期：第1783期　**页码**：3
类型：指令

标题：黄河释名（2470）
作者：复
来源：史地社会论文摘要月刊
时间：1937

卷期：第 3 卷第 8 期　页码：28
类型：摘要

标题：黄河释名
来源：河北月刊
时间：1937
卷期：第 5 卷第 5 期　页码：12
类型：论文

标题：汴梁图
提要：黄河之春
作者：公半
来源：星华
时间：1937
卷期：革新 1　页码：18
类型：随笔

标题：黄河水利工程（中英文对照）
作者：Ma，Y. P.
来源：英语周刊
时间：1937
卷期：新第 234 期　页码：1371
类型：新闻

标题：黄河铁桥
作者：周家麟
来源：津汇月刊（天津 1934）
时间：1937
卷期：第 17 期　页码：7
类型：照片

标题：（甲）举办公共工程
提要：（三）水利
　　　疏浚废黄河工程（四月二十七日工）
来源：国际劳工通讯
时间：1937
卷期：第 4 卷第 5 期　页码：104

类型：新闻

标题：黄河上游的社会形态暨目前补救方案
作者：黄举安
来源：西陲宣化使公署月刊
时间：1937
卷期：第 1 卷第 9 期　页码：90—95
类型：论文

标题：河套黄河开冻
来源：气象杂志
时间：1937
卷期：第 13 卷第 5 期　页码：375
类型：新闻

标题：平汉铁路
提要：（甲）黄河桥将重修
来源：铁路杂志
时间：1937
卷期：第 2 卷第 12 期　页码：119
类型：新闻

标题：黄河旧帐的翻检
作者：君华
来源：清华月刊
时间：1937
卷期：第 1 卷第 1 期　页码：62—68
类型：论文

标题：黄河上的纤夫曲
作者：何方
来源：诗歌杂志
时间：1937
卷期：第 3 期　页码：26
类型：诗歌

标题：风陵渡黄河铁桥业已开工

来源：新秦月刊
时间：1937
卷期：第1卷第2期　页码：72
类型：新闻

标题：山西省政府公函（建农字第三六号　中华民国二十六年六月二日）
提要：山西省政府函黄河水利委员会为函复准送万泉等县雨量站四月份工饷业令各县转发兹将原总收据盖印发还请查照由
来源：山西省政公报
时间：1937
卷期：第22期　页码：73—74
类型：公函

标题：山西省政府训令（建农字第二四五号　中华民国二十六年六月二日）
提要：令万泉等二十四县县长以准黄河水利委员会函送各雨量站记载员四月份工饷令发仰转饬具领取具正式收据报查由（附表）
来源：山西省政公报
时间：1937
卷期：第22期　页码：74—75
类型：训令

标题：黄河水利委员会山东修防处暂行组织规程
来源：山东省政府公报
时间：1937
卷期：第440期　页码：23—26
类型：法规

标题：山东省政府训令（秘铨字第三九六号　二十六年五月十七日）
提要：令各机关、县市奉行政院令发黄河水利委员会山东修防处暂行组织规程等因令仰知照由
作者：韩复榘
来源：山东省政府公报
时间：1937
卷期：第440期　页码：35—36,3
类型：训令

标题：黄河风陵渡铁桥明年双十节竣工
来源：导光
时间：1937
卷期：第5卷第19期　页码：3
类型：新闻

标题：国民政府文官处公函（第三七四五号　二十六年六月三日）
提要：奉颁黄河水利委员会山东修防处等关防小章送全国经济委员会转发由
来源：国民政府公报（南京1927）
时间：1937
卷期：第2373号　页码：14,3
类型：公函

标题：省政府训令（建字第三五○号　中华民国二十五年五月十九日）
提要：令民财建教四厅、警务处为准黄河水利委员会电孔委员长继续任职仰知照由
作者：刘汝明
来源：察哈尔省政府公报
时间：1937
卷期：第1067期　页码：17—19,2
类型：训令

标题：黄河修防

来源：天主公教白话报
时间：1937
卷期：第 21 卷第 12 期　页码：263
类型：新闻

标题：函行政院秘书处（林字第二八四号　中华民国二十六年六月七日）
提要：准函以据陕省府呈送该省境内黄河沿岸滩地分年造林计划表奉谕交本部核复嘱查照等由经核原件尚无不合似可令即依照进行复请查照转陈鉴核由
作者：吴鼎昌
来源：实业公报
时间：1937
卷期：第 336 期　页码：45—46
类型：公函

标题：西北主要河流之九曲黄河
来源：导光
时间：1937
卷期：第 5 卷第 21 期　页码：0
类型：照片

标题：西北航行中俯视黄河流域
来源：导光
时间：1937
卷期：第 5 卷第 21 期　页码：1
类型：照片

标题：实业部指令（矿字第一八三三七号　中华民国二十六年六月十一日）
提要：令湖南省建设厅
二十六年五月二十日呈一件呈送黄河清请采宜章县浆水乡尖岭背苦瓜坤等处煤矿案内图件及费税请察核施行由
作者：吴鼎昌
来源：实业公报
时间：1937
卷期：第 337 期　页码：34—35
类型：指令

标题：黄河鲤鱼以河套产者为著名
来源：农村合作月报
时间：1937
卷期：第 2 卷第 6 期　页码：7
类型：照片

标题：中国古文化由东南传播于黄河流域
作者：卫聚贤
来源：江苏研究
时间：1937
卷期：第 3 卷第 5/6 期　页码：1—2
类型：论文

标题：整理沂沭尾闾工程总报告
提要：第二编：防汛工程，第二章：水势纪略：第一节：属于黄河方面者（附表）
来源：江苏省政建设月刊
时间：1937
卷期：第 4 卷第 7 期　页码：112—116
类型：报告

标题：黄河水利委员会山东修防处启用关防小章
来源：胶济日刊
时间：1937
卷期：第 1986 期　页码：0—1
类型：新闻

标题：铁道部直辖潼关黄河桥工程处组织规程
作者：潼关黄河桥工程处

来源：铁道公报
时间：1937
卷期：第1825期　页码：0—1
类型：法规

标题：铁道部令（参字第三〇六号　中华民国二十六年六月十七日）
提要：修正铁道部潼关黄河桥工程处组织专章为铁道部直辖潼关黄河桥工程处组织规程公布
作者：张嘉璈
来源：铁道公报
时间：1937
卷期：第1825期　页码：1
类型：部令

标题：黄河旧帐的翻检等
作者：君华
来源：文化建设
时间：1937
卷期：第3卷第10期　页码：143—147
类型：论文

标题：河北山东河南三省办理黄河虹闸工程
来源：天主公教白话报
时间：1937
卷期：第21卷第14期　页码：307
类型：新闻

标题：黄河水利委员会山东修防处黄河水位涨落报告表（于七月五日六点分发）
来源：山东省政府公报
时间：1937
卷期：第446期　页码：106
类型：表格

标题：黄河水利委员会山东修防处黄河水位涨落报告表（于七月六日六点分发）
来源：山东省政府公报
时间：1937
卷期：第446期　页码：106—107
类型：表格

标题：中央测量机昨飞绥西测量黄河
来源：航空杂志
时间：1937
卷期：第7卷第7期　页码：228
类型：新闻

标题：黄河水利委员会山东修防处黄河水位涨落报告表（于七月七日六点分发）
作者：王恺如
来源：山东省政府公报
时间：1937
卷期：第447期　页码：131—132
类型：表格

标题：黄河水利委员会山东修防处黄河水位涨落报告表（于七月十日六点分发）
作者：王恺如
来源：山东省政府公报
时间：1937
卷期：第447期　页码：132—133
类型：表格

标题：黄河水利委员会山东修防处黄河水位涨落报告表（于七月十一日六点分发）
作者：王恺如
来源：山东省政府公报

时间：1937
卷期：第447期　页码：133
类型：表格

标题：黄河皮筏
来源：边疆
时间：1937
卷期：第3卷第1—2期　页码：4
类型：照片

标题：灾患——黄河水量突涨绥境近罹水患
来源：边疆
时间：1937
卷期：第3卷第1—2期　页码：140
类型：新闻

标题：山东省政府公函（建副总字第一三五号　二十六年五月二十二日）
提要：函送前黄河水灾灾民移垦办事处前在洛口接运移垦灾民给养等费预计算书类请查照由
作者：韩复榘
来源：山东省政府公报
时间：1937
卷期：第448期　页码：52，6
类型：公函

标题：黄河水利委员会山东修防处黄河水位涨落报告表（于七月十六日六点分发）
作者：王恺如
来源：山东省政府公报
时间：1937
卷期：第448期　页码：120
类型：表格

标题：黄河水利委员会山东修防处黄河水位涨落报告表（于七月十七日六点分发）
作者：王恺如
来源：山东省政府公报
时间：1937
卷期：第448期　页码：121
类型：表格

标题：黄河水利委员会山东修防处黄河水位涨落报告（于七月二十一日六点分发）
作者：王恺如
来源：山东省政府公报
时间：1937
卷期：第448期　页码：122
类型：表格

标题：黄河水利委员会山东修防处黄河水位涨落报告表（七月三日至七月二十四日）
作者：王恺如
来源：山东省政府公报
时间：1937
卷期：第449期　页码：128—134
类型：表格

标题：山东境内黄河继续猛涨
来源：天主公教白话报
时间：1937
卷期：第21卷第15期　页码：330
类型：新闻

标题：平汉铁路的黄河铁桥
作者：陈永沃
来源：少年画报
时间：1937

卷期：第 5 期　页码：43
类型：照片

标题：铁道部指令（总字第六七〇〇号　中华民国二十六年八月四日）
提要：令新路建设委员会
　　　据转呈潼关黄河桥工程处，改正职称之职员表，准予备案
作者：张嘉璈
来源：铁道公报
时间：1937
卷期：第 1855 期　页码：2
类型：指令

标题：黄河沿岸虹吸
来源：更生（上海 1937）
时间：1937
卷期：第 8 期　页码：12
类型：新闻

标题：（河北）黄河沿岸设虹吸管
来源：农业建设
时间：1937
卷期：第 1 卷第 6 期　页码：82
类型：新闻

标题：国民政府指令（第一八五八号　二十六年八月二十三日）
提要：令考试院
　　　二十六年八月十三日呈一件，为据铨叙部呈报核议黄河水利委员会委员王郁骏等十八员勋绩，拟请分别给予勋章一案，检同原表，呈请察核令遵由
作者：林森　戴传贤　石瑛
来源：国民政府公报（南京 1927）
时间：1937

卷期：第 2443 号　页码：10
类型：指令

标题：黄河暴涨（民国二十六年八月份）
来源：气象杂志
时间：1937
卷期：第 13 卷第 9 期　页码：593
类型：新闻

标题：黄河再涨又决一口　鲁境黄河溃决数处（一九三七年七月二十六日至八月二十五日止）
来源：国际言论
时间：1937
卷期：第 2 期　页码：100、102
类型：新闻

标题：黄河水和会谋节制上游水量（八月上）
来源：新世界
时间：1937
卷期：第 11 卷第 3—4 期　页码：97
类型：新闻

标题：鲁黄河下游决口
来源：前进（上海 1937）
时间：1937
卷期：第 1 期　页码：7
类型：新闻

标题：黄河上游涨水河套各渠溃决　巩固黄河堤防河套沿岸将造林（自六月廿六日起至七月二十日止）
来源：蒙藏月报
时间：1937
卷期：第 7 卷第 4 期　页码：120
类型：新闻

标题：黄河又在蒲台郑家寺决口
提要：今年黄河的水势格外凶，几十年来没有这么大的水量……
来源：田家半月报
时间：1937
卷期：第4卷第18期　页码：3
类型：新闻

标题：鲁黄河下游决口
来源：国际言论
时间：1937
卷期：第3期　页码：92
类型：新闻

标题：最后消息
提要：津浦线我军退黄河南岸，平汉线敌人进占石家庄
来源：新中华报
时间：1937
卷期：第396期　页码：0
类型：新闻

标题：津浦线敌陷德州，我军退黄河涯待援
来源：新中华报
时间：1937
卷期：第396期　页码：0
类型：新闻

标题：平汉线上
提要：俘获之日间谍韩人仅十五岁在日本曾受三年之训练迭在黄河沿线刺探军情
作者：沈逸千
来源：国闻周报
时间：1937
卷期：第14卷第36/37/38期　页码：1页
类型：照片

标题：蕴草浜南岸的血战
提要：津浦路敌军已过老黄河崖，平汉路敌我隔滹沱河对峙
作者：金仲华
来源：抵抗
时间：1937
卷期：第17期　页码：1
类型：新闻

标题：敌人偷渡黄河，石家庄确已失陷，敌两路继续前进
来源：新中华报
时间：1937
卷期：第397期　页码：0
类型：新闻

标题：黄河下游的水灾
来源：烽火（西安）
时间：1937
卷期：创刊号　页码：1
类型：论文

标题：倭寇不灭不过黄河
作者：萧金石
来源：明耻
时间：1937
卷期：第3卷第3期　页码：151—152
类型：诗歌

标题：前线与后方（十一月十一日至十八日）
提要：青阳港嘉兴战事激烈，津浦线退守黄河天险
作者：世骥
来源：抗战（汉口）
时间：1937
卷期：第1卷第11期　页码：162—163

类型：新闻

标题：国民政府指令（第二二一八号 二十六年十一月八日）
提要：令行政院
二十六年十一月五日第五一二六一八号呈一件，为据内政、财政两部呈，准河南省政府咨，以武陟县西詹店等村二十二年黄河漫溢，沙压地亩，造具免赋简明表，请自二十三年份起豁免赋税一案，检件呈请鉴核备案由
作者：林森　蒋中正　蒋作宾　孔祥熙
来源：国民政府公报（南京1927）
时间：1937
卷期：第2508号　页码：4
类型：指令

标题：我军各线后退的观察
提要：津浦线敌到黄河岸，晋南敌分三路进攻，东战场左右翼激战
作者：金仲华
来源：抗战（上海）
时间：1937
卷期：第28期　页码：1
类型：新闻

标题：津浦线我军撤至黄河南岸经过
来源：中央通信社稿
时间：1937
卷期：11月下　页码：126—127
类型：新闻

标题：我首都西迁决心久战
提要：东战场我退出苏州嘉兴，津浦线敌我隔黄河炮战
作者：金仲华
来源：抗战（上海）
时间：1937
卷期：第29期　页码：1
类型：新闻

标题：奋勇反攻中之北战线
提要：黄河北岸上之我忠勇守十将士
来源：战斗画报
时间：1937
卷期：第12期　页码：7
类型：照片

标题：津浦线我军克复堂邑
提要：平汉线敌有南渡黄河模样，敌主力集太原有南下企图
来源：新中华报
时间：1937
卷期：第409期　页码：0
类型：新闻

标题：在黄河边上（未完）
来源：新中华报
时间：1937
卷期：第409期　页码：3
类型：随笔

标题：战局重心移津浦线
提要：敌过黄河·侵入济南，淮南路敌·图攻合肥，杭州陷落·浙西紧张
作者：金仲华
来源：抗战（上海）
时间：1937
卷期：第32期　页码：1
类型：新闻

标题：北线沉寂
提要：（一）津浦线

津浦线敌军自上月中旬侵至黄河北岸后因受我各游击队不断截击，敌防不胜防，颇有疲尽奔命之势。
作者：维
来源：闽政与公馀非常时期合刊
时间：1937
卷期：第 12 期　页码：18—19
类型：新闻

标题：审计部公函陕西省审计处（中华民国二十六年十一月二日）
提要：函述会办韩城芝川镇黄河护岸工程经过情形及现拟以招工投标办法包修订于十一月十日在本局开标附送预算表等件请查照届期派员监标并希见复由
作者：李协
来源：陕西水利季报
时间：1937
卷期：第 2 卷第 3/4 期　页码：9
类型：公函

标题：铁路状况
提要：湘黔铁路　兰封董庄铁路：黄河水委会修筑兰封董庄铁路：拟借英庚款一百万元（二六，一，二〇，大公报）；
铁道部向德公司借四千万修筑湘黔铁路：以一千万元重修黄河铁桥定明春同时开工（二五，一二，二二，大公报）
作者：葛启扬　栾植新
来源：禹贡
时间：1937
卷期：第 7 卷第 1/2/3 期　页码：391、398
类型：新闻

标题：训令工务局各区公所商会整理委员会
提要：准山东河务局函送黄河堤埝春工服役修培工程应派指导监修各员名单请查照等因令仰知照由
作者：任居建
来源：济南市政府市政月刊
时间：1937
卷期：第 11 卷第 5 期　页码：31—32
类型：训令

标题：赓续办理土地清丈
提要：民政厅地政局关于开封县黄河南部土地清丈，自本年七月一日起开始举办，其外业工作：完成小三角点十二点，完成经纬道线点一千三百二十四点，完成平板道线点三千三百七十四点，完成户地清丈一万五千零二十户，完成着墨注记清丈图八千一百四十九户
来源：河南政治
时间：1937
卷期：第 7 卷第 8 期　页码：1—2
类型：报告

标题：开封县黄河南部土地整理计划
来源：河南省政府年刊
时间：1937
卷期：民国二十五年　页码：611
类型：计划

标题：黄河释名补
作者：郑鹤声
来源：禹贡
时间：1937
卷期：第 7 卷第 1/2/3 期　页码：277—279
类型：论文

标题：游黄河沿（小游记）
作者：王登汉
来源：小朋友
时间：1937
卷期：第755期　页码：44
类型：游记

标题：平汉路黄河铁桥即兴工四年造竣
作者：麦金叶
来源：实报半月刊
时间：1937
卷期：第2卷第13期　页码：59
类型：漫画

标题：德州城垣被敌轰毁我军扼守黄河涯之线
来源：中央通信社稿
时间：1937
卷期：10月上　页码：136
类型：新闻

标题：津浦线我军扼守黄河涯
来源：中央通信社稿
时间：1937
卷期：10月上　页码：263
类型：新闻

标题：津浦线残敌仍踞老黄河北岸
来源：中央通信社稿
时间：1937
卷期：10月上　页码：282
类型：新闻

标题：津浦线我军仍扼守老黄河
来源：中央通信社稿
时间：1937
卷期：10月上　页码：348

类型：新闻

标题：我军仍在老黄河石岸与敌对峙中
来源：中央通信社稿
时间：1937
卷期：10月上　页码：394
类型：新闻

标题：敌机团破坏黄河铁桥
来源：中央通信社稿
时间：1937
卷期：11月上　页码：321
类型：新闻

标题：敌机今轰炸黄河各渡口
来源：中央通信社稿
时间：1937
卷期：11月上　页码：467
类型：新闻

标题：津浦线战况激烈
提要：我军黄河南岸阵地巩固
来源：中央通信社稿
时间：1937
卷期：11月下　页码：3
类型：新闻

标题：我黄河线防务巩固
来源：中央通信社稿
时间：1937
卷期：11月下　页码：289
类型：新闻

标题：鲁黄河北岸之敌经炮击后退去
来源：中央通信社稿
时间：1937
卷期：11月下　页码：369

类型：新闻

标题：黄河全线反攻
作者：创硕　象辰

来源：战事画报（上海1937）
时间：1937
卷期：第6期　**页码**：3—4
类型：照片

1938 年

标题：黄河北岸
作者：田涛
来源：上海杂志公司
时间：1938
类型：图书

标题：大黄河
来源：大阪每日新闻社
时间：1938
类型：图书

标题：黄河水患之控制
作者：张含英
来源：艺文研究会
时间：1938
类型：图书

标题：黄河治本论
作者：张含英
来源：艺文研究会
时间：1938
类型：图书

标题：大黄河治水事業に就て
来源：全国经济调查机关联合
时间：1938
类型：图书

标题：鏖战黄河岸
作者：琪基
来源：战地通信
时间：1938
卷期：第 9 期　页码：8—9
类型：新闻

标题：北洋老同学滑德铭近在黄河水利
　　　委员会工作情形
来源：西安临大校刊
时间：1938
卷期：第 4 期　页码：14
类型：新闻

标题：黄河，我们守护你！
作者：王博习
来源：烽火（西安）
时间：1938
卷期：第 8 期　页码：10
类型：新闻

标题：抗战集
提要：黄河泰山间的烽火
作者：曼之
来源：中山周报
时间：1938
卷期：第 162 期　页码：6—7
类型：新闻

标题：抗战集
提要：黄河泰山间的烽火（续）
作者：纪滢
来源：中山周报
时间：1938
卷期：第163期　页码：2—5
类型：新闻

标题：委任顾子言为黄河水灾救济奖券处经理此令（中华民国二十七年一月二十四日至一月二十九日）
作者：余晋龢
来源：市政公报
时间：1938
卷期：第3期　页码：19—21
类型：委任令

标题：抗战集
提要：黄河泰山间的烽火（续）
作者：纪滢
来源：中山周报
时间：1938
卷期：第164期　页码：2—5

标题：固守黄河
作者：熹亭
来源：西北论衡
时间：1938
卷期：第6卷第3期　页码：42

标题：徐州通信
提要：黄河阵线突破后
作者：定芬
来源：战地通信
时间：1938
卷期：第16期　页码：11—14

标题：每周要闻
提要：平汉线日军逼近黄河（中英文对照）
来源：译丛（英文报章杂志的综合译刊）
时间：1938
卷期：第10期　页码：3
类型：新闻

标题：双周回顾（二月六日至十九日）
提要：保卫黄河
来源：新闻杂志
时间：1938
卷期：第1卷第3期　页码：28
类型：新闻

标题：晋东南之战
提要：平汉线敌由黄河西进，津浦北段左右翼激战，我机袭台北，敌空防紧张
作者：金仲华
来源：抗战（上海）
时间：1938
卷期：第49期　页码：1

标题：训令黄河水灾救济奖券处、警察局
提要：准行政部函以黄灾奖券及一切奖券彩票应一律停止令仰遵办具报由（中华民国二十七年二月二十六日）
作者：余晋龢
来源：市政公报
时间：1938
卷期：第6期　页码：29
类型：训令

标题：行政委员会来函
提要：查黄河奖券处现既结束余款又属无多自可留作京市救济之用函达

查照由（中华民国二十七年三月十七日）
来源：市政公报
时间：1938
卷期：第7期　页码：41—42
类型：公函

标题：保卫黄河战线
提要：晋南局势紧张，临汾附近混战，津浦北假左翼，敌军企图西进
作者：金仲华
来源：抗战（上海）
时间：1938
卷期：第50期　页码：1
类型：新闻

标题：晋敌偷渡黄河进犯边区，渡河之敌盘据府谷正在进剿中，绥南伪蒙军纷纷反正残敌北窜
来源：新中华报
时间：1938
卷期：第422期　页码：0
类型：新闻

标题：每周时事解说（二月廿三日至三月二日）
提要：战局中心在山西南部
山西各路军誓死不渡黄河，黄河沿岸我军有坚强防御
作者：沈于田
来源：全民周刊
时间：1938
卷期：第1卷第13期　页码：208—207
类型：新闻

标题：黄河大堤上的春天
作者：邹若军

来源：半月文摘（汉口）
时间：1938
卷期：第2卷第2期　页码：48
类型：散文

标题：十日战讯（二月二十八日至三月八日）
提要：黄河北岸敌遭重重阻击
作者：海珊
来源：前哨·徹七札联合旬刊
时间：1938
卷期：第3卷第18期　页码：307
类型：新闻

标题：苦战山西守卫黄河
提要：我展开大规模运动战，敌偷渡陕西炮轰河南，东线游击战渐能歼灭敌人（附图）
作者：杨家麟
来源：血路
时间：1938
卷期：第9期　页码：136
类型：新闻

标题：（短论）不让他们渡黄河
作者：遂今
来源：大风（金华）
时间：1938
卷期：第8期　页码：1
类型：新闻

标题：一周战闻纪要（三月六日至三月十一日）
提要：黄河北岸敌突增，巩洛一带极紧张
来源：建设周讯
时间：1938
卷期：第6卷第2期　页码：61

标题：抗战近讯
提要：敌军偷渡黄河未逞
来源：战时民训
时间：1938
卷期：第 16 期　**页码**：11
类型：新闻

标题：抗战近讯
提要：黄河南岸我防守严密
来源：战时民训
时间：1938
卷期：第 16 期　**页码**：11—12
类型：新闻

标题：国内情报
提要：敌人对我交通运输之要道，无不尽力破坏，以遂其侵略之野心，黄河铁桥，素称雄伟，亦为敌所轰炸破坏
作者：全民社
来源：良友
时间：1938
卷期：第 135 期　**页码**：12
类型：照片

标题：黄河战阵形势论
作者：陈孝威
来源：西北论衡
时间：1938
卷期：第 6 卷第 5 期　**页码**：82—84
类型：时评

标题：晋南敌军后路被截
提要：黄河沿线敌军滥施炮击，隰县附近我军大挫敌人
作者：金仲华
来源：抗战（上海）
时间：1938
卷期：第 54 期　**页码**：2
类型：新闻

标题：每周要闻
提要：日军势将渡过黄河（中英文对照）
来源：译丛（英文报章杂志的综合译刊）
时间：1938
卷期：第 13 期　**页码**：18
类型：新闻

标题：倭称黄河北秩序恢复
来源：敌方广播新闻纪要
时间：1938
卷期：第 3 卷第 17 期　**页码**：6
类型：新闻

标题：保卫黄河线
提要：黄河的形势
作者：毅人
来源：半月文摘（汉口）
时间：1938
卷期：第 2 卷第 3 期　**页码**：72—73
类型：新闻

标题：保卫黄河线（附图）
作者：郭从周
来源：半月文摘（汉口）
时间：1938
卷期：第 2 卷第 3 期　**页码**：74—75
类型：新闻

标题：在黄河北岸
作者：伯伦
来源：半月文摘（汉口）

时间：1938
卷期：第 2 卷第 3 期　页码：76
类型：新闻

标题：黄河北岸的战局（三月二十一日福建民报）
来源：新闻杂志
时间：1938
卷期：第 1 卷第 5 期　页码：34—35
类型：新闻

标题：民族抗战汇志
提要：黄河北岸战局紧张
来源：蒙藏旬刊
时间：1938
卷期：第 146 期　页码：28—29
类型：新闻

标题：黄河两岸炮击甚酣
来源：新战线
时间：1938
卷期：第 14 期　页码：18
类型：新闻

标题：抗战消息（自三月二十日至二十六日）
提要：汉口电
　　　沿陇海铁路黄河川北之敌，西起潼关，东讫郑州，皆被逐退。津浦北段，敌军之侵入滕县者，亦被吾军之后援部队击回。
来源：抗战要讯
时间：1938
卷期：第 1 期　页码：1—4
类型：新闻

标题：国民政府令（二十七年三月二十八日）
提要：褒扬陕西水利局局长前黄河水利委员会委员长李仪祉令
作者：林森　孔祥熙　戴传贤等
来源：国民政府公报（南京1927）
时间：1938
卷期：渝字第 35 号　页码：4—5，2

标题：黄河北岸敌主力在道清沿线
作者：海珊
来源：前哨彻七扎联合旬刊
时间：1938
卷期：第 4 卷第 2 期　页码：7—8
类型：新闻

标题：代电黄河水利委员会、扬子江水利委员会、江汉工程局（川水字第一〇七三号　二十七年三月十八日）
提要：电饬报告水位由
来源：经济部公报
时间：1938
卷期：第 1 卷第 4 期　页码：44
类型：电报

标题：黄河将有空前巨灾（中英文对照）
来源：实用英文半月刊
时间：1938
卷期：第 4 卷第 7 期　页码：9
类型：随笔

标题：陕北天险·我军杀敌之处
提要：风陵渡附近之黄河
来源：新生画报
时间：1938
卷期：第 1 期　页码：19
类型：照片

标题：黄河我军
提要：因窥破北岸系敌少数部队因令大王屋，封门口一带占领，现正向北推进中
来源：抗敌
时间：1938
卷期：第 29 期　页码：11
类型：新闻

标题：黄河北岸敌情无变化
作者：海珊
来源：前哨·徹七札联合旬刊
时间：1938
卷期：第 4 卷第 3 期　页码：363
类型：新闻

标题：抗敌战事最烈之老黄河（即淮河）在蚌埠之北
来源：时事月报
时间：1938
卷期：第 18 卷第 7 期　页码：1 页
类型：照片

标题：黄河国防线上（附图）
作者：牧风
来源：半月文摘（汉口）
时间：1938
卷期：第 2 卷第 4 期　页码：107—108
类型：新闻

标题：黄河岸上
提要：战地杂写之一
来源：战动周刊
时间：1938
卷期：第 4—5 期　页码：8—9
类型：新闻

标题：我军在黄河北岸背水为阵击敌情形
来源：青年月刊（南京）
时间：1938
卷期：第 5 卷第 5 期　页码：封 4
类型：照片

标题：寇称侵略不以黄河线为限
来源：敌方广播新闻纪要
时间：1938
卷期：第 4 卷第 15 期　页码：3
类型：新闻

标题：黄河的自述
作者：吴挹澄
来源：上海儿童（上海 1938）
时间：1938
卷期：第 1 卷第 6 期　页码：5—6
类型：讲座

标题：黄河之恋
作者：倪受乾
来源：战地
时间：1938
卷期：第 1 卷第 3 期　页码：7
类型：诗歌

标题：一周战讯
提要：津浦线我军正围歼残敌，增援之敌亦被我截击中，江南我军活跃迭有斩获，黄河以北敌军已总动摇
作者：陈林南
来源：战时童子军
时间：1938
卷期：第 19 期　页码：1—2
类型：新闻

标题：一周战况

提要：这一周来，中日战事已有了新的变化。由于黄河的溃决，日军企图由豫南沿平汉线进攻武汉的计划已不能不放弃了（附图）
作者：方辅
来源：华美
时间：1938
卷期：第 1 卷第 10 期　**页码**：2
类型：新闻

标题：漫谈黄河（附图）
作者：书诚
来源：华美
时间：1938
卷期：第 1 卷第 13 期　**页码**：18—19
类型：随笔

标题：黄河沿岸我军闻津浦线大捷均勇气百倍，咸奋勇渡河击敌，图为渡至中流时伏船舱内射击北岸之敌
来源：时事月报
时间：1938
卷期：第 18 卷第 8 期　**页码**：1 页
类型：照片

标题：严防倭寇偷渡之黄河南岸我守卫战士
来源：时事月报
时间：1938
卷期：第 18 卷第 8 期　**页码**：1 页
类型：照片

标题：黄河北岸我军之沉着作战
作者：创硕
来源：时事月报
时间：1938
卷期：第 18 卷第 8 期　**页码**：1 页

类型：照片
标题：敌在黄河北岸之残暴
来源：抗战画刊
时间：1938
卷期：第 10 期　**页码**：17
类型：新闻

标题：别让倭骑渡黄河
作者：毅人
来源：新阵地
时间：1938
卷期：第 6 期　**页码**：13—14
类型：新闻

标题：倭传黄河铁桥业已修复
来源：敌方广播新闻纪要
时间：1938
卷期：第 4 卷第 28 期　**页码**：6—7
类型：新闻

标题：老实话、黄河阻止不了敌人前进
来源：新中华报
时间：1938
卷期：第 432 期　**页码**：1
类型：新闻

标题：皮筏为黄河上游之主要运输工具
来源：土壤专报
时间：1938
卷期：第 19 期　**页码**：1 页
类型：照片

标题：黄河北岸之烽火
作者：费穆　陈晨　夏晓霞　全民社
来源：战事画报（上海 1937）
时间：1938

卷期：第 5 期　页码：4—5
类型：照片

标题：扼守黄河天险
提要：敌骑蹂躏中原，我大河南北战士，
　　　奋起杀敌，河南炮兵，尤为勇猛，
　　　迭予隔河敌军以重创；
　　　炮弹落处，侵略者的阵营里，又
　　　多了一批无辜冤魂；
　　　黄河南岸我军迫击炮在河身窄狭
　　　处向敌轰击；
　　　在黄河南岸国防阵地前，再加建
　　　掩护工事，使敌人无从飞渡；
　　　渡过黄河向新乡进攻之我军炮队
来源：中华（上海）
时间：1938
卷期：第 64 期　页码：7、8
类型：照片

标题：保卫我们的黄河
作者：莫尚宗
来源：抗战漫画
时间：1938
卷期：第 9 期　页码：1 页
类型：图片

标题：黄河之歌
作者：轻雷
来源：十字街头
时间：1938
卷期：第 1 卷第 3 期　页码：18—19
类型：诗歌

标题：朝邑通信
提要：黄河防线
作者：季云
来源：战地通信

时间：1938
卷期：第 26 期　页码：11—12
类型：新闻

标题：谈克服黄河（附图）
作者：微知
来源：读物
时间：1938
卷期：第 1 期　页码：65—70
类型：随笔

标题：最近开封郑州间黄河决口，洪流
　　　奔放，进攻郑州的日军数万，势
　　　将覆灭
来源：儿童世界（上海 1922）
时间：1938
卷期：第 40 卷第 7 期　页码：31—32
类型：图片

标题：平汉线上的黄河两岸
来源：孤岛
时间：1938
卷期：第 1 卷第 8 期　页码：149

标题：在黄河西岸
作者：彭毓泰
来源：西北妇女
时间：1938
卷期：第 6 期　页码：11—12

标题：豫北与晋绥
提要：黄河沿岸连日炮战
来源：战时民训
时间：1938
卷期：第 24 期　页码：12
类型：新闻

标题：绥南托县黄河口岸我军渡河铲敌之船只
来源：时事月报
时间：1938
卷期：第 18 卷第 9 期　页码：1 页
类型：照片

标题：炸毁后的黄河铁桥（开封通信）
作者：大美
来源：孤岛生活
时间：1938
卷期：第 1 卷第 2 期　页码：7—9
类型：新闻

标题：倭传在黄河与运河方面轰炸我战车队
来源：敌方广播新闻纪要
时间：1938
卷期：第 5 卷第 12 期　页码：10
类型：新闻

标题：在黄河南岸
提要：弥漫着火药气的风陵渡
作者：天聪
来源：新语周刊
时间：1938
卷期：第 1 卷第 2 期　页码：11
类型：照片

标题：黄河的怒吼（时事特写）（附图）
作者：志坚
来源：儿童世界（上海 1922）
时间：1938
卷期：第 40 卷第 8 期　页码：3—6
类型：新闻

标题：渡黄河（独幕讽刺剧）

作者：颜一烟　上海救亡演剧队第二队集体
来源：抗战戏剧
时间：1938
卷期：第 2 卷第 1 期　页码：46—58
类型：戏剧

标题：黄河沿岸×地我军炮兵观测击敌之情形
作者：克
来源：时事月报
时间：1938
卷期：第 18 卷第 10 期　页码：1 页
类型：照片

标题：黄河边上抗战逸闻
来源：孤岛
时间：1938
卷期：第 1 卷第 11 期　页码：209
类型：新闻

标题：绕道陕北渡黄河
作者：克寒
来源：战地通信
时间：1938
卷期：第 30 期　页码：13—15
类型：新闻

标题：活的山西
提要：宁死不过黄河的阎锡山将军
来源：新语周刊
时间：1938
卷期：第 1 卷第 4 期　页码：11
类型：照片

标题：战事照片
提要：（上）在黄河桥上的我守卒；

黄河桥畔的我守军
来源：东方画刊
时间：1938
卷期：第 1 卷第 2 期　　页码：5、7
类型：照片

标题：黄河天堑与血肉长城（附图）
作者：俞剑硕
来源：战事画报（上海 1937）
时间：1938
卷期：第 6 期　　页码：18
类型：照片

标题：经济部指令（汉水字第一一〇八号　中华民国二十七年五月十日）
提要：令黄河水利委员会
　　　呈一件呈送本年度春工及二十七年度截至九月底止春伏秋泛三省防汛抢险监防及临时紧急工程费支配清单由
作者：翁文灏
来源：经济部公报
时间：1938
卷期：第 1 卷第 8 期　　页码：34—35
类型：指令

标题：代电黄河水利委员会孔委员长（汉水字第一二二七号　二十七年五月二十二日）
提要：效电悉河防事项仍仰主持督促办理由
来源：经济部公报
时间：1938
卷期：第 1 卷第 8 期　　页码：35
类型：电报

标题：前线所举行之劳军赠旗大会

提要：陕劳军团赠旗给黄河守军××师由董师长致答词
来源：中苏文化杂志
时间：1938
卷期：第 2 卷第 2 期　　页码：48
类型：照片

标题：今日之黄河及淮河两大铁桥
来源：大美画报
时间：1938
卷期：第 3 期　　页码：2 页
类型：照片

标题：抗战写真
提要：我军在自动炸毁后的平汉路黄河铁桥畔严密监视敌状；
　　　我军的有力部队，源源渡过黄河
来源：少年画报
时间：1938
卷期：第 8 期　　页码：3、4
类型：照片

标题：黄河渡
作者：萧蔚
来源：战时青年
时间：1938
卷期：第 9 期　　页码：27—28
类型：随笔

标题：血雨（记大雨中黄河两岸血战）
作者：罗家伦
来源：新民族
时间：1938
卷期：第 1 卷第 16 期　　页码：14
类型：诗歌

标题：陈部长对外记者讲述寇炸毁黄河

堤经过（六月十三日）
来源：湖北省政府公报
时间：1938
卷期：第 361 期　页码：43—44
类型：新闻

标题：敌军沿江进攻的企图
提要：安庆陷敌手，敌有趋宿松越过封锁线企图，黄河被决口，大水东南流阻断豫东敌进路
作者：金仲华
来源：抗战（上海）
时间：1938
卷期：第 81 期　页码：2
类型：新闻

标题：临大工作团在黄河一带教小学生歌咏
作者：赵定明
来源：中苏文化杂志
时间：1938
卷期：第 2 卷第 3 期　页码：48
类型：照片

标题：一周周报
提要：豫省自暴敌决黄河南岸大堤及豫北卫莽等河后，洪流汪泛，战局骤趋沉寂
来源：同仇
时间：1938
卷期：第 8 期　页码：8
类型：新闻

标题：敌机炸毁黄河堤岸
来源：益华报
时间：1938

卷期：第 2 卷第 24 期　页码：387
提要：新闻

标题：国民政府令（任免令二十三件二十七年六月十五日）
提要：黄河水利委员会委员长孔祥榕呈请辞职，孔祥榕准免本职
作者：林森　孔祥熙　王宠惠
来源：国民政府公报（南京1927）
时间：1938
卷期：渝字第 58 号　页码：4—5，2
类型：任免令

标题：敌沿长江西犯占领芜湖，豫东黄河泛滥战局稍缓（附图）
来源：全民周刊
时间：1938
卷期：第 2 卷第 3 期　页码：48—47
类型：新闻

标题：豫东黄河决堤
提要：敌被淹分向中牟以东撤退皖中方面敌突犯安庆，我空军飞皖助炸敌舰多沉
来源：克敌周刊
时间：1938
卷期：第 15 期　页码：4
类型：新闻

标题：对于倭寇惯用战法之检讨：黄河敌渡河之态势要图（十二月二十四日）
来源：军事杂志（南京）
时间：1938
卷期：第 109 期　页码：21
类型：新闻

标题：战局
提要：本周战局豫东方面、敌攻中牟将黄河堤炸毁，酿成决堤，战事沉寂，民众罹难甚深
来源：绍兴县政公报
时间：1938
卷期：第12期　页码：7—9
类型：新闻

标题：黄河决口敌反受打击
来源：战时民训
时间：1938
卷期：第30期　页码：16
类型：新闻

标题：夜过黄河桥
作者：丹流
来源：大地图文旬刊
时间：1938
卷期：第1卷第9期　页码：162
类型：新闻

标题：黄河
作者：冀民
来源：战时民众（重庆）
时间：1938
卷期：第3期　页码：4—7
类型：诗歌

标题：每周要闻
提要：水利专家称，目前黄河水灾将成中国有史以来最严重之浩劫
来源：译丛
时间：1938
卷期：第27期　页码：14
类型：新闻

标题：每周要闻
提要：黄河泛滥使日军不能侵郑州
来源：译丛
时间：1938
卷期：第27期　页码：17
类型：新闻

标题：敌机加紧破坏黄河堤岸，豫东北洪水泛滥，灾情极重
来源：双流县政周刊
时间：1938
卷期：第1卷第13期　页码：21—22
类型：新闻

标题：黄河决堤豫东沉寂
提要：战事重心已移长江方面安庆敌图西犯潜山太湖，我军赶到即展开歼灭战
来源：克敌周刊
时间：1938
卷期：第16期　页码：2
类型：新闻

标题：暴敌轰毁黄河堤岸
作者：刘惠之
来源：战时知识
时间：1938
卷期：第2期　页码：1
类型：新闻

标题：黄河之水
作者：轶二
来源：苦笑
时间：1938
卷期：第1卷第4期　页码：2
类型：随笔

标题：怒吼吧！黄河
作者：海燕
来源：战时知识
时间：1938
卷期：第2期　页码：4
类型：诗歌

标题：敌舰进窥东流马当
提要：黄河北岸敌军西移，有进攻晋陕企图，粤海敌军进占南澳，继续威胁海南岛
作者：金仲华
来源：抗战（上海）
时间：1938
卷期：第84期　页码：2
类型：新闻

标题：黄河水势图
来源：国际周报（香港）
时间：1938
卷期：第1卷第9期　页码：封2
类型：图片

标题：黄河北及同蒲路东之敌增援欲许
作者：宋景
来源：活力
时间：1938
卷期：第1卷第8—9期　页码：20
类型：新闻

标题：河堤为敌轰毁豫北豫东战事被黄河水所阻
作者：宋景
来源：活力
时间：1938
卷期：第1卷第8—9期　页码：21
类型：新闻

标题：黄河水灾
来源：东西画报
时间：1938
卷期：第1卷第5期　页码：6
类型：图片

标题：黄河决堤的责任
作者：张一军
来源：民心
时间：1938
卷期：第14期　页码：1—2
类型：评论

标题：我军渡黄河攻击敌人
提要：我渡河部队，夜袭道清铁路之修武县，击溃守城之敌，夺获之胜利品，以信札密件为多；
指挥渡河先遣队的两位连长：左陈九思，右刘鸿瑞；
前锋得利，我后续生力军，源源过河，追剿残敌；
渡河部队，奋勇冲入敌阵，迫其作白刃战；
在渡河时，以猛烈火力，击溃北岸之敌；
每一个渡河战士，莫不心坚如铁，誓歼日寇；
抵北岸登陆，攀登河堤，进攻敌军；
上图为我敌前登陆部队强渡黄河之影；
我军从黄河南岸某渡口，过河杀敌
作者：顾廷鹏
来源：中华（上海）
时间：1938
卷期：第66期　页码：11
类型：照片

标题：巩固河防
提要：长达七里半的平汉路黄河铁桥，
　　　现已全部加以毁坏；
　　　黄河南岸这样的堡垒，连绵至千
　　　余里；
　　　黄河铁桥前我守卫部队的两个哨兵；
　　　黄河铁桥南岸之警戒兵
来源：中华（上海）
时间：1938
卷期：第 66 期　页码：9、10
类型：照片

标题：黄河之水库问题
作者：李仪祉　黄震东
来源：李仪祉先生纪念刊
时间：1938
卷期：纪念刊　页码：40—42
类型：论文

标题：黄河炮战
作者：俞剑硕
来源：战事画报（上海 1937）
时间：1938
卷期：第 7 期　页码：24—25
类型：照片

标题：豫东敌军自黄河决堤后，受阻于
　　　洪流，西进甚为困难，故目前其
　　　主力，大部分已向西南移动，意
　　　在向阜阳合肥方向增援，致战事
　　　重心，已转移到安徽一带
来源：同仇
时间：1938
卷期：第 9/10 期　页码：8
类型：新闻

标题：黄河

作者：咏青
来源：文艺（武昌）
时间：1938
卷期：第 5 卷第 5 期　页码：64—66
类型：诗歌

标题：黄河猖獗成灾（附照片）
来源：中国画报（上海 1938）
时间：1938
卷期：第 1 卷第 9 期　页码：14—15
类型：新闻

标题：黄河南岸
作者：郁达夫
来源：烽火
时间：1938
卷期：第 17 期　页码：324—325
类型：随笔

标题：一周大事记（自六月十八日起至
　　　二十四日止）
提要：黄河水分向南流陇海路日军纷纷
　　　撤退
来源：孤岛
时间：1938
卷期：第 2 卷第 3 期　页码：60
类型：新闻

标题：黄河水淹大和魂
来源：现世报
时间：1938
卷期：第 9 期　页码：2—3
类型：新闻

标题：孤岛大水是黄河决堤的样子间
来源：现世报
时间：1938

卷期：第 9 期　页码：8—9
类型：新闻

标题：滔滔黄河海啊！
作者：流一
来源：涛声
时间：1938
卷期：第 1 卷第 1 期　页码：28—29
类型：诗歌

标题：不让鬼子渡黄河（上）
作者：马奇
来源：新中华报
时间：1938
卷期：第 444 期　页码：3
类型：随笔

标题：不让鬼子渡黄河（下）
作者：马奇
来源：新中华报
时间：1938
卷期：第 445 期　页码：2
类型：随笔

标题：豫东敌大部兵力，已撤退至黄河北岸道清路西段集结，其残留之一部，也逐渐向商丘集中……
来源：同仇
时间：1938
卷期：第 11 期　页码：8
类型：新闻

标题：黄灾纪惨
提要：黄河决口，就历史纪载所知乃我国千古以来的大患。民国以来，大大小小的决口，年年都有，也不知道有多少次……

作者：卿
来源：闽政与公馀非常时期合刊
时间：1938
卷期：第 29—31 期　页码：48
类型：新闻

标题：黄河之神的高歌
作者：怒潮
来源：大地图文旬刊
时间：1938
卷期：第 1 卷第 11 期　页码：211—217
类型：诗歌

标题：训令直辖各机关
　　　准河南省公署代电报告黄河决口水灾令仰知照由（中华民国二十七年七月十一日）
作者：余晋龢
来源：市政公报
时间：1938
卷期：第 20 期　页码：18—19
类型：训令

标题：黄河泛滥（中英文对照）
来源：东西画报
时间：1938
卷期：第 1 卷第 6 期　页码：14
类型：照片

标题：呈行政院（川水字第六四七九号中华民国二十七年七月一日）
提要：据代理黄河水利委员会委员长王郁骏呈报接收黄委会馆防小官章日期祈鉴核等情理合转报祈赐转备案由
作者：翁文灏
来源：经济部公报

时间：1938
卷期：第1卷第11期　页码：25
类型：呈文

标题：黄河夜曲
作者：倪平
来源：文艺后防
时间：1938
卷期：第2期　页码：1
类型：诗歌

标题：为黄河灾黎呼吁
作者：沙坪
来源：全民抗战
时间：1938
卷期：第6期　页码：63
类型：时评

标题：行政委员会令（行字第一号　二十七年七月十八日）
提要：兹制定河南黄河水灾工振委员会章程公布之此令
作者：王克敏
来源：政府公报（北平）
时间：1938
卷期：第27期　页码：3
类型：政令

标题：河南黄河水灾工振委员会章程
来源：政府公报（北平）
时间：1938
卷期：第27期　页码：4—6
类型：法规

标题：黄河之恋
作者：郁舒
来源：文艺后防

时间：1938
卷期：第3期　页码：1
类型：随笔

标题：世界小讽刺
提要：黄河长江大水的泛滥把日本的机械化部队淹没了
来源：东方杂志
时间：1938
卷期：第35卷第17期　页码：47
类型：图片

标题：战事照片
提要：（上）在平汉前线守卫黄河南岸的我英勇士卒
来源：东方画刊
时间：1938
卷期：第1卷第4期　页码：26
类型：照片

标题：我军坚守黄河天险
提要：我渡河部队在道清线所获之敌马；
　　　散处岸边壕内的我方守军；
　　　我军坚守黄河天险：又一处河防军官；
　　　沿岸扼守，敌军无从飞渡；
　　　沿河濠沟纵横，戒备严密；
　　　本报特派记者顾廷鹏任黄河某段与河防将士合影
作者：俞剑硕
来源：中华（上海）
时间：1938
卷期：第67期　页码：15、16
类型：照片

标题：新练炮兵予敌重大打击：豫西黄河南岸我河防重炮队

作者：顾廷鹏
来源：中华（上海）
时间：1938
卷期：第 67 期　页码：5
类型：照片

标题：黄河被炸经过及灾区救济
作者：东序
来源：东方杂志
时间：1938
卷期：第 35 卷第 15 期　页码：57—60
类型：新闻

标题：黄河与多瑙河
作者：Utley，F. 汪衡
来源：文摘
时间：1938
卷期：第 28 期　页码：654—655
类型：文摘

标题：沿黄河劳军志异
作者：史瑞芝
来源：大风（香港）
时间：1938
卷期：第 17 期　页码：524—525
类型：新闻

标题：日本没人著称为"中国之忧患"的黄河洪流中——美报
来源：宇宙风
时间：1938
卷期：第 73 期　页码：52
类型：漫画

标题：慰劳黄河沿岸防军记（附照片）
作者：潘连璧
来源：西北妇女

时间：1938
卷期：第 9 期　页码：36
类型：新闻

标题：国内劳工消息（民国二十七年七月份）
提要：绥远西部黄河决口三十余处肥沃之农业区域均遭水淹
来源：国际劳工通讯
时间：1938
卷期：第 5 卷第 8 期　页码：188
类型：新闻

标题：抗战的第一年
提要：（上）六月寇军毁坏黄河堤岸，酿成大水，不得不弃甲而逃，可谓恶行恶报矣
来源：东方画刊
时间：1938
卷期：第 1 卷第 5 期　页码：4
类型：照片

标题：战事照片
提要：（上）陇海路西段防卫黄河南岸的我重机关枪
来源：东方画刊
时间：1938
卷期：第 1 卷第 5 期　页码：10
类型：照片

标题：黄河决口（附照片）（中英文对照）
来源：东方画刊
时间：1938
卷期：第 1 卷第 5 期　页码：11
类型：照片

标题：代电日内瓦国联中国代表、办事

处胡处长（川水字第八〇五五号二十七年七月三十日）
提要：电知黄河溃决情形请察照由
来源：经济部公报
时间：1938
卷期：第 1 卷第 14 期　**页码**：29
类型：电报

标题：黄河决口与救济灾区难民问题
作者：张怀明
来源：远东
时间：1938
卷期：第 1 卷第 9 期　**页码**：22—24
类型：随笔

标题：报告战地的小册子
提要：北方的原野·在西战场·黄河北岸·游击中间
作者：石光
来源：战时文化
时间：1938
卷期：第 1 卷第 5—6 期　**页码**：35—38
类型：新闻

标题：各地新闻
提要：华军在沿黄河之壕沟外（中英文对照）；
黄河铁桥已为日军修复（中英文对照）
来源：中西画报
时间：1938
卷期：第 1 卷第 10 期　**页码**：2
类型：照片

标题：黄河渡口之进击（中英文对照）（附照片）
来源：远东
时间：1938
卷期：第 3 期　**页码**：23
类型：照片

标题：黄河新堤已落成
来源：现世报
时间：1938
卷期：第 20 期　**页码**：3—4
类型：新闻

标题：黄河南岸
作者：钟荣苍
来源：民意（汉口）
时间：1938
卷期：第 41 期　**页码**：14—16
类型：随笔

标题：报料剪辑
提要：决口后的黄河
论黄河改道复道的利害问题；
黄河决口后之泛滥情形；
战时黄河治本工作计划；
黄河筑堤防泛工程计划书
作者：冯华熙
来源：西北论衡
时间：1938
卷期：第 6 卷第 18 期　**页码**：12—16
类型：摘要

标题：国内劳工消息（民国二十七年八月份）
提要：十七、就业
（甲）举办公共工程：（一）水利：
（1）黄河修堤工程（八月二十日新）
来源：国际劳工通讯
时间：1938
卷期：第 5 卷第 9 期　**页码**：151

类型：新闻

标题：战事照片
提要：（上）我高级长官在被毁的平汉路黄河铁桥上指挥作战；
（左）黄河水灾中，豫东侵略军部队退出灾区时搬运弹药之窘状
来源：东方画刊
时间：1938
卷期：第 1 卷第 6 期　　页码：7
类型：照片

标题：时兆邮筒
提要：黄河水灾调查
来源：时兆月报
时间：1938
卷期：第 33 卷第 10 期　　页码：5
类型：调查

标题：黄河迁流入淮与敌方军事之影响
作者：何叙圃
来源：时事类编
时间：1938
卷期：特刊　第 23 期　　页码：38—42
类型：新闻

标题：泛澜中之黄河
来源：大美画报
时间：1938
卷期：第 2 卷第 1 期　　页码：1 页
类型：照片

标题：抗战形势周报
提要：四、晋鲁方面
敌企图渡黄河
来源：民教指导
时间：1938

卷期：第 3 期　　页码：12—13
类型：新闻

标题：九日游黄河北岸有感
作者：慕敬庭
来源：兰师校刊
时间：1938
卷期：创刊号　　页码：42
类型：诗词

标题：校刊发行祝词
提要：浩浩黄河发源昆仑……
作者：唐吉武
来源：兰师校刊
时间：1938
卷期：创刊号　　页码：6

标题：黄河边岸
作者：韦系盾
来源：文艺月刊
时间：1938
卷期：第 2 卷第 5 期　　页码：393—394
类型：诗歌

标题：惨痛的黄河水灾
提要：难民在贾鲁河堤上搭棚居住；
陇海路路轨被黄水冲毁的情状；
黄河堤岸被炸毁决口后，黄水滔滔，由豫入皖
来源：儿童世界（上海 1922）
时间：1938
卷期：第 41 卷第 6 期　　页码：封 2
类型：照片

标题：临时政府令（八件）（令字第二八四号　二十七年十月十五日）
提要：派萧瑞臣卫燕平袁永廉平尾胜何

其慎关百益李效仙周秀庭为河南黄河水灾工振委员会委员并以萧瑞臣为委员长此令

作者：王克敏　王揖唐　王荫泰
来源：政府公报（北平）
时间：1938
卷期：第40期　页码：2—3，1
类型：政令

标题：黄河北岸的文化工作
作者：丽茜
来源：全民抗战
时间：1938
卷期：第32期　页码：396
类型：报告

标题：战区难民垦荒消息
提要：豫省当局现准备将黄河灾民一百三十七万余人，输入内地垦荒，第一批十万人，不日将往豫省西南之邓县，指定荒地八万亩，供灾民垦殖
来源：国际劳工通讯
时间：1938
卷期：第5卷第10期　页码：66—67
类型：新闻

标题：日军在黄河泛滥区
来源：远东摄影新闻
时间：1938
卷期：第1卷第3期　页码：43—44
类型：照片

标题：中日战事，自黄河缺口，日军无法沿陇海路西进，乃转而向南，企图沿长江进犯汉口。
来源：新型

时间：1938
卷期：创刊特大号　页码：24
类型：新闻

标题：黄河决口抢险（附照片）
提要：1. 麻绳是抢险时的重要材料，图示料厂起运麻绳；
2. 秸料，柳枝，石块，泥土等也都是抢塞决口的重要材料，图示工人搬运秸料；
3. 水从决口冲入，岸上工人准备进行抢塞工作；
4. 用秸料，柳枝裹住泥土石块，再用麻绳和铁丝扎紧，即成为柳石捆，抛在急流中，可以塞住决口；
5. 柳石捆阻住洪水后，再堆置一层麻袋；
6. 另有一个方法，是在决口上用麻绳张成一网，用来堆置填塞材料；
7. 把秸料，柳枝，石块，泥土等层叠在网上，放松了网两边的绳，这个网就会因自己的重量落下，塞住决口；
8. 你看，整个决口塞住了，再用麻绳络紧这段填塞物，工程就完毕了；
9. 抢救黄河决口，往往须用十数万人。图示工人在堤上工作情形
来源：少年画报
时间：1938
卷期：第13期　页码：13、14、15
类型：照片

标题：时兆邮筒
提要：黄河断流七次改道
来源：时兆月报
时间：1938

卷期：第33卷第11期　页码：4—5
类型：新闻

标题：江苏省政府代电（三件）建字第一〇三号
提要：江都县方知事览黄河溃决洪流泛滥近闻已南流入苏北盐城兴化东台高邮泰县等处田庐房舍尽遭淹没，人民之颠沛流离者不知凡几
来源：江苏省公报
时间：1938
卷期：第28期　页码：5—6
类型：电报

标题：在黄河新堤
作者：陈刚
来源：团讯（长沙）
时间：1938
卷期：第21期　页码：0
类型：新闻

标题：黄河流域的大水
来源：大风画报
时间：1938
卷期：创刊号　页码：14
类型：照片

标题：新民之歌
提要：泰山峨峨，黄河浩浩……
来源：弘宣
时间：1938
卷期：第27期　页码：17
类型：诗歌

标题：黄河防线巡礼
作者：鹤衣
来源：血路

时间：1938
卷期：第43期　页码：691—692
类型：随笔

标题：战局分析
提要：2. 黄河沿岸防务巩固
来源：黄埔（重庆）
时间：1938
卷期：第1卷第15期　页码：19
类型：新闻

标题：黄河
作者：池城
来源：民族诗坛
时间：1938
卷期：第2卷第2期　页码：86—88
类型：诗歌

标题：国内外大事记
提要：国内
　　　陕州我炮兵向黄河北岸敌猛烈轰击……
来源：双流县政周刊
时间：1938
卷期：第1卷第1期　页码：10—11

标题：一旬简评
提要：敌决黄河各口之愤恨
作者：啸澜
来源：南强
时间：1938
卷期：第1卷第11期　页码：3
类型：新闻

标题：寇竟炸我黄河大堤（扫荡报）
来源：南强
时间：1938

卷期：第 1 卷第 11 期　页码：12—13
类型：新闻

标题：黄河水泛滥图

来源：抗战要讯
时间：1938
卷期：第 13 期　页码：5
类型：图片

1939 年

标题：黄河长江
来源：前锋出版社
时间：1939
类型：图书

标题：黄河治水
作者：小越平陆
来源：政教社
时间：1939
类型：图书

标题：黄河边上的春天（报告文学）
来源：晓峰出版社
时间：1939
类型：图书

标题：满铁所藏黄河关系文献目录
作者：满铁·调查部
时间：1939
类型：图书

标题：参观黄河三刘砦堵口工程后述见（今后之治河问题）
作者：显钦
时间：1939
类型：图书

标题：第一期揭晓
提要：一、黄河水干，灾区很大……

作者：程积家
来源：萤光
时间：1939
卷期：第 1 卷第 4 期　页码：33
类型：新闻

标题：我们的西北
提要：西北最大水利民生渠之黄河闸口
作者：孙明经
来源：国民公报元旦增刊
时间：1939
卷期：增刊　页码：46
类型：照片

标题：建设总署工作报告
提要：二、事务方面
　　　3. 河南黄河水灾工振委员会继续举行会议
来源：建设总署工作报告
时间：1939
卷期：1月　页码：4—5
类型：报告

标题：建设总署工作报告
提要：二、事务方面
　　　5. 测量山东黄河纵横断面
来源：建设总署工作报告
时间：1939
卷期：1月　页码：5—6

类型：报告

标题：建设总署工作报告
提要：乙、水利工程概况
　　　1. 河南黄河防水工程；
　　　2. 山东黄河河工修理工程
来源：建设总署工作报告
时间：1939
卷期：1月　页码：10
类型：报告

标题：内政部振务委员会公函（字第二〇号　二十七年十一月十一日）
提要：迳启者本月二日接奉来函敬悉一是承赠送黄河水灾难民救济金十万元业已收讫具见
作者：王揖唐
来源：政府公报（北平）
时间：1939
卷期：第56期　页码：70
类型：公函

标题：黄河
作者：萧红
来源：文艺阵地
时间：1939
卷期：第2卷第8期　页码：633—637
类型：随笔

标题：濬治黄河的根本计划
作者：郑华
来源：新动向
时间：1939
卷期：第2卷第2期　页码：30—31
类型：随笔

标题：战斗的北线

提要：黄河南岸掩护壕中战士们的晨餐；
　　　黄河边重机枪阵地；
　　　保卫黄河铁桥边的战士
来源：大路
时间：1939
卷期：创刊号　页码：5、6
类型：照片

标题：建设总署工作报告
提要：二、事务方面
　　　4. 接办河南黄河水灾工振委员会工程事项；
　　　7. 山东黄河纵横断面测量继续进行
来源：建设总署工作报告
时间：1939
卷期：2月　页码：4
类型：报告

标题：建设总署工作报告
提要：乙、水和工程概况
　　　1. 河南三刘砦黄河决口修复工程
来源：建设总署工作报告
时间：1939
卷期：2月　页码：9
类型：报告

标题：黄河谣
作者：黄诚
来源：青年生活（重庆）
时间：1939
卷期：第4期　页码：16
类型：诗歌

标题：黄河岸的巡礼
作者：姚珞
来源：半月文摘（汉口）
时间：1939

卷期：第 3 卷第 5 期　页码：161—163
类型：随笔

标题：莫让鬼子过黄河
来源：西北论衡
时间：1939
卷期：第 7 卷第 4/5 期　页码：7—8
类型：随笔

标题：黄河初夜
作者：陈晓南
来源：文艺月刊
时间：1939
卷期：第 3 卷第 1/2 期　页码：28

标题：要渡黄河
作者：彭华
来源：文艺月刊
时间：1939
卷期：第 3 卷第 1/2 期　页码：26—27
类型：随笔

标题：云南省政府指令（秘三宣字第五六一号　中华民国二十八年三月六日）
提要：令救济黄河水灾募捐委员会
　　　令为据报汇解中央捐款旧币十万元余款移作办理冬赈之用准予备案
作者：龙云
来源：云南省政府公报
时间：1939
卷期：第 11 卷第 22 期　页码：23—24
类型：指令

标题：兰州黄河景象
提要：Lanchow's Hwang Ho Bridge Heavy traffic of western China

来源：世界画报
时间：1939
卷期：第 3 期　页码：13
类型：照片

标题：黄河皮筏
提要：航行了，检查皮囊有无漏气；独人筏
来源：世界画报
时间：1939
卷期：第 3 期　页码：5
类型：照片

标题：国民政府指令（渝字第四三一号二十八年三月二十五日）
提要：令本府主计处
　　　二十八年三月二十二日渝处字第一三二号呈一件，为呈报黄河水利委员会等会计主任启用官章日期，请鉴核备案由
作者：林森
来源：国民政府公报（南京 1927）
时间：1939
卷期：渝字 139　页码：23
类型：指令

标题：训令（省建字第〇〇八六号　二八，三，一八，发）
提要：令宝兴芦山天全雅安荣经县政府
　　　饬于黄河水利委员会整理青衣江设计测量队到达时尽量护助由
作者：刘文辉　叶秀峰
来源：西康省政府公报
时间：1939
卷期：第 3 期　页码：222
类型：训令

标题：训令（省建字第〇〇六四号 二八，三，四，发）
提要：令雅安荥经越西汉源冕事炉定康定各县府
　　　饬于黄河水利委员会整理大渡河设计测量队过境时妥为护助由
作者：刘文辉　叶秀峰
来源：西康省政府公报
时间：1939
卷期：第 3 期　页码：215
类型：训令

标题：国内劳工消息（民国二十八年二月份）
提要：三十、重大灾情
　　　（甲）水灾：（一）黄河水灾惨重（二月二十四日中美）
来源：国际劳工通讯
时间：1939
卷期：第 6 卷第 3 期　页码：129
类型：新闻

标题：哨戒黄河两岸妇女干训团在行进中
提要：广场上阵容整然，每晨操练新式步伐，头部各盖以草叶，以防日机投弹
来源：展望
时间：1939
卷期：第 3 期　页码：15
类型：新闻

标题：黄河隔岸之第一战线
提要：东方马奇诺防线工事井然，草丛中健儿瞄准施射，目标易见，奏效每多必中；
　　　巨炮镇守河口，屡创日舰，炮军神武为我军战事胜迹；
　　　巡行河道，水波不惊，四野人影杳然，日骑难藏只影；
　　　守卫严密，健儿（立乞）立前哨，战壕上面坚石累累，阵容殊见稳固；
　　　黄河隔岸之第一战线（附照片）（中英文对照）黄河隔岸之铁路防御线，将士巡视沿江，藉防日军偷渡
来源：展望
时间：1939
卷期：第 3 期　页码：9
类型：照片

标题：战事照片
提要：（上）屡阻侵略军强渡黄河之我炮兵阵地
作者：梁照杰
来源：东方画刊
时间：1939
卷期：第 1 卷第 12 期　页码：7
类型：照片

标题：建设总署工作报告
提要：二、事务方面
　　　3. 河南黄河水灾工振委员会结束工程事项由本署继续承办；
　　　4. 派员视察三刘砦黄河堵口工程
来源：建设总署工作报告
时间：1939
卷期：3 月　页码：11、12
类型：报告

标题：建设总署工作报告
提要：乙、水利工程概况
　　　1. 河南三刘砦黄河决口修复工程
来源：建设总署工作报告
时间：1939

卷期：3 月　页码：16
类型：报告

标题：战事照片
提要：（上）黄河沿岸我军建筑防御工事
来源：东方画刊
时间：1939
卷期：第 1 卷第 12 期　页码：8
类型：照片

标题：半月战况
提要：我英勇空军大展神威
　　　近来敌机在黄河沿岸，在江西北部，几乎天天疯狂轰炸，我英勇的空军将士为了保卫国家。
来源：田家半月报
时间：1939
卷期：第 6 卷第 7 期　页码：5
类型：新闻

标题：黄河与中国文化的发展
作者：[英] 采特烈著　张俊玕译
来源：改进
时间：1939
卷期：第 1 卷第 1 期　页码：13—15
类型：论文

标题：黄河水灾惨重待赈孔急
来源：中国红十字会月刊
时间：1939
卷期：第 46 期　页码：7—8
类型：新闻

标题：两渡黄河
作者：李公朴
来源：全民抗战
时间：1939

卷期：第 64 期　页码：906—907
类型：随笔

标题：待命在黄河涯
作者：丰原
来源：反攻
时间：1939
卷期：第 5 卷第 3 期　页码：21—23
类型：随笔

标题：溜黄河六百里
作者：骆方
来源：文艺战线（延安）
时间：1939
卷期：第 1 卷第 3 期　页码：25—32
类型：随笔

标题：点滴
提要：一、黄河之滨，近来忽闻一种连续炮声……
来源：团讯（长沙）
时间：1939
卷期：第 37 期　页码：3
类型：新闻

标题：江苏省政府快邮代电（建字第六十三号）
提要：南京行政院院长梁钧鉴查黄河改道关系皖苏各省民命安危至钜前经上月宥日代电
来源：江苏省公报
时间：1939
卷期：第 47 期　页码：13
类型：电报

标题：战事日志（自民国二十八年二月二日起至民国二十八年三月五日止）

提要：二月二日，晋南激战十二日，日军伤亡八千人，黄河北岸我军形势愈稳定
来源：中华（上海）
时间：1939
卷期：第76期　页码：25—26，33—34，40
类型：新闻

标题：建设总署工作报告
提要：二、事务方面：8. 山东黄河纵横断面测量完竣；
三、工程方面：乙、水利工程概况：1. 河南三刘砦黄河堵口工程继续进行
来源：建设总署工作报告
时间：1939
卷期：4月　页码：13
类型：报告

标题：渡黄河
提要："到鲁西北去"之一
作者：张周
来源：反攻
时间：1939
卷期：第5卷第4期　页码：21—23
类型：新闻

标题：大好河山
提要：运输和灌溉便利的黄河流域
来源：世界画报
时间：1939
卷期：第6期　页码：7
类型：照片

标题：江苏建设厅咨（建字第三○一七号）
提要：为咨请事案查去岁豫境中牟黄河溃决波及苏北劫后灾黎重罹沦胥省政府轸念昏垫前经呈咨
来源：江苏省公报
时间：1939
卷期：第50期　页码：14—15
类型：咨文

标题：江苏建设厅公函（建字第三○一七号）
提要：为函请事案查去岁豫境中牟黄河贵决波及苏北及后灾黎重罹沦胥
来源：江苏省公报
时间：1939
卷期：第50期　页码：15
类型：公函

标题：国内劳工消息（民国二十八年四月份）
提要：十七、就业
（甲）举办公共工程：（三）水利：（1）黄河堤工修治工程（四月十一日新）
来源：国际劳工通讯
时间：1939
卷期：第6卷第5期　页码：57
类型：新闻

标题：前调
提要：拟被难者哭江浙，用张叔夏夜渡古黄河与沈尧道会子敬同赋韵
来源：民族诗坛
时间：1939
卷期：第3卷第1期　页码：86—87
类型：诗歌

标题：随毁随修之黄河大铁桥
来源：大美画报
时间：1939

卷期：第3卷第2期　页码：2页
类型：照片

标题：建设总署工作报告
提要：二、事务方面
　　　5. 筹备举行三刘砦黄河堵口工程竣工式
来源：建设总署工作报告
时间：1939
卷期：5月　页码：5—6
类型：报告

标题：建设总署工作报告
提要：三、工程方面
　　　乙、水利工程概况：1. 河南三刘砦黄河堵口工程全部工竣
来源：建设总署工作报告
时间：1939
卷期：5月　页码：10
类型：报告

标题：长江与黄河
作者：徐希一
来源：音乐世界
时间：1939
卷期：第2卷第6期　页码：185
类型：歌曲

标题：黄河决口问题
来源：更生（上海1939）
时间：1939
卷期：第1卷第9期　页码：8—9
类型：随笔

标题：洪水与猛兽（纪念黄河决口一周年）
作者：彭思成
来源：战干

时间：1939
卷期：第22—23期　页码：15—20
类型：随笔

标题：我怀念长江黄河
作者：刘芳棣
来源：战干
时间：1939
卷期：第22—23期　页码：29
类型：随笔

标题：伟大的黄河
作者：陈刚
来源：团讯（长沙）
时间：1939
卷期：第46期　页码：2
类型：随笔

标题：江苏省政府咨二件（建字第一四一号至建字第一四二号　中华民国二十八年五月廿七日）
提要：为咨复事案准贵府咨字第二七号咨以豫省中牟黄河溃决苏皖两省利害相关自应急起呼吁已拟具方案呈咨院部一致呼吁迅堵黄河中牟决口嘱查照等由并附呈院文抄件一件到省准查此案本省刻接
作者：陈则民
来源：江苏省公报
时间：1939
卷期：第56期
类型：咨文

标题：图书介绍
提要：黄河水患之控制（张含英著）
作者：竹
来源：图书季刊

时间：1939
卷期：新1第2期　页码：109—110
类型：介绍

标题：建设总署工作报告
提要：二、事务方面
　　　2. 举行三刘砦黄河堵口工程竣工式
来源：建设总署工作报告
时间：1939
卷期：6月　页码：4
类型：报告

标题：国防策应地——青海胜迹
提要：黄河渡口：甘肃青海，以黄河为界，自青海民和县渡河而南，即入甘省临夏县。此为两省交界处之渡口；
　　　积石山峡：黄河由临夏上溯入积石山峡，峰峦起伏，河流曲折。禹贡导河至此，故有称黄河出积石山者
来源：中华（上海）
时间：1939
卷期：第78期　页码：33
类型：照片

标题：国民政府指令（渝字第一一四九号　二十八年六月二十六日）
提要：令行政院
　　　二十八年六月二十三日吕字第六九七三号呈一件，为据黄河水利委员会委员长孔祥榕电陈接印视事日期，转呈鉴核由
作者：林森　孔祥熙　翁文灏
来源：国民政府公报（南京1927）
时间：1939
卷期：渝字166　页码：17
类型：指令

标题：经济部训令（秘字第二八七二三号　中华民国二十八年六月八日）
提要：令黄河水利委员会
　　　奉令王郁骏毋庸代理黄河水利委员会委员长派孔祥榕为黄河水利委员会委员长令仰知照由
作者：翁文灏
来源：经济部公报
时间：1939
卷期：第2卷第12—13期　页码：26
类型：训令

标题：黄河渡头
作者：慧生
来源：抗建
时间：1939
卷期：第9期　页码：4
类型：诗歌

标题：苏北行政专员公署（建字第六十二号）
提要：令市公署估修黄河木桥之件
作者：李海春
来源：苏北公报
时间：1939
卷期：第2期　页码：82，3

标题：国民政府指令（渝字第一六一五号　二十八年九月八日）
提要：令行政院
　　　二十八年九月二日吕字第一〇〇一五号呈一件，为据内政、财政两部会呈，青海省共和县黄河南加土手等四庄被灾地亩，请豁免二十七年份赋税一案；检表转请

鉴核备案由
作者：林森　孔祥熙　周钟岳
来源：国民政府公报（南京1927）
时间：1939
卷期：渝字186　**页码**：24
类型：指令

标题：我攻长治长子敌犯黄河沿岸
提要：山西方面的战事，现在可分为两方面来说
来源：田家半月报
时间：1939
卷期：第6卷第18期　**页码**：3
类型：新闻

标题：治理黄河问题之研究
作者：郭显钦
来源：中国公论（北京）
时间：1939
卷期：第1卷第6期　**页码**：121—125
类型：论文

标题：二、事务方面
提要：5. 办理黄河河工长途电话架设事宜；
6. 调查利津县附近黄河险工
来源：建设总署工作报告
时间：1939
卷期：9月　**页码**：6—7
类型：报告

标题：国民政府指令（渝字第一九八二号　二十八年九月三十日）
提要：令行政院
二十八年九月二十六日吕字第一一四七九号呈一件，为准军事委员会函送故兵黄河牛请恤调查表，检同原件，转请鉴核给恤由

作者：林森　孔祥熙
来源：国民政府公报（南京1927）
时间：1939
卷期：渝字193　**页码**：25
类型：指令

标题：黄河（散文）
作者：苏蕾
来源：青年月刊：文艺习作
时间：1939
卷期：第1期　**页码**：7—8
类型：论文

标题：姐妹行
提要：早辞清凉山，暮宿黄河边
作者：李蝉
来源：中学生
时间：1939
卷期：第10期　**页码**：28—30
类型：诗歌

标题：黄河南岸国防线（附照片）（中英文对照）；
提要：（上）艰苦作战、劳苦功高的九十二军长李仙洲将军及其参长蔡荣将军；
（上）氾水口国防线防御工事的设备；
（上）我军官长在黄河南岸瞭望台，以剪形镜观察侵略者活动情况；
（上）黄河南岸沙滩战壕中的土兵，在战地炊饭及其休息室的一瞥；
（上）黄河沿岸守军在战壕中潜伏，准备迎头拦击；
（上）坚守黄河阵地、英勇善战的九十二军战士；
（上）黄河南岸的怒吼，我军胜利的欢呼；

(下) 黄河南岸国防线步哨兵警戒时的雄姿
作者：夏晓霞
来源：东方画刊
时间：1939
卷期：第 2 卷第 7 期　页码：3、4
类型：照片

标题：建设总署工作报告
提要：乙、水利工程概况
1. 黄河支流玉符河席家庄险工填石护岸工程；
2. 河南黄河三刘砦堵口工程之养护
来源：建设总署工作报告
时间：1939
卷期：10 月　页码：11—12
类型：报告

标题：今日的西战场
提要：高级长官向渡过黄河在某地集中之大军训话
来源：中华（上海）
时间：1939
卷期：第 82 期　页码：10
类型：照片

标题：黄河南岸国防线
提要：（上）潼关全景，远望为渭水入黄河处。自太原失守以来，潼关便受日军的威胁，飞机投弹，大炮远轰，已成司空见惯之事，但雄关依然屹立于黄河边际，不令胡骑飞渡过来；
潼关形势，火车，公路及水上交通线都集中于此，成为整个黄河防线的重要据点之一
作者：夏晓霞　沈撰

来源：东方画刊
时间：1939
卷期：第 2 卷第 7 期　页码：3
类型：新闻

标题：社会（十月十五日至二十一日中央社会部工作周报）
提要：（六）军委会及行政院制止黄河沿岸军人运销仇货及奸商走私
来源：中央党务公报
时间：1939
卷期：第 1 卷第 17 期　页码：17
类型：新闻

标题：建设总署工作报告
提要：乙、水和工程概况：1. 河南黄河三刘砦堵口工程之养护
来源：建设总署工作报告
时间：1939
卷期：11 月　页码：11
类型：报告

标题：黄河古渡的韩城
作者：王静
来源：中国青年（重庆）
时间：1939
卷期：第 1 卷第 5/6 期　页码：145—146
类型：随笔

标题：开封——开封城垣，较黄河水面低（附照片）
作者：大可
来源：华文大阪每日
时间：1939
卷期：第 3 卷第 11 期　页码：19
类型：照片

标题：化沧海为桑田之旧黄河一部现状
来源：侨声
时间：1939
卷期：第 1 卷第 12 期　**页码**：13
类型：照片

标题：国民政府令（任免令十六件　二十八年十二月四日）
提要：黄河水利委员会工务处处长朱墉、黄河水利委员会技正王恢先另有任用朱墉，王恢先均应免本职。此令
作者：林森　孔祥熙　翁文灏
来源：国民政府公报（南京1927）
时间：1939
卷期：渝字第 211 号　**页码**：5—7，2
类型：政令

标题：黄河畔
作者：丘琴
来源：反侵略
时间：1939
卷期：第 2 卷第 8 期　**页码**：32—33
类型：散文

标题：建设总署工作报告
提要：乙、水利工程概况
　　　　1. 河南黄河三刘砦堵口工程之养护
来源：建设总署工作报告
时间：1939
卷期：12 月　**页码**：13
类型：报告

标题：坚守黄河的铁军
提要：河防长官在南岸瞭望台上，以剪形镜观察敌情；
无数战马，络释送往前方备用；
坚守黄河，指挥若定，使敌军不敢渡河南下的九十二军军长李仙洲（右）及其参谋长蔡棨（左）；
十万健儿，驻守黄河，决不使敌军有一人一骑得越天堑；
密布黄河南岸之机关枪阵地；
从南岸剪形镜中摄得之黄河北岸情形；
九十二军战士，开赴黄河沿岸，分驻防地
作者：夏斯特
来源：中华（上海）
时间：1939
卷期：第 84 期　**页码**：5
类型：照片

标题：广大员生秋季旅行沙田纪事
提要：黄河、临淮关、长江、汉口、沪江
作者：吴天任
来源：广大知识
时间：1939
卷期：第 1 卷第 2 期　**页码**：7
类型：纪事

标题：黄河吟
作者：冉耳
来源：抗战艺术
时间：1939
卷期：第 4 期　**页码**：135—146
类型：照片

1940 年

标题：黄河（新型大合唱）
来源：生活书店
时间：1940
类型：图书

标题：黄河志气象篇
来源：东亚研究所
时间：1940
类型：图书

标题：黄河治水策觉书（就华北地图之说明）
作者：渡边金三
来源：山西农学会刊
时间：1940
卷期：第3—4期　页码：228—231
类型：论文

标题：青岛日纱厂已复兴
提要：销路达黄河流域，前途发展正未可量
来源：华北棉产汇报
时间：1940
卷期：第2卷第1期　页码：63—64
类型：新闻

标题：西北纪行
提要：观黄河铁桥
作者：袁崇鍴

来源：新西北
时间：1940
卷期：第2卷第3—4期　页码：79
类型：诗歌

标题：建设总署工作报告
提要：二、事务方面
　　3. 拟具对于堵筑河南中牟黄河决口意见书；
　　7. 会同河南省建设厅筹办修堵豫境漳卫河决口工程暨培修新黄河堤防工程
来源：建设总署工作报告
时间：1940
卷期：1月　页码：5—6、7—8
类型：报告

标题：黄河后套河北移民协会工作之今昔（附图）
来源：抗建通俗画刊
时间：1940
卷期：第2期　页码：19、20
类型：报告

标题：黄河边上
作者：处子
来源：新新新闻每旬增刊
时间：1940
卷期：第2卷第22期　页码：31—32

— 639 —

类型：随笔

标题：战地生活
提要：渡黄河
作者：马步洲
来源：抗建通俗画刊
时间：1940
卷期：第2期　页码：13—14
类型：诗歌

标题：云南省政府训令（秘建字第九八一号　中华民国二十九年二月）
提要：令建设厅
　　　准黄河水利委员会函为派员查勘红河计划办理等田一案令仰遵照
作者：龙云
来源：云南省政府公报
时间：1940
卷期：第12卷第9期　页码：23—24
类型：训令

标题：甘肃黄河桥梁考
作者：慕寿祺
来源：责善半月刊
时间：1940
卷期：第1卷第19期　页码：2—4
类型：论文

标题：黄河夜渡
作者：风涛
来源：文学月报（重庆）
时间：1940
卷期：第1卷第2期　页码：103
类型：随笔

标题：北路慰劳团在西北
提要：兰州

（上及下）兰州黄河大铁桥（中外文对照）
作者：Hsu Chian-mo Yao Shi-chian Ku Bin-liang
来源：今日中国
时间：1940
卷期：第2卷第7期　页码：25
类型：照片

标题：建设总署工作报告
提要：二、事务方面
　　　2. 会同维新政府派员商订堵筑河南中牟黄河决口进行办法；
　　　3. 继续会同河南省建设厅筹办修堵豫境漳卫河决口暨培修新黄河堤防工程
来源：建设总署工作报告
时间：1940
卷期：2月　页码：6、7
类型：报告

标题：黄水谣（黄河大合唱之四）
作者：光未然　洗星海
来源：新音乐月刊
时间：1940
卷期：第1卷第3期　页码：24—31
类型：歌曲

标题：渡黄河
作者：坚白
来源：戏剧与文学
时间：1940
卷期：第1卷第2期　页码：112—113
类型：诗歌

标题：不渡黄河（独幕剧）
作者：陈宁清

来源：新建设

时间：1940

卷期：第 5 期　页码：99—107

类型：歌剧

标题：天险的黄河诸渡口

提要：急湍的水势大量的泥沙叫敌人望河兴叹

作者：浪花

来源：抗战新闻

时间：1940

卷期：第 2 卷第 7/8 期　页码：154—155

类型：新闻

标题：阴山下

作者：高天

来源：黄河（西安）

时间：1940

卷期：第 2 期　页码：58

类型：诗歌

标题：在黄河上

作者：魏伯

来源：抗战文艺

时间：1940

卷期：第 6 卷第 1 期　页码：27—36

类型：诗歌

标题：建设总署工作报告

提要：二、事务方面

　　4. 派员参加调查旧黄河工作；

　　5. 继续会同河南省建设厅筹办修堵豫境漳卫河决口工程暨培修新黄河堤防工程查关于本案办理经过情形业迭志已往各月份工作报告

来源：建设总署工作报告

时间：1940

卷期：3 月　页码：4—5

类型：报告

标题：绥西——黄河左翼的钢垒

提要：华军精锐骑兵一部，凭石嘴山天险，在三百里绝无人烟的荒碛上向日军猛冲时之情形；

在战地运输军需之牛车，为绥省交通利；

整军饬政之绥主席傅作义氏；

上图：绥西最前线之迫击炮阵地；

下图：五原附近之哨兵；

饶勇善战之绥省自卫军骑兵

作者：邝光

来源：良友

时间：1940

卷期：第 153 期　页码：4

类型：照片

标题：悠久的中国

提要：奔流八千里的黄河

来源：华文大阪每日

时间：1940

卷期：第 4 卷第 8 期　页码：1 页

类型：照片

标题：黄河颂

作者：张剑魂

来源：黄河（西安）

时间：1940

卷期：第 3 期　页码：106—107

类型：诗歌

标题：建设总署工作报告

提要：二、事务方面

　　4. 会同河南省建设厅筹办修堵豫境漳卫河决口工程暨培修新黄河

堤防工程
来源：建设总署工作报告
时间：1940
卷期：4月　页码：4—5
类型：报告

标题：保卫黄河（黄河大合唱曲之一）（二部轮唱）
作者：光未然　冼星海
来源：新音乐月刊
时间：1940
卷期：第1卷第5期　页码：35—36
类型：歌曲

标题：从黄河三个渡口说起（郑州通信）
作者：柳植
来源：血路
时间：1940
卷期：复刊第14期　页码：10—12
类型：随笔

标题：我们在黄河岸上
作者：小河南
来源：边政旬刊
时间：1940
卷期：第28期　页码：12—14
类型：随笔

标题：在黄河前线（报告）
作者：岳军
来源：黄河（西安）
时间：1940
卷期：第4期　页码：127—131
类型：随笔

标题：滚滚的沁河
作者：田稼
来源：黄河（西安）
时间：1940
卷期：第4期　页码：147—148
类型：随笔

标题：黄河边上的一日
提要：纪念苍振东之死
作者：金浪
来源：黄河（西安）
时间：1940
卷期：第4期　页码：162—165
类型：随笔

标题：建设总署工作报告
提要：二、事务方面
　　　3. 会同河甫省建设厅筹办修堵豫境漳卫河决口工程暨培修新黄河堤防工程
来源：建设总署工作报告
时间：1940
卷期：5月　页码：3—4
类型：报告

标题：黄河水利与中国建设
作者：水
来源：复土
时间：1940
卷期：春季　页码：12—14
类型：评论

标题：西北国道上的兰州城
提要：为西北方面之一种重要交通工具（上）兰州黄河边的皮筏，由羊皮制成吹气，可以浮渡黄河
作者：邝光
来源：东方画刊
时间：1940

卷期：第 3 卷第 2 期　　页码：10
类型：照片

标题：黄河岸畔天助抗战（中高级国语教材）
作者：平
来源：江西地方教育
时间：1940
卷期：第 183/184 期　　页码：41
类型：随笔

标题：渡黄河炸运城
作者：小苗
来源：中国的空军
时间：1940
卷期：第 33 期　　页码：4—5
类型：随笔

标题：守黄河
作者：洪遒　舒模
来源：新音乐月刊
时间：1940
卷期：第 1 卷第 6 期　　页码：31
类型：歌曲

标题：黄河水
作者：陈玉亮
来源：艺中校刊
时间：1940
卷期：6 月　　页码：16
类型：诗歌

标题：我们在黄河岸上（续）
作者：小河南
来源：边政旬刊
时间：1940
卷期：第 31 期　　页码：13—15

类型：随笔

标题：北征之曲（续第三期）
提要：客谈黄汛、雪晴冯钦哉将军赴线井头村
作者：卢冀野
来源：黄河（西安）
时间：1940
卷期：第 5 期　　页码：214
类型：诗歌

标题：我们在太行山上
作者：陈雨门
来源：黄河（西安）
时间：1940
卷期：第 5 期　　页码：215—216
类型：诗歌

标题：新黄河之东
作者：葛佩琦
来源：黄河（西安）
时间：1940
卷期：第 5 期　　页码：206—209
类型：随笔

标题：西北的心脏——兰州
提要：黄河滨之大水车利用水力转动木轮灌溉近郊田园
作者：张元恒
来源：良友
时间：1940
卷期：第 156 期　　页码：17
类型：照片

标题：黄河边上行
作者：果军
来源：黄河（西安）

时间：1940
卷期：第 6 期　页码：225
类型：诗歌

标题：呈行政院
　　　呈为遵令审拟黄河中牟决口一案拟请转行华北政委会派员来京商组委员会办理筹堵事宜祈鉴核示遵由（水工字第二三号六月二十二日）（附行政院指令）
作者：杨寿楣　汪兆铭
来源：水利委员会汇刊
时间：1940
卷期：第 1 期　页码：123—124
类型：呈文

标题：怒吼吧，黄河！（四部合唱）
作者：光未然　洗星海
来源：每月新歌选
时间：1940
卷期：第 7 期　页码：19—26
类型：歌曲

标题：建设总署工作报告
提要：二、事务方面
　　　7. 继续会同河南省建设厅办理豫境漳卫河堵口工程暨新黄河培修工程
来源：建设总署工作报告
时间：1940
卷期：7 月　页码：5
类型：报告

标题：黄河决口与淮河流域之关系
作者：张士俊
来源：水利委员会汇刊
时间：1940

卷期：第 1 期　页码：7—10
类型：论文

标题：黄河的激流
作者：青苗
来源：东方杂志
时间：1940
卷期：第 37 卷第 15 期　页码：43—50
类型：随笔

标题：黄河之根本治水策
作者：本多静六　凌抚元
来源：农学
时间：1940
卷期：第 4 卷第 1—2 期　页码：28—34
类型：论文

标题：寄往黄河岸上
作者：沙坪
来源：青年劳动
时间：1940
卷期：第 1 卷第 6 期　页码：24—25
类型：新闻

标题：华北之水文：水文记载汇表：长期水文站及水标站各年各月平均水位记载表（以大沽水平线上公尺计）
提要：黄河
　　　潼关（十八年至十九年）；
　　　洛口（八年至十九年）；
　　　兰封（十八年至十九年）；
　　　寿张（十八年至十九年）；
　　　陕县（八年至二十年）；
　　　姚期营（十八年至十九年）
来源：华北政务委员会建设总署水利局水文气象测验报告

时间：1940

卷期：第 2 卷第 1 上期　　页码：77—80

类型：报告

标题：华北之水文：水文记载汇表：长期水文站各年各月平均流量记载表（以秒立方公尺计）

提要：黄河

开封（十七年至十八年）；

洛口（八年至十八年）；

陕县（八年至十八年）

来源：华北政务委员会建设总署水利局水文气象测验报告

时间：1940

卷期：第 2 卷第 1 上期　　页码：121—122

类型：报告

标题：水文记载汇表：长期水文站各年各月平均含沙量计算表（以沙之重量与水之重量百分比计）

提要：黄河

洛口（八年至十八年）；

开封（十七年至十八年）

来源：华北政务委员会建设总署水利局水文气象测验报告

时间：1940

卷期：第 2 卷第 1 上期　　页码：158—159

类型：报告

标题：华北之水文：水文记载汇表：长期水文站逐月总流量计算表（以一百万立方公尺计）

提要：黄河

陕县（八年至十八年）；

洛口（八年至十八年）

来源：华北政务委员会建设总署水利局水文气象测验报告

时间：1940

卷期：第 2 卷第 1 上期　　页码：172—173

类型：报告

标题：华北之水文：水文记载汇表：长期水文站逐月输出沙量表（以一千立方公尺计）

提要：黄河

开封（十七年至十八年）

洛口（九年至十八年）

来源：华北政务委员会建设总署水利局水文气象测验报告

时间：1940

卷期：第 2 卷第 1 上期　　页码：192—193

类型：报告

标题：建设总署工作报告

提要：二、事务方面

4. 继续会同河南省建设厅办理豫境漳卫河堵口工程暨新黄河培修工程

来源：建设总署工作报告

时间：1940

卷期：8 月　　页码：6—7

类型：报告

标题：黄河线上的郑州

作者：贞牟

来源：国讯

时间：1940

卷期：第 245/246 期　　页码：10

类型：通讯报道

标题：闻黄河溃决

作者：悟逸

来源：苏州觉社特刊

时间：1940

卷期：第5—6期　页码：118
类型：诗词

标题：大西北后方巡礼
提要：黄河
　　　宁夏渡船，为水流和缓处之交通工具（中外文对照）；
　　　利用风力汲水灌田之甘肃风车（中外文对照）；
　　　为应付黄河急流而特制之渡河"皮筏"，既轻便且触礁不破（中外文对照）；
　　　甘肃之黄河"镇远"大铁桥，为兰州通西北之要道（中外文对照）；
　　　水流澎湃之黄河（中外文对照）
作者：姚士泉
来源：今日中国
时间：1940
卷期：第2卷第12期　页码：2
类型：新闻

标题：建设总署工作报告
提要：二、事务方面
　　　6. 派员调查新黄河溃决情形
来源：建设总署工作报告
时间：1940
卷期：9月　页码：6—8
类型：报告

标题：到黄河曲迎接嘉木样活佛日记（附图表）
作者：于式玉
来源：新西北
时间：1940
卷期：第3卷第2期　页码：80—89
类型：日纪

标题：黄河水利问题
作者：王亦飞
来源：建国月刊（金华）
时间：1940
卷期：第3/4期　页码：76—77
类型：通讯报道

标题：潼关将军歌
作者：紫翼
来源：黄河（西安）
时间：1940
卷期：第7期　页码：316
类型：诗歌

标题：骡马大车
提要：西北旅途特写
　　　在黄河右岸向渡口进发
作者：张沅恒
来源：良友
时间：1940
卷期：第159期　页码：26
类型：照片

标题：建设总署工作报告
提要：二、事务方面
　　　4. 本署济南工程局黄河防汛工兵改编为工程队
来源：建设总署工作报告
时间：1940
卷期：10月　页码：4
类型：报告

标题：黄河码头
作者：井上雅二
来源：华文大阪每日
时间：1940
卷期：第5卷第9期　页码：23

类型：诗歌

标题：高空上的趣味
提要：黄河畔如瓦之住屋
来源：沙漠画报
时间：1940
卷期：第3卷第40期　页码：3
类型：照片

标题：山陕间的黄河形势（续一二九期）
作者：蒋君章
来源：军事杂志（南京）
时间：1940
卷期：第130期　页码：71—78
类型：通讯报道

标题：黄河北岸之行
作者：佩南
来源：全民抗战
时间：1940
卷期：第148期　页码：2305—2307
类型：随笔

标题：国内劳工消息（民国二十九年十月份）
提要：十六、失业
（甲）公共工程竣工：（四）堵修黄河决口工程竣工（十月二十一日中美）
来源：国际劳工通讯
时间：1940
卷期：第7卷第11期　页码：31—32
类型：新闻

标题：兰州一瞥
提要：（三）"黄河铁桥之雄姿"横跨黄河之铁路，计有三座……

作者：刘荫生
来源：健康家庭
时间：1940
卷期：第2卷第8期　页码：1页
类型：照片

标题：黄河西岸五百里
提要：陕北各地的农民生活
作者：穆欣
来源：国讯
时间：1940
卷期：第252期　页码：10—11

标题：过黄河
作者：高咏
来源：中国诗坛（广州）
时间：1940
卷期：新第6期　页码：15
类型：诗歌

标题：怀念开封
作者：李蕤
来源：黄河（西安）
时间：1940
卷期：第10期　页码：423—424
类型：随笔

标题：宁波的偷头故事
提要：黄河流入长江
来源：老百姓（浙江金华）
时间：1940
卷期：第61期　页码：17
类型：随笔

标题：新书内容提要
提要：黄河—新型大合唱（光未然，洗星海）

来源：读书月报
时间：1940
卷期：第 2 卷第 6 期　页码：55
类型：书讯

标题：黄河（代发刊辞）
提要："黄河之水天上来""黄河远上白云间"，这不过是诗人的灵感与想象。
作者：国馨
来源：黄河（西安）
时间：1940
卷期：创刊号　页码：1—2
类型：随笔

标题：黄河颂
作者：韩一青
来源：黄河（西安）
时间：1940
卷期：创刊号　页码：22
类型：诗歌

1941 年

标题：游击部队抢渡黄河
作者：沈逸千
来源：中苏文化杂志
时间：1941
卷期：文艺特刊　**页码**：5
类型：图片

标题：筹堵黄河中牟决口文件辑要
来源：筹堵黄河中牟决口委员会
时间：1941
类型：图书

标题：黄河水利委员会二十九年三月份工作报告
来源：黄河水利委员会
时间：1941
类型：图书

标题：黄河水利委员会二十九年十二月份工作报告
来源：黄河水利委员会
时间：1941
类型：图书

标题：黄河水利委员会二十九年五月份工作报告
来源：黄河水利委员会
时间：1941
类型：图书

标题：黄河水利委员会二十九年一月份工作报告
来源：黄河水利委员会
时间：1941
类型：图书

标题：黄河水利委员会二十九年八月份工作报告
来源：黄河水利委员会
时间：1941
类型：图书

标题：黄河水利委员会二十九年二月份工作报告
来源：黄河水利委员会
时间：1941
类型：图书

标题：黄河水利委员会二十九年六月份工作报告
来源：黄河水利委员会
时间：1941
类型：图书

标题：黄河水利委员会二十九年九月份工作报告
来源：黄河水利委员会
时间：1941
类型：图书

标题：黄河水利委员会二十九年四月份
　　　工作报告
来源：黄河水利委员会
时间：1941
类型：图书

标题：黄河水利委员会二十九年十月份
　　　工作报告
来源：黄河水利委员会
时间：1941
类型：图书

标题：黄河水利委员会二十九年七月份
　　　工作报告
来源：黄河水利委员会
时间：1941
类型：图书

标题：黄河进行曲
作者：竹田
来源：黄河（西安）
时间：1941
卷期：第 11 期　页码：447
类型：歌曲

标题：过黄河
作者：高咏
来源：黄河（西安）
时间：1941
卷期：第 11 期　页码：458—459
类型：诗歌

标题：黄河上游的船夫
作者：田冲
来源：燕京文学
时间：1941
卷期：第 1 卷第 4 期　页码：13—18

类型：随笔

标题：回去，回到黄河！
作者：方然
来源：诗垦地丛刊
时间：1941
卷期：第 1 期　页码：5—6
类型：诗歌

标题：回国旅行一个月间的杂笔
提要：和平与祖国
　　　包头城内所见浩瀚之黄河，河上
　　　方黑线处为对岸
来源：华文大阪每日
时间：1941
卷期：第 6 卷第 2 期　页码：24
类型：照片

标题：和平的祖国之行
提要：（4）包头城外的黄河
来源：华文大阪每日
时间：1941
卷期：第 6 卷第 2 期　页码：1 页
类型：照片

标题：黄河上游的船夫（续完）
作者：田冲
来源：燕京文学
时间：1941
卷期：第 1 卷第 5 期　页码：9—12
类型：随笔

标题：包头敌炮轰黄河，惧黄河结冰我
　　　渡河出击
来源：边疆通信报
时间：1941
卷期：第 3 卷总 60　页码：3

类型：新闻

标题：呈行政院
呈报会商筹设堵塞黄河中牟决口委员会情形附送记录书表祈鉴核示遵由（工字第九二号十月三十日）（附呈抄原记录一份工程经费概算书一份经常费概算书一份组织系统表一份）
作者：杨寿楣　汪兆铭
来源：水利委员会汇刊
时间：1941
卷期：第 3 期　页码：172—177
类型：呈文

标题：山西华军反扫荡战
提要：黄河东岸摆渡军旅的临时渡口，华方军队，由陕入晋，直趋敌后者，大家在此渡河登岸
作者：沈逸千
来源：中华（上海）
时间：1941
卷期：第 97 期　页码：8
类型：照片

标题：建设总署工作报告
提要：二、事务方面
　　　8.会同河南省建设厅继续办理新黄河培修工程
来源：建设总署工作报告
时间：1941
卷期：1 月　页码：6—7
类型：报告

标题：黄河之水
作者：胡山源
来源：旅行杂志
时间：1941
卷期：第 15 卷第 1 期　页码：26—28
类型：随笔

标题：夜宿黄河边
作者：彭华士
来源：黄河（西安）
时间：1941
卷期：第 12 期　页码：483
类型：诗歌

标题：滔滔黄河边
作者：岱巍
来源：民意（汉口）
时间：1941
卷期：第 165 期　页码：12—13
类型：随笔

标题：国民政府令二道（三十年二月六日）
提要：特派殷同为筹堵黄河中牟决口委员会主任委员此令
作者：汪兆铭
来源：华北政务委员会公报
时间：1941
卷期：第 51—52 期　页码：5—6，1
类型：政令

标题：国民政府训令（第二百五十四号三十一年八月二十八日）
提要：令筹堵黄河中牟决口委员会、行政院、监察院
　　　据本府文官处签呈称："准中央政治委员会秘书厅中政秘字第二〇八八号公函内开……"
作者：汪兆铭　陈公博　温宗尧
来源：国民政府公报
时间：1941

卷期：第 272 期　页码：10
类型：训令

标题：潼关天险——抗战四年仍为西北第一道屏障
提要：地跨晋陕豫三省咽喉的潼关天堑，在抗战第四年中，雄踞黄河南岸，依然完整无恙；
高峙黄河岸边，遥控中条山脉，监视风陵渡敌阵的潼关城楼；
长期监视着敌军动静的黄河西岸部队
来源：中华（上海）
时间：1941
卷期：第 98 期　页码：9
类型：照片

标题：建设总署工作报告
提要：二、事务方面
　　3. 会同河南省公署办理新黄河培修工程
来源：建设总署工作报告
时间：1941
卷期：2 月　页码：8—9
类型：报告

标题：绥蒙风物
提要：（10）黄河渡口
来源：东方画刊
时间：1941
卷期：第 3 卷第 11 期　页码：22
类型：照片

标题：中图右为日军新黄河作战，黉夜渡水前进
来源：警声
时间：1941

卷期：第 2 卷第 3 期　页码：72
类型：照片

标题：编辑后记
提要：黄河之为患已久
来源：民宪（南京）
时间：1941
卷期：第 18 期　页码：7
类型：后记

标题：信箱——从陕东黄河沿岸归来
作者：李文
来源：青年月刊（南京）
时间：1941
卷期：第 11 卷第 3 期　页码：39—40
类型：文章

标题：华北政务委员会指令（秘文字第三四一三号　三十年五月二十四日）
提要：令建设总署
本年五月十九日呈一件遵令呈缴前发新黄河水利委员会组织要纲及细则一件印模一纸请鉴察由
作者：王揖唐
来源：华北政务委员会公报
时间：1941
卷期：第 55—56 期　页码：46
类型：指令

标题：黄河岸上的一群
提要：献给河防健儿
作者：春
来源：河南青年
时间：1941
卷期：第 1 卷第 2—3 期　页码：26—27
类型：诗歌

— 652 —

标题：华北政务委员会建设总署训令（总字第九八号 三十年三月八日）
提要：令河南新黄河筑堤工程委员会专任委员马淮、秋草勋、委员涩谷和夫
关于河南新黄河筑堤工程委员会组织大纲草案本署拟具原则五项如左
作者：殷同
来源：华北政务委员会公报
时间：1941
卷期：第57—58期 **页码**：107—108
类型：训令

标题：建设总署工作报告
提要：二、事务方面
7. 会同河南省公署办理新黄河工程
来源：建设总署工作报告
时间：1941
卷期：3月 **页码**：5—6
类型：报告

标题：国史上黄河初次改道与种族之祸
作者：蒙文通 季
来源：史学季刊
时间：1941
卷期：第1卷第2期 **页码**：2—6
类型：论文

标题：散步在黄河边
作者：石夫
来源：新西北
时间：1941
卷期：第4卷第1期 **页码**：48
类型：诗歌

标题：黄河结冰不扬波
作者：家旅 姚牧
来源：乐风副本
时间：1941
卷期：第1卷第1期 **页码**：12—13
类型：歌曲

标题：华北政务委员会建设总署任用令（总字第一五一号 三十年三月十一日）
提要：令水利局利水科科长矢野胜正
本总署河川科科长秋草勋现经派充河南新黄河筑堤工程委员会专任委员离职期内所以河川科科长职务兹派该员暂行兼代此令。
作者：殷同
来源：华北政务委员会公报
时间：1941
卷期：第59—60期 **页码**：109
类型：任免令

标题：筹堵黄河中牟决口委员会暂行组织条例（三十年四月五日公布）
来源：国民政府公报
时间：1941
卷期：第160期 **页码**：6—7
类型：法规

标题：筹堵黄河中牟决口委员会暂行组织条例（三十年四月五日公布）
来源：行政院公报
时间：1941
卷期：第51期 **页码**：10—12
类型：法规

标题：锦绣河山（从高空所见之中华景象）
提要：黄河流域黄土地带土人开垦的田亩，形如巨梯，中央裂缝为雨水

冲刷之痕迹
来源：良友
时间：1941
卷期：第 165 期　页码：21
类型：照片

标题：华北政务委员会建设总署指令（水字第五〇二号　三十年三月二十八日）
提要：令济南工程局
　　　呈一件呈报河南三刘砦柳园口间黄河右岸堤防灾害复旧工事竣工日期检同报告书等请鉴核由
作者：殷同
来源：华北政务委员会公报
时间：1941
卷期：第 61—62 期　页码：174
类型：指令

标题：华北政务委员会建设总署指令（水字第八八号　三十年一月二十日）
提要：令济南工程局
　　　呈一件呈送山东黄河堤防灾害复旧工事（第三期）开工报告祈鉴核由
作者：殷同
来源：华北政务委员会公报
时间：1941
卷期：第 61—62 期　页码：176—177
类型：指令

标题：关于黄河中牟决口（附表）
作者：勉时
来源：苏铎
时间：1941
卷期：第 1 卷第 2 期　页码：38—44
类型：通讯报告

标题：黄河颂
作者：矛琳
来源：河南青年
时间：1941
卷期：第 1 卷第 4 期　页码：20—21
类型：诗歌

标题：活跃在黄河中的尉氏青年
作者：少棠
来源：河南青年
时间：1941
卷期：第 1 卷第 4 期　页码：19
类型：通讯报告

标题：治理黄河问题——工预学会讲演
来源：燕京新闻
时间：1941
卷期：第 7 卷第 27 期　页码：1
类型：演讲

标题：工商部训令（总字第一八〇号　中华民国三十年四月十九日）
提要：令各附属机关
　　　奉院令抄发筹堵黄河中牟决口委员会暂行组织条例等件仰知照由
作者：梅思平
来源：工商公报
时间：1941
卷期：第 26 期　页码：8—9
类型：训令

标题：代电行政院为据苏皖两省反对黄河改道力争中牟堵口请愿团等代电请制止兴筑新黄堤迅堵中牟决口录同原代电祈鉴核转商办理由（工字第二六一号三月三十一日）
来源：水利委员会汇刊

时间：1941
卷期：第 4 期　页码：109
类型：电报

标题：呈行政院为据苏皖两省建设厅呈请转饬商积极筹堵黄河中牟决口录同原呈暨代电祈鉴核由（工字第一三五号三月二十八日）
作者：杨寿楣
来源：水利委员会汇刊
时间：1941
卷期：第 4 期　页码：108—109
类型：呈文

标题：国民政府训令（第四二号　中华民国三十年四月九日）
提要：令立法院
抄发筹堵黄河中牟决口委员会暂行组织条例令仰知照由
来源：立法院公报
时间：1941
卷期：第 13 期　页码：47—50，4
类型：训令

标题：国民政府立法院训令（第七七号中华民国三十年四月十八日）
提要：令本院编译处、各委员长
为奉国府令发筹堵黄河中牟决口委员会暂行组织条例一份令仰知照由
作者：陈公博
来源：立法院公报
时间：1941
卷期：第 13 期　页码：63，5
类型：训令

标题：内政部咨为据苏皖两省代表刘哲等先后代电反对黄河改道力争中牟堵口等情咨请并案核办由（中华民国三十年四月二日）
作者：陈群
来源：内政公报
时间：1941
卷期：第 13 期　页码：38—39
类型：咨文

标题：内政部咨为据江都县商会歌代电反对黄河改造请制止新黄堤施工赶堵中牟决口等情咨请查照核办由（中华民国三十年四月八日）
作者：陈群
来源：内政公报
时间：1941
卷期：第 13 期　页码：40
类型：咨文

标题：内政部咨为奉行政院令发筹堵黄河中牟决口委员会暂行组织条例等件抄录原附件咨请查照转饬所属知照由（中华民国三十年四月十八日）
作者：陈群
来源：内政公报
时间：1941
卷期：第 13 期　页码：48—49
类型：咨文

标题：川陕风景线
提要：（右）跨着晋陕豫三省咽喉的潼关天堑，在抗战第四年后的今日，仍雄据黄河之岸，依然完整无恙；（左上）陕境风光：黄河淤浅时行舟须由船夫背纤
来源：东方画刊

时间：1941
卷期：第 4 卷第 1 期　页码：19
类型：照片

标题：筒车取水灌田，为黄河上游兰州附近之民间水利设施。建造费少，而可终年灌溉不断，颇合目前中国农村之需要
作者：胡筠庄
来源：中华（上海）
时间：1941
卷期：第 100 期　页码：4
类型：照片

标题：建设总署工作报告
提要：二、事务方面
　　　4. 核议皖民程绍元等请取消新黄河施工案
来源：建设总署工作报告
时间：1941
卷期：4 月　页码：4
类型：报告

标题：水烟和池盐
提要：甘肃的特产
　　　兰州水烟，由黄河顺流而下，运至包头上岸
作者：顾廷鹏
来源：中华（上海）
时间：1941
卷期：第 100 期　页码：21
类型：照片

标题：内政部批原具呈人苏皖两省反对黄河改道请愿团江苏代表刘哲等、皖北二十一县民众代表程绍元等为据呈反对黄河改道力争中牟堵口一案已咨请水利委员会查核办理仰知照由（中华民国三十年四月二日）
作者：陈群
来源：内政公报
时间：1941
卷期：第 13 期　页码：62
类型：批文

标题：行政院训令（行字第二三一号　中华民国三十年四月四日）
提要：令社会部
　　　令发筹堵黄河中牟决口委员会暂行组织条例仰转饬所属一体知照由
作者：汪兆铭
来源：社会部公报
时间：1941
卷期：第 18 期　页码：9—10
类型：训令

标题：国民政府令
　　　兹制定筹堵黄河中牟决口委员会暂行组织条例公布之此令……（三十年四月五日至三十年四月十二日）
作者：汪兆铭　杨寿楣　陈公博
来源：司法院公报
时间：1941
卷期：第 23 期　页码：7
类型：命令

标题：国民政府训令（字第四二号　中华民国三十年四月九日）
提要：令司法院
　　　训令发下筹堵黄河中牟决口委员会暂行组织条例仰即知照并转饬所属一体知照由
作者：汪兆铭　杨寿楣

来源：司法院公报
时间：1941
卷期：第 23 期　**页码**：7—8，3
类型：训令

标题：国民政府司法院训令（总字第二一〇号　中华民国三十年四月十七日）
提要：令行政法院、最高法院、中央公务员惩戒委员会
为奉国民政府训令发下筹堵黄河中牟决口委员会暂行组织条例仰转饬所属一体知照等因仰即知照由
作者：温宗尧
来源：司法院公报
时间：1941
卷期：第 23 期　**页码**：11，3
类型：训令

标题：呈覆国民政府奉发筹堵黄河中牟决口委员会暂行组织条例遵经转饬知照仰祈鉴核备查由（中华民国三十年四月十六日）
作者：温宗尧
来源：司法院公报
时间：1941
卷期：第 23 期　**页码**：19，5
类型：呈文

标题：筹堵黄河中牟决口委员会暂行组织条例（三十年四月五日公布）
来源：司法院公报
时间：1941
卷期：第 23 期　**页码**：22—24
类型：法规

标题：瞭望台

提要：黄河中牟决口
来源：新东方杂志
时间：1941
卷期：第 3 卷第 5 期　**页码**：19
类型：随笔

标题：农矿部训令（训总字第四五五号　中华民国三十年四月十九日）
提要：令本部所属各机关
奉令发筹堵黄河中牟决口委员会暂行组织条例转仰知照由
作者：赵毓松
来源：农矿公报（南京 1940）
时间：1941
卷期：第 57 期　**页码**：5—7
类型：训令

标题：筹堵黄河中牟决口委员会暂行组织条例（三十年四月五日公布）
来源：农矿公报（南京 1940）
时间：1941
卷期：第 57 期　**页码**：17—19
类型：法规

标题：国民政府训令（第五十三号　三十年五月一日）
提要：令筹堵黄河中牟决口委员会主任委员殷同、行政院、华北政务委员会
据本府文官处签呈称："准中央政治委员会秘书厅中政秘字第九四三号公函开案查前准贵处公函检送奉交筹堵黄河中牟决口委员会殷主任委员等摺呈办理河工意见，附送该会组织条例及开办经常各费预算书一案
作者：汪兆铭

来源：国民政府公报
时间：1941
卷期：第 171 期　**页码**：10—11
类型：训令

标题：全面抗战特辑第五集（由廿九年七月七日至廿九年十二月止）
提要：十二月廿八日：日犯黄河，陷入重围；
十二月三十日：日犯黄河，死伤惨重
来源：全面抗战特辑
时间：1941
卷期：第 5 期　**页码**：127、133
类型：新闻

标题：中条山麓展开大歼灭战，华军十万飞渡黄河
来源：正言报复刊纪念特辑
时间：1941
卷期：第 5、21 卷　**页码**：46
类型：新闻

标题：筹堵黄河中牟决口委员会暂行组织条例（三十年四月五日国民政府公布）
来源：华北政务委员会公报
时间：1941
卷期：第 67—68 期　**页码**：7—10
类型：法规

标题：国民政府指令（第一百六十六号 三十二年三月二十五日）
提要：令筹堵黄河中牟决口委员会
三十二年三月十七日呈字第一六号呈一件：为呈报本会副主任委员殷汝耕就职日期，请鉴核备案由

作者：汪兆铭　鲍文越
来源：国民政府公报
时间：1941
卷期：第 176 期　**页码**：11—12
类型：指令

标题：南宋初年黄河南北的义军考
作者：翦伯赞
来源：中苏文化杂志
时间：1941
卷期：第 8 卷第 5 期　**页码**：83—89
类型：论文

标题：华北政务委员会建设总署指令（水字第一一九六号　三十年七月九日）
提要：令济南工程局
三十年六月十四日呈一件呈送齐河长清问黄河护岸工事（第一期）开工报告请鉴核由
作者：殷同
来源：华北政务委员会公报
时间：1941
卷期：第 69—70 期　**页码**：142
类型：指令

标题：老黄河
作者：野邓
来源：奔流文艺丛刊
时间：1941
卷期：第 5 期　**页码**：34—41
类型：诗歌

标题：上海市政府训令沪市字第五七七七号
提要：令各局署及沪西特别警察总署
令发筹堵黄河中牟决口委员会暂行组织条例仰知照由

作者：陈公博
来源：上海市政公报
时间：1941
卷期：第5期　页码：10—11
类型：训令

标题：黄河之东
作者：李辉英
来源：文艺月刊
时间：1941
卷期：第11卷第5期　页码：8—15
类型：随笔

标题：建设总署工作报告
提要：二、事务方面：10. 派员视察新黄河工程
来源：建设总署工作报告
时间：1941
卷期：5月　页码：6
类型：报告

标题：新黄河畔（附图）
作者：冈本铁四郎
来源：国民杂志（北京）
时间：1941
卷期：第6期　页码：94—95
类型：随笔

标题：过黄河
作者：高咏　纳维
来源：战时民众（永安）
时间：1941
卷期：第3卷第11期　页码：8
类型：歌曲

标题：法令（乙）命令
提要：公布筹堵黄河中牟决口委员会暂行组织条例令　国民政府令
来源：中华法令旬刊
时间：1941
卷期：第2卷第6期　页码：2—3
类型：命令

标题：法令（甲）法规
摘要：筹堵黄河中牟决口委员会暂行组织条例（三十年四月五日国民政府公布）
来源：中华法令旬刊
时间：1941
卷期：第2卷第6期　页码：20—21
类型：法规

标题：漫谈黄河
作者：王捷三
来源：抗建
时间：1941
卷期：第4卷第4/5期　页码：4—6
类型：随笔

标题：新黄河堤防构筑完成同时河岸五公里以内之村落，顷已结成爱堤村，并行将选拔多数优秀青年，结成特殊自卫团
来源：三六九画报
时间：1941
卷期：第15期　页码：11
类型：通讯报道

标题：国民政府指令（第二百三十号三十年六月十六日）
提要：令筹堵黄河中牟决口委员会三十年六月七日呈字第元号呈一件为呈报组织成立就职视事暨启用关防官章日期拓具印模祈鉴核

备案由
作者：汪兆铭　陈公博　陈群
来源：国民政府公报
时间：1941
卷期：第190期　页码：18
类型：指令

标题：行政院训令（字第二五四八号　中华民国三十年六月十七日）
提要：令各部会省市政府
　　　准筹堵黄河中牟决口委员会函达就职视事日期令仰知照由
作者：汪兆铭
来源：行政院公报
时间：1941
卷期：第61期　页码：8—9，3
类型：训令

标题：华北政务委员会建设总署指令（水字第八八号　三十年一月二十日）
提要：令济南工程局
　　　呈一件呈送山东黄河堤防灾害复旧工事（第三期）开工报告祈鉴核由
作者：殷同
来源：华北政务委员会公报
时间：1941
卷期：第75—76期　页码：118
类型：指令

标题：农矿部训令（训总字第五四八号　中华民国三十年六月十九日）
提要：令本部所属各机关
　　　准筹堵黄河中牟决口委员会主任委员函知就职暨启用关防日期转令知照由
作者：赵毓松

来源：农矿公报（南京1940）
时间：1941
卷期：第65期　页码：4—5
类型：训令

标题：工商部训令（总字第三〇〇号　中华民国三十年六月二十日）
提要：令各附属机关
　　　准筹堵黄河中牟决口委员会函知就职视事日期仰知照由
作者：梅思平
来源：工商公报
时间：1941
卷期：第30期　页码：10
类型：训令

标题：时事短信（六月十六日至三十日）
提要：连日晋南黄河沿岸我炮兵奏功
来源：湘潭县政府公报
时间：1941
卷期：第23期　页码：38
类型：新闻

标题：河西民众纷起自卫
提要：日军最近发动晋省中条太行两山攻势，受华军机动迎击，损失甚重。目前战事犹在进行中。黄河西岸民众，受战时工作队的号召与训练，已一致起而作自卫准备，并积极援助晋华军作战。此为河西万千民众，宣誓以所有人力物力为抗战效劳情形；
万千民众能于数小时内集合待命。此为黄河西岸动员成绩的表现；
黄河西岸横越韩城大山沟之长桥，工程浩大，势如长城
作者：沈逸千

来源：中华（上海）
时间：1941
卷期：第102期　页码：3、4
类型：照片

标题：黄河水利委员会扩大治黄事业
来源：陕行汇刊
时间：1941
卷期：第5卷第6期　页码：65
类型：新闻

标题：建设总署工作报告
提要：三、工程方面乙、水利工程概况
　　　8. 齐河长清间黄河护岸工程；
　　　9. 齐河历城间黄河护岸工程；
　　　10. 黄河河工长途电话线路改良工程
来源：建设总署工作报告
时间：1941
卷期：6月　页码：19
类型：报告

标题：修筑黄河大堤以防水患
来源：大风（济南）
时间：1941
卷期：第2期　页码：48
类型：漫画

标题：我乘黄河水涨隔岸炮击小鬼，山西南部我军时出杀敌
来源：边疆通信报
时间：1941
卷期：第3卷总82　页码：3
类型：新闻

标题：华北政务委员会建设总署指令（水字第八八号　三十年一月二十日）
提要：令济南工程局
　　　呈一件呈送山东黄河堤防灾害复旧工事（第三期）开工报告祈鉴核由
作者：殷同
来源：华北政务委员会公报
时间：1941
卷期：第77—78期　页码：87
类型：指令

标题：黄河渡口
来源：北战场
时间：1941
卷期：第3卷第2期　页码：28
类型：随笔

标题：华北政务委员会建设总署指令（水字第八八号　三十年一月二十日）
提要：令济南工程局
　　　呈一件呈送山东黄河堤防灾害复旧工事（第三期）开工报告祈鉴核由
作者：殷同
来源：华北政务委员会公报
时间：1941
卷期：第79—80期　页码：94—95
类型：指令

标题：黄河
作者：蒂克
来源：黄河（西安）
时间：1941
卷期：第2卷第5/6期　页码：714
类型：诗歌

标题：建设总署工作报告
提要：乙、水利工程概况
　　　6. 柳园口三刘砦间黄河堤防补修

工程
来源：建设总署工作报告
时间：1941
卷期：7月　**页码**：19
类型：报告

标题：黄河上游工程处扩大治黄事业
来源：甘行月刊
时间：1941
卷期：第1卷第4—5期　**页码**：68
类型：通讯报道

标题：黄河堵口与苏北防灾
作者：惠连
来源：水利委员会汇刊
时间：1941
卷期：第5期　**页码**：11—18
类型：通讯报道

标题：工程概况：甲、堤防
提要：一、新黄河堤防修筑工事（附照片）
二、新黄河支流涡河堤防修筑工事
来源：河南新建设
时间：1941
卷期：第2期　**页码**：63—68
类型：新闻

标题：新黄河筑堤取土情形摄影
来源：河南新建设
时间：1941
卷期：第2期　**页码**：103
类型：照片

标题：新黄河筑堤摄影
提要：白塔寺附近；
程石头附近；
小杨庄附近……
来源：河南新建设
时间：1941
卷期：第2期　**页码**：32—35
类型：照片

标题：新黄河治水工事平面图
来源：河南新建设
时间：1941
卷期：第2期　**页码**：169
类型：图片

标题：中国之水利
提要：第一编：水道之系统及流域之分布：四、黄河（太平洋流域之三）；
第二编：水利问题之检讨：二、黄河：中国河患自周定王五年迄今，大迁凡六次，小决四百多次……
来源：经济研究
时间：1941
卷期：第2卷第12期　**页码**：35—42，99—118
类型：论文

标题：黄河南徙后开发河淤
提要：利用河身沃土促进农产（庸报）
来源：华北棉产汇报
时间：1941
卷期：第3卷第8期　**页码**：26
类型：通讯报道

标题：华北政务委员会建设总署指令（水字第八八号　三十年一月二十日）
提要：令济南工程局
呈一件呈送山东黄河堤防灾害复旧工事（第三期）开工报告祈鉴核由

作者：殷同
来源：华北政务委员会公报
时间：1941
卷期：第 87—88 期　　页码：111—112
类型：指令

标题：灾
提要：一九二九，黄河又泛滥了……
作者：王更
来源：辅仁文苑
时间：1941
卷期：第 8 期　　页码：77—81
类型：通讯报道

标题：国内劳工消息（民国三十年六月份）
提要：十六、失业
（甲）公共工程竣工：（三）豫省黄河筑堤工程竣工（六月十四日 C、P、）
来源：国际劳工通讯
时间：1941
卷期：第 8 卷第 7/8 期　　页码：86
类型：新闻

标题：中国今后林业之建设
提要：四、徐盈论黄河流域铁路沿线之造林
来源：经济研究
时间：1941
卷期：第 3 卷第 1 期　　页码：145—169
类型：论文

标题：华北政务委员会建设总署指令（水字第八八号　三十年一月二十日）
提要：令济南工程局
　　　呈一件呈送山东黄河堤防灾害复旧工事（第三期）开工报告祈鉴核由
作者：殷同
来源：华北政务委员会公报
时间：1941
卷期：第 89—90 期　　页码：93
类型：指令

标题：今国风
提要：乱中晤舍弟子松于黄河南岸登寓楼感赋
作者：语亭　林祝封
来源：时事月报
时间：1941
卷期：第 25 卷第 3 期　　页码：1
类型：诗词

标题：要闻简报
提要：一、黄河新堤刻已大部完工
来源：边疆通信报
时间：1941
卷期：第 3 卷总 93　　页码：0
类型：新闻

标题：西北屏障——潼关近状
提要：潼关为黄河前线之锁钥，西北高原之屏障，与日军控制下之风陵渡
来源：中华（上海）
时间：1941
卷期：第 105 期　　页码：9—10
类型：照片

标题：河南敌进犯中原大战起
提要：当我们正在欢天喜地的庆贺湘北大捷的当儿，河南开封一带的敌人约两三万又突于二日自京口镇强渡黄河
来源：田家半月报

时间：1941
卷期：第 8 卷第 20 期　页码：4
类型：新闻

标题：三、敌渡黄河，中原再起激战
作者：应文思
来源：进修
时间：1941
卷期：第 4 卷第 1 期　页码：10
类型：新闻

标题：黄河与古代的遗迹
作者：梅原末治　毕殿元
来源：教育学报（北京）
时间：1941
卷期：第 8 期　页码：4—8
类型：论文

标题：黄河边的月
作者：李嘉　韩悠韩
来源：新音乐月刊
时间：1941
卷期：第 3 卷第 4 期　页码：9
类型：歌曲

标题：黄河南岸告确保，郑州已无军事价值，日军报道部长发表谈话
来源：新武周刊
时间：1941
卷期：第 28 期　页码：0
类型：新闻

标题：国民政府指令（第五百六十一号三十年十一月十八日）
提要：令筹堵黄河中牟决口委员会
　　　三十年十一月十一日呈一件：为呈报本会测量队三队于十一月九日出发分赴黄河中下游，测量中牟口门以下南北两岸全线，附呈黄河测量队组织系统表及工作日程表，祈鉴核备案由
作者：汪兆铭
来源：国民政府公报
时间：1941
卷期：第 256 期　页码：9
类型：指令

标题：中国地理对于中国经济史特殊发展之影响
提要："中国历史何以不能发生产业革命"之地理方面的解释
　　　表一黄河流域的水利设施
来源：中山学报
时间：1941
卷期：创刊号　页码：75—76
类型：论文

标题：国内劳工消息（民国三十年九月份）
提要：十六、失业
　　　（甲）公共工程竣工：（二）黄河新堤修筑竣事（九月十五日中美）
来源：国际劳工通讯
时间：1941
卷期：第 8 卷第 10/11 期　页码：12
类型：新闻

标题：建设总署工作报告
提要：二、事务方面
　　　4. 奉令洽办关于鲁省署所请速筹堵筑黄河中牟决口工程
来源：建设总署工作报告
时间：1941
卷期：11 月　页码：4—5
类型：报告

标题：半月战况——前线无大战
提要：这半月中，各方前线上都没有很大的战事，河南方面，仍在中牟城下及旧黄河铁桥一带对峙着
来源：田家半月报
时间：1941
卷期：第 8 卷第 23 期　　页码：4
类型：新闻

标题：兰州黄河铁桥
来源：西北论衡
时间：1941
卷期：第 9 卷第 12 期　　页码：36
类型：论文

标题：绥境黄河未封冻
来源：气象学报
时间：1941
卷期：第 15 卷第 3/4 期　　页码：190
类型：新闻

标题：黄河上游水车之初步研究（附表、附照片）
作者：陈明绍
来源：中农月刊
时间：1941
卷期：第 2 卷第 12 期　　页码：53—64
类型：论文

标题：西北水利与根治黄河
作者：张君俊
来源：力行（西安）
时间：1941
卷期：第 4 卷第 6 期　　页码：531—539
类型：论文

标题：黄河涯畔
作者：田金科
来源：建设总署特设土木工程班同学会会刊
时间：1941
卷期：第 3 卷第 3 期　　页码：59—66
类型：随笔

标题：黄河上
提要：东征记之一
作者：金沙
来源：抗大文艺作品选辑
时间：1941
卷期：第 1 期　　页码：23
类型：诗歌

1942 年

标题：黄河地形图图志
来源：黄河水利委员会
时间：1942
类型：图书

标题：大禹治水之科学精神——黄河治本探讨
来源：国立西北农学院农业水利系
时间：1942
类型：图书

标题：抢黄河
作者：潭风　高岗
来源：北战场
时间：1942
卷期：第 4 卷第 5/6 期　页码：2
类型：歌曲

标题：黄河小调
作者：周军　鹤童
来源：新音乐月刊
时间：1942
卷期：第 3 卷第 6 期　页码：260—261
类型：歌曲

标题：黄河的激流
作者：影痕
来源：诗星
时间：1942
卷期：第 2 卷第 2—3 期　页码：52—55
类型：诗歌

标题：建设总署工作报告
提要：二、事务方面
　　　4. 奉令核议豫省署拟补修新黄河堤防工程
来源：建设总署工作报告
时间：1942
卷期：1 月　页码：3—4
类型：报告

标题：（音讯）黄河边上剧宣三队活跃着
作者：郑翼云
来源：新音乐月刊
时间：1942
卷期：第 5 卷第 3 期　页码：148
类型：新闻

标题：建设总署工作报告
提要：二、事务方面
　　　10. 核议豫省署请组织黄河河防队案；
　　　11. 派员查勘新黄河溃决经过
来源：建设总署工作报告
时间：1942
卷期：2 月　页码：5
类型：报告

标题：气象消息与通讯（民国三十年一

月至三月份）：黄河解冻
来源：气象学报
时间：1942
卷期：第 16 卷第 1/2 期　页码：87
类型：新闻

标题：国民政府训令（第六十七号　三十一年三月十一日）
提要：行政院、军事委员会
据本府文官处签呈称："案准中央政治委员会秘书厅中政秘字第一六七一号公函开：查三十一年三月五日中央政治委员会第八十四次会议，讨论事项第四案：主席交议：据军事委员会呈，为本会委员长苏北行营机密费每月五千元，未经列入本年度上半年总概算，兹查总概算所列该行营直属特务团及交通队经费，较实际需要为多，拟即分别在各该团队经费项下拨发，呈请鉴核"
作者：汪兆铭　周佛海
来源：国民政府公报
时间：1942
卷期：第 304 期　页码：20
类型：训令

标题：建设总署工作报告
提要：二、事务方面
11. 审核豫省署补修新黄河堤防变更计画书
来源：建设总署工作报告
时间：1942
卷期：3 月　页码：3—4
类型：报告

标题：红旗飘扬着黄河
作者：洪涛
来源：战时文艺
时间：1942
卷期：第 1 卷第 5 期　页码：178—192
类型：随笔

标题：黄河破浪记（续完）
作者：张洛岩
来源：现代西北
时间：1942
卷期：第 2 卷第 4—5 期　页码：80—83

标题：建设总署工作报告
提要：二、事务方面
5. 审核河南新黄河筑堤委员会组织系统表则
来源：建设总署工作报告
时间：1942
卷期：5 月　页码：3
类型：报告

标题：国府还都后之黄河中牟堵口概况
作者：张一烈
来源：建设（南京 1942）
时间：1942
卷期：第 1 卷第 1 期　页码：17
类型：随笔

标题：文化纽丝
提要：开封将成立"黄河剧社"
来源：国民杂志（北京）
时间：1942
卷期：第 2 卷第 6 期　页码：93
类型：随笔

标题：黄河下游"沧海桑田"之研究
作者：张云波

来源：文史教学
时间：1942
卷期：第 5 期　页码：1—6
类型：论文

标题：代电黄河水利委员会
提要：为饬代表本会在西安召开淮域工程会议，商讨安徽省请拨款办理淮域工程及河南省请转饬拆除太毫等县堤防各案拟具办法呈会由
来源：行政院水利委员会季刊
时间：1942
卷期：第 1 卷第 2/3 期　页码：48—49
类型：电报

标题：代电黄河水利委员会
提要：为甘肃泾济渠与陕省泾惠渠，因给水来源恐引起纠纷，仰查明并与甘陕两省府妥拟解决办法，报核由
来源：行政院水利委员会季刊
时间：1942
卷期：第 1 卷第 2/3 期　页码：51
类型：电报

标题：致华北建设总署殷督办论黄河不宜分流书
作者：诸青来
来源：水利委员会汇刊
时间：1942
卷期：第 9 期　页码：35—38
类型：报告

标题：利用牟郑堵口筹备时期大治黄河议
作者：江声
来源：水利委员会汇刊
时间：1942

卷期：第 9 期　页码：1—8
类型：报告

标题：大禹治水之科学精神——黄河治本探讨［附图］
作者：沙玉清
来源：工程（中国工程学会会刊）
时间：1942
卷期：第 15 卷第 4 期　页码：31—50
类型：论文

标题：国内消息
提要：预防黄河水患计划，刻已加紧着手进行
来源：新亚
时间：1942
卷期：第 5 卷第 8 期　页码：78
类型：新闻

标题：陕西省社会行政工作报告（三十一年八月三十一日）
提要：八、社会救济
　　　丑、临时救济：甲、救济平朝等县黄河水灾经过
来源：陕西社会行政工作报告
时间：1942
卷期：第一次全国社会行政会议　页码：38—41
类型：报告

标题：（第十一幅）新黄河泛滥地区建造堤防的情影
来源：大东亚经济
时间：1942
卷期：第 5 卷第 8 期　页码：3
类型：照片

标题：黄河上游白榆造林报告
作者：吕福和　王安定
来源：林学
时间：1942
卷期：第 8 期　页码：5—10
类型：报告

标题：国民政府训令（第二百五十四号三十一年八月二十八日）
提要：令筹堵黄河中牟决口委员会、行政院、监察院
　　　据本府文官处签呈称："准中央政治委员会秘书厅中政秘字第二〇八八号公函内开：案查前准贵处函送奉交筹堵黄河中牟决口委员会呈，拟援照华北各机关成例，自本年下半年起，每月加给该会员司生活津贴一案，嘱转陈。"
作者：汪兆铭　梁鸿志　周佛海　夏奇峰
来源：国民政府公报
时间：1942
卷期：第 377 期　页码：18—19
类型：训令

标题：黄河水灾善后办法（省府委员会第一百一十一次会议通过施行）
来源：陕西省政府公报
时间：1942
卷期：第 816 期　页码：13
类型：法规

标题：怀念那古黄河（数人集之一）
作者：田至
来源：野草（南京）
时间：1942
卷期：第 1 卷第 3 期　页码：90—92
类型：随笔

标题：（陕西）黄河泛滥呈部账济灾区盐户
来源：盐务月报
时间：1942
卷期：第 9 期　页码：28
类型：新闻

标题：黄河流向何处去——黄海欤？渤海欤？
作者：房广猷
来源：水利特刊
时间：1942
卷期：第 4 卷第 3 期　页码：5—6
类型：随笔

标题：黄河水利发电量
作者：ＯＫ生
来源：每月科学
时间：1942
卷期：第 2 卷第 9 期　页码：24
类型：随笔

标题：左师长经验谈谁守住黄河
摘要：游击支队作到杀敌报国，高军长政略战略极优良
来源：边疆通信报
时间：1942
卷期：第 4 卷总 110 期　页码：3
类型：新闻

标题：建设总署工作报告
提要：二、事务方面
　　　4. 核议新黄河筑堤计画
来源：建设总署工作报告
时间：1942
卷期：10 月　页码：2
类型：报告

标题：黄河问题
作者：张含英
来源：雍言
时间：1942
卷期：第 2 卷第 9—10 期　页码：14—19
类型：随笔

标题：清末黄河改道之争议
作者：韩仲文
来源：中和月刊
时间：1942
卷期：第 3 卷第 10 期　页码：15—43
类型：论文

标题：建设豫冀鲁三省黄河以兴大利说
作者：卢仰清
来源：水利委员会汇刊
时间：1942
卷期：第 10 期　页码：16—19
类型：论文

标题：四、陕甘宁青绥五省水利由黄河水利委员会办理
来源：边疆通讯
时间：1942
卷期：第 1 卷第 1 期　页码：33
类型：新闻

标题：广东省政府代电
提要：电发修正黄河水利委员会组织法及修正导淮委员会组织法
来源：广东省政府公报
时间：1942
卷期：第 885 期　页码：7
类型：电报

标题：训令（省建二字（三一，十一，十，发））（公报代令）
提要：令屯垦委员会，水利局，各县局奉行政院令发修正导淮委员会组织法及黄河水利委员会组织法一案令仰知照由
作者：刘文辉　刘贻燕
来源：西康省政府公报
时间：1942
卷期：第 115—116 期　页码：42—43
类型：训令

标题：修正黄河水利委员会组织法（三十一年十月十七日修正公布）
来源：西康省政府公报
时间：1942
卷期：第 115—116 期　页码：22—23
文献类型：法规

标题：黄河水利委员会组织法（三十一年十月十七日国民政府修正公布）
来源：西南实业通讯
时间：1942
卷期：第 6 卷第 5 期　页码：63—64
类型：法规

标题：建设总署工作报告
提要：二、事务方面
9. 呈报派员调查新黄河漳河水灾经过及处置办法
来源：建设总署工作报告
时间：1942
卷期：11 月　页码：3
类型：报告

标题：盲目草二题
提要：黄河
作者：野火

来源：野草（南京）
时间：1942
卷期：第1卷第6期　**页码**：213
类型：随笔

标题：建设计划与地理背景
提要：从黄河导向蒙古说起
作者：胡焕庸
来源：文化先锋
时间：1942
卷期：第1卷第16期　**页码**：4—5
类型：论文

标题：黄河水利委员会组织法（卅一年十日十七日修正公布）
来源：福建省政府公报
时间：1942
卷期：第1349期　**页码**：6833—6834
类型：法规

标题：国民政府训令（第三百九十号三十一年十二月二十二日）
提要：令行政院
据筹堵黄河中牟决口委员会呈字第一二号呈称："窃查本会成立以来，积极筹备实地勘测，现已藏事，工程计划，亟待确定，拟在可能范围内，于明年度着手施工，惟治黄问题关系重大，各方面关注犹殷，理论既多，分歧见解复难一致，为运用便利起见，亟应聘用水利技术专家，深切研究，通盘策划，以期迅定方案，兹依据本会暂行组织条例第十条之规定，与北京日本大使馆商洽妥协，敦聘前日本内务省技监谷口三郎氏为本会技术顾问，业由本会送达聘函，已于本月十一日来华莅会视事，所有延聘技术顾问缘由，理合具文呈报，仰祈准予备案，实为公便。
作者：汪兆铭
来源：国民政府公报
时间：1942
卷期：第425期　**页码**：6
类型：训令

标题：国民政府指令（第七百二十九号三十一年十二月二十二日）
提要：令筹堵黄河中牟决口委员会
三十一年十二月十四日呈字第一二号呈一件：为延聘技术顾问谷口三郎氏，业于本月十一日来华，莅会视事，祈鉴核备案由
作者：汪兆铭
来源：国民政府公报
时间：1942
卷期：第425期　**页码**：9
类型：指令

标题：代电黄河水利委员会（工字第七三一六号）
提要：为据报送淮域工程会读纪录电仰遵照由
来源：行政院水利委员会季刊
时间：1942
卷期：第1卷第4期　**页码**：65—66
类型：电报

标题：建设总署工作报告
提要：二、事务方面
4. 呈报补助新黄河筑堤工款经过
来源：建设总署工作报告
时间：1942

卷期：12 月　页码：1—2
类型：报告

标题：时事一旬
提要：军民动员保卫黄河
作者：何心
来源：新赣南
时间：1942
卷期：第 3 卷第 3 期　页码：78

类型：新闻

标题：别让鬼子过黄河
作者：马可
来源：新音乐月刊
时间：1942
卷期：第 4 卷第 6 期　页码：276—277
类型：歌曲

1943 年

标题：黄河
作者：朱泽甫
来源：世界书局
时间：1943
类型：图书

标题：黄河的海
作者：王萍草
来源：两间书屋
时间：1943
类型：图书

标题：黄河流域的文化
作者：顾辑明　卢冠六
来源：世界书局
时间：1943
类型：图书

标题：战时黄河修防述要
来源：行政院水利委员会
时间：1943
类型：图书

标题：学术讲演会记录
提要：华北水利及黄河问题
作者：馨
来源：北京大学工学院新闻
时间：1943
卷期：新年特刊　页码：17—18
类型：纪录

标题：交通部训令（总文渝字第一九一
　　　号　中华民国卅一年十月卅一日）
提要：令本部直辖各机关（不另行文）
　　　奉行政院令抄发修正黄河水利委
　　　员会组织法及修正导淮委员会组
　　　织法仰知照由案奉行政院三十一
　　　年十月二十四日顺肆字第二一二
　　　七九号训令开；"案奉国民政府本
　　　年十月十七日渝文字九五号训令
　　　开，查黄河水利委员会组织法及
　　　修正导淮委员会组织法，现经分
　　　别修正明令公布，应即通饬施行，
　　　除分令外，合行抄发各该修正组
　　　织法令仰知照，并转饬所属一体
　　　知照。此令。"
作者：张嘉璈
来源：交通公报
时间：1943
卷期：第6卷第1期　页码：2183
类型：训令

标题：建设总署特载
提要：译文
　　　处理黄河谷口技术顾问就任致词
　　　（三十一年十二月十四日）
来源：华北政务委员会公报
时间：1943

卷期：第 187—188 期　页码：4—5
类型：致词

标题：风尘吟稿
提要：渡黄河
作者：宋钧
来源：军事与政治
时间：1943
卷期：第 4 卷第 1 期　页码：96
类型：诗词

标题：训令（建设总四字第一三四三一号　三一，一二，二二）
提要：令本府各厅处会局、各区专署、各设治局等
　　　奉行政院令抄发黄河水利委员会及导淮委委员会组织法各一份令仰知照由
来源：四川省政府公报
时间：1943
卷期：第 150 期　页码：15
类型：训令

标题：我国战时财政金融法规汇编（九续）
提要：（八）管制
　　　修正黄河水利委员会组织法（卅一年十月十七日国府公布）
作者：《财政评论》社资料室
来源：财政评论
时间：1943
卷期：第 9 卷第 1 期　页码：134—135
类型：法规

标题：再论黄河分减
作者：管窥
来源：水利委员会汇刊
时间：1943

卷期：第 11 期　页码：15—17
类型：论文

标题：黄河问题
作者：李赋都
来源：经济建设季刊
时间：1943
卷期：第 1 卷第 3 期　页码：80—86
类型：论文

标题：黄河の水
作者：野上明路郎
来源：华北合作
时间：1943
卷期：第 9 卷第 3 期　页码：65
类型：随笔

标题：交通消息（三十一年十一月份）
提要：航业
　　　甘宁航运积极开辟黄河洮河同时开工
来源：驿运界
时间：1943
卷期：第 1 卷第 1 期　页码：36
类型：新闻

标题：训令所属各机关（建成字秘壹第三七一号　二月十五日）（不另行文）
提要：奉华此政委会令以准筹堵黄河中牟决口委员会函以殷主任委员因病出缺会务由副主任委员张一烈代理等因令仰知照由
作者：温世珍
来源：天津特别市公署公报
时间：1943
卷期：第 200 期　页码：16
类型：训令

标题：太行山下
作者：亚萌
来源：黄河（西安）
时间：1943
卷期：第 4 卷第 2 期　页码：25—28
类型：随笔

标题：建设总署工作报告
提要：二、事务方面
　　　6. 批示李芳科等请进展黄河堤线以卫灾黎案
来源：建设总署工作报告
时间：1943
卷期：2 月　页码：3
类型：报告

标题：满映的黄河
来源：华文北电
时间：1943
卷期：第 3 卷第 3 期　页码：24
类型：照片

标题：河南省政府训令（鲁秘一字第一九四号　二月二十八日）
提要：令各厅处局，各区专署，各县政府（不另行文）
　　　奉行政院令抄发修正黄河水利委员会组织法及修正导淮委员会组织法，仰知照由
来源：河南省政府公报
时间：1943
卷期：第 2438 期　页码：37
类型：训令

标题：国民政府指令（第一百六十六号 三十二年三月二十五日）
提要：令筹堵黄河中牟决口委员会

三十二年三月十七日呈字第一六号呈一件：为呈报本会副主任委员殷汭就职日期，请鉴核备案由
作者：汪兆铭
来源：国民政府公报
时间：1943
卷期：第 465 期　页码：16
类型：指令

标题：电扬子江水利委员会、黄河水利委员会、珠江水利局（三十一年十月二日卅一工字第九一一三六号）
提要：为我国所聘美藉专家罗德民即将来华，仰速准备有关水土保持之资料，以便提供参考由
来源：行政院水利委员会季刊
时间：1943
卷期：第 2 卷第 1 期　页码：68
类型：电报

标题：建设总署工作报告
提要：二、事务方面
　　　11. 河南省公署呈请拨助新黄河筑堤工事费
来源：建设总署工作报告
时间：1943
卷期：3 月　页码：5
类型：报告

标题：黄河对岸的宣抚广播
来源：华文北电
时间：1943
卷期：第 3 卷第 4 期　页码：21
类型：照片

标题：黄河上游白榆造林报告
作者：吕福和　王安定

来源：全国农林试验研究报告辑要
时间：1943
卷期：第 3 卷第 1/2 期　页码：15
类型：报告

标题：建设总署工作报告
提要：事务方面
　　　2. 京口镇黄河堵口工程与华北电业公司签订供给电力协定书；
　　　5. 会同呈准拨发新黄河筑堤工事费
来源：建设总署工作报告
时间：1943
卷期：4 月　页码：4
类型：报告

标题：月夜投简
提要：寄到遥远的黄河边
作者：公兰谷
来源：时与潮文艺
时间：1943
卷期：第 1 卷第 2 期　页码：104—106，121
类型：随笔

标题：中国农村报导（4）
提要：黄河船夫
作者：朱少华
来源：华文每日
时间：1943
卷期：第 10 卷第 10 期　页码：30
类型：漫画

标题：西北趣谈
提要：黄河上的奇物——羊皮筏
作者：克东
来源：儿童月刊（四川）
时间：1943
卷期：新 7　页码：20

类型：随笔

标题：甘宁境内黄河航运的地理根据
提要：西北居民对黄水的利用（附表）
作者：王钧衡
来源：西北学报
时间：1943
卷期：第 2 卷第 1—2 期　页码：30—34
类型：随笔

标题：黄河流域历代美人传
作者：伍东
来源：清乡前线
时间：1943
卷期：第 2 卷第 5—6 期　页码：12—16
类型：随笔

标题：农林部训令（章丙林字第四七五一号　中华民国卅二年四月十六日）
提要：令黄河，长江，珠江，水源林区，洛水，汉水，红水河分区
　　　为颁发农林部水源林区管理处办事细则，仰遵照由
作者：沈鸿烈
来源：农林公报（重庆）
时间：1943
卷期：第 4 卷第 456 期　页码：84
类型：训令

标题：代电国立黄河流域水利工程专科学校（民国卅二年三月十二日工字第二二六六〇号）
提要：准电请设置讲座及奖学金教授研究费等除研究费应以壹万五千元为限外余可照办相应复请查照由
来源：行政院水利委员会季刊
时间：1943

卷期：第 2 卷第 2 期　　页码：18
类型：电报

标题：代电军事委员会行政院（民国三十二年一月五日　工字第二〇一一六号）
提要：据黄河水利委员会电报道陵岗堵口情形，转请鉴核由
来源：行政院水利委员会季刊
时间：1943
卷期：第 2 卷第 2 期　　页码：78
类型：电报

标题：黄河の水（其ノ二）
作者：野上明路郎
来源：华北合作
时间：1943
卷期：第 9 卷第 4 期　　页码：65
类型：随笔

标题：黄河百害只利一套
来源：大东亚周刊
时间：1943
卷期：第 2 卷第 2 期　　页码：20
类型：随笔

标题：黄土层上的子民
作者：海笛
来源：古黄河
时间：1943
卷期：第 1 卷第 6 期　　页码：16
类型：诗歌

标题：建设总署工作报告
提要：二、事务方面
　　　8. 核拨河南省黄河抢险费；
　　　13. 电复南京建设部最近黄河流量及增水情形；
　　　15. 拟定黄河应急取水工事之技术指导及工款拨付办法；
　　　16. 审核黄河引水委员会组织规则并采用技术员办法
来源：建设总署工作报告
时间：1943
卷期：6 月至 8 月　　页码：3—5
类型：报告

标题：对于黄河除害兴利标本兼治之提议：并为鲁苏皖豫冀同胞呼吁（附图表）
作者：何珠国
来源：重建月刊
时间：1943
卷期：第 1 卷第 1 期　　页码：10—15
类型：提案

标题：黄河难童船夫曲
作者：陈纪滢
来源：国讯
时间：1943
卷期：第 345 期　　页码：12
类型：歌曲

标题：国民政府训令（渝文字第五六六号　三十二年九月八日）
提要：令行政院、考试院、监察院
　　　据本府主计处呈核黄河水利委员会山东修防处驻工调查员姜九贵等因公损失财物补偿会动支案令仰转饬查照由
作者：蒋中正　戴传贤　于右任
来源：国民政府公报（南京1927）
时间：1943
卷期：渝字 604　　页码：18

类型：训令

标题：国民政府指令（渝文字第一三〇四号 三十二年九月八日）

提要：令本府主计处
三十二年九月二日渝岁字第二〇四一号呈一件，为准行政院函，以黄河水利委员会山东修防处驻工调查员姜九贵等因公损失财物补偿金三千元，拟在三十二年度文职公务员备付部份项下支付，经核尚属可行，请鉴核备案，并分令饬知由

作者：蒋中正
来源：国民政府公报（南京1927）
时间：1943
卷期：渝字604　**页码**：24
类型：指令

标题：国民政府训令（第四百四十四号 三十二年九月十日）

摘要：令行政院、筹堵黄河中牟决口委员会
案据本府文官处签呈称："准中央政治委员会秘书厅中政秘字第二八三五号公函开……"

作者：汪兆铭　陈君慧
来源：国民政府公报
时间：1943
卷期：第537期　**页码**：5—9
类型：训令

标题：时事述评
提要：淮水成灾与黄河堵口
作者：佑
来源：协力
时间：1943

卷期：第1卷第9期　**页码**：4，20
类型：新闻

标题：古代中国及印度（未完）
提要：贯流西藏山岳地带之黄河
来源：三六九画报
时间：1943
卷期：9　**页码**：8
类型：照片

标题：国民政府指令（渝文字第一四七六号 三十二年十月六日）

提要：令本府主计处
三十二年九月二十九日渝岁字第二二四一号呈一件，为准行政院函，以黄河水利委员会督察贺泮藻因公损失财物补偿金四千元，拟在三十二年度文职公务员备付部份项下支付，经核尚属可行，请鉴核备案并分令饬知由

作者：蒋中正
来源：国民政府公报（南京1927）
时间：1943
卷期：渝字612　**页码**：17
类型：指令

标题：国民政府指令（渝印字第一四八〇号 三十二年十月七日）

提要：令行政院
三十二年十月五日仁人字第二二二六号呈一件，呈报国立黄河流域水利工程专科学校，启用关防官章日期，呈请鉴核备案由

作者：蒋中正　陈立夫
来源：国民政府公报（南京1927）
时间：1943
卷期：渝字第613号　**页码**：9

类型：指令

标题：旅途杂十
提要：跨开第一步，车厢十掇，蚌埠的红灯炮，滚滚淮水和茅屋世界，古黄河的怀里
作者：水青
来源：人间味
时间：1943
卷期：第 2 卷第 3/4 期　页码：17—21
类型：随笔

标题：夜泊黄河
作者：紫澜
来源：人间味
时间：1943
卷期：第 2 卷第 3/4 期　页码：22—23
类型：随笔

标题：黄河后套之富源及其垦殖史
作者：唐敬杲
来源：申报月刊
时间：1943
卷期：复刊 1 第 11 期　页码：53—70
类型：随笔

标题：尼罗河与黄河
作者：玉振
来源：申报月刊
时间：1943
卷期：复刊 1 第 11 期　页码：124—130
类型：随笔

标题：国民政府训令（第五百六十一号三十二年十一月二十三日）
提要：令筹堵黄河中牟决口委员会、行政院、华北政务委员会据本府文官处签呈称："准最高国防会议秘书处高秘字第四一五号公函，内开，奉主席交下最高国防会议三十二年十一月十八日第三一次会议讨论事项第八案，主席交议：据筹堵黄河中牟决口委员会主任委员余晋龢呈请辞职，应予照准。并特派苏体仁为筹堵黄河中牟决口委员会主任委员，请公决案。
作者：汪兆铭
来源：国民政府公报
时间：1943
卷期：第 569 期　页码：8
类型：训令

标题：国民政府指令（第八百零五号三十二年十二月一日）
提要：令筹堵黄河中牟决口委员会三十二年十一月二十四日呈字第二五号呈一件：为呈报就职筹堵黄河中牟决口委员会主任委员日期，请鉴核由
作者：汪兆铭
来源：国民政府公报
时间：1943
卷期：第 572 期　页码：7
类型：指令

标题：中国地理学会论文提要
提要：一〇四、遵义附近之土地利用（任美锷）
一〇五、黄河上游之峡谷与河岸平原（王钧衡）
一〇六、中缅未定界内之地理（严德一）
来源：读书通讯

时间：1943
卷期：第 79—80 期　页码：21
类型：论文

标题：天下黄河一道桥

作者：峡风
来源：三六九画报
时间：1943
卷期：第 441 号　页码：14
类型：随笔

1944 年

标题：国民政府指令（第八百七十八号 三十二年十二月三十一日）
提要：令筹堵黄河中牟决口委员会 为呈报移交接收会务讫，附呈清册，祈鉴核备案由
作者：汪兆铭
来源：国民政府公报
时间：1944
卷期：第 584 期　**页码**：10
类型：指令

标题：潼关以上黄河水利之展望
作者：李书田
来源：行政院水利委员会月刊
时间：1944
卷期：第 1 卷第 3 期　**页码**：12—17
类型：评论

标题：国民政府指令（第九百四十二号 三十三年二月三日）
提要：令筹堵黄河中牟决口委员会 三十三年一月二十二日第二十七号呈一件：为呈报本会聘用日籍技术员之经过情形，请鉴核备案并乞指令祇遵由
作者：汪兆铭
来源：国民政府公报
时间：1944
卷期：第 597 期　**页码**：5

类型：指令

标题：黄河上中游之减免黄患工作
作者：章元羲
来源：中国边疆
时间：1944
卷期：第 3 卷第 1/2 期　**页码**：58—60
类型：评论

标题：国民政府训令（渝文字第一一九号 三十三年二月二十八日）
提要：令行政院、考试院、监察院 据本府主计处三十三年二月二十三日渝岁字（二）第四六四号呈称，准行政院三十三年二月七日义玖字第二五三号公函，以据水利委员会呈请拨发黄河水利委员会上游修防林垦工程处洮河水道工务所员工董继藩等因公损失财物补偿金等情到院，应准予酌给职员九名因公损失财务补偿金各四千元，工警六名各一千元，共计四万八千元，款在三十三年度国家总预算公务人员退休及抚恤支出文职公务员项下支拨，相应抄同原件，函达查照等由
作者：蒋中正　戴传贤　于右任
来源：国民政府公报（南京1927）
时间：1944

— 681 —

卷期：渝字第 653 号　　**页码**：3，1
类型：训令

标题：三十三年元旦告黄河水利委员会全体员工书
作者：赵守钰
来源：行政院水利委员会月刊
时间：1944
卷期：第 1 卷第 3 期　　**页码**：9—10
类型：告示

标题：宁夏诗二首
提要：二、任春渡黄河
作者：罗家伦
来源：特教通讯
时间：1944
卷期：第 6 卷第 3 期　　**页码**：4
类型：诗歌

标题：古黄河
作者：王红瑛
来源：中国青年
时间：1944
卷期：第 2 卷第 11 期　　**页码**：42
类型：随笔

标题：防止黄河水灾计划纲要
作者：郑华
来源：东方杂志
时间：1944
卷期：第 40 卷第 7 期　　**页码**：31—32
类型：计划

标题：国民政府训令（第七百六十三号 三十三年四月廿六日）
提要：令筹堵黄河中牟决口委员会 案据本府文官处签呈称："准中央政治委员会秘书厅中政秘字第三一六八号公函开：案准贵处三十三年三月三十一日文字第二五八四号公函，为奉交筹堵黄河中牟决口委员会呈送三十三年度经常费支付预算书，遵批函请转陈核定，等由，当经陈奉，主席谕：查该会经常费原规定在其工程经费内拨付，应饬将工程经费截至三十二年十二月份止，收支书目详具清册，补送本会，再凭核定，等因，相应录谕函复，即请查照转陈分饬遵照
作者：汪兆铭
来源：国民政府公报
时间：1944
卷期：第 634 期　　**页码**：5—6
类型：训令

标题：国民政府指令（第一千二百五十六号　三十三年六月十二日）
提要：令堵黄河中牟决口委员会 三十三年六月三日呈字第三十二号呈一件：为遵令将本会自三十年六月廿三日起至三十二年十二月底止，各项经费收支清册，呈请鉴核施行指令祇遵由
作者：汪兆铭
来源：国民政府公报
时间：1944
卷期：第 654 期　　**页码**：5
类型：指令

标题：黄河治本计划概要
作者：李赋都
来源：行政院水利委员会月刊
时间：1944

卷期：第 1 卷第 6 期　　页码：14—24
类型：计划

标题：国民政府指令（第一千三百三十七号　三十三年七月十二日）
提要：令筹堵黄河中牟决口委员会
　　　三十三年六月廿九日呈字第三三号呈一件：为估计警防费需款五万九千五百八十元，请列为专款，加入本年度预算由
作者：汪兆铭
来源：国民政府公报
时间：1944
卷期：第 667 期　　页码：10
类型：指令

标题：国民政府指令（第一千三百四十八号　三十三七月二十日）
提要：令筹堵黄河中牟决口委员会
　　　为呈报派员履勘工地组织测量队前往口门各处出发日期，请鉴核由
作者：汪兆铭
来源：国民政府公报
时间：1944
卷期：第 670 期　　页码：8
类型：指令

标题：黄河泥沙问题之理论（附图）
作者：宋文田
来源：行政院水利委员会月刊
时间：1944
卷期：第 1 卷第 7 期　　页码：18—24
类型：论文

标题：国民政府指令（第一千三百六十三号　三十三年七月二十五日）
摘要：令筹堵黄河中牟决口委员会
　　　为本会退职人员拟请援照华北政务委员会公务员退职金暂行规则办理，请鉴核示遵由
作者：汪兆铭
来源：国民政府公报
时间：1944
卷期：第 674 期　　页码：12
类型：指令

标题：国民政府训令（第九百二十三号　三十三年八月二日）
提要：令筹堵黄河中牟决口委员会
　　　据本府文官处签呈称："准中央政治委员会秘书厅中政秘字第三三二四号公函开：案准贵处本年六月十二日文字第三五三号公函，以本厅遵论函请转陈令饬筹堵黄河中牟决口委员会补送三十二年度工程经费收支书目清册，以凭核定该会三十三年度经常费预算一案，业奉饬据该会补具清册呈府，检送原册，嘱转陈核办。"
作者：汪兆铭
来源：国民政府公报
时间：1944
卷期：第 676 期　　页码：12—13
类型：训令

标题：河南省政府令（秘人字第四五六号　三十三年八月四日）
提要：兹于本年七月三十一日调派本省黄河引水委员会荐任科员张清尘代理省立农林实验场事务主任，暂支荐任五等十一级，月俸二百元，听候呈荐核叙此令
作者：邵文凯
来源：河南省公报

时间：1944
卷期：第 469—471 期　页码：4
类型：政令

标题：向黄河
作者：王亚平
来源：联合周报
时间：1944
卷期：第 2 卷第 1 期　页码：14—16
类型：诗歌

标题：省政要闻
提要：壹、政治
　　　九、筹拨振款五十万元救济平民县黄河水灾
来源：陕政
时间：1944
卷期：第 5 卷第 11/12 期　页码：63
类型：新闻

标题：黄河下游各站洪水量推算方法之研究（附图表）
作者：严恺
来源：行政院水利委员会月刊
时间：1944
卷期：第 1 卷第 8 期　页码：38—44
类型：论文

标题：时事日志（四月二十日至五月九日）
提要：根据重庆中央与大公报
　　　二十日，犯白沙镇敌被迫向原路溃退但黄河桥南邙山敌已增援万余人
来源：时兆月报
时间：1944
卷期：第 2 卷第 7/8 期　页码：4—8，37—38
类型：新闻

标题：国民政府指令（第一千四百七十七号　三十三年九月十三日）
提要：令筹堵黄河中牟决口委员会
　　　为本会测量队测毕回至开封，队长袁文正等七人殉职，请从优给恤并将恤金及各种费用，由会事业项下支给，请鉴核由
作者：汪兆铭
来源：国民政府公报
时间：1944
卷期：第 694 期　页码：10
类型：指令

标题：黄河上游的皮筏
作者：许宗舜
来源：旅行杂志
时间：1944
卷期：第 18 卷第 9 期　页码：80—83
类型：随笔

标题：开封杂谈（一）
提要：古迹都付洪流无从考据，黄河旧痕宛然感慨沧桑
作者：王柱宇
来源：天声半月刊
时间：1944
卷期：第 14 期　页码：7
类型：随笔

标题：金城随笔
提要：黄河铁桥
作者：季子
来源：雍言
时间：1944
卷期：第 4 卷 10 期　页码：59—60

类型：随笔

标题：黄河含沙量之分布及变化（附图表）
作者：许宝农　沈晋
来源：行政院水利委员会月刊
时间：1944
卷期：第1卷第10期　**页码：**6—29
类型：论文

标题：黄河堵口工程之研讨（附图表）
作者：潘镒芬
来源：行政院水利委员会月刊
时间：1944
卷期：第1卷第10期　**页码：**35—55
类型：论文

标题：国民政府训令（第一〇二四号三十三年十月三十一日）
提要：令筹堵黄河中牟决口委员会、行政院
据本府文官处签呈称："准中央政治委员会秘书厅中政秘字第三四三九号公函开：案准贵处三十三年九月四日第三四二号公函，略以奉交筹堵黄河中牟决口委员会呈复该会三十二年度经常费用支出与最高国防会议决议案不符声明缘由，请核示一案，嘱查案转陈核办
作者：汪兆铭　周佛海
来源：国民政府公报
时间：1944
卷期：第714期　**页码：**9—10
类型：训令

标题：战后利用水上飞机发展黄河航运
作者：杨铭功
来源：工业月刊（西安）
时间：1944
卷期：第1卷第9期　**页码：**13
类型：随笔

标题：黄河远上觅仙乡
作者：陈大白
时间：1944
卷期：第7卷第12期　**页码：**66—69
类型：随笔

1945 年

标题：甘肃省黄河沿岸水车概况及兰州十里店水车抽水机试验计划
来源：不详
时间：1945
类型：图书

标题：轰炸黄河铁桥
提要：记一个出击者的口述
作者：姚铭枢
来源：中国的空军
时间：1945
卷期：第 7 卷第 1 期　**页码**：6—7，10
类型：口述

标题：轰炸黄河铁桥归来
来源：中国的空军
时间：1945
卷期：第 82 期　**页码**：封面
类型：照片

标题：黄河水手谣
作者：李恩敏　马可
来源：音乐艺术
时间：1945
卷期：第 5 期　**页码**：23—25
类型：歌曲

标题：国民政府指令（第六二号　三十四年二月三日）
提要：令筹堵黄河中牟决口委员会三十四年一月十九日呈字第四十二号呈一件：为物价飞涨超过预算，拟将临时购办用款由事业费项下动支，呈请鉴核备准由
作者：陈公博
来源：国民政府公报
时间：1945
卷期：第 754—755 期　**页码**：13
类型：指令

标题：河南省政府令（秘人字第二五号三十四年一月二十三日）
提要：兹于本年一月二十日派晋桂洲为本省黄河引水委员会工务处技正此令
作者：邵文凯　王辑吾
来源：河南省公报
时间：1945
卷期：第 527—529 期　**页码**：0—1
类型：命令

标题：大禹与黄河（三十三年六月六日在重庆沙坪坝中央工业专科学校演讲稿）
作者：郑肇经
来源：行政院水利委员会月刊
时间：1945
卷期：第 2 卷第 2 期　**页码**：11—15

类型：演讲稿

标题：黄河花园口决口查勘报告（附表）
作者：谭葆泰　张瑞瑾
来源：行政院水利委员会月刊
时间：1945
卷期：第 2 卷第 2 期　**页码**：37—52
类型：报告

标题：黄河船夫曲［木刻］
作者：甘云鹤
来源：惠中校刊（惠州）
时间：1945
卷期：第 2 期　**页码**：16
类型：歌曲

标题：国民政府训令（渝文字第一七八号　三十四年三月十日）
提要：令行政院、监察院、本府主计处国防最高委员会核定黄河水利委员会三十三年度公粮预算请维持三十二年度旧额案令仰转饬遵照由
作者：蒋中正　宋子文　于右任
来源：国民政府公报（南京 1927）
时间：1945
卷期：渝字 761　**页码**：8—9
类型：训令

标题：国民政府训令（第一四九号　三十四年四月十二日）
提要：令筹堵黄河中牟决口委员会
据本府文官处签呈称："准最高国防会议秘书厅高秘字第八二八号公函，内开：查三十四年三月二十八日最高国防会议第六七次会议讨论事项第十二案：主席交议，秘书听案呈：准国民政府文官处函奉府令筹堵黄河中牟决口委员会主任委员苏体仁辞职照准，特派唐仰杜为筹堵黄河中牟决口委员会主任委员，请转陈鉴核追认。"
作者：陈公博
来源：国民政府公报
时间：1945
卷期：第 783 期　**页码**：8—9
类型：训令

标题：悼
作者：荻帆
来源：燕京新闻
时间：1945
卷期：第 11 卷第 21 期　**页码**：2
类型：诗歌

标题：陕西省概况
提要：陕西省位于黄河上游，因宋置陕西路故名。陕西为战国时秦地，故简称曰秦，东有函谷关，西有大散关，南有武关，北有萧关，故亦称关中
来源：统计月报
时间：1945
卷期：第 103—104 期　**页码**：1—4
类型：报告

标题：黄河流域与中国古代文明
作者：顾颉刚
来源：文史杂志
时间：1945
卷期：第 5 卷第 3/4 期　**页码**：19—21
类型：论文

标题：秦岭与黄河
作者：曼青　石林

来源：歌与诗
时间：1945
卷期：第 6 期　页码：8—12
类型：歌曲

标题：黄河文化与中国
作者：张聿飞
来源：北方建设
时间：1945
卷期：第 1 卷　页码：8—9
类型：论文

标题：黄河下游区之范围与特性（附表）
作者：程章
来源：北方建设
时间：1945
卷期：第 1 卷　页码：10—18
类型：论文

标题：怎样轰炸黄河铁桥
作者：行者
来源：中国的空军
时间：1945
卷期：第 85 期　页码：123—124
类型：随笔

标题：会议纪录
提要：六、提案
（四）拟请测计兴办本省汉江丹江各河航运暨汉江黄金峡渭河宝鸡峡黄河禹门暨冷水河等动力以奠定建国基础案
作者：陕西省政府
来源：行政院水利委员会月刊
时间：1945
卷期：第 2 卷第 5 期　页码：69
类型：提案

标题：战后兴办黄河沿岸虹吸水力工业及淤灌工程之建议（附表）
作者：曹瑞芝
来源：中农月刊
时间：1945
卷期：第 6 卷第 6 期　页码：21—28
类型：论文

标题：浣溪沙（闻北讯黄河决口倭寇压中原矣）
来源：中华乐府
时间：1945
卷期：第 1 卷第 4 期　页码：20
类型：诗歌

标题：黄河的故事
作者：印敏之
来源：青年丛刊
时间：1945
卷期：第 2 期　页码：32—33
类型：诗歌

标题：江南丰收谷贱伤农，黄河工程政院拨款
提要：上海申新等纺织厂五单位经接收后，因资金短绌，原料缺乏，未能复工
来源：民力周报
时间：1945
卷期：第 34 期　页码：9
类型：论文

标题：防止黄河水患新法刍议
作者：郑华
来源：交大土木
时间：1945
卷期：第 3 期　页码：21—22

类型：论文

标题：我军始终坚守潼关，屏障西北
提要：潼关守将在黄河南岸瞭望台，以剪形镜观测敌情
来源：中华（上海）
时间：1945
卷期：第2期　页码：7
类型：照片

标题：时事一周（九月十三日至二十九日）：
提要：（二）国内要闻
　　　我接收军胡宗南部续渡黄河北通
来源：甘行周讯
时间：1945
卷期：第128期　页码：12
类型：新闻

标题：一九四五年大战述要（元月一日至二月二十八日）
提要：二、亚洲战场
　　　甲、中国战区：3. 大批飞机空袭黄河南北
作者：卢凤阁
来源：现代军事
时间：1945
卷期：第1卷第3期　页码：18
类型：新闻

标题：伟大的中国
提要：（下）黄河铁桥之壮观，在甘肃兰州，长三十丈石础钢骨极形坚固
来源：胜利画报
时间：1945
卷期：第1期　页码：22
类型：照片

标题：新生之中国
提要：东北四省之富藏
　　　吉林包头黄河内之皮筏
作者：王宝泉
来源：新生中国
时间：1945
卷期：第2期　页码：18
类型：照片

标题：第1年　保卫国土·全国展开血战
提要：在北战场上
　　　抗战部队活跃在黄河两岸
来源：特写
时间：1945
卷期：号外：抗战八年画刊　页码：13
类型：照片

标题：黄河北岸（上）
作者：周耀西
来源：旅行杂志
时间：1945
卷期：第19卷第10期　页码：54—62
类型：随笔

标题：黄河北岸（中）
作者：周耀西
来源：旅行杂志
时间：1945
卷期：第19卷第11期　页码：62—67
类型：随笔

标题：黄河北岸（下）
作者：周耀西
来源：旅行杂志
时间：1945
卷期：第19卷第12期　页码：39—46
类型：随笔

标题：伟大的中国
提要：（下）黄河铁桥之壮观，在甘肃兰州，长三十丈石础钢骨极形坚固
来源：凯旋画报
时间：1945
卷期：11月　页码：19
类型：照片

标题：扬子江在怒吼，黄河在鸣咽！
作者：温让
来源：永生
时间：1945
卷期：第7期　页码：108
类型：诗歌

标题：前陕西黄河用牛皮艇运邮
来源：上海青年（上海1902）
时间：1945
卷期：第45卷第5期　页码：1页
类型：照片

标题：代电各附属机关（三十四年十一月二十九日卅四人字第七五三一〇号）
提要：据黄河水利委员会电呈该会水文总站，兰州水文站工程练习员牟应甲请假未经批准，即离职守等情，应永不录用，电仰知照，并饬属知照由（附表）
来源：行政院水利委员会月刊
时间：1945
卷期：第2卷第11/12期　页码：67—68
类型：电报

标题：黄河上的巨涛
提要：抗战中国的无名英雄
作者：秦书权
来源：光
时间：1945
卷期：第5期　页码：45—46
类型：随笔

1946 年

标题：泛滥的黄河
作者：王萍草
来源：国际文化服务社
时间：1946
类型：图书

标题：黄河之水文
来源：黄河水利委员会水文总站
时间：1946
类型：图书

标题：黄河江汉堵口复堤兴工，预定两年完成经费五十亿元
来源：民力周报
时间：1946
卷期：第 37 期　页码：1
类型：新闻

标题：蒋署长在沪招待记者，报告本署近况及今年度七大工作计划并答问上海不代表全中国，抢修黄河预防巨灾，高跟鞋西装数极微，出让航权全属误传
来源：善后救济总署周报
时间：1946
卷期：第 6 期　页码：4—5
类型：新闻

标题：黄河中游之水土保持
作者：马溶之
来源：土壤
时间：1946
卷期：第 5 卷第 1 期　页码：1—12
类型：论文

标题：联总驻华业务处长谈修复黄河缺口重修黄河堤堰
来源：善后救济总署河南分署周报
时间：1946
卷期：第 5 期　页码：6
类型：新闻

标题：总署计画修治黄河故道
来源：善后救济总署河南分署周报
时间：1946
卷期：第 5 期　页码：6
类型：新闻

标题：本署连开业务座谈会议商定黄河修堵办法并讨论扶植手工业问题
来源：善后救济总署河南分署周报
时间：1946
卷期：第 5 期　页码：7—8
类型：新闻

标题：纪念战胜建筑黄河三门峡闸堤纲要（甲种方案）
作者：世界科学社研究部

来源：科学时报
时间：1946
卷期：第 11 卷第 1 期　页码：40—41
类型：方案

标题：特许会社设立黄河发电股份有限公司纲要（甲种方案）（附图）
来源：科学时报
时间：1946
卷期：第 11 卷第 1 期　页码：40—41
类型：方案

标题：长江宜昌闸堤与黄河三门峡闸堤宜何先筑
来源：科学时报
时间：1946
卷期：第 11 卷第 1 期　页码：41
类型：评论

标题：修治黄河故道
提要：动用人力三十三万以工代振，已开始筹备六个月内完成
来源：现代周刊（台北）
时间：1946
卷期：第 1 卷第 7/8 期　页码：12
类型：评论

标题：治理黄河程序拟定
来源：经济建设
时间：1946
卷期：第 1 卷第 8 期　页码：30
类型：评论

标题：水利委员会治河计划，黄河着重防洪灌溉长江着重水利航运，十年内全部完成导淮工程
来源：征信新闻（重庆）

时间：1946
卷期：第 298 期　页码：0—1
类型：新闻

标题：行总联总与各分署善救工作汇报
提要：开展黄河筑堤工作
来源：善后救济总署鲁青分署旬报
时间：1946
卷期：第 1 期　页码：29
类型：新闻

标题：中牟黄河桥参观记
提要：四十天里筑就奇迹险恶黄河轻轻过
作者：杨云
来源：中原与西北
时间：1946
卷期：第 1 卷第 2 期　页码：17—18
类型：评论

标题：配合黄河堵口复堤工作规定发给工振面粉标准办法派上作队协办工人福利等事
来源：善后救济总署河南分署周报
时间：1946
卷期：第 10 期　页码：4
类型：新闻

标题：水灾！黄河淮河的灾区情形
作者：陈伟
来源：吉普
时间：1946
卷期：第 18 期　页码：9
类型：评论

标题：寓言两则
提要：黄河鲤鱼、播谷鸟
作者：高敬武

来源：小朋友
时间：1946
卷期：第802期　**页码**：10
类型：寓言

标题：河南省政府训令（发文汴秘人字第二二三七号　卅五年四月二日）
提要：令七区专员兼保安司令田镇洲
准黄河水利委员会卅四年亥文汴代电以本省第七区行政督察专员兼保安司令田镇洲对于加培颍沙河堤及整修沙南各支河协助得力成绩甚佳予奖励等由该专员协助河务既属努力应予记功一次以昭激励除函复外合行令仰知照此令
来源：河南省政府公报
时间：1946
卷期：复刊17　**页码**：14
类型：训令

标题：中国的陆军海战队，谁决了黄河口？
来源：大光明
时间：1946
卷期：第5期　**页码**：3
类型：文章

标题：黄河堵口复堤工程局组织规程（国民政府三十五年二月二十三日备案）
来源：水利委员会季刊
时间：1946
卷期：第3卷第1期　**页码**：171—173
类型：法规

标题：黄河
作者：辛歌
来源：东北文学
时间：1946
卷期：第1卷第5期　**页码**：31—32
类型：诗歌

标题：野性的黄河
作者：青苗
来源：骆驼文丛
时间：1946
卷期：第2期　**页码**：12—19
类型：文章

标题：行总积极救济豫荒
提要：饥馑和缺粮县份决配发面粉，黄河沿岸饥民实行以工代赈
来源：征信新闻（重庆）
时间：1946
卷期：第323期　**页码**：0
类型：新闻

标题：轰炸黄河铁桥美飞将军生还记
作者：康生
来源：海晶
时间：1946
卷期：第8期　**页码**：3—4
类型：文章

标题：黄河决堤是竭法子
提要：一着错全局错
来源：大光明
时间：1946
卷期：第7期　**页码**：3
类型：文章

标题：恢复黄河故道
来源：广西建设
时间：1946
卷期：第1卷第3期　**页码**：54
类型：文章

标题：黄河堵口复堤工程到达新阶段中共代表三人应联总及本署函邀抵汴连日商讨黄河下游复堤计划已获协议
来源：善后救济总署河南分署周报
时间：1946
卷期：第 14 期　**页码**：4
类型：新闻

标题：郑州附近黄河复堤工程，本月底可能全部完成
来源：征信新闻（重庆）
时间：1946
卷期：第 331 期　**页码**：2
类型：新闻

标题：河南省政府训令（发文字第二五〇三号　卅五年四月十四日）
提要：令商水县政府
准黄河水利委员会河南修防处代电请奖协助河务出力人员一案仰饬知照由
来源：河南省政府公报
时间：1946
卷期：复刊 19　**页码**：8
类型：训令

标题：黄河下游复堤两月内可告完成，塔德顾问将于十八日赴沪促运工程器材
来源：善后救济总署河南分署周报
时间：1946
卷期：第 15 期　**页码**：5
类型：新闻

标题：旧黄河中村民迁移需费黄委会电请中央核示
来源：善后救济总署河南分署周报
时间：1946
卷期：第 16 期　**页码**：3
类型：电报

标题：平汉路局抢修黄河铁路
提要：粤汉路七月一日可以全线通车
来源：征信新闻（重庆）
时间：1946
卷期：第 343 期　**页码**：2
类型：新闻

标题：国民政府令
提要：派左起彭权理黄河水利委员会技正职务
来源：国民政府公报（南京1927）
时间：1946
卷期：渝字 1047　**页码**：2
类型：命令

标题：恢复黄河旧道工程即将展开
来源：征信新闻（重庆）
时间：1946
卷期：第 343 期　**页码**：2
类型：新闻

标题：黄河——中国的一条毒龙
作者：司徒华
来源：科学时代
时间：1946
卷期：第 5 期　**页码**：5—9
类型：通讯报道

标题：黄河复道可望及时完成
来源：中央要闻
时间：1946
卷期：第 2 卷第 5 期　**页码**：17—18

类型：新闻

标题：黄河流域是我国文化发祥地
作者：周景云
来源：日月谭
时间：1946
卷期：第 7 期　页码：31—32
类型：通讯报道

标题：黄河堤工小掌故
来源：善后救济总署河南分署周报
时间：1946
卷期：第 18—19 期　页码：7
类型：新闻

标题：治理黄河争执内幕
作者：彼得
来源：七日谈
时间：1946
卷期：第 23 期　页码：4
类型：通讯报道

标题：防范风沙巩固堤岸黄河两岸将分植槐柳
来源：善后救济总署河南分署周报
时间：1946
卷期：第 20 期　页码：7
类型：新闻

标题：国内经济述评（五月十九日至二十五日）
摘要：黄河堵口问题
作者：王雷鸣
来源：金融周报
时间：1946
卷期：第 14 卷第 22 期　页码：6—7
类型：新闻

标题：中外财政金融消息汇报
提要：本国
黄河堵口复堤工程
作者：《财政评论》社资料室
来源：财政评论
时间：1946
卷期：第 14 卷第 5 期　页码：90—91
类型：新闻

标题：国内大事
提要：兴办长江黄河两大水利
来源：田家半月报
时间：1946
卷期：第 12 卷第 21/22 期　页码：4
类型：新闻

标题：二渡黄河
提要：战场七年之二
作者：于静蛰
来源：鲁迅文艺月刊
时间：1946
卷期：第 1 卷第 3 期　页码：14—18
类型：论文

标题：抗战期中一页珍贵史料
提要：轰炸黄河铁桥的英雄——泊尔琐
来源：精华
时间：1946
卷期：第 2 卷革新 9　页码：2—3
类型：照片

标题：黄河大合唱
作者：方静
来源：风下
时间：1946
卷期：第 27 期　页码：24—25

标题：国内经济述评（六月二日至八日）
提要：水利近讯
　　　一、黄河
来源：金融周报
时间：1946
卷期：第 14 卷第 24 期　页码：12
类型：新闻

标题：研究黄河治本计划，经济委员会成立洽黄团
来源：征信新闻（重庆）
时间：1946
卷期：第 394 期　页码：0—1
类型：新闻

标题：秦晋交界黄河水力资源之经济价值
作者：李书田
来源：水利委员会季刊
时间：1946
卷期：第 3 卷第 2 期　页码：7—10
类型：论文

标题：实施蓄水保土工作与黄河治本之关系
作者：章元羲
来源：水利委员会季刊
时间：1946
卷期：第 3 卷第 2 期　页码：11—13
类型：论文

标题：黄河水利委员会河北修防处组织规程（行政院三十四年十二月二十一日核准、国民政府三十五年一月四日备案、行政院三十五年三月二十三日核准修正、本会三十五年四月五日公布）
来源：水利委员会季刊
时间：1946
卷期：第 3 卷第 2 期　页码：60—61
类型：法规

标题：陆海路开封西中牟县东新黄河
作者：徐心芹
来源：大晚报星期画刊
时间：1946
卷期：第 5 期　页码：10
类型：照片

标题：经建动态
提要：水利
　　　黄河汛区修复期
作者：《贵州经济建设月刊》社
来源：贵州经济建设月刊
时间：1946
卷期：第 1 卷第 1 期　页码：38
类型：新闻

标题：电请拨发卡车汽油增运黄河下游工振面粉
来源：善后救济总署河南分署周报
时间：1946
卷期：第 25 期　页码：3
类型：电报

标题：发刊词
提要：黄河自二十七年花园口决口以来，奔方泛滥，直达东南
来源：黄河堵口复堤工程局月刊
时间：1946
卷期：创刊号　页码：0
类型：发刊词

标题：河南泛区民众对于抗战之贡献及待救之殷切

作者：李鸣钟
来源：黄河堵口复堤工程局月刊
时间：1946
卷期：创刊号　页码：2
类型：通讯报道

标题：黄河堵口复堤工程进行实况
来源：黄河堵口复堤工程局月刊
时间：1946
卷期：创刊号　页码：3—4
类型：通讯报道

标题：未施工前之花园口口门（附图）
来源：黄河堵口复堤工程局月刊
时间：1946
卷期：创刊号　页码：4
类型：通讯报道

标题：堵口工程材料概况
来源：黄河堵口复堤工程局月刊
时间：1946
卷期：创刊号　页码：6
类型：通讯报道

标题：运输处三四月份工作报告
来源：黄河堵口复堤工程局月刊
时间：1946
卷期：创刊号　页码：7—8
类型：报告

标题：黄河堵口复堤工程局组织规程
来源：黄河堵口复堤工程局月刊
时间：1946
卷期：创刊号　页码：9—10
类型：法规

标题：薛主任委员训话要点
来源：黄河堵口复堤工程局月刊
时间：1946
卷期：创刊号　页码：10
类型：讲话

标题：薛主任委员莅工商讨堵口复堤座谈会纪录（三十五年五月一日）
作者：倪京苑　陈伯起
来源：黄河堵口复堤工程局月刊
时间：1946
卷期：创刊号　页码：10
类型：纪录

标题：六月份石料运输报告（三十五年六月一日至二十日）
来源：黄河堵口复堤工程局月刊
时间：1946
卷期：创刊号　页码：
类型：报告

标题：宋院长致薛主任委员电
提要：堵复工程处应依原定计划积极进行未可展缓
来源：黄河堵口复堤工程局月刊
时间：1946
卷期：创刊号　页码：12
类型：电报

标题：黄河堵口复堤工程局
来源：黄河堵口复堤工程局月刊
时间：1946
卷期：创刊号　页码：12
类型：纪录

标题：本局工程费类现金出纳表（中华民国35年4月2日起至35年6月20日止）

来源：黄河堵口复堤工程局月刊
时间：1946
卷期：创刊号　页码：
类型：表格

标题：大事记（四月二十六日至五月二十四日）
提要：（1）专案呈报黄河堵口复堤河南省招购工料委员会预算
来源：黄河堵口复堤工程局月刊
时间：1946
卷期：创刊号　页码：12—15
类型：纪录

标题：黄河堵口复堤河南省工料招购委员会第一次至第二次会议纪录（三十五年五月五日至五月二十五日）（附表）
作者：杜襄
来源：黄河堵口复堤工程局月刊
时间：1946
卷期：创刊号　页码：14—16
类型：纪录

标题：本局员工之卫生及食宿
来源：黄河堵口复堤工程局月刊
时间：1946
卷期：创刊号　页码：18
类型：纪录

标题：本局招待参观人员统计表（三月三十日至五月三十日）
来源：黄河堵口复堤工程局月刊
时间：1946
卷期：创刊号　页码：18—20
类型：表格

标题：东坝材料厂工作略述
作者：张福喜
来源：黄河堵口复堤工程局月刊
时间：1946
卷期：创刊号　页码：20
类型：纪要

标题：东坝服务杂诗（七律四章）
作者：士真
来源：黄河堵口复堤工程局月刊
时间：1946
卷期：创刊号　页码：20—21
类型：诗词

标题：沙土国生活素描
作者：士真
来源：黄河堵口复堤工程局月刊
时间：1946
卷期：创刊号　页码：21—22
类型：随笔

标题：驻工各单位座谈会第一次会议纪录（三十五年六月一日）
作者：赵家璧
来源：黄河堵口复堤工程局月刊
时间：1946
卷期：创刊号　页码：22—24
类型：纪录

标题：水利界同仁箴规
来源：黄河堵口复堤工程局月刊
时间：1946
卷期：创刊号　页码：24—25
类型：箴规

标题：水利界同仁实践新生活办法
作者：薛笃弼

来源：黄河堵口复堤工程局月刊
时间：1946
卷期：创刊号　**页码**：24—25
类型：报道

标题：通讯（治河意见）
提要：友公学长委座钧鉴
　　　　顺奉去岁十月十八日，手势，敬悉关切
来源：黄河堵口复堤工程局月刊
时间：1946
卷期：创刊号　**页码**：25—26
类型：通讯

标题：黄河堵口复堤工程局布告（六月五日）
来源：黄河堵口复堤工程局月刊
时间：1946
卷期：创刊号　**页码**：29
类型：布告

标题：重要报导
提要：蒋周会谈
　　　　黄河复堤工程费已获初步协议，所需全部工赈食粮尚待商
来源：鲁青善救旬刊
时间：1946
卷期：第12期　**页码**：24—25
类型：报导

标题：中共代表周恩来抵沪与救济总署蒋署长讨论黄河堵口工程问题（自左至右）周恩来，福克诺，蒋署长
来源：益世画刊
时间：1946
卷期：第6期　**页码**：0
类型：照片

标题：鲁境黄河复堤工程积极推进
来源：善后救济总署河南分署周报
时间：1946
卷期：第27—28期　**页码**：1—2
类型：新闻

标题：总署动态
提要：周恩来访蒋署长商黄河工程
来源：行总周报
时间：1946
卷期：第17期　**页码**：3
类型：动态

标题：总署动态
提要：中共区黄河工程会谈获协议
来源：行总周报
时间：1946
卷期：第18期　**页码**：2—3
类型：动态

标题：分署动态
提要：河南分署办理黄河复堤工赈
来源：行总周报
时间：1946
卷期：第18期　**页码**：9
类型：动态

标题：重要报导
提要：黄河堵口工程蒋周会谈获协议共区救济问题亦有决定
来源：鲁青善救旬刊
时间：1946
卷期：第13期　**页码**：6—7
类型：报导

标题：黄河之患（国共争执问题之一）
作者：金铃
来源：正报
时间：1946
卷期：新第 2 期　页码：10—11
类型：评论

标题：会闻汇志
提要：3. 参加黄河治本工程研究团
作者：清
来源：淮讯
时间：1946
卷期：创刊号　页码：9
类型：会闻汇志

标题：悬崖，险滩，峭壁——黄河上游的水上交通（附照片）
作者：史仲
来源：联合画报
时间：1946
卷期：第 183—184 期　页码：17
类型：随笔

标题：发放豫北及黄河下游中共区救济物资之经过与数量
来源：善后救济总署河南分署周报
时间：1946
卷期：第 30 期　页码：0
类型：报告

标题：本周业务简报
提要：一、贯台黄河堵口复堤工人数达二千二百余人，惟粉仅有二袋，需粉孔急，特增拨面粉一吨应急
来源：善后救济总署河南分署周报
时间：1946
卷期：第 31 期　页码：6

类型：业务简报

标题：黄河新桥工程即将开始进行，行政院工程计划团规划工作中第一步之实现
来源：征信新闻（重庆）
时间：1946
卷期：第 432 期　页码：1
类型：新闻

标题：黄河堤边谁在堵口
作者：译自《时代周刊》
来源：日月谭周报
时间：1946
卷期：第 20 期　页码：18—19
类型：评论

标题：医疗黄河的猖獗（附图）
作者：蔡一声
来源：新闻天地
时间：1946
卷期：第 15 期　页码：21—22
类型：评论

标题：黄河泛滥形势图
来源：新学生
时间：1946
卷期：第 1 卷第 4 期　页码：6
类型：图片

标题：大时代内整理黄河应施之方针
作者：陈泮岭
来源：黄河堵口复堤工程局月刊
时间：1946
卷期：第 2 期　页码：2—4
类型：评论

标题：黄河堵口复堤工程述概
作者：赵守钰
来源：黄河堵口复堤工程局月刊
时间：1946
卷期：第 2 期　页码：4—7
类型：报道

标题：黄河堵口复堤工程纪实（附图表）
作者：张季春
来源：黄河堵口复堤工程局月刊
时间：1946
卷期：第 2 期　页码：8—9
类型：纪要

标题：本局电黄河水利委员会叙述办理招工购料拨款各经过情形
来源：黄河堵口复堤工程局月刊
时间：1946
卷期：第 2 期　页码：9—10
类型：评论

标题：由堵口工程想到泛区的难胞
作者：许泰岩
来源：黄河堵口复堤工程局月刊
时间：1946
卷期：第 2 期　页码：11—12
类型：评论

标题：潞王坟石料厂被俘员工口述历险的经过
来源：黄河堵口复堤工程局月刊
时间：1946
卷期：第 2 期　页码：14—15
类型：新闻

标题：本局会计室办事细则
来源：黄河堵口复堤工程局月刊
时间：1946
卷期：第 2 期　页码：21—22
类型：细则

标题：黄河堵口复堤工程河南省工料招购委员会组织规程
来源：黄河堵口复堤工程局月刊
时间：1946
卷期：第 2 期　页码：22—23
类型：法规

标题：薛主任委员在汴黄河水利委员会演说词（五月二日）
来源：黄河堵口复堤工程局月刊
时间：1946
卷期：第 2 期　页码：23—24
类型：演说词

标题：本局招待参观人员统计表（六月份）
来源：黄河堵口复堤工程局月刊
时间：1946
卷期：第 2 期　页码：24—25
类型：表格

标题：本局各首长座谈会纪录（三十五年七月一日至七月二日）
作者：赵家璧
来源：黄河堵口复堤工程局月刊
时间：1946
卷期：第 2 期　页码：35—38
类型：纪录

标题：工料招购委员会常务委员会议纪录（三十年八月六日）
作者：杜襄
来源：黄河堵口复堤工程局月刊
时间：1946

卷期：第 2 期　页码：38—39
类型：纪录

标题：薛主任委员函赵兼局长勖勉同仁
来源：黄河堵口复堤工程局月刊
时间：1946
卷期：第 2 期　页码：39—40
类型：通讯

标题：治河意见二
提要：迳启者：顷接徐邦荣君来函……
来源：黄河堵口复堤工程局月刊
时间：1946
卷期：第 2 期　页码：40
类型：通讯

标题：本局及所属单位新任人员表（六月份）
来源：黄河堵口复堤工程局月刊
时间：1946
卷期：第 2 期　页码：40—43
类型：表格

标题：本局及附属单位职员动态表（三十五年六月份）
来源：黄河堵口复堤工程局月刊
时间：1946
卷期：第 2 期　页码：43—44
类型：表格

标题：黄河堵口复堤工程局布告
来源：黄河堵口复堤工程局月刊
时间：1946
卷期：第 2 期　页码：45—46
类型：布告

标题：本局电黄河水利委员会叙述办理招工购料拨款各经过情形（附表格）
来源：黄河堵口复堤工程局月刊
时间：1946
卷期：第 2 期　页码：9—10
类型：公告

标题：装运石料列车符号吨数车号详明表
来源：黄河堵口复堤工程局月刊
时间：1946
卷期：第 2 期　页码：31
类型：表格

标题：七月一日至二十日装运石料方数报告表
来源：黄河堵口复堤工程局月刊
时间：1946
卷期：第 2 期　页码：32
类型：表格

标题：本局工程费类现金出纳表（中华民国35年6月21日起至35年7月20日止）
来源：黄河堵口复堤工程局月刊
时间：1946
卷期：第 2 期　页码：33—34
类型：表格

标题：一周经济（民国三十五年八月五日至十日）
提要：二、工商动态
（四）黄河新桥工程即将开始进行
作者：汤心仪
来源：银行周报
时间：1946
卷期：第 30 卷第 32 期　页码：14
类型：动态

标题：重要报导
提要：兰封所存物资被劫，黄河工程材料下令停运
来源：鲁青善救旬刊
时间：1946
卷期：第15期　页码：8
类型：报导

标题：国内经济新闻述要
提要：七、交通
　　　1. 行政院工程计划团，设计黄河铁桥，业经脱稿……
来源：河北省银行经济半月刊
时间：1946
卷期：第2卷第4期　页码：27
类型：新闻

标题：炸毁黄河大铁桥
作者：［美］Paul Cyr 著　蔡武进译
来源：西点
时间：1946
卷期：第1卷第9期　页码：4—9
类型：杂文

标题：内战与黄河
作者：文心
来源：大威周刊
时间：1946
卷期：第1卷第18期　页码：6
类型：杂文

标题：黄河办煤矿经过
作者：谷均
来源：风光
时间：1946
卷期：第25期　页码：3
类型：杂文

标题：黄河水位续涨
来源：交通部津浦区铁路管理局日报
时间：1946
卷期：第165期　页码：3
类型：杂文

标题：宁夏黄河平原园艺经营调查（附表）
作者：罗时宁　王云鹤
来源：新宁夏
时间：1946
卷期：创刊号　页码：25—27

标题：水利委员会成立五周年纪念敬告水利界全体同仁
作者：薛笃弼
来源：黄河堵口复堤工程局月刊
时间：1946
卷期：第3期　页码：2
类型：告示

标题：黄河水利委员会成立十三周年纪念讲演词
作者：赵守钰
来源：黄河堵口复堤工程局月刊
时间：1946
卷期：第3期　页码：3—5
类型：讲演词

标题：黄河堵口复堤工程计划概要
作者：朱光彩
来源：黄河堵口复堤工程局月刊
时间：1946
卷期：第3期　页码：9—16
类型：杂文

标题：黄河堵口复堤招工购料座谈会纪录（八月二十八日）

作者：阎振兴
来源：黄河堵口复堤工程局月刊
时间：1946
卷期：第 3 期　页码：16—18
类型：纪录

标题：本局与平汉陇海两路局交涉运石车辆经过
来源：黄河堵口复堤工程局月刊
时间：1946
卷期：第 3 期　页码：25—27
类型：报道

标题：本局花园口堵口工程总段组织规程
来源：黄河堵口复堤工程局月刊
时间：1946
卷期：第 3 期　页码：27
类型：法规

标题：本局河南复堤工程总分段组织规程
来源：黄河堵口复堤工程局月刊
时间：1946
卷期：第 3 期　页码：27—28
类型：法规

标题：本局潞王坟石料厂组织规程
来源：黄河堵口复堤工程局月刊
时间：1946
卷期：第 3 期　页码：28—29
类型：法规

标题：本局运输处汽车转运所组织规程
来源：黄河堵口复堤工程局月刊
时间：1946
卷期：第 3 期　页码：29
类型：法规

标题：本局运输处帆船转运所组织规程
来源：黄河堵口复堤工程局月刊
时间：1946
卷期：第 3 期　页码：29—30
类型：法规

标题：水利委员会修正分发专科以上水利或土木系（科）毕业生实习办法
来源：黄河堵口复堤工程局月刊
时间：1946
卷期：第 3 期　页码：30
类型：规定

标题：本局与第一区专署会商改订各县运料里程（附表）
来源：黄河堵口复堤工程局月刊
时间：1946
卷期：第 3 期　页码：30—31
类型：报道

标题：本局为停送木桩致各区县电
来源：黄河堵口复堤工程局月刊
时间：1946
卷期：第 3 期　页码：31
类型：电报

标题：本局大事记（九月一日至十五日）
提要：朱局长暨任顾问循视北一总段大堤，至黄河铁桥一带视察水势
来源：黄河堵口复堤工程局月刊
时间：1946
卷期：第 3 期　页码：31—32
类型：新闻

标题：驻工各单位座谈会第八次、第九次会议纪录（三十五年八月二十四日至九月七日）

作者：赵家璧　陈之德
来源：黄河堵口复堤工程局月刊
时间：1946
卷期：第 3 期　页码：32—35
类型：纪录

标题：源泉老友寄诗道念以长诗报之
作者：观民
来源：黄河堵口复堤工程局月刊
时间：1946
卷期：第 3 期　页码：35
类型：诗词

标题：诗二首
提要：三十五年八月病中忆河工夏景而作
作者：茀章
来源：黄河堵口复堤工程局月刊
时间：1946
卷期：第 3 期　页码：35
类型：诗词

标题：词二首
提要：三十四年秋将自陕作归汴之图有感而作
作者：茀章
来源：黄河堵口复堤工程局月刊
时间：1946
卷期：第 3 期　页码：35—36
类型：诗词

标题：中秋杂咏（并序）
作者：士真
来源：黄河堵口复堤工程局月刊
时间：1946
卷期：第 3 期　页码：36
类型：诗词

标题：花园口工次打油诗（绝句二十首）
作者：丹铭
来源：黄河堵口复堤工程局月刊
时间：1946
卷期：第 3 期　页码：36—37
类型：诗词

标题：本局招商承包料物公告
来源：黄河堵口复堤工程局月刊
时间：1946
卷期：第 3 期　页码：37—40
类型：公告

标题：本局招商承包片石合约
来源：黄河堵口复堤工程局月刊
时间：1946
卷期：第 3 期　页码：40—43
类型：合约

标题：本局各处例行公文汇布登记表（民国三十五年九月上半月）
来源：黄河堵口复堤工程局月刊
时间：1946
卷期：第 3 期　页码：43—44
类型：表格

标题：黄河陕州水位现仍继续上涨
来源：交通部津浦区铁路管理局日报
时间：1946
卷期：第 170 期　页码：4
类型：新闻

标题：黄河水利工专，仍并河大工学院
来源：交通部津浦区铁路管理局日报
时间：1946
卷期：第 171 期　页码：3
类型：新闻

标题：豫省黄河泛区形同人间地狱，民无隔日粮疾病正流行
来源：交通部津浦区铁路管理局日报
时间：1946
卷期：第176期　**页码**：4
类型：新闻

标题：黄河铁桥工程平汉路局派队测量
来源：征信新闻（重庆）
时间：1946
卷期：第468期　**页码**：0
类型：新闻

标题：储运、陆运大队试验成功，铁轨汽车参加平汉路
提要：由汉至郑仅十六小时，运黄河器材日增百吨
来源：行总周报
时间：1946
卷期：第24期　**页码**：6
类型：新闻

标题：中国之隐忧，灾情惨重之黄河区
来源：益世画刊
时间：1946
卷期：第24期　**页码**：1
类型：照片

标题：善后救济中心工作之黄河堵复工程
作者：李家琛
来源：善后救济总署广东分署周报
时间：1946
卷期：第1卷第24期　**页码**：1—2
类型：新闻

标题：各路要闻
提要：黄河新铁桥决日内动工预定三年内完成
来源：湘桂黔旬刊
时间：1946
卷期：第1卷第4期　**页码**：13
类型：新闻

标题：黄河堵口的内幕
提要：害苦了老百姓
作者：天如
来源：南北（北平）
时间：1946
卷期：第1卷第4期　**页码**：9
类型：新闻

标题：重建黄河铁桥，已与美商订立合同
来源：湘桂黔旬刊
时间：1946
卷期：第1卷第5期　**页码**：14
类型：新闻

标题：控制黄河洪流问题之商榷
作者：黄长龄
来源：西北农报
时间：1946
卷期：第1卷第2期　**页码**：5—10
类型：论文

标题：黄河花园口堵口工程进展状况及汛后施工方法之商榷（附表）
来源：黄河堵口复堤工程局月刊
时间：1946
卷期：第4期　**页码**：2—4
类型：报告

标题：花园口堵口暨下游复堤工程进度概况（附图表）
来源：黄河堵口复堤工程局月刊

时间：1946
卷期：第 4 期　页码：4—6
类型：报告

标题：花园口决口后整修豫境黄泛工程概况
作者：宁祥瑞
来源：黄河堵口复堤工程局月刊
时间：1946
卷期：第 4 期　页码：6—10
类型：报告

标题：薛委员长函勉同仁廉洁自持慎选贤能（朱局长转函所属各单位主官应切实凛遵）
来源：黄河堵口复堤工程局月刊
时间：1946
卷期：第 4 期　页码：10—11
类型：公函

标题：本局第四次至第七次局务会议纪录（三十五年九月七日至九月二十八日）
作者：熊琰光
来源：黄河堵口复堤工程局月刊
时间：1946
卷期：第 4 期　页码：11—18
类型：纪录

标题：本局电讯所组织简章
来源：黄河堵口复堤工程局月刊
时间：1946
卷期：第 4 期　页码：18
类型：简章

标题：本局材料处处理材料暂行办法
来源：黄河堵口复堤工程局月刊
时间：1946
卷期：第 4 期　页码：19—20
类型：法规

标题：今后豫境复堤工程招工改善办法
来源：黄河堵口复堤工程局月刊
时间：1946
卷期：第 4 期　页码：20—21
类型：法规

标题：本局处理文件调卷归档手续须知
来源：黄河堵口复堤工程局月刊
时间：1946
卷期：第 4 期　页码：22
类型：法规

标题：本局首长及各总段段长联欢座谈会纪录（九月十六）
作者：胡致民
来源：黄河堵口复堤工程局月刊
时间：1946
卷期：第 4 期　页码：22—24
类型：纪录

标题：驻工各单位座谈会第十次会议纪录（三十五年九月二十一日）
作者：莫鸿勋
来源：黄河堵口复堤工程局月刊
时间：1946
卷期：第 4 期　页码：24—25
类型：纪录

标题：本局九月三十日纪念周纪录
作者：熊琰光
来源：黄河堵口复堤工程局月刊
时间：1946
卷期：第 4 期　页码：25

类型：纪录

标题：本局致第一、四区专员公署电
来源：黄河堵口复堤工程局月刊
时间：1946
卷期：第4期　**页码**：26
类型：电报

标题：本局为停止送料及清发料款致第五、十、十二各区县电（附表）
来源：黄河堵口复堤工程局月刊
时间：1946
卷期：第4期　**页码**：26—28
类型：电报

标题：常庄村居即事
作者：观民
来源：黄河堵口复堤工程局月刊
时间：1946
卷期：第4期　**页码**：28
类型：随笔

标题：本局招商承包河南复堤土工公告
来源：黄河堵口复堤工程局月刊
时间：1946
卷期：第4期　**页码**：31
类型：公告

标题：本局河南复堤××工程总段复堤土方包工合约格式
来源：黄河堵口复堤工程局月刊
时间：1946
卷期：第4期　**页码**：31—36
类型：表格

标题：本局各处室例行公文汇布登记表（民国三十五年十月十五日）
来源：黄河堵口复堤工程局月刊
时间：1946
卷期：第4期　**页码**：37
类型：表格

标题：黄河堵口工次漫题
作者：丹铭
来源：黄河堵口复堤工程局月刊
时间：1946
卷期：第4期　**页码**：53
类型：诗词

标题：黄河水利委员会黄河堵口复堤工程局工程费类现金出纳表（中华民国35年8月21日起至35年9月20日止）
来源：黄河堵口复堤工程局月刊
时间：1946
卷期：第4期　**页码**：29—30
类型：表格

标题：（花园口）八月二十一日至九月二十日表运石料方数报告表
来源：黄河堵口复堤工程局月刊
时间：1946
卷期：第4期　**页码**：31
类型：表格

标题：黄河边上
作者：言半默
来源：希望（上海1945）
时间：1946
卷期：第2卷第4期　**页码**：262—270
类型：表格

标题：黄河是被大禹治坏的
作者：昨非

来源：民声（上海 1946）
时间：1946
卷期：第 1 卷第 3 期　页码：8
类型：表格

标题：黄河铁桥测量完竣，改建工程由美公司设计，我工程师赴美四个月返国，钻采工作拟定下月初开始
来源：征信新闻（重庆）
时间：1946
卷期：第 496 期　页码：4
类型：新闻

标题：工程零讯
提要：黄河堵口工程美籍技术顾问顽固不化
作者：本刊资料室
来源：工程界
时间：1946
卷期：第 2 卷第 1 期　页码：2
类型：新闻

标题：国内消息
提要：长江黄河两大水利工程计划
作者：文
来源：科学
时间：1946
卷期：第 28 卷第 5 期　页码：242
类型：新闻

标题：河南农民的副业（选）
提要：数万农民参加黄河堵口工程
来源：时兆月报
时间：1946
卷期：第 41 卷第 11 期　页码：18—19
类型：照片

标题：寄往黄河岸上
作者：静之
来源：建国青年
时间：1946
卷期：第 3 卷第 4 期　页码：19—20
类型：随笔

标题："课余闲谈录"
提要：二、黄河古桥考
作者：赵国华
来源：工程报导
时间：1946
卷期：第 21 期　页码：0
类型：随笔

标题：沈副委员长莅工训话纪录（三十五年十月二十五日）
作者：赵家璧
来源：黄河堵口复堤工程局月刊
时间：1946
卷期：第 5 期　页码：2—3
类型：纪录

标题：堵口复堤工程座谈会纪录（三十五年十月二十三日至十月二十六日）
作者：左纪彭　赵家璧　瞿文琳
来源：黄河堵口复堤工程局月刊
时间：1946
卷期：第 5 期　页码：3—9
类型：纪录

标题：黄河堵口复堤工程作报告（三十五年十月三十一日）（附表）
来源：黄河堵口复堤工程局月刊
时间：1946
卷期：第 5 期　页码：10—12
类型：报告

标题：本局复堤工程进行程序及工料分
配数量清单
来源：黄河堵口复堤工程局月刊
时间：1946
卷期：第 5 期　页码：14
类型：清单

标题：本局黑石关石料厂组织规程
来源：黄河堵口复堤工程局月刊
时间：1946
卷期：第 5 期　页码：14—15
类型：法规

标题：本局第八至十次局务会议纪录（十
月五日至十一月二日）
作者：熊琰光　赵家璧
来源：黄河堵口复堤工程局月刊
时间：1946
卷期：第 5 期　页码：15—21
类型：纪录

标题：本局训令（一）（局光计字第四〇
五号　民国三十五年十一月九日）
提要：为抄发驻工稽察办法一份令仰遵
照由
来源：黄河堵口复堤工程局月刊
时间：1946
卷期：第 5 期　页码：20—21
类型：训令

标题：驻工各单位第十一次、第十二次
座谈会纪录（三十五年十月五日
至十月十九日）
作者：胡致民　赵家璧
来源：黄河堵口复堤工程局月刊
时间：1946
卷期：第 5 期　页码：24—25

类型：纪录

标题：本局纪念周纪录
提要：十月七日陶总工程师报告口门最
近概况
作者：赵家璧
来源：黄河堵口复堤工程局月刊
时间：1946
卷期：第 5 期　页码：26—27
类型：纪录

标题：本局纪念周纪录
摘要：李处长报告合作社筹备经过情形
来源：黄河堵口复堤工程局月刊
时间：1946
卷期：第 5 期　页码：27
类型：纪录

标题：本局纪念周纪录
提要：十月十四日阎处长演说防洪问题
作者：赵家璧
来源：黄河堵口复堤工程局月刊
时间：1946
卷期：第 5 期　页码：27—28
类型：纪录

标题：河滨杂咏
作者：士真
来源：黄河堵口复堤工程局月刊
时间：1946
卷期：第 5 期　页码：29
类型：诗词

标题：本局纪念周纪录
摘要：局长训话
来源：黄河堵口复堤工程局月刊
时间：1946

卷期：第 5 期　页码：29
类型：纪录

标题：旅汴旧作
作者：士真
来源：黄河堵口复堤工程局月刊
时间：1946
卷期：第 5 期　页码：29—30
类型：随笔

标题：咏黄泛区
作者：丹铭
来源：黄河堵口复堤工程局月刊
时间：1946
卷期：第 5 期　页码：30
类型：诗词

标题：本局训令（二）（局光计字第三三二号　民国三十五年十月二十一日）
提要：为印发员工出差报支旅费办法一份由十月一日起施行仰即遵照由
来源：黄河堵口复堤工程局月刊
时间：1946
卷期：第 5 期　页码：31—32
类型：训令

标题：本局黑石关石料厂招标公告（局光材字第四一九号）（附表）
来源：黄河堵口复堤工程局月刊
时间：1946
卷期：第 5 期　页码：32—35
类型：公告

标题：本局各处例行公文汇布登记表（民国三十五年十一月十六日）
来源：黄河堵口复堤工程局月刊
时间：1946
卷期：第 5 期　页码：36—40
类型：表格

标题：黄河复堤工程冀鲁豫土方分配及进展图
作者：田荣光
来源：黄河堵口复堤工程局月刊
时间：1946
卷期：第 5 期　页码：15
类型：图表

标题：陕州还园口水位曲线图（十月份）
来源：黄河堵口复堤工程局月刊
时间：1946
卷期：第 5 期　页码：16
类型：图表

标题：本局现金出纳表（中华民国 35 年 9 月 21 日起至 35 年 10 月 20 日止）
来源：黄河堵口复堤工程局月刊
时间：1946
卷期：第 5 期　页码：28
类型：表格

标题：公教益闻
提要：黄河复归故道传教士工作忙
来源：圣心报
时间：1946
卷期：第 60 卷第 12 期　页码：395—396
类型：新闻

标题：黄河治本研究团团长张含英谈黄河河政
提要：黄河要治好·尚须五十年
来源：观察
时间：1946

卷期：第 1 卷第 13 期　页码：19—20
类型：新闻

标题：萨凡奇将赴黄河勘察
来源：征信新闻（南京）
时间：1946
卷期：第 71 期　页码：2
类型：新闻

标题：经建动态
提要：交通
　　　黄河新铁桥三年内完成
来源：贵州经济建设月刊
时间：1946
卷期：第 1 卷第 4 期　页码：43
类型：动态

标题：惊人的预言！
提要：中国的大患，中国的浪子！
　　　黄河真会变成沙漠吗？
作者：张含英
来源：广播周报
时间：1946
卷期：复 14　页码：3—4
类型：新闻

标题：黄河水流向东方！
来源：雍华图文杂志
时间：1946
卷期：第 1 期　页码：21
类型：新闻

标题：霍总署长与各方商讨黄河堵口问题
来源：善后救济总署河南分署周报
时间：1946
卷期：第 47 期　页码：5
类型：新闻

标题：行总消息
提要：行总与有关机关会商黄河堵口复道问题
来源：行政院善后救济总署广东分署周报
时间：1946
卷期：第 1 卷第 33 期　页码：7—8
类型：新闻

标题：黄河堵口救济费已拨交中共转发
来源：善后救济总署河南分署周报
时间：1946
卷期：第 48 期　页码：4
类型：新闻

标题：农事消息
提要：黄河泛滥区使用农业机械的情形
提要：训练新农民，使用曳引机
来源：现代农民
时间：1946
卷期：第 9 卷第 12 期　页码：16
类型：新闻

标题：黄河堵口工程
提要：明年一月完成
来源：行总周报
时间：1946
卷期：第 35 期　页码：4
类型：新闻

标题：黄河流域行道树之选择（续）
作者：崔友文
来源：西北农报
时间：1946
卷期：第 1 卷第 4 期　页码：38—41
类型：新闻

标题：工程纪要

提要：（丙）公路
黄河三渡之兰宁公路全线通车
来源：工学通讯
时间：1946
卷期：第 106 期　**页码**：3
类型：纪要

标题：国内时事一周
提要：经济动态
黄河水利顾问团
来源：外交部周报
时间：1946
卷期：第 6 期　**页码**：2
类型：新闻

标题：行总消息
提要：行总顾问凌道扬谈今后任务将从事黄河泛区复兴工作
来源：行政院善后救济总署广东分署周报
时间：1946
卷期：第 1 卷第 35 期　**页码**：12—13
类型：新闻

标题：一周金融经济述要（十二月八日至十四日）
提要：美籍专家考察黄河水利
来源：金融周刊
时间：1946
卷期：第 7 卷第 51 期　**页码**：16
类型：新闻

标题：勘查永济黄河堤防工程报告（十一月廿五日）
作者：谢锡爵
来源：善后救济总署晋绥察分署周报
时间：1946
卷期：第 52 期　**页码**：8—10
类型：报告

标题：社政要闻
提要：（1）本年黄河暴涨沿河水车等均被冲毁，据记总数在百
来源：社政通讯
时间：1946
卷期：第 21—23 期　**页码**：3，5—7
类型：新闻

标题：黄河治本研究团张含英实地考察黄河地区，现已返京正赶拟报告……
来源：征信新闻（南京）
时间：1946
卷期：第 102 期　**页码**：4
类型：新闻

标题：新中国的进展
提要：桥梁
平汉路黄河大桥战时炸毁，计划重建，已开始勘察
来源：科学大众
时间：1946
卷期：第 1 卷第 3 期　**页码**：97
类型：新闻

标题：黄河·长江——中国两根文化的流派
作者：李塞风
来源：月刊
时间：1946
卷期：第 2 卷第 4 期　**页码**：34—38
类型：随笔

标题：平汉铁路黄河桥
作者：黄慕思

来源：工程（武汉版）
时间：1946
卷期：第 2 期　页码：98—103
类型：随笔

标题：新闻天地
提要：周恩来，最近为了同"行总"就商黄河堵口工作，同共军控区下的救济问题，到上海后，镇日忙碌。
来源：一四七画报
时间：1946
卷期：第 5 卷第 4 期　页码：2
类型：新闻

标题：地理散篇摆动着的黄河（附图）
作者：史坚
来源：青年知识（香港）

时间：1946
卷期：新 8　页码：10—11
类型：随笔

标题：米喇嘛峡拦水坝
提要：黄河上游最大工程
来源：学生导报
时间：1946
卷期：第 8 期　页码：5
类型：新闻

标题：黄河里有漩涡
作者：小黄
来源：新音乐月刊
时间：1946
卷期：第 6 卷第 1 期　页码：10
类型：歌曲

1947 年

标题：黄河堵口问题
来源：正论出版社
时间：1947
类型：图书

标题：黄河流域游记
来源：大东书局
时间：1947
类型：图书

标题：黄河堵口工程
来源：行政院新闻局
时间：1947
类型：图书

标题：黄河治本论
作者：成甫隆
来源：笃一轩
时间：1947
类型：图书

标题：黄河安澜特刊
来源：黄河水利工程总局
时间：1947
类型：图书

标题：黄河花园口合龙纪念册
来源：黄河堵口复堤工程局
时间：1947
类型：图书

标题：黄河上中游考察报告
来源：水利委员会
时间：1947
类型：图书

标题：黄河泛区善后建设会议纪录
来源：河南省政府
时间：1947
类型：图书

标题：豫冀鲁三省黄河视察报告
来源：黄河水利工程总局
时间：1947
类型：图书

标题：黄河堵口复堤硪工施工情形
来源：河南善救分署周报
时间：1947
卷期：第51期　页码：封1
类型：照片

标题：豫灾写生画
提要：黄河边
作者：黄胄
来源：雍华图文杂志
时间：1947
卷期：第2期　页码：14—15

— 715 —

类型：图片

标题：再修中牟黄河便桥记
来源：工学通讯
时间：1947
卷期：第 201 期　页码：1—2
类型：纪要

标题：中牟黄河便桥施工纪实
作者：吴士恩
来源：工学通讯
时间：1947
卷期：第 201 期　页码：2—4
类型：纪要

标题：行总消息
提要：行总联总水委会发放黄河居民搬迁费百五亿元救济人数达十六万
来源：行政院善后救济总署广东分署周报
时间：1947
卷期：第 1 卷第 38 期　页码：7—8
类型：新闻

标题：黄河上的曙光
作者：张含英　刘子祯
来源：行总周报
时间：1947
卷期：第 39 期　页码：13—14
类型：纪要

标题：国内时事
提要：水利
　　　中共阻挠黄河堵口
来源：外交部周报
时间：1947
卷期：第 10 期　页码：2
类型：新闻

标题：行总消息
提要：行总在沪召开会议解决黄河堵复问题
提要：黄河故道救济问题行总有新声明
来源：行政院善后救济总署广东分署周报
时间：1947
卷期：第 1 卷第 39 期　页码：10
文献类型：新闻

标题：国际·国内半月善救新闻
提要：黄河居民迁移费，政府决日内发放
来源：江西善救
时间：1947
卷期：第 1 期　页码：20
类型：新闻

标题：一周时事述评
提要：黄河堵口复堤事件之阻碍
来源：中央周刊
时间：1947
卷期：第 9 卷第 3 期　页码：17
类型：新闻

标题：黄河堵口复堤工程工作报告（本局提出工程师学会开封分会年会之报告）
来源：黄河堵口复堤工程局月刊
时间：1947
卷期：第 6—7 期　页码：2—6
类型：报告

标题：补打花园口口门便桥泛期冲毁桩工经过
来源：黄河堵口复堤工程局月刊
时间：1947
卷期：第 6—7 期　页码：6—11
类型：随笔

标题：本局北一工程总段孟温武陟各泛勘查报告（附图表）
来源：黄河堵口复堤工程局月刊
时间：1947
卷期：第 6—7 期　页码：11—13
类型：报告

标题：东虹桥暨五车口堵口工程计划
来源：黄河堵口复堤工程局月刊
时间：1947
卷期：第 6—7 期　页码：13—19
类型：计划

标题：堵复工程进行之波折
来源：黄河堵口复堤工程局月刊
时间：1947
卷期：第 6—7 期　页码：15—19
类型：随笔

标题：薛委员长一月六日在水利委员会纪念周演说词
来源：黄河堵口复堤工程局月刊
时间：1947
卷期：第 6—7 期　页码：19—22
类型：演说词

标题：薛委员长暨沈副委员长致黄委会赵委员长电
来源：黄河堵口复堤工程局月刊
时间：1947
卷期：第 6—7 期　页码：22
类型：电报

标题：豫冀鲁三省沿河军民协助复堤办法（三十五年十一月）
来源：黄河堵口复堤工程局月刊
时间：1947

卷期：第 6—7 期　页码：22—23
类型：法规

标题：须技监姚科长莅工座谈会纪录（三十五年十二月二十四日）
作者：左起彭
来源：黄河堵口复堤工程局月刊
时间：1947
卷期：第 6—7 期　页码：23—25
类型：纪录

标题：本局第十一次至第十四次局务会议纪录（三十五年十一月九日至三十六年元月十一日）
作者：赵家璧
来源：黄河堵口复堤工程局月刊
时间：1947
卷期：第 6—7 期　页码：25—33
类型：纪录

标题：本局各处室首长及驻工审计座谈会纪录（三十五年十一月十二日）
作者：瞿文琳
来源：黄河堵口复堤工程局月刊
时间：1947
卷期：第 6—7 期　页码：34—36
类型：纪录

标题：本局各处室科与驻工审计联席会议纪录（三十六年元月六日）
来源：黄河堵口复堤工程局月刊
时间：1947
卷期：第 6—7 期　页码：37—39
类型：纪录

标题：本局纪念周纪录
提要：十月二十八日材料处瞿处长报告

来源：黄河堵口复堤工程局月刊
时间：1947
卷期：第6—7期　页码：39—41
类型：报告

标题：本局纪念周纪录
提要：十一月四日左副总工程师报告
来源：黄河堵口复堤工程局月刊
时间：1947
卷期：第6—7期　页码：41—43
类型：报告

标题：本局纪念周纪录
提要：十一月二十五日李总务处长报告
来源：黄河堵口复堤工程局月刊
时间：1947
卷期：第6—7期　页码：43—44
类型：报告

标题：河南泛区暨周口各界庆祝安澜大会志盛
作者：未庐
来源：黄河堵口复堤工程局月刊
时间：1947
卷期：第6—7期　页码：44—45
类型：新闻

标题：本局大事记（三十五年十一月十六日至三十六年一月十五日）
提要：（1）陶总工程师移住工地，以便画夜督导施工
来源：黄河堵口复堤工程局月刊
时间：1947
卷期：第6—7期　页码：45—48
类型：新闻

标题：冬日漫兴（四律并序）
作者：士真
来源：黄河堵口复堤工程局月刊
时间：1947
卷期：第6—7期　页码：49
类型：诗词

标题：黄河堵口复堤工程局月刊题词
作者：陶慕潜
来源：黄河堵口复堤工程局月刊
时间：1947
卷期：第6—7期　页码：50
类型：诗词

标题：丙戌秋黄河工次杂咏
作者：孔洞明
来源：黄河堵口复堤工程局月刊
时间：1947
卷期：第6—7期　页码：50
类型：诗词

标题：仲各既望同事黄君九荣到差谈次议为二十年前旧同即仁晚属句志感
作者：孔洞明
来源：黄河堵口复堤工程局月刊
时间：1947
卷期：第6—7期　页码：50
类型：诗词

标题：咏黄河（七绝十六首）
作者：丹铭
来源：黄河堵口复堤工程局月刊
时间：1947
卷期：第6—7期　页码：50—51
类型：诗词

标题：柳村诗话（续前）

作者：曼平
来源：黄河堵口复堤工程局月刊
时间：1947
卷期：第6—7期　页码：51
类型：诗词

标题：悼万君传第
作者：王曼平
来源：黄河堵口复堤工程局月刊
时间：1947
卷期：第6—7期　页码：51—52
类型：悼词

标题：本局训令（一）（局光计字第五一一号　民国三十五年十二月四日）
提要：为随令颁发长期出差旅费交给办法仰知照由
来源：黄河堵口复堤工程局月刊
时间：1947
卷期：第6—7期　页码：53—54
类型：训令

标题：本局训令（二）（局光计字第五七九号　民国三十五年十二月）
提要：查本局前订员工加班费办法，今值工作加紧亟应修改
来源：黄河堵口复堤工程局月刊
时间：1947
卷期：第6—7期　页码：54
类型：训令

标题：本局通令（民国三十六年一月）
提要：奉令告诫同仁廉洁自持树立风范等因转行遵照由
来源：黄河堵口复堤工程局月刊
时间：1947
卷期：第6—7期　页码：54—55

类型：通令

标题：本局招商承造运石木方船公告（三十五年十二月）（附表）
来源：黄河堵口复堤工程局月刊
时间：1947
卷期：第6—7期　页码：55—56
类型：公告

标题：本局各处室例行公文汇布登记表（三十五年十二月十三日）
来源：黄河堵口复堤工程局月刊
时间：1947
卷期：第6—7期　页码：57—59
类型：表格

标题：国内经济动态（三十六年一月六日至十二日）
提要：黄河堵口放水，引起轩然大波：历史上空前悲剧将临
来源：经济周报
时间：1947
卷期：第4卷第3期　页码：6
类型：动态

标题：医治黄河
作者：周雯
来源：民声（上海1946）
时间：1947
卷期：第3卷第3期　页码：13
类型：时评

标题：黄河堵口背后的阴谋
来源：评论报
时间：1947
卷期：第11/12期　页码：9

标题：黄河堵口问题困难多，商讨尚未获得协议
来源：善后救济总署河南分署周报
时间：1947
卷期：第 54 期　页码：2
类型：新闻

标题：我对于治黄河之基本看法
作者：张含英
来源：世纪评论
时间：1947
卷期：第 1 卷第 4 期　页码：10—12
类型：评论

标题：国内时事
提要：水利
　　　为黄河堵口工程薛笃弼函董必武
来源：外交部周报
时间：1947
卷期：第 12 期　页码：2
类型：新闻

标题：黄河泛区现状与善后计划马署长在黄泛区善后建设会议报告
来源：善后救济总署河南分署周报
时间：1947
卷期：第 55 期　页码：1—4
类型：报告

标题：国内经济纪要（自元月十二日至二十五日）
提要：黄河堵复问题
作者：王雷鸣
来源：金融周报
时间：1947
卷期：第 16 卷第 4/5 期　页码：10—11
类型：纪要

标题：经济短信
提要：美专家来华研究黄河治本计划
来源：商业月报
时间：1947
卷期：第 23 卷第 1 期　页码：10
类型：新闻

标题：行总邀集有关各方商谈黄河堵口情形及堵口工作之作辍利害
来源：水利通讯
时间：1947
卷期：第 1 期　页码：30
类型：新闻

标题：国内大事记（十月十五日至十二月）
提要：中央政情
　　　丙、交通建设：美籍专家考察黄河水利
来源：蒙藏月报
时间：1947
卷期：第 18 卷第 11—12 期　页码：9—10
类型：新闻

标题：黄河泛区六大问题：王副署长元月二十八日广播
来源：善后救济总署河南分署周报
时间：1947
卷期：第 56 期　页码：1—3
类型：新闻

标题：国内时事
摘要：水利
　　　黄河堵口工作继续进行
来源：外交部周报
时间：1947
卷期：第 13 期　页码：3

类型：新闻

标题：一周时事述评
提要：黄河堵口将功败垂成
来源：中央周刊
时间：1947
卷期：第 9 卷第 5/6 期　页码：51
类型：新闻

标题：黄河堵口问题党争的内幕
作者：华清
来源：中坚
时间：1947
卷期：第 3 卷第 2 期　页码：25—26
类型：评论

标题：黄河堵复工程会计
作者：许元新
来源：公信会计月刊
时间：1947
卷期：第 10 卷第 2 期　页码：35—36
类型：统计

标题：平汉路黄河大桥下半年内可能动
　　　工改建
来源：征信新闻（重庆）
时间：1947
卷期：第 586 期　页码：6
类型：新闻

标题：行总消息
提要：行总邀有关机关举行黄河工程会
　　　议筑堤工作将继续进行
来源：行政院善后救济总署广东分署半
　　　月刊
时间：1947
卷期：第 1 卷第 43 期　页码：24

类型：新闻

标题：国内时事
提要：水利
　　　黄河工程协议三点
来源：外交部周报
时间：1947
卷期：第 15 期　页码：2
类型：新闻

标题：中国工商
提要：山东
　　　黄河之水本月入鲁
来源：上海工商
时间：1947
卷期：第 1 卷第 8 期　页码：30
类型：新闻

标题：编者广播
提要：中国的大患
　　　黄河，我们相信可以利用科学去
　　　征服它的祸难赵守钰先生提出的
　　　防洪问题，便想彻底解决若干工
　　　程上的困难
来源：广播周报
时间：1947
卷期：复 24　页码：1
类型：新闻

标题：黄河堵口复堤问题获得协议
来源：善后救济总署河南分署周报
时间：1947
卷期：第 58—59 期　页码：4
类型：新闻

标题：黄河工程木桩，首批抵汉转运
来源：征信新闻（南京）

时间：1947
卷期：第 146 期　页码：3
类型：新闻

标题：国内经济纪要（自二月十六日至二十二日）
提要：黄河堵口复堤问题获得解决
作者：王雷鸣
来源：金融周报
时间：1947
卷期：第 16 卷第 9 期　页码：6
类型：纪要

标题：本会重要消息
提要：一、薛委员长偕技正杨乃俊等一行于一月二十八日由京飞抵郑州视察黄河花园口堵口工程于二月三日公毕返会等
来源：水利通讯
时间：1947
卷期：第 2 期　页码：23
类型：新闻

标题：黄河问题的根本解决
作者：铁明
来源：行政院善后救济总署广东分署半月刊
时间：1947
卷期：第 1 卷第 44 期　页码：3—5
类型：评论

标题：治理黄河工程之过去与将来
作者：詹汝珊
来源：河北省银行经济半月刊
时间：1947
卷期：第 3 卷第 3 期　页码：25—29
类型：评论

标题：黄河泛区图（附图、照片）
来源：寰球
时间：1947
卷期：第 16 期　页码：3
类型：报道

标题：二月份主要业务活动概述
提要：丁、技术方面
　　　（一）审核黄河渡船计划
来源：鲁青善救月刊
时间：1947
卷期：第 30 期　页码：13
类型：报告

标题：运送黄河下游居民迁移费（日记）（附图）
来源：善后救济总署河南分署周报
时间：1947
卷期：第 60 期　页码：11—12
类型：日记

标题：黄河下游民迁费运达
来源：善后救济总署河南分署周报
时间：1947
卷期：第 60 期　页码：14
类型：报告

标题：黄河堵口协议圆满解决
提要：旧道河床居民迁移问题，由联总，行总，水委会及中共合组五人委员会共同办理
来源：行总周报
时间：1947
卷期：第 48 期　页码：1
类型：新闻

标题：黄河泛区损失统计

来源：善后救济总署河南分署周报
时间：1947
卷期：第 62 期　页码：2
类型：新闻

标题：社政短信（十二则）
提要：9. 组训黄河渡口民船船员：黄河渡口民船船员素极散漫，值此奸匪到处阴谋扰乱之际，急应加强组训，以资防制，兹经本处与有关各方会商，拟定黄河渡口民船船员登记管理所组织规程一种，提由省府委员会议核议，俟通过后，即行设立机构登记船员，加以组训
来源：河南社政月刊
时间：1947
卷期：第 7 期　页码：17
类型：新闻

标题：黄河边上
作者：杨天彪
来源：新文艺（山西）
时间：1947
卷期：第 1 卷第 1 期　页码：19—23
类型：诗歌

标题：局务纪要
提要：翻修黄河铁侨
来源：西北公路公报
时间：1947
卷期：第 9 卷第 1—2 期　页码：28
类型：新闻

标题：本署办理黄河堵口工振施工情形
来源：善后救济总署河南分署周报
时间：1947
卷期：第 63 期　页码：0
类型：照片

标题：黄河工振办理经过
来源：善后救济总署河南分署周报
时间：1947
卷期：第 63 期　页码：4—5
类型：新闻

标题：黄河堵口复堤的悲哀
提要：人为"黄祸"徒苦吾民
　　　花园口黄河堵口情形
来源：科学时代
时间：1947
卷期：第 2 卷第 3 期　页码：7
类型：照片

标题：国内经济纪要（自三月十六日至二十二日）
提要：花园口黄河堵口合龙
作者：王雷鸣
来源：金融周报
时间：1947
卷期：第 16 卷第 13 期　页码：1—2
类型：纪要

标题：黄河堵口的惨剧
来源：群众
时间：1947
卷期：第 9 期　页码：7—8
类型：评论

标题：本会重要消息
提要：一、黄河花园口决口庆告合龙；
　　　二、刨毁洞庭湖天祐垸问题解决；
　　　三、奖励兴办水利事业出力人员；
　　　四、奖励水利学术

来源：水利通讯
时间：1947
卷期：第 3 期　**页码**：10—11
类型：新闻

标题：黄河堵口庆告成功流落陕甘难民争先还乡
来源：善后救济总署河南分署周报
时间：1947
卷期：第 64 期　**页码**：1
类型：新闻

标题：黄河流域的天气和气候
作者：庐鋆　魏文泽
来源：地理教学
时间：1947
卷期：第 2 卷第 1 期　**页码**：9—14
类型：论文

标题：科学新闻
提要：工程
　　　黄河上游最大工程米喇嘛峡拦水坝
来源：科学画报
时间：1947
卷期：第 13 卷第 3 期　**页码**：202
类型：新闻

标题：黄河泛滥区复兴工作积极筹备中
来源：中华农学会通讯
时间：1947
卷期：第 71/72 期　**页码**：16—17
类型：新闻

标题：黄河堵口
提要：填覆数层细竹砂土后，工人用铁饼击压，使土层坚固
来源：南洋（吧城）
时间：1947
卷期：第 15 期　**页码**：1 页
类型：照片

标题：黄河堵口
提要：联总资助之器械在河口工作情形
来源：南洋（吧城）
时间：1947
卷期：第 15 期　**页码**：1 页
类型：照片

标题：黄河下游的屈肢葬问题（第二次探掘安杨大司空村南地简报附论之一）
提要：一、引言；
　　　二、大司空村的屈肢葬与直肢葬；
　　　三、玻璃阁城子崖的屈肢葬；
　　　四、各屈肢葬的时代；
　　　五、屈肢葬与直肢葬同时并行；
　　　六、屈肢葬的来源问题；
　　　七、结论（附照片）
作者：高去寻
来源：中国考古学报：国立中央研究院历史语言研究所专刊之十三
时间：1947
卷期：第 2 期　**页码**：121—166
类型：论文

标题：黄河——中国的忧患（附图表、照片）
作者：范家骅
来源：科学画报
时间：1947
卷期：第 13 卷第 3 期　**页码**：141—145
类型：论文

标题：工程消息

提要：治黄顾问团查勘黄河（附照片）
作者：华
来源：科学画报
时间：1947
卷期：第 13 卷第 3 期　**页码**：145
类型：新闻

标题：国内经济动态
提要：黄河泛区损失统计
来源：商业月报
时间：1947
卷期：第 23 卷第 3 期　**页码**：9
类型：动态

标题：黄河堵口石碴运输状况（附图）
来源：平汉半月刊
时间：1947
卷期：第 1 卷第 1 期　**页码**：1 页
类型：报道

标题：黄河发源天上
作者：复君
来源：论语
时间：1947
卷期：第 126 期　**页码**：41
类型：随笔

标题：对蒋介石违约实行黄河堵口，董必武发表声明
来源：群众
时间：1947
卷期：第 10 期　**页码**：10
类型：新闻

标题：黄河堵口复堤的悲哀
提要：人为"黄祸"徒苦吾民
　　　　由木桥上抛石情形

来源：科学时代
时间：1947
卷期：第 2 卷第 3 期　**页码**：6
类型：照片

标题：大部业务通讯摘录
提要：新乡黄河岸各站形势紧张
来源：交通部平津区铁路管理局公报
时间：1947
卷期：第 2 卷第 35 期　**页码**：7
类型：通讯

标题：行总消息
提要：黄河堵口协议圆满解决
　　　　旧道河床居民迁移问题由联总行总水委会及中共合组五人委员会共同办理
来源：行政院善后救济总署广东分署半月刊
时间：1947
卷期：第 1 卷第 47 期　**页码**：12
类型：新闻

标题：黄河复归故道
来源：半月新闻（杭州）
时间：1947
卷期：第 6 期　**页码**：25
类型：新闻

标题：黄河往哪里流？花园口堵复工程
作者：杜圭林
来源：工程界
时间：1947
卷期：第 2 卷第 6 期　**页码**：3—7
类型：评论

标题：黄河治本计划

作者：文灏
来源：科学
时间：1947
卷期：第29卷第4期　页码：108
类型：计划

标题：从黄河到长江的军事大转盘（附图）
来源：观察
时间：1947
卷期：第3卷第6期　页码：17—19
类型：评论

标题：论黄河铁桥
作者：陈士伟
来源：平汉半月刊
时间：1947
卷期：第1卷第3期　页码：8—9
类型：随笔

标题：黄河水
作者：罗竹风
来源：大威周刊
时间：1947
卷期：第2卷第11期　页码：1—2
类型：随笔

标题：黄河改道与水利问题（附图）
作者：沈豹君
来源：建苏
时间：1947
卷期：第1卷第4期　页码：25—27
类型：评论

标题：黄河泛区必须重建
来源：善后救济总署河南分署周报
时间：1947
卷期：第68—69期　页码：1
类型：新闻

标题：霍总署长返沪招待记者报告视察黄河泛区观感
来源：善后救济总署河南分署周报
时间：1947
卷期：第68—69期　页码：10
类型：新闻

标题：马署长参加黄河堵口合龙典礼致词：第一工作队编印工振特刊分送与会人士
来源：善后救济总署河南分署周报
时间：1947
卷期：第70期　页码：1
类型：新闻

标题：黄河历年积沙的测量法（附图表）
作者：王太河
来源：科学时报
时间：1947
卷期：第13卷第5期　页码：35—43
类型：论文

标题：薛委员长莅工训词（三十六年元月三十一日）
来源：黄河堵口复堤工程局月刊
时间：1947
卷期：第8—10期　页码：2—3
类型：训词

标题：合龙纪实（附图）
作者：田耀华
来源：黄河堵口复堤工程局月刊
时间：1947
卷期：第8—10期　页码：3—5
类型：纪实

标题：黄河堵口复堤工程概况（三十六年四月五日）（附图表）
来源：黄河堵口复堤工程局月刊
时间：1947
卷期：第8—10期　**页码**：5—8
类型：纪实

标题：黄河堵口工竣后沿堤造林计划刍议
作者：李树德
来源：黄河堵口复堤工程局月刊
时间：1947
卷期：第8—10期　**页码**：9—11
类型：时评

标题：谈谈黄河堤岸造林的事业
作者：季怡民
来源：黄河堵口复堤工程局月刊
时间：1947
卷期：第8—10期　**页码**：11—12
类型：时评

标题：薛委员长莅工第一次至第三次座谈会纪录（三十六年元月二十八日至元月三十日）
作者：左起彭　赵家璧
来源：黄河堵口复堤工程局月刊
时间：1947
卷期：第8—10期　**页码**：12—20
类型：纪录

标题：本局委托各县代购料物会议纪录（三十六年元月二十六日至二月二十八日）（附表）
作者：胡致民　赵家璧
来源：黄河堵口复堤工程局月刊
时间：1947
卷期：第8—10期　**页码**：23—32

类型：纪录

标题：讨论堵口工料问题座谈会纪录（三十六年元月三十一日）
来源：黄河堵口复堤工程局月刊
时间：1947
卷期：第8—10期　**页码**：32
类型：纪录

标题：本局各单位领款简化办法座谈会议纪录（三十六年元月三十一日）
作者：赵善征
来源：黄河堵口复堤工程局月刊
时间：1947
卷期：第8—10期　**页码**：33
类型：纪录

标题：合龙筹备座谈会纪录（三十六年三月五日）
来源：黄河堵口复堤工程局月刊
时间：1947
卷期：第8—10期　**页码**：33—35
类型：纪录

标题：合龙工作给奖及调整工资等项座谈会纪录（三十六年三月九日）
作者：李宝泰
来源：黄河堵口复堤工程局月刊
时间：1947
卷期：第8—10期　**页码**：35—36
类型：纪录

标题：合龙后工程进行问题座谈会纪录（三十六年三月十六日）
作者：左起彭　赵家璧
来源：黄河堵口复堤工程局月刊
时间：1947

卷期：第 8—10 期　**页码**：36—39
类型：纪录

标题：本局第十五次至第十七次局务会议纪录（三十六年二月二十二日至四月十九日）
作者：赵家璧
来源：黄河堵口复堤工程局月刊
时间：1947
卷期：第 8—10 期　**页码**：39—46
类型：纪录

标题：贺电摘录（二通）
提要：本局堵口工程合龙后，国内各界纷纷来电致贺……
来源：黄河堵口复堤工程局月刊
时间：1947
卷期：第 8—10 期　**页码**：46
类型：电报

标题：本局大事记（三十六年元月十六日至五月四日）
提要：（1）陈总长诚，偕陆军总司令顾祝同来局视察工程
来源：黄河堵口复堤工程局月刊
时间：1947
卷期：第 8—10 期　**页码**：46—51
类型：新闻

标题：国民政府蒋主席训词
提要：行政院张院长题词
　　　　水利部薛部长致词
来源：黄河堵口复堤工程局月刊
时间：1947 年 5 月 15 日
卷期：第 8—10 期　**页码**：51—52
类型：训词

标题：花园口堵口工程殉职员工追悼会演词
作者：薛笃弼
来源：黄河堵口复堤工程局月刊
时间：1947
卷期：第 8—10 期　**页码**：52
类型：演讲

标题：留赠翼公任钟海
来源：黄河堵口复堤工程局月刊
时间：1947
卷期：第 8—10 期　**页码**：53
类型：诗词

标题：泛区流亡吟
作者：丹铭
来源：黄河堵口复堤工程局月刊
时间：1947
卷期：第 8—10 期　**页码**：53
类型：诗词

标题：黄河堵口合龙工次杂咏（七绝二十六首）
作者：丹铭
来源：黄河堵口复堤工程局月刊
时间：1947
卷期：第 8—10 期　**页码**：54—55
类型：诗词

标题：题合龙纪念刊
作者：丹铭
来源：黄河堵口复堤工程局月刊
时间：1947
卷期：第 8—10 期　**页码**：55
类型：诗词

标题：工余书怀

作者：孔洞明
来源：黄河堵口复堤工程局月刊
时间：1947
卷期：第 8—10 期　**页码**：55
类型：诗词

标题：花圈口合龙纪念（七绝四首）
作者：孔洞明
来源：黄河堵口复堤工程局月刊
时间：1947
卷期：第 8—10 期　**页码**：55
类型：诗词

标题：奉和士真先生河滨杂咏
作者：慕潜
来源：黄河堵口复堤工程局月刊
时间：1947
卷期：第 8—10 期　**页码**：55
类型：诗词

标题：郑花道中口占
作者：观民
来源：黄河堵口复堤工程局月刊
时间：1947
卷期：第 8—10 期　**页码**：56
类型：诗词

标题：春柳四首
作者：士真
来源：黄河堵口复堤工程局月刊
时间：1947
卷期：第 8—10 期　**页码**：56
类型：诗词

标题：录前清东河总督吴清卿先生（名大征）郑工杂咏二十首及郑工纪事示两坝在工各员七律四首七古一首
作者：麟趾
来源：黄河堵口复堤工程局月刊
时间：1947
卷期：第 8—10 期　**页码**：56—57
类型：诗词

标题：又七古一首（有序）
来源：黄河堵口复堤工程局月刊
时间：1947
卷期：第 8—10 期　**页码**：59
类型：诗词

标题：我所见到的朱局长
作者：王曼平
来源：黄河堵口复堤工程局月刊
时间：1947
卷期：第 8—10 期　**页码**：59—60
类型：随笔

标题：花园口合龙纪念碑文
作者：熊观民
来源：黄河堵口复堤工程局月刊
时间：1947
卷期：第 8—10 期　**页码**：60—61
类型：碑文

标题：本局各处室例行公文汇布登计表（三十六年元月至四月）
来源：黄河堵口复堤工程局月刊
时间：1947
卷期：第 8—10 期　**页码**：62—64
类型：表格

标题：本局工程费类现金出纳表（中华民国 36 年 1 月 1 日起至 36 年 1 月 31 日止）

来源：黄河堵口复堤工程局月刊
时间：1947
卷期：第8—10期　页码：81
类型：表格

标题：本局工程费类现金出纳表（中华民国36年2月1日起至36年2月28日止）
来源：黄河堵口复堤工程局月刊
时间：1947
卷期：第8—10期　页码：82
类型：表格

标题：黄河堵口百姓遭殃
来源：四邑侨报
时间：1947
卷期：第1卷第5期　页码：6
类型：新闻

标题：国际·国内半月善救新闻
提要：鲁境黄河复堤工程七月中旬可望完成
作者：《江西善救半月刊》
来源：江西善救
时间：1947
卷期：第9期　页码：16
类型：新闻

标题：黄河堵口工振工程面面观
来源：善后救济总署河南分署周报
时间：1947
卷期：第71期　页码：1—4
类型：照片

标题：本署配合黄河堵口工振实况（附表）
来源：善后救济总署河南分署周报
时间：1947

卷期：第71期　页码：1—8
类型：报告

标题：黄河工赈面粉发放办法（第一工作队拟订）
来源：善后救济总署河南分署周报
时间：1947
卷期：第71期　页码：10—11
类型：法规

标题：广武至开封一段黄河平面图
来源：善后救济总署河南分署周报
时间：1947
卷期：第71期　页码：13
类型：图片

标题：河南省黄河泛区图
来源：善后救济总署河南分署周报
时间：1947
卷期：第71期　页码：15
类型：图片

标题：破坏黄河复堤
来源：群众
时间：1947
卷期：第18期　页码：1—2
类型：通讯

标题：黄河花园口是怎样堵塞的（附图）
作者：陶述曾
来源：水利通讯
时间：1947
卷期：第5期　页码：5—13
类型：通讯

标题：豫境黄泛区整理水道测量简报
作者：黄河水利委员会

来源：水利通讯
时间：1947
卷期：第 5 期　页码：31—32
类型：简报

标题：中国抗战画史
提要：黄河北岸敌机炸我工事
来源：中国抗战画史
时间：1947
卷期：五月　页码：167
类型：照片

标题：中国抗战画史
提要：黄河泛滥，河堤溃决
来源：中国抗战画史
时间：1947
卷期：五月　页码：168
类型：照片

标题：中国抗战画史
摘要：黄河决口
　　　花园口初泛滥时期，水深不及一公尺，我军涉水作战；
　　　黄泛时期，河堤松动，复遭轰炸，致成溃决；
　　　决口扩大，沿洪流一带居民，住屋田产息遭淹没，相继流亡；
　　　洛阳孟津渡口；
　　　黄水滔滔，我军仍防敌军流窜；
　　　晋中太谷城大街；
　　　第二战区副司令长官杨爱源；
　　　苛岚山中之伪装者；
　　　晋北乡村中八路军领导之游击队追逐敌人，卧者为被打死之日军
来源：中国抗战画史
时间：1947
卷期：五月　页码：169—175

类型：照片

标题：中国抗战画史
提要：郑州黄河铁桥破坏后，我军于河南放哨
来源：中国抗战画史
时间：1947
卷期：五月　页码：214
类型：照片

标题：中国抗战画史
提要：郑州附近我方破坏之黄河铁桥
来源：中国抗战画史
时间：1947
卷期：五月　页码：214
类型：照片

标题：郑州通讯
提要：人力与水力的决斗
　　　参观花园口黄河堵口合龙记实
作者：吴宝田
来源：银行通讯
时间：1947
卷期：新第 18 期　页码：47—48
类型：通讯

标题：建设近讯
提要：水利
　　　三、堵复黄河清口
来源：建设汇报
时间：1947
卷期：第 1 卷第 4—5 期　页码：16
类型：通讯

标题：水利新闻
提要：黄河花园口堵筑完成
来源：水利

时间：1947
卷期：第 14 卷第 5 期　**页码**：60
类型：新闻

标题：善救消息
提要：鲁各界代表赴京请愿，续救鲁灾并防黄河决口
来源：鲁青善救月刊
时间：1947
卷期：五月号　**页码**：22
类型：新闻

标题：东晋初黄河南北的坞屯垒壁
作者：翦伯赞
来源：大学（成都）
时间：1947
卷期：第 6 卷第 1 期　**页码**：6—8
类型：论文

标题：国内善救要闻
提要：永庆安澜
　　　黄河堵口大功告成，隆重举行合龙典礼
　　　元首特颁训词嘉勉出力员工
来源：福建善救月刊
时间：1947
卷期：第 5 期　**页码**：25—27
类型：新闻

标题：总署动态
提要：黄河流归故道
　　　花园口堵口工程经过，有如一段动人的神话
来源：善救月刊
时间：1947
卷期：第 25 期　**页码**：4—5
类型：动态

标题：总署动态
提要：黄河花园口合龙工程完成，本月四日在新堤举行典礼，并开会追悼殉职员
来源：善救月刊
时间：1947
卷期：第 25 期　**页码**：4
类型：动态

标题：黄河堵口合垅后难民扶老携幼回乡情形
来源：现代农民
时间：1947
卷期：第 10 卷第 6 期　**页码**：封 1
类型：照片

标题：在黄河渡头上
作者：索开
来源：新诗歌
时间：1947
卷期：第 5 期　**页码**：17
类型：诗歌

标题：黄河水利工程局组织条例（三十六年五月二十九日国民政府公布）
来源：金融周报
时间：1947
卷期：第 16 卷第 25 期　**页码**：19
类型：法规

标题：黄河发源天上
来源：现代文摘（重庆）
时间：1947
卷期：第 2 期　**页码**：73
类型：随笔

标题：国内时事
提要：水利
　　　黄河水利委会改局
来源：外交部周报
时间：1947
卷期：第 27 期　页码：3
类型：新闻

标题：张含英先生讲黄河水之利用——
　　　卅六年三月二十八下午三时在本行
　　　董事会会议室
来源：本行通讯
时间：1947
卷期：第 156 期　页码：3—4
类型：新闻

标题：开发黄河资源
作者：陈泮岭
来源：水利通讯
时间：1947
卷期：第 6 期　页码：6—7
类型：通讯报道

标题：日人计划开发黄河水电及从事土
　　　地改良工程布置图
来源：水利
时间：1947
卷期：第 14 卷第 6 期　页码：304
类型：图片

标题：黄河花园口合龙典礼（附照片）
作者：中央社
来源：寰球
时间：1947
卷期：第 20 期　页码：7
类型：照片

标题：工程消息
提要：黄河花园口堵口工程全部完成
来源：工程报导
时间：1947
卷期：第 25 期　页码：7
类型：新闻

标题：黄河决堤
来源：联合画报
时间：1947
卷期：第 206 期　页码：13
类型：照片

标题：国际·国内半月善救新闻
提要：联总积极协助黄河复堤工作
作者：《江西善救半月刊》
来源：江西善救
时间：1947
卷期：第 11 期　页码：21—22
类型：新闻

标题：国内时事
提要：水利救济
　　　联总呼吁加紧黄河复堤工作
来源：外交部周报
时间：1947
卷期：第 29 期　页码：2
类型：新闻

标题：旅行通讯
提要：沿着黄河边走
作者：梅英
来源：京沪周刊
时间：1947
卷期：第 1 卷第 26 期　页码：19—20
类型：通讯

标题：香港歌讯
提要：中原广播"黄河大合唱"
来源：歌讯
时间：1947
卷期：第 1 期　页码：9—10
类型：通讯

标题：国内时事
提要：水利救济
　　　黄河复堤工程遇阻
来源：外交部周报
时间：1947
卷期：第 30 期　页码：2—3
类型：新闻

标题：加紧复堤防止黄灾，黄河下游成立混合委员会
来源：善后救济总署河南分署周报
时间：1947
卷期：第 78—79 期　页码：14
类型：新闻

标题：黄河堤防缺石料大泛一至极危险
来源：田家
时间：1947
卷期：第 13 卷第 24 期　页码：2
类型：新闻

标题：渡黄河——大反攻的战地短曲之一
作者：新华社通讯
来源：正报
时间：1947
卷期：第 47 期　页码：5—6
类型：新闻

标题：黄河两岸人民迎接大反攻
来源：正报
时间：1947
卷期：第 47 期　页码：8
类型：新闻

标题：当作战略看的黄河泛滥
作者：草连
来源：公论周刊
时间：1947
卷期：第 8 期　页码：10—12
类型：评论

标题：（特稿）黄河以南的煤产（附表）
作者：区至培
来源：征信新闻（上海）
时间：1947
卷期：第 478 期　页码：15—17
类型：评论

标题：山东省政府训令（鲁建一字第一一三五号　中华民国卅六年七月二日）
提要：令沿河各区专员公署、县市政府准黄河水利工程总局长函达到局视事日期仰知照由
作者：王耀武
来源：山东省政府公报
时间：1947
卷期：复 60—63　页码：36
类型：训令

标题：水利通讯
提要：豫冀鲁三省沿黄河地方官吏协助堵口复堤工程奖惩办法；
　　　黄河水利工程总局修防处民工防汛办法
来源：水利通讯
时间：1947

卷期：第 7 期　页码：47—50
类型：法规

标题：跨过黄河
作者：芦衣
来源：群众
时间：1947
卷期：第 27 期　页码：12
类型：图片

标题：强渡黄河
作者：胡征
来源：群众
时间：1947
卷期：第 27 期　页码：13—14
类型：报道

标题：黄河南岸人民的仇恨和渴望
作者：村田铭山
来源：群众
时间：1947
卷期：第 27 期　页码：14
类型：报道

标题：山东省沿河各县协护黄河堤埝奖惩办法——省政府第三十次委员会议通过
来源：经建通讯
时间：1947
卷期：第 1 卷第 5 期　页码：29—30
类型：法规

标题：黄河堵复工程民工管理情形
提要：民工待遇及管理；
　　　料物及运费计算；
　　　石料蔴料等采运及购办；
　　　现钱跑土与发放竹签
来源：工程报导
时间：1947
卷期：第 26 期　页码：3
类型：报道

标题：托县黄河水利
作者：云鹤主人
来源：新蒙半月刊
时间：1947
卷期：第 3 卷第 7 期　页码：5
类型：诗词

标题：黄河边上的豫西山城——陕县
作者：延生
来源：新闻导报
时间：1947
卷期：第 23 期　页码：18
类型：报道

标题：登临宁夏中山公园图书楼高阁东望黄河西眺贺兰有感赋此并赠人责厅长
作者：俞同龄
来源：舆论周报
时间：1947
卷期：第 10 期　页码：7
类型：诗词

标题：黄河泛期到了
来源：民主新闻
时间：1947
卷期：第 18 期　页码：1
类型：评论

标题：扬子江黄河——两个 YVA 水利工程的侧面观
作者：侯德封

来源：工程界
时间：1947
卷期：第 2 卷第 9 期　页码：40—41
类型：论文

标题：阳历二十四节气歌（黄河流域用）
来源：中国棉讯
时间：1947
卷期：第 1 卷第 7 期　页码：83
类型：歌谣

标题：工程师陶德与黄河
作者：瑞华
来源：台湾营造界
时间：1947
卷期：第 4 号　页码：3
类型：杂文

标题：漫谈黄河（附图表）
作者：刘立明
来源：台湾营造界
时间：1947
卷期：第 4 号　页码：4—5
类型：杂文

标题：黄河上的羊皮筏子
作者：黄桷
来源：小朋友
时间：1947
卷期：第 855 期　页码：12—13
类型：随笔

标题：水利部重要消息
提要：一、薛部长沈次长视察苏北水灾；
　　　二、水利部调整内部组织；
　　　三、黄河情况；
　　　四、天祐垸问题之处理

来源：水利通讯
时间：1947
卷期：第 8 期　页码：12—14
类型：新闻

标题：地理山歌
提要：黄河
作者：朱允宗
来源：民众周刊（上海 1947）
时间：1947
卷期：第 1 卷第 15 期　页码：4
类型：歌曲

标题：黄河入川与俄洛界务
作者：任乃强
来源：康藏研究月刊
时间：1947
卷期：第 11 期　页码：2—13
类型：杂文

标题：水利
提要：水利部分设长江、淮河、黄河、华北、东北五个水利工程总局，江汉、珠江两个水利工程局，专掌各区工作事宜
来源：科学大众
时间：1947
卷期：第 2 卷第 5 期　页码：227
类型：新闻

标题：黄河渡头（幻灯歌剧）
作者：田晴
来源：文艺杂志（太行）
时间：1947
卷期：第 4 卷第 1 期　页码：33
类型：歌剧

标题：关于美商马列公司所设计的黄河新桥
作者：钱冬生
来源：工学通讯
时间：1947
卷期：第 218 期　页码：3—7
类型：文章

标题：建设动态
提要：水利
　　　（六）黄河河工的新危机
来源：建设评论
时间：1947
卷期：第 1 卷第 1 期　页码：58
类型：新闻

标题：黄河陡涨未成灾
作者：寄僧
来源：文哨（上海）
时间：1947
卷期：第 3 期　页码：7
类型：新闻

标题：关于黄河我们做了些什么
作者：翙昊
来源：科学新闻（重庆）
时间：1947
卷期：第 6 期　页码：9—11
类型：文章

标题：黄河新桥设计述要
作者：王度
来源：工学通讯
时间：1947
卷期：第 220 期　页码：1—4
类型：报告

标题：建设动态
提要：水利
　　　（一）黄河秋泛
来源：建设评论
时间：1947
卷期：第 1 卷第 2 期　页码：43
类型：新闻

标题：陈总局长肖像
来源：黄河安澜特刊
时间：1947
卷期：10 月　页码：3
类型：照片

标题：花园口堵口工程之经过与检讨
作者：潘镒芬
来源：黄河安澜特刊
时间：1947
卷期：10 月　页码：4—7
类型：文章

标题：黄河安澜歌
作者：研斋
来源：黄河安澜特刊
时间：1947
卷期：10 月　页码：19
类型：文章

标题：黄河修防空前未有之奇迹
作者：齐寿安
来源：黄河安澜特刊
时间：1947
卷期：10 月　页码：21—23
类型：文章

标题：总务处工作之回顾与前瞻（总务处）
来源：黄河安澜特刊

时间：1947
卷期：10 月　**页码**：25—28
类型：报告

标题：血肉换得来的安澜
作者：刘稳岛
来源：黄河安澜特刊
时间：1947
卷期：10 月　**页码**：28—29
类型：总结

标题：在庆祝安澜声中谈谈工作配合问题
作者：宁祥瑞
来源：黄河安澜特刊
时间：1947
卷期：10 月　**页码**：29—30
类型：总结

标题：黄河堵口合龙复堤尚未告成喜庆安澜
作者：魏宗泰
来源：黄河安澜特刊
时间：1947
卷期：10 月　**页码**：30
类型：总结

标题：庆祝安澜的简述
作者：鲁彦
来源：黄河安澜特刊
时间：1947
卷期：10 月　**页码**：30—31
类型：总结

标题：黄河治理纲要
作者：张含英
来源：水利通讯
时间：1947

卷期：第 10 期　**页码**：1—15
类型：法规

标题：豫冀鲁三省黄河视察报告（附表）
作者：刘德润　李苾芬　刘宗沛
来源：水利通讯
时间：1947
卷期：第 10 期　**页码**：16—25
类型：报告

标题：水利部九月份重要工作简报
提要：一、黄河防汛及复堤工程
来源：水利通讯
时间：1947
卷期：第 10 期　**页码**：27—28
类型：新闻

标题：黄河新桥设计述要
作者：王度
来源：工程：武汉版
时间：1947
卷期：第 7/8/9 期　**页码**：410—415
类型：报告

标题：陕县茅津渡黄河两岸冲刷情形
作者：水利航测队
来源：水利
时间：1947
卷期：第 15 卷第 1 期　**页码**：封面
类型：照片

标题：日人对于黄河泥沙及筑库淤积之见解
作者：刘方烨
来源：水利
时间：1947
卷期：第 15 卷第 1 期　**页码**：48—49

类型：论文

标题：黄河沙量质疑
作者：张含英
来源：水利
时间：1947
卷期：第 15 卷第 1 期　页码：89—92
类型：论文

标题：黄河泥沙冲积数量之分析
作者：张瑞瑾
来源：水利
时间：1947
卷期：第 15 卷第 1 期　页码：93—107
类型：论文

标题：分支库处通讯
提要：河南分库通讯
　　　自黄河改归旧道以来灾民纷纷归耕……
来源：中库通讯
时间：1947
卷期：第 1 卷第 7—8 期　页码：48—49
类型：通讯

标题：黄河治本计划和小丰满工程（附图）
作者：柯登
来源：台电励进月刊
时间：1947
卷期：第 1 卷第 10 期　页码：5—10
类型：报告

标题：先民的功绩
摘要：兰州黄河铁桥——跨越黄河三大铁桥之一
来源：建设评论
时间：1947

卷期：第 1 卷第 3 期　页码：10
类型：照片

标题：华北之水文
提要：水文记载汇表
　　　长期水文站及水标站各年各月平均水位记载表（以大沽水平线上公尺计）
提要：黄河
　　　陕县（二十一年至二十五年）
来源：华北水利工程总局水文气象测验报告
时间：1947
卷期：第 2 卷第 2 上期　页码：52
类型：表格

标题：空运摄影
提要：试渡
　　　大队飞行员史密司君与兰州培利工专学校曼丽小姐用皮革袋试渡黄河
来源：行总空运大队半月刊
时间：1947
卷期：第 1 卷第 6 期　页码：1 页
类型：照片

标题：青海青，黄河黄（词见小学国语课本）
作者：李中和
来源：儿童故事
时间：1947
卷期：第 2 卷第 1 期　页码：31
类型：歌曲

标题：工作动态及零讯（泛区善救）
提要：徐市区废黄河复堤完竣，市府发动民众加工——再行筑高奠定百年基础

来源：善后救济总署苏宁分署月报
时间：1947
卷期：第 17—18 期　页码：34—35
类型：新闻

标题：国民政府令
提要：黄河水利工程局组织条例第十二条及第十三条修正条文
来源：国民政府公报（南京1927）
时间：1947
卷期：第 3013 号　页码：0
类型：政令

标题：徐州市工务局修筑中山中正两路暨废黄河疏浚复堤施工报告书
来源：徐州市政府公报
时间：1947
卷期：第 3 卷第 12 期　页码：3—4
类型：报告

标题：黄河堵复工振
提要：（一）花园口口门施工胜况；
（二）本署为堵口工人搭盖之帐棚
来源：河南善救分署周报
时间：1947
卷期：第 100 期　页码：4
类型：照片

标题：黄河大合唱（音乐造型）
提要：以上为"黄水谣"中的三个画面
作者：光未然　冼星海
来源：中艺
时间：1947
卷期：中国歌舞剧艺社马来亚旅行公演特刊　页码：18
类型：照片

标题：黄河南岸卅五县结合游击战——晚间游击，白天分田
来源：新华社综合报导
时间：1947
卷期：第 1 期　页码：3
类型：新闻

标题：桥梁
提要：黄河铁桥重建，交部委托美马利克森克营生公司设计，并派员赴美协助
来源：科学大众
时间：1947
卷期：第 2 卷第 4 期　页码：175
类型：新闻

标题：克服自然灾难安定华北民生——整治黄河（附图）
来源：地图周刊
时间：1947
卷期：第 26—49 期　页码：14
类型：新闻

标题：晋冀鲁豫大军渡过黄河打到蒋管区去！
来源：文化翻身
时间：1947
卷期：第 14 期　页码：44
类型：图片

标题：黄河中的死尸
作者：纪书台
来源：文化翻身
时间：1947
卷期：第 14 期　页码：22
类型：随笔

标题：黄河堵口复堤问题
来源：一四七画报
时间：1947
卷期：第 11 卷第 2 期　页码：3
类型：评论

标题：兰州望河（黄河）楼
作者：蒋
来源：西北文化
时间：1947
卷期：创刊号　页码：0
类型：照片

1948 年

标题：黄河西岸的鹰形地带
来源：东北书店牡丹江分店
作者：侯唯动
时间：1948
类型：图书

标题：黄河流域游记
来源：大东书局
时间：1948
类型：图书

标题：修正黄河水利工程局组织条例第十二条及第十三条条文（三十六年十二月二十四日国民政府修正公布）
来源：金融周报
时间：1948
卷期：第 18 卷第 2 期　页码：27
类型：法规

标题：黄河水利工程局组织条例第十二条修正条文（三十六年十二月廿四日公布）
来源：主计通讯
时间：1948
卷期：第 96 期　页码：19
类型：法规

标题：我国最近对于黄河问题之新研究
作者：任美锷
来源：地理学报
时间：1948
卷期：第 15 卷第 1 期　页码：31—33
类型：论文

标题：黄河两岸的怀念
作者：马鹤青
来源：新学生
时间：1948
卷期：第 4 卷第 3 期　页码：73—74
类型：随笔

标题：黄河下游治理计划（附表）
作者：黄河水利工程总局
来源：水利通讯
时间：1948
卷期：第 13 期　页码：13—22
类型：计划

标题：黄河水力发电三处工程勘测
来源：西北实业月刊
时间：1948
卷期：第 4 卷第 1 期　页码：56
类型：新闻

标题：兰州宁夏邮政汽车线的开辟
提要：兰州黄河大铁桥

邮政汽车驶上木船准备载渡黄河
来源：现代邮政
时间：1948
卷期：第 2 卷第 2 期　页码：1，2
类型：照片

标题：中美联合探险黄河水源
来源：周论
时间：1948
卷期：第 1 卷第 4 期　页码：13
类型：新闻

标题：沙的性质与修治黄河（附图表）
作者：王珽
来源：科学时报
时间：1948
卷期：第 15 卷第 2 期　页码：54—68
类型：论文

标题：为收复鲁西南开辟反攻出发地而战！夜渡黄河天险
来源：人民（刘邓大军挺进大别山）
时间：1948
卷期：第 8 期　页码：5
类型：照片

标题：强渡黄河（附图）
作者：胡征
来源：人民（刘邓大军挺进大别山）
时间：1948
卷期：第 8 期　页码：6
类型：新闻

标题：黄河水利工程局河南修防处组织规程（行政院卅七年一月十七日指令呈奉国民政府三十七年一月六日备案水利部三十七年二月公布）

来源：水利通讯
时间：1948
卷期：第 14 期　页码：50—51
类型：法规

标题：黄河水利工程局河北修防处组织规程（行政院卅七年一月十七日指令呈奉国民政府三十七年一月六日备案水利部三十七年二月公布）
来源：水利通讯
时间：1948
卷期：第 14 期　页码：52—53
类型：法规

标题：黄河水利工程局山东修防处组织规程（行政院卅七年一月十七日指令呈奉国民政府三十七年一月六日备案水利部三十七年二月公布）
来源：水利通讯
时间：1948
卷期：第 14 期　页码：53—54
类型：法规

标题：水利部重要消息
提要：八、黄河解冻
来源：水利通讯
时间：1948
卷期：第 14 期　页码：32—33
类型：新闻

标题：黄河下游治理计划（续）［附表］
作者：黄河水利工程总局
来源：水利通讯
时间：1948
卷期：第 14 期　页码：15—30
类型：报告

标题：黄河水之利用
作者：张含英　马永隆
来源：西北文化
时间：1948
卷期：第 1 卷第 5 期　页码：7—8
类型：论文

标题：强渡黄河
作者：胡征
来源：大众文艺丛刊（文艺的新方向）
时间：1948
卷期：第 1 期　页码：93—95
类型：新闻

标题：黄河流量之二重控制论
作者：李准
来源：水利
时间：1948
卷期：第 15 卷第 2 期　页码：22—35
类型：论文

标题：由沟谷筑坝淤田说到黄河治本
作者：成甫隆
来源：水利
时间：1948
卷期：第 15 卷第 2 期　页码：36—41
类型：论文

标题：中国的乌克兰——河套
提要："黄河百害，惟富一套。"
作者：张晨
来源：中国边疆建设集刊
时间：1948
卷期：创刊号　页码：38—40
类型：报道

标题：黄河水利工程局专用电讯所组织规程（行政院三十七年三月九日核准、水利部卅七年三月十九日公布）
来源：水利通讯
时间：1948
卷期：第 15 期　页码：31—32
类型：法规

标题：徐州市废黄河防洪计划
作者：邵来谋　苏世俊
来源：建设（上海 1946）
时间：1948
卷期：第 2 卷第 1 期　页码：15—17
类型：计划

标题：水利
提要：鲁境黄河下游复堤工程再度开始……
来源：科学大众
时间：1948
卷期：第 4 卷第 1 期　页码：49
类型：新闻

标题：兰州以西黄河及湟水两岸之台地发育
作者：孟昭彝
来源：西北论坛
时间：1948
卷期：第 1 卷第 5 期　页码：14—15
类型：论文

标题：黄河上游水力勘查
来源：西北经济
时间：1948
卷期：第 1 卷第 2 期　页码：38
类型：论文

标题：抗战期中的黄河（附表）
作者：张印堂
来源：周论
时间：1948
卷期：第1卷第14期　页码：4—6
类型：论文

标题：黄河水利工程总局消息
提要：河南修防处修防造林堵口化险工程；
　　　河北修防处修防工程；
　　　山东修防处复堤修防工程
来源：水利通讯
时间：1948
卷期：第16期　页码：43—44
类型：报告

标题：黄河水利工程总局宁绥工程队组织规程（行政院三十七年四月二十日令知呈奉国民政府三十七年四月五日备案水利部三十七年五月三日公布）
来源：水利通讯
时间：1948
卷期：第17期　页码：24—25
类型：法规

标题：黄河水利工程总局消息
提要：一、河南修防处造林及堵口化险工程；
　　　二、河北修防处修防工程；
　　　三、山东修防处复堤造林等工程
来源：水利通讯
时间：1948
卷期：第17期　页码：17

标题：黄河水利工程总局消息
提要：一、河南修防处修防工程；
　　　二、山东修防处修防工程
来源：水利通讯
时间：1948
卷期：第18期　页码：17
类型：报告

标题：黄河治本问题之我见
作者：树林
来源：河南大学校刊
时间：1948
卷期：第21期　页码：4
类型：论文

标题：从农业工程谈黄河泛滥区复兴
作者：马逢周
来源：东方杂志
时间：1948
卷期：第44卷第6号　页码：39—43
类型：论文

标题：积石山与黄河之源（附照片）
作者：苏雪林
来源：文藻月刊
时间：1948
卷期：新1卷第6期　页码：46—51
类型：文章

标题：解放军南下大反攻
提要：南下大军强渡黄河
来源：群众
时间：1948
卷期：第2卷第25期　页码：1
类型：照片

标题：认识黄河与治理黄河（上）
作者：赫炜烈
来源：陇铎

时间：1948
卷期：新 2 卷第 4 期　页码：6—8
类型：评论

标题：认识黄河与治理黄河（下）
作者：赫炜烈
来源：陇铎
时间：1948
卷期：新 2 卷第 5 期　页码：10，14—15
类型：文章

标题：又一小型制片公司成立
提要：大风租借"华光"，开拍"风雪黄河"
来源：戏世界
时间：1948
卷期：第 401 期　页码：9
类型：新闻

标题：民国三十六年黄河流域美棉区域试验产量记载表
来源：中国棉讯
时间：1948
卷期：第 2 卷第 14 期　页码：236—237
类型：表格

标题：从黄河到江汉
作者：曾烈家
来源：群言
时间：1948
卷期：第 4 期　页码：1—3
类型：新闻

标题：人事动态
提要：二、转载总统府公报水利机关人员任免
　　　国民政府令国民政府主计处呈请任命丁原隅为黄河水利工程局上游工程处会计主任、应照准此令、（三十七年六月二十一日）等
来源：水利通讯
时间：1948
卷期：第 19 期　页码：38—41
类型：政令

标题：杂俎
提要：本月月会于本月五日举行，薛部长主席由黄河水利工程总局来京代表崔式珍队长报告脱险经过及沿途情形，薛部长即席致词慰问，勖勉有加
来源：水利通讯
时间：1948
卷期：第 19 期　页码：41—43
类型：新闻

标题：兴办黄河沿岸虹吸水力工业及淤灌工程之建议（附表）
作者：曹瑞芝
来源：西北实业月刊
时间：1948
卷期：第 5 卷第 1 期　页码：74—80
类型：报告

标题：中共中央发言人为黄河问题紧急呼吁（新华社陕北七月廿五日电）
来源：群众
时间：1948
卷期：第 2 卷第 30 期　页码：17—18
类型：电报

标题：从黄河到长江（汉口通讯）
作者：莫邪
来源：中建（北平版）
时间：1948

卷期：第 1 卷第 2 期　页码：21
类型：新闻

标题：蒋军破坏黄河抢险工程的罪行
作者：云宾
来源：群众
时间：1948
卷期：第 2 卷第 30 期　页码：16—18
类型：新闻

标题：朱光彩及黄河堵口工程——中国当代实业人物志之三十七
作者：徐盈
来源：新中华
时间：1948
卷期：复刊第 6 卷第 16 期　页码：57—59，48
类型：传记

标题：黄河水利工程总局消息
提要：一、治黄研究人员将部份调京研拟治黄初步计划；
　　　二、派测量队赴陕勘测沟壑工程；
　　　三、陈局长亲赴各险工地段督饬抢修；
　　　四、引黄入卫工程即将合龙
来源：水利通讯
时间：1948
卷期：第 20 期　页码：39—40
类型：报告

标题：秦晋间的黄河水力资源（附照片：洛惠渠之水闸）
作者：李书田
来源：文藻月刊
时间：1948
卷期：新 1 卷第 8/9 期　页码：29—33
类型：文章

标题：北方小江南——济南市（图为济南的黄河风景）
作者：赵则诚
来源：知识（哈尔滨）
时间：1948
卷期：第 8 卷第 5 期　页码：19
类型：随笔

标题：黄河下游两岸大堤利用虹吸管引水淤地灌田之发明及经过
作者：曹瑞芝
来源：西北实业月刊
时间：1948
卷期：第 5 卷第 3 期　页码：48
类型：报道

标题：黄河流冰
作者：关山月
来源：军中文摘
时间：1948
卷期：创刊号　页码：封 2
类型：图片

标题：推行平车经过黄河桥已奉军方电令严禁
来源：平汉路刊
时间：1948
卷期：第 93 期　页码：2
类型：新闻

标题：兰州的黄河铁桥和皮筏（附照片）
提要：牛皮筏；
　　　兰州黄河铁桥；
　　　载客的羊皮筏
作者：马家驹

来源：科学大众
时间：1948
卷期：第 5 卷第 2 期　页码：55—57
类型：随笔

标题：黄河上的皮筏（附照片）
提要：皮筏载运邮包由兰州出发；
　　　搁在岸上的小型皮筏
来源：现代邮政
时间：1948
卷期：第 3 卷第 6 期　页码：9
类型：随笔

标题：黄河的儿女们（长篇小说"逆流"前奏）
作者：李白凤
来源：鞭
时间：1948
卷期：第 1 期　页码：18—19
类型：随笔

标题：振济黄河水灾出发前之开示
作者：魏宗章
来源：弘化月刊
时间：1948
卷期：第 91 期　页码：9
类型：新闻

标题：黄河水利工程总局组织条例（三十七年十二月四日总统令公布）
来源：金融周报
时间：1948
卷期：第 19 卷第 25 期　页码：10
类型：法规

标题：地文、地质图及土壤
提要：黄河上中游地形与地质之蠡测（中国地质学会第二十三届年会论文节要）
作者：张遹骏
来源：地质论评
时间：1948
卷期：第 13 卷第 3/4 期　页码：271—274
类型：论文

标题：国土保卫战
提要：中牟之战：七日敌轰炸黄河河堤，于赵口附近，我架轻便桥梁进军防守，与敌成对峙状态；黄河决堤区域图解
　　　敌炸河堤：日机轰炸黄河堤岸工事，我即因势利用洪水阻敌，使向敌方冲流；黄河决堤水淹中牟，我军在水中前进，阻敌来犯
　　　黄河对峙：与敌隔河对峙之我军，过河即为风陵渡；军民乘帆船警戒沿岸；战时干部调练团女团员，在黄河沿岸军中服务；我军在黄河边作战，阻敌渡河；我大军云集黄河岸边，防守各渡口
来源：抗战建国大画史
时间：1948
卷期：4 月　页码：89—91
类型：照片

标题：第二期、长期相持战
提要：扼守龙门
　　　黄河岸上西禹庙全景
来源：抗战建国大画史
时间：1948
卷期：4 月　页码：126
类型：照片

标题：第十一编、抗战建国史迹分类专表

提要：八、抗建期中社会史迹表（民国二十六年七七起至三十六年止）民国二十七年六月份十二日，黄河决口
来源：抗战建国大画史
时间：1948
卷期：4月　**页码**：421—422
类型：表格

标题：跋仪师黄河水利论文二篇
作者：胡步川
来源：陕西水利季报
时间：1948
卷期：第10卷第1期　**页码**：19—20
类型：杂文

标题：各路大军一齐进攻
提要：1. 南线我军大进攻，过了黄河往南征，转战万里功劳大，长江南北显威风
来源：战友
时间：1948
卷期：第5期　**页码**：7
类型：图片

标题：淮河水溉豫东，牲畜肥五谷丰，黄河水天上来，屋舍倾田园芜（附图）
来源：地图周刊
时间：1948
卷期：第50—73期　**页码**：3
类型：新闻

标题：黄河河源考汇（附图）
来源：新中国画报
时间：1948
卷期：第8期　**页码**：24—25
类型：随笔

标题：黄河大铁桥的占领
作者：李万明
来源：人民战士
时间：1948
卷期：第10期　**页码**：7
类型：随笔

1949 年

标题：黄河考（一卷）
作者：崔熙春
时间：1949
类型：图书

标题：黄河考（一卷）
作者：张复
时间：1949
类型：图书

标题：黄河河流志略
来源：不详
时间：1949
类型：图书

标题：山东黄河全图
作者：不详
来源：不详
时间：1949
类型：图书

标题：水利图志黄河篇（一卷）
来源：不详
时间：1949
类型：图书

标题：黄河流域农田水利调查报告
来源：中央水利实验处
时间：1949

类型：图书

标题：请堵黄河中牟决口档摘要
作者：杨寿楣
时间：1949
类型：图书

标题：黄河大合唱——冼星海遗作
来源：生活·读书·新知三联书店
作者：冼星海
时间：1949
类型：图书

标题：黄河大合唱
作者：冼星海曲、光未然词
来源：人民艺术出版社
时间：1949
类型：图书

标题：黄河岸上的一夜——抗战生活回忆之一
作者：山荣海
来源：电信界
时间：1949
卷期：第 7 卷第 4 期　页码：20
类型：随笔

标题：被解放后的黄河柳园渡口
提要：柳园渡口待渡人民一群；

黄河大堤；
柳园渡口
作者：张扬
来源：陆海空联合画报
时间：1949
卷期：第 8 期　**页码**：14
类型：照片

标题：水调歌头
提要：中秋月夜渡黄河
作者：汪怡
来源：台纸通讯
时间：1949
卷期：第 2 卷第 6 期　**页码**：56
类型：诗词

标题：渡黄河
作者：林康
来源：青年文化
时间：1949
卷期：第 3 期　**页码**：1
类型：随笔

标题：流经甘肃境内的黄河
来源：民航空运队半月刊
时间：1949
卷期：第 2 卷第 11 期　**页码**：1 页
类型：照片

标题：新黄河竣工
作者：桂炎
来源：开明少年
时间：1949
卷期：第 45 期　**页码**：32—33
类型：随笔

标题：兰州黄河铁桥计划翻修
来源：现代公路
时间：1949
卷期：第 3 卷第 2 期　**页码**：43
类型：新闻

标题：黄河堵复工程恢复，中牟段堤防修建完工
来源：技协
时间：1949
卷期：第 4 卷第 2 期
类型：新闻

标题：我们怎样征服了黄河
作者：钱正英
来源：进步青年
时间：1949
卷期：第 1 期　**页码**：12—14
类型：随笔

标题：黄河后套天主教士植树造林
来源：圣心报
时间：1949
卷期：第 63 卷第 6 期　**页码**：197
类型：新闻

标题：（甘肃）黄河上游冻冰渐融
来源：神职月刊
时间：1949
卷期：第 1 卷第 2 期　**页码**：124
类型：新闻

标题：修筑黄河类
提要：三十八年一、二、三月水位流量含沙量统计表；
一、三十八年度黄河春修工程进度统计表；
二、三十七年黄河水位升降统计表

来源：行政导报
时间：1949
卷期：第 5 期　页码：52—54
类型：表格

标题：黄河清了
来源：中国技协
时间：1949
卷期：第 4 卷第 6 期　页码：1
类型：新闻

标题：我们怎样与黄河战斗
作者：钱正英
来源：科学大众
时间：1949
卷期：第 6 卷第 1 期　页码：15—16
类型：随笔

标题：津运客字（第一四四〇号　一九四九年十月十二日）令（不另行文）
提要：令各站、各车务段、各调度所等平汉线黄河北岸车站暂不办理客运希知照
来源：中国人民革命军事委员会铁道部平津铁路管理局局报
时间：1949
卷期：第 1 卷第 166 期　页码：3
类型：命令

标题：新山东的水利工程（附照片图）
作者：周开封
来源：科学时代
时间：1949
卷期：第 4 卷第 4 期　页码：4—7
类型：报道

标题：向水患斗争
提要：全国水利联席会议胜利结束，新沂河导治工程开始，导沭河，治黄河，加紧施工
来源：工程界
时间：1949
卷期：第 4 卷第 11/12 期　页码：2
类型：新闻